理解しやすい
地理
［地理総合＋地理探究］

内田忠賢　監修

文英堂

はじめに

地域や環境のこと，世界のこと，日本のことを，現代的な視点で深く学ぶ

● 現代の社会，現代の世界を理解する上で，地理の学習は，とても大切です。世界各地で戦争・紛争が起き，農産物，鉱産物を含む様々な資源をめぐって各国が駆け引きをしています。また，大規模な自然災害も多発しています。それらローカルな情報やグローバルな動きを理解するには，自然環境を含め，地理の知識や考え方が欠かせません。地球家族というキーワードをご存じでしょうか。グローバル化した現代では，私たちの暮らしは，世界各地の動きと連動し，互いに影響し合っています。持続可能な世界を維持するには，地域のこと，環境のこと，世界のこと，日本のことを関連付けながら，総合的に深く学ぶことが必要です。

● Think Globally, Act Locally…地球規模で物事を考え，身近から行動する…現代の社会，現代の世界を考える際によく使う言葉です。個々の地理的な知識は，地球上のひとつの出来事にすぎないように思えます。しかし，ほかの場所にも類似の事例があり，それらは相互に関連している場合が少なくありません。たとえば，個々の民族問題を取り上げる場合，地球規模での比較ができ，相互の関連性を指摘できます。世界各地の様々な民族を正しく理解し，尊重することが重要です。

● 以上の基本となる世界の各地方，各国の正確な理解は不可欠です。大国だけでなく，小国が世界の表舞台に登場し，情勢を左右することは，少なくありません。もちろん，日本を十分に理解する必要があります。

● 国連で採択されたSDGs(持続可能な開発目標)には，人類が生き延びるため，17のゴール，169のターゲットが設定されます。その大部分は，地理で扱う内容であり，この本の各所で解説されます。つまり，本書は，高校や大学入試の学習に対応する参考書ですが，大学生や社会人にとって，現代を読み解く知恵が詰まった解説書だと自負します。

監修者　内田忠賢

本書の特長

1 日常学習のための参考書として最適

本書は，高校での「地理探究」の教科書にあうように，教科書の学習内容を多くの小項目に細分して編集し，冒頭には「地理総合」のふりかえりをのせています。学校での授業の進行にあわせて，しっかりと予習や復習をすることができます。さらに，本文の重要用語を集めた「要点チェック」も用意しているので，定期テストの準備に使うこともできます。

2 学習内容の要点がハッキリわかる編集

皆さんが参考書に最も求めることは，「自分の知りたいことがすぐ調べられること」「どこが重要なのかがすぐわかること」ではないでしょうか。

本書ではこの点を重視して，小見出しを多用することでどこに何が書いてあるのかが一目でわかるようにし，また，学習内容の要点を太文字や赤文字，重要な文章を黄下線ではっきり示すなど，いろいろな工夫をこらしてあります。

3 見やすく豊富な図表や写真

地理を理解するうえで，図表やグラフは不可欠なものです。本書では，適所に図表やグラフを掲載しています。図表は，視覚的に理解できるように工夫しています。また，統計は新しい数値をもりこんでいます。写真も，「百聞は一見にしかず」という意味で，理解を助けてくれます。

4 高校地理がより深く理解できる

本書では，まずはじめに，そのチャプターの全体的なまとめを示したうえで，解説に入っています。解説は，本文のほかに，理解を助けたり，深めたりする「用語」「補説」をつけています。しかし，それらにはあまりこだわらず，まず学習内容の大筋をつかんでください。本文中にある「ポイント」は，必ず覚えるようにしましょう。

本書の活用法

1 学習内容を整理するために

「まとめ」は，各チャプターのはじめにあって，そのチャプターで学ぶすべての学習項目をまとめています。そのチャプターの全体像をつかむことができます。

「ポイント」は，絶対に理解して覚えなければならない重要ポイントを示しています。テストでも，よく取りあげられる点ばかりです。

要点チェック

「要点チェック」は，そのチャプターに出てきた重要用語のチェックをします。テスト前などには，必ずおさえておきましょう。

2 理解を深めるために

フィヨルド
(⊂> p.82)

本文では，重要な用語や人物名を太字で示しています。タイトルの太字にも注意しましょう。また，⊂> のさし示す参照ページの指示があるときは，必ずそちらも目を通してください。

補説
用語

「補説」は，より詳しい解説が必要な重要事項を取りあげています。「用語」は，本文中に出てくる重要用語の定義を示しています。複雑なことがらを整理するのに役立ちます。

\ TOPICS /

「トピックス」は，本文を深く理解するために，ほりさげた解説をしています。

「Q&A」は，多くの高校生が疑問に思うようなことがらを取り上げ，その疑問に対し，先生が答える形式で解説しています。

特集

「特集」は，新しい用語や本文で扱った用語をくわしく解説したページです。

もくじ CONTENTS

第1編 さまざまな地図や地理情報システム，地域調査

「地理総合」で学ぶ基礎的内容のうち，「地図と地理情報システム（GIS）」「地域調査」については，第1編にまとめ，それ以外は「地理探究」でより深く学ぶ内容として，第2・3編にふくめています。

第2編 現代世界の系統地理的考察

CHAPTER 4 人口，村落・都市

CHAPTER 5 生活文化と民族・宗教，国家

第3編 現代世界の地誌的考察

CHAPTER 1 地域区分と国家

CHAPTER 2 アジアとアフリカ

第4編 現代世界におけるこれからの日本の国土像

CHAPTER 1 持続可能な国土像の探究

第 **1** 編

さまざまな地図や地理情報システム，地域調査

····

1 ≫球面上の世界

まとめ

① 地球上の位置と時差 ☞p.13

□ 地球上の位置

- **地球**…半径が約6,400km，全周が約40,000kmの球体。
- **地球の表面**…海洋が約7割をしめ，陸地が3割。
- **緯度と経度**(いど けいど)…地球上での地点を特定する角度。赤道と本初子午線(せきどう ほんしょ し ごせん)が基準。
- **対蹠点**(たいせきてん)…地球上で正反対になる地点。

□ 時差(じさ)

- **地軸の傾きと日中時間**(ちじく)…低緯度に対して，高緯度ほど夏の日中時間が長く，冬の日中時間が短くなる。
- **標準時**…一定の地域ごとに共通の時刻(標準時)が定められている。日本の標準時子午線は東経135度。
- **時差**…原則として経度15度で1時間の時差が生まれる。
- **サマータイム**…高緯度地域で日中時間が長くなる夏に，時刻を1時間早める制度。

② 地理的視野の拡大 ☞p.18

□ 世界

- **古代の世界観**…円盤説(えんばん)から球体説に変化し，地理的情報も増加。
- **中世**…キリスト教的な世界観が強まったヨーロッパで円盤説に後退。イスラーム世界では東アジアまで描いた地図が作成された。
- **近代以降**…地球球体説が復活。大航海時代(だいこうかい)に南北アメリカ大陸が"発見"されるなど，地理的知識が拡大。

□ 日本

- **近世以前**…奈良時代に作成されたとされる行基図(ぎょうき ず)が利用されてきた。
- **近世後期**…測量技術が伝わり，伊能忠敬(い のうただたか)により実測図(じっそくず)の作成が開始された。
- **近代以後**…陸軍(陸地測量部)が地図を作成。現在は国土地理院(こくど ち りいん)が引き継いでいる。

1 地球上の位置と時差

▶ 私たちの暮らす世界は球面上に広がっており，位置は緯度・経度で考える。緯度の違いが日中時間と日照量の違いをもたらし，経度の違いが時差を生みだしている。

1 | 地球上の位置

1 私たちが暮らす地球

❶地球の大きさ　地球は，半径が約6,400km，**全周が約40,000km**の球体である。ただし，北極と南極を結ぶ地軸を中心に自転しているため，赤道方向に若干膨らんだ回転楕円体で，赤道の全周(約40,075km)の方が子午線の全周(約40,009km)よりやや長くなっている。

❷地球の表面　地表面は海洋が大部分をしめている。海洋と陸地との比率はおよそ7：3となっている。

2 緯度と経度

❶緯度　地球の中心からみて，その地点と赤道との間に生まれる南北方向の角度。同じ緯度の地点を結んだ線を緯線とよび，赤道と平行する。赤道から北極までが北半球で緯度は北緯，赤道から南極までが南半球で緯度は南緯となる。

▲緯度と経度

❷経度　地球の中心からみて，その地点と本初子午線との間に生まれる東西方向の角度。同じ経度を結んだ線を経線(子午線)とよぶ。本初子午線から東側が東半球で東経，本初子午線から西側が西半球で西経となり，東経180度と西経180度は一致する。

❸対蹠点　地球上のある地点に対し，その正反対に当たる地点を対蹠点という。東京(東経140度・北緯36度)の対蹠点は，南大西洋の西経40度・南緯36度となる。

★1 現在，世界の位置を表す基準となっている世界測地系は，地球の正確な形である楕円体に基づいて定義されている。

★2 北極と南極を通るように地球を切断した際の円弧。

★3 フランス中西部のナント付近を中心とする半球は，陸地の80％以上をふくみ，陸地面積の割合が約47％で最も高くなるため，**陸半球**とよばれる。反対にニュージーランド沖のアンティポディーズ諸島を中心とする半球は，海洋面積の割合が約90％で最も高くなり，**水半球**とよばれる。

★4 緯度は0度。

★5 イギリスのロンドン郊外に位置する旧グリニッジ天文台を通る子午線(経線)。1884年の国際子午線会議で経度0度に定められた。

1 球面上の世界

2 | 時差

1 日中時間と時差

❶地軸の傾き　地軸(自転軸)は公転面に対して，約66.6度(66度34分)の傾きを保っている。そのため夏至の正午に太陽は北緯23.4度(23度26分：北回帰線)の真上に到達し，北半球では日中時間(昼間時間)が最も長くなる。反対に冬至の正午に太陽は南緯23.4度(23度26分：南回帰線)の真上に達し，北半球では日中時間が最も短くなる。

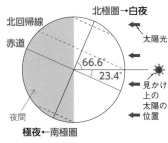

▲夏至の日の太陽と地球

❷緯度と日中時間　日中時間と夜間時間は，赤道上では年間を通して12時間ずつとなるが，**緯度が高くなるほど夏は日中時間が長く，冬は夜間時間が長くなる。**夏至には，北緯66.6度(66度34分：北極線)以上で太陽が一日中沈まない白夜となり，冬至には太陽が一日中昇らない極夜となる。北極線以北を北極圏とよび，同様に白夜や極夜が発生する南緯66.6度(66度34分：南極線)以南を南極圏とよぶ。[★1]

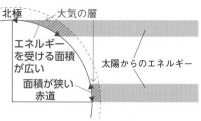

▲緯度と太陽エネルギーの受容量

補説　**緯度と日射量との関係**　低緯度では太陽の高度が高く，高緯度では太陽の高度が低くなる。そのため，同量の太陽エネルギーを受け取る地表の面積が，低緯度では狭く，高緯度では広くなる。言い換えると，高緯度では単位面積当たりのエネルギーの受容量が少なくなるので気温が上がりにくい。さらに，高緯度に到達する太陽光は厚い大気層を通過する際にエネルギーが失われることも同様の効果をもたらしている。

　　　高緯度では季節によって太陽高度の変化や日中時間の変化が大きく，日射量の季節変化も大きくなるため，気温の変化(年較差⊃ p.93)も大きくなる。

❸標準時と時差　理論的には太陽が南中した瞬間が正午である。ただし自転している地球上では，正午を迎える地点が連続的に移っていくので，一定の地域ごとに共通の時刻(標準時)が設定されている。[★2]地球は24時間でほぼ1回転するので，**原則として経度15度ごとに1時間ずつ標準時がずらされており**，[★3]2つの地点間の標準時の差を時差とよぶ。本初子午線を基準とする国際的な時刻はグリニッジ標準時(GMT)とよばれる。[★4]

★1　北極圏や南極圏では高緯度になるほど，夏に白夜，冬に極夜となる期間がより長くなる。

★2　標準時は1つの国に1つとは限らず，アメリカ合衆国には本土だけで4つの標準時が存在する。対照的に中国では，全土の標準時がペキン時間に統一されている。共通の標準時で帯状に区分された地域を等時帯とよぶ。

★3　360度÷24時間＝15度／時間

★4　天文観測に基づくGMTに対し，現在は誤差の小さい原子時計が刻む協定世界時(UTC)が時刻の基準となっている。

❹**日付変更線**　各国・地域の標準時は，グリニッジ標準時(本初子午線)を基準に東はプラス，西はマイナスの時差で表す。[★5] 東経180度はプラス12時間，西経180度はマイナス12時間となるので，180度の経線にほぼ沿うように日付変更線が設定されている。[★6] 日付変更線を西から東に越えるときには，日付を1日遅らせる。日付変更線を東から西に越えるときには，日付を1日進める。[★7]

> 補説　**インドのICT産業**　インドでは，1990年代以降，おもにアメリカの企業から業務委託を受けてICT(情報通信技術)産業が急成長した。インドの国土のほぼ中央を東経80度の経線，アメリカの国土のほぼ中央を西経100度の経線が縦断していることに着目すると，両国は昼夜がほぼ逆転する位置関係にあることに気づく。厳密には，東経82.5度を標準時子午線とするインドはGMT＋5時間30分，ICT産業の中心地であるアメリカのシリコンヴァレー(標準時子午線は西経120度)はGMT－8時間で，13時間30分の時差がある。アメリカが夜を迎えている間に，日中のインドでデータ処理業務を引き継げるなど，ソフトウェアの効率的な開発が可能であったことが，インドでICT産業が急成長した一因とされる(⇨ p.367)。

❺**サマータイム**[★8]　緯度が高いほど日中時間の季節変化が大きくなる。夏の日の出が早く，日没が遅い高緯度に位置する国や地域では，仕事の時間(ビジネスアワー)を前倒しして，日没までの時間を余暇などに有効活用できるように，期間中の時刻を1時間早めるサマータイム(夏時間)を導入している例がみられる。サマータイムに切り替わると，それまで午前8時であった時刻が午前9時となる。

> 補説　サマータイムは，多くのヨーロッパ諸国や北アメリカの広い地域などで採用されている。日本でも連合国軍の占領下にあった1948年から実施されたが，過重労働などで国民の不評を買い，4年で廃止された。EUでも2021年をもってサマータイムが廃止される方針であったが，新型コロナウイルスの流行やロシアのウクライナ侵攻などの対応で最終決定に到っておらず，2023年も3月末からサマータイムが実施された。一方，アメリカでは，2022年にサマータイム恒久化の法案が上院で可決された。下院でも可決され，大統領が署名すると法律化されるが，審議はすすんでおらず，2024年も通常実施の予定。

★5　日本の標準時(JST)は，兵庫県明石市を通過する東経135度に基づいて設定されており，GMT＋9時間となる。

★6　キリバスは，国土が日付変更線をまたぐ形で1979年に独立した。1995年に日付変更線東側の領域の日付を，西側の領域の日付に統一したので，付近では日付変更線が西半球側に突出している。

★7　マゼラン一行が，初めて世界周航に成功したとき，西回りに一周していたので，彼らの航海日誌は1日不足していた。当時，日付変更線の考え方が知られておらず，日付を進めなかったためである。

★8　デイライト・セービング・タイム(DST)ともいう。

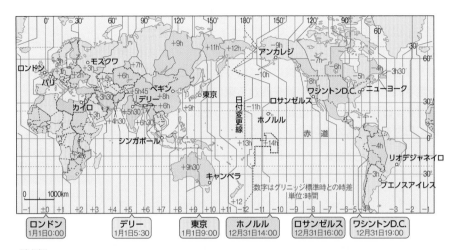

ロンドン	デリー	東京	ホノルル	ロサンゼルス	ワシントンD.C.
1月1日0:00	1月1日5:30	1月1日9:00	12月31日14:00	12月31日16:00	12月31日19:00

▲等時帯　太平洋のキリバスなどでは，日付変更線が国土の東端になる（⊂⊃p.15）。

POINT!

・地球は全周が約4万kmの球体で，海洋と陸地の面積比は7：3。
・高緯度ほど夏季の日中時間が長く，冬季の日中時間が短い。
・時差 ┤原則として，**経度15度ごとに1時間の時差**が生じる。
　　　└ **日本（東経135度）**の時間は，ロンドンより9時間進んでいる。

─\ TOPICS /─

時差の問題を解く

● 時差の問題を解く3つのポイント

①経度と時差…原則として，経度15度の差で，1時間
　の時差が生まれる。

②時間が進んでいるか，遅れているか…地球上の2地
　点間では，東側の方が常に時間は進んでいる。東へ
　向かうと時刻を進め，西に向かうと時刻を戻す。
　本初子午線からみて，東半球は時刻が進み，西半球
　は遅れている。

③日付変更線を越えるとき…日付変更線を西から東に
　越えるときは，日付を1日進める。東から西に越え
　るときは，1日遅らせる。

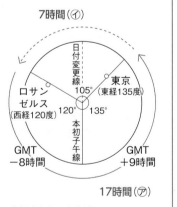

▲北極点からみた地球

● 例題1

　東京が1月1日10時のとき，西経120度を標準時子午線とするロサンゼルスでは，何月何日の何時になるか？

≪解き方その1≫

　日付変更線を越えないように考える→ポイント①から，東京とロサンゼルスの時差は17時間。ポイント②から，東京がロサンゼルスよりも17時間進んでいる（⑦）。ロサンゼルスは，1月1日10時より17時間遅れた12月31日17時となる。この解き方ではポイント③は使わない。

≪解き方その2≫

　日付変更線をまたいで考える→ポイント①から東京とロサンゼルスの経度差は360°－（135°＋120°）＝105°と求められ，7時間の時差となる。ポイント②から，東京より東に位置するロサンゼルスは7時間進んでおり（④），1月1日17時となる。ポイント③より，日付変更線を西から東に越えるので，日付を1日遅らせて12月31日17時と求められる。

● 例題2

　近年，リアルタイムで野球のメジャーリーグの試合を日本で観戦することができる。ロサンゼルスで現地時間6月10日19時に開始される試合は，日本時間では何月何日何時に始まるか？　ただし，ロサンゼルスではサマータイムが実施されている。

≪解き方≫

　ロサンゼルスで実施されているサマータイムは，平常時より時刻を1時間早める制度である。サマータイム期間中の19時は，平常時では18時にあたる。例題1で確かめられた通り，東京（日本）はロサンゼルスより17時間進んでいるので，ロサンゼルスの6月10日18時は，日本では6月11日11時と求められる。

● 例題3

　現地時間の6月10日11時25分にロサンゼルスを出発した航空機が，東京に日本時間の6月11日15時25分に到着した。この航空機の飛行時間は何時間か？

≪解き方その1≫

　時差のある2地点間を移動する際には，どちらかの地点の時間に固定して考える。

　ロサンゼルスの時間で考える→例題2より，サマータイム期間中は東京の時間がロサンゼルスより16時間進んでいる（平常時は17時間進んでいる）。航空機が東京に到着した日本時間6月11日15時25分は，ロサンゼルスの時間では6月10日23時25分になる。よって，飛行時間は12時間となる。

≪解き方その2≫

　東京（日本）の時間で考える→航空機がロサンゼルスを出発した時刻は，16時間進んでいる東京（日本）の時間では6月11日3時25分になる。到着した時刻が6月11日15時25分なので，飛行時間は12時間となる。

2 地理的視野の拡大

▶ かつて人々は，地球を円盤状の空間としてとらえていたが，次第に球体として認識されるようになり，地理的な情報も次第にふえていった。描かれる地図が正確になるとともに，世界の広がりも正しく認識されるようになった。

1 世界

1 古代の世界観

❶**地球円盤説**　現存する最古の地図は，イラク南部で発見された粘土板に刻まれた世界図。古代バビロニアの主都バビロンを中心とし，ユーフラテス川が流れるバビロニアの陸地を海洋が取り囲んでいるという**円盤状**の世界観がうかがえる。ヘカタイオスの世界地図[2]から，古代ギリシャでも紀元前5世紀頃まで，地球円盤説が信じられていたことがわかる。

★1 紀元前6世紀頃のものと推定されている。イギリスの大英博物館が所蔵。

★2 陸地をとりまくOCEANUS(オケアノス)がOcean(海洋)の語源。インダス川流域まで認知されていたことがわかる。

1 海
2 山
3 バビロン
4 小都市
5 ユーフラテス川
6 湿地帯
7 ペルシア湾
8 未知の大陸

▲古代バビロニアの世界図　　▲ヘカタイオスの世界地図

❷**地球球体説**　地球を球体とみなす考えは，ピタゴラス[3]が唱えたが，アリストテレスが紀元前4世紀頃に月食時に観察できる地球の影から**地球球体説**を証明した。

　エジプトの**エラトステネス**は，紀元前3世紀に地球球体説に基づき，子午線の全周を約44,500kmと算出した。プトレマイオス[4]は**球体である地球を円錐面に投影する図法**を考案した。

★3 紀元前6世紀頃のギリシャの哲学者・数学者。ピタゴラスの定理の発見者。

★4 2世紀のギリシャの天文学者・数学者・地理学者。英語ではトレミーとよばれる。彼が作成した地図の範囲は，地球全体の約4分の1にあたる。

1

球面上の世界

補説　**エラトステネスの子午線測定**　ナイル川河口付近の
アレクサンドリアと中流のシエネ(現在のアスワン)はほぼ南
北の位置関係にあり, 両都市間の距離は約890kmであるこ
とが知られていた。夏至の正午に真上(天頂)から太陽光が降
り注ぐシエネに対し, アレクサンドリアでは影を利用するこ
とで真上より7.2度(7°12′)の傾きをもって太陽光が差し
込むことを確かめたエラトステネスは,

$$7.2(度):360(度)=890(km):x(km)$$

より, x＝44,500kmと子午線の全周を求めた。

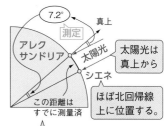

[夏至の日の正午]

7.2°
真上
測定
アレクサンドリア
太陽光
太陽光は
真上から
シエネ
この距離は
すでに測量済
ほぼ北回帰線
上に位置する。

両都市間の距離は7.2°に対応
するので, 360°に相当する子
午線の長さを計算できる。

▲エラトステネスの測定

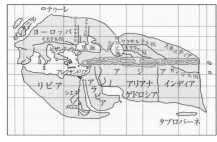

▲エラトステネスの世界地図
はじめて経緯線が使われているが, いずれも直線。

▲プトレマイオス(トレミー)の世界地図　エラト
ステネスの考えを継承した地図。地表を球面と
みなし, 緯線が曲線で描かれている。

2 中世の世界観

❶キリスト教の社会　中世ヨーロッパではローマ＝カトリッ
クの権威が強まり, **地球球体説が否定されて聖地エルサレム
を中心とする世界観が支配的になるとともに, 地理的知識も
後退して, TOマップ**★5が作成された。ただし, 地中海での交
易がさかんになり, **羅針盤**★6が使用されるようになると, ポル
トラノ海図★7とよばれる航海用の地図も作成された。

★5 キリスト教的
世界観に基づく地図。
オケアノスに囲まれ
た円形の大地は, タ
ナイス川(ドン川),
地中海, 紅海(また
はナイル川)でアジ
ア, ヨーロッパ, ア
フリカに分割されて
いる。上端(東方)に
楽園(パラダイス)を
想定している。

★6 磁石の針が南
北を指すことを利用
して, 方位を知るた
めに用いる器具。コ
ンパス。

★7 各所に方位盤が,
放射状の方位線とと
もに描かれている。

▲TOマップ

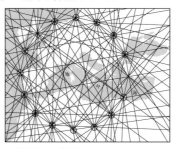

▲ポルトラノ海図

❷**イスラームの世界**　ヨーロッパと対照的に，イスラーム（イスラム教）が広まった地域では，プトレマイオスの世界地図が受け継がれ，新たな地理的知識も蓄積した。北アフリカのイドリーシー[★8]は，東アジア付近までを描いた世界地図を作成した。

 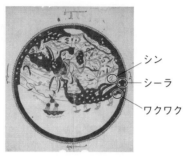

シン
シーラ
ワクワク

▲**イドリーシーの世界地図（左）**　上が南，下が北を指している。上下を反転させた右図で，シン（中国），シーラ（新羅）との位置関係を考慮すると，ワクワクは日本（倭国）を指すと考えられる。

❸**地球球体説の復活**　ヨーロッパでは，十字軍の遠征をきっかけにイスラーム世界と接触する機会がふえた。さらにマルコ＝ポーロの『世界の記述（東方見聞録）』（13世紀末）などの影響も加わって，東方への関心が高まった結果，地球球体説が復活した。

③　近世以後の世界地図

❶**大航海時代**[★10]　ヨーロッパでは，15世紀末から16世紀にかけて，多くの航海者や探検家が活躍し，その地理的知識は急速に拡大した。

❷**トスカネリの世界地図（1474年）**[★11]　地球球体説に基づき，ヨーロッパの西方にアジア（インド）を配置。アメリカ大陸の"発見"につながるコロンブスの西航に影響を与えた。

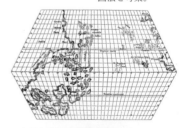

▲**トスカネリの世界地図**

❸**マルティン＝ベハイムの地球儀（1492年）**　現存する最古の地球儀。プトレマイオスの地図を基に作成されており，南北アメリカ大陸は描かれていない。

❹**メルカトルの世界地図（1569年）**[★12]　正角円筒図法（メルカトル図法 ⇨p.28）で作成された世界地図。

▲**マルティン＝ベハイムの地球儀**

★8 モロッコ出身の12世紀の地理学者。スペインのコルドバで学び，地中海諸国を歴訪した。

★9 ヴェネツィアの商人・旅行家。元王朝に仕えるなど17年間をペキンで過ごし，東南アジア，南アジアを経て1295年に帰国した。"黄金の国ジパング"として日本の存在にも触れた。

★10 ヨーロッパでは「地理上の発見の時代」ともいわれる。これ以降，ヨーロッパ人の世界進出が活発化し，各地に植民地が拡大した。

★11 フィレンツェの医師・地理学者。コロンブスと交流があった。

★12 フランドル（現在のベルギー）の地理学者。地球儀を作製して，メルカトル図法を考案。

補説 **メルカトルの世界地図にみられる正確性と不正確性** メルカトルの世界地図には、ヨーロッパ周辺の様子や赤道の位置などがほぼ正確に示されている。また南北アメリカ大陸も描かれているが、北アメリカ大陸は誇大に表現されている。その原因には、天体を利用して比較的容易に求められる緯度に対して、経度の測定は困難であったことが関わっている。2地点間の時差から求められる経度は、持ち運びのできる正確な時計(クロノメーター)が開発

▲メルカトルの世界地図

された18世紀になってようやく測定が可能になった。さらにオーストラリア大陸と南極大陸が一体化して描かれるなど、ヨーロッパから離れた地域に関する正確な情報もまだ乏しかったことがわかる。

★13 18世紀末にカッシーニ一族が100年以上かけて、フランス全土の地形図を完成。

❺**産業革命後の地図** スネリウス(1617年)以後の測量技術の進歩にともない、ヨーロッパ諸国で正確な地図が作成された。★13

行基図▶

上が東、右が南になっている。室町時代に重用された百科辞書の『拾芥抄』にある。

2 日本

1 日本における地図の発達

❶**行基図** 奈良時代の僧侶である行基が作成したとされ、京都を中心に道路と諸国の位置を記している。

❷**長久保赤水の地図** 18世紀中頃、オランダを通じてヨーロッパの進んだ地図作成法が伝わり、初めて緯線と経線(方角線)を用いた日本地図が作成された。★1

❸**伊能忠敬の地図** 19世紀に、**伊能忠敬**が初めて**実測による精密な日本地図**の作成を開始した。伊能忠敬死後の1821年に、高橋景保により『**大日本沿海輿地全図**』★2として完成した。

❹**明治以後の地図** 国家事業として全国の測量が行われ、陸軍の陸地測量部が地形図の作成を行った。現在は国土交通省国土地理院が、地形図などの公的な地図を作成・発行しており、近年はWeb上で地理院地図(⏎p.40)も公開している。

★1 地理学者・儒学者であった長久保赤水が、1779年に『改正日本輿地路程全図』として大坂で刊行した。

★2 沿海部の正確性に対し、内陸部は空白が多く記述が乏しい。

POINT!

・世界観は、**円盤説**→球体説→円盤説(中世ヨーロッパ)→**球体説**と変化。
・南北アメリカ大陸の"発見"後の世界地図でも、緯度に対して経度は不正確であった。
・日本では、18世紀後半以降に近代的な地図が作成された。

2 》地図の役割

まとめ

SECTION 1 地球と地図 ☞p.24

□ 球面上の距離と方位

- **大圏コース**…地表の2地点間を結ぶ最短経路。**大圏航路**。
- **等角コース**…子午線との角度が常に一定に保たれる経路。
- **方位**…子午線方向が北―南で，これに垂直な方向が東―西。赤道上以外では，東―西は緯線方向と一致しない。

□ 球面の世界と平面の地図

- **地球儀**…地球をかたどる球形の立体模型。面積，距離，形，方位などを同時に正しく表現できる。
- **地図投影法（図法）**…球面を平面に描くための方法。正距・正積・正方位・正角の条件をすべて同時に満たすことはできない。
- **平面図法**…平面に地表の影を投影。いずれも中心からの方位が正しい。距離の正しい正距方位図法や面積が正しい**ランベルト正積方位図法**など。
- **円錐図法**…円錐面に地表の影を投影。正距円錐図法のほか，擬円錐図法の多円錐図法や**ボンヌ図法**（正積）など。
- **円筒図法**…円筒面に地表の影を投影。等角コースを表現できるメルカトル図法のほか，擬円筒図法の**サンソン図法**（正積），**モルワイデ図法**（正積）など。

SECTION 2 さまざまな地図とその利用 ☞p.31

□ 地図の分類

- **内容による分類**…各種の事象を網羅する一般図と特定の事象に限られる主題図。
- **表示法による分類**…紙に描かれたアナログ地図とコンピュータや携帯端末で利用するデジタル地図。

□ 統計地図

- **絶対分布図**…絶対量の分布を，点・線・図形などで表現。ドットマップ，図形表現図，等値線図，流線図など。
- **相対分布図**…割合などの相対量の分布を，色彩や模様で表現。階級区分図，メッシュマップなど。

③ 地形図・地理院地図とその利用 ☞p.36

☐ **地形図**

- ・地形図…UTM図法で作成された国土地理院が発行する一般図。

☐ **地形図の読図**

- ・土地の標高や起伏…基準点の数値や等高線を手がかりに読み取る。
- ・土地利用や開発状況…地図記号や地名などを手がかりに読み取る。

☐ **地理院地図とその活用**

- ・地理院地図…国土地理院がWeb上で公開しているデジタル地図。
- ・地図の種類…標準地図，空中写真のほか，各種の主題図を閲覧できる。
- ・ツール機能…作図，計測，断面図の作成など各種の作業を行える。

④ 地理情報システム（GIS）の活用 ☞p.45

☐ **地理情報システム（GIS）**

- ・GISとは…さまざまな地理情報を地図化し，分析や判断を可能にする技術。
- ・地理情報…位置に関する空間情報と属性情報からなる。主題ごとにまとめられ，層（レイヤー）に表示することで，他の地理情報と重ね合わせられる。
- ・ベクター型のデータ…点・線・面で表現される地理情報。
- ・ラスター型のデータ…格子状のセル（ピクセル）で表現される地理情報。
- ・GNSS…人工衛星からの電波を利用して地球上の位置を測定するシステム。GISに必要な位置情報を提供。GPS（アメリカ），みちびき（日本）など。
- ・リモートセンシング…人工衛星などから地表を観測。
- ・GISの活用…カーナビゲーションシステムや地図アプリなどでの個人の利用，商圏分析やエリア・マーケティングなど私企業での利用，ライフラインの管理やハザードマップの作成など公益企業・自治体での利用など多岐にわたる。

☐ **さまざまなGISソフトとその活用**

- ・地理院地図…最も簡便なWeb GIS。さまざまな地図を重ね合わせたり，自分で新規レイヤーを追加したりできる。必要なレイヤーのみを表示できる地理院地図Vectorも公開されている。
- ・MANDARA…統計地図の作成に便利。国土数値情報も活用できる。
- ・e-Stat…国勢調査など政府が実施している統計のデータをダウンロードできる。
- ・RESAS…ビッグデータを用いて，統計地図の作成や地域調査に活用できる。

① 地球と地図

▶ 球面上に広がる世界では，2地点間の経路も距離も円弧上に表される。一方，立体を平面に完全に再現することは不可能で，いずれの地図も制約をかかえていることが，それぞれの特徴につながっている。

1 | 球面上の距離と方位

1 2地点間の経路

　球面上の2つの地点を直線で結ぶことはできない。**2地点間を結ぶ経路は，その2つの地点をふくむように地球を切断して生まれる円弧（えんこ）と一致し，距離は円弧の長さとなる。**

2 大圏（たいけん）コースと距離

　球面上の2つの地点を結ぶ経路を，最短で結ぶ直線に近づけるためには，地球の切断面を最大にすればよい。[★1] 小円に沿ったAPB（青線）よりも，大円に沿うAQB（赤線）の円弧の方が距離が短く，これが球面上での最短となる。地表で最短距離となる経路を，**大圏コース（大圏航路（こうろ）[★2]）とよぶ。通常，2地点間の距離とは，大圏コース上の最短距離**をいう。[★3]

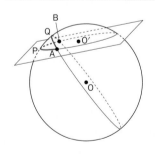

▲2地点間の経路　　▲地球の切断面の大きさと
　　　　　　　　　　　2地点間の距離

小円

約6,400km

大円

3 等角（とうかく）コース

　A地点からB地点に向かうときの舵角（だかく）[★4]が，常に一定に保たれる経路を等角コース（等角航路）とよぶ。2つの地点を移動する際には，大圏コースよりも遠回りとなるが，等角コースを進めば確実に目的地へ到達できる。

★1 地球の切断面が最大になるのは，地球の中心(O)を通るように切断するときであり，その半径は約6,400 kmになる。こうして生まれる円周を大円とよび，それ以外の切断面はすべて小円(中心はO′)となる。

★2 大圏とは，地球の中心を通る平面が地表と交わることでできる円のことであり，大円と同じ。よって，大圏コースを，大円コース(大円航路)ともよぶ。

★3 地形図に示された地域など比較的狭い範囲内での2地点間の距離の場合は，大圏コースに沿っていなくても，わずかな誤差として無視してよい。

★4 進行方向と子午線（こごせん）(経線（けいせん）)との角度。

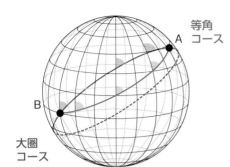

等角
コース

A

大圏
コース

B

▲球体上の大圏コースと等角コース

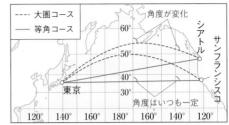

▲メルカトル図法での大圏コースと等角コース

2

地図の役割

補説 **大圏コースと等角コース**　大圏コースは，地表面の任意の2地点を最短距離で結ぶが，この経路を進むと舵角が場所によってどんどん変化していく。現在は人工衛星を利用したGNSS(⇨p.46)で正確な位置を知ることができ，それにあわせて舵角を変えていくことが可能であるが，かつては舵角を固定して確実に目的地に到達できる等角コースでの航海が行われた。正角図法のメルカトル図法(⇨p.28)は，現在地から目的地までの直線が等角コース(直線と経線との角度が舵角)となるため，海図として利用されてきた。

4 方位

　地表面の一点から見た別の地点の方向を方位とよび，**子午線（経線）方向の北―南，これに垂直な方向の東―西が基準**★5となる。球面上での方位は，2本の紙テープを垂直に交差させて地球儀にあててみればよい。地球儀上で1本を北極(北)と南極(南)を結ぶ子午線方向に固定すれば，もう1本の紙テープが延びる方向が東―西である。

★5　北・南・東・西の4方位のほか，それぞれの中間に北東・南東・南西・北西をとる8方位，さらに北北東・東北東・東南東・南南東・南南西・西南西・西北西・北北西を加えた16方位などが使われている。

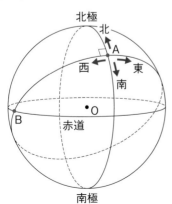

北極
北
A
西　東
南
B
赤道
O
南極

◀A地点からの方位

　南北方向に垂直な東西方向は，A地点と中心Oを通るように地球を切断した面の円周方向となり，赤道上のB地点はA地点からみると西に位置することになる。赤道上の地点以外では，東西方向が緯線方向と一致しないことに注意。

2 ｜ 球面の世界と平面の地図

1 地球儀と地球

　地球儀は，地球をかたどってつくられた球形の立体模型で，面積，距離，形，方位などを同時に正しく表現することができる。一方，球面の地表を縮小し，平面に変換して表示する地図[★1]には，必ず歪みが生じる。

❶地図が重視する条件　縮尺の小さい[★2]世界地図で，次のいずれかの条件が重要になるが，**すべてを正しく表現できない。**

　① 距離が正しく示されている＝**正距**[★3]

　② 面積が正しく示されている＝**正積**[★4]

　③ 方位が正しく示されている＝**正方位**[★5]

　④ 角度が正しく示されている＝**正角**[★6]

❷地図投影法　球体である地球表面の様子を，平面に描く方法。さまざまな地図投影法（図法）が考案されているが，それぞれ正しく表示できる条件が異なるので，目的に応じて選択する必要がある。

2 さまざまな地図投影法（図法）

❶平面図法　地球に1点で接する平面に地表の影を写しとる図法で，一般に図の輪郭は円形になる。**接点（図の中心）からの方位が正しく表現できるため方位図法ともよばれる。図の中心と任意の地点を結ぶ直線は，大圏コースにあたる。**

	正軸投影	横軸投影	斜軸投影
平面図法		赤道	

　① **正射図法**　視点を無限遠において投影。立体感をもって地球を見ることができるが，正積でも正角でもない。

　② **平射図法**（ステレオ図法）　視点を接点の反対側（対蹠点）において投影。正方位かつ正角。

★1 実際の距離と地図上の長さとの比率を，縮尺とよぶ。縮尺とは，本来，地図を作成するもとになった地球儀と地球の半径の比率を指した。

★2 地表の様子が大きく描かれている地図を「縮尺が大きい」，小さく縮小されている地図を「縮尺が小さい」という。縮尺は一般に分数で表され，5万分の1は20万分の1より縮尺が大きく，2万5千分の1より縮尺が小さい。

★3 地図は実際の地表を縮小して描いているので，厳密には相対的な距離関係が正しいということ。なお，正確に表現できる距離は，特定の方向または特定の地点からに限られる。

★4 厳密には相対的な面積関係が正しいということ。

★5 中心からの方位のみが正しい。

★6 角度が正しく表現できるため，比較的狭い範囲内の地表の形が，相似形で描かれる。

2
地図の役割

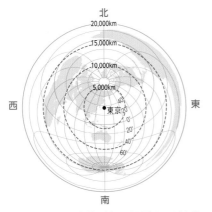

▲東京中心の正距方位図法　正距離かつ正方位。
赤点線は東京からの距離。

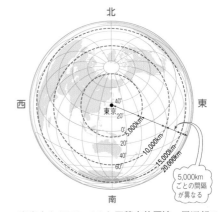

▲東京中心のランベルト正積方位図法　周辺部の
経緯間隔が縮む。正積かつ正方位。

5,000km
ごとの間隔
が異なる

③ **心射図法**　視点を地球の中心において投影。周辺が極端
に拡大し，半球図も描けない。任意の２点を結ぶ直線は
大圏コースを指すが，距離は不正確。

④ **正距方位図法**　図の中心からの距離と方位が正しく，航
空図に利用される。全球図では，外周が中心の対蹠点と
なる。極を中心とした場合，緯線が等間隔の同心円となる。

⑤ **ランベルト正積方位図法**　正距方位図法に似ているが，
方位と面積が正しく，距離は不正確[7]。図の周辺部で形の
歪みが大きい[8]。

❷ **円錐図法**　地球にかぶせた円錐に
地表の影を写しとる図法。円錐を
展開すると図の輪郭は扇形となる
ので，その一部を長方形などに切
り取って利用することが多い。一
般に緯線は同心円[9]，経線は放射線
となる。

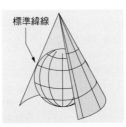

標準緯線

▲円錐図法

① **正距円錐図法（トレミー図法）**　標準緯線と経線方向の距
離が正しい。中緯度地方の地図に適する。

② **ランベルト正角円錐図法**　円錐図法を改良して正角とし
たもので，標準緯線に沿う地域は歪みが小さい。天気図
や100万分の１国際図などに利用。

★7 中心から離れ
るにつれ，距離が縮
小する。

★8 全球図では周
辺部が読み取りにく
くなるので，半球図
で使用されることも
多い。

★9 多くの円錐図
法が正軸投影で作成
されており，円錐と
地球はいずれかの緯
線で接している。地
球と円錐が接する緯
線を標準緯線という。

★10 平面図法，円
錐図法，円筒図法な
どを基に，数学的な
計算により条件が正
しくなるように改良
した図法を便宜図法
（任意図法）という。
円錐図法を基盤とす
る便宜図法は，擬円
錐図法とよばれる。

③ **多円錐図法**　緯度ごとにそれぞれ円錐をかぶせて，展開する図法で，多面体図法ともいう。地球儀の作成に利用する。

④ **ボンヌ図法**　円錐図法を改良して，正積図としたもので，緯線は等間隔の同心円。**世界全体を描くとハート形となり，周辺部の歪みが大きい。** 中緯度の大陸図（地方の地図）に利用。

● **円筒図法**　地球にかぶせた円筒に地球の影を写しとる図法。展開すると，図の輪郭は長方形で，緯線と経線はそれぞれ平行直線となり，直交する。

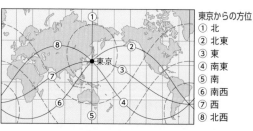

赤道

▲円筒図法

1 **メルカトル図法**　経緯線をすべて平行直線で描き，緯線間隔は経線間隔の拡大率と等しくなるように調整した**正角図法**で，各緯線上での形が正しく示される。**高緯度ほど距離と面積が拡大し，赤道上と経線方向以外の大圏コースはすべて曲線となる。** しかし，図中の**任意の2点を結ぶ直線は等角コースを示す**ので，古くから海図として航海に利用されてきた。

★11 ほとんどの円筒図法が正軸投影で作成されており，円筒と地球は赤道で接している。ただし地形図は，子午線で地球と円筒が接する横軸投影によるユニバーサル横メルカトル図法（UTM図法 ⊃ p.36）で作成されている。

★12 両極地方は，拡大率が無限大となるため描けない。

補説　**緯線の全周とメルカトル図法の拡大率**　赤道に対して，半径が2分の1になる緯度60度線の全周は約20,000kmになる。メルカトル図法では，赤道と同じ長さで描かれている60度の緯線は長さが2倍に拡大されている。そのため，面積は赤道付近と比べて4倍に拡大して描かれているということになる。

東京からの方位
① 北
② 北東
③ 東
④ 南東
⑤ 南
⑥ 南西
⑦ 西
⑧ 北西

▲**メルカトル図法の世界地図**　東京からの方位は①～⑧で示した線のようになる。この線が大圏コース（最短距離）にもあたる。

2 **ミラー図法**　メルカトル図法より高緯度の拡大率が抑えられて見やすいため，広く用いられているが，正角でも正積でもない。

★13 メルカトル図法とは異なり，両極を描くことができる。

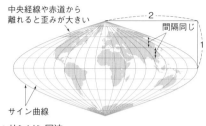

中央経線や赤道から
離れると歪みが大きい

間隔同じ

サイン曲線

▲サンソン図法

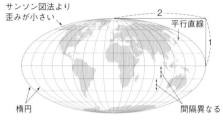

サンソン図法より
歪みが小さい

平行直線

楕円

間隔異なる

▲モルワイデ図法

2
地図の役割

③ **サンソン図法**　円筒図法を改良した便宜図法(擬円筒図法)で，正積。緯線は等間隔の直線で，長さの比は地球上での長さを反映している。中央経線以外の経線は，サイン(正弦)曲線。中央経線と赤道の長さの比は1：2で，低緯度地域の歪みは比較的小さい。

④ **モルワイデ図法**　円筒図法を改良した便宜図法(擬円筒図法)で，正積。緯線は高緯度ほど間隔が狭い。中央経線以外の経線は，楕円曲線でサンソン図法より高緯度地域が見やすい。

⑤ **グード図法**(ホモロサイン図法)　緯度40度44分より低緯度側をサンソン図法，高緯度側をモルワイデ図法で描き，両者を接合して海洋の部分で断裂させている。正積。

モルワイデ図法
40°44′
11.8′
サンソン図法
40°44′
11.8′
モルワイデ図法

▲グード(ホモロサイン)図法

POINT!

① **球面上の経路**┬**大圏コース**は地表の2地点を最短で結ぶ経路。2地点と地球の中心を通る切断面の円弧。
　　　　　　　└**等角コース**は子午線との角度が常に一定となる2地点間の経路。

② **図法**┬**平面図法**…地図は円形。正方位で，中心からの直線は大圏コース。
　　　├**円錐図法**…緯線が同心円。一部を切り取って大陸図などで利用。
　　　├**円筒図法**…緯線が平行線。高緯度ほど拡大。メルカトル図法は2地点を結ぶすべての直線が等角コースとなる。
　　　└**便宜図法**…条件を正しくするために工夫された図法。不自然な輪郭の世界地図は正積図法が多い。

┌ TOPICS ┐

正距方位図法を読み取ろう
せいきょほうい

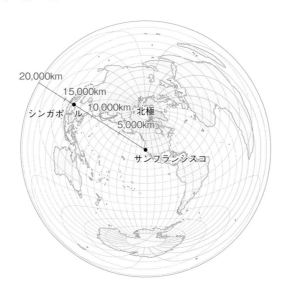

20,000km
15,000km
10,000km
シンガポール　北極
5,000km

サンフランシスコ

▲サンフランシスコ(北緯38度・西経122度付近)を中心とする
正距方位図法による世界地図(全球図)

● 中心から外周までの距離
たいせきてん

①外周は…中心からみた対蹠点にあたるの
で,南緯38度・東経58度付近(南アフリ
なんい　　　　とうけい
カ共和国沖合のインド洋南西部)というこ
とになる。

②距離は…地球全周の半分の長さなので,
約20,000kmである。

● サンフランシスコとシンガポールを結ぶ直線

①中心と任意の1点を結ぶ直線は…大圏コー
たいけん
スになる。

②両都市の距離は…サンフランシスコから
外周までの距離を基準にすれば,約
13,000kmであることがわかる。

③サンフランシスコからシンガポールの方
位は…正距方位図法は中心からの方位が

正しいので,北極方向を基準にして,北
西に位置することがわかる。

④シンガポールからみたサンフランシスコ
の方位は…南東(北西の反対)ではない。
赤道付近に位置するシンガポールからの
せきどう
南東方向は太平洋北部ではない⇒正距方
位図法の方位は,中心からだけが正しい!

② さまざまな地図とその利用

▶ 作成法，縮尺，表現内容や表示法で分類できる地図は，さまざまな場面で活用されてきた。統計地図やデジタル地図が普及した近年は，日常生活での利用機会がますます拡大している。

1 ｜ 地図の分類

1 作成法による分類

❶実測図　現地での測量や調査などをもとに作成した地図。日本では国土地理院が発行する国土基本図(2,500分の1, 5,000分の1)と2万5千分の1地形図のほか，海図，地籍図など。[★2][★3]

❷編集図　実測図をもとに編集・加工して作成された地図。日本では国土地理院が発行する1万分の1地形図(都市部)，5万分の1地形図や地勢図(20万分の1)，地方図(50万分の1)のほか，民間で発行される大半の地図も編集図である。

2 縮尺による分類

明確な定義はないが，一般に1万分の1以上を大縮尺，1万～10万分の1を中縮尺，10万分の1未満(世界地図をふくむ)を小縮尺という。

3 内容による分類

❶一般図　多目的に利用できるよう，**地形，道路，土地利用など各種の事象を網羅的に表現**した地図。国土地理院が発行する地形図，地勢図などが好例。地理院地図(⇨p.40)の標準地図も一般図。

❷主題図(特殊図)　**特定の事象をとりあげて表現**した地図。土地利用図，地質図，天気図，観光地図，鉄道路線図，道路地図，海図などのほか，各種の統計地図もふくまれる。[★4][★5]

4 表示法による分類

❶アナログ地図　従来の紙に描かれた地図や印刷された地図。古代バビロニアの粘土板に刻まれた地図もふくむ。

★1 平野とその周辺部で作成。家屋が1軒ずつ描かれ，都市計画などの基礎資料に利用される。

★2 船舶の航行や停泊に利用。海上保安庁の海洋情報部が作成。

★3 土地の所有関係を示す地図。課税や登記の基礎資料となる。

★4 土地利用の様子を，記号や色分けで区分した地図。国土地理院が発行。

★5 岩石の種類，地質の構造などを記号や色分けで区分した地図。

❷デジタル地図[★6]　さまざまな情報を数値データとして処理し，画像化した地図で**コンピュータや携帯端末を介して利用する。**専用のソフトウェアによる作成やウェブサイトでの閲覧・利用が可能。

★6　電子地図，数値地図ともよばれる。

╭─ TOPICS ╱─

デジタル地図の活用

● デジタル地図の利便性

　紙に印刷された地図では，その範囲外を閲覧することはできず，作成時と閲覧時のタイムラグを避けられない。それに対し，デジタル地図では，利用者が表示範囲を自由に変更したり，拡大・縮小したりできるほか，サービスの提供業者がデータを頻繁に更新するので最新状態の地図を閲覧することができる。

　またデジタル地図は，パソコンのほか，持ち運びが容易なスマートフォンやタブレット端末の画面に表示されるので，そうした装置さえあれば，いつでも，どこでも利用することができる。施設名や住所を検索すれば，目的地付近の地図を瞬時に表示したり，移動経路を知ることもできる。経緯度の特定，面積の計算，断面図の作成など，アナログ地図では面倒な作業も容易に行える。デジタル化された他の情報との統合(GIS ⊃p.45)により，さまざまな主題図の作成にも活用されている。

● Googleマップで移動経路を調べてみよう

　インターネット関連企業のGoogleがWeb上で提供している**Google マップ**は，最も普及しているデジタル地図の1つである。Googleマップの「ルート」検索で，出発地に「**京都駅**」，目的地に「**文英堂**」と入力すると，両地点の移動経路と所要時間が示される。例えば，徒歩で移動しようとすると34分ほどかかることが確認できる。公共交通機関を利用する場合，鉄道やバスによる経路がその時点に最も近い出発時刻とともに示される。もちろん，自動車で移動する場合についても，複数の経路や所要時間が表示される。

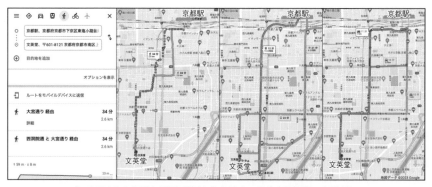

▲Googleマップに表示された経路と所要時間(左から徒歩，公共交通機関，自動車)

2 | 統計地図

1 統計地図の特色

統計地図は，各地の人口や生産量などの数量データ，気温や降水量などの観測データの分布を表現した主題図。統計数値の分布状況を視覚的にとらえることができる。

2 統計数値の特性に基づく分類

❶ **絶対分布図** 統計的な数値の絶対量[★1]の分布を，点の数や図形の大きさなどで直接表現した地図。分布の密度を正しく表現するためには，基図[★2]に正積図を用いる必要がある。

❷ **相対分布図** 統計的な数値の相対量[★3]の分布を，いくつかの階級に区分して表示した地図。

分類	統計地図の例
絶対分布図	ドットマップ，図形表現図，等値線図，流線図，変形地図(カルトグラム)
相対分布図	階級区分図，メッシュマップ

3 さまざまな統計地図とその利用

❶ **ドットマップ**[★4] 点(ドット)の数で数量を表現する。絶対量の分布を詳細に示すことができる。

❷ **図形表現図** 図形の面積や体積で数量を表現する。単位となる地域ごとの絶対量を示すのに適している。

❸ **等値線図** 等しい数値の地点を線で結び，分布の範囲を表現する。空間上を連続的に数値が変化する事象(気温，降水量，標高など)の分布を示すのに適している。

❹ **流線図** 人やモノの移動方向を矢印や線の向きで，移動量をその太さで表現する。人口移動や貿易状況を示すのに適している。

❺ **変形地図(カルトグラム)** 数量に応じて，対象となる国や地域の形や大きさなどを変化させた地図。

❻ **階級区分図**[★5] 割合や密度などの相対量を，いくつかの階級にわけ，単位となる地域ごとに模様や色彩で表現する。[★6]

★1 市町村別の人口や米の生産量など，「多い」「少ない」で表現することのできる数量のこと。

★2 ベースマップ(⮕ p.40)ともいう。地理情報を表示する際に位置関係などを示すための背景となる地図。

★3 人口増加率や農業産出額にしめる米の比率など，「数値Bに対する数値A」のような割合のこと。

★4 点描図ともよばれる。

★5 コロプレスマップ，段彩地図ともよばれる。

★6 対象地域の面積の大小によって過大または過小に見える可能性がある。

❼**メッシュマップ**　地域を等面積に区切ったメッシュ（網目）ごとに数値を階級区分し，それぞれのメッシュに模様や色彩を表示する。各メッシュの面積は同一になるので，ある事象の分布は必然的に密度（相対量）で示される。

補説 **絶対量と階級区分図**　人口や生産量などの絶対量は，単位となる地域が大きくなるほど多くなる性質をもった数量である。階級区分図では，数量の多さはすでに模様や色彩に反映されており，さらにその模様や色彩で対象地域を塗りつぶすと，面積の大きい地域が面積の小さい地域より誇張された印象を与える。そのため絶対量については，階級区分図を用いることは好ましくなく，図形表現図で表現するのがよい。一方，相対量は，単位となる地域の面積に左右されないので，階級区分図の利用が適している。

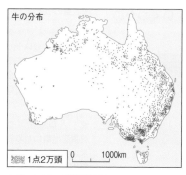

▲ドットマップ（点描図）

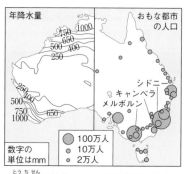

▲等値線図（左）　▲図形表現図（右）
円，球や長方形の面積で量を表現する。

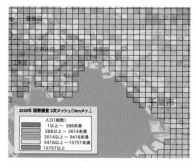

▲メッシュマップ

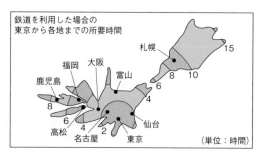

▲変形地図（カルトグラム）

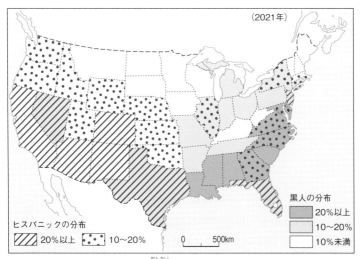

▲階級区分図(コロプレスマップ，段彩地図)

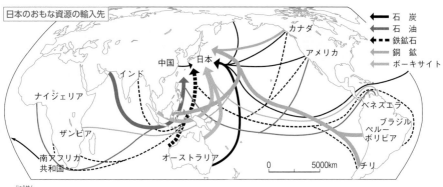

▲流線図

① 地図は，表示内容によって一般図・主題図に区分される。
② デジタル地図が普及し，日常生活での利用が拡大している。
③ さまざまな統計地図は，**数値の特性に応じて使い分ける。**

　絶対量→ドットマップ，図形表現図など
　　　　空間上を数値が連続的に変化する事象→等値線図
　　　　空間上を移動する事象→流線図
　相対量→階級区分図など

2

地図の役割

SECTION ③ 地形図・地理院地図とその利用

▶ 日本の国土の様子を網羅的に表現している地形図からは，地表の事物に関するさまざまな情報を読み取ることができる。近年は地理院地図がWeb上で公開されており，さらに利用の幅が広がっている。

1 地形図

1 地形図とは

❶地形図の概要　地形，植生，道路，土地利用，地名など，地表面のさまざまな事象の分布を，規定された図式に則って示す一般図。国土交通省国土地理院が作成。1万分の1，2万5千分の1，5万分の1の3種類の縮尺で作成。**2万5千分の1地形図のみが実測図で，他は2万5千分の1地形図をもとに作成した編集図。**

★1 2万5千分の1地形図と比べて表現内容は若干省略されている。また，2008年度から更新されておらず，最新状態と異なっていることがあり，注意が必要。

　補説　**地形図1枚（1図幅）の範囲**　5万分の1地形図では，経度差約15分（1度の4分の1），緯度差10分（1度の6分の1）の範囲，2万5千分の1地形図では，経度差約7.5分，緯度差5分の範囲が描かれている。したがって，1枚の5万分の1地形図には，2万5千分の1地形図で4枚分の範囲が描かれている。ただし，図式改正により，2003年以降に発行された2万5千分の1地形図では，図郭が約42cm×51cmに統一されて，それまでの緯度に応じた大きさの違いがなくなり，隣接図との重複部分も設けられている。

❷地形図の図法　地形図のように狭い範囲を表現する場合，どの図法を用いても大きな歪みは生じない。1960年頃までは多面体図法により作成されていたが，現在はユニバーサル横メルカトル図法が用いられている。

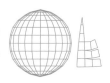

▲多面体図法の原理

　補説　**多面体図法**　地球の表面を多数の平面の集まり（多面体）と考えて，その1面に投影する。1枚の地形図は等脚台形となる。となりの地形図と1つの辺で貼り合わせていくと，すき間ができる。平面上でつないでいくことはできず，4枚の地形図をつなげば，まん中が盛り上がってしまう。

　補説　**ユニバーサル横メルカトル図法**　国際横メルカトル図法，UTM図法ともいう。地球の直径よりやや小さい直径の円筒を横向きにして，地表面にくいこんだ状態にし，緯度80度以下の地域を投影する。経度6度の範囲では同じ円筒に投影するので，すき間なく貼り合わせることができる。1枚の地形図は，不等辺四辺形となる。

投影面

経度6度

▲ユニバーサル横メルカトル図法

2 地図記号とその変化

❶**地図記号**　地形的な特徴や土地利用，建物・施設などを図案化したもの。**時代の変化にともなって図式の変更や地図記号の追加・廃止が行われてきた。**また，2万5千分の1地形図と5万分の1地形図で異なる記号もあるので，読図の際には凡例を確認するとよい。

❷**地形図の変化と地図記号**　従来の国土基本図に代わって2009年以降に電子国土基本図の整備が進み，2万5千分の1地形図も平成14年図式（3色刷り）から平成25年図式（多色刷り）へ更新されてきた。山地地形に陰影が加わったほか，建物を省略せずに1つひとつを描き，高速道路（緑色）・国道（赤色）・都道府県道（黄色）を色分けするようになった。また，**植生界，樹木に囲まれた居住地，桑畑，工場の地図記号など**が廃止され，**2019年には自然災害伝承碑が追加**された。

2 | 地形図の読図

1 土地の標高や起伏の読み取り

❶**基準点**　水準点（⊡）は，土地の高度を測定する水準測量の基準点で，主要道路沿いの約2kmごとに設置されている。三角点（△）は，地点の位置を測定する三角測量の基準点で，見通しの良い地点に設置されている。1990年代以降は，電子基準点（⚌）も設置されている。他に標高点（・）も描かれており，いずれの基準点にも標高が数字で示されている。

❷**等高線**　同一高度を結んだ閉曲線。等高線は土地を水平に切断した切り口にあたり，他の等高線とは交わらない。ただし，等高線から確認できないような小さな起伏（微地形）は，**土地利用や植生を手がかりにして標高を推測する。**

縮図　等高線	5万分の1	2万5千分の1	1万分の1 山地	1万分の1 平地,丘陵	記号
計曲線	100mごと	50mごと	20mごと	10mごと	——
主曲線	20mごと	10mごと	4mごと	2mごと	——
補助曲線	10mごと	5mごと 2.5mごと	2mごと	1mごと	- - -
補助曲線	5mごと				- - - -

2

地図の役割

★2 国土地理院が日本の平野部を中心に整備してきた大縮尺の基図。都市部は2,500分の1，農村部は5,000分の1の縮尺で，事物が詳しく描かれている。

★3 平成14年図式までは，集まった建物をまとめて示す総描が用いられていた。

★4 工場名や企業名が記載されている場合もある。

★1 土地の測量や地殻変動の監視を行うために，GNSS衛星（⇔p.46）からの電波を常時観測する施設。全国約1,300か所に設置されている。

★2 地図を作成する際に，現地測量や写真測量を行った地点。

★3 三角点は，見通しのよい建物の屋上などに設置されていることがある。その場合は地面の標高よりも高くなるので注意する。

◀**等高線の種類**
計曲線と主曲線は，崖やくぼ地などの変地形を除き，省略されない。補助曲線は傾斜の緩やかなところに随時描かれるので，急傾斜では省略される。

❸傾斜　等高線の間隔が密になっ
ている場所は勾配が急で，間
隔が広い場所は勾配が緩やか。

❹尾根と谷　両側よりも高い土
地に当たる尾根では，**等高線
が標高の高い場所から低い方
に向かって突き出すように分布する。**両側より低い土地にあ
たる谷では，等高線が標高の高い方に向かって突き出すよう
に分布する。尾根線は分水界，谷線は水系と一致する。

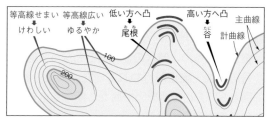

等高線せまい　等高線広い　低い方へ凸　　高い方へ凸　主曲線
けわしい　　ゆるやか　　　尾根　　　　　谷　　　計曲線

▲等高線とその読み方

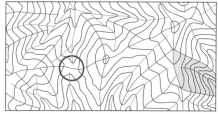

◀尾根線(赤)と谷線(青)
尾根は周囲より高いので，分水界(分水嶺)となる。
谷は周囲より低いので川が流れることが多い。○
で示した尾根線の鞍部を，峠という。なお，川に
水が集まってくる範囲を集水域とよぶ。

←この川の集水域は，
尾根と尾根の間で，
☐の地域である。

２ 土地利用や開発状況の読み取り

❶地形と土地利用　河川や湖沼などの水面が存在する場所が
低所。また一般に，**田が分布する土地が低地，畑や果樹園が
分布する場所や集落の家屋が立地する場所が高燥地**である。

❷施設の地図記号　建物や各種の施設と道路・鉄道との位置
関係に注意する。公共施設が集まっている地区が，その地域
の中心地と考えられる。

❸地名と地域の特徴　集落名などから，地域の開発の歴史を
推察できることがある。「条」「里」の付く地名は，古代の土
地制度，「新田」の付く地名は近世の開拓地と関係する可能
性がある。また，「大手前」「鉄砲町」や職業にちなんだ「材
木町」などの地名は城下町に多い。

❹新旧の地形図比較　地形図は作成された時点の地理情報が
記録・保存されているので，**新旧を比較することによって地
域の変化を読み取れる。**かつての地形図から情報を読み取る
ためには，現在は廃止されている地図記号について知ってお
くことも重要。例えば，昭和40年図式になるまで，田は乾
田(Ⅱ)，水田(Ⅱ)，沼田(Ⅱ)に分けて描かれ，畑は無記号で
空白部として示されていた。

★4　周囲より高く，
水はけの良い土地。
等高線の判読が困難
な微地形は，土地利
用から推測するとよ
い。

★5　碁盤目状に土
地を区画し，土地の
位置を表示する制度
を条里制とよぶ。

★6　近世の開拓地
に成立した集落を新
田集落とよぶ。

★7　乾田は稲刈り
後に水が抜けて乾燥
した田，水田は冬季
にも水を張っている
田，沼田はさらに泥
の深い田を指す。こ
うした区別は，戦前
に陸軍の陸地測量部
が地形図を作成して
いた名残で，部隊の
通行に必要な情報で
あった。

⫿ TOPICS ⫽

おもな地図記号

(1)基準点・境界等

△11.4　電子基準点　　　　—・—・—・—・　都府県界

△52.6　三角点　　　　　　—————　北海道総合振興局・振興局界

⊡21.7　水準点　　　　　　—————　市区町村界

・125　標高点　　　　　　— — — —　所属界

−125−　水面標高　　　　　・・・・・・・・・・・　特定地区界

(2)地形等

🜁　土がけ　　　　　🝆　噴火口・噴気口

🝆　岩がけ　　　　　≖　滝

🝆　岩　　　　　　　———　かれ川

🝆　雨　裂　　　　　　　　干潟

🝆　おう地　　　　　🜨　隠顕岩
（小）（大）

(3)交通施設等

════　4車線以上　　　　単線　駅　複線

════　2車線　　　　　　　　　　　　　JR線
（幅員13m以上）　　　側線

═══　2車線　　　　　　単線　駅　複線　JR線
（幅員13m未満）　　　　　　　　　　　以外

═══　1車線道路　　　　・・・・・・・・・　地下式鉄道

───　軽車道　　　　　════　路面の鉄道

─ ─ ─ ─　徒歩道　　　　　━〜〜〜　リフト等

════　高速道路

━━▼━━　国道（番号）　　　⫸⫷　}盛土部

════　都道府県道

━╫━╫━　有料道路　　　　　⫸⫷　}切取部

════════　庭園路　　　　　════　道路橋・高架

━━━━━━　石　段　　　　　━━■━━　鉄道橋・高架

(4)建物・施設等

▬▬　普通建物　　　◎　市役所　　　◇　税務署

◨◪　堅ろう建物　　　○　町村役場　　Y　消防署

▦◫　高層建物　　　　⌂　官公署　　　⊞　病　院

◫◈　無壁舎（温室等）　♠　裁判所　　　⊕　保健所

(6)平成25年図式・地理院地図で廃止

◤　（小）
◩　（大）　}建物密集地

▩　中高層建築街

▦▦　樹木に囲まれた居住地　　☼　工場　　　⊩自衛隊　　✳森林管理署　　Y桑畑

⊗　警察署　　　　　　🏭　煙　突

✕　交　番　　　　　　♉　電波塔

⊖　郵便局　　　　　　☼　灯　台

文　小・中学校　　　　♌　風　車

⊗　高等学校　　　　　⚓　港　湾

🏛　博物館・美術館　　⚓　漁　港

⊞　図書館　　　　　　▽　ダ　ム

⌂　老人ホーム　　　　→　水　門

卅　神　社　　　　　　‖　せ　き

卍　寺　院

⊡　高　塔

凵　記念碑

凵　自然災害伝承碑

⊓　城　跡

∴　史跡・名勝・天然記念物

⊥　墓　地

🜨　発電所等

⚒　採鉱地

♨　温泉・鉱泉

□　油井・ガス井

⌒　坑　口

(5)土地利用・植生等

〃　田

∨　畑

ᴑ　果樹園

∴　茶　畑

ⅲ　荒　地

Q　広葉樹林

∧　針葉樹林

ℓ　竹　林

⊤　ヤシ科樹林

ᶺ　笹　地

↓　ハイマツ地

③ 地図院地図とその活用

1 地理院地図とは

電子国土基本図[*1]をWeb上で発信するデジタル地図で，紙の地図のような境目がなく（シームレス），**ズームレベルを変えて自由に地図を拡大・縮小できる。** インターネットに接続できるパソコン，スマートフォン，タブレットなどで，いつでもどこでも利用できる。ベースマップに各種の主題図を重ねて表示したり，作図・編集を行ったりすることができる。

★1 国土地理院がとらえた日本の国土の様子を描いており，高速道路の開通など，地表の様子が変化した際にも，迅速に地図が更新される。

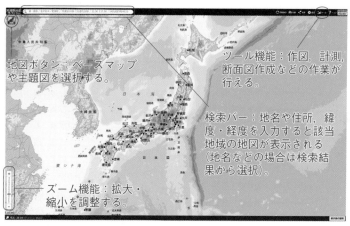

地図ボタン：ベースマップや主題図を選択する。

ツール機能：作図，計測，断面図作成などの作業が行える。

検索バー：地名や住所，緯度・経度を入力すると該当地域の地図が表示される（地名などの場合は検索結果から選択）。

ズーム機能：拡大・縮小を調整する。

▲地理院地図の初期画面

2 地図ボタン

ベースマップを切り替える。

❶**標準地図**　電子地形図と同様の色合いの一般図。ズームレベルは18まであるが，ズームレベル15～17が従来の地形図[*2]の表示内容にあたる。

★2 従来の地形図は範囲や大きさが固定されていたが，電子地形図は利用者が範囲・大きさ・内容を用途に応じて選んで，インターネットで購入できる。

▲**標準地図（大阪市）**　道路，鉄道，建物の分布や地名など，さまざまな地理情報が網羅的に示されている。拡大すればより詳細な情報が得られる。

❷淡色地図　淡い色で表示しているので，地図上に情報を追加する場合などに見やすい。

❸白地図　行政界・海岸線と都道府県名・市区町村名だけを表示した地図。

❹English　地名などを英語で表示した地図。

❺写真　ズームレベルに応じて最新の空中写真と衛星画像を表示。

3　地図の種類

ベースマップ以外にも，さまざまな主題図が表示できる。

❶年代別の写真　以前の空中写真を表示。★3

★3 対象地域により表示できる時代が異なる。「時系列表示」で確認できる。

▲年代別の写真（1961〜69年，大阪市）　大阪駅の北側にかつて存在した貨物駅や，現在は埋め立てられてしまった水路などが読み取れる。

❷標高・土地の凹凸　色別標高図や陰影起伏図★4，傾斜量図★5★6などを表示。

★4 「自分で作る色別標高図」では，最小0.5m単位で標高の分布を表示でき，自然堤防などの微地形も読み取れる。

標高・色分け
（凡例拡大）

▲自分で作る色別標高図（大阪市）　地盤沈下により標高がゼロメートル以下の土地が広がっていることや，大阪城の南西に台地が分布する様子が読み取れる。

★5 陰影の付いた白黒の地図で，地表の凹凸がよくわかる。

★6 白いほど地表面の傾斜が緩やか，黒いほど急であることを示す。

◀陰影起伏図（神戸市）　土地の起伏を感覚的にとらえやすい。北部や西部に分布する山地に対し，海浜部の低地や埋立地の平坦な様子が読み取れる。

❸**土地の成り立ち・土地利用**　活断層図，火山基本図，地形分類図，地質図，土地利用図などを表示。

▲**活断層図(神戸市)**　北東—南西方向にのびる縦ずれの活断層(赤い線)が，山地と平野の境界になっている様子が読み取れる。

❹**基準点・地磁気・地殻変動**　全国の基準点の位置や地殻変動等の観測を強化している地域などを表示。

❺**災害伝承・避難場所**　指定緊急避難場所(🏃)や自然災害伝承碑(🏛 ⇨ p.39)の位置を表示。

▲**淡色地図＋自然災害伝承碑(神戸市)**　阪神・淡路大震災と阪神大水害に関する自然災害伝承碑が数多く分布している。アイコンをクリックすると災害の内容が確認できる。

❻**近年の災害**　近年の地震，台風・豪雨等，火山がもたらした災害の発生地や写真，解析結果などを表示。

❼**その他**　地理教育に役立つ情報のほか，土地被覆・樹木被覆率，活火山の分布や人口集中地区など他機関の地理情報を表示。

★7　身の回りの土地(地形)の成り立ちと自然災害のリスクを示す。土地条件図，治水地形分類図などの地形分類データを統合して，2016年より公開されている。

★8　特徴的な地形や災害発生地の分布図と，国土地理院の関連サイトをリンクさせている。

4 ツール機能

❶**作図・ファイル**　地図中に点・線・面を追加して示す。地理情報はGISデータとして保存・読み込みができる。

❷**計測**　指定した地点間の距離や選択した範囲の面積を示す。

❸**断面図**　地図上でクリック(タップ)して指定した地点間の経路の地形断面図を表示する。

❹**比較**　2枚の地図(各種のベースマップや主題図)を同一画面で横に並べたり，重ねたりして表示する。

❺**3D**　一定の範囲の起伏を3次元の鳥瞰図で表示する。

❻**Globe**　地図を立体的な地球の画像上に表示する。

❼**その他**　指定された地点からの方位線や等距離圏を示したり，外部タイルを読み込んだりできる。

★9 国土地理院以外のサイトで公表されている地図タイル。地図タイルとは，メルカトル図法で作成された世界地図を，正方形に分割することを繰り返してできる地図画像のこと。

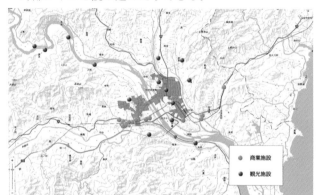

▲標準地図＋人口集中地区に点(アイコン)を追加(高知県)

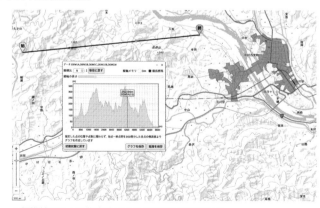

▲標準地図＋人口集中地区で断面図を作成(高知県)

2

地図の役割

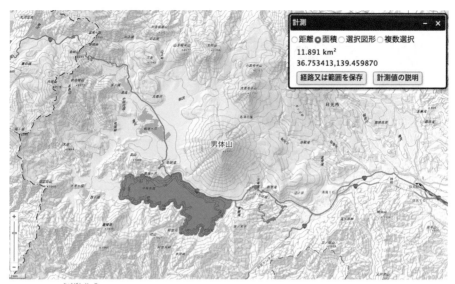

▲標準地図で中禅寺湖(紫色の範囲)の面積を計測(栃木県)

▲陰影起伏図で作成した男体山と中禅寺湖付近の３Ｄ図(栃木県)

POINT!

① 地形図は，さまざまな事象を網羅した一般図。３種類の縮尺がある。
② 地理院地図は，地形図と各種の主題図を統合したデジタル地図。
③ 地形図・地理院地図の読図
　├基準点，等高線→地形や土地の起伏が読み取れる。
　└地図記号，地名など→土地の利用や開発の状況が読み取れる。

4 地理情報システム(GIS)の活用

▶ 現実の世界を，さまざまな構成要素に分解し，それぞれを位置情報と紐づけることで地理情報として扱える。各種の地理情報を，目的や用途にあわせて再統合させることができる地理情報システムは，現実世界を把握し，分析するために有効なツールである。

1 | 地理情報システム(GIS)

1 地理情報システム(GIS：Geographic Information System)とは

記録・管理されたさまざまな地理空間情報[*1]を，地図に表示し，分析や判断を可能にする技術[*2]。地理情報は主題(顧客，鉄道・道路，標高など)ごとにまとめられ，層(レイヤー)として扱われる。現実の世界で複雑に絡み合って存在するさまざまな地理情報を分類し，抽象化・簡略化したデータとして処理することで，GIS上で可視化し，自由に

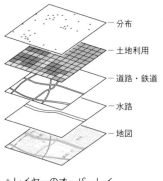
▲レイヤーのオーバーレイ
　(重ね合わせ)

― 分布
― 土地利用
― 道路・鉄道
― 水路
― 地図

重ね合わせたり，解析したりできる。そこから地理的な関係性や傾向を読み取ったり，最適解を導き出したりして，**合理的な意思決定や課題解決に役立てる**ことができる。

★1 単に地理情報ともいう。位置や形状に関する空間情報と付随する属性情報(名称，統計データ，説明など)で構成される。

★2 日本では，地理空間情報活用推進基本法(2007年施行)でGISの活用が謳われている。

2 地理情報のタイプ

❶**ベクター型のデータ**　座標と属性情報[*3]をもつさまざまな事物を，点(ポイント)，線(ライン)，面(ポリゴン)で表現。明確な境界をもつ事物の表現[*4]に適している。

★3 一般に経度と緯度。

★4 気温や降水量など，境界が不明瞭な事物の表示には適さない。

▲点データ
　(顧客の分布)

▲線データ
　(道路・鉄道)

▲面データ
　(行政区分)

2 地図の役割

補説　シェープファイル　シェープファイルは，GISのデータ形式の1つで，位置・形状と属性情報をもつベクター型データ（点，線，面）を記録できる。シェープファイルは複数のファイルで構成されるが，次の3つのファイルは必須で，1つでも欠けるとGISソフトでシェープファイルと認識することができない。

・必須の構成ファイル（ファイルの拡張子とその概要）

.shp…事物（図形）の座標を記録。

.dbf…事物（図形）の属性情報を記録。

.shx….shpの座標と.dbfの属性情報の対応関係を記録。

❷ラスター型のデータ　格子状に並んだセル（ピクセル）によって構成されるデータ。土地利用などの主題図を表示したり，標高や気温など連続的に変化する地理情報に適している。★6

★5 デジタルカメラで撮影した写真などと同様に画像ファイル（TIFF，BMPなど）で保存される。

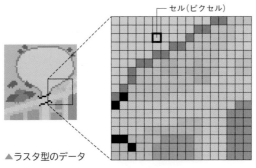

セル（ピクセル）

▲ラスタ型のデータ

★6 ラスター型データで表現できる最小単位はセルの大きさとなる。そのため拡大すると画像はギザギザになり，市町村界のように明瞭な境界をもつデータの表示には適さない。

❸3D GISデータ　X軸，Y軸にZ軸（高さ）を加えた3次元の地理的な座標値を持つデータ。地理情報を立体的に表現することが可能で，視覚的な効果が期待できる。

3　GISに関わる技術

❶GNSS（全球測位衛星システム）★7　人工衛星からの電波を利用して地球上の位置を測定するシステムで，緯度・経度などの位置情報が不可欠なGISを支える技術。アメリカ合衆国が整備したGPS★8，EUのGalileo，ロシアのGLONASSなどが代表例。GNSSで現在地を特定するには，4機以上の人工衛星からの電波を受信する必要がある。日本も準天頂衛星システムみちびき★9を運用している。

❷リモートセンシング（遠隔探査）　人工衛星や航空機を利用して，地表面や大気中の現象を観測・探査する技術。気象衛星を利用した天気予報のほかに，標高，土地利用，植生，海水温，温室効果ガスの分布など観測内容は多岐にわたり，GISを活用してさまざまな地図が作成されている。

★7 Global Navigation Satellite Systemの略。

★8 Global Positioning Systemの略。

★9 日本のほぼ真上を通る軌道をもつ人工衛星で，2018年から運用されている。他のGNSS衛星が山地や高層ビルにさえぎられているときにも電波が届くため，測位しやすくなる。

4　GISの活用

❶個人の利用　道路や施設などの地図データと現在地情報を統合させるカーナビゲーションシステム(カーナビ)★10やスマートフォンの地図アプリは最も身近な活用例といえる。

❷私企業の利用　国勢調査や経済センサスなどの統計情報，企業が保有する顧客情報，POSシステムによる販売情報などを統合させることができる。そうして商圏分析やエリア・マーケティング★11,12を行い，適正な店舗配置や販売計画などに役立てている。人々の日々の生活で生成されるビッグデータ★13は，地図上に可視化されるようになり，ビジネスでの利用が拡大している。

❸公益企業や自治体の利用　電気・ガス・上下水道・通信★14などのライフラインや道路，公共施設の整備・管理，都市計画の策定などに利用されている。また，GISを活用したハザードマップ(防災地図)の作成も各地ですすんでいる。

補説　**ハザードマップ**　地震，火山活動，洪水，高潮，津波，土砂災害など各種の自然災害による被害を予測し，危険箇所を表現した地図。災害時の避難経路や避難所などを示したものも多い。全国の市町村が作成したハザードマップを地図や災害種別から検索できる「わがままハザードマップ」や，関係機関が作成した防災情報をまとめて閲覧できる「重ねるハザードマップ」が，国土地理院のハザードマップポータルサイトで公開されている。

★10 自分の現在地と目的地との間のルートが検索できるほか，所要時間や有料道路の料金，リアルタイムの渋滞状況などを知ることができる。

★11 ある商業施設の勢力範囲の分析を行う。

★12 消費者の意識や生活習慣を把握し，地域の特性に対応した販売促進のしくみをつくること。

★13 全体を把握することが困難な膨大なデータ群をいう。

★14 東京ガスでは1984年以降，ガスの配管や利用者の情報を地図と結合させた施設管理システムを導入し，ガス漏れなどの事故に迅速に対応できる態勢を整えてきた。

▲「重ねるハザードマップ」に表示された高潮による浸水想定区域

2｜さまざまなGISソフトとその活用

1 地理院地図

❶概要　ベースマップにさまざまな主題図を重ねて閲覧できる地理院地図は，最も簡便なWeb GISである。ツール機能で商店の分布図を作成するなど，新規レイヤーも追加できる。

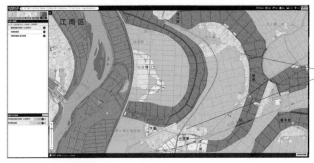

集落の分布と自然堤防の微高地が重なっている様子が確認できる。

▲標準地図と土地条件を重ね合わせている。

❷地理院地図Vector　2019年7月からベクター型データで地図データの試験公開が開始された。[1] 利用者は必要な地理情報が記載されたレイヤーを選択して表示したり，表示内容の色や太さを変更できるなど，自由に地図をデザインできる。

★1　2020年3月に公開対象地域が全国に拡大した。

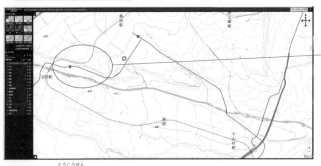

急斜面を避けるように鉄道や国道が敷設されている様子が読み取りやすい。

▲表示内容を等高線と国道・鉄道などに限定している。

2 MANDARA マンダラ ★2

❶概要　表計算ソフト(Excel)に入力された統計数値から統計地図を作成することができる。

★2 地理学者の谷謙二氏が開発したGISソフトで,無償でダウンロードできる。

2

地図の役割

▲表計算ソフト(Excel)に入力した都道府県別の人口データ(左図)をコピーした上で,MANDARAの起動画面で「クリップボードのデータを読み込む」を選択すると設定画面が現れる。ここで統計地図の種類の選択や凡例値の調整などが行えるが,都道府県別人口を表現する場合には絶対分布図である図形表現図(「記号モード」と表現されている)を選び,「描画開始」をクリックする(右図)。

❷国土数値情報の活用　MANDARAでは,国土数値情報★3のシェープファイルを読み込むこともできる。

★3 国土計画の策定に役立てるために,国土交通省が,地形,土地利用,公共施設などの基本情報をGISデータとして整備したもの。

◀国土交通省ホームページからシェープファイルをダウンロードし,MANDARAの起動画面で,「シェープファイル読み込み」→「追加」とすすんでいく。

3 e-Stat（政府統計の総合窓口）

　国勢調査など，政府が実施している統計データをダウンロードできる。地図（統計GIS）ボタンをクリックすると，主要統計を地図化できる。

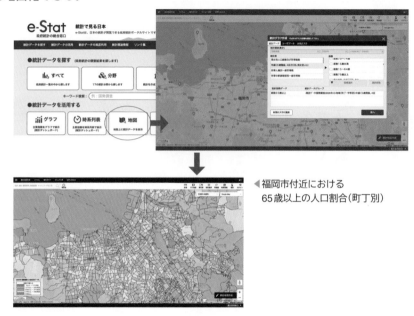

◀福岡市付近における
　65歳以上の人口割合（町丁別）

4 RESAS（地域経済分析システム）

　産業構造，人口動態，人の流れなどに関する官民のビッグデータを集約し，可視化するシステムで，経済産業省と内閣官房が提供している。統計地図の作成やグラフ化などにより地域分析が行える。

▲RESASのトップページ画面

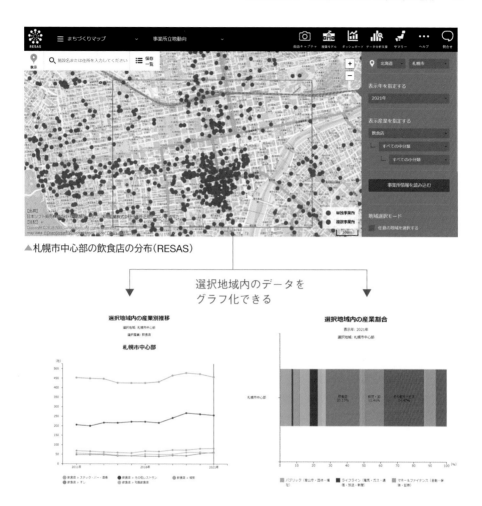

▲札幌市中心部の飲食店の分布（RESAS）

選択地域内のデータを
グラフ化できる

2

地図の役割

POINT!

①GIS（地理情報システム）…必要な地理情報を選択し，地図化して分析
　　できるしくみ。
②GNSS（全球測位衛星システム）などと連携して得られるさまざまな地
　　理情報は，インターネットで公開されており，多方面で活用されてい
　　る。
③無償で利用・入手できるGISソフトも多く，地域調査などに活用でき
　　る。

≫地域調査

地域調査 ☞ p.52

☐ **地域調査の準備**

・地域調査…地理的な技能を活用して，地域的な特色や課題をとらえようとする研究手法。
　①課題(調査テーマ)の設定
　②調査地域の選定
　③事前調査(デスクワーク)…地図，空中写真，統計データなどの資料を利用。
　④仮説立て

☐ **地域調査の実施**

・現地調査(フィールドワーク)…現地でしか集めることができない情報を入手する。聞き取りや資料の収集，地形や景観の野外観察，撮影などを行う。

☐ **調査の分析と発表**

・**調査結果の分析・考察**…グラフや地図，表などにまとめ，分析・考察する。
・**調査結果のまとめと発表**…調査結果とその分析・考察を報告書にまとめ，発表会などで発表する。→レポートやポスター，プレゼンテーション用のスライド。

---

① 地域調査

▶ 地域調査とは，地理的な技能を活用して地域的な特色や課題をとらえようとする研究手法をいう。準備，実施，分析・発表の手順で行われる地域調査は，生活圏などの身近な地域の課題を浮き彫りにすることができる。

1 │ 地域調査の準備

1 課題の設定

地域調査の目的を明確にし，その目的にあったテーマや課題を設定する。

2 調査地域の選定

　調査のテーマや課題にかなった調査対象地域や範囲を選定する。直接調査ができる生活圏など調査地域を決めてから，調査テーマや課題を設定してもよい。

3 事前調査（デスクワーク）

　現地に出かける前に文献，資料，統計データ，地図，空中写真などで，調査地域の全体像や概要をつかむ。データベース化された統計データをグラフ化したり，地図上に表示したりすることも有効である。

資料の種類	入手先
最新の地形図	書店，図書館，電子地形図25000，地理院地図
旧版の地形図	国土地理院，図書館
住宅地図	図書館，インターネット
都市計画図	市区町村の役所・役場
市区町村の人口統計や産業統計	市区町村のウェブサイト，RESAS，e-Stat（政府統計の総合窓口）
観光パンフレット	市区町村の役所・役場，駅，観光案内所
市区町村史など	図書館，郷土資料館

▲調査に関する資料と入手先の例

4 事前調査に必要な資料

　地域の概要を知るにはさまざまな地図，空中写真，市勢（町勢・村勢）要覧，国勢調査，ウェブサイトなどが有効である。道路地図，海図などのほか，各種の統計地図もふくまれる。

> 補説　ある地域の人口，社会，産業，交通などを知るためには，政府や自治体の統計資料（⇨p.50），商工会議所や農業協同組合などの各種資料が利用できる。ウェブサイトから入手できるものも多い。また，地域の歴史や文化を知るためには，郷土史誌，郷土資料館・博物館や観光協会の資料，調査地域のホームページなどが活用できる。

★1　地図に関しては，国土地理院の地理院地図（⇨p.40）や紙の地形図も閲覧できる。新旧の地形図を比較すると変化の様子がよくわかり効果的である。

5 仮説立て

　課題や問いに対して，事前調査によって得られた情報から仮説を立ててみる。仮説が正しいかどうかを確かめるための，現地での野外観察や聞き取り調査などの調査方法を考えていく必要がある。

▼現地調査における調査方法

野外観察	観察・観測したことを記録するための，地図・道具などを用意しておく。
聞き取り調査	事前に調査先に依頼をして予約を取っておく。質問事項をまとめておく。
写真撮影	事前に撮影ポイントのあたりをつけておく。被写体のプライバシーに留意する(人物を撮影する際には許可を取る)。
現地での資料収集	事前に資料がどこにあるか調べておく。必要なら訪問の予約をする。

/ TOPICS /

e-Stat(政府統計の総合窓口) (☞p.50)

　各府省庁が公表する統計データをまとめて閲覧することができる，総務省統計局の政府統計ポータルサイト。

● 統計データを探す

　統計を作成した府省ごとや分野別，キーワードなどから検索することができる。分野は，人口・世帯，農林水産業，企業・家計・経済，など17にわけられており，統計調査の名称がわからないときでも探しやすくなっている。また，キーワード検索では「野菜」などの単語からでも，関係する統計を絞り込むことができる。

● 統計データを活用する

　サイト内の統計データを，グラフや地図で表示し，ダウンロードすることもできる。「地図で見る統計(jSTAT MAP)」は，市区町村単位だけでなくメッシュデータでの表示も可能。

RESAS(地域経済分析システム) (☞p.50)

　内閣官房(デジタル田園都市国家構想実現会議事務局)及び経済産業省が，産業構造や人口動態，人の流れに関する官民のビッグデータを集約し，可視化するシステムとして提供。英語表記(Regional Economy(and) Society Analyzing System)の頭文字をとって「RESAS(リーサス)」とよばれる。

2│地域調査の実施

1 現地調査の計画

　現地を訪問する際には，効率的に調査できるように，調査日程と調査方法をあらかじめ検討する。また，訪問先へ依頼状を送付するなど事前に取材相手に連絡を取る。聞き取り調査やアンケート調査を実施する場合には，質問事項を整理しておく。

2 ルートマップの作成

　現地調査を効率的に行えるように，歩く道順など移動経路を示した地図（ルートマップ）を作成しておくと有効である。また，予定時間も検討しておく。

3 グループによる調査

　グループで手分けをして調査を行うことは有効である。その場合，事前に質問項目や調査内容を確認しておく必要がある。

4 持ち物

　フィールドノート，地形図，ルートマップ，磁石，スマートフォン，カメラなどの記録媒体を用意する。

5 現地調査（フィールドワーク）[1]

　関係者からの聞き取りや資料の収集，地形や景観の野外観察，写真や映像の撮影など，現地でしか集めることができない情報を入手するという目的がある。特に，野外観察や聞き取りでは，[2]その場で地図やフィールドノートに記録することが重要である。写真や映像を撮影する場合には，撮影される側のプライバシーに配慮することも必要である。

★1 野外調査ともいう。

★2 調査者自身が入手したオリジナルの資料や情報を，一次資料という。

┐ TOPICS ├

離れた地域の調査

● 文献や資料による調査

①文献や資料調査の意義

遠隔地や外国のように現地調査の実施が難しい場合は，文献や資料によって調査を行う。

②文献や資料調査の手順

まず調査の目的と課題，調査方法を明確にする。身近な地域と比較できる対象地域を選ぶと，目的，課題，方法などを設定しやすい。次に，文献や資料を実際に収集し，その後，分析と検討を重ねて報告書にまとめる。★4

③文献や資料調査の収集

地図帳や新聞記事のほか，旅行会社のパンフレットや市販の旅行ガイドブック，図書館などにある百科事典，年鑑類，専門書などを利用する。また，外国の調査の場合は，大使館や観光局への問い合わせも有効である。★5

④インターネットを利用

インターネットからはさまざまな情報を入手できる。しかし，ウェブサイトやSNS（ソーシャル・ネットワーキング・サービス）の情報には信頼できないものや，公正でないものなどがふくまれているので，数多くの情報から目的に応じたもの，信頼できるものを選択して利用することが必要である。現地の人への電子メールによる聞き取りを実施することもできる。

★3 調査地域の居住者や訪問者が近くにいる場合は，聞き取り調査も可能である。
★4 引用した文献（出典）は明記する。
★5 必要に応じて専門的な研究を行っている大学へ問い合わせるのもよい。

3 調査の分析と発表

1 調査結果の分析・考察

すみやかに調査結果を項目ごとに整理し，仮説が正しいかどうか検証を行うために，得られた情報を整理・分析する必要がある。その際，グラフや地図，表などにまとめることも有効である。事前調査で準備した各種統計や文献資料とも照合・比較を行い，仮説を検証する考察を行う。

2 再調査

考察段階において，現地調査が不十分であることが判明した場合や新たな問いや確認したい事項があれば，再調査を行うこともできる。

3 調査結果のまとめ

　地域調査の内容について，収集した資料を図表化・地図化し，文章で考察を加えて，レポートやポスター，プレゼンテーション用のスライドなどにまとめ，報告書を作成することが一般的である。報告書の最後には，参考にした文献・資料の一覧や調査でお世話になった人々や諸機関の一覧を記す。

> **補説** グラフの活用
> ①折れ線グラフ　1つの事象(系列データ)について，時間経過などにともなう数値の連続的な変化を示すのに適している。
> ②棒グラフ　数値の大きさを表すのに適しており，複数の項目を比較する際に使われる。数値の変化を示す場合にも使われる。
> ③柱状グラフ　度数分布表をグラフ化したものであり，横軸に階級，縦軸に度数をとる。

4 発表会

　報告書の作成後には発表会を開き，その内容について他者の意見や考えを聞くことも重要である。

❶ポスターセッション　模造紙などに調査結果をまとめてグループごとに発表し合う形式。質疑応答を通じて理解を深めることができる。

❷プレゼンテーションソフト　パソコンのソフトを活用して，視覚的にわかりやすい発表にすると効果的である。地図・グラフの挿入や，アニメーション効果をいれることもできる。

5 関係者への礼状の送付

　報告書の作成後，調査でお世話になった人々や諸機関に，報告書とともに礼状を送付したり，発表会に招待したりするのがマナーである。

[地域調査]
① **準備**…課題・地域の設定，事前調査(デスクワーク)。
② **実施**…調査の計画，現地調査(観察，聞き取り，アンケート調査など)。
③ **整理**…調査結果の分析・考察(再調査)，報告書，発表，礼状の送付。

☑ 要点チェック

CHAPTER 1　球面上の世界　　答

		答
☐ 1	子午線の全周は，およそ何万kmか。	1　4万km
☐ 2	地球の表面の海洋と陸地の比率はおよそ何：何か。	2　海洋：陸地＝7：3
☐ 3	旧グリニッジ天文台を通過する0度の経線を何とよぶか。	3　本初子午線
☐ 4	地球上のある地点からみて，正反対の地点を何というか。	4　対蹠点
☐ 5	夏至に，北緯66.6度（66度34分）以上で起こる太陽が1日中沈まない現象は何か。	5　白夜
☐ 6	冬至に，北緯66.6度（66度34分）以上で起こる，太陽が1日中昇らない現象は何か。	6　極夜
☐ 7	日本の標準時子午線は，何度か。	7　東経135度
☐ 8	1時間の時差は，経度何度で生じるか。	8　15度
☐ 9	日本とロンドンの時差は何時間か。	9　9時間
☐ 10	日付変更線を西から東へ越えるとき，日付はどうするか。	10　1日遅らせる

CHAPTER 2　地図の役割　　答

		答
☐ 1	地球上の2点間を結ぶ最短経路を何というか。	1　大圏コース（大圏航路）
☐ 2	球体である地球表面の様子を平面に描く方法を何というか。	2　地図投影法（図法）
☐ 3	中心からの距離と方位が正しくなる平面図法は何か。	3　正距方位図法
☐ 4	3で描かれた地図は，おもに何に利用されるか。	4　航空図
☐ 5	緯線が同心円で，一部を切り取って大陸図などで利用される投影法は何か。	5　円錐図法
☐ 6	メルカトル図法の作成に利用されている投影法は何か。	6　円筒図法
☐ 7	メルカトル図法で直線が示す航路は何コースか。	7　等角コース
☐ 8	現地での測量や調査をもとに作成した地図を何というか。	8　実測図
☐ 9	8の図をもとに編集して作成した地図を何というか。	9　編集図
☐ 10	5千分の1と50万分の1の地図で，大縮尺なのはどちらか。	10　5千分の1
☐ 11	さまざまな事象を網羅的に表現した地図を何というか。	11　一般図
☐ 12	特定の事象を取り上げて表現した地図を何というか。	12　主題図

□ 13	統計データや観測データの分布を表現した地図を何というか。	13 統計地図
□ 14	数値の絶対量を点の数で表現した統計地図を何というか。	14 ドットマップ
□ 15	市町村別の人口を示すのに適した統計地図は何か。	15 図形表現図
□ 16	気温の分布を示すのに適した統計地図は何か。	16 等値線図
□ 17	原油の貿易(移動)状況を示すのに適した統計地図は何か。	17 流線図
□ 18	市町村別の人口増加率を示すのに適した統計地図は何か。	18 階級区分図
□ 19	地表面のさまざまな事象を，規定された図式に則って示す一般図を何というか。	19 地形図
□ 20	日本の19を作成している機関はどこか。	20 国土地理院
□ 21	実測図に該当する日本の地形図の縮尺はいくつか。	21 2万5千分の1
□ 22	現在の日本の19は，何図法で作成されているか。	22 ユニバーサル横メルカトル図法
□ 23	5万分の1の地形図上で4cmの長さは，実際には何kmか。	23 2km
□ 24	3kmの距離は，2万5千分の1地形図上で何cmになるか。	24 12cm
□ 25	過去に起きた自然災害の情報を伝えるために追加された地図記号は何か。	25 自然災害伝承碑
□ 26	GPS衛星を利用して地殻変動を監視している設備は何か。	26 電子基準点
□ 27	起伏を表現できる同一高度を結んだ閉曲線を何というか。	27 等高線
□ 28	5万分の1地形図で，計曲線は何mごとに描かれるか。	28 100m
□ 29	2万5千分の1地形図で，主曲線は何mごとに描かれるか。	29 10m
□ 30	尾根では等高線は，どのような形状になるか。	30 低い方に凸
□ 31	地形図中の ⅄ の記号は何を表しているか。	31 電子基準点
□ 32	地形図中の ⊗ の記号は何を表しているか。	32 高等学校
□ 33	地形図中の ▯ の記号は何を表しているか。	33 図書館
□ 34	地形図中の △ の記号は何を表しているか。	34 三角点
□ 35	地形図中の ⊡ の記号は何を表しているか。	35 水準点
□ 36	電子国土基本図をWeb上で発信するデジタル地図を何というか。	36 地理院地図
□ 37	地図とデータベースを統合した情報処理システムは何か。	37 地理情報システム(GIS)
□ 38	人工衛星からの電波を利用し，地球上の位置を測定するシステムを何というか。	38 GNSS(全球測位衛星システム)
□ 39	電磁波を受信する人工衛星による地球観測を何というか。	39 リモートセンシング(遠隔探査)

統計地図をつくってみよう

○等値線図

観測データから，等しい値をとる地点を推定しながらなめらかな線で結んでいく。分布状況をみやすくするために，等値線で囲まれた範囲を色彩や模様で表示してもよい。

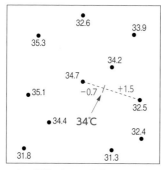

▲ある地域の気温の分布

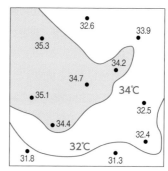

▲32℃と34℃の等温線

○階級区分図

絶対値には適さない。また，数値の大きな階級ほど濃い模様や色彩を，小さな階級ほど薄い模様や色彩を用いるとみやすい。階級の数や区分の基準は，地域の特徴をとらえられるように工夫する。

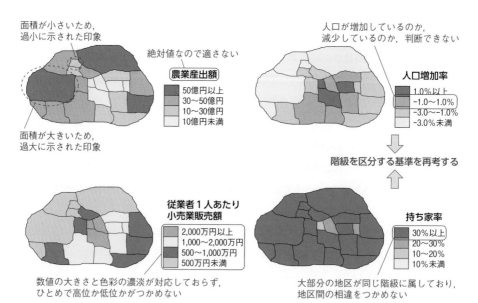

面積が小さいため，
過小に示された印象

絶対値なので適さない

農業産出額
- 50億円以上
- 30〜50億円
- 10〜30億円
- 10億円未満

面積が大きいため，
過大に示された印象

人口が増加しているのか，
減少しているのか，判断できない

人口増加率
- 1.0%以上
- -1.0〜1.0%
- -3.0〜-1.0%
- -3.0%未満

↓

階級を区分する基準を再考する

↑

**従業者1人あたり
小売業販売額**
- 2,000万円以上
- 1,000〜2,000万円
- 500〜1,000万円
- 500万円未満

数値の大きさと色彩の濃淡が対応しておらず，
ひとめで高位か低位かがつかめない

持ち家率
- 30%以上
- 20〜30%
- 10〜20%
- 10%未満

大部分の地区が同じ階級に属しており，
地区間の相違をつかめない

○流線図

ヒトやモノの移動量を表せる。地理院地図を使って作成することもできる。以下は，日本の輸入相手先と輸入額に関する流線図の作成例。

1 国土地理院のホームページから「地理院マップシート」(Excel ファイル)をダウンロードし，解凍する。

2 「編集を有効にする」→「コンテンツの有効化」を実行し，「地理院マップシート」に必要事項を入力する。

「線」を選択 ／ 輸入相手先を入力

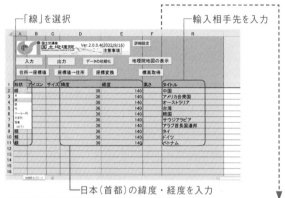

各国の首都の位置を「経度　半角スペース　緯度」の形式で入力。西経や南緯は－(マイナス)を用いる。ただし，西経の場合は，先頭に単一引用符(')を入力することが必要

日本(首都)の緯度・経度を入力　　各国からの輸入額を入力

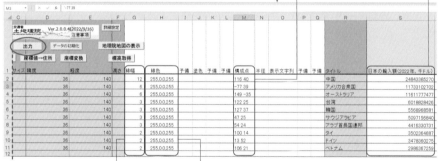

数式「=CEILING.MATH(12*S2/MAX(S:S))」を入力。S列の最大値を，半径12px(ピクセル)の線とし，その他の値を比例配分し小数点以下を切り上げるという内容

線の色を入力。R(赤)，G(緑)，B(青)，A(透明度)を0〜255の数値で指定

3 「出力」し，GeoJSON ファイルで保存。地理院地図で保存したファイルを読み込む(ファイルをドラッグ＆ドロップしても OK)。

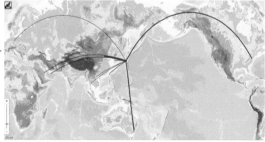

特集 統計地図をつくってみよう

新旧地形図の比較 −地域の変化・開発−

▶ ここに着目

①変化が小さい→古くからある神社・寺院，道路，河川に着目。

②変化が大きい→地域開発のパターンに着目。

③地形図の表記方法や新しい地図記号に着目。

◯地域開発のいくつかのパターン（他の地域も探してみよう！）

	変化	地域
城郭 じょうかく	城郭→軍施設→大学→公園へ	金沢，名古屋，仙台など かなざわ　なごや　せんだい
港湾や河川	工業地域の発展，災害復興による堤防・護岸工事など	鹿島港（茨城県），川崎港（神奈川県）， かしま　　　　　　かわさき 水島港（岡山県），陸前高田市（岩手県） みずしま　　　　　りくぜんたかた
農地	農地→工場→大規模な商業施設	郊外や山間地など
高速道路	高速道路開通とニュータウン造成，ショッピングセンター	神戸市北区，愛知県みよし市，佐賀県鳥栖市（北部丘陵新都市）など とす

◯ 【災害】陸前高田市（岩手県）−東日本大震災の影響による変化−

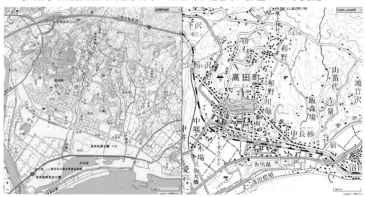

▲震災後（2023年）　　　　▲震災前（1990〜2008年）

（地理院地図，「今昔マップon the web」により作成）

着眼点 ・津波で「りくぜんたかた」駅が消失。鉄道不通。2013年から「大船渡線BRT」（バス高速
　　　　　　　　　　　　　　　　　　　　　　　　　　　　おおふなと
輸送システム）が運行。

・建築物の変化：移転…市役所，小学校，住宅。新規…図書館，消防署，老人ホーム。残存…神社，寺院，高等学校。

・元の市役所の場所にはショッピングモールができている。

・震災遺構施設，公園が沿岸部につくられる。

・住宅地の移転。高台内陸部の住宅開発。

★「今昔マップon the web」は谷謙二氏が開発した新旧
地形図を比較できるソフトで，ホームページで無償で
閲覧できる。

○【港湾開発】鹿島港(茨城県)－工業地域の開発，掘り込み式港湾－

　鹿島港は，鹿島灘と北浦に挟まれた砂丘を掘り込んで建設されたY字型の掘り込み式港湾。岸壁の総延長は17kmにも達し，日本国内最大規模を誇る。

着眼点 ・池や河川を利用して掘り込む。掘り込んだ土砂で池や川を埋める。

　　　・元は針葉樹(地図記号∧)が広がっていた。

　　　・専用鉄道線，国道が敷設される。近年，海岸部に「風車♀」が設置された。

　　　・造成地の高さが5〜7mで一定。

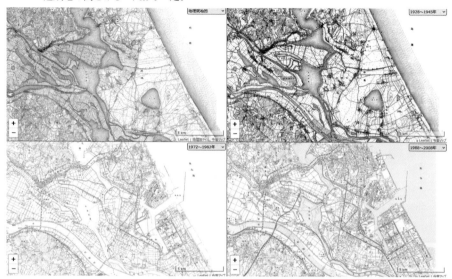

▲1894〜1915年(左上)，1928〜1945年(右上)，1972〜1982年(左下)，1988〜2008年(右下)

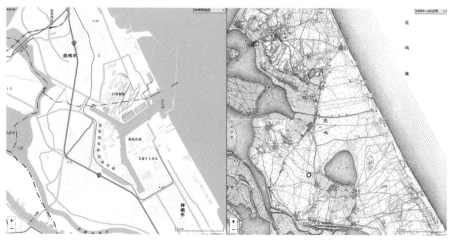

▲2023年　　　　　　　　　　　　　　▲1894〜1915年

　　　　　　　　　　　　　　　　　　(地理院地図，「今昔マップon the web」により作成)

統計の読み方

数字が並ぶ統計には，地理の重要な情報が詰まっている。
整理して読んでみよう。

◎地理の常識

数字（①，②，…）は順位

山の高さ	世界	①エヴェレスト（チョモランマ）	日本	①富士山
河川	長さ　　世界	①ナイル川，②アマゾン川，③長江	日本	①信濃川
	流域面積　世界	①アマゾン川，②コンゴ川，③ナイル川	日本	①利根川
人口		①インド14.3億人，②中国14.3億人，③アメリカ3.4億人，④インドネシア2.8億人，⑤パキスタン2.4億人，⑥ナイジェリア2.2億人，…⑪日本1.24億人		（2023年推計）
国土面積		①ロシア，②カナダ，③アメリカ，④中国，⑤ブラジル		

◎ずっと１位かダントツ１位か

米	生産量	①中国と②インドで世界の約半分。**自給的作物**なのでアジアで人口の多い国でさかん。
	輸出量	①インド，②ベトナム，③タイ。緑の革命で生産量増加。
小麦	生産量	①中国，②インド，③ロシア，④アメリカ，⑤カナダ **商業的作物**なので面積の広い国で多い。
	輸出量	①ロシア，②アメリカ，③カナダ，④フランス，⑤ウクライナ
とうもろこし		アメリカは生産も輸出も１位。
大豆		生産も輸出も，ブラジルとアメリカで過半をしめる。ブラジルの急増。
オリーブ		**地中海沿岸**地域で世界のほとんどを生産。**テラロッサ**土壌と重なる。
茶	生産量	中国とインドで世界の３分の２弱。ケニアが伸びている。
	輸出量	①ケニア，②中国，③スリランカ，④インド
カカオ豆		**ギニア湾岸**に集中。生産，輸出ともに①コートジボワール，②ガーナで世界の約半分。
コーヒー豆		**テラローシャ**土壌のブラジルがずっと１位。 生産も輸出も①ブラジル，②ベトナムで世界の約半分。ベトナムが近年急増。
なつめやし		①エジプト，②サウジアラビア，③イランなど，西アジアから北アフリカの乾燥地帯がほとんど。
豚		中国がダントツの１位。②アメリカ，③ブラジルと続く。イスラーム圏ではほとんど飼育されていない。なお，家畜では，やや乾燥した地域に羊，やや湿潤な地域に牛が多い。アンデスにはリャマやアルパカ，チベットにはヤク，西アジアや北アフリカにはラクダ，モンゴルでは馬など。
石炭		生産量は中国がダントツ１位で，世界の約半分。インド，インドネシア，オーストラリアも多い。
原油	生産量	サウジアラビアが１位だったが，アメリカが増加。ロシアも多い。
	輸出量	①サウジアラビア，②ロシア
銅鉱		生産量はチリがずっとダントツ１位。近年はペルーや中国も多く，差が縮まる。
鉄鉱石	生産量	①オーストラリア，②ブラジル，③中国で約７割。
	輸出量	①オーストラリア，②ブラジルで世界のほとんどをしめる。
銀鉱		生産量はメキシコ，ペルーが多いが，中国が伸びている。
白金（プラチナ）		生産量は南アフリカ共和国がダントツ１位で世界の約７割。

◎その国の特徴は，輸出品をみればわかる

先進国	上位は機械類，自動車。先進国はその下位の品目に特徴が現れる。 イギリスは原油，イタリアは衣類，スイスは精密機器，オランダやスペインは野菜・果実，デンマークは肉類，フランスは航空機・ワイン，など。
発展途上国	上位の品目に特徴が現れる。 インドネシアはパーム油，スリランカは茶・衣類，ナイジェリアやアルジェリアなどは原油，エチオピアはコーヒー豆，ガーナは金，コートジボワールはカカオ豆，ザンビアやチリは銅，ボツワナはダイヤモンド。

第 2 編

現代世界の
系統地理的考察

· · · ·

1 ≫ 自然環境

まとめ

❶ 地形 ☞ p.69

□ **水陸分布**
- 陸地の分布…六大陸と島。陸地：海洋の面積比は３：７。
- 海洋の分布…三大洋(太平洋，大西洋，インド洋)と，付属海(地中海，沿海)。

□ **大地形の分類**
- 安定陸塊…地球上の最古の地塊。長年の侵食で，平原や高原になっている。
- 古期造山帯…古生代の造山運動で生じたが，その後の侵食で，ゆるやかな起伏。
- 新期造山帯…高くけわしい。アルプス=ヒマラヤ造山帯と環太平洋造山帯。

□ **山地の地形**
- 造山運動による地形…褶曲山地，断層山地。
- 火山活動による地形…成層火山，溶岩円頂丘，溶岩台地などの火山。**カルデラ**。
- プレートテクトニクス…地球表面の**プレート**の移動が，地震や火山活動を発生させ，弧状列島や大山脈を形成するという考え方。

□ **平野の地形**
- 大規模な侵食平野…準平原や構造平野。
- 小規模な堆積平野…沖積平野(扇状地など)や洪積台地。

> 準平原…長い間侵食され，ほぼ平坦になっているという意味。
> 構造平野…地層の構造から平坦になっているという意味。

□ **海岸の地形**
- 沈水海岸…リアス海岸，エスチュアリ(三角江)，フィヨルド(峡湾)など。
- 離水海岸…海岸平野や海岸段丘。
- サンゴ礁海岸…裾礁→堡礁→環礁と発達。

□ **その他の地形**
- 氷河地形…氷河の侵食や堆積作用による。カール，Ｕ字谷，モレーンなど。
- カルスト地形…石灰岩の溶食地形。ドリーネの凹地や鍾乳洞など。
- 乾燥地形…岩石砂漠，ワジ，外来河川など。
- 海底地形…大陸棚は資源が豊か。大洋底に海底火山，海嶺，海溝など。

❷ 気候 ☞ p.88

□ **気候要素と気候区分**
- 気候の三大要素…気温，風，降水量。

・熱帯気候A

　熱帯雨林気候Af…………年中高温で多雨。熱帯雨林(セルバ，ジャングル)。
　弱い乾季のある熱帯雨林気候Am…多雨だが，弱い乾季がある。季節風が強い。
　サバナ気候Aw…………雨季と乾季。疎林と丈の高い長草草原(サバナ)。

・乾燥気候B

　ステップ気候BS…………少量の降雨で，丈の短い短草草原(ステップ)。
　砂漠気候BW……………砂漠が広がる。オアシスに植生，集落。

・温帯気候C

Cs	…夏は乾燥。
Cw	…亜熱帯。
Cfa	…夏は湿潤。
Cfb	…夏は涼しい。

　地中海性気候Cs…………夏は高温乾燥で，冬に湿潤。
　温暖冬季少雨気候Cw……夏は高温多雨で，冬は少雨。
　温暖湿潤気候Cfa…………夏は高温湿潤で，冬は寒冷乾燥。
　西岸海洋性気候Cfb………暖流と偏西風の影響で，夏も冬も温和。

・亜寒帯(冷帯)気候D

　亜寒帯湿潤気候Df………大陸性の気候で，年間，平均した降水。
　亜寒帯冬季少雨気候Dw…典型的な大陸性気候。北半球の寒極がある。

・寒帯気候E

　ツンドラ気候ET…………永久凍土。短い夏に地衣類，蘚苔類の草原。
　氷雪気候EF……………年中，氷雪にとざされる。

・高山気候H………………気温の日較差が大きい。高山都市が発達。

□ 土壌帯と植物帯

・土壌帯…植生の影響をうけた成帯土壌(ラトソル，黒土など)と，母岩の影響が大きい間帯土壌(テラローシャ，レグール土など)。

・植物帯…森林(セルバ，タイガなど)や，草原(サバナ，ステップ，ツンドラ)。

❸ 自然環境と人々の生活 ⇨p.111

□ 地形や気候に応じた人々の生活

・モンスーンアジアの低地…季節風の降水を利用して稲作。タイの浮稲。

・アンデス高地…先住民のインディオの農業。高山都市も多い。

・寒冷地シベリア…先住民は定住化。住居は永久凍土をとかさない工夫。

・西アジアの乾燥地域…ステップで遊牧。オアシスで小麦などの栽培。

④ 日本の自然環境 ☞p.115

□ **日本の自然環境**

- ・**地形**…高くけわしい山地。平地はせまい。フォッサマグナと中央構造線。
- ・**気候**…季節風(モンスーン)の影響。多い降水量。地域によって多様。
- ・**災害**…きわめて自然災害が多い。地震，火山噴火，洪水，土砂災害，津波など。人的要因による自然災害も。→防災対策の必要性。

⑤ 地球環境問題 ☞p.121

□ **環境と人間**

- ・**環境可能論**…自然環境は人間生活に種々の可能性を与える。人間の対応で決定。

□ **地域開発**

- ・**総合開発**…アメリカのTVAに始まる。旧ソ連の**自然改造**，中国の**黄河**，**長江**流域 (ホワンホー) (チャンチャン) の開発，ブラジルの**アマゾン**開発など。大規模な環境破壊をもたらす場合も。

□ **工業開発と公害**

- ・**日本の公害**…戦前に**足尾鉱毒事件**。環境基本法では，大気汚染，水質汚濁，土壌 (あしおこうどく) (おだく) (どじょう) 汚染，騒音，振動，悪臭，地盤沈下の7つをあげている。 (じばんちんか)
- ・**公害病の発生**…水俣病，新潟水俣病，イタイイタイ病，四日市ぜんそくなど。 (みなまた) (よっかいち)

□ **人間活動による環境破壊**

- ・**原子力発電所の事故**…**チョルノービリ**(旧ソ連)，**スリーマイル島**(アメリカ)，**福 島**(日本)など。 (チェルノブイリ)

□ **工業生産による環境問題**

- ・**酸性雨**…酸性度の強い雨(pH5.6以下)で，森林の枯死，湖の魚の死滅など。 (さんせいう)
- ・**オゾン層の破壊**…フロンガスによる。南極大陸の上空にオゾンホール。 (そう)
- ・**地球温暖化**…二酸化炭素やフロンガスなどによる。海面の上昇が予測される。 (おんだんか)

□ **農業や林業による環境問題**

- ・**砂漠化**…人口急増のため，過放牧や過耕作，燃料用樹木の伐採で砂漠が拡大。 (ばっさい)
- ・**熱帯林の破壊**…経済開発(木材輸出や道路の建設など)や，焼畑の拡大。 (やきはた)

□ **環境保全の動き**

- ・**国際的な動き**…国連人間環境会議(1972年)→**地球サミット**(1992年)→**京都議定書** (地球温暖化防止京都会議)(1997年)→**持続可能な開発に関する世界首脳会議**(2002 年)→**パリ協定**(2015年)。**持続可能な開発**によって，地球環境の保全をめざす。

1 地形

1 ｜ 水陸分布

1 陸半球と水半球

❶ 地球　地球は完全な球ではなく，赤道方向に少しふくれた回転楕円体である。全周は約4万km，表面積は約5.1億km²。★1

赤道半径…… 6,378km	表面積……5.0995×10⁸km²
極半径……… 6,357km	陸地面積…1.4889×10⁸km²(29%)
赤道全周……40,075km	海洋面積…3.6106×10⁸km²(71%)
子午線全周…40,008km	体積………1.0832×10¹²km³

❷ 陸半球　地球表面の海陸の面積比は，海：陸＝7：3である。海陸の分布には偏りがあり，パリ南西部(48°N 0.5°E)を中心とした半球には，全陸地の84%が含まれ，陸半球とよばれる。

❸ 水半球　陸半球の中心の対蹠点であるニュージーランド南東のアンティポディーズ諸島付近(48°S 179.5°W)を中心とする半球は，その90%あまりが海洋なので，水半球とよばれる。

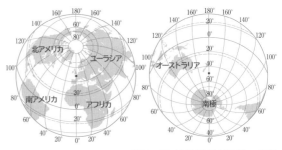

〔ランベルト正積方位図法(⇨p.21)〕

▲陸半球(左)と水半球(右)，六大陸

> **補説　対蹠点**　地球上のある1地点に対し，地球の中心を通ってその反対側に位置する点をいう。両点の緯度は絶対値が等しく〔48°N→48°S〕，経度は180°隔たっている〔0.5°E→179.5°W〕。水半球の中心のアンティポディーズ諸島(ニュージーランド)の「アンティポディーズ」は，対蹠点という意味。

2 陸地の分布

❶ 六大陸　地球上には，①ユーラシア，②アフリカ，③北アメリカ，④南アメリカ，⑤南極，⑥オーストラリアの六大陸がある。★2

❷ 島　島には，大陸から分離した比較的大きな島(陸島)のほか，火山，サンゴ礁による小さな島(洋島)などがある。ちなみに，世界最大の島は⑦グリーンランド★3，2位は⑧ニューギニア島★4，3位は⑨カリマンタン(ボルネオ)島，4位は⑩マダガスカル島，5位は⑪バッフィン島，6位は⑫スマトラ島，7位は日本の⑬本州。

★1　赤道や子午線の全周はおよそ4万km。もともと地球の全周を4万kmと定義した上でメートル原器が製作され，1メートルの長さが決められた。
　赤道上で経度1度分の距離は，40000÷360≒111km。

★2　六大陸の①〜⑥，島の⑦〜⑬の番号は，次ページの地図中の番号に対応している。なお，①〜⑬は面積の順位を示す。

★3　デンマークの自治領になっている。イヌイット(⇨p.412)が住む。

★4　東半分はパプアニューギニア，西半分はインドネシアの国土。

1 自然環境

③ 海洋の分布

❶三大洋　地球上の海洋は，Ⓐ太平洋，Ⓑ大西洋，Ⓒインド洋の三大洋と，それ以外の付属海に分かれる。

❷付属海　付属海は，大陸に囲まれた**地中海**と，大陸のまわりにあって，島や半島に囲まれている**沿海（縁海）**に分けられる。

1. **地中海**　ⓐヨーロッパ地中海★5，ⓑアメリカ地中海（メキシコ湾とカリブ海），ⓒ豪亜地中海（南シナ海やアラフラ海など），ⓓ北極海，ⓔ紅海，ⓕバルト海などがある。

2. **沿海**　ⓖベーリング海，ⓗオホーツク海，ⓘ日本海，ⓙ東シナ海，ⓚ北海などがある。

▼三大洋の比較

	面積 （千km²）	最大深度（m）
太平洋	166,241	10,920
大西洋	86,557	8,605
インド洋	73,427	7,125

（「理科年表」2024年版による）

★5　ヨーロッパ地中海は，ふつう，単に地中海とよばれている。

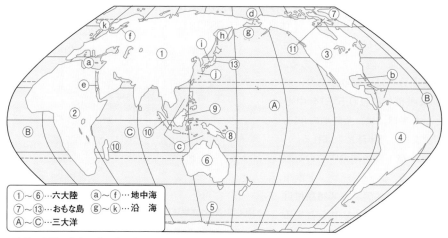

①〜⑥…六大陸　　ⓐ〜ⓕ…地中海
⑦〜⑬…おもな島　ⓖ〜ⓚ…沿　海
Ⓐ〜Ⓒ…三大洋

▲陸地と海洋の分布　①〜⑬，Ⓐ〜Ⓒ，ⓐ〜ⓚの名称は，本文p.69〜70の番号や記号と対応。

2 ｜ 大地形の分類

1 安定陸塊（りくかい）

❶特色　安定陸塊（地塊）は，先カンブリア時代に激しい造山運動があったが，古生代以降は激しい運動をうけていない**安定した地塊**。長年にわたる侵食をうけ，**平坦な地形**（侵食平野 ⇨p.79）を示す。

古生代中ごろの大陸▶

古生代（⇨p.74）中ごろの地球には，単一の大陸パンゲアがあったという。古生代後半にはテチス海が広がり，南側はゴンドワナ大陸，北側はローラシア大陸となり，以後，さらに分裂し移動した（⇨p.72）。

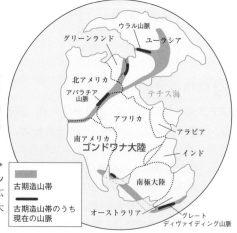

古期造山帯

古期造山帯のうち現在の山脈

❷おもな安定陸塊とその分布地域^{★1}

Ⓐ**ゴンドワナランド**　アフリカ大陸の大部分，アラビア半島，インド半島(デカン高原)，ブラジル高原，オーストラリア大陸西部。テーブル状の卓状地が多い。

Ⓑ**アンガラランド**　シベリア卓状地(中央シベリア高原)。

Ⓒ**フェノサルマチア**　バルト楯状地，ロシア卓状地。

Ⓓ**ローレンシア**^{★2}　北アメリカ北東部からグリーンランドの楯状地。^{★3}

補説　**卓状地と楯状地**　卓状地は，周辺が侵食されてテーブル状になった安定陸塊の土地。先カンブリア代の岩石の上に，古生代や中生代の地層がほぼ水平に堆積している。高原状で広大な規模をもつ台地で，大陸台地ともよばれ，**構造平野**となっているところが多い(⇨p.79)。

楯状地は先カンブリア代の岩石が露出し，全体として周縁が低く，中央部が高くて，楯を伏せたような安定陸塊の土地。バルト楯状地はバルト海を中心とした地域。カナダ楯状地はハドソン湾を中心とした地域。楯状地の多くは**準平原**となっている(⇨p.79)。

2 古期造山帯

❶特色　古生代中～後期におこった造山運動により生じた山地の分布する地域。この山地は，その後の長期間の侵食により，現在では**ゆるやかな起伏**をなしている。

❷おもな山脈　ⓐ**カレドニア造山帯**(ペニン山脈，スカンディナヴィア山脈)^{★4}，ⓑ**バリスカン造山帯**(シュヴァルツヴァルト，チューリンゲンヴァルトなど)^{★5}，ⓒ**ウラル山脈**，ⓓ**テンシャン山脈**，ⓔ**アルタイ山脈**，ⓕ**アパラチア山脈**，ⓖ**グレートディヴァイディング山脈**，ⓗ**ドラケンスバーグ山脈**など。

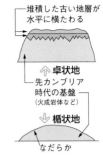

→堆積した古い地層が水平に横たわる

⇧**卓状地**
先カンブリア時代の基盤
(火成岩体など)

⇩**楯状地**

なだらか

▲卓状地と楯状地

★1　本文中のⒶ～Ⓓ，ⓐ～ⓢなどは，下の地図中の記号に対応。

★2　古大陸塊パンゲア(⇨p.70)が南北に二分した北側のローラシア大陸と混同しないこと。

★3　カナダ(ローレンシア)楯状地という。

★4　古生代前期～中期の造山運動による。アパラチア山脈へ続く。

★5　ヘルシニア造山帯ともいう。古生代後期の造山運動による。この他にウラル山脈やテンシャン山脈も同じ時代に形成された。

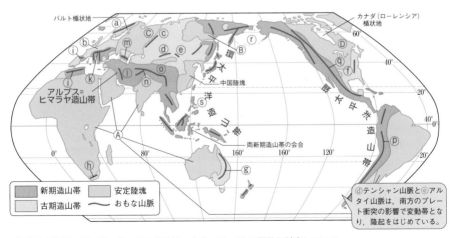

▲世界の大地形　Ⓐ～Ⓓ，ⓐ～ⓢの名称は，本文p.71，74の記号と対応している。

\ TOPICS /

プレートテクトニクス

プレートテクトニクスとは，地球表面を覆っている何枚もの剛体の板（プレート）が互いに水平移動することで，地球表面に種々の地質現象が発生するという考えである。現在では大地形の形成要因を最も合理的に説明できる理論と考えられている。プレートを動かす原動力としては，岩流圏（岩石が溶融している部分）でのマントル対流と考えられている。

▲地球上層部の構造

プレートテクトニクスの原点は，今から100年ほど前にさかのぼる。ドイツ人ウェゲナー（1880〜1930年）は，大洋をはさんで向かい合う大陸の海岸線の類似性に着目し，かつて1つにまとまっていた古大陸塊（パンゲア，⇨ p.70）が3億年程前から分散移動し，現在の大陸の分布になったという大陸移動説を1912年に発表した。彼の説は評価される点もあったが，巨大な大陸を動かす原動力を合理的に説明できず否定された。その後，マントル対流説の提唱および海底地形や古地磁気の調査結果が大陸移動説を支持するものであったことから，ウェゲナーの説は復活し，地震，火山，大山脈の形成といった諸現象をプレートの運動によるものとするプレートテクトニクスの考えへと発展していった。

• プレートの境界

3つのタイプがある。

(1)**広がる境界**　岩流圏の熱対流が上昇しプレートが両側へ拡大する部分。三大洋の海嶺（海底大山脈）がこれに相当。

(2)**狭まる境界**　①岩流圏の熱対流が下降し，密度大の**海洋プレート**が密度小の**大陸プレート**の下にもぐりこむ部分。海溝，海淵がこれに相当。

②大陸プレート同士の衝突では，一方のプレートが他のプレートにはりつく（付加衝突）。ユーラシアプレートとインド・オーストラリアプレートの衝突が好例。

③数十万年前から活動のつづく活断層が多く分布する。

(3)**ずれる境界**　トランスフォーム断層（横ずれ状の断層）が形成される。アメリカのサンアンドレアス断層が好例。

(1)(3)では地震帯を伴い，(2)では地震帯や火山帯を伴い，弧状列島や大山脈を形成する。

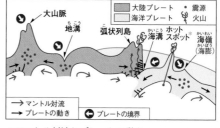
▲マントル対流とプレートの動き
＊ホットスポットは，プレートを貫いてマントルが湧き上がる場所。

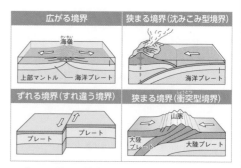
▲プレート境界の模式図

1
自然環境

▶**現在考えられている
プレート**
広がるプレート境界
が陸上に現れている
のは，アイスランド
のみ。割れ目が火山
となり，線状噴火が
みられる。日本列島
周辺には４つのプ
レートがある（⟳
p.115）。

● プレートと地震

　プレートの沈み込みや衝突によって，地表や
上部マントルなどに様々な方向から力が加わり，
たまった力が一定以上になると岩盤が破壊され
る。その際に生じた振動によって地震が起きる。
地震の規模はマグニチュード(M)，揺れの大き
さは震度でしめされる。

(1)海溝型地震

　プレートの境界にたまったひずみによる。津
波が発生し海岸地域に被害をもたらす。

(2)直下型地震

　内陸部の活断層がずれ動く。規模が小さくて
も震源に近い都市に大きな被害をもたらす。

(3)震災の被害

　山間部で土砂災害，河川域で堤防決壊や洪水，
沿岸部で津波などが起きる。地盤が軟弱な地
域では液状化現象が発生することもある。

● 南海トラフ巨大地震

　政府の中央防災会議は，近いうちにマグニ
チュード8～9，最大震度7の巨大地震が発生し，
神奈川県から鹿児島県までの広い範囲で強い揺
れを観測すると予測している。太平洋側の沿岸
部では，高い津波による被害も予想される。

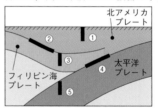

▲**5つの震源の模式図**(防災科学技術研究所による)
　①地表近くの活断層による地震
　②フィリピン海プレート上面にそうプレート境
　　界型地震(低角逆断層型)
　③フィリピン海プレートの中の内部破壊による
　　地震
　④太平洋プレート上面にそうプレート境界型地
　　震(低角逆断層型)
　⑤太平洋プレートの中の内部破壊による地震

▼地震が発生するしくみ

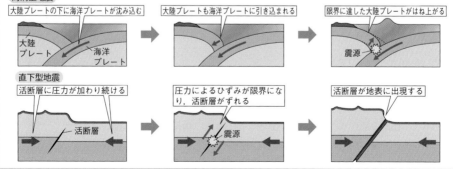

3　新期造山帯

❶**特色**　中生代以降，現在に至るまで激しい造山運動を行っている地域で，**けわしく長大な山脈**が続く。**地震帯や火山帯をともなう。**

❷**2つの造山帯**

1　**アルプス＝ヒマラヤ造山帯**　ⓘピレネー山脈★6，ⓙアトラス山脈，ⓚアルプス山脈，アナトリア高原，ⓛザグロス山脈，ⓜカフカス山脈，ⓝパミール高原，カラコルム山脈，ⓞヒマラヤ山脈，マレー半島，ジャワ島など。

2　**環太平洋造山帯**　ⓟアンデス山脈，西インド諸島，ⓠロッキー山脈，ⓡアリューシャン列島，千島列島，日本列島，ⓢフィリピン諸島，ニューギニア島，ニュージーランド，南極大陸，フエゴ島など。

		先カンブリア時代	安定陸塊
5億4,000万年前		古　生　代	古期造山帯
2億5,200万年前		中　生　代	
6,600万年前	新生代	古第三紀	新期造山帯
2,300万年前		新第三紀	
700万年前 / 260万年前		第四紀 更新世	
人類の進化 1万2,000年前		完新世	

▲**地質時代の区分とおもな地形**
地球が誕生したのは，今から約46億年前。

★6　本文中のⓘ〜ⓢはp.71の地図中の記号に対応。

世界の大地形
- 新期造山帯…けわしい山地。地震帯，火山帯をともなう。
  - アルプス＝ヒマラヤ造山帯…アルプス山脈，ヒマラヤ山脈など
  - 環太平洋造山帯…アンデス山脈，ロッキー山脈，日本列島など
- 古期造山帯…なだらかな山地になっている。
  →アパラチア山脈，ウラル山脈など
- 安定陸塊…平原，高原になっている。

3 | 地形を形成する要因

1　地形をつくる2つの要因

❶**内的営力**　地形を変化させる現象のうち，**地球内部で発生する**もの。重力や地熱，地殻のひずみなど。

❷**外的営力**　地形を変化させる現象のうち，**地球外部で発生する**もの。流水，氷河，波浪，風，生物の営みなど★1。

2　地形をつくる諸々の作用

❶**内的営力による諸作用**　褶曲や断層などの造山運動（⇨p.75），大陸規模の造陸運動，そして火山運動などを地殻変動（地殻運動）といい，地表の起伏を大きくする方向にはたらく。新期造山帯は，この作用が活発。断層が変位するとき，地震が発生する（⇨p.94）。
- 地殻変動…造山運動（褶曲，断層），造陸運動，火山運動。

★1　外的営力のエネルギーの起源は，太陽放射エネルギーがほとんどである。

★2　圧力により，地層がしわをなし波状になるのが褶曲。ある線に沿ってずれるのが断層。造陸運動は，広い範囲にわたってゆっくりと隆起する運動。このような土地の変形・変位を，地殻変動という。

❷外的営力による諸作用　流水，氷河，波浪，風などの外的営力によって地表にはたらく諸作用には，侵食や堆積といった作用がある。いずれも地表の起伏を小さくする方向にはたらく。

| 侵食作用…削りとって(侵食)，運び(運搬)，風化させる作用。
| 堆積作用…うずたかく積もらせる作用。

補説　**風化作用**　温度変化や水，空気の影響で，岩石などの性質が変化することをいう。岩石中の水分の凍結，融解や，温度変化による岩石自体の膨張，収縮，植物の根の侵入などによる岩石の力学的強度の低下を，**物理的風化作用**という。また，おもに水，酸素などとの化学反応によって，岩石の化学的性質が変化することを，**化学的風化作用**という。いずれも岩石自体の性質の変化をさす用語であり，削りとられて地形が変わるという意味ではない。物理的風化作用と化学的風化作用は，相互に関連しながら進行するのが一般的である。

★3　浸食と表記することもあるが，水によるとは限らないので，学術的には侵食。

★4　かたい岩石のかたまりが，その場でぼろぼろに砕けていくこと。

★5　例えば石灰岩の主成分の炭酸カルシウムは水に溶けにくいが，これが炭酸水に触れると，炭酸水素カルシウムに変質し，水に溶けやすくなる(→**カルスト地形**，⊂ p.86)。

4│山地の地形

1 山の地形

❶造山運動による地形

1 **褶曲山地**　褶曲構造をもった山地。アルプス，ヒマラヤ，アンデス，ロッキーなどの山脈があてはまる。

2 **断層山地**　断層運動によって形成された山地。**地塊山地**ともいう。**傾動地塊**(傾動山地)と**地塁山地**に分けることもある。断層運動による変位によって形成された急斜面を，**断層崖**という。

①**傾動地塊**　一方が急な断層崖，他方がゆるやかな斜面である地形。四国山地，飛騨山脈，養老山地，六甲山地，生駒山地，シエラネヴァダ山脈など。

②**地塁山地**　山地の両側を断層によって限られた山地。木曽山脈，赤石山脈，鈴鹿山脈，金剛山地，比良山地，テンシャン山脈など。

★1　世界最高峰は，ヒマラヤ山脈のエヴェレスト山 [中国＝チベット名はチョモランマ，ネパール名はサガルマータ]で標高8,848m。この高さは，直径1mの地球儀でも，わずか0.7mmの高さにしかならない。

★2　地殻変動のうち，広範囲にわたってゆっくりと隆起するものを**造陸運動**，狭い範囲で急速に隆起するものを**造山運動**とよんでいる。

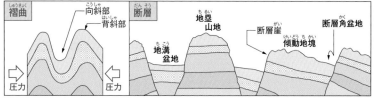

▲**褶曲と断層**　褶曲とは，上図のような地層のたわみのことである。褶曲構造をもった土地が，何らかの地殻変動で隆起したり，褶曲作用そのものによって隆起したものが，褶曲山地である。

\ TOPICS /

デービスの侵食(河食)輪廻説

• 19世紀の地形学 「谷はどのようにしてできるか」という質問に対してみなさんは,「川が地面を削ってできる」という答えをごく自然のように出すだろう。しかし,このような考えは遠い昔からあったのではない。今から200年程前までは,聖書に出てくるノアの洪水のような天変地異が地形をつくると考えられていた。谷は天変地異による地面の裂け目というのである。19世紀に入ってアメリカやイギリスの研究者の間で谷の河食説が出され,これが定着したのは,19世紀も半ばになってからであった。

• デービスの侵食輪廻説 谷の河食説を背景に,アメリカの地理学者ウイリアム=モーリス=デービスは,河川が地形を変化(発達)させていく様子を分かりやすく説明した侵食輪廻説を発表した(1884年)。

その概略は,次の通り。

(1)原地形 海底もしくは海水面に近い高さの平坦面が急速に隆起する。

(2)次地形 隆起が停止し,河食が始まる。侵食の度合いに応じて以下の段階に分けられる。
　①幼年期 河食は進むが原地形の平坦面が残存。
　②壮年期 さらに河食が進んで平坦面はなく

なり,深いV字谷と急峻な山稜ができる。
　③老年期 山稜が崩れていき,尾根と谷の比高が小さくなって,なだらかな山地となる。

(3)終地形 河食からとり残された高まり(残丘)を残してほぼ海水面に近い高さの平坦な地形になる。デービスは河食によってできたこの平坦な地形を準平原とよんだ。準平原が再隆起して原地形になったものを,隆起準平原と名づけ,ここから2回目の輪廻が始まると考えた。

• 侵食輪廻説の評価 名前を覚えることで,多くの級友の顔をはっきり識別できるようになった経験はないだろうか。デービスの侵食輪廻説は,世界中の種々雑多な地形を"幼年期"や"老年期"と名付けることで,地形の認識を容易にしたという点に,最大の功績がある。しかし,最初に急速な隆起,以降は隆起停止というような都合のよい地殻変動があり得るのか,火山が噴火して地形が変われば輪廻はどうなるか,といった批判や疑問が続出し,デービスもこれに対し合理的な説明は行えなかった。現在では,デービスが唱えた理想的な輪廻は起こらないと考えられているが,それでも地形の特徴を示す語句として,幼年期,壮年期,老年期,準平原といった言葉は生き続けている。

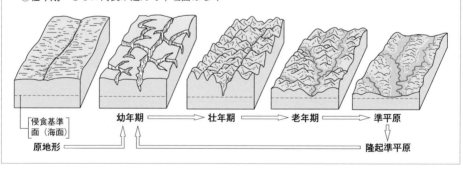

| 侵食基準面(海面) | 幼年期 ⟹ 壮年期 ⟹ 老年期 ⟹ 準平原 |
| 原地形 | ⟸ 隆起準平原 |

❷ 火山活動による地形

① **火山の分布** プレート境界部のいわゆる**変動帯**[★3]に多く分布し,とくに**新期造山帯やアフリカ大地溝帯**に多い。一般的に変動帯

★3 プレート運動によって激しい地殻変動が起こる地帯。

に分布する火山は，ねばりけの多い安山岩や流紋岩質の火山が多い。また，安定地域である大洋底にも，所々，**海底火山や火山島**が分布する(ホットスポットという)。ハワイ諸島はその典型例である。こうした火山は，ねばりけの少ない玄武岩質の火山が多い。

★4　成層火山や溶岩円頂丘などになりやすい。

★5　楯状火山になりやすい。

2　各種の火山地形

成層火山	溶岩と軽石や火山灰などを交互に噴出。美しい形	富士山[山梨・静岡]，羊蹄山[北海道]，鳥海山[秋田・山形]，男体山[栃木]，岩手山[岩手]，開聞岳[鹿児島]，キリマンジャロ山[タンザニア]
溶岩円頂丘（鐘状火山）	ねばりけの強い溶岩からなるドーム状の火山	大山[鳥取]，焼岳[長野・岐阜]，雲仙岳[長崎]，箱根山[神奈川・静岡]，吾妻山[福島]，三瓶山[島根]
溶岩台地	流動性のある溶岩が広く台地状に広がった火山	月山[山形]，霧ヶ峰[長野]，八幡平[岩手・秋田]，マウナロア山・マウナケア山[ハワイ島]，デカン高原[インド]
楯状火山	流動性の強い溶岩が，偏平に広がった火山	耶馬渓[大分]，ケマ高原[北朝鮮]，コロンビア高原[アメリカ北西部]
カルデラ火山（カルデラとは陥没や爆発による凹地）	カルデラ内に新たな小火山（中央火口丘）ができる	箱根山，阿蘇山(←陥没)　三原山，磐梯山(←爆発)

補説　**火山の分類**　1911年にドイツ人のシュナイダーが，地形によって火山をアスピーテなどの7つの基本形に分類した。アスピーテ(Aspite)は楯状火山で，トロイデ(Tholoide)は鐘状火山と訳されているが溶岩円頂丘と同じ。火山学の分野では現在は用いられない。

火口原湖	火口原の一部にできた湖	芦ノ湖，榛名湖，赤城山の大沼
カルデラ湖	カルデラ床の大部分をしめる湖	田沢湖，摩周湖，支笏湖，洞爺湖，屈斜路湖，阿寒湖
火口湖	噴火口に水がたまってできた湖。円形が多く，深い	蔵王山の御釜，霧島山の大浪池，吾妻山の五色沼
岩石堰止湖	溶岩や土石流などが川をせき止めた堰止湖(火山堰止湖)	桧原湖，富士五湖，中禅寺湖，大正池(上高地)，磐梯山の五色沼

補説　**複式火山**　カルデラのように，大きな山体の中に小さな山体をもつ火山をいう。これに対し，富士山のように，山体が単一のものを，単式火山という。

POINT!

山地の地形 {
　造山運動 {
　　褶曲山地
　　断層山地 {
　　　傾動地塊
　　　地塁山地
　火山活動 {
　　成層火山，溶岩円頂丘，
　　カルデラ火山

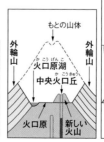
もとの山体
外輪山　　外輪山
火口原湖
中央火口丘
火口原　　新しい火山

火口
⇧ 成層火山
⇧ 溶岩円頂丘
⇧ 溶岩台地
⇧ 楯状火山

1
自然環境

2 谷の地形

❶ 侵食谷

[1] **河谷**　河川の侵食によって形成される谷。谷底を低下させる下方侵食，谷幅を広げる側方侵食，上流側へ谷を伸ばしていく谷頭侵食の3タイプの侵食がある。下方侵食をうけて，断面がＶの形になった谷を**Ｖ字谷**という。

[2] **氷食谷**　氷河の侵食によって生じた谷。断面がＵの形になったものを**Ｕ字谷**，沈水した場合を**フィヨルド**(⇨p.66)という。

> 補説　**先行谷**　河川の侵食の速さが土地の隆起の速さより大きいと，河川は，隆起によって形成された山地を，もとの流路のままで横切って，谷を形成する。こうした河川を**先行河川**といい，谷を**先行谷**という。ラインシーファー山地を横切るライン川や，生駒山地を横切る大和川などがこの例である。

❷ **構造谷**　断層運動によって形成された谷。両側を，断層崖に囲まれた低地で，**地溝**ともいう。アフリカ大地溝帯★6やライン地溝帯，フォッサマグナ★7などが大規模。

> 補説　**断層湖**　断層運動によって形成された谷に水がたまってできた湖を，**断層湖**または**地溝湖**という。断層の方向に細長くのびる形が多い。アフリカ大地溝帯のマラウイ(ニアサ)湖，タンガニーカ湖のほか，バイカル湖，死海など。日本では，フォッサマグナの諏訪湖，青木湖，木崎湖のほか，琵琶湖，猪苗代湖，邑知潟など。

❸ **埋積谷**　河川流域で，地殻変動による河川勾配の減少や，気候変動による降水量の減少などが起こると，河川の運搬作用が低下し，堆積がすすむ。その結果，従来の谷が堆積物で埋まって，形成される。谷底は平坦で，山麓と谷底の傾斜変換が明瞭である。

▲Ｖ字谷(長野県)

★6　アフリカ大陸東部を南北に走る，総延長6,000kmにおよぶ世界最大の大地溝帯。

★7　日本列島を西南日本と東北日本に分ける(⇨p.116)。

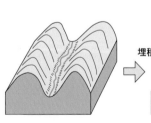
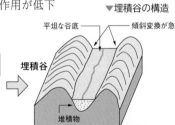

▼埋積谷の構造

平坦な谷底　傾斜変換が急

埋積谷

堆積物

5 | 平野の地形

1 平野の種類

世界的にみると，平野は，**安定陸塊**(⇨p.71)からなる規模の大きな**侵食平野**と，比較的小規模な**堆積平野**に分けられる。

- 侵食平野…準平原や構造平野。**日本にはみられない。**
- 堆積平野…沖積平野，洪積台地，海岸平野など。

侵食平野が隆起したコロラド高原(アメリカ)▶

② 侵食平野

❶ 準平原　種々の侵食により，起伏の小さくなった地形をいう。リヤオトン(遼東)半島，シャントン(山東)半島や黄海をとりまく朝鮮半島西部などが，この例である。

　楯状地(⇨p.71)は，先カンブリア代の岩石が露出した準平原が多い。なお，侵食からとり残された山体を，**残丘(モナドノック)**[★1]という。

> **補説** **準平原とは**　もともと，デービスの唱えた**河食による侵食輪廻**の最終段階の地形である(⇨p.76)。デービスは，準平原を"どの方向へも自動車ならハイギアで走行できるほど"の起伏であると表現した。しかし，彼の理想的な侵食輪廻が疑問視されている現在では，河食のみならず，風食などさまざまな要因で，起伏のごく少ない地形が形成されると考えられている。

❷ 構造平野　先カンブリア代の岩石の上に，ほぼ**水平**に**堆積**した**古生代や中生代の地層**[★2]があって，そのまま表面が侵食されて形成された平地。東ヨーロッパ平原，西シベリア低地，北アメリカの中央平原，オーストラリアの大鑽井盆地(グレートアーテジアン盆地)など，規模が大きい。

　また，構造"平野"と命名されているが，**高原や台地**の中でも，同様な地質構造のみられるものであれば，構造平野に含まれる。コロラド高原，ブラジル高原，中央シベリア高原，オーストラリア西部やアフリカの高原などがこの例である。

　卓状地(⇨p.71)は，ほぼ構造平野になっている。

1 メサとビュート　水平な地層の硬岩層の部分が侵食からとり残されて形成された，**テーブル状の地形**をメサという。頂部の面積が小さいものは，ビュートという。

2 ケスタ　やや傾斜した地層で，硬岩と軟岩[★3]の互層になっている場合に形成される**階段状の地形**を，ケスタという。パリ盆地やロンドン盆地，ウクライナ地方，五大湖周辺[★4]でみられる。

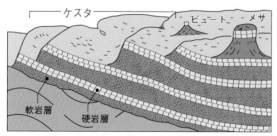

ケスタ　ビュート　メサ　軟岩層　硬岩層

▲**ケスタ，メサ，ビュート**　硬軟の互層があれば，軟層の侵食が早くすすみ，ケスタになる。地層が水平の場合は，テーブル状のメサや，メサから孤立したビュートが形成される。

★1　**インセルバーグ**ともいう。オーストラリア大陸のウルル(エアーズロック)やカタ・ジュタ(オルガ山)が典型的。モナドノックはアメリカのニューハンプシャー州にあるモナドノック山にちなんだもの。

★2　古生代や中生代の地層(⇨p.71)は，ともに固結して岩石化している。地層の構造がそのまま平野の地形をつくっていることから，構造平野といわれる。

★3　硬岩，軟岩とは，侵食に対する抵抗の大小をいう。かたいとか，やわらかいといった意味ではない。

★4　雄大なことで有名なナイアガラ滝は，ケスタの急崖にかかる滝である。

Q 準平原と構造平野は，同じ平野であるのに，どう区別できるのですか。

A 地表面だけをみれば，準平原も構造平野も平坦な土地だね。しかし，準平原は，山地のなれのはてだから，地質構造が複雑だよ。これに対し，構造平野は，だいたい水平に堆積した地層からなり，地形からみても，地質構造からみても，平野である点がポイントだね。

3 堆積平野

❶沖積平野
河川の**堆積作用**によって形成された平野。上流から**扇状地帯→氾濫原→三角州帯**の順に配列するのが基本パターンとされているが，流域の地形や地質によって異なる場合もある。

1 **扇状地帯**　山麓で谷の出口に形成され，一般的には**扇形**をした地形区域。扇状地では，上流から扇頂，扇央，扇端に区分する。**扇央**は，礫質の堆積物のため透水性が大きく（水利が悪い，乏水地），河川は**伏流**する。**扇端**は，伏流水が再び地表面に出る**湧水帯**となっている。

2 **氾濫原（自然堤防帯）**　扇状地帯と三角州帯の間に位置する区域で，河床の勾配がひじょうに緩やかなため，河川の流速はかなり遅く，**蛇行**や著しい堆積作用による地形がみられる。

　①**自然堤防と後背湿地**　洪水のときあふれ出た流水は，川の外側の堤防上で急に流速を減じるため，川ぞいに運んできた土砂を堆積する。こうしてできた微高地を**自然堤防**という。そのうしろには，水はけが悪い後背湿地（バックマーシュ）が広がる。

　②**蛇行と三日月湖**　川が屈曲して流れることを**蛇行**という。蛇行がはなはだしくなると，河道の一部が本流と切りはなされ，**三日月湖**（河跡湖，牛角湖）として，後背湿地に残る。

　③**天井川**　河床が，周辺の平野面より高くなっている川。自然堤防がしだいに高くなったり，人工堤防によることもある。

3 **三角州帯**　河川の運搬する土砂が**河口付近で堆積**することによって形成される**低平**な地形区域。氾濫原と同様に河川の分流や蛇行がみられる。三角州は，その形態のちがいから，**鳥趾状三角州**，**カスプ状（尖状）三角州**，**円弧状三角州**に分類されている。

★5　河川の堆積作用を**沖積作用**という。

★6　このような基本パターンは，大きな内湾に注ぐ大河川（日本では多摩川や木曽川など）にみられる。

★7　埋積谷（⊂⟩p.78）の谷底が平坦となり，山あいに細長くのびることがある。これを**谷底平野**といい，山地の多い地域では貴重な平地として利用される。

★8　石狩川，ミシシッピ川河口などに多い。

★9　黄河や，琵琶湖東岸の野洲川や草津川，島根県の斐伊川などが有名。なお，草津川は新幹線や国道1号線の上を流れていたが，洪水防止のために，新しい放水路が建設された（2002年）。

★10　鳥の足あとのような形を，鳥趾状という。

▼**三角州の種類**　三角州はデルタともいう。

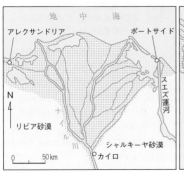

（左）円弧状三角州（エジプト，ナイル川）
（中）鳥趾状三角州（アメリカ，ミシシッピ川）
（右）カスプ状三角州（イタリア，テヴェレ川）

1

自然環境

沖積平野の構造▶

A …扇状地帯
B …氾濫原
C …三角州帯

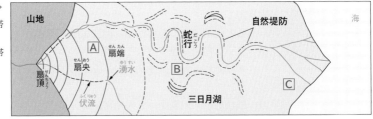

❷ 洪積台地　おもに更新世(洪積世)後期に形成され
た平野が，土地の隆起や海水面の低下によって台地と
なった地形。

1 隆起扇状地と隆起三角州　もとの扇状地や三角州
が隆起してできたもので，武蔵野，牧ノ原，磐田
原，三方原などが代表的。

2 河岸段丘　主として，流域の土地が隆起したり傾
斜が増すことによって，河床がさらに掘り下げられ，
今までの谷底が台地になった地形。[★11]

▲河岸段丘と海岸段丘　段丘面のうち，古い谷底の面(上方の
面)から順に，第Ⅰ面，第Ⅱ面…とよぶ。

3 海岸段丘　海底の平坦面が断続的に離水することによっ
て形成された階段状の地形。北海道の野寒布岬，襟裳岬
や，四国の室戸岬，足摺岬などでみられる。

❸ 海岸平野　堆積物がたまった浅い砂浜の海底が隆起(離
水)して，陸になった地形のこと。わが国の九十九里平野，
宮崎平野，越後平野，根釧台地の沿岸部や，アメリカ合衆
国の大西洋岸(⇨p.278)にみられる。

補説　盆地　盆地は，周囲を山に囲まれた平地のこと。主として地
殻変動によって形成される。
①断層盆地　地溝盆地(諏訪盆地，奈良盆地，タリム盆地な
ど)と，一方だけを断層崖(⇨p.75)で区切られた断層角盆
地(亀岡盆地など)とがある。
②曲降盆地　地層が中心に向かって四方からたわみ下がって
できた盆地。パリ盆地，コンゴ盆地，グレートアーテジア
ン盆地(大鑽井盆地，オーストラリア)などがある。曲降盆
地では，自噴井(鑽井)ができやすい。

Q　沖積平野は，地質時代の沖積
世に形成されたのでしょうか。

A　沖積平野を「沖積世に形成され
た平野」と定義する意見もある。
しかし，沖積の本来の意味は，「河川
による堆積作用」ということであり，
それは，沖積世より以前から行われて
いたことが，最近になって分かったん
だ。だから，沖積平野の定義も，沖積
世に限らないほうがいいね。現在は，
沖積世という言葉も，かわりに完新世
というよ。

[★11] 桂川(山梨県)や，
天竜川(長野県)，利根
川支流の片品川(群馬
県)などにみられる。

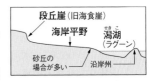

▲海岸平野　▼盆地の形成

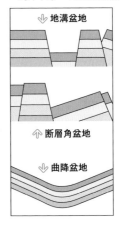

⇩ 地溝盆地

⇧ 断層角盆地

⇩ 曲降盆地

POINT!

─大規模な侵食平野
　┌準平原……もと山地であった土地が平坦になって形成。
　└構造平野…水平な地層が侵食されて形成。
　　　　　　　メサ，ビュート，ケスタなどの地形がある。
─小規模な堆積平野
　┌沖積平野…扇状地帯，氾濫原，三角州帯。
　└洪積台地…隆起した扇状地や三角州，河岸段丘や海岸段丘。

6 | 海岸の地形

1 沈水海岸

❶ 沈水海岸とは　海岸の沈降，もしくは海水面の上昇で形成。

❷ いろいろな沈水海岸

1 リアス海岸[★1]　谷が沈水してできた入り江(溺れ谷)が連続し，海岸の出入りが鋸の歯のような海岸。三陸海岸[★2]，豊後水道沿岸，志摩半島，若狭湾沿岸など。天然の良港が多い。

2 エスチュアリ(三角江)　河口が沈水して，ラッパ状になった海岸。平野の中にあるため，後背地にめぐまれ，大都市が発達しやすい。ヨーロッパでは北海の周辺などに多くのエスチュアリがあり，ロンドン(テムズ川)，ハンブルク(エルベ川)，ルアーヴル(セーヌ川)，ボルドー(ガロンヌ川)などの港湾都市が発達。

3 フィヨルド(峡湾)　氷河の侵食をうけた氷食谷(⟳p.78)が沈水[★3]して成立。せまくて深く，奥行きが長い。かつて大陸氷河におおわれていた高緯度地方に多い。とくに，ノルウェーの大西洋岸[★4]のものが有名。

4 多島海　丘陵地やリアス海岸の沈水がすすみ，山頂部が島となった地形。バルト海西部，エーゲ海，瀬戸内海など。

★1　スペイン北西部の入り江(リア)の多い地方の名称から，リアスの名が使われる。

★2　海岸線に平行な細長い島が形成されると，ダルマチア式海岸という。クロアチアのダルマチア地方で典型的。

★3　氷河におおわれていた地域は，現在，隆起しているところが多いが，当時の海水面より深くU字谷を刻んでいたところが多く，沈水によって成立したといえる。

★4　ソグネフィヨルドは，奥行き204km，最大深度1,308mの世界最大級のフィヨルド。

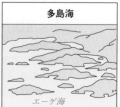

▲沈水海岸の種類

2 離水海岸

海岸の隆起もしくは海水面の低下によって形成される地形。海岸平野（⇨p.81）や，海岸段丘（⇨p.81）がみられる。

補説 **岩石海岸（磯浜）と砂浜海岸**　岩石海岸は沈水海岸によくみられ，とくに岬になっている部分に多い。また，離水海岸でも，足摺岬や室戸岬のような海岸段丘が発達している海岸にみられる。砂浜海岸は，流入河川や隣接する海食崖などから運搬された砂礫が堆積して形成され，湾奥や沖積平野の前面でみられる。また，海底堆積物が離水した海岸平野も砂浜になっており，サンゴ礁海岸でも，サンゴの破片や有孔虫の遺骸（星砂）などが堆積した砂浜海岸がみられる。

3 海岸の小地形

❶ 砂浜海岸の小地形

1 **砂嘴**　海岸から海へ突出した砂礫の長い州。[★5]

2 **砂州**　砂嘴が成長し，湾口を閉じてしまいそうになったもの。[★6]

3 **陸繋島**　砂州が成長して，対岸に連結された島。[★7]陸繋島をつくる砂州を，**トンボロ（陸繋砂州）**という。

4 **潟湖（ラグーン）**　沿岸州や砂州が発達して，海岸との間に，海の一部をとじこめたもの。[★8]

5 **干潟**　干潮時に海面から姿をあらわす平らな低地。干満の差が大きな地域に発達する。貝類など独特の生態系があり，野鳥なども飛来する。[★9]干拓や埋め立てがすすむ中，保護運動もおきている。

❷ 岩石海岸の小地形

1 **海食崖**　海に面した山地や台地が，波食作用によって削られて形成された崖。[★10]海面に接する所に，海食洞ができることもある。

2 **波食棚**　主として潮間帯に分布する平らな岩石の面。ベンチともいう。[★11]硬軟の互層であれば，波状岩（鬼の洗濯板）がみられる。[★12]

3 **海食台**　波食棚より一段低く，海面下にある平坦面で，海食作用によって形成された。海食台地，海食棚ともいう。ただし，[★13]波食棚と区別しないという説もある。

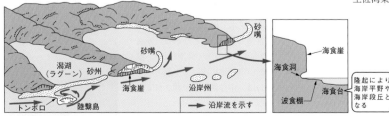

▲海岸の小地形（左）と岩石海岸の断面図（右）

★5 「嘴」は鳥のくちばしのこと。コッド岬（アメリカ），アゾフ海西部（ウクライナ），三保松原（静岡県），野付半島（北海道），戸田（伊豆半島）など。

★6 天橋立（京都府），弓ケ浜（鳥取県）など。

★7 潮岬，江の島，男鹿半島，函館山，志賀島，ジブラルタル，マカオなど。

★8 サロマ湖，小川原湖，八郎潟，河北潟，松川浦など。

★9 有明海は干潟が広い。長崎県の諫早湾では干拓のため，1997年に潮受け堤防を閉めきったが，その後，有明海産の海苔の色落ち，漁獲量の減少などが発生し，干拓の影響が問題視されている。

★10 ドーヴァー海峡に面するチョーク層（白色の石灰粒が堆積）の海食崖がとくに有名。

★11 満潮のときには水をかぶるが，干潮のときには水がひくところ。

★12 宮崎県の青島の波状岩の呼称。「○○の洗濯岩」の名称は各地にみられる。

★13 紀伊半島西岸や土佐湾東岸などが好例。

POINT!

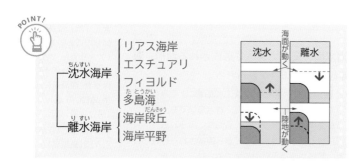

- 沈水海岸（ちんすい）
  - リアス海岸
  - エスチュアリ
  - フィヨルド
  - 多島海（たとうかい）
- 離水海岸（りすい）
  - 海岸段丘（だんきゅう）
  - 海岸平野

	沈水	離水
海面が動く		
陸地が動く		

▲ソグネフィヨルド（ノルウェー）

4 サンゴ礁海岸

造礁生物（ぞうしょう）（サンゴ，有孔虫（ゆうこうちゅう）などの動植物）が集積，分泌物（ぶんぴつ）や遺骸（いがい）が固結することによって形成される炭酸塩物質（たんさんえん）（CaCO$_3$ など=石灰岩の主成分）の岩礁。熱帯から亜熱帯（あ）にかけての浅くきれいな海底★14 に形成され，その形態から主として裾礁★15，堡礁★16（きょしょう）（バリアリーフ），環礁★17（かん）（アトール）に分けられる。

また，サンゴ礁にふちどられた水域を礁湖（しょうこ）★18（ラグーン）という。

サンゴ礁の島々には**多様な海洋生物が生息**しており，観光地にもなっている。一方，地球温暖化の影響で海岸浸食や高潮の被害，サンゴの**白化現象**がおきている。

★14 水温18℃以上で，太陽の光が十分に届く浅い（約20mより浅い）海底から，海面すれすれまで成長する。

★15 日本のサンゴ礁の多くは裾礁である。奄美群島（あまみ）や沖縄諸島（おきなわ）などの南西諸島や，小笠原諸島（おがさわら）に多い。

★16 オーストラリア北東岸のグレートバリアリーフ（大堡礁）が大規模。太平洋のフィジー諸島やタヒチ島でもみられる。

★17 マーシャル諸島，カロリン諸島，モルディブ諸島など，赤道付近に多い。

★18 砂浜海岸にできる潟湖（せきこ）（ラグーン）と区別せずに，礁湖を潟湖とすることもある。

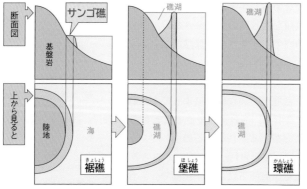

断面図	サンゴ礁	礁湖	礁湖
	基盤岩		
上から見ると	陸地 / 海	礁湖	礁湖
	裾礁（きょしょう）	堡礁（ほしょう）	環礁（かんしょう）

▲サンゴ礁海岸のおもな形態 サンゴ礁海岸は，海水面の上昇や海洋底の沈降によって，裾礁→堡礁→環礁の順に進化していくと考えられている。

▼サンゴ礁（マレーシア）
生物によって形成された地形。

補説 **中性海岸** サンゴ礁海岸のように，沈水（ちんすい）や離水（りすい）が，直接地形の形成に関わっていない海岸を，中性海岸ということがある。断層（だんそう）崖（がい）が海に面した断層海岸（淡路島の南岸（あわじ），敦賀湾の東岸（つるが）など），扇状地（せん），三角州（さんかくす）や火山の末端（たいたん）など新しい堆積物（たいせき）によって形成された海岸（黒部川扇状地（くろべ）や桜島火山（さくらじま）など）は，中性海岸に分類されている。

7 | その他の地形

1 氷河地形

❶ 氷河　ほぼ大陸をおおう規模の厚く広大な**大陸氷河(氷床)**と、山岳に発達する**山岳氷河**に大別されている。全世界の氷河の約90%を、南極氷床がしめている。氷河はもとは雪である。

❷ 氷食地形

1 カール(圏谷)　氷食作用で山頂部にできる巨大な椀状の凹地。日本では、日本アルプスや日高山脈に見られる。

2 U字谷(氷食谷)　山腹にできるU字型の谷。谷底が広い。谷底には、**氷河湖**ができやすい。U字谷に海水が入ると、フィヨルド(峡湾)となる(⇨p.66)。

3 ホーン(尖峰)　複数のカールによる削り合いで生じたピラミッド型のとがった峰。

> 補説　**氷食作用**　氷河による侵食作用のこと。氷河によって運搬される岩くずなどが基盤の岩石を削る削磨作用、氷河自体が基盤岩石を削るプラッキング、氷河が融けてできた水流による侵食の3通りがある。

❸ 氷河の残した**堆積地形**

1 モレーン(氷堆石)　氷河によって運搬された**粘土や砂礫が堆積**した地形。

> グランドモレーン…氷河の底にあたる位置に堆積したもの。
> ラテラルモレーン…氷河の側壁に堆積したもの。
> ターミナルモレーン…氷河の末端(終端)に堆積したもの。エンドモレーン(終堆石)ともいう。

2 エスカー　氷河が融けてできた水が、氷河と地面の間を流れることによって、古い堆積物を運搬し、流路にそって再堆積させた結果できる**細長い堤防状の地形**。

▼氷河の地形

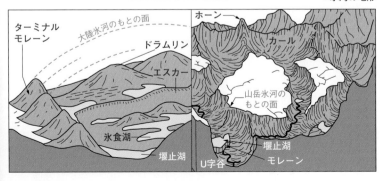

ターミナルモレーン／大陸氷河のもとの面／ドラムリン／エスカー／氷食湖／堰止湖／ホーン／カール／山岳氷河のもとの面／堰止湖／U字谷／モレーン

★1　新生代第四紀の更新世(⇨p.74)は氷河時代で、氷期と間氷期をくり返した。

　約2万年前の最終氷期のあと、現在は後氷期とされる。約6000年前には、世界的規模で氷床がとけ、海面が上昇した(日本では縄文海進という)。このときの氷河性海面移動で、関東平野は多くが海面下になっていた。

★2　現在では底面積が5万km²以上のものに対して用い、**南極氷床**と**グリーンランド氷床**のみ。これ以下のものは、氷帽とよぶ。

★3　深く削られてできる氷河湖(アメリカの五大湖やロシアのラドガ湖など)、モレーンによる堰止湖(アルプス山中のレマン湖、コモ湖など)。

★4　アルプス山脈のマッターホルン山は、典型的な形を示す。

★5　氷河と地面の間を、氷河の融けた水(融氷水)が流れるとき、その水流を融氷水流といい、そのトンネル状の流路を氷底流路という。
　エスカーやアウトウォッシュプレーン(⇨p.86)は、融氷水による地形である。

1　自然環境

③ **ドラムリン**　氷河の流れる方向と平行に形成される長円形(ラグビーボール状)の小さな丘。新しい氷河が，古いグランドモレーンなどを乗りこえるときに，それらを変形させて形成。

④ **アウトウォッシュプレーン**　氷河の融けた水は，氷河の末端から流れ出て川になるが，その川によって運ばれた砂礫でできた平野。氷河のとぎれた先に，扇状地のように広がる。耕作にはあまり適さない。北ドイツ平原で，広くみられる。

⑤ **氷礫土平野**　氷河が後退して現れた平野。グランドモレーン，エスカー，ドラムリンや，その他の堆積物におおわれている。★6
大小の浅い湖沼をともなう。北ドイツ平原～ポーランド低地が，おもな分布地。やせ地で，耕作に適さない。

2 カルスト地形

❶ **カルスト地形**　石灰岩地域で，**石灰岩が溶食**されて形成される★7
地形。スロベニアの石灰岩地域を示す語として用いられていたのが，広く石灰岩地域での**溶食地形**を示すようになった。日本では秋吉台(山口県)や平尾台(福岡県)が有名。

❷ **地上の地形**

① **ドリーネ**　主として溶食によって形成される**すりばち状の凹地**。★8
直径数m～数百m。

② **ウバーレ**　ドリーネがつながりあった凹地。

③ **ポリエ**　さらに大規模な**溶食盆地**(底面積数km²～数百km²)。底部に石灰岩の風化した**テラロッサ**の土壌(⟳ p.109)。

④ **カレンフェルト**　石灰岩が地表に筍状に無数に露出した地形。

⑤ **タワーカルスト**　溶食がすすみ岩塔や小山が林立。桂林(中国)やハロン湾(ベトナム)が有名。

❸ **地下の地形**

① **鍾乳洞**　地下に流入した雨水で石灰岩が溶けてできた洞窟。

② **鍾乳石，石筍**　鍾乳洞の中に形成される。★9

★6　岩くず(礫)などの堆積物におおわれず，氷河が直接，基盤の岩石を削って形成された平坦面を，とくに氷食平原とよぶ。

★7　雨水は大気中のCO_2(二酸化炭素，炭酸ガス)がわずかに溶けた弱い炭酸水になっている。これが石灰岩の主成分である炭酸塩物質($CaCO_3$＝炭酸カルシウムや$MgCO_3$＝炭酸マグネシウムなど)を徐々に溶かす。

★8　ドリーネなどの底には，鍾乳洞へ続く穴があいている場合が多い。雨水の吸いこみ口になっている。

★9　鍾乳石や石筍は，沈殿した炭酸塩物質が堆積して形成される。天井からつり下がる形のものを鍾乳石，床から上へのびる形のものを石筍，それらがつながって柱状になったものを石柱という。

◀カルスト地形

▼タワーカルスト(桂林，中国)

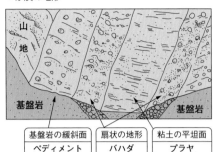

▼砂漠の地形

基盤岩の緩斜面	扇状の地形	粘土の平坦面
ペディメント	バハダ	プラヤ

③ 乾燥地形

① 砂漠　極度に乾燥した土地のこと。
基盤岩(きばんがん)の露出(ろしゅつ)した**岩石砂漠**が，最も広く分布する。

> 岩石砂漠(ハマダ)…基盤岩が露出している。
> 礫(れき)砂漠(レグ)…岩屑(がんくず)(礫)におおわれている。
> 砂(すな)砂漠(エルグ)…砂地や砂丘(さきゅう)の起伏(きふく)がある。

② 砂漠の河川と湖

1. **砂漠の河川**　ごくまれに雨が降るとき以外は水のないワジ(涸谷(かれだに)，涸川(かれがわ))，海に流入しない内陸河川[★10]，湿潤地域(しつじゅん)から流れて，乾燥地(かんりゅう)を貫流し，海まで流れる**外来河川**[★11]がある。

2. **砂漠の湖**　湖は塩湖(えんこ)で，内陸河川の終点となっている場合が多い。地下水が豊富な地層が地表に出現して泉(いずみ)ができている場所が，**オアシス**である。

③ 砂漠の地形　山麓(さんろく)に広がる基盤岩からなるゆるやかな斜面を**ペディメント**，主として礫(れき)からなる扇状地を**バハダ**，粘土からなる盆地底部(へいたん)の平坦面を**プラヤ**(粘土平野)[★12]という。砂(すな)砂漠では，砂丘(さきゅう)がみられる。

砂(すな)砂漠の砂丘▶

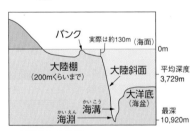

| 風 (バルハン砂丘) | | 風 | 固定，草 |
移動　　　　　　　　　　　　　　　　　(マンハ砂丘)

④ 海底の地形

① 大洋底　水深が4,000～6,000mの広大な平坦部。ところどころに**海底火山**[★13]や**海嶺**(かいれい)(海底大山脈)，**海溝**(かいこう)やさらに深い**海淵**(かいえん)がある(☞p.72)。

② 大陸棚(たいりくだな)　大陸周辺の水深**200m**[★14]くらいまでのゆるやかな斜面。とくに浅い部分を**バンク**(浅堆(せんたい))とよぶ。大陸棚から大洋底に到る急な斜面を，**大陸斜面**という。

▲大洋底と大陸棚

図中ラベル：バンク　実際は約130m　(海面)　0m　大陸棚(200mくらいまで)　大陸斜面　平均深度3,729m　大洋底(海盆)(かいぼん)　海淵(かいえん)　海溝(かいこう)　最深-10,920m

> [補説] **大陸棚の資源と開発**　大陸棚の面積は，全海洋の7.5%をしめ，陸地面積の18%にもあたる。大陸棚には，陸地から栄養分が流れこみ，日光もよく通り，プランクトンが成育するので，よい漁場になっている。近年は，天然ガスや石油などの資源開発もすすんでいる。**大陸棚条約**により，その権益は沿岸国にあるとされている(☞p.329)。

砂漠というのは，砂(すな)が多くて，砂丘の広がる土地ではないのですか。

Ⓐ　その定義はまちがいだね。砂漠というのは，水が少なく乾燥(かんそう)した土地のことをいう。砂漠の「砂」の字が誤解を与えているようだが，本来は「沙漠」と書くのがよいのかもしれない。「沙(さ)」は「水が少ない」という意味だし，「漠」は「水がない」という意味だからね。世界的にみても，砂(すな)砂漠はせまく，大半は岩石砂漠や礫(れき)砂漠だよ。

★10　アムダリア川，シルダリア川，タリム川など。

★11　ナイル川，ティグリス川，ユーフラテス川など。乾燥地域内で消滅して末無川(すえなしがわ)になる場合もある。

★12　こうした地形は，ときおり発生する豪雨によって形成されると考えられている。プラヤにはしばしば塩分が堆積し岩塩を産出する。

★13　活動を行っていない海底火山は，海山(かいざん)とよばれる。

★14　大陸棚外縁(がいえん)の水深は，ほぼ130m内外で世界的にも一定。

自然環境

気候

1 | 大気と海水の流れ

1 大気の大循環

❶ 熱帯収束帯★1　赤道付近では，強い日射や，北東および南東貿易風の収束が，強い**上昇気流**を発生させ，**激しい降水**をもたらす。上昇した気流は，上空で南北にわかれ，中緯度地方へ向かう。

❷ 亜熱帯高圧帯★2　緯度30度付近では，赤道付近で上昇した気流が再び下降する。**下降気流**の下では天気が安定し，降水量も少ないので，**砂漠形成の要因**となる。下降した気流は再び南北にわかれ，低緯度方向で東風の**貿易風**，高緯度方向で西風の**偏西風**になる。

❸ 亜寒帯低圧帯★3　偏西風と，極高圧帯からの**極偏東風**★4が収束する緯度60度付近の低圧帯。付近には，**寒帯前線**が形成されている。

❹ 極高圧帯　両極付近では，低温のため上昇気流が発生せず，年中安定した高圧帯となっている。

★1　**赤道低圧帯**ともいう。低圧帯は雨が多い。2種類の風や海流が接触することを**収束**といい，その境界を収束線という。

★2　**中緯度高圧帯**ともいう。高圧帯では雨はほとんど降らない。

★3　**高緯度低圧帯**ともいう。

★4　**極東風**，周極風ともいう。

\ TOPICS /

エルニーニョ現象

　南アメリカ大陸の太平洋側では**貿易風**が海水を西へ移動させるので，**ペルー海流**（フンボルト海流）は，低温の湧昇流をともない，海水温は低い。沿岸は降水量が少なく，アタカマ砂漠（チリ北部）などの海岸砂漠が形成されている。

　ただ，毎年クリスマスのころに，寒流，湧昇流ともに弱まり，水温が高くなる。このときは，**アンチョビ**（かたくちいわし）などの寒流系の魚は姿を消し，暖流系の魚がとれて，乾いた大地には恵みの雨が降る。祝福されるこの時期は，**エルニーニョ**（エル＝ニーニョ）という。スペイン語で「神の子，イエス＝キリスト」を意味する。

　こうした水温の上昇は，貿易風の弱まりにより数年に一度，ペルー沖から東太平洋一帯で顕著になり，長期間におよぶことがある。これを，**エルニーニョ現象**とよんでいる（⇨p.90）。海面の温度が2〜5℃も高くなり，地球全体の大気の大循環が影響をうけ，世界中に異常気象を発生させる。

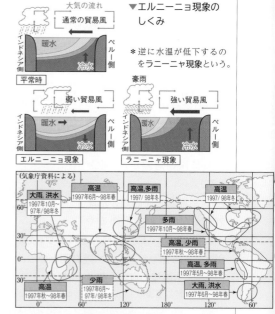

▼エルニーニョ現象のしくみ

＊逆に水温が低下するのを**ラニーニャ現象**という。

平常時／エルニーニョ現象／ラニーニャ現象

（気象庁資料による）

▲**エルニーニョ現象による異常気象**（1997〜98年）
20世紀最大規模で発生し，インドネシアでは高温少雨となり森林火災が多発，日本は広く暖冬に。

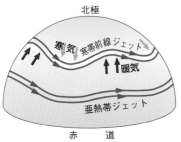

▲偏西風の流れと熱の移動　おもなジェット気流は2本。寒帯前線ジェット気流は寒帯前線にそっている。緯度30度あたりの上空には亜熱帯ジェット気流がある。

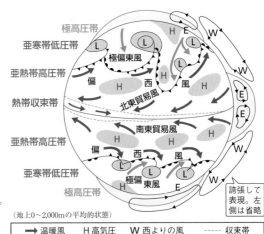

（地上0〜2,000mの平均的状態）

| → 温暖風 | H 高気圧 | W 西よりの風 | ----- 収束帯 |
| → 寒冷風 | L 低気圧 | E 東よりの風 | ⌐⌐⌐ 前線 |

補説　大気の大循環による熱輸送

従来は，低緯度地方で上昇した暖気流が，高緯度地方へ流れて下降するという対流の考えが一般的であった。しかし，観測技術の進歩とともに，対流の考えがあてはまるのは，低緯度地方（熱帯収束帯から亜熱帯高圧帯の間）だけとされるようになった。中・高緯度地方では，ジェット気流の南北への蛇行（偏西風波動）が，熱輸送を果たしていると考えられている。上図のように，波動の部分で南からの暖気が北へ，北からの寒気が南へせり出して，熱の均衡が保たれているという。すなわち，大気の大循環による熱輸送は，低緯度地方では対流により，中・高緯度地方では偏西風波動によっている。

★5　偏西風の中で，高度8〜13kmの高層で特に強い帯状の風。主要なものとして北緯40度付近の寒帯前線ジェット気流と北緯30度付近の亜熱帯ジェット気流がある。

2 海水の大循環（海流）

❶ 海流の分類　海流の表層の流れは，**北半球で時計回り，南半球で反時計回り**である。

1 **暖流**　周辺海域の水温より高く，低緯度地方から高緯度地方へ流れる。

2 **寒流**　周辺海域の水温より低く，高緯度地方から低緯度地方へ流れる。

❷ 海流の要因

1 **吹送流**　風成循環が影響し一定方向に吹く風によって生じる。海面から200mほどの表層流。

2 **密度流**　密度の大きい（塩分の濃い）海水が，密度の小さい海水の下にもぐりこむことで生じる。

深層の流れ（深層流）は熱塩循環とよばれ，水温や塩分濃度による密度差が原因となって生じると考えられている。

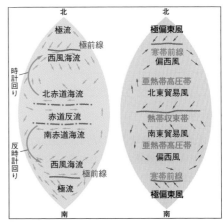

▲海流の分布（左）と大気の大循環（右）

★6　熱塩循環は秒速1cm程度でゆっくりであるが，1,000年以上をかけて全海洋を循環すると考えられている。

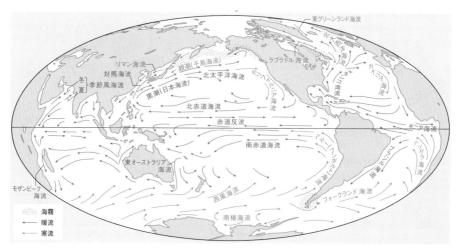

▲世界の海流

★7　南アメリカ大陸西岸のペルー，エクアドル沖では，貿易風が海水を西へ移動させるので，深海からの湧昇流を伴うペルー海流（寒流）が流れる。貿易風が弱まると，暖かい海水が西へ移動せず，ペルー沖の水温は2～5℃上昇する。この現象がエルニーニョ現象（⇨p.88）。

③ **傾斜流**　気圧変化などによる海面の昇降など，海面の傾斜をなくす形で生じる。

④ **補流**　ある場所の海水が移動したとき，それを補う形で生じる。

⑤ **湧昇流**　水深200～300m付近の寒冷な海水が，種々の原因で上昇する海流。大陸の西岸で多くみられる。★7

[補説] **潮流**　潮汐（月などの引力による海面の上下）によって，約6時間ごとに流れの向きが逆になる海水の流れ。大洋ではひじょうに弱いが，海峡や湾口ではよくみられる。潮流を利用し，**潮汐発電**が行われているところもある。

② 水の分布と循環

① 水の分布

❶ **水の分布**　地球上には約13.8億km³の水があり，それらは**海水，陸水**および**水蒸気**に大別される。このうち，最も多いのは海水で，全体の97.2%をしめる。陸水は2.8%で，水蒸気はごく少量。

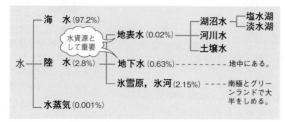

◀**水の分布**　水資源として重要なのは，**地表水と地下水**。なお，沖積平野の地下水は，軟弱な地層をささえる役目もあるため，地下水のくみ上げすぎは，地盤沈下につながることもある。

❷ おもな陸水

1 湖沼水

①塩分濃度による分類

淡水湖…塩分含有量が500mg/ L以下の湖。流出河川をもつ。

塩湖……塩分含有量が500mg/ Lを超える湖。蒸発のさかんな乾燥地域に多い。流出河川をもたず、成分が徐々に濃縮されていくため、高濃度になる。

汽水湖…塩湖のうち、塩分の主要因が海水にあるもの。潟湖のように海水が直接流入してくる湖が典型(サロマ湖など)。

②生産力による分類

富栄養湖…水中の栄養分が多く、魚介類の成育に適する。
霞ヶ浦、河口湖、諏訪湖、宍道湖、サロマ湖など。

中栄養湖…山中湖、浜名湖、琵琶湖、芦ノ湖、厚岸湖など。

貧栄養湖…水中の栄養分が少ない。
田沢湖、摩周湖、支笏湖、十和田湖、野尻湖など。

補説 **酸栄養湖**　湖水中に特定の成分が多く、生産が調和的に行われないタイプの湖がある。湖水が、火山や温泉のために強い酸性になっていて、特別な生物以外、ほとんど生物がみられない湖を、**酸栄養湖**という。下北半島の宇曽利山湖、志賀高原の大沼池、吾妻山の五色沼、北海道の屈斜路湖など。また、酸性雨(⇨p.131)の長年の蓄積によって、湖水が強度の酸性になり、生物が住めなくなった湖が、北ヨーロッパを中心に出現している(スウェーデンのヴェーネルン湖など)。

2 河川水

①水位と流量　河川流域の総降水量のうち、河川に流出する割合を流出率、河川流域の一地点における１年間の最大流量と最小流量の比を河況係数という。どちらの値も大きな川ほど、河川災害を起こしやすい暴れ川となる。

②水質　ふつうは中性。**火山地域では酸性**、石灰岩地域では**硬水**になることが多い。

3 地下水　地下水は、飲料水や工業用水として、多く利用されている。**自由地下水**と**被圧地下水**がある。地下水は、ゆっくりと流れている。

★1　外洋へつながる流出河川をもたない湖を、内陸湖という。アラル海、カスピ海、死海、グレートソルト湖など。

★2　海水1kg中の塩分は約35gである。

★3　栄養塩類(リン酸塩、硝酸塩など)は、プランクトンを繁殖させ、湖水の生産力の基礎となる。栄養塩類がとくに多い霞ヶ浦、手賀沼、印旛沼は、過栄養湖ともいう。

★4　日本の河川は、外国の河川に比べ、これらの値が大きい。

★5　炭酸塩物質(Ca CO₃＝炭酸カルシウム、Mg CO₃＝炭酸マグネシウムなど)が多くとけこんだ水のこと。雨水のように、そのような塩類の少ない水を軟水という。飲料水、洗濯用水や工業用水としては、軟水のほうがよい。適度の硬水は、醸造用に利用。

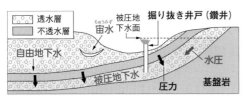

◀地下水の構造　地層が傾斜したところや、曲降盆地(⇨p.81)などでは、被圧地下水の層まで到達する掘り抜き井戸(鑽井)を掘れば、自噴井となることが多い。オーストラリアのグレートアーテジアン(大鑽井)盆地では、多くの掘り抜き井戸がある。

TOPICS

水害とその防止

● **地球上の水**　河川，湖沼，地下水などの陸水は，わずか2.8%ほどにすぎないが，人間の生活に必要な水は，ほぼすべて陸水に依存している。水を有効に利用し，洪水などの水害から逃れるために，人間はさまざまな働きかけをしてきた。

● **日本の河川**　短く流量が少ないが，水位の変動がはげしい。上流域の降雨や融雪がただちに水量を増加させるため，多くの支流の集まる中流以下では急激に水位が高まり，氾濫することがしばしばある。このため，古くから洪水防止に工夫がこらされてきた。

木曽川，長良川，揖斐川下流の三角州地帯には輪中（⟳ p.269）とよばれる堤防をめぐらした集落が形成されている。また，渡良瀬川，思川の合流点にあたる赤麻沼は，洪水防止と足尾銅

> **霞堤**　不連続の堤防を雁行させ，堤防の間の空地を一時的に遊水池とする工法。山梨県釜無川の信玄堤などが残る。

山の鉱毒防止のための遊水池であった。遊水池とは，川の増水期に湖面を拡大してその水を受け入れ，減水期には水をゆっくりもどすことによって自然に流量や水位を調整する湖沼である。他には淀川中流（宇治川）の巨椋池も遊水池として知られたが，干拓により消失してしまった。戦国時代に起源をもつ霞堤は，川の両岸の堤防が不連続で，上流に向けて間隔が広がっている。このため，増水時には堤防の間からゆるやかに逆流させ遊水させることによって，洪水の被害を最小にくいとめようとするものである。

● **近代的な水害防止策**　ダムによる貯水池，放水路などの建設や，河道を広げ堤防で固定することが行われている。しかし，土砂の堆積の多い河川では天井川となることが多く，予想を超えた豪雨の際には大災害をおこすこともある。

＊雁が並んで空を飛ぶように，ななめに並ぶこと。

① **自由地下水**　第1番目の不透水層の上にたまった地下水。不圧地下水ともいう。主たる地下水の本体と分かれて，これより上部にたまる**レンズ状の地下水**を，**宙水**という。

② **被圧地下水**　上下を不透水層ではさまれた**透水層（帯水層）**にたまった地下水。上側の地層の圧力と側方からの強い水圧が加わるため，**掘り抜き井戸（鑽井）**を掘ると**自噴**することが多い。★6

★6　自由地下水をくみ上げる浅井戸では，自噴することはない。

陸水	湖沼水…淡水湖と塩湖。魚介類の成育に適する富栄養湖。
	河川水…流出率，河況係数が大なら，暴れ川。
	地下水…自由地下水，宙水，被圧地下水。

2　水循環

地球上の水は，大気圏内で循環している。大局的には，**降水**と**蒸発**の形で行われるといってよい。降水と蒸発は，地域的には多い所と少ない所があるが，地球全体としてみれば，流入と流出はプラスマイナスゼロとなる。気候が温暖化し陸水（氷河）が減ると，海水の量が増加し，海水面が上昇する。

なお，蒸発した水分が大気圏外へ出ていくことはない。

3 | 気候要素

1 気候要素と気候因子

❶気候要素　ある気候の特性を示す指標。**気温，風，降水量**の三大要素のほかにも，湿度，日照，雲量，蒸発量など，種々の要素がある。

❷気候因子　気候要素に影響を与える要因。緯度，隔海度，海抜高度，地形，海流など。

2 気温

❶緯度による変化　太陽からのエネルギーを多く受ける低緯度ほど高温。反対に，エネルギーの少ない高緯度ほど低温。

❷高度による変化　気温は，**高度100mにつき約0.55℃ずつ低下**する。これを気温の**逓減率（減率）**という。

❸日較差と年較差

① 日較差　1日のうちの最低気温と最高気温の差。一般に海洋性気候の地域で小さく，大陸性気候の地域で大きい。

② 年較差　1年のうちの，最暖月平均気温と，最寒月平均気温との差。一般に，高緯度地方や大陸性気候下の地域や大陸東岸は，それぞれ低緯度地方や海洋性気候下の地域や大陸西岸に比べて年較差が大きい。

> 補説 **海洋性気候**　気温の年較差が小さく，太陽の回帰が直ちに気温変化に結びつかないことが特徴。岩石より水の方が比熱が大きい（温まりにくくさめにくい）ことに影響され，海岸地方でみられる。
> 　　　**大陸性気候**　気温の年較差が大きく，降水が少ないのが特徴。岩石（陸地）の温まりやすく冷めやすい性質による。大陸内陸部にみられる。

3 風

❶貿易風　亜熱帯高圧帯から熱帯収束帯へ，恒常的に吹く東よりの風（東風）。赤道偏東風ともいう。北半球では**北東貿易風**，南半球では**南東貿易風**。エルニーニョ現象に関係する（⇨p.89，90）。

❷偏西風　中緯度高圧帯から高緯度低圧帯へ，恒常的に吹く西よりの風（西風）。北半球の大陸の西岸や，陸地の少ない南半球で，とくに発達。偏西風の中でもとくに強い帯状の気流であるジェット気流（⇨p.89）は冬に発達。**西岸海洋性気候と関係が深い**（⇨p.102）。

❸極偏東風　極高圧帯から高緯度低圧帯に向けて吹き出す東よりの風。極東風，周極風ともいう。貿易風や偏西風に比べて弱い風系である。

★1 「気温」は温度では不可，「降水量」は雨量では不可。「風」は風向と風速からなる。

★2 海から隔たっている度合い。

★3 極圏内（66.6度より高緯度の地域）はとくに太陽高度が低く，低温。夏は，太陽が沈まない白夜がみられる。冬は，昼も太陽が上らない長い極夜がみられる。

★4 低緯度の高山帯では，海抜高度が高まるにつれ，気候帯が熱帯から寒帯へと移行する「気候帯の垂直分布」がみられる（⇨p.107）。

★5 等温線は，一般に観測した気温を，逓減率にしたがって，高度ゼロ（海面）になおして描かれる。このことを，**海面更正**という。

★6 風は，気圧の高い方から低い方に向かって吹く（⇨p.89）。

★7 trade winds の訳。貿易風は誤訳で，**恒常風**の意味とされる。

★8 オランダの風車は偏西風を利用するため，西を向いている。また，まわりに障害物のない海岸ぞいなどでは，樹木がそろって東側に傾く。こうした木を**偏向樹**という。

★9 ジェット気流は航空機の飛行時間や燃費にも影響する。

❹季節風（モンスーン）　夏と冬で風向が反対になる風。[★10]夏は海洋から大陸へ，冬は大陸から海洋へ吹く。東アジア，東南アジア，南アジアにかけての地域で，最もよく発達（⇨p.111）。

❺地方風（局地風）　地球的規模ではなく，特定の気圧配置や地形などの条件下で，限られた地域に吹くその地方特有の風。[★11]

1 おもな地方風

①フェーン　山地から吹きおろす高温で乾燥した風。もとは，春〜夏にヨーロッパアルプスから吹く南よりの乾燥した暖風。[★12]ドイツなどでみられる。現在では，山越えの暖乾風の意味。

補説　**フェーン現象**　フェーンにより，山の風下側の気温が高まり乾燥すること。温暖湿潤な空気塊は山地傾斜をのぼるとき，100mで約0.5℃低くなるが，雨を降らせ，乾燥した空気塊となって吹きおりるときは，100mで約1℃高温になることによる。

②地中海地方の冬の寒風
・ボラ…クロアチアなどのアドリア海沿岸で，陸からアドリア海に向かって，おもに冬に吹く寒冷な北東風。
・ミストラル…フランスのローヌ河谷で，主として冬から春にかけて，地中海方面に向かって吹く北よりの寒乾風。[★13]

③砂塵などをともなう強風
・シロッコ…地中海沿岸地方で，おもに春に吹く南または南東の湿った熱風。アフリカの砂漠から吹き出す。[★14]
・ハルマッタン…11〜1月に西アフリカで強く吹く乾燥した北東風。西アフリカに乾季をもたらす。砂嵐，黄砂をともなう。
・スホベイ…ロシア南部，ウクライナ，カザフスタンなどで，夏に吹く東よりの熱乾風。
・ブリザード（地吹雪）…暴風雪。もとは，北アメリカで冬に，低気圧の通過にともなって吹く北西の強い寒冷風。

★10 夏は大陸が急速に熱せられて低圧に，逆に，冬は大陸が急速に冷えて高圧になる。

★11 アメリカ中部では5月をピークに大規模なトルネード（竜巻）が発生する。直径1〜5kmの猛烈な回転風で，ときには巨大な雹をともない，農作物や家屋に被害をもたらす。また，強風が土壌をまきあげ大規模なダストストーム（砂嵐）が発生することもあり，土壌侵食をすすめる。

★12 アルプスの雪解けを早め，ローヌ川やライン川河谷の気温を高くする。

★13 年間のべ100日も吹く年が多く，この地域の伝統的民家は，南東側にしか窓をつくらない。

★14 エジプトではカムシン，リビアではギブリなどという。アフリカでは乾燥した熱風である。

Q　フェーンは日本でも吹くのですか。具体的には，どの季節に，どんな地域でみられるのでしょうか。

A　日本では，春に日本海で低気圧が発達したときや，夏に南東季節風が強まったとき，太平洋側から日本海側に向かって強い風が吹く。この風がフェーンで，日本の中央部の山地を越えるとき，風上側の太平洋側に雨を降らせてから，日本海側に乾燥・高温の風として吹きおりる。新潟県から東北地方の日本海側では，この風を「だし」とよんでいる。山形の40.8℃（1933年，当時の日本の最高気温），酒田の40.1℃，熊谷の41.1℃などは，フェーン現象による高温記録だよ。（現在の日本の最高気温⇨p.117）

▼地中海方面の地方風　シロッコは，春に中緯度高圧帯の北上にともなって吹く。

凡例：温暖な風／寒冷な風

④日本の地方風

┌　やませ…梅雨期~初夏に東日本から北日本の太平洋岸で，オ
│　ホーツク海から吹く**冷湿な北東風**。稲作に冷害をもたらす。
│　**嵐**…冬の季節風が強いとき，山地から吹きおろす北から北西
└　の寒冷で乾燥した風。日本全国(とくに太平洋側)にみられ
　　る。

★15 関東平野のからっ風が代表的。山地の名をつけて，赤城嵐，筑波嵐，月山嵐，伊吹嵐，比叡嵐，六甲嵐などともいわれる。低温で乾燥した風のため，体感気温は低くなる。

2 その他の地方風

①**海陸風**　昼間，熱せられて低圧部となった陸地へ，海から吹
　く風を**海風**という。夜間，あまり温度が下がらず相対的に低
　圧部となった海へ，陸から吹く風を**陸風**という。両者が入れ
　替わる朝夕の無風状態を，**凪**という。瀬戸内海地方で有名。

②**山谷風**　昼間に熱せられた空気が山の斜面をのぼる風が**谷風**。
　夜に冷却され密度が大きくなり，山から吹きおりる風が**山風**。

★16 世界の年降水量の平均は約920mm。なお，農牧業の限界降水量は，250mmとされる。

4 降水量 ★16

❶ **緯度との関係**　気圧帯との関係で，多少の変動
はあるが，降水量は，大局的には，高緯度地方に向
かって少なくなる。

❷ **気圧帯との関係**　低圧部では降水量が多く，高
圧部で少ない。

❸ **地形との関係**　山脈の風上側の斜面では降水量
が多く，風下側で少ない(**地形性降雨**)。

❹ **隔海度との関係**　内陸部ほど乾燥する。とくに
海との間をさえぎる大山脈がある場合は乾燥が顕著となる。中央
アジアからモンゴルにかけての乾燥地域が好例。

❺ **海流との関係**　寒流が沿岸を流れる地域は，降水量が少なく，
海岸砂漠もできる。ペルー海流による**アタカマ砂漠**(チリ)，ベン
ゲラ海流による**ナミブ砂漠**(ナミビア)が典型的。

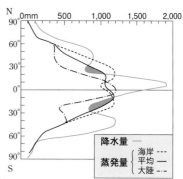

▲緯度による降水量と
蒸発量の変化
降水量よりも蒸発量
のほうが多い赤色部
の緯度帯では，乾燥
気候が発達している。

補説 **世界の多雨地域**　世界的にみて，最も降水量の多いところは，イ
ンドの**アッサム地方**や南西部の**マラバル海岸**，アフリカの**カメルーン
山**，**ハワイ**のカウアイ島北東部などで，年に10,000mmをこえる。
アッサム地方のチェラプンジでは，年降水量26,461mmを観測した
こともある。これが，世界の年降水量の極値記録となっている。東
京の年平均降水量1,598mmとくらべると，その多さがわかる。

★17 日本では，屋久島(鹿児島県)で8,692mmを記録した(1980年)のが最高。尾鷲(三重県)で3,970mmである。

POINT!

**気候の
三大要素**

┌　気温……緯度，高度などで変化。
│　風………貿易風，偏西風，季節風など。
└　降水量…緯度，気圧帯などで変化。

4 ｜ 気候区分

1 ケッペンの気候区分

❶ ケッペンの気候区分^{★1} ドイツの気候学者ケッペン(1846〜1940)による気候分類。植生が気候に強く影響されるという観点から，**植生分布を基礎に気候分類を行った**。このため，農牧業を中心とした人間活動を調べるのには，便利である。反面，気候型の成因を無視しているという批判もある。^{★2}

　成因を重視したものとしては，フローン(ドイツ)の風系による分類^{★3}やアリソフ(旧ソ連)の気団による分類^{★4}などがある。

❷ 気候区分の記号 ケッペンは，各気候区を以下の記号で表すようにした。

熱帯A	Af	熱帯雨林気候
	Am	弱い乾季のある熱帯雨林気候
	Aw	サバナ気候
乾燥帯B	BS	ステップ気候
	BW	砂漠気候
温帯C	Cs	地中海性気候
	Cw	温暖冬季少雨気候
	Cfa	温暖湿潤気候
	Cfb	西岸海洋性気候

亜寒帯 （冷帯） D	Df	亜寒帯湿潤気候
	Dw	亜寒帯冬季少雨気候
寒帯E	ET	ツンドラ気候
	EF	氷雪気候

▲代表的な気候区分と記号
A〜Eなどの各記号の意味は，p.106を参照。なお，大文字，小文字の区別に注意。BS，BW，ET，EFは大文字。

気候帯の面積別割合▶

❸ さまざまなグラフ

1 **クライモグラフ** 体感気候の特徴を示すために，^{★5}湿球温度と相対湿度で表した折れ線グラフ。

2 **ハイサーグラフ** クライモグラフの代用として，縦軸に気温，横軸に降水量をとったものであるが，これをクライモグラフということもある。気温と降水量の関係や，それらの変化を，一目で読みとることができる。

補説 **ハイサーグラフの読み方**
①**熱帯の気候** 気温の高い位置で，横長の針状になる。AmやAwは左右にぐっと長い。
②**乾燥帯の気候** グラフが縦軸に接近し，縦に長い。BSは少し右へふくらむ。
③**温帯の気候** 気温の温暖な位置にある。いろいろな形があるので，右図を参照。
④**亜寒帯(冷帯)の気候** 気温のやや高いところから，かなり低い位置まで，縦に細長くのびる。
⑤**寒帯の気候** 気温はぐっと低く，左下すみにまとまる。

★1 1884年に発表後，修正が重ねられ，1961年ガイガーによって修正されたものが広く使われている。

★2 極地方とアンデス高地が両方とも氷雪気候に分類される。気候因子は，前者は緯度，後者は海抜高度と，低温の原因が異なる。

★3 大気の大循環にもとづく成因的な気候区分で，恒常風系の季節的移動で区分する。

★4 前線帯の季節移動に注目し，夏と冬に卓越する気団の組み合わせで気候地域を設定。

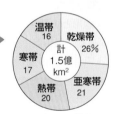

★5 風が強く，湿度が低ければ，気温を低く感じる。湿度が高ければ，気温を高く感じる。

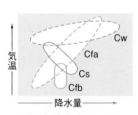

▲温帯気候のハイサーグラフの位置と形

③ 雨温図　直交座標の縦軸に降水量と気温を別々に目盛りをつけ，横軸に12か月を示し，降水量を棒グラフで，気温を折れ線グラフで表したもの。

▼各気候区のハイサーグラフと雨温図

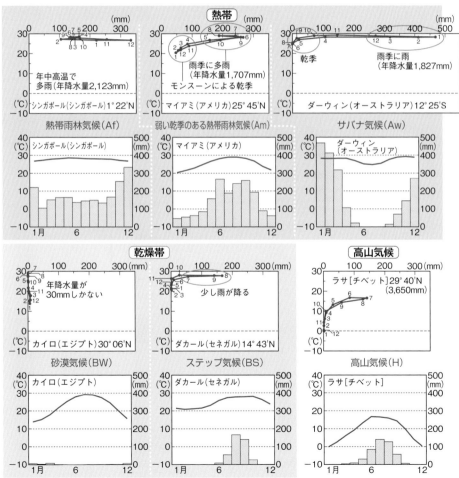

1

自
然
環
境

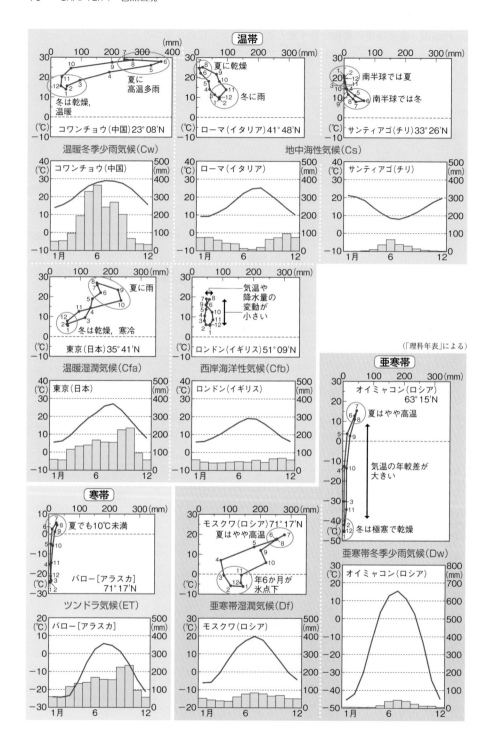

温帯

コワンチョウ（中国）23°08'N
温暖冬季少雨気候（Cw）
夏に高温多雨
冬は乾燥，温暖

ローマ（イタリア）41°48'N
地中海性気候（Cs）
夏に乾燥
冬に雨

サンティアゴ（チリ）33°26'N
南半球では夏
南半球では冬

コワンチョウ（中国）

ローマ（イタリア）

サンティアゴ（チリ）

東京（日本）35°41'N
温暖湿潤気候（Cfa）
夏に雨
冬は乾燥，寒冷

ロンドン（イギリス）51°09'N
西岸海洋性気候（Cfb）
気温や降水量の変動が小さい

（「理科年表」による）

東京（日本）

ロンドン（イギリス）

亜寒帯

オイミャコン（ロシア）63°15'N
夏はやや高温
気温の年較差が大きい
冬は極寒で乾燥
亜寒帯冬季少雨気候（Dw）

オイミャコン（ロシア）

寒帯

バロー［アラスカ］71°17'N
夏でも10℃未満
ツンドラ気候（ET）

バロー［アラスカ］

モスクワ（ロシア）71°17'N
夏はやや高温
年6か月が氷点下
亜寒帯湿潤気候（Df）

モスクワ（ロシア）

2 熱帯の気候 A

　熱帯気候は，最寒月でも平均気温が18℃以上。降水量の違いで，以下の3つに分ける。

▼関連事項
サンゴ礁 ⤴ p.84
マングローブ ⤴ p.135
熱帯林の破壊 ⤴ p.135

❶ 熱帯雨林気候 Af

1 **気温**　年中高温で，年較差より日較差の方が大きい。

2 **降水量**　つねに熱帯収束帯におおわれているので，**年中多雨**。年降水量は2,000mm以上。午後には**スコール**とよばれる激しい夕立ちが発生する。また，しばしば熱帯低気圧におそわれる。

3 **土壌**　やせて保水力の小さいラトソルや赤色土。

4 **植生**　多種類の常緑広葉樹からなる熱帯雨林。灌木や喬木[★7]がいくつかの層をなし，高木層の高さは平均40mにも達する。場所によっては下草類が繁る。アマゾン川流域ではセルバ，東南アジアやアフリカにはジャングルとよばれているところもある。

5 **分布**　アマゾン川流域，コンゴ盆地(コンゴ川流域)からギニア湾岸，東南アジアの島々，ニューギニア島。

補説 **セルバとジャングル**　セルバは樹冠(右図)が日光をほとんどさえぎるため，下草類はあまり生育しない。ジャングルは多少落葉樹が混在するため，日光が地面に届いて下草類が繁茂する密林を形成する。

❷ 弱い乾季のある熱帯雨林気候 Am[★8]

1 **気温**　Afに同じ。

2 **降水量**　季節風(モンスーン)の影響で**弱い乾季**がある。

3 **土壌**　Afに同じ。

4 **植生**　乾季に喬木層が落葉[★9]するため，下草類が繁茂。

5 **分布**　インド南西岸，インドシナ半島沿岸部，フィリピン北部，ギニア湾沿岸，アマゾン川河口付近，西インド諸島の一部など。

❸ サバナ気候 Aw

1 **気温**　Afに同じ。

2 **降水量**　太陽の回帰にともない，熱帯収束帯におおわれる雨季と，亜熱帯高圧帯におおわれる乾季[★10]にはっきり分かれる。

3 **土壌**　基本的にはAfと同じであるが，一部に肥沃な土壌[★11]の分布する地域もある。

4 **植生**　丈の高い草原(長草草原)の中に，乾燥に強い5〜10mの樹木がまばらにはえる熱帯草原。バオバブ，アカシアなど[★12]のまばらな樹木の疎林は乾季に落葉する。一般的にサバナとよぶ。リャノ(オリノコ川流域)，グランチャコ(パラグアイ)，カンポ(ブラジル高原)など地域によって特有のよび方もある(⤴ p.419)。

★6　日本では台風，ベンガル湾ではサイクロン，オーストラリア北部ではウィリーウィリー，メキシコ湾やカリブ海ではハリケーンとよぶ。

★7　一般に人間の背丈以下の樹木を灌木，背丈以上の樹木を喬木という。

樹冠

★8　熱帯モンスーン気候ともいう。Amのmは中間を意味するドイツ語(mittelform)の頭文字である。

★9　半落葉樹林という。こうした樹木でできた森林を雨緑林ともいう。

★10　乾季の生じる原因が，Amでは季節風であることが多いのに対して，Awでは亜熱帯高圧帯である。

★11　デカン高原のレグール土や，ブラジル高原のテラローシャなど(⤴ p.109)。

★12　サバナの草原には大型草食動物や，それを捕食する肉食動物が多い。熱帯雨林では，サルのような樹上生活をする動物が多い。

1

自然環境

5 **分布** Afより高緯度側の地域。

A {
Af …年中，高温多雨。熱帯雨林の密林。
Am…弱い乾季がある。季節風の影響。
Aw…雨季と乾季。サバナ(長草草原と疎林)。
}

3 乾燥帯の気候 B

❶ ステップ気候 BS

1 **気温** 地域によって多様。中緯度の地域では，年較差より日較差の方が大きい。[13]

2 **降水量** 年間250～750mmの地域が多く，**短い雨季**に集中する。[14]

3 **土壌** 肥沃な栗色土や黒土(チェルノーゼム)の分布が多い。

4 **植生** ステップとよばれる丈の短い草の草原(短草草原)が広がる。南アフリカの高原では**ベルト**とよばれる。

5 **分布** 砂漠の周辺。アジアでは中央アジア，イラン高原，アナトリア高原，アフリカではサハラ砂漠の南北の地域，北アメリカのグレートプレーンズ(**大平原**)，南アメリカの乾燥パンパ，オーストラリアのマリーダーリング盆地など。

> **補説** **ステップ** もとは中央アジアの草原の呼称。北アメリカのプレーリーや，南アメリカの湿潤パンパは，温帯草原と考える(⤷ p.101)。

❷ 砂漠気候 BW

1 **気温** BSに同じ。

2 **降水量** きわめて少ないが，ごくまれに豪雨がある。そのときワジ(涸川)に水が流れる。年降水量250mm以下の地域が多い。

3 **土壌** アルカリ性の強い**砂漠土**。蒸発がさかん→**塩性土壌**。

4 **植生** 外来河川の流域や，オアシスに植物が生育。

5 **分布** ①亜熱帯高圧帯下，②大山脈の風下側，③大陸の内部，④沿岸に寒流が流れる中緯度の大陸西岸などに分布。[15]

B {
BS …ステップの短草草原。肥沃な栗色土，黒土。
BW…砂漠。オアシスに植生，集落。
}

4 温帯の気候 C

温帯気候は，最寒月の平均気温が−3℃以上18℃未満である。気温と降水量の季節的相違から，4つに区分されている。

▲雨季のサバナ(ケニア)

★13 昼は真夏，夜は真冬といわれるほど，気温の日較差が大きい。

★14 砂漠気候の高緯度側の地域では冬に亜寒帯低圧帯の影響→冬雨，低緯度側の地域では夏に熱帯収束帯の影響→夏雨となる。

★15 [①～④の番号は本文と同じ]
①回帰線砂漠…1年中高気圧におおわれる。サハラ砂漠(北アフリカ)，ルブアルハリ砂漠(アラビア半島)，大インド砂漠(インド～パキスタン)，グレートサンディー砂漠(オーストラリア)，カラハリ砂漠(南アフリカ)。
②雨陰砂漠…パタゴニア(アルゼンチン)。
③内陸砂漠…水蒸気の供給源の海から離れている。タクラマカン砂漠(中国)，ゴビ砂漠(モンゴル～中国)。
④海岸砂漠…亜熱帯高圧帯からの下降気流に加え，寒流の湧昇流によって大気が冷やされ上昇気流が発生しにくく大気が安定する。アタカマ砂漠(チリ)，ナミブ砂漠(ナミビア)。

❶ 地中海性気候 Cs ★16

1. **気温と降水量**　夏は亜熱帯高圧帯の影響で高温乾燥となるが，冬は亜寒帯低圧帯や海を渡る偏西風の影響で湿潤になる。★17

2. **土壌**　比較的やせた赤色土～黄色土。石灰岩地域には，石灰岩が風化したテラロッサ(果樹栽培に適す)が分布する。

3. **植生**　常緑広葉樹の中でも夏の乾燥に耐えられる硬葉樹(オレンジやレモンなどの柑橘類，コルクがし，月桂樹など)や，オリーブ，いちじく，ぶどうなどの果樹が多い。夏は草が枯れ褐色の野原になるが，冬は緑色をとりもどす。★18

4. **分布**　中緯度の大陸西岸に分布。地中海沿岸のほか，カリフォルニア(アメリカ)や，南半球のチリ中部，南アフリカ南端，オーストラリア南部など。

❷ 温暖冬季少雨気候 Cw ★19

1. **気温と降水量**　夏は海洋からの季節風(モンスーン)や熱帯低気圧の影響で高温多雨。冬は一般に温暖で，大陸からの季節風の影響で少雨になる。年降水量は1,000～2,000mmと多い。

2. **土壌**　赤色土～黄色土が中心。

3. **植生**　常緑広葉樹の中でもシイ類，カシ類，クス類やツバキ，サザンカなどのいわゆる照葉樹が分布→照葉樹林(暖帯林)。★20

4. **分布**　Aw気候に接して分布。華南やスーチョワン盆地，インド北部，ブラジル南西部，オーストラリア北東岸，アフリカのザンベジ川上流の高原など。

❸ 温暖湿潤気候 Cfa

1. **気温**　最暖月の平均気温が22℃以上。Cfb気候より年較差が大。

2. **降水量**　年降水量は，ほぼ1,000mmをこえる。年間を通して降水がみられるが，季節風(モンスーン)や熱帯低気圧の影響をうける東アジアでは，夏に多雨，冬に少雨の傾向となる。

3. **土壌**　比較的肥沃な褐色森林土が多い。温帯草原には肥沃なプレーリー土，パンパ土が分布する。

4. **植生**　広葉樹林，針葉樹林，双方の混在する混合林(混交林)が分布。また，年降水量1,000mm以下の少雨地域には，丈の長い草の茂る温帯草原(⇨p.110)が広がる→湿潤パンパ(アルゼンチン)，プレーリー(アメリカ)，プスタ(ハンガリー)など。★21 ★22

5. **分布**　中緯度の大陸東岸に分布。東アジア(華中，日本，朝鮮)，アメリカ東部，南アメリカの湿潤パンパ，オーストラリア東部，黒海沿岸(とくに西岸)など。

★16 温暖夏季少雨気候，温帯冬雨気候ともいう。

★17 午後の酷暑の時間は，スペインやイタリアなどではシエスタ(13～16時ごろの昼寝)。

★18 これと反対に，日本などCfaの地域では，野原は夏に緑になり，冬は褐色になる。なお，温帯の各気候区の特色を一言で示すと，次のとおり。
$\begin{cases} Cs & \cdots 夏は乾燥。 \\ Cw & \cdots 亜熱帯。 \\ Cfa & \cdots 夏は湿潤。 \\ Cfb & \cdots 夏は涼しい。 \end{cases}$

★19 温帯夏雨気候，亜熱帯モンスーン気候ともいう。

★20 これらの樹種は葉の表面が光沢をもっているため，この名がつけられた。

★21 トウヒ，モミなどの常緑針葉樹や，ブナ，ニレ，カエデ，シラカバなどの落葉広葉樹がみられる。

★22 パンパの西側は，ステップ気候の乾燥パンパで，温帯草原の湿潤パンパとは，年降水量550mm線で区分される(⇨p.419)。湿潤パンパの土地は，根を深くはった草類が地中の養分を吸収して地表にもどすので，ひじょうに肥沃。乾燥パンパは礫質で塩分の多いやせ地である。

❹ 西岸海洋性気候 Cfb

1 **気温**　最暖月の平均気温が22℃未満と涼しい。高緯度の地域に分布するが, そのわりに**冬季でも比較的温暖で, 年較差は小さい**。西ヨーロッパの場合では, 北大西洋海流(**暖流**)や, その上を渡ってくる偏西風の影響による。

2 **降水量**　亜寒帯低圧帯や海を渡る偏西風の影響で, 年中平均した降水。年間500〜800mm程度で, やや少なめ。

3 **土壌**　褐色森林土が分布する。

4 **植生**　ブナ, ニレ, オーク, ナラ, カシワなどの落葉広葉樹林のほか, 針葉樹林, 混合林が分布。ブナ気候ともいわれる。

5 **分布**　緯度40〜60度の, かなり高緯度の大陸西岸に分布。西ヨーロッパのほか, カナダ西岸や, 南半球のチリ南部, オーストラリア南東部, ニュージーランドなど。

> 補説　**東岸気候と西岸気候**　大陸の東岸では夏と冬の気候差が大きいが, 西岸では小さい。これは, 東岸では季節風の影響が大きいのに対し, 西岸では海上を渡る偏西風の影響が強いことなどが, 原因として考えられる。また, **東岸では気温の南北差が大きいが**[23], 西岸では小さいことも特徴である。これは, 東岸の方が西岸に比べ, 熱輸送が不活発であることなどが原因として考えられている。[24]

▲偏西風を利用した風車（オランダ）

★23 高緯度ほどより低温, 低緯度ほどより高温ということ。

★24 例えば, 東岸では低緯度を暖流, 高緯度を寒流が流れるが, 西岸では低緯度で寒流, 高緯度で暖流が流れる, といったことによる。

POINT!

$$C\begin{cases} \text{Cs} \cdots 夏に高温乾燥, 冬に湿潤。硬葉樹。 \\ \quad \text{砂漠気候のような夏} \\ \text{Cw} \cdots 夏に高温多雨, 冬は温暖少雨。季節風の影響。照葉樹。 \\ \quad \text{亜熱帯} \\ \text{Cfa} \cdots 夏に高温湿潤, 冬は寒冷乾燥。季節風の影響。 \\ \quad \text{熱帯雨林気候のような夏} \\ \text{Cfb} \cdots 暖流と偏西風の影響により, 夏, 冬とも温和。 \\ \quad \text{涼しい夏} \end{cases}$$

5 亜寒帯(冷帯)の気候 D

最暖月平均気温は10℃以上になるが, 最寒月平均気温は−3℃未満と低くなる。**夏と冬の気温の差(年較差)が大きい**。南半球にはみられない。

> 補説　**亜寒帯の気候区分**　亜寒帯の気候は, 亜寒帯湿潤気候(Df)と, 亜寒帯冬季少雨気候(Dw)に区分される。これは, 降水量の季節的配分からみた区分である。これに対して, 湿潤大陸性気候(Da, Db)と亜寒帯気候(Dc, Dd)に区分することもある。こちらは, 平均気温の高低や植生によって区分したもので, 南部が, 比較的高温で, 褐色森林土に混合林(広葉樹＋針葉樹)の発達した湿潤大陸性気候となる。北部が, 低温で, ポドゾル土壌に針葉樹の純林(タイガ)の発達した亜寒帯気候となる。なお, 湿潤大陸性気候は**大陸性混合林気候**, 亜寒帯気候は**大陸性針葉樹林(タイガ)気候**ともいう。

▲気温による亜寒帯の気候区分

❶ 亜寒帯湿潤気候 Df ★25

1 **気温**　南部は，夏は比較的高温になる。冬は長く，低温。★26 気温の年較差が大きく，**大陸性気候**。

2 **降水量**　亜寒帯低圧帯の影響で，年中，平均した降水がある。冬は積雪が多い。

3 **土壌と植生**　南部は，褐色森林土で混合林。北部は，酸性で灰白色のポドゾルのやせ地で，タイガ★27 が分布。

4 **分布**　ヨーロッパロシア，シベリア西部，アラスカ，カナダ。

❷ 亜寒帯冬季少雨気候 Dw ★28

1 **気温**　Df気候よりも夏は高温，冬は寒冷の典型的な**大陸性気候**。北半球の寒極が存在する。

2 **降水量**　夏季には，亜寒帯低圧帯などの影響で降水がある。冬季は優勢な大陸高気圧(シベリア高気圧)の圏内に入り，降水量(積雪)はきわめて少なく乾燥する。

3 **土壌と植生**　Dfに同じ。

4 **分布**　中国の東北地域から，ロシアのシベリア東部(レナ川以東)に特有の気候。別名「バイカル気候」。

補説　**寒極**　寒極とは，地球上で最も低温の地点のこと。南極大陸のヴォストーク基地(旧ソ連)で−89.2℃(1983年7月)を記録し，ここが，世界の寒極。北半球の寒極は，シベリアのレナ川とインディギルカ川の間のあたりで，1月の平均気温は−50℃以下となる。
オイミャコンで−71.2℃(1933年2月)，ヴェルホヤンスクで−67.8℃(1892年2月)などの記録がある。

★25 冷帯湿潤気候，冷帯多雨気候ともいう。

★26 大地が0℃以下になると，地中の水分がすい上げられて凍結し，地表面を押し上げる(凍上☞p.120)。シベリアでは，住居やパイプラインなどを高床式にして，凍上の被害を防いでいる。

★27 モミ，エゾマツ，トドマツなど針葉樹の純林。純林とは，単一の樹種のみで構成された森林。

★28 冷帯冬季少雨気候，冷帯夏雨気候ともいう。

★29 地球上で最も高温の記録は，イラクのバスラ[砂漠気候＝BW]の58.8℃である(1921年)。

D {
Df …平均した降水。シベリア西部，アラスカ，カナダ。
Dw …北半球の寒極。中国東北部からシベリア東部。
植生…南部に混合林，北部にタイガ。
}

6 寒帯の気候 E

寒帯気候は，最暖月平均気温でも10℃未満という低温である。2つの気候区に区分。

❶ ツンドラ気候 ET

1 **気温**　最暖月平均気温が0℃以上10℃未満。短いが，0℃をこえる夏があり，表面の土はとけるので，植物の生育が可能となる。下層は永久凍土。

2 **降水量**　極高圧帯の影響で降水量(積雪)は少ないが，春と秋には若干の降水がある。

▼夏のツンドラ(カナダ)

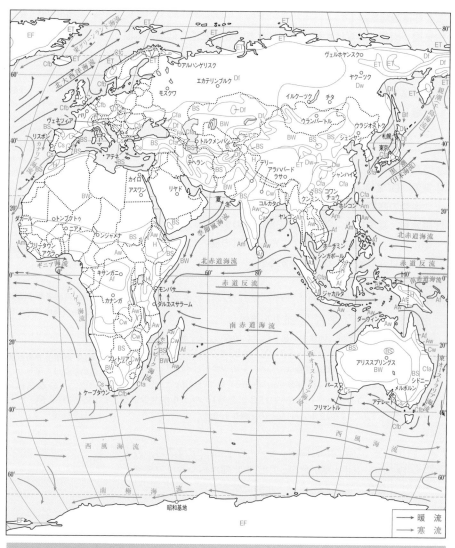

【色をぬり気候区分図をつくろう！】

Af	熱帯雨林気候	Cs	地中海性気候	Df	亜寒帯湿潤気候
Am	弱い乾季のある熱帯雨林気候	Cw	温暖冬季少雨気候	Dw	亜寒帯冬季少雨気候
Aw	サバナ気候	Cfa	温暖湿潤気候	ET	ツンドラ気候
BS	ステップ気候	Cfb (Cfc)	西岸海洋性気候	EF	氷雪気候
BW	砂漠気候			H	高山気候

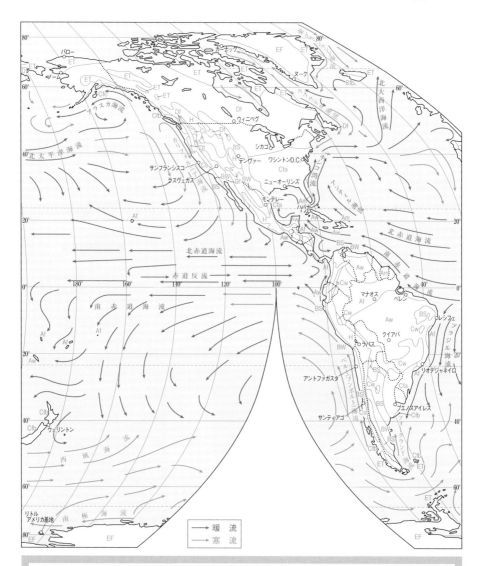

【各気候区の代表的都市を,地図上で確認しよう!】★

Af → キサンガニ, ジャカルタ, シンガポール, ベレン, マナオス

Am → フリータウン, ヤンゴン

Aw → アクラ, カナンガ, クイアバ, コルカタ, ダーウィン,
ダルエスサラーム, ハバナ, ホーチミン, モンバサ,
リオデジャネイロ, レシフェ

BS → ウランバートル, ダカール, テヘラン, デリー, デンヴァー,
ニアメ, モンテレー, ンジャメナ

BW → アスワン, アリススプリングス, アントファガスタ, カイロ,
トルクメンバシ, トンブクトゥ, ラスヴェガス, リヤド

Cs → アテネ, アデレード, ケープタウン, サンティアゴ,
サンフランシスコ, パース, フリマントル, リスボン, ローマ

Cw → アラハバード, クンミン, コワンチョウ, ホンコン, プレトリア

Cfa → ヴェネツィア, シドニー, シャンハイ, 東京,
ニューオーリンズ, ブエノスアイレス, ワシントンD.C.

Cfb → ウェリントン, パリ, メルボルン, ロンドン

Df → アルハンゲリスク, ウィニペグ, エカテリンブルク, 札幌,
シカゴ, モスクワ

Dw → イルクーツク, ヴェルホヤンスク, ウラジオストク,
シェンヤン, チタ, ヤクーツク

ET → カーナック, ヌーク, バロー

EF → 昭和基地, リトルアメリカ基地

H → ラサ, ラパス

★近年の観測データから気候区分の再計算を行った結果,これまでとは境界線が移動している。リモートセンシングや
気象シミュレーションなどの発達により,気候区分の計算の精度が向上し,また,気候変動の影響もあり,気候区分
は少しずつ変化している(ペキン[中国]:亜寒帯冬季少雨気候[Dw]→ステップ気候[BS]など)。

▼気候区分に用いられている気候記号の基準

乾燥気候と湿潤気候の区分	年降水量R（mm）と，乾燥限界値 r（mm）の比較で，**乾燥気候**と**湿潤気候**を区分する。 　　R ≧ r なら湿潤気候，R ＜ r なら乾燥気候＝B 乾燥限界値 r（mm）は，気温のわりに降水量がどうかをみる数値として，次の式で算出するが，地域によって異なる式になっている点に注意。t ＝ 年平均気温（℃） 　①冬に乾季がある地域（w気候の地域）… r ＝ 20（t ＋ 14） 　②１年中降水がある地域（f気候の地域）… r ＝ 20（t ＋ 7） 　③夏に乾季がある地域（s気候の地域）… r ＝ 20t　　［r の単位がcmなら左式の20→2とする］

乾燥気候Bの区分	R ＜ r なら乾燥気候B $\begin{cases} \dfrac{1}{2}r ≦ R ＜ r \text{（年降水量が}\dfrac{1}{2}r\text{以上）…ステップ気候＝BS}　[乾燥限界の２分の１以上の降水がある] \\ R ＜ \dfrac{1}{2}r \text{（年降水量が}\dfrac{1}{2}r\text{未満）…砂漠気候＝BW}　[乾燥限界の２分の１未満の降水しかない] \end{cases}$　［降水量が乾燥限界未満しかない］

湿潤気候＝A, C, D, Eの区分　［寒帯気候 Eの区分］		最寒月平均気温	最暖月平均気温
	熱帯気候＝A	18℃以上	10℃以上　樹林のある気候
	温帯気候＝C	－ 3℃以上～18℃未満	
	亜寒帯気候＝D	－ 3℃未満	
	寒帯気候＝E		10℃未満（低温のため樹林がない）
	ツンドラ気候＝ET		0℃以上～10℃未満
	氷雪気候＝EF		0℃未満（年中，氷点下）

<table>
<tr><td rowspan="3">熱帯気候A，温帯気候C，亜寒帯気候Dの区分</td><td colspan="2"></td></tr>
<tr><td colspan="2">①熱帯気候A…最乾燥月降水量60mmと，年降水量をもとに，３つに区分
②温帯気候Cと亜寒帯気候D…まず降水量に着目
　s …冬雨，夏乾燥。（冬の最湿潤月降水量）＞（夏の最乾燥月降水量×3）　［冬は夏の3倍をこえる／夏は冬の3分の1より少ない］
　w…夏雨，冬乾燥。（夏の最湿潤月降水量）＞（冬の最乾燥月降水量×10）　［夏は冬の10倍をこえる／冬は夏の10分の1より少ない］
　f …１年中乾季なし。
　m…中間的なもの。【s：summer trocken（夏乾燥），w：winter trocken（冬乾燥），f：feucht（湿潤）】</td></tr>
</table>

a～dの記号の基準		最暖月平均気温	（月平均気温）	最寒月平均気温
	a	22℃以上	10℃以上が４か月以上	
	b	22℃未満		
	c		10℃以上が１～3か月	－ 38℃以上
	d		（4か月未満）	－ 38℃未満

③ **土壌**　永久凍土層の上に強い酸性のツンドラ土。冬季は凍結する。夏季はとけるが，排水不良のため多くの池や沼ができる。

④ **植生**　地表の氷がとける夏に，地衣類や蘚苔類(コケ類)が生育し，湿草原となる。ヤナギなどの小低木がみられるところもある。

⑤ **分布**　シベリア北部，北アメリカ北部，グリーンランド南部などの北極海沿岸，チリの最南部など。

❷ **氷雪気候 EF**

① **気温**　最暖月平均気温が0℃未満の厳寒地。植生はなし。

② **降水量**　きわめて少なく，年中氷雪にとざされる。**大陸氷河(氷床)**が形成されている。

③ **分布**　グリーンランド内陸部，南極大陸など。

★30 低湿地には蘚苔類(ミズゴケなど)の湿原が発達。丘の上にはハナゴケやトナカイゴケなどの地衣類の草原が広がる。いずれもトナカイの食物になる。

POINT!

E { ET…短い夏に氷がとける→地衣類や蘚苔類の湿草原(ツンドラ)。
　　EF…年中，氷雪にとざされる。

7 高山気候 H

❶ **熱帯の高山気候**　気温の日較差は大きいが，年較差は小さい。植物の生育は年中続く。常春気候といわれる。アンデス山脈北部では**高山都市**が発達している(⤵p.112)。

❷ **温帯の高山気候**　海抜2,000m以上の場所にみられる。夏と冬の気候差が大きく，植物の生育は，短い夏に限られる。

❸ **分布**　チベット高原，パミール高原，ロッキー山脈，アンデス山脈など。

オリサバ山(メキシコ)

5,610m

(m)		
5,500		氷雪帯
5,000		
4,500	牧草	牧場帯
4,000	松	
3,500	モミ・広葉樹	森林帯
3,000	とうもろこし，豆類	
2,500	りんご	穀物帯
2,000	キャッサバ	
1,500	小麦，りんご・さとうきび，バナナ・コーヒー	コーヒー帯
1,000	米	
500	カカオ・天然ゴム，バナナ・コーヒー	湿潤熱帯作物帯

▲**高山の植生と農作物**　気候帯は低地の熱帯から高地の寒帯へ垂直に分布している。

5 土壌帯と植物帯

1 土壌帯

❶ **土壌**　土壌は，**母岩**★1が風化作用をうけて細かな粒子になり，それに動植物の分解した有機物(**腐植**★2など)が加わってできたもの。

❷ **土壌帯**　気候や植生の影響を強くうけた土壌は，低緯度地域から高緯度地域にむけて，また，湿潤地域から乾燥地域にむけて，**気候帯とよく似た帯状分布＝土壌帯**を形成している。

① **湿潤地域**　低緯度から高緯度にむかって，ラトソル→**赤色土**や**黄色土**→褐色森林土→ポドゾル→ツンドラ土と分布。

★1 土壌に材料を供給した岩石のこと。

★2 動植物の遺骸が不完全な分解のまま集積した黒色の物質を腐植といい，これが砂や粘土と混合または結合した暗黒色の層を腐植層という。腐植は植物の肥料となるので，腐植の多い土は肥沃。

2 乾燥地域　湿潤地域との移行帯にプレーリー土。以下，乾燥地域にむかって，黒土→栗色土→砂漠土と分布する。

❸ 土壌の分布　成因をもとに**成帯土壌**と**間帯土壌**に大別される。

1 湿潤地域の成帯土壌　気候や植生の影響を強くうけた土壌を，成帯土壌という。帯状に分布。

①**ラトソル(ラテライト)**　熱帯雨林に分布。腐植＝有機物はすぐ分解され流出するため，やせ地。酸化鉄やアルミナを多量^{★3}に含むので赤色。^{★4}
^{★5}

②**赤色土や黄色土**　亜熱帯の常緑広葉樹林の下に分布する。酸性のやせ地。

> [補説] **ラトソルとラテライト**　ラトソルは，湿潤な熱帯雨林の下にある赤色のやわらかい土をさす。ラトソルの表面が乾燥してその一部がかたい酸化鉄になった土を，ラテライトという。ただし，両者を区別せずに，ラテライトと総称することもある。カンボジアのアンコールワット遺跡は，固結したラテライトが使われている。なお，酸化鉄をたくさん含むものを**褐鉄鉱**，アルミナ(アルミニウム酸化物)をたくさん含むものを**ボーキサイト**といい，資源として重要。

③**褐色森林土**　温帯の混合林や落葉広葉樹林の下に分布。表層に腐植層が多い肥沃な土壌。亜熱帯側では黄褐色，亜寒帯側では準褐色(淡褐色)を示すようになる。

④**ポドゾル**　亜寒帯のタイガに分布する**やせた酸性土壌**。灰白色の表層の下は，アルミナや酸化鉄，腐植などが集積して褐色。

⑤**ツンドラ土**　寒帯で，夏に生育した地衣類や蘚苔類が枯れて集積したものを母材^{★6}とする土壌。下層は永久凍土層のため排水が悪く，強酸性のやせ地。

2 乾燥地域の成帯土壌

①**プレーリー土**　アメリカのプレーリー，パンパ，北ヨーロッパなど，ステップ北部の温〜亜寒帯に分布する**黒色の肥沃土**。

②**黒土**　ロシア〜ウクライナ(チェルノーゼム＝黒土)，グレートプレーンズなど，大陸内部のステップに分布する黒色の肥沃土。

★3 高温多湿で，昆虫や微生物の働きが活発なため，大量の有機物がすぐに分解されてしまう→腐植が乏しい。

★4 高温多湿な環境では，土壌中の成分が水分にとけて下方へ移動したり(溶脱 ☞p.120)，化学的に分解されて粘土になる作用が著しい。このため，熱帯の土には溶脱されにくい酸化鉄やアルミナが大量に含まれる。熱帯の川が茶褐色ににごるのは，粘土を多く含むことによる。河口に三角州を形成したり，マングローブ(☞p.135)の生育環境なども粘土分に関係している。

★5 土壌は，酸化鉄やアルミナを多く含むと赤色になる。石英＝ケイ酸(SiO_2)が多いと灰白色になる(ポドゾルの表層)。腐植が多いと黒色になる(黒土や栗色土)。

★6 岩石の風化物(砂や粘土)や動植物の遺骸など，広く土壌の材料となる物質のこと。

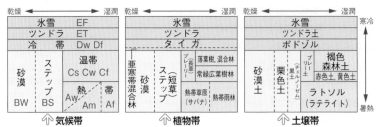

◀気候帯と植物帯，土壌帯
気候帯との関係を示しているので，土壌は成帯土壌を示す。

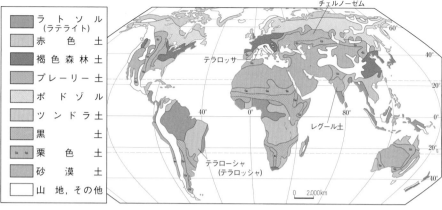

	ラ ト ソ ル （ラテライト）
	赤 色 土
	褐色森林土
	プレーリー土
	ポ ド ゾ ル
	ツンドラ土
	黒 土
	栗 色 土
	砂 漠 土
	山 地，その他

▲世界の土壌帯

③栗色土 大陸内部のやや乾燥したステップに分布する栗色の肥沃土。灌漑で農耕可能。華北平原やアフリカ中南部に分布。

④砂漠土 冷帯や温帯に隣接する砂漠では灰色，熱帯や亜熱帯に隣接する砂漠では赤色。いずれも有機質の少ないやせ地で，塩類が集積して，アルカリ性が強い。農耕はできない。★7

③ 間帯土壌 気候や植生よりも，**母岩や地形などの影響**を強くうけた土壌。帯状に分布せず，局所的に分布する。

①テラロッサ★8 石灰岩が風化した赤橙色の土壌。**地中海沿岸**に多く分布→**オリーブ**など果樹栽培に適する。

②テラローシャ★9 **ブラジル高原**南部に分布する。輝緑岩や玄武岩が風化した赤紫色の土壌。肥沃で**コーヒー**栽培に適する。

③レグール土 **デカン高原**に分布する玄武岩やカンラン岩などが風化した黒色の土壌。黒色綿花土とも。**綿花栽培**に適する。

④泥炭土 亜寒帯～熱帯の湿地に分布。湿地の植物遺骸が，植物組織を識別できる程度にしか分解されない泥炭となって形成。

補説 レス 細砂質で灰色～淡黄色の堆積物。砂漠や氷河末端から風によって運搬された**風積土**。東ヨーロッパ平原南部やミシシッピ川流域ではレス，黄土高原では黄土とよぶ。レスは大陸氷河の縁辺から，黄土はゴビ砂漠から運ばれた。なお，チェルノーゼムの母材はレス。★10

★7 強い蒸発のため，地下水中の塩分が地表に析出し，集まることによって**塩性土壌**となる。

★8 ギリシャ語で「バラ色の土」という意味。カルスト地形のポリエ（⇨p.86）の底部にもみられる。

★9 ポルトガル語で「紫色の土」という意味。テラロッシャとも表記される。

★10 中国の黄土高原では，厚く堆積した黄土を掘った横穴式の穴居「ヤオトン」がみられる。夏は涼しく，冬は暖かい。

POINT!

農耕 {最適…プレーリー土，黒土，テラローシャ，レグール土。
不適…ラトソル，ポドゾル，ツンドラ土，砂漠土，泥炭土。

2 植物帯

❶ 植物帯 植物帯も，気候帯と同様に帯状に分布している。

▲世界の植物帯

❷ 植物帯の分類

1 **森林**　**熱帯林**として熱帯雨林，**温帯林**として暖帯林，地中海性灌木林，温帯混合林，**亜寒帯林**として針葉樹林が分布。熱帯の高山では，低地の熱帯雨林から高地へと，垂直的に分布。

①**熱帯雨林**　熱帯の常緑広葉樹林。**Am**気候では乾季に落葉する広葉樹もあり，下草(シダ，ツタ類やフジ類などのつる性植物)が繁茂。セルバ，ジャングル(⊃p.99)。

②**暖帯林**　熱帯に近い温帯の地域の常緑広葉樹林で，シイ類，カシ類，クス類やツバキなどの**照葉樹林**(⊃p.101)である。

③**地中海性灌木林**　**Cs**気候に分布する常緑広葉樹林で，柑橘類などの**硬葉樹林**(⊃p.101)である。

④**温帯混合林**　温帯から亜寒帯南部に分布する。常緑広葉樹，落葉広葉樹と，針葉樹の混合林。

⑤**針葉樹林(タイガ)**　亜寒帯北部に分布する針葉樹の**純林**。

2 **草原**　熱帯のサバナ，乾燥帯のステップ，温帯～乾燥帯のプレーリーなどと，寒帯のツンドラ。

①**熱帯草原(サバナ)**　**Aw**気候に分布する疎林と長草の草原。サバナや南アメリカのリャノ，カンポ，グランチャコなど。

②**乾燥草原(ステップ)**　**BS**気候に分布する短草の草原。乾燥パンパ，グレートプレーンズ(大平原)の草原など。

③**温帯草原**　温帯気候の中で降水量がやや少なく，冬季に低温となる地域に分布する長草の草原。おもに**Cfa**から**BS**への漸移地域にみられる。プレーリー，湿潤パンパ，プスタなど。

④**ツンドラ**　**ET**気候に分布。氷がとける夏に地衣類，蘚苔類が生育する湿草原。まれにヤナギ類，ツツジ類の低木。

★11 熱帯の**Am**気候では，乾季に落葉する森林があり，雨緑林という。熱帯雨林より樹高が低く，乾季に落葉する広葉樹もまじっている森林は，**熱帯季節林**とよばれる。

★12 温帯の落葉広葉樹林(ブナ，ニレ，カエデ，シラカバ，オーク，ナラ，カシワなど)は，低温の冬に落葉→**夏緑林**ともいう。

★13 熱帯草原を一般的にサバナとよぶが，アフリカの熱帯草原をとくにサバナ(サバンナ)とよぶ場合もある。

★14 もとは中央アジアの草原の呼称。現在は，**BS**気候下の短草草原をさす。

★15 高温できびしい乾季のあるステップ～サバナの地域(ブラジル北東部など)には，サボテンやアカシアなどトゲの多い落葉性低木が密生する**有刺灌木林**がみられる。

SECTION ③ 自然環境と人々の生活

1 ｜ 低地の生活と高地の生活

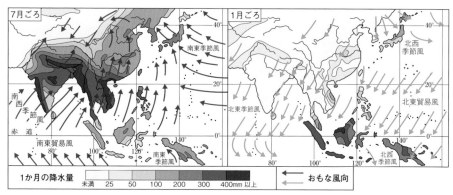

▲モンスーンアジアにおける風と降水量

1 モンスーンアジアの低地

❶ **モンスーンアジア**　季節風(モンスーン)の強く吹く**東アジア，東南アジア，南アジア**の地域のこと。夏のモンスーンは，多量の降水をもたらし，この地域の高温とあいまって，稲の栽培に適しているので，低地では，古くから**稲作がさかん**。

> 補説　**季節風(モンスーン)**　季節により風向が逆になる風。夏は大陸の温度が上昇し低圧となり，海洋上が高圧となるので，海から陸へ湿った風が吹き，雨季となる。反対に，冬は大陸が高圧，海洋上が低圧なので，海へ向かって乾燥した風が吹き，乾季となる。

❷ **タイの浮稲**　タイではモンスーンの降水で稲作が行われ，**輸出量は世界有数**(⇨p.361)。**チャオプラヤ川下流域**では，雨季の水深の増加とともに，茎が3～4mくらいまでのびる浮稲が栽培されている。収量は少ないが，水を管理する必要がない。水田には，水路網と運河が広がる。刈り取るのは穂のみで，一般に舟で行う。人々は自然堤防上に，風通しのよい**高床式**の家屋をつくり，舟を交通手段として利用している。

❸ **その他の稲作地域**　メコン川，エーヤワディー川流域の沖積平野が稲作の中心。ジャワ島やルソン島では平野がせまいので，**棚田**で稲作が行われている。

★1　年降水量がだいたい1,000mm以上の地域が稲作に適している。

★2　傾斜地を階段状にして，山腹につくられた水田。

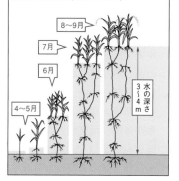

●**水かさとともに生長する浮稲**
浮稲は，チャオプラヤ川のデルタなどで栽培されている。雨季の自然増水の水を利用する。収量は，かなり少ない。

▲浮稲

2 アンデスの高地

❶ **アンデス山脈**　南アメリカ大陸の太平洋岸に高度3,000～7,000mの山々が約1万kmにわたってつらなる。

❷ **気候と植生**　山麓部は熱帯でも，山頂は高山気候（H）。冷涼～温和な気温で，適度の降水量がある。ペルー，ボリビア，チリあたりでは，

	高度m	氷河，万年雪
耕作限界	5,000 0℃	ツンドラに 似た草地
牧牛	4,000 6℃	草地と 疎林　亜寒帯
じゃがいも，大麦 りんご	3,000 12℃	温帯
とうもろこし，小麦	2,000 18℃	温帯林　亜熱帯
コーヒー，米 さとうきび，綿花	1,000 24℃	熱帯林　熱帯
天然ゴム カカオ，バナナ	0 30℃	緯度0°の年平均気温

▲アンデス山脈の高度別の植生と作物

東部と西部の気温差が激しい。西部の海岸ぞいには，世界で最も乾燥しているといわれる**アタカマ砂漠**が広がっている。

❸ **高地の生活**　アンデス山脈では，先住民である**インディオ**がインカ文明を築いていたが，16世紀にスペイン人に滅ぼされその植民地となった。住民はインディオとヨーロッパ系白人のほか，両者の混血である**メスチーソ**も多い。インディオは，伝統的に高地で日干しれんがや石でつくった家に居住し，麦類やアンデス原産のじゃがいも，とうもろこしを栽培し，リャマ，アルパカなどアンデス特有の家畜とヨーロッパ人のもたらした羊，牛などを飼育している。ボリビアの首都ラパス（⇨p.424）など高山都市も多い。

> 補説　**リャマとアルパカ**　リャマは，粗食に耐える，高山での荷役用のラクダ科の動物。毛は褐色または黒色で，織物の原料となる。アルパカは，リャマを原種とし，良質の毛を得る目的で飼育される（⇨p.305）。

2 | 寒冷地域の生活と乾燥地域の生活

1 寒冷地域のシベリア

❶ **自然**　シベリアは，ユーラシア大陸の北部から北東部に位置し，中央アジアを除くウラル山脈以東の地域をいう。エニセイ川以西の西シベリア低地は，大部分がタイガにおおわれ，**亜寒帯湿潤気候**である。中央シベリア高原から東へ行くにしたがって，西シベリア低地よりも，冬の低温と乾燥が著しくなる。レナ川以東は**亜寒帯冬季少雨気候**となり，著しい大陸性気候を示す。北半球の**寒極**（⇨p.103）もこの地域にあって，冬は厳寒となる。北極海沿岸は，永久凍土層のあるツンドラ地域で，夏季のみ表面がとけ，地衣類や蘚苔類がはえ，トナカイの遊牧が行われる。

★3　最高峰はアルゼンチンのアコンカグア山（6,961m）。

★4　年平均気温は10～15℃。

★5　寒流のペルー海流と南西からの風によって，陸地付近の大気が冷え，安定するため，雨が降りにくくなる。アフリカ南西部のナミブ砂漠も同じ成因。

★6　メスチソ，メスティーソともいう。

★1　狭義には，ロシア連邦のウラル山脈の東側で，サハ共和国とアムール州より西側の地域をいう（⇨p.403）。

★2　タイガは針葉樹の純林。ロシア語で「北方の原始林」の意味。

★3　西シベリアと樹種が異なり，落葉針葉樹のカラマツ林が多くなる。

自然環境

1

▲タイの高床式住宅

▲タイの稲刈り（穂のみ刈る）

▼インディオの農業（じゃがいもの収穫）

▼高山都市ラパス

▲シベリアの高床式住宅

▲シベリアのタイガ

▼ベドウィンのテント

▼地下水路カナート（地表の様子）

❷ **生活の変化**　シベリアの先住民族は**ブリヤート**, **ヤクート**など27民族で, 人口約300万人といわれる。彼らは, 野生の毛皮獣の狩猟や, 馬, 牛, **トナカイ**などの**遊牧**をしていたが, ロシア人の進出とシベリア開発によって, **定着化**の政策がすすめられ, 穀物や野菜の栽培あるいは鉱工業に従事する者も多くなった。

❸ **住居**　夏は, 樹皮やトナカイの皮でつくったテントを使用するが, 冬は, 丸太小屋や, 暖房効果を高めるために屋根や壁を家畜のふんで塗りかためた家に住んだ。シベリアのほとんどの地域の地下は, **永久凍土**のため, 近年では, **暖房の熱で凍土がとけない**ように, 砂利やコンクリートで熱を遮断したり, **高床式**の高層アパートをつくったりしている。

2 乾燥地域の西アジア

❶ **自然**　西アジアでは, **砂漠気候とステップ気候**の地域が広い。砂漠では, オアシスを除いて定住生活ができない。

❷ **遊牧民の生活**　西アジアの草原(ステップ)では, **ベドウィン**が**遊牧**を行っている。一時的豪雨のときのみ流水のみられる**ワジ(涸川)**を交通路として利用しながら, ラクダ, 牛, 羊などの家畜とともに, 草を求めて移動する。年間ルートは決まっており, 最近ではトラックを使うものもある。サウジアラビアでは, 遊牧民の**定住化**をはかっている。

❸ **農業**　オアシスと**外来河川**の流域では, 野菜, 小麦が栽培される。**なつめやし**(⊃ p.363)はこの地域の特産品で, 実を食用にするだけでなく, 幹や葉も利用している。

❹ **地下水路**　西アジアでは, 耕地の灌漑に, **カナート**とよばれる地下水路を使ってきた。地表に直接水路をつくっても, 蒸発してしまったり, 地中に浸透してしまうため, 地下に, 人間がくぐれるくらいの水路を掘っている。カナートの水を使用するためには, その水利権をもつ地主から, 水利権を買わなければならない。

★4 バイカル湖付近に住むモンゴル系民族。ブリヤート共和国を形成。

★5 レナ川流域のトルコ系民族。サハ共和国を形成。

★6 凍土の表層がとけると, 家が傾いたりする。

★7 北アフリカではフォガラ, アフガニスタンやパキスタンではカレーズ, 中国ではカンアルチン(坎児井)という。

★8 最近では, 井戸を掘りポンプで地下水をくみ上げるところもある。

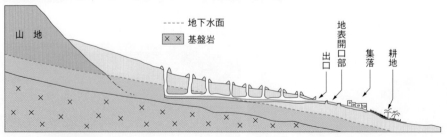

▲カナートの断面模式図

SECTION 4　日本の自然環境

1｜日本の自然環境

1 位置

❶ ユーラシア大陸の東沖　日本列島は大陸の東沖に位置するため，**東岸気候**となり，西岸より**気温の年較差が大きい**。[*1] しかし，島国のため，海洋により年較差はやや和らげられている。

❷ 弧状列島　日本付近は大きく４つのプレート(⤴p.73)が接する変動帯となっており，**地震や火山が多い**。[*2] 太平洋プレートとフィリピン海プレートは，北アメリカプレートとユーラシアプレートの下にもぐりこむ形となり，弧状の島の列(**弧状列島＝島弧**)，深い**海溝**といった地形が形成されている。

　また，大小約14,000の島々が，3,000kmにわたって南北に位置するため，**気候の差が大きい**。

▲日本の地体構造

★1　北緯40度線は，秋田県の男鹿半島付近を通るが，ユーラシア大陸西岸では地中海を通る(⤴p.389)。

★2　火山は，溶岩の流出，火砕流，火山灰，噴火による異常気象などの災害をもたらす。しかし，温泉や景観による観光資源，地熱発電などの恩恵ももたらす面もある。
　なお**火砕流**とは，高温の火山砕屑物(軽石など)とガスが混合した噴流。

2 地形

❶ 地形の特色

1. **山地**　環太平洋造山帯(⤴p.74)にあたるため，**けわしい山地が多く，火山も多い**。国土の４分の３をしめている。

2. **河川**　国土が細長いうえ，山地が海岸にまでせまっているところが多いので，川は一般に**短く，急流**をつくっている。流出率，河況係数(⤴p.91)はともに高く，暴れ川が多い。

3. **平地**　平野や盆地は規模が小さく，大部分が，海岸や川にそって各地にちらばっている。扇状地や三角州などの沖積平野は，生産力に富み，人口が集中している。

4. **海岸**　一般に**複雑で変化に富む**。リアス海岸も発達。

▼日本の山地と平地

山地	山地	61.0%
	丘陵地	11.8%
平地	台地	11.0%
	低地	13.8%
内水域		2.4%
計		377,334km²

(「日本統計年鑑」2016年版による)

❷ 地体構造　日本列島は，フォッサマグナ(**大地溝帯**)[★3]とよばれる地溝(現在は新しい地層でうまっている)によって，**東北日本**と**西南日本**とに分かれる。さらに，西南日本は，**中央構造線(メジアンライン)**[★4]によって日本海側の**内帯**と太平洋側の**外帯**とに分かれる。

1 **フォッサマグナ(大地溝帯)**　西縁は，**糸魚川・静岡構造線**で，糸魚川から姫川－木崎湖[★5]－諏訪湖－釜無川－富士川－静岡に到る断層線が明瞭。東縁は，富士山などの火山活動のため不鮮明であるが，**柏崎・千葉構造線**などがあげられる。[★6]

2 **中央構造線(メジアンライン)**　諏訪湖から，三峰川(天竜川支流)[★7]－豊川－(伊勢湾)－櫛田川－紀ノ川－吉野川－松山をへて，九州に到る断層帯。九州では，臼杵・八代線または大分・熊本線となる。

3 **断層によって区分される各地域**

　　{ 東北日本…………山地と平地が平行して走る。
　　{ 西南日本 { 内帯…一般に高原状の山地で，地溝や地塁が多い。
　　　　　　　 { 外帯…高くけわしい山地が多い。谷も深い。

3 気候

❶ 気温と降水量

1 **気温**　季節風(モンスーン)の影響で，夏は高温多湿，冬は緯度のわりに低温となり，年較差が大きい(**東岸気候**)。

2 **降水量**　夏は，太平洋方面から**南東季節風**がふき，主として**梅雨**や**台風**により，太平洋側に降水量が多い。冬は，日本海上で水蒸気をふくんだ**北西季節風**が，日本海側に多量の雪を降らせる。全体的にも，降水量は多い。

❷ 多様な気候　日本は，地形が複雑で，南北方向に細長く位置しているため，**気候の地域差が大きい**。例えば，**梅雨**は，沖縄では5～6月，九州，四国，本州では6～7月で，北へ行くほど降水量は少なくなり，北海道ではほとんどみられない。また，季節変化も，きわめて多様である。[★8]

❸ 気候のとらえ方

1 **気候要素による区分**　ケッペンによる南北の区分と，太平洋側と日本海側の気候の著しい対照との組み合わせから区分する。[★9]

2 **気団による気候のとらえ方**[★10]　日本の周辺には4つの**気団**があり，これらが出現したり，退いたりして，日本の気候が形成されるとする。

★3　第三紀の後半(約2,500万年前)に出現した地溝。明治初期に日本に来ていた地質調査技師ナウマンが命名。フォッサ＝割れ目，マグナ＝大きい。

★4　構造線とは，地殻の構造を左右するほど大規模な断層線のこと。

★5　木崎湖あたりは飛驒山脈との境をなし，釜無川とは赤石山脈との境をなし，ともに高さ3,000mにもおよぶ断層崖がみられる。フォッサマグナの深さは6,000mをこえるので，合計9,000mをこえる高低差がある。

★6　新潟県直江津(上越市)から，神奈川県国府津(小田原市)または平塚市に到るラインもある。

★7　フォッサマグナの糸魚川・静岡構造線と中央構造線とは，諏訪湖の東で交わる。

★8　四季の変化の中には，春の嵐，梅雨，台風，秋の長雨(秋霖)などがある。

★9　ケッペンの区分によれば，北海道が**亜寒帯湿潤気候(Df)**，その他の地域が**温暖湿潤気候(Cfa)**となる。

★10　世界には，4つの大きな気団があり，その間の3つの境界部分とで，世界を7つの気候区に区分する(アリソフによる区分)。

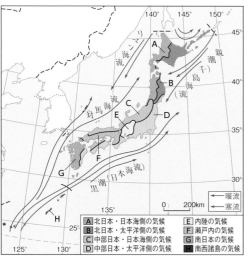

◀気候要素による日本の気候区分
（松本淳・井上知栄しげによる）

下のA～Hは，地図中の記号と対応。

A：冬はひじょうに寒く夏も涼しい。梅雨が不明瞭。冬に雪が多い。

B：Aと同様だが，冬の雪は少ない。

C：冬は寒く夏は暑い。梅雨と秋雨が明瞭で，冬に雪が多い。

D：Cと同様だが，冬の雪は少ない。

E：冬は寒い。年間を通じて降水量が少なく乾燥する。

F：冬はやや寒く夏は暑い。年間を通じて降水量が少ない。

G：冬はやや寒く夏は暑い。梅雨がひじょうに明瞭で，冬の雪は少ない。

H：年中温暖で，梅雨や台風の影響が大きい。

A	北日本・日本海側の気候	E	内陸の気候
B	北日本・太平洋側の気候	F	瀬戸内の気候
C	中部日本・日本海側の気候	G	南日本の気候
D	中部日本・太平洋側の気候	H	南西諸島の気候

▶日本の最高気温…2018年7月に熊谷（埼玉県），2020年8月に浜松（静岡県）でいずれも41.1℃。

▶日本の最低気温…気象庁公認記録では－41.5℃（1931年1月，北海道美深町）。
（いずれも2023年現在）

補説　**気団による気候のとらえ方**　気温や湿度などの性質がほぼ一様な，広域にわたる大気のかたまりを気団という。1つの気団のもとでは，一定の天候が現れるので，気団の種類とその移動によって，気候を総合的に把握し，気候区分を行うことができる。日本の周辺にはシベリア気団，長江気団，オホーツク海気団，小笠原気団の4つがある。

▼日本列島周辺の4つの気団

	気団	気団の性質	日本の気候
冬	シベリア気団	寒冷，乾燥	冬の**北西季節風**を吹きだす。日本海を通過するときに多湿となり，日本海側に大量の積雪をもたらす。太平洋側は乾燥したからっ風が吹き，好天が続く。
春・初夏・秋	長江気団	温暖，乾燥	春と秋に，**移動性高気圧**として日本に現れる。好天となる。（温帯低気圧と交互に現れる）
	オホーツク海気団	冷涼，湿潤	梅雨期や秋に，冷涼な北東風（やませ）として日本に来る。小笠原気団との間に，**梅雨前線**を形成する。
夏	小笠原気団	高温，湿潤	梅雨期～夏に太平洋からはり出し，高温多湿な**南東季節風**を吹きだす。好天でむしあつい。

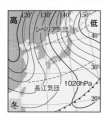
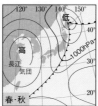
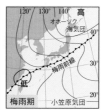
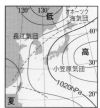

▲日本列島周辺の4つの気団と季節

4 自然災害と防災

❶ さまざまな自然災害　日本は世界の中でも，きわめて自然災害の多い国である。それは，**地形的な要因**(下の①～③)，**気候的な要因**(下の④，⑤)によるものが大きい。近年は局地的大雨(ゲリラ豪雨)や線状降水帯により，狭い範囲に数時間にわたる大雨が降る集中豪雨が日本各地で増加している。また，日本に限らず，現代社会では人的要因による自然災害(**人災**)も多い(下の⑥，⑦)。

①不安定な変動帯に位置➡**地震**(➡山くずれや地すべり，津波など)や**火山の噴火**(➡火山灰の降灰や火砕流，土石流など)。

②急峻な山地，短い河川，軟弱な地盤➡**土砂災害**や**洪水**など。

③複雑な海岸線➡**高潮**や**津波**の被害。

④梅雨や台風などの集中豪雨➡**洪水**や**高潮**など。

⑤天候不順，異常気象➡**冷害**，**干ばつ**，**大雪**，**雪崩**など。

⑥都市開発…建物の密集，道路の舗装，軟弱な地盤の開発など➡**ヒートアイランド現象**や**液状化現象**，**都市型水害**など。

⑦農村の衰退…耕作地や山林の荒廃➡**土砂災害**の発生。

❷ 防災対策　技術面では，高精度の気象観測と警報システムの整備などがあげられる。また，インフラの整備による対策では，治水・砂防ダムや堤防，防潮堤，幅広道路，免震・耐震構造の建物，防災公園，地下放水路などの整備が重要である。

自治体レベルでは，避難所の設置やハザードマップ(⤴p.47)の作成，個人レベルでは，住宅の耐震化や避難ルートの確認，防災用品・非常食の常備などの対策が必要となる。

災害への心構えには，個人や家庭で備え，自分自身を守る**自助**，地域の住民やボランティアなど周囲の人々と協力して助け合う**共助**，避難所の設置やハザードマップの作成など，国や自治体など公的機関からの救助・援助である**公助**がある。あらかじめ対策を行い被害を減らす**減災**も重要である。

★11 積乱雲が同じ場所に次々と発生することにより生じる帯状の降水域。

★12 台風や強い低気圧で，海面が上昇すること。

★13 後背湿地など，かつて災害の被害を受けやすいため敬遠されていた土地が開発された。

★14 地震などの影響で軟弱な砂層が液体のようになり，建物の沈下や砂の噴出などをひき起こす現象。

★15 都市では，地表がアスファルトやコンクリートでおおわれており，排水処理能力を超える大雨時に水害被害が拡大する。

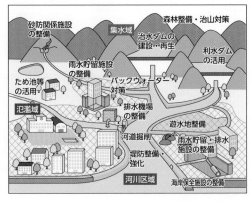

洪水への取り組み▶

自然環境

○活断層

地質時代のうち最近の第四紀以降の時代に，何度か動いた断層をいう。今後も活動が予想される。1995年1月17日に発生した兵庫県南部地震は，淡路島の北部が震源であったが，ここで活断層の野島断層が大きく動いた。地震発生の際に約1m～2m右に横ずれした横ずれ断層で，同時に約50cm～1.2m隆起した逆断層でもある。

○断層の種類

断層面を境にしてずり落ちるような状態の断層を正断層という。引き裂くような力が働くと起きやすい。また，押し合うような力が働くところでは，のし上がるような断層が見られる。これを逆断層という。

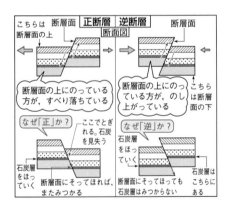

また，水平的にずれる断層を横ずれ断層という。向こう側が右にずれる断層を右横ずれ断層，左にずれる断層を左横ずれ断層という。
（左右は，反対側から見ても変わらない）

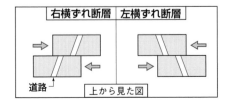

○阪神・淡路大震災

1995年1月17日に発生した兵庫県南部地震による大きな災害。震源は兵庫県南部の淡路島北部で，マグニチュードは7.3であった。

神戸市南部と芦屋，西宮，淡路島北部を中心に被害が集中した。都市型の直下型地震であったため，震度7を記録したところもあり，住宅の倒壊やその後の火災で，6,434人の死亡者をはじめ多くの負傷者を出した。震度7はそれまでの地震計にはなかったが，倒壊住宅が3割を超えたため，この地震から採用された。

○直下型地震

震源が浅く，震央付近の都市域に影響を与える地震。規模（マグニチュード）のわりに震央付近で震度が大きくなりやすい。近年発生した直下型地震としては，2007年7月の新潟県中越沖地震，2008年6月の岩手・宮城内陸地震，2024年1月の能登半島地震など。

首都直下型地震として，首都直下で起きる地震を震度7程度と内閣府は予測。都市地域での交通まひやインフラ障害，延焼・消火体制などの被害様相や経済的損失の予測に対して，耐震化などの対応策を政府は検討している。

○東日本大震災

2011年3月11日に発生した東北地方太平洋沖地震による戦後最大の地震災害。震源は三陸沖のプレート境界で，日本観測史上最大のマグニチュード9.0を記録した。

地震発生後，青森～茨城県にかけての太平洋沿岸に最大で9m以上の大津波が押し寄せた。死者・行方不明者は約2.2万人にのぼり，建造物やライフラインなどに甚大な被害が出た。また，福島第一原子力発電所で大量の放射性物質が漏洩する重大事故が発生。放射能汚染や住民の避難，電力不足，原発依存の見直しなど，福島県はもちろん，日本と国際社会全体に大きな影響が及んだ。

○海溝型地震

プレート境界にたまったひずみにより起こる

▼阪神・淡路大震災と東日本大震災の比較

	阪神・淡路大震災	東日本大震災
発生日／マグニチュード	1995年1月17日／7.3	2011年3月11日／9.0
地震型／被災地	直下型／都市部中心	海溝型／農林水産地域中心
震度6弱以上県数	1県(兵庫)	8県(宮城, 福島, 茨城, 栃木, 岩手, 群馬, 埼玉, 千葉)
津波	数10cmの津波の報告あり(被害なし)	各地で大津波を観測(相馬9.3m以上, 宮古8.5m以上, 大船渡8.0m以上)
震度分布図 (震度4以上を表示)		

地震。**津波**が発生し海岸地域に被害をもたらす。近年発生した海溝型地震としては，2004年12月26日のスマトラ島沖地震がある。インド・オーストラリアプレートがユーラシアプレートの下に沈み込む，プレートの**狭まる境界**で発生。地震の規模はマグニチュード9を超え，インド洋に面する各国を大津波が襲った。

◎ライフライン

生命線という意味。電気，水道，ガス，電話，道路，鉄道など日常生活を送る際の最低限のエネルギーや設備。災害時には最優先で復旧させなければならない。

◎液状化現象

海岸に近い沖積平野や埋め立て地などの地下水の浅い地域において，地震による振動で水分を含む砂の地層が液体状になる現象。

建物が沈下したり倒壊する場合もある。地下の下水管やマンホールなどが浮き上がることもある。

◎溶脱

溶脱とは，土壌中にある可溶性の物質が，水分によって運び去られること。溶脱されると養分が少なくなり，肥沃ではなくなる。ラトソル

とポドゾルが好例である。

熱帯地方では，気温が高いため有機分の化学変化のスピードが速く，とくに降水量が多い熱帯雨林気候などでは栄養塩類が流れてしまいやすい。そのため溶脱されにくい鉄やアルミニウム分だけが残り，腐植層に乏しい**ラトソル**という土壌ができる。

亜寒帯地方では，気温が低くタイガの葉などの分解がすすみにくいため，地表面の堆積層は強酸性となりやすい。気温が低いことで降水の蒸発作用がなく，水分のほとんどは上から下に移動するので，溶脱作用が激しく，腐植層の下の鉱物が酸性の水で溶脱されて，養分に乏しい灰白色の**ポドゾル**ができる。

◎凍上現象

凍上現象とは，寒冷な地域で，地中(地表近く)の水分が凍り体積が増すことによって，地表が押し上げられる現象。

建物や橋などが押し上げられる被害が出る。そのため建造物の基礎を深くしたり，高床式の建物にしている。

なお，ツンドラ地域で高床式の建物にするのは，この凍上現象の対策とは別に，暖房の熱が地表に伝わって永久凍土が融け，建物が傾くことを防ぐという目的もある。

5 地球環境問題

1 | 環境と人間

1 環境と生活

❶ **自然環境**　地形，気候，土壌（どじょう），陸水，海洋，生物（動植物）という要素をもつ自然環境は，たがいに影響しあい，しかも組織的なしくみをつくっている。生物は，その中で，全体として均衡（きんこう）を保って，生命を維持（いじ）している。このような全体のしくみを，生態系（エコシステム）という。単独の環境要素よりも，複合的な自然環境が人間生活に影響を与えることのほうが多い。

❷ **社会環境**　政治や経済のしくみ，社会組織，伝統，技術，宗教，生活習慣，交通などの要素をもつ社会環境も，人間生活に大きな影響を与えている。

❸ **環境可能論**　環境が類似（るいじ）していても，さまざまな適応の仕方があり，それによって生活の地域差が生まれ，文化のちがいとなる。さまざまな社会現象や人間生活を，自然環境によって規定されているように解釈（かいしゃく）する考えを**環境論**，あるいは**環境決定論**という。現在では，自然環境は人間生活に種々の可能性を与え，主として人間の対応や意志によって，生活が規定されるという**環境可能論**が，一般に支持されている。

★1　自然の中で，諸生物が相互に関連しあいながら，全体として均衡を保っているしくみ。

★2　自然環境の役割を重視した地理学者としてはラッツェルが代表的。

★3　フランスの地理学者ブラーシュが提唱した。

2 | 世界の地域開発

1 総合開発

❶ **総合開発の意義**　総合開発は，地域開発の新しい形態として，1930年代からはじまった。とくに，水資源の利用と統制を中心とした総合的な地域の開発が，各国で行われている。

❷ **総合開発のはじまり**　1929年にはじまった**世界恐慌（きょうこう）**によって，アメリカは深刻な不況にみまわれ，失業者が増大した。その時の大統領**フランクリン＝ローズヴェルト**は，**ニューディール政策**とよばれる景気回復策をたてた。その一環（いっかん）として，1933年，失業対策や資源開発を目的としたテネシー川流域開発公社（TVA）をつくり，南部の開発をはかり，農村の電化などもすすめた。これが，世界の総合開発のモデルとなった。

★1　アメリカ合衆国の第32代大統領。在職1933～45年。

★2　New Deal とは，新しい種まき，新規まき直しという意味。

★3　Tennessee Valley Authorityの略。

2 各国の地域開発

❶ アメリカの総合開発

1 **TVA** ミシシッピ川支流の**テネシー川**流域の総合開発をすすめた。30以上の**多目的ダム**の建設により，洪水や**土壌侵食**の防止と灌漑→農地の開発，発電や水運→化学肥料，アルミニウム工業，原子力工業の発達などが実現。オークリッジ(原子力)，ナシュビル(航空機)，ノックスヴィル，チャタヌーガ(化学)などの工業都市も生まれた。

★4 アメリカ最大の人造湖(ミード湖)が生まれた(1936年完成)。なお，コロラド川の開発は，公社方式によらなかったので，TVA(テネシー川)，CVA(コロンビア川)，MVA(ミズーリ川)のような公社はない。

2 **コロラド川の開発** 洪水防止のほか，発電(**フーヴァーダム**)★4，コロラド川水道からロサンゼルスやサンディエゴへ給水(**パーカーダム**)，インペリアルヴァレーの灌漑や発電(**インペリアルダム**)。

アメリカの地域開発▶

テネシー川，コロラド川，コロンビア川，ミズーリ川などの流域で，大規模な総合開発がすすんだ。

3 **コロンビア川の開発** コロンビア川流域開発公社(CVA)を設置し，雄大な**グランドクーリーダム**★5を建設。コロンビア盆地の灌漑(小麦栽培)のほか，**シアトル**，ポートランドへ電力が送られ，アルミ精錬，航空機などの工業化がすすんだ。

4 **その他の開発** カリフォルニア州の**セントラルヴァレー**におけるダムや灌漑施設の建設★6，カナダとの共同による**セントローレンス海路**★7の整備，ミズーリ川流域の開発★8など。

❷ 旧ソ連の総合開発

旧ソ連では総合開発を**自然改造**とよび，五か年計画によってすすめられてきた★9。

1 **ヴォルガ＝ドン運河(ロシア)** ヴォルガ川とドン川を結ぶ全長101kmの運河。1952年完成。13の閘門をもち，白海(北極海)，バルト海，カスピ海，黒海などが内陸水路でつながった。

▼**ヴォルガ＝ドン運河と カラクーム運河(模式図)**

★5 グランドクーリーダムには巨大な発電所があり，世界有数の発電能力をもつ。

★6 サクラメント川上流の山岳地帯からサンワキン川流域の乾燥地域に水を引く。1958年完成。

★7 1959年完成。大西洋から五大湖への外洋船の航行を可能にした。

★8 ミズーリ川流域開発公社(MVA)が設置された(1944年)。

★9 かなり大規模なものが多く，経済的効果や気候改変に問題がでて，実現されなかったものも多い。

② カラクーム運河(トルクメニスタン)★10　アムダリア川の水をひい
て中央アジア南部の乾燥地域を開発し、アラル海とカスピ海を
結ぶ計画。ギジルアルバートまで完成したが、塩害(えんがい)や砂漠化(さばくか)、
また、アラル海の縮小★11といった弊害(へいがい)が生じている。

③ その他の開発　ウラル山脈南端からカスピ海に到る地域での大
植林計画★12、シベリアの開発★13、サハリンの開発など。

❸ ヨーロッパの地域開発

① イギリス　大ロンドン計画による都市の再開発、ニュータウン
計画が有名(⇨p.294)。そのほか、工業再配置法、北部開発、
テムズ川下流のウォーターフロント(⇨p.284)開発など。

② オランダ　国土の4分の1が海面下にあるオランダでは、中世
から干拓(かんたく)をくり返し、ポルダー(干拓地)を造成してきた。
1923~32年にはゾイデル海の入口を閉め、淡水(たんすい)のアイセル湖
をつくった。また、1956年からポルダーの再開発★14をすすめた。

③ イタリア　北部との経済格差を解消するため、南部地域で土地
改革や農地改良、南北を縦断する道路の建設など★15をすすめた。

❹ アジアの地域開発

① 中国　ホワイ川や黄河、長江流域の総合開発★16が有名。
　①ホワイ川(淮河(わいが))の流域　ダムの建設により、発電や灌漑を行
　　い、地域開発がすすんだ。1959年にほぼ完成。
　②黄河(こうが)の流域　黄河は有名な天井川(てんじょうがわ)★17で、昔から大洪水も多かっ
　　た。1955年より、治水、乾燥地域の利水、水力発電、土壌保
　　全を目的に開発。とくにサンメンシヤ(三門峡)ダム、リウチ
　　ヤシヤ(劉家峡)ダムが、多目的ダムとして規模が大きい。
　③長江(ちょうこう)の流域　世界最大規模のサンシヤ(三峡)ダムが2009年
　　に完成。しかし、都市や遺跡が水没し、環境破壊なども問題
　　となっている。

② その他　大部分の地域開発が、先進国の援助をうけている。
　①インド★18　TVAを模範に1948年から、ダモダル川流域開発公
　　社(DVC)が、Damodar Valley Corporation　ダモダル川流域に多目的ダムを建設。洪水防止、
　　灌漑や発電などが目的。インダス川上流のサトレジ川(バーク
　　ラ=ナンガルダム)や、東部のマハナディ川(ヒラクドダム)、
　　西部のナルマダ川の流域でも開発がすすむ。
　②東南アジア　ラオス、カンボジア、ベトナムを流れるメコン
　　川の開発★19、インドネシア(スマトラ島)のアサハン川の開発(ア
　　ルミニウム精錬(せいれん))など。

★10 カラクームとは、
「黒い砂」の意味。

★11 アラル海の水位
の低下は、運河などへ
の過剰な取水(かじょう)のためで、
将来消滅するともいわ
れるほど危機的な状況
(⇨p.165)。

★12 中央アジアから
ヨーロッパロシアへ吹
きつける熱風(スホベ
イ⇨p.94)を防ぎ、農
地開発を図る。

★13 チュメニ油田の
開発や、バイカル=ア
ムール鉄道沿線の天然
ガス(ヤクート)、銅
(ウドカン)、石炭、森
林開発など。

★14 デルタプラン(デ
ルタ計画)という。

★15 国内の南北問題
を解消するためのこれ
らの計画は、立案者の
名にちなんで、バノー
ニ計画(1955年)とい
われる(⇨p.397)。

★16 現在中国では、
内陸部のインフラ整備
を中心とした西部大開
発が進行中(⇨p.355)。

★17 川底が周辺の平
野面より高い川(⇨
p.80)。

★18 インドの総合開
発は、1950年からは
じめられたコロンボ計
画(⇨p.344)による外
資の導入と技術援助に
よってすすめられた。

★19 国連の地域経済
委員会(⇨p.344)の1
つであるアジア太平洋
経済社会委員会
(ESCAP(エスキャップ))が担当して
いる。

❺ アフリカの地域開発 先進国の援助によるものが多い。

1️⃣ **エジプト** 1971年，ナイル川に旧ソ連の援助でアスワンハイダムが完成。洪水の防止，灌漑，発電が目的。

2️⃣ **スーダン** 青ナイルと白ナイルの合流点付近のゲジラ灌漑計画。センナールダムによって72万haの農地が灌漑可能になった。

3️⃣ **ガーナ** ヴォルタ川に発電，灌漑，水運が目的のアコソンボダムが完成。発電によって**アルミニウム工業**が発達した。

4️⃣ **ザンビア** アフリカ南部最大の**ザンベジ川**に，1959年，カリバダムが完成。ザンビアの**銅の精錬**のために送電。ダムはザンビアとジンバブエの国境地帯にある。

❻ ブラジルの地域開発 広大な未開発地をかかえ，地域開発がさかん。しかし，アマゾン川流域などでは開発の結果，生態系が変化したり環境が破壊されたりして，新たな問題がおこっている。

1️⃣ **パラナ川流域** ラプラタ川支流のパラナ川に，パラグアイと共同でイタイプダムを建設。イタイプ発電所は，水力発電所として世界最大規模の出力[20]。

2️⃣ **セラード** ブラジル高原のサバナ地帯で食料生産のための農業開発[21]。セラードはサンフランシスコ川流域のサバナ型の疎林草原。

3️⃣ **アマゾン川流域** アマゾン横断道路，アマゾン縦断道路の建設[22]。アグロビラ（農業開発拠点村）の建設。

4️⃣ **大カラジャス計画** カラジャス鉄山（⇨p.136）の開発，鉄道やダムの建設など。

❼ オーストラリアの地域開発

1️⃣ **スノーウィーマウンテンズ計画** スノーウィー川からトンネルによって内陸部のマリー川に転流し，灌漑，発電に利用[23]。

▲ブラジルの地域開発

★20 1982年に完成。総出力1,260万kW。

★21 1975年から日本のODAがきっかけで始まった。現在では国内の穀物の約3割を生産。

★22 アマゾン横断道路（トランスアマゾニアンハイウェイ）は，東部のパライバ州から西部のアクレ州の6,000kmを結び1970年に開通。アマゾン縦断道路は，サンタレン～クイアバの2,500kmを結び1976年に開通。

★23 マリーダーリング盆地の小麦栽培が拡大。しかし，塩害も拡大（⇨p.431）。

\ TOPICS /

アスワンハイダムの功罪

「エジプトはナイルの賜物」といわれるように，国土の97％が砂漠のエジプトでは，ナイル川がすべてである。とくに，ナイル川にそった地域は，川によって運ばれた肥沃な土壌が堆積し，豊かな農業地帯となり，人口が密集している。

エジプト近代化のシンボルであるアスワンハイダムは1971年に完成し，「現代のピラミッド」ともいわれた。このダムは，灌漑農地を広げ，農業生産を拡大させ，電源開発による工業発展など，地域開発として大きな成功をおさめたかにみえた。

しかし，ダムが肥沃な土砂をせき止めるようになったため，下流の土壌はやせ，耕地に化学肥料を投入せざるをえなくなり，塩害の被害などが報告されている。また，海岸部はつねに波によって削られるため，海岸線は後退している。その上，地中海に流れこむ栄養分が以前の3分の1になり，プランクトンが少なくなり，漁業も大打撃をうけることになった。

ダムの完成後は，生態系の変化によって風土病の拡大も報告され，総合開発に対する「自然の反抗」として，住民を苦しめる結果が生まれてきている。

世界の地域開発

アメリカ…テネシー川流域(TVA)などの総合開発。
旧ソ連……ヴォルガ=ドン運河などの自然改造。
発展途上国…TVA方式にならう。先進国の援助。

ミズーリ川流域
コロンビア川流域
カリフォルニア
セントラルヴァレー
コロラド川流域
テネシー川流域
アマゾン川流域
サンフランシスコ川流域
パラナ川流域

ヴォルガ=ドン運河
デルタプラン
セントローレンス海路
ナイル川流域
ヴォルタ川流域
ゲジラ灌漑計画
大カラジャス計画
ザンベジ川流域
カラクーム運河

オビ川流域
エニセイ川流域
黄河流域
ホワイ川流域
長江流域
ダモダル川流域
マハナディ川流域
ナルマダ川流域
サトレジ川流域
アサハン川流域
メコン川流域
マリー川流域

▲世界のおもな地域開発

◀アマゾンの熱帯林を貫く道路
　道路の建設によって，生態系が道路を境にして分断され，沿道の開発が進み熱帯林が破壊されている。

▼サンシヤ(三峡)ダム
　長江中流域の三峡(西陵峡，巫峡，瞿塘峡)一帯に建設され，2009年に完成した。ダム建設により，電力供給や洪水抑制，水運などの面で効果をもたらした。その一方で，建設過程における100万人以上の住民の強制移住，三峡一帯の景観破壊や名所旧跡の水没，流域の水質悪化と生態系の破壊，大量の土砂の堆積などの問題が発生している。

3 | 工業開発と公害

1 世界の公害

　産業の発達により，健康や生活環境に被害が及ぶようになった。このうち，社会的な災害を公害という。

❶ **先進工業国**　資源の消費量が多く，工業化がすすんでいるため，早くから公害が発生。

❷ **発展途上国**　工業化や人口の都市集中がすすんでいる国で，公害が発生。また，先進国主導の資本進出と開発によって，公害を発生しやすい工業が移転され，公害を広めることが懸念されている[1]。

★1　先進国による「公害の輸出」が指摘されている。

> 補説　**各国の公害の例**　ドイツのルール工業地域におけるライン川の水質汚濁，アメリカのエリー湖の水質汚濁やロサンゼルスの大気汚染（光化学スモッグ），ロシアのヴォルガ川，カスピ海，バイカル湖などの水質汚濁，中国のシャンハイ，シェンヤンなどの鉄鋼コンビナートの大気汚染などが，大きな問題になっている。スウェーデンでは，パルプ工業による大気汚染や水質汚濁が著しい。

2 日本の公害

❶ **第二次世界大戦前の公害**

1 **足尾鉱毒事件**　明治時代に生産を急速に拡大した足尾銅山周辺の公害。精錬にともなう煙や廃棄物から，多量の鉱毒が渡良瀬川に流れこみ，沿岸の農地が汚染された。栃木県選出の代議士田中正造は，帝国議会などで鉱毒問題をとりあげたり，決死の覚悟で天皇へ直訴を行った。しかし政府は十分な対策をせず，鉱毒反対運動を強権的に封じこめた。

> **Q** 足尾銅山やその周辺は，今はどんな様子になっているのですか。
>
> **A** 足尾銅山は，1973年に，採算がとれなくなったため，閉山されたよ。銅山が閉山されても，土地にしみこんだ有毒物質がなくなるわけでなく，今もそれが流出している。有害な煙によって，周辺の山は赤裸になった。植林は行われているものの，今も一部の山では，樹木も見られない状態だね。

★2　1885年ごろから煙害がひどくなったが，技術的に解決された（1926年）。

★3　156mという，当時世界一高い煙突（オバケ煙突とよばれた）を完成させ，煙害がほぼなくなった（1914年）。

2 **別子銅山の煙害問題**　別子銅山（愛媛県）の煙害で，新居浜の精錬所が沖合の四阪島に移されたが，公害は広がり，毎年，賠償金を出すことになった[2]。

3 **日立銅山の煙害問題**　日立銅山（茨城県）周辺で発生した煙害（1909年ごろ〜）。

現在の足尾山地▶

　明治時代には，精錬による亜硫酸ガスで山林は枯死した。加えて，精錬用の燃料や坑木用として乱伐されたので，たびたび大洪水を発生させ，有毒重金属の鉱毒被害を拡大した。

❷**戦後の公害**　1955年以後の高度成長期の工業化にともない深刻化。

1 **公害の姿**　環境基本法★4では，**大気汚染，水質汚濁，土壌汚染，騒音，振動，地盤沈下，悪臭**の7つを，典型的な公害としてあげている。このほかにも，いろいろな公害がある。

①**大気汚染**　工場の煙や自動車の排ガスなどで，大気中に硫黄酸化物，窒素酸化物などが排出されておこる公害。呼吸器に障害がおこり，ぜんそくなどの病気にかかりやすい。太陽光の紫外線をうけ大気中で有害物質(オキシダント)が形成される光化学スモッグ★6も発生している。

②**水質汚濁，土壌汚染**　ともに産業廃棄物(ヘドロ，鉱毒など)や工場廃水のたれ流しによっておこる。★7 魚介類，農産物への被害のほか，人間も病気になる(**水俣病，イタイイタイ病**など)。

③**騒音，振動，悪臭**　騒音や振動は，工場のほか交通機関(新幹線，飛行機)から発生。悪臭は，製紙工場や化学工場から発生。

④**地盤沈下**　工業用水としての地下水(東京，大阪，尼崎など)や，天然ガス(新潟)の採取で，土地が沈む。

2 **公害病**　公害による病気では，死者も多く出ている。

①**水俣病**　工場から出た**有機水銀**(**メチル水銀**)が，魚などを通じて人間の体内にはいり，発生する悲惨な公害病。八代海沿岸(熊本県，鹿児島県)や，新潟県阿賀野川下流で発生(新潟水俣病)した。

②**イタイイタイ病**　鉱山から出た**カドミウム**が体内にはいり，骨がもろくなる公害病。富山県神通川下流で発生。

③**慢性ヒ素中毒症**　鉱山から出た**ヒ素**による慢性中毒。★8

④**ぜんそくなど**　全国各地の工業都市では，硫黄酸化物などによる大気汚染で，ぜんそく，気管支炎などの公害病患者がふえた。四日市ぜんそく(三重県)★9など。

補説 **四大公害裁判**　新潟水俣病，四日市ぜんそく(以上1967年に提訴)，イタイイタイ病(1968年提訴)，水俣病(1969年提訴)の患者らが，公害を発生させた企業の責任を追及しておこした裁判。判決は1971〜73年に出て，いずれも，企業の責任を認め，患者側の勝訴となった。一定の賠償金は支払われたが，公害病患者の苦悩がなくなったわけではないし，公害そのものが根絶されたわけではない。

POINT!

日本の公害
戦前…足尾鉱毒事件(田中正造らの運動)。
戦後…重化学工業化で深刻となった。
水俣病などの公害病で，死者まで発生。

★4　1967年に制定された公害対策基本法にかわって，1993年に制定(⇨p.106)。

★5　典型七公害といわれるが，このほかにも有害食品，有害医薬品，ダイオキシン類やアスベストなどの有害物質による被害，日照や通風の問題，廃棄物(ごみ)の問題など。

★6　人間の呼吸器や神経に被害をもたらすほか，植物にも悪影響を与える。なお，スモッグは，スモーク(煙)とフォッグ(霧)の合成語。

★7　近年，ゴルフ場の農薬も問題視された。現在は改善している。

水俣病	252
新潟水俣病	102
イタイイタイ病	2
慢性ヒ素中毒症	41
ぜんそくなど	28,364
合計	28,761

▲認定された公害病患者の人数
(2022年末)
(「環境・循環型社会・生物多様性白書」による)

★8　宮崎県高千穂町土呂久や島根県津和野町笹ヶ谷で発生。

★9　1988年から，公害健康被害補償法にもとづく大気汚染地域の指定がすべて解除されたので，以後，新しいぜんそくなどの公害被害認定患者は出てこないことになった。

1
自然環境

3 公害の原因

❶ 企業の責任

利潤の追求 ｝→ ｛ 生産性向上のためだけの技術開発
生産の拡大 ｝ → ｛ 生産上，排出される廃棄物の処理を放棄 ｝ →公害

❷ 政治の責任　自然の生態系(⇨p.121)や，人間の生命，健康よりも，産業(重化学工業)の発展を優先させてきたこと。

> 補説　**公害輸出**　先進国の企業は，自国内の工場から出た廃棄物の処理を発展途上国に求めたり，汚染物質を排出しやすい部門を発展途上国に移転し，自国内の厳しい企業規制を回避しようとすることがある。こうしたことを，**公害輸出**という。経済的な南北格差が大きい現状では，経済的に強い立場の先進国が，弱い立場の発展途上国へ公害を押しつけやすく，環境問題は，南北格差の象徴ともなってきた。[10]

★10 経済的に苦しい立場の発展途上国が，安易に廃棄物を受け入れたり，先進国が安あがりに廃棄物処理をしないように，**バーゼル条約**(正式には「有害廃棄物の国境を越える移動及びその処分の規制に関するバーゼル条約」)が，1989年に採択されている。

4 ｜ 人間活動による環境破壊

1 公害から環境破壊へ

❶ 公害の改善への努力　1955年以降の高度成長期に，**公害病**を代表とする深刻な公害問題が発生した。しかし，1967年に公害対策基本法の制定，1971年に環境庁の設置など，対策もすすんだ。[1]

❷ 環境破壊　今日，汚染の範囲が広くなり，公害問題よりも，より包括的な**環境破壊(環境問題)**というとらえ方が，一般的になった。1972年の**国連人間環境会議**(⇨p.136)では，地球環境の危機が世界の共通課題として初めてとりあげられたが，地球規模でとらえてゆくことが，環境問題でも重要になっている。

❸ 環境基本法の制定　1993年，これまでの**公害対策基本法**を廃止し，自然環境保全法(1972年制定)を整備して，**環境基本法**が制定された。環境基本法では，**環境への負荷の少ない持続的発展が可能な社会**の構築や，地球環境保全のための国際協力などを定めた。また，2001年より環境庁も環境省に格上げされた。

★1 1967年にできた公害対策基本法では「公害対策は経済の発展と調和をはかるように」と定められていた。しかし，これでは少しぐらいの公害はしかたがないという考え方にもつながる。そこで1970年に改正され，経済発展との調和をはかるという考え方は削除された。

2 さまざまな環境破壊

❶ 日常的な環境破壊

① **地球規模の環境破壊**　地球温暖化，砂漠化，酸性雨，熱帯林の伐採，フロンガスによるオゾン層の破壊など(⇨p.132)。

② **特定地域の環境破壊**　湖沼や河川の水質汚濁，産業廃棄物によるダイオキシン汚染，道路やダム建設，干潟の埋め立てによる自然破壊など。[2]

★2 特定地域の環境破壊が，大規模な自然破壊をもたらしているものもある。

①**水質汚濁**　生活排水や工場廃水に含まれる窒素やリンは，養分となって水中の藻やプランクトンを増殖させる。これを，河川や湖沼の**富栄養化**という。琵琶湖や霞ヶ浦の富栄養化が報告されている。

②**産業廃棄物（産廃）**　産廃の野焼き，一般家庭の焼却炉，自治体のごみ焼却施設などから大量のダイオキシンが発生し，大気や土壌を汚染し，人体や農作物に取り込まれている。ダイオキシンは，分解されにくく，体内に蓄積されるとがんや身体障害といった健康被害をもたらす可能性がある。体内でホルモンのような働きをして，生殖機能や免疫機能を狂わせてしまう化学物質があり，環境ホルモンとよばれている。また，不法投棄された産業廃棄物によって汚染される場合もある。

❷ **突発的な環境破壊**　原子力発電所の事故による放射能汚染。タンカー事故による海洋汚染（原油流出）。ベトナム戦争時の枯葉剤の使用，湾岸戦争（1991年）時の劣化ウラン弾の使用や油田爆破など，戦争によるもの。

★3　富栄養化が，赤潮やアオコの原因となっている。滋賀県では，**琵琶湖富栄養化防止条例**を制定し，リンを含む合成洗剤の使用を禁止している。

★4　日本は他国に比べ，ごみ処理を焼却に依存する率が高い。

★5　塩化ビニルなどのプラスチック類が，800℃以下の低温で燃焼されると，猛毒ダイオキシンが発生する。

★6　瀬戸内海の香川県**豊島**では，約50万tもの産業廃棄物が不法投棄され，ダイオキシンなどに汚染された。

\ TOPICS /

チョルノービリ（チェルノブイリ）と福島の原子力発電所事故

　1986年，旧ソ連のチョルノービリ原発事故が起こった。外部電源の停電時に補助電源が作動するまでの10数秒間の原子炉からの電力供給を調べていた実験で，安全装置をはずしたままで，いったん下がりすぎた出力を上げようとしたとき，4秒で定格出力の約100倍に到達，原子炉が爆発してしまった。

　事故とともに，放射性物質は風にのってヨーロッパ全体に広がり，東西約950km，南北約400kmの地域，スウェーデンまでも汚染した。現在のウクライナの穀倉地帯の農作物や牛乳，

きのこからも，高レベルの放射性物質が検出された。

　放射能汚染地域にすんでいた人々や，長期にわたり汚染された食物を摂取し続けた人々は，がんにかかりやすくなっている。子どもの甲状腺がんの発生率が高くなっている地域もある。

　また日本でも，2011年3月11日に発生した，東北地方太平洋沖地震とそれにともなう津波によって，福島第一原子力発電所に事故が発生した。

　発電所の原子炉6基のうち，稼働中の1〜3号機は地震で緊急停止したものの，およそ15mの津波に襲われ，点検中の4号機を含めた1〜4号機が非常用電源を失ってしまった。このため，核燃料の冷却が不可能になり，水素爆発などにともなって，大量の放射性物質が原子炉の外に放出されるという重大事故が発生した。

　2011年12月，政府は「発電所の事故そのものは収束に至った」としたものの，原子炉の廃炉までの道のりや，放射性物質の除染作業など，課題が山積している。

（広河隆一『チェルノブイリ報告』岩波書店）

モスクワ　ロシア
ミンスク
ベラルーシ
ポーランド
　　　　　　汚染の激しい地域
ウクライナ
キーウ
チョルノービリ
ルーマニア
黒海

▲放射能に強く汚染された地域（偏西風のため東側に多い）

5 | 地球環境問題の相互関連

1 相互関連の原因

環境問題は，個々の問題がさまざまな形で関連しあっているが，その根本的な原因は人間の活動があらゆる分野で拡大してきたことにあり，それは主として先進国を中心に経済活動が高まってきた点にある。その一方で，発展途上国では，貧困，人口急増と都市集中があり，さらには国際的な相互依存関係の拡大が背景にある。

▲地球環境問題の相互関連
（「環境白書」による）

▲南極上空のオゾンホール
オゾン層にあいた穴のこと。白～灰色の部分がオゾンホール。NASA の分析（2011 年 10 月）による（⇨ p.132）。

▲世界のおもな環境問題

砂漠化のすすんでいる地域
- 非常に激しい地域
- 激しい地域
- 中程度の地域

熱帯林の破壊
- 現在の熱帯林
- 破壊された熱帯林

---- 降水の pH 値
※ 土壌塩化
▲ その他の環境破壊

海洋の汚染
- 原油で汚染されている海域
- 水質汚濁の激しい海域
● 原油流出事故がおこったことのあるところ
■ 温室効果による海面上昇により深刻な被害が懸念される国

1
自然環境

6 | 工業生産による環境問題

1 酸性雨

❶ **酸性雨とその原因**　石炭や石油などの化石燃料を燃やす火力発電所や工場，自動車などから排出される**硫黄酸化物**，**窒素酸化物**が，大気中の水蒸気にとけこみ，酸性度の強い雨＝酸性雨が降る。また，酸性霧もみられる。

❷ **被害の発生**　ヨーロッパでは1960年ごろから深刻化。近年は先進国だけでなく，工業化のすすむ中国やインドなどBRICS諸国でも発生。**偏西風や季節風にのって発生源以外の国に拡大（越境大気汚染）**。日本で観測されるPM2.5などは中国からの飛来とされる。

1　**スウェーデン**　8万5,000の**湖沼**のうち1万8,000が酸性化して4,000が魚の住めない死の湖となった。対策として，湖水や土壌を中和させるために，湖沼や森林に石灰を散布している。

2　**ドイツ**　ドイツ人が「心のふるさと」とよぶ**シュヴァルツヴァルト（黒い森）**は，モミやトウヒを中心とする人工林で，ドナウ川の源流になっている。しかし，酸性雨は，土壌を酸化させたり，葉に付着して，森を枯らせつつある。

3　**その他**　アテネのパルテノン神殿などの**大理石**（石灰岩の一種）でできた建造物や，ウィーンやロンドンなどの**青銅**の像は，化学反応によって溶食（⇒p.86）や腐蝕が進行した。東ヨーロッパの旧社会主義国では，工場が旧式の設備で汚染が著しい。

❸ **おもな対策**　1979年，ヨーロッパ諸国が中心となり，長距離越境大気汚染防止条約を締結し，汚染物質の削減をめざしている。

★1　酸性の度合いは，pH（水素イオン指数）で表す。中性はpHが7.0であるが，雨水はふだんでも，二酸化炭素などをとかしこむので，pH5.6ぐらいになる。そこでpHが5.6より低い雨を，酸性雨とする。

★2　酸性雨を「空中鬼」とよぶ。四川省峨眉山などで森林枯死の被害。

★3　大気中に浮遊している小さな粒子のうち，2.5μm（0.0025mm）以下の微小粒子状物質。人為的発生源（煤煙や排気ガス）と自然発生源（土壌粒子など）がある。

★4　スウェーデンでは地下水である井戸水にも被害が及んでいる。

★5　その後工場への排煙脱硫装置の設置が義務づけられ，自動車の排ガス規制が厳しくなった。

▼**ヨーロッパの酸性雨**
汚染地域の中心は，工業の中心地よりやや東にずれ，偏西風の風下になっている。

▼**アメリカの酸性雨**

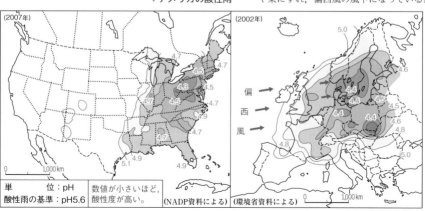

単位：pH
酸性雨の基準：pH5.6　数値が小さいほど，酸性度が高い。　（NADP資料による）　（環境省資料による）

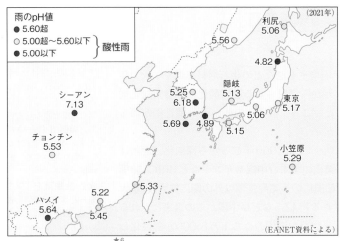

▲アジア東部の酸性雨の状況[★6]

２ フロンガスによるオゾン層の破壊

❶ **フロンガス**[★7]　人工的に合成された物質で，冷蔵庫やエアコンの冷媒用，電子部品などの洗浄，スプレーガスなどに利用。

❷ **オゾン層の破壊**　フロンガスは，直接人体に影響はないが，大気中では分解されにくく，20〜25km上空の成層圏のオゾン(O_3)層を破壊する。

　そのため，地表に達する短い波長の**有害な紫外線がふえ**，皮膚がんの増加，地球の温度を上昇させるなど，地球規模での異常気象や生態系への影響がある。南極大陸上空では，季節によってオゾン層にあく穴(オゾンホール)が拡大してきた。

❸ **対策と課題**　2000年までにフロンガスを全廃する，という国際的とり決めがなされ[★8]，オゾン層破壊作用の大きい**特定フロン**の生産は，1995年に先進国で全廃された。

　しかし，使用済みフロンの回収，発展途上国への規制強化，**代替フロン**(オゾン層破壊作用が小さい)の使用の問題(温暖化係数がひじょうに大きいこと)などの課題が残る。

３ 地球温暖化

❶ **温暖化とその原因**[★9]　温暖化とは，地球の大気の温度が高くなること。石炭，石油などの**化石燃料の燃焼**の急増や，森林破壊による光合成量の減少で，大気中の二酸化炭素(CO_2)[★10]の量が増加している。また，大気中で分解されないフロンガスなども増加し，大気圏外への熱の放射がさえぎられ，温室効果をもたらす(⇨p.192)。

★6　日本や中国・韓国を含む東アジアと東南アジアの13か国は**東アジア酸性雨モニタリングネットワーク(EANET)**を稼働している。また，化石燃料燃焼時に発生する有害な硫黄分を除去する脱硫装置の支援が日本などにより行われている。

★7　フロンガスは1928年にアメリカで開発された。正式にはクロロフルオロカーボン類といい，塩素，フッ素，炭素などの化合物。いろいろな種類がある。

★8　オゾン層の保護に関するウィーン条約(1985年)に基づくオゾン層破壊物質に関するモントリオール議定書(1987年)の改定(1990年)による。

★9　気候変動に関する政府間パネル(IPCC)が気候変動の要因を解析しており，2021年の報告書の中で「人間の影響によって温暖化させた」と報告された。

★10　オランダ，スウェーデンなどでは，二酸化炭素(CO_2)の排出抑制を目的に，二酸化炭素の排出量によって課税する環境税(炭素税)が導入された。

❷ **温暖化の影響**　グリーンランドや南極では大陸氷河(氷床)が融解し，**海水面が上昇**した[★11]。気温・海水温の上昇による低気圧の発達も異常気象・自然災害を引き起こし，熱帯地域の島国では高潮による浸水被害，乾燥地では干ばつによる水不足が起きている。日本でも夏の高温や豪雨などに影響する。人間生活だけでなく生態系にも大きな影響を及ぼしている。

★11　海水温の上昇はサンゴの白化現象をも招き，各地でサンゴの死滅が報告されている。

POINT!

石炭や石油の大量消費
フロンガスなどの使用

酸性雨…………森林枯死，湖の魚の死滅。
地球温暖化………海面上昇，生態系の変化。
オゾン層の破壊…生物への悪影響。

◀温暖化の影響

メタンハイドレートの融解／山岳氷河の後退／北方林の立ち枯れ／海氷・氷床の縮小／山岳氷河の後退／北方林の立ち枯れ／永久凍土の融解／メタンガスの放出／乾燥／深層流の減速／乾燥地の拡大と水不足の深刻化／季節風の変化／エルニーニョ現象の振幅増大／季節風の変化／島の水没／サンゴの死滅／熱帯雨林がサバナに変わる／海洋生物ポンプが弱まる／氷河・氷床の縮小／氷河・氷床の縮小

―雪氷圏 深海　―大気・海洋の 循環　―生態系

4　海洋汚染

❶ **廃棄物による汚染**　富栄養化や酸素不足により**赤潮**[★12]や**青潮**[★13]が発生。海底油田での事故やタンカー座礁沈没事故による燃料流出。海に排出されたプラスチックごみが海流により拡散する。

❷ **プラスチックごみ**　海中で長期間をかけて微小粒子のマイクロプラスチックになり，魚，ウミガメ，海鳥などが体内に取り込み蓄積され，生態系・人体への影響が懸念されている。2019年には，バーゼル条約の改正により，プラスチックごみに関する国際的な規制が採択された。締約国はプラスチックごみの発生を最小限に抑え，可能な限り国内処分を行う。日本では2020年に「容器包装リサイクル法」が改正され，プラスチック製のレジ袋が有料化された。

❸ **おもな対策**　プラスチックの使用や廃棄に各国で規制を設けている。

★12　海水中の植物プランクトンが異常に増殖し，海水が赤やピンクにみえる現象。家庭や工場などから窒素やリンをふくむ排水が大量に海へ流れ込み，富栄養化することによりおこる。

★13　異常増殖したプランクトンなどが，海底に沈殿し分解されるとき，周りの酸素が消費され減少する。この酸素不足の海水が表層に湧き上がって，白濁してみえる現象。酸素が足りず，硫化水素などもふくむため，魚や貝は生きることができない。

7 | 農業や林業による環境問題

1 砂漠化

❶ **砂漠化**　気候の変動，人による過度の土地利用などによって，乾燥・半乾燥地域および乾燥亜湿潤(半湿潤)地域の土地・植生が劣化していく現象。1968～73年の大干(かん)ばつで，**サハラ砂漠**が南方のサヘル地方へと拡大したときに，世界中で広く砂漠化が認識された。

❷ **砂漠化の進行**　サヘル地方では，植物が枯(か)れて多くの人々や家畜が餓死(がし)した。現在，砂漠と砂漠化の進行する地域は全陸地の約40％，世界総人口の約6分の1が砂漠化の被害をうけている。

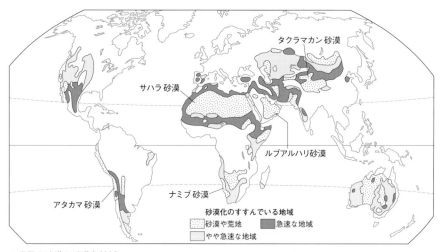

▲世界の砂漠と砂漠化地域

砂漠化は，サヘル地方のほか，パキスタンからインドに広がる大インド(タール)砂漠の周辺，アラル海の周辺，内モンゴルのほか，先進国では，アメリカのコロラド川流域，オーストラリア中央部でも進行している。

❸ **砂漠化の原因**(さばくか)　降水量の減少といったこと以外に，人為的(じんい)要因として，①人口増加に対処するため，家畜の**過放牧**(かほうぼく)，無理な耕地利用(**過耕作**(かこうさく))による地力低下や表土流出，②燃料(薪(まき))確保のための**樹木の伐採**(**過伐採**(ばっさい・かばっさい))などで，土壌中に水分が保持されなくなり，砂漠となる。また，③企業的農牧業地域では，粗放的(そほう)な栽培による表土流出，過剰な灌漑(かんがい)による**土壌の塩性化**(**塩害**(えんがい))から耕地が放棄されるなどして，砂漠が広がっている。

★1　**サヘル**はアラビア語で，縁(ふち)，岸，境界の意味。セネガルからスーダンにかけて，北緯10～20度のサハラ砂漠の南側の地域をさす。露出した大地に，点々とアカシアなどの棘(とげ)のある植物がはえる。

❹おもな対策　技術援助や灌漑，植林事業がすすめられているが^{★2}，あまり効果をあげていない。

2 熱帯林の破壊

❶熱帯林　東南アジア，アマゾン川流域，コンゴ川流域では，熱帯林の茂る熱帯雨林気候の地域が広い。熱帯林は，世界の全森林面積の半分近くをしめる。ラワンやチークなどの**有用材**(⇨p.170)があり，海岸には特有のマングローブ林がみられる。

> 補説　**マングローブ**　熱帯地域の海岸や河口で，海水と淡水がいりまじる潮間帯に生育する低木。密生するため，海岸を固定させたり，魚介類を養う働きがある。樹皮は染料，果実は酒の原料にもなる。インドネシア，タイの海岸部では，近年，日本向けのえびの養殖池をつくったりするために，マングローブ林が広く伐採されている。一度伐採された所は，強い日光や雨のため，土地が荒れて植物が育ちにくくなるので，マングローブ林の再生には，困難がともなう。

❷熱帯林の伐採の原因

1 **東南アジアの熱帯林**　日本の高度成長期の住宅ブーム以降，日本向け輸出のための乱伐採がふえた。日本の熱帯材輸入相手国は，フィリピン→インドネシア→マレーシアと移ってきたが^{★4}，それらの国の熱帯林を食いつぶしてきた。また，マレーシアやインドネシアでは油やしのプランテーション，タイでは都市向けの野菜栽培のために，森林が耕地に変わっている。

▲熱帯林の分布および伐採の著しい熱帯林の分布

2 **アマゾン川流域の熱帯林(セルバ)**　1970年代から開発がすすむにつれて，熱帯林は急速に減少している。
> 貧しい農民に土地を与え，自作農を育成→焼畑の拡大。
> アマゾン横断道路やアマゾン縦断道路(⇨p.124)の建設。
> ダムの建設→広範囲にわたる熱帯林の水没。

カラジャス鉄山の鉄鋼生産の燃料確保(熱帯材を使用)。

▲露天掘りのカラジャス鉄山

★2　1977年の国連砂漠化防止会議，1992年の地球サミット(国連環境開発会議)をへて，1994年に砂漠化対処条約が調印された。国連環境計画(UNEP)や国連食糧農業機関(FAO)が，砂漠化防止行動計画をすすめている。

★3　紅樹林ともいう。日本の南西諸島にみられるガジュマルも，マングローブの一種。

★4　フィリピン(1970年ごろまで)→インドネシア(1970年代)→マレーシア(1980年代以降)。現在では，マレーシアのカリマンタン島(ボルネオ島)のサバ州，サラワク州などの木を大量に伐採。丸太輸出は禁止されているが，製材して輸出。

1　自然環境

補説 **カラジャス鉄山**　ブラジル北東部パラ州の鉄山で，世界最大級の埋蔵量(170億t以上)。鉄分66％という高品位を誇る。**大カラジャス計画**という，鉱産資源や森林資源の開発，農業開発などの総合開発計画の中で，1986年，外国資本を導入して本格的に採掘が開始された。鉄鉱石をとかすのに，木炭による燃料を使うが，これは，開発計画に参画した日本の発案によるものである。

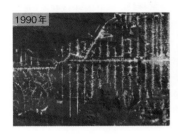

1990年

2011年

◀**アマゾン川流域の熱帯林の伐採**　伐採のあとが魚の骨のように見えるので「フィッシュボーン」とよばれる。

❸ 熱帯林の破壊の影響　地球全体の**生態系**を狂わせる。酸素の供給が減り，二酸化炭素の吸収も減る。蒸散量の減少により，大気中の水蒸気量も減る。この結果，**地球温暖化**や降水量の減少に影響する。また，多くの**生物種の絶滅**が心配されている。

熱帯林の伐採後，強い日射や激しい降雨で，土壌の固結や流出が進む。栄養分の多くは樹木内で循環しているので，土壌はやせている。植物の生育は困難となり，荒地になり，洪水などの災害も発生。

★5　地球上の生物種の過半数が熱帯林に存在する。遺伝子資源として考えると，さまざまな生物の遺伝子の存在によって，安定した生態系を保つことができ，医薬品として期待される有用なものも多い。

POINT!

発展途上国

{ 人口急増─過放牧，過耕作，燃料需要─→砂漠化──温暖化

{ 経済開発─{ 木材輸出，燃料の確保 ／ 道路やダムなどの建設 }─→熱帯林の破壊

8 ｜ 環境保全の動き

1 国際的な動き

❶ 国連人間環境会議　1972年，スウェーデンの首都ストックホルムで開催。「**かけがえのない地球**(Only One Earth)」「**宇宙船地球号**」をスローガンに，世界の国々が初めて，地球環境の危機を世界の共通課題として討議，「**人間環境宣言**」を採択した。また，**国連環境計画**(UNEP)が設立された。

★1　この後，1976年に国連人間居住会議(カナダ)，1977年に国連水会議(アルゼンチン)や国連砂漠化防止会議(ケニア)が開催された。

❷ OECD（経済協力開発機構）の政策

① **PPPの原則**[★2]　公害防止の国際ルールとして，採択（1972年）。公正な国際競争のために，**公害防止費用は汚染者負担**とする。

② **環境アセスメント**　その立法化を勧告（1974年）。

> 補説　**環境アセスメント**　開発に際して，その開発が環境にどのような影響を与えるかを，事前に予測することによって，防止策をたてて，環境悪化を未然に防ごうとする制度のこと。**環境影響調査**ともいう。アセスメントは第三者がすること，それを公開すること，地域の住民も参加することなどの原則を取り入れなければならない。日本では，1997年に国の法律としても制度化された。

❸ **持続可能な開発**　国連の「**環境と開発に関する世界委員会**」[★3]が，1987年，『**われら共有の未来**』という報告書の中で，環境保全と開発とは相反するものではなく，不可分なものとする「**持続可能な開発**」（Sustainable Development）の考え方を提唱し，世界の支持を得た。

❹ **地球サミット**[★4]　1992年開催。正式には「**国連環境開発会議**」。地球規模の環境破壊に関する国際協力のあり方について討議。持続可能な開発をかかげた地球憲章としての「**環境と開発に関するリオ宣言**」，その行動計画「**アジェンダ21**」が採択された。また，地球温暖化防止のための「**気候変動枠組条約**」や，動植物の種を絶滅から守る「**生物の多様性条約**」も調印された。

❺ **地球温暖化防止京都会議**[★5]　1997年開催。2008年～2012年において平均して先進国全体で，1990年に比べ，温室効果ガスを5％削減[★6]する「**京都議定書**」を採択した。初めて，**法的拘束力のある削減目標**を定めた。なお，発展途上国には削減を求めていない。その後，2011年の南アフリカ共和国でのダーバン会議（COP17）では，2020年にアメリカや中国を含むすべての国が参加することとなった。

❻ **地球環境サミット**[★7]　2002年開催。正式には「**持続可能な開発に関する世界首脳会議**」（World Summit on Sustainable Development）といい，1992年の地球サミットをうけて，持続可能な開発への討議を深めた。

❼ **パリ協定**　史上初めて**先進国・発展途上国の区別なく気候変動対策の行動**をとることを義務づけた。2016年，国連本部で175の国・地域が参加し署名式が行われた。[★8]

❽ **持続可能な開発目標（SDGs）**　2015年の国連総会において「**持続可能な開発のための2030アジェンダ**」が採択され，その中に**17のゴールと169のターゲット**を設定するSDGsが記載された。

★2　汚染者負担原則。Polluter-Pays Principle（よごした人が汚染防止の費用を支払う原則）の略。

★3　1984年より，自由な立場で討議する「賢人会議」として，21人の世界的有識者で構成。7回にわたる会議を経て，1987年，東京で報告書（東京宣言）がまとめられた。

★4　1992年，ブラジルのリオデジャネイロで開かれ，175か国の政府や国際機関が参加した。さらに，世界中から約7,600団体，1万8,000人のNGO（非政府組織）の参加もあり，その連携も重視され，人類史上最大の会議となった。

★5　正式には，気候変動枠組条約第3回締約国会議（COP3）。

★6　EU8％，アメリカ7％，日本6％など。第6回再開会議（2001年，ボン）においてアメリカぬきで運用ルールが合意された。

★7　南アフリカ共和国のヨハネスブルグで開催された。

★8　アメリカ合衆国は2017年に離脱したが2021年に復帰を表明した。

▼地球環境をめぐる国際的な動き

年	できごと
1971	ラムサール条約採択(イラン)。湿地と生態系の保護
1972	ローマクラブ「成長の限界」。人口，環境，資源の地球的な危機の到来を警告
1972	国連人間環境会議で人間環境宣言，国連環境計画(UNEP)の設置
1973	ワシントン条約　絶滅危機の野生動物保護
1979	長距離越境大気汚染条約採択
1987	国連の「環境と開発に関する世界委員会(1984年発足，WCED)」が，東京宣言「われら共有の未来(Our Common Future)」を発表。「持続可能な開発」を提唱
1987	**モントリオール議定書**　フロンの規制・全廃
1988	気候変動に関する政府間パネル(IPCC)設置
1989	バーゼル条約(有害廃棄物の越境規制)採択
1992	地球サミット(国連環境開発会議，UNCED)で，「環境と開発に関するリオ宣言」
1994	砂漠化対処条約「砂漠化の定義」
1997	**地球温暖化防止京都会議**(温室効果ガスの削減目標を設定)
2001	「ミレニアム開発目標」を採択
2002	地球環境サミット(持続可能な開発に関する世界首脳会議，WSSD)
2010	生物多様性条約締結国会議(COP10)名古屋市で開催
2012	国連持続可能な開発会議(リオ＋20)
2015	「持続可能な開発のための**2030アジェンダ**」(国連サミット)にSDGsを記載
2016	**パリ協定**発効　地球温暖化防止の具体化

❾ 自然保護や文化財保護

1 ラムサール条約(国際湿地条約)　正式名は「特に水鳥の生育地として国際的に重要な湿地に関する条約」。1971年採択。日本では釧路湿原などが登録され，保全がはかられている(⇨p.251, 252)。

★9　ラムサールは採択地(イラン)の地名。

2 ワシントン条約　正式名は「絶滅のおそれのある野生動植物の種の国際取引に関する条約」。1973年採択。**野生動植物の国際的な売買を規制**し，種の保全を図ることが目的。

3 世界遺産条約　正式名は「世界の文化遺産及び自然遺産の保護に関する条約」。1972年採択。各国が国内の遺産を登録する。

★10　日本では，文化遺産として姫路城，法隆寺など，自然遺産として屋久島，白神山地，知床，小笠原諸島などが登録(⇨p.246)。

POINT!

地球規模の環境破壊
{ 酸性雨，オゾン層の破壊，温暖化
砂漠化，熱帯林の破壊

{ 国連人間環境会議(1972)…人間環境宣言
地球サミット(1992)…持続可能な開発　→　地球環境サミット(2002)

2 市民運動による環境保全

❶ ナショナルトラスト★11　無秩序な開発から，すぐれた自然環境や歴史的環境を保全するため，市民から寄金をつのり，土地や建物などを買いとって保存，管理する国民環境基金運動。

わが国でも，「天神崎の自然を大切にする会」(和歌山県)や「日本野鳥の会」など多くの団体が運動をすすめている。

❷ アースデイ★12　1970年，アメリカの市民運動家の提唱で始まった地球と地球の環境を守る市民運動。

❸ グリーンピース★12　オランダに本部をおく環境保護団体。世界の140か国以上に約300万人の会員をもつ。

★11　1895年イギリスで3人の市民から生まれ，1907年，ナショナルトラスト法が制定された。現在は，世界各国で広く行われている。

★12　日本には，アースデイ日本や，グリーンピース日本という支部がある。

— TOPICS /

エコラベルとリサイクル

● エコラベル

　再利用の資源を使用した商品など，環境に配慮した商品を**グリーン商品**とよんでいる。このような商品には，中立的な機関が認定したエコラベルがつけられている。日本では日本環境協会の**エコマーク**がよく知られている。また，古紙再生の**グリーンマーク**のように，それぞれの分野で認定されるエコラベルもある。

　　　　[ドイツ]　　　　　　[日本]　　　　　　[カナダ]

▲各国のエコラベル

● 資源リサイクル

　地球環境問題，エネルギー問題，ごみ問題が深刻化するにつれて，製品，原材料の回収，資源の再利用が注目されてきた。わが国では，2000年に「循環型社会形成推進基本法」が施行された。これは，ごみに関する新しい基本法で，今までの廃棄物処理法などの上位の法として制定された。日本もいよいよ，廃棄物の適正処理の時代から，資源管理や循環を考える時代に入ってきた。

　この循環型社会形成推進基本法の下で，個別のリサイクル法が次々と制定，改正されている。家電やOA機器は，家電リサイクル法によってメーカーに引き取り義務を課すようになった。また，飲料や食品などの容器や包装は，容器包装リサイクル法によって再商品化が求められている(↪p.133)。

自然環境

環境問題

◎リサイクルエネルギー

廃棄物から形を変えて生み出されたエネルギーの総称。ごみを焼却するときの熱を利用して発電をしたりする。そのほか、プラスチックなどの石油製品を処理して、燃料にしている。

◎リサイクル社会

従来の大量生産、大量消費、大量廃棄の社会ではなく、積極的にごみを分別したりして環境を守る、循環型社会のこと。

◎循環型社会形成推進基本法

2000年、循環型社会の形成に関する施策を総合的かつ計画的に推進して、国民の健康で文化的な生活の確保に寄与することを目的として成立した法律。これに基づいて個別のリサイクル法ができている。

◎リサイクル法

資源、廃棄物などの分別回収、再資源化(リサイクル)、再利用(リユース)について定めた法律。次のようなものがある。
①容器包装リサイクル法：瓶、缶、包装紙、ペットボトルなどを対象にする。
②家電リサイクル法：エアコン、テレビ、冷蔵庫・冷凍庫、洗濯機・衣類乾燥機。
③建設リサイクル法：コンクリートや木材。
④食品リサイクル法：食品に関する製造業者、加工業者、販売業者に食品のごみの再資源化を求める。
⑤自動車リサイクル法：使用済み自動車の解体時に部品などについて製造業者、輸入業者に回収処理を義務化。

◎ゼロ・エミッション

ある産業から出るすべての廃棄物を、新たに他の分野の原料として活用し、あらゆる廃棄物をゼロにすることをめざす構想。エミッションとは、排出物のこと。

◎アグロフォレストリー

森林を伐採した後、いくつかの種類の樹木作物を植林し、その間で多種の農作物を育てたり、家畜を飼育する農法。おもにアフリカの熱帯地域で行われている。多彩な作物を組み合わせるよう工夫している。熱帯林を切りはらって、単一の商品作物を大量生産するプランテーション型の農業と対比される。

こうした複合的な経営は、土地の荒廃を防ぎ、環境を破壊しないで農業を行うことができるので、熱帯での「持続可能」な経営形態として注目されている。熱帯の先住民が伝統的に行ってきた焼畑農業も、その多彩な生態系に学んで多種類の作物をたくみに組み合わせており、アグロフォレストリーの先例とみなされる。

◎サステナビリティ

持続可能性のこと(sustainability)。農業分野、資源の消費、都市の開発など、環境問題の基礎となっている共通理念。1992年の国連地球サミットで確認された「持続可能な開発(Sustainable Development)」という環境保全についての基本的な考え方にもとづく。

◎里山

里山は、集落や人里の近くにある山。人の活動による影響をうけた生態系をもっていて、人工的自然ともよばれる。

日本の里山は、近世(江戸時代)には水源涵養林として保護されたり、森林として整備され、多面的な利用が行われるようになった。単に木材の供給源としてだけでなく、落ち葉や下生えは田畑の肥料や飼料に利用され、山菜や果実は食料となった。薪や木炭などの燃料、きのこや山菜は販売することにより収入を得ることもできた。地域によっては鳥獣も捕獲された。このようにして、今日でいう持続可能な開発が実現していた。

第二次世界大戦後、高度経済成長の進行とともに、里山の経済的な価値が小さくなって手入れをする人も減少。宅地化がすすみ、放置され荒廃した里山もめずらしくなくなってしまった。

○環境マイスター

1998年度から熊本県水俣市で，環境や健康に配慮したものづくりを続けているとして認定された人。「マイスター」は，ドイツ語で，職人の親方，名人，達人という意味。水俣病を経験したことから，**環境モデル都市**づくりの一環として，市の制度が創設された。現在，お茶，パン，みかん，野菜，米作りなどで環境や健康にこだわったものづくりを行っている人，30数名が環境マイスターとして認定されている。

この環境マイスター制度は全国各地の自治体で広まっている。

○ユネスコ「エコパーク」・「ジオパーク」

ユネスコエコパーク（生物圏保存地域）は，豊かな生態系を有し，地域の自然資源を活用した持続可能な経済活動を進めるモデル地域。**ユネスコ世界ジオパーク**は，国際的に価値のある地質遺産が，保護・教育・持続可能な開発を包括した概念によって管理された，単一の，統合された地理的領域（⇒p.246，251）。

● エコパーク
★ 世界ジオパーク

洞爺湖有珠山
アポイ岳
糸魚川
只見
白山手取川
山陰海岸
阿蘇
隠岐
みなかみ
志賀高原
島原半島
甲武信
伊豆半島
綾
室戸
南アルプス
祖母・傾・大崩
白山
大台ケ原・大峯山・大杉谷
屋久島・口永良部島

（2023年現在）

○環境難民

環境破壊によって，居住地から移動せざるをえなくなった人々をいう。推計1,000万人ともいわれ，アフリカの砂漠化や南米の森林伐採などにより，多くの人々が移動を余儀なくされている。

○気候変動に関する政府間パネル（IPCC）

地球温暖化についての科学的な研究の収集，整理のための政府間機構。

国際的な専門家で構成される学術的な機関で，地球温暖化に関する最新の知見の評価を行い，結果を公表している。国際政治および各国の政策に強い影響を与えるようになり，2007年にノーベル平和賞を受賞した。

○持続可能な開発目標（SDGs）

2015年9月，国連サミットにおいて「持続可能な開発のための2030アジェンダ」が採択された。その中に「持続可能な開発目標（SDGs）」として17のゴール169のターゲットが設定されている。

☑ 要点チェック

CHAPTER 1　自然環境		答
☐ 1	地球上の海陸の面積比は（　）である。	1　7(海)：3(陸)
☐ 2	世界最大の島はどこか。	2　グリーンランド
☐ 3	アフリカやインドなどを含む地域の安定陸塊を何というか。	3　ゴンドワナランド
☐ 4	新期造山帯のうち，日本列島を含むものを何というか。	4　環太平洋造山帯
☐ 5	地形をつくる要因は，内的営力と（　）の2つに大別できる。	5　外的営力
☐ 6	造山運動によるおもな山地の地形を2つあげよ。	6　褶曲山地，断層山地など
☐ 7	山地が侵食によって平坦化した地形を，何というか。	7　準平原
☐ 8	水平な古い地層が侵食をうけ形成された平原は何平野か。	8　構造平野
☐ 9	氾濫原の川ぞいにできる微高地を何というか。	9　自然堤防
☐ 10	海岸平野の例を1つあげよ。	10　九十九里平野など
☐ 11	鋸の歯のような沈水海岸を何というか。	11　リアス海岸
☐ 12	堡礁，裾礁，環礁などをまとめて，何海岸というか。	12　サンゴ礁海岸
☐ 13	河食谷はV字谷であるが，氷食谷は（　）である。	13　U字谷
☐ 14	石灰岩が溶食されて形成される地形を何というか。	14　カルスト地形
☐ 15	ペルー沖の海水温が2〜5℃上昇する現象を何というか。	15　エルニーニョ現象
☐ 16	生物の多い湖沼は，その栄養状態から何とよばれるか。	16　富栄養湖
☐ 17	地下水は，自由地下水と（　）に分けられる。	17　被圧地下水
☐ 18	気候の三大要素は何か。	18　気温，風，降水量
☐ 19	偏西風の中でも，とくに強い帯状の気流を何というか。	19　ジェット気流
☐ 20	山地から吹きおろす高温乾燥の風を何というか。	20　フェーン
☐ 21	熱帯地方の降雨は，おもに何が原因か。	21　熱帯収束帯
☐ 22	おもにCwに分布するカシ，クスなどの樹木の種類は何か。	22　照葉樹(広葉樹)
☐ 23	CsやCfbでは，おもに偏西風や（　）が降水をもたらす。	23　亜寒帯低圧帯
☐ 24	アメリカ中西部の温帯草原を何というか。	24　プレーリー
☐ 25	赤色土や褐色森林土は，成帯土壌と間帯土壌のどちらか。	25　成帯土壌
☐ 26	レグール土，ラトソル，ポドゾルのうち肥沃土はどれか。	26　レグール土
☐ 27	稲作は，一般に年降水量（　）mm以上の地域に適している。	27　1,000
☐ 28	タイなどで増水とともに伸長する稲を何というか。	28　浮稲
☐ 29	タイの稲作地域の中心となっている河川を何というか。	29　チャオプラヤ川
☐ 30	アンデスでさかえた，マチュピチュなどの都市を建設したインディオの文明を何というか。	30　インカ文明

☐ 31	アンデスの高地に特有の家畜は，（　）やアルパカである。	31	リャマ
☐ 32	シベリアでは，家の熱で地下の（　）がとけないよう高床式の家屋をつくる。	32	永久凍土
☐ 33	アラビア半島の代表的な遊牧民を何というか。	33	ベドウィン
☐ 34	砂漠では，水のかれた（　）を交通路としている。	34	ワジ（涸川）
☐ 35	日本列島は東岸気候であり気温の（　）が大きい。	35	年較差
☐ 36	日本列島を東北日本と西南日本に分ける地溝を何というか。	36	フォッサマグナ
☐ 37	日本海側と太平洋側で，冬の降水量が多いのはどちらか。	37	日本海側
☐ 38	冬の日本の太平洋側で吹く，乾燥した局地風を何というか。	38	からっ風
☐ 39	梅雨期や秋に，オホーツク海気団の影響で日本に吹く局地風を何というか。	39	やませ
☐ 40	生物を含む自然環境が形成する総合的なしくみを何というか。	40	生態系
☐ 41	自然環境は人間に可能性の場を与えるとする学説を何というか。	41	環境可能論
☐ 42	国土を総合的に利用，開発，保全することを何というか。	42	総合開発
☐ 43	テネシー川の42をすすめた公社の略称は何か。	43	TVA
☐ 44	中国の長江で，2009年に完成した巨大ダムを何というか。	44	サンシヤ（三峡）ダム
☐ 45	1971年にナイル川にできた巨大ダムを何というか。	45	アスワンハイダム
☐ 46	栃木県.群馬県の渡良瀬川流域でおきた鉱毒事件を何というか。	46	足尾鉱毒事件
☐ 47	工場廃水の有機水銀がもとになった公害病を何というか。	47	水俣病（新潟水俣病）
☐ 48	富山県神通川下流で発生した公害病を何というか。	48	イタイイタイ病
☐ 49	四大公害裁判のうち，大気汚染のおきた都市はどこか。	49	（三重県）四日市（市）
☐ 50	1993年に制定された環境保全に関する日本の法律は何か。	50	環境基本法
☐ 51	ごみの低温焼却によって発生する汚染物質は何か。	51	ダイオキシン
☐ 52	2011年3月に重大事故を起こした原子力発電所はどこか。	52	福島第一原子力発電所
☐ 53	1972年，ストックホルムで開かれた国際会議を何というか。	53	国連人間環境会議（ストックホルム会議）
☐ 54	開発前に，自然環境への影響を調査することを何というか。	54	環境アセスメント（環境影響調査）
☐ 55	1992年リオデジャネイロで開催された会議を何というか。	55	地球サミット（国連環境開発会議）
☐ 56	気候変動枠組条約第3回締約国会議はどこで開催されたか。	56	京都（市）
☐ 57	市民が開発前の土地を買うなどして保護・保存する運動を何というか。	57	ナショナルトラスト

1

自然環境

2 》産業と資源

SECTION 1 農業 ☞ p.146

□ 農業の立地条件

・自然条件…気候条件の制約を強くうけるが，品種改良など克服の試みも。

・社会条件…自給的農業→新大陸で企業的農業。ヨーロッパでは農牧業が分化。

□ 世界の農業地域

・自給的農業…乾燥・寒冷地域で遊牧。熱帯で焼畑農業(移動式農業)。アジアは高温多湿地域で集約的稲作農業，それ以外で集約的畑作農業。乾燥地域でオアシス農業。

・商業的農業…ヨーロッパで発展し，作物栽培と家畜飼育を組み合わせた混合農業が基本。夏に果樹，冬に穀物を栽培し，移牧を行う地中海式農業。乳製品を生産する酪農(デンマーク)。都市向けに野菜などを栽培する園芸農業(オランダ)。

・企業的農業…新大陸で発達した，経営面積が広く労働生産性が高い農業。

・プランテーション…商品作物の単一耕作(モノカルチャー)。例コーヒー(ブラジル)

□ 集団的農業とその変化

・ロシアと周辺の国々…ソビエト連邦時代に集団化→ダーチャによる野菜生産など。

・中国…人民公社による集団化→生産責任制で増産。北部は畑作，南部は稲作。

□ 農産物と流通

・国際化，情報化…アグリビジネスがアメリカで巨大化。穀物メジャーなど。

・日本…経営が小規模で副業的農家が多い。米以外の食料自給率は低い。

SECTION 2 林業と水産業 ☞ p.170

□ 林業

・林業地域…タイガがある亜寒帯林で林業がさかん。近年，熱帯林の伐採も増加。

□ 水産業

・日本…遠洋・沖合漁業の漁獲量が激減し輸入が増大。栽培漁業の重要性が高まる。

SECTION 3 食料需給と食料問題 ☞ p.177

□ 世界の食料需給と食料問題

・食料問題…発展途上国で飢餓が深刻。先進国では飽食になりフードロスも発生。

・環境問題…土壌侵食(対策：等高線耕作)。センターピボット農法による水の枯渇。

・日本…食生活の高度化で自給率低下。遺伝子組み換え作物など安全性にも懸念。

④ 資源・エネルギー ☞p.183

□ **エネルギー資源の分布**

- ・**推移と消費**…石炭→石油(エネルギー革命)。近年，新興国で消費量が急増。
- ・**分布**…石炭は中国，アメリカ，ロシアなど。石油はペルシア湾沿岸など。

□ **原料資源の分布**

- ・**金属資源**…鉄鉱石は楯状地に分布(オーストラリア，ブラジルなど)。銅鉱はチリ。

□ **世界の資源・エネルギー問題**

- ・**化石燃料の大量消費**…枯渇の心配と環境問題。再生可能エネルギーの開発がすすむ。
- ・**日本**…輸入依存度が高い。メタンハイドレートの開発や循環型社会形成に取り組む。

⑤ 工業 ☞p.195

□ **工業の立地と世界の工業地域**

- ・**立地条件**…原料の重量が重い工業は原料指向型(例鉄鋼業)。原料の重量が軽い，
  もしくは普遍原料を用いる工業は市場指向型(例ビール工業)。
- ・**ヨーロッパ**…18世紀後半のイギリスで産業革命。現在は「青いバナナ」が中心。
- ・**アメリカ**…北東部・五大湖沿岸は工業が衰退→南部のサンベルトへ企業が進出。
- ・**アジア**…日本→アジアNIEs→中国の順で台頭。ASEAN諸国・インドも工業化。

□ **現代世界のさまざまな工業**

- ・**立地**…労働集約的な繊維工業は発展途上国へ。資本集約的な鉄鋼業・石油化学工
  業は先進国や新興国の臨海部・原料産地に立地。自動車工業は関連工場が集積。
- ・**知識的集約化**…付加価値が低く労働集約的な製品の生産は発展途上国へ，先進国
  は研究・開発により知的財産権を獲得するという国際分業体制を形成。

□ **日本の工業**

- ・**変化**…高度経済成長期に臨海部で素材型工業が発達→石油危機後に加工組立型工
  業が基幹産業化し内陸部にも進出→貿易摩擦や円高を背景に海外化→知識集約化。

⑥ 第三次産業 ☞p.211

□ **第三次産業の発達**

- ・**産業構造の変化**…経済発展につれ，第一次産業→第二次産業→第三次産業と変化。
- ・**第三次産業**…商業(小売業+卸売業)のほか，日本は高齢化により医療・福祉が成長。

SECTION 1　農業

1 | 農業の立地条件

1 自然条件

❶ 気候　農業は，**気候条件の制約を強くうける。**

1 気温　作物の成育には，それぞれ適温があるが，農耕を行うためには，最暖月の平均気温が10℃以上必要とされる。[★1]

2 降水量　一般に，農業には年降水量500mm以上，牧畜には250mm以上を必要とする。

補説　**積算温度**　作物の成育期間中の気温の総和。ふつう，日平均気温の総和で示す。稲の成育には2,400℃以上，小麦は1,200℃以上の積算温度が必要である。

❷ 地形　平坦な土地か傾斜地か，低湿か高燥かなどの条件。**モンスーンアジアでは低温な沖積平野で稲作がさかん。**

❸ 土壌　肥沃さ，水はけ，水もち，化学的性質などの条件。レグール土は綿花，テラローシャはコーヒーの栽培に適す。

❹ 自然条件の克服　作物や家畜についての栽培や飼育の限界は，品種改良により変化してきた。また，**土壌改良，灌漑**や排水などの栽培技術の進歩などにより，自然条件を克服している。

2 社会条件

❶ 市場

1 近代以前の農業　地域ごとに，自給的農業。

2 近代以降の農業　産業革命以降，大きな変化が生じた。
　工業化の進展で成長した市場を指向した農業が成立。

　┌ 都市人口への食料供給➡新大陸で，大規模な企業的農業が発展➡ヨーロッパの農牧業の分化（混合農業，酪農，地中海式農業，園芸農業）。
　└ 工業原料や，茶，コーヒーなどの嗜好品の需要増大➡アジア，アフリカやラテンアメリカでのプランテーション。

❷ 文化　同じような自然環境をもった地域でも，アジアでは米の食習慣のため稲が広く栽培されており，ヨーロッパや新大陸では，麦類の栽培と家畜の飼育が一般的である。[★3]

▼ **おもな作物の栽培限界**　各作物ごとに，固有の栽培限界がある。

作物	栽培適地
稲	高温で多雨（年降水量1,000mm以上），沖積低地
小麦	冷涼で少雨（年降水量500〜750mm），肥沃な土壌
油やし	年中高温多雨の熱帯雨林気候，十分な日照
コーヒー	生育期は高温多雨，収穫期は乾燥。昼夜の気温差が大きい高原
綿花	生育期は高温多雨，収穫期は乾燥。無霜期間が200日以上

★1　栽培限界には，気温に注目した寒冷限界のほか，降水量に注目した乾燥限界がある。高地は気温が低く，土壌条件も良くないので，標高に注目した高距限界もある。

★2　カナダでは，小麦の耐寒品種のガーネット種が栽培されている。

★3　ヨーロッパの農牧業は，有畜農業が基本となる。

▼**四大農耕文化**　農耕は約1万年前に始まった。

農耕文化	発祥地域	特徴
根栽農耕文化	東アジア〜オセアニア	タロいも，ヤムいも，バナナ，さとうきび など栄養繁殖による作物を栽培
サバナ農耕文化	西アフリカ・サバナ地域→東アフリカ，南アジア	雨季の降水を利用して，ひえ，あわ，ごま など一年生の雑穀を栽培
地中海農耕文化	地中海東岸〜カスピ海	小麦，大麦，えんどう豆などの作物を栽培。羊などの家畜も飼育
新大陸農耕文化	中央・南アメリカ	とうもろこし，じゃがいも，トマトなどを栽培。大航海時代に世界へ伝播

❸ **技術**　機械化や灌漑施設の普及の程度，品種改良の進展や遺伝子組み換え作物の導入状況などが，各地の農業の違いや変化をもたらす。近年は，ICT(情報通信技術)を活用したスマート農業の取り組みもみられる。

★4　北海道で稲作が本格化したのは，明治時代以降である。

❹ **労働力**　労働力が豊富な地域は，集約的な傾向が強く，逆に労働力が不足する地域では，粗放的な経営となる。

❺ **政治**　旧ソ連や中国など，社会主義国の多くは，計画経済に基づいて，農業の**集団化**が推しすすめられた。

チューネンの農業立地論▶

ドイツの農業経済学者チューネン(1783〜1850年)は，その著書『孤立国』の中で，農業立地論を体系化した。均質な自然条件がある土地と仮定した場合，中心都市(消費地)における農産物の価格と，生産地からの輸送費とが，農業配置を決定するので，農家は利益率が最高となる作物を栽培する。そのため，農業地域は，中心から同心円状に分布するとした。また，可航河川などがある場合は，それによって輸送費が安くなるため，同心円が変化すると説いた。

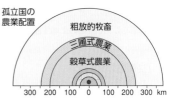

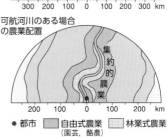

農業の立地を決める条件とは

自然条件…気温(最暖月平均10℃以上)，降水量(年500mm以上)や，地形，土壌など
社会条件…市場，文化，技術，労働力など

\ TOPICS /

地域によって異なる農業の生産性

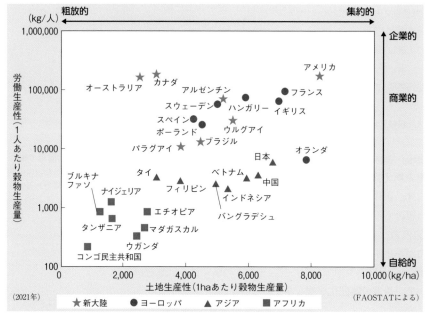

(2021年)　★新大陸　●ヨーロッパ　▲アジア　■アフリカ　(FAOSTATによる)

▲国によって穀物の土地生産性や労働生産性に差がみられるのはなぜだろう？

【生産性のタイプ】
・土地生産性…単位面積あたりの生産量。農業労働力の多い国や，資本・技術に恵まれる国で
　　　　　　　高い傾向。
・労働生産性…労働者1人あたりの生産量。経営規模が大きく，機械化の進展した国で高い傾
　　　　　　　向。
【土地生産性にかかわる分野】
・粗放的農業…単位面積あたりの資本や労働力の投下量が少なく，生産費が低い。
・集約的農業…単位面積あたりの資本や労働力の投下量が多く，生産費が高い。
【労働生産性にかかわる分野】
・自給的農業…自家消費することを目的とした伝統的な農業や牧畜。
・商業的農業…市場での販売を目的とした農業。販売するための余剰農産物が必要なので，1
　　　　　　　人あたりの生産量が自給的農業よりも多くなる。
・企業的農業…世界各国へ輸出することを目的とした農業や牧畜。国際競争力を高めるために
　　　　　　　大規模化や機械化が進展し，1人あたりの生産量が最も多い。

2 | 世界の農業地域

1 ホイットルセイの農業地域区分

アメリカの地理学者ホイットルセイ(ホイットルセー)は，世界の農業地域について，生産物の商品化の程度，家畜の有無，集約度などから13に区分した。

タイプ	農業区分	特徴
自給的農業 (おもに家族や地域内で消費)	遊牧	水・草を求めて家畜と移動
	焼畑農業(移動式農業)	耕地と住居が周期的に移動
	粗放的定住農業	集落に定住し，耕地も固定
	集約的稲作農業	モンスーンアジアの沖積平野が中心
	集約的畑作農業	アジアの少雨地域が中心
商業的農業 (都市住民などに販売)	混合農業★1	穀物・飼料作物の栽培と肉用家畜
	酪農	飼料作物の栽培と乳牛飼育
	園芸農業	野菜・果樹・花卉などの栽培
	地中海式農業	夏の果樹栽培と冬の小麦栽培と家畜
企業的農業 (世界市場へ供給)	企業的穀物農業	小麦や飼料作物の大規模栽培
	企業的牧畜	牛・羊などを大規模に飼育
	プランテーション農業	熱帯性の商品作物を大規模栽培

★1 商業的混合農業と自給的混合農業に分けられる。

2 その他

社会主義国では，計画経済に基づく**集団的農業**がみられたが，近年は変化がみられる。乾燥地域では**外来河川**や湧水，**地下水路**などを利用して自給的な灌漑農業(オアシス農業)が営まれてきた。

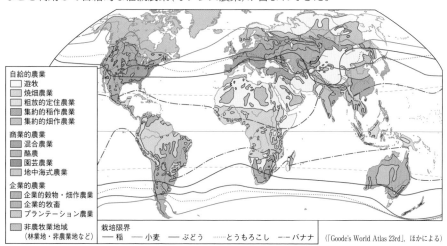

凡例:
自給的農業
　□ 遊牧
　□ 焼畑農業
　□ 粗放的定住農業
　■ 集約的稲作農業
　■ 集約的畑作農業
商業的農業
　■ 混合農業
　■ 酪農
　■ 園芸農業
　□ 地中海式農業
企業的農業
　■ 企業的穀物・畑作農業
　■ 企業的牧畜
　■ プランテーション農業
　■ 非農牧業地域
　　(林業地・非農牧地など)

栽培限界
── 稲　── 小麦　── ぶどう　…… とうもろこし　--- バナナ

(『Goode's World Atlas 23rd』，ほかによる)

▲ホイットルセイによる世界の農牧業地域

2
産業と資源

３｜自給的農業

1 遊牧

❶ **特色**　農耕が困難な乾燥地域や寒冷地域で
は，牧草・水を求めて，家畜とともに移動す
る粗放的な牧畜(遊牧)が広く行われてきた。
ただし，**近年は定住する傾向**にある。

❷ **家畜**　乾燥と粗食に耐える羊とヤギは各地
で飼育されるほか，砂漠では**ラクダ**，東アフ
リカなどやや湿潤な地域では**牛**，モンゴル高
原周辺では馬，北極海沿岸では**トナカイ**が特
徴的。高地での暮らしも家畜に依存しており，
チベット高原では**ヤク**，アンデス山脈では**リャ
マ**，**アルパカ**などを飼育。

▲ヤク
▼リャマ

アルパカ▼

> 補説　**ゲル(パオ)**　中央アジアからモンゴルの遊
> 牧民は，楊柳の枝の骨組みに，羊の毛でつ
> くったフェルトを張った移動式のテントに住む。直径は5〜8m。組
> み立てが簡単で，遊牧に適している。モンゴルではゲル，中国ではパ
> オ(包)，中央アジアでは**ユルト**という(⇨ p.310)。

2 焼畑農業(移動式農業)

❶ **特色**　切りはらった森林や草原を焼いて耕地を造成し，**草木灰**
を肥料に自給用作物を栽培する。伝統的な焼畑ではハック(木の掘
り棒)が用いられてきたが，耕作が不十分で雑草が繁茂しやすい。
数年で地力が衰えると，耕地と住居を移動する。10年以上，耕作
を放棄して休閑すると，植生が回復し，再び焼畑農業が行われる。

❷ **栽培作物**　年中
高温多雨の熱帯雨
林気候では主にい
も類(キャッサバ，
タロいも，ヤムい
も)，乾季のある
サバナ気候では も
ろこし(ソルガム)
やひえ などの雑穀，陸稲，とうもろこし など。

▲キャッサバ

▲タロいも

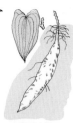
▲ヤムいも

> 補説　**粗放的定住農業**　移動式の焼畑農業が営まれている地域の周辺では，
> 焼畑で耕地を移動させながら，住居は固定されている農業もみられる。
> 集落の周囲には常畑もみられ，バナナやカカオなど商品作物が栽培さ
> れることもある。

★1　季節ごとに決
まった場所に移動する。

★2　ヤクはチベット
高原やネパールの家畜。
牛の仲間。毛皮，ミル
ク，乳製品が得られ，
乾燥した糞は燃料とな
る。チベット族の主食
は，炒った大麦の粉と，
ヤクや羊の乳製品。

▲ゲル　総重量はおよ
そ300kg。共同で
組み立てるのに2時
間かかる。

★3　焼畑農業は，本
来は一定の範囲で耕作
と森林の再生を繰り返
す持続可能な農業。し
かし，人口が急増し，
焼畑サイクルが短縮化
した近年は，森林の回
復が間に合わず，**森林
破壊の一因になってい
る**とされる。

★4　畑で栽培する稲
で，種もみを直播する
のが一般的。水稲と異
なり連作できないため，
とうもろこしや豆類
などと輪作する。

3 集約的稲作農業

❶ 特色　高温多湿なモンスーンアジアの沖積平野を中心に主食となる米を生産する稲作が発達。アジア式稲作農業ともいう。

1 **経営規模**　家族経営が中心で，経営規模は小さい。

2 **生産性**　農業人口が多く，小規模な耕地に多くの労働力が投入[5]される。

　土地生産性(単位面積あたりの収量)…労働集約的で，比較的高い。

　労働生産性(労働者1人あたりの収量)…自給的で，比較的低い。

3 **共同作業**　水平な田を造成し，水の管理も必要。共同体意識が強い。

❷ 分布

1 **生産性**　稲はアジアを原産地とする作物で，**夏の高温と日照，十分な降水量**が必要。夏に海からの季節風(モンスーン)が吹き，降水量の多い東アジア，東南アジア，南アジアの沖積平野での栽培が多くをしめる。[7][8]

2 **流通と消費**　モンスーンアジアは，米の大生産地であるとともに大消費地である。華人が流通に関わってきたタイは，米の輸出国として知られてきたが，近年はベトナムやインドの輸出量が伸びている。ただし，世界中で消費される小麦と比べると，米の貿易量は少ない。

★5　米は，人口支持力が高い作物なので，稲作が行われてきたモンスーンアジアの人口密度は高い。

★6　中国南西部〜インド北東部と考えられてきたが，近年は中国の長江流域が有力視されている。

★7　中国の長江中・下流域，ベトナムのメコン川下流域，タイのチャオプラヤ川下流域，ミャンマーのエーヤワディー川下流域，インドやバングラデシュのガンジス川中・下流域など。

★8　アフリカのマダガスカルでも，ボルネオ島から渡った先住民の子孫が稲作を引き継いでいる。

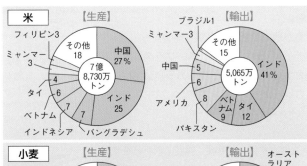

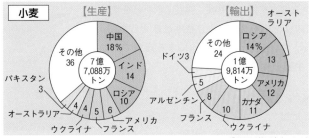

▲米と小麦の生産と輸出(2021年)　(「世界国勢図会」による)

4 集約的畑作農業

❶ 特色　アジアでも，降水量の少ない地域や気温の低い地域では，稲作ではなく，小麦や とうもろこし などを栽培する畑作が卓越する。一般に経営規模は小さく労働集約的で，アジア式畑作農業ともいう。

❷ 分布

1. **中国**　年間降水量が1,000mmを下回る華北では冬小麦，東北地方では春小麦や とうもろこし，こうりゃんなどを栽培。近年は，新疆ウイグル自治区で綿花の生産が増大。

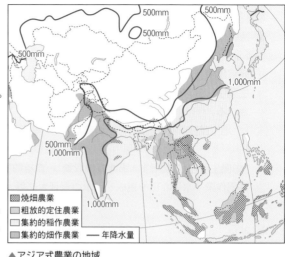

▲ **アジア式農業の地域**
降水量により，稲作地域と畑作地域に区分される。

2. **インド**　パンジャーブ地方など乾燥した北西部を中心に小麦の栽培がさかんなほか，**デカン高原**ではレグール土を基盤として伝統的に**綿花**が栽培されてきた。

5 オアシス農業

❶ 特色

乾燥地域では，灌漑（かんがい）によって古くから**集約的**なオアシス農業が行われた。西アジア原産で，実（デーツ）を食用とする なつめやし は広く栽培される主要な作物。

灌漑 {
湧水を利用…帯水層が地表付近に存在する場合。
外来河川を利用…ナイル，ティグリス，ユーフラテス川など。★9
地下水路を利用…**カナート**（イラン），**フォガラ**（北アフリカ），**カレーズ**（アフガニスタン，パキスタン）。（⇨p.114）
}

❷ 分布地域と栽培作物

1. **エジプト**　ナイル川からの水を用いて小麦，綿花★10，米などを栽培。1970年に完成したアスワンハイダムにより耕地は拡大した。★11

2. **イラク**　ティグリス川，ユーフラテス川の水による灌漑で，なつめやし（⇨p.363），小麦，綿花などを栽培。

POINT!

{
遊牧…乾燥地域（羊など）やツンドラ地域（トナカイ）の粗放的（そほう）な牧畜。
オアシス農業…乾燥地域の集約的な農業。
}

★9　水源が湿潤地域にあり，乾燥地域を貫流（かん）する河川。

★10　良質な長繊維（ちょうせんい）で，エジプト綿として有名。

★11　農業用水を安定して確保できるようになったが，氾濫がもたらしてきた新しい土砂の供給がなくなったほか，塩分が洗い流されなくなって塩害も拡大した。

▲なつめやし

＼ TOPICS ／

緑の革命

　発展途上国を中心とした人口の急増は，深刻な食料不足の問題を生んでいる。こうした食料問題への解決策として，作物の品種改良の研究がすすめられてきた。1943年にロックフェラー財団の援助でメキシコに設立された国際とうもろこし＝小麦改良センターが開発した高収量で病気に強い小麦の新品種は，メキシコの小麦の収量を2倍にした。さらに，

アジアやラテンアメリカ，アフリカの各地にも普及して，食料問題に光明を与えた。これが「緑の革命」とよばれるもので，この品種改良を行ったノーマン＝ボーローグ博士は，その功績により1970年にノーベル平和賞を受賞した。

　緑の革命は稲にもおこり，ロックフェラー財団やフォード財団の援助によりフィリピンに設立された国際稲研究所は，1966年から「奇跡の米」とよばれるIR8をはじめとする高収量品種を生み出した。これらの品種はフィリピン，インドをはじめとする，アジアの稲作諸国に伝えられ，1970年代には単位面積あたりの収量を増加させた。また，稲の生育期間を短縮させたため，二期作，三期作なども可能にした。しかし，これら新品種は十分な水と，大量の化学肥料や農薬を必要とするため，導入には多額の資金が求められた。このため，インドでは，この高収量品種の恩恵に浴したのは，大規模な農地を所有する少数の特権層が主であり，零細農民層との格差を増大させた。

4 ｜ 商業的農業

1 ヨーロッパの農業の発展

❶ 歴史

1 **二圃式農業**　古代，地中海沿岸では，冬の降水を利用した小麦栽培と休閑とを交互にくり返した。夏の降水量が少ない地中海沿岸では，夏作物の栽培は発達しなかった。

2 **三圃式農業**　北西ヨーロッパは，1年中降水にめぐまれるため，中世に夏作物（大麦，えん麦）を加えて，冬作物，夏作物，休閑と交代していく三圃式農業になった。

3 **輪栽式混合農業**　近世になると，休閑地を利用して家畜の飼料にする牧草（クローバー）や根菜類（かぶ，てんさい）をとり入れて輪作するようになり[★1]，肉牛や豚も多く飼育されるようになった。これが混合農業である。

4 **地域分化**　産業革命で増大した都市人口をささえるために農産物の需要が増大したが，新大陸からは安い穀物が流入し，ヨーロッパの穀物栽培は衰えた。その結果，従来の混合農業は商業

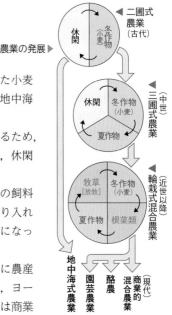

的混合農業に変わり，酪農，園芸農業が分化した。とくに，氷食地の多いイギリス，デンマークは，酪農に大きく転換した。

①**商業的混合農業**　肉用家畜の飼育と飼料作物や穀物の栽培を組み合わせた農業。

②**酪農**　乳牛の飼育と乳製品の生産を中心とする農業。

③**園芸農業**　野菜，果樹，花卉などを都市向けに出荷する農業。

❷ ヨーロッパの農牧業の特色

①**有畜農業**　農作物の栽培と家畜飼育が一体化。

②**麦作(畑作)中心の輪作**　小麦，ライ麦の栽培が中心。

③**高い生産性**　土地生産性，労働生産性ともに高い。

2 地中海式農業

❶ 特色

①夏乾燥，冬湿潤な**地中海性気候(Cs)**にあった農業形態。古代の二圃式農業から成長。

②**果樹と穀物**とを主作物とする。果樹は，夏の乾燥に耐える**オリーブ，オレンジ，ぶどう**などが多い。穀物は，冬の雨を利用し，自給用の**小麦**や大麦が多い。地中海沿岸には，石灰岩が風化した**土壌(テラロッサ)**が分布し，果樹栽培に適している。温暖で乾燥した気候をいかして，野菜の生産・輸出を行う輸送園芸が成長している地域もある。

③家畜は，乾燥に強い**羊，ヤギ**などが多く飼育されている。夏は高地で，冬は低地で飼育する**移牧(⊂⇒p.156)**が広く行われる。

❷ 地中海式農業地域　世界中の地中海性気候の地域で，同様の農業形態がみられる。

⬜1 **イタリア中部や南部**　オリーブ，ぶどう，レモンなどを生産。

⬜2 **イベリア半島**　メセタで，**牧羊(メリノ種)**がさかん。バレンシア地方では，柑橘類や米の生産が多い。各地で**コルクがし**の栽培。

⬜3 **アメリカのカリフォルニア州**　大規模な灌漑によって，ぶどう，柑橘類，野菜の生産が多い。

⬜4 **その他**　南アメリカの**チリ中部**，オーストラリアの南西部などの地中海性気候区でもみられる。

★1　従来の休閑地でクローバーやかぶを栽培する農法は，ベルギー周辺で広まったためフランドル農法とよばれる。18世紀には四圃式の輪作体系をもつノーフォーク農法が確立された。

★2　地力の維持のために，同一耕地に各種の作物を順番に作付する。

★3　地中海性気候の地域では，野原の草は，夏に枯れて茶色になり，冬にしげって緑になる。夏はかなり乾燥するので，農作物の栽培は困難(⊂⇒p.101)。

★4　ぶどうは北緯50度以南。ほとんどがワインに加工され，産地ごとの名称がついている。フランスのボルドー，ブルゴーニュ，シャンパン，イタリアのキャンティ，ドイツのラインワイン，ポルトガルのポルトなどがとくに有名。

★5　スペイン中部の乾燥した台地。

★6　他にはコリデール種，ロムニー種など(⊂⇒p.157)。

③ 混合農業

❶ 特色

①**作物栽培と家畜飼育**とを組み合わせた，ヨーロッパの農牧業の基本型。

┌ **作物栽培**…食用は小麦，ライ麦。飼料用は大麦，えん麦，
│ 　　　　　　　とうもろこし，てんさい，牧草。
└ **家畜飼育**…肉牛，豚，家禽(鶏，アヒルなど)。

②機械の利用，輪作，農薬や化学肥料の利用，家畜飼育技術などがすぐれ，**労働生産性，土地生産性**とも高い。農民の所得も多い。[★7] [★8]

> 補説 **ライ麦** 小麦の白パンに対し，黒パンの原料となる。寒冷で小麦栽培の困難な地方で栽培される。黒パンは，口あたりは悪いが，栄養価が高く，貯蔵もきく。北ヨーロッパ，東ヨーロッパ，ロシアで栽培。

❷ ヨーロッパの混合農業

1 **フランス** 西ヨーロッパ最大の農業国で，食料自給率が高く，**穀物輸出国**。おもに家族労働にたよる自作農が多いが，パリ盆地一帯では大規模な企業的経営による**小麦生産**がみられる。

2 **東ヨーロッパ** おもに自給用の穀物を栽培し，畜産物の生産や販売に注力しない**自給的混合農業**もみられる。

> 補説 **ドイツの自然と農業**
> ①北部は寒冷で，氷河による氷堆石(モレーン)や湿地の多いやせ地(ハイデ)が広い。このため，土地改良や輪作によって，**ライ麦，じゃがいも**などの自家用作物と，**飼料作物**を栽培している。
> ②丘陵地帯の北縁にあたる中部には，モレーンの微細土が風に運ばれて堆積したレス土壌(⤷p.109)があり，肥沃。ベルデ(穀倉地帯)とよばれ，**小麦，てんさい**を栽培。
> ③温暖なライン河谷は，ぶどう栽培に適する。ラインワインが有名。**大麦，ホップ**はビール原料。

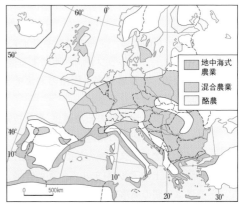

▲ヨーロッパの農業地域

地中海式農業
混合農業
酪農

★7 近年のヨーロッパでは，消費者の健康志向の高まりなどを背景に，農薬や化学肥料の使用を制限した有機(オーガニック)農業の取り組みが拡大している。生産性の低下や生産費の上昇などが懸念される一方，環境保護やアニマルウェルフェア(動物福祉)に貢献するため，行政からの支援などを受けて，今後も成長が期待される。

★8 一般に，畜産品による所得が中心である。

2

産業と資源

❸ アメリカの混合農業

1 **とうもろこし地帯**(コーンベルト)　五大湖南方の中央平原では，タウンシップ制に由来する農地で，とうもろこし[★9]，大豆[★10]の生産と肉牛の飼育を組み合わせた混合農業が営まれてきた。ただし近年は，肉牛の肥育地域はグレートプレーンズなど西部へ移っている。

4 酪農(らくのう)

❶ 特色

①飼料作物(牧草など)を栽培しながら，**乳牛**を飼育し，乳製品を生産する。

②夏でも冷涼で，年中湿潤な気候であれば，氷食地など土壌条件に恵まれなくても牧草栽培が可能で，酪農が成立。

③**牛乳**(生乳)生産を中心とする酪農は，消費地＝大都市の近郊で発達。バター，チーズ[★11]など保存のきく**乳製品**を中心とする酪農は，都市からはなれた適地に発達する。

④機械化[★12]がすすみ，技術的にも改良が重ねられ，高度なものになっている[★13]。

> **Q** 乳製品とは，どんなものですか。具体的に教えてください。
>
> **A** 牛乳の脂肪(しぼう)からつくるバターと，たんぱく質を発酵させたチーズが代表的だね。そのほか，練乳(れんにゅう)，粉ミルク，生クリーム(なま)，脱脂粉乳(だっしふんにゅう)(スキムミルク)などいろいろある。コーヒーにとかす粉のクリームにも，乳製品のものがある。優良なアイスクリームにも，乳脂肪がたくさんふくまれている。牛乳は食品としての利用価値が高いよ。

❷ ヨーロッパの酪農　北海の沿岸やスイスでさかん。

1 **イギリス・アイルランド**　氷河による侵食を受けた荒地を活用した牧場・牧草地が国土面積のおよそ50％をしめる。酪農と牧羊の組み合わせが多い。

2 **デンマーク**　氷食地の土壌改良，農業技術の開発，農業教育の普及，農業協同組合の発達などによって，**模範的酪農王国**となる。

3 **スイス**　アルプス山脈の斜面を利用した**移牧**がさかん。夏は森林限界以上の**アルプ**(アルム，高地牧場)で放牧し，雪に覆(おお)われる冬は谷間の集落で舎飼いする。

> **補説**　**移牧**　定住する集落をもたない遊牧に対し，定住地をもつ農民が，季節によって家畜を移動させる牧畜をいう。スイスやオーストリアでは乳牛の移牧がさかんであるが，イタリアやスペインでも夏に高温で乾燥する低地から冷涼な高地へ羊やヤギを移して飼育している。

★9　飼料用や輸出用のほか，1990年代以降はバイオエタノール向けの用途が増加。

★10　近年，栽培がふえてきた大豆は，地力(ちりょく)の維持向上に役立つ。食用油脂の原料であり，しぼりかすはすぐれた飼料になる。

▼大豆の生産

(2021年)	割合
ブラジル	36.3%
アメリカ	32.5
アルゼンチン	12.4
中　国	4.4
インド	3.4
世界計…3億7,169万 t	

(「世界国勢図会」による)

▼とうもろこしの生産

(2021年)	割合
アメリカ	31.7%
中　国	22.5
ブラジル	7.3
アルゼンチン	5.0
ウクライナ	3.5
世界計…12億1,024万 t	

(「世界国勢図会」による)

★11　チーズの名称(種類)は，それぞれの産地の地名によっている。チェダー(イギリス)，カマンベール(フランス)，エダムやゴーダ(オランダ)，グリュイエール(スイス)などが，とくに有名。

★12　乳をしぼる搾乳(さくにゅう)機，牛乳から脂肪分を分離させるクリームセパレーターなど。

★13　青刈(あおが)りとうもろこしや緑草などの多汁質飼料(たじゅう)を，冬まで変質させずに貯蔵するサイレージ法などの技術が有名。

❸ 新大陸の酪農

1 **アメリカ** 冷涼湿潤な五大湖沿岸からニューイングランド地方でさかん。大都市に近い地域は、生乳を出荷。

2 **ニュージーランド** 19世紀後半に**冷凍船**が発明されてから、酪農など畜産が発達。現在は、酪農をはじめ、羊の飼育もさかんで、**乳製品、羊毛、肉類**の輸出で、国の経済をささえている。

5 園芸農業

❶ 特色

①**都市の需要**にこたえて、資本、技術、労働力などを大量に投下し、野菜、果実、花卉（かき）を、きわめて**集約的**に栽培。

②一般に、都市（市場）との距離によって、**近郊農業**と**輸送園芸**（トラックファーミング、遠郊農業）とに区分される。

③輸送園芸では収益をあげるため、**促成栽培（そくせい）、抑制栽培（よくせい）**を行う。

> 補説 **オランダの園芸農業** ポルダーとよばれる海面下の干拓地が、国土の4分の1をしめるオランダでは、酪農が発達しているが、**海岸砂丘**を中心に園芸農業もさかん。トマト、きゅうり、レタスの温室栽培や、草花のほか、チューリップ、ヒヤシンス、アネモネなどの球根、りんご、なしなどの果物を栽培。生花は飛行機で西ヨーロッパの大都市へ、球根は世界各国に輸出。

北海暴風時海面 +20m　揚水機　−2m　−5m　アイセル湖　90m　ワデン海
平均海面　海岸砂丘　ポルダー　排水運河　ポルダー　堤防　締切堤防

5 企業的農業

1 新大陸の企業的農業

16世紀以降にヨーロッパなどからの移住がみられた南北アメリカやオーストラリア（新大陸）では、"旧大陸"などへ輸出する商品として、農畜産物を広大な土地で大量に生産する企業的な農業が発達した。

❶ 特色

①**大規模な経営** 経営面積が、きわめて広い。

②**機械化農業** 少ない労働力を機械で補い、**粗放的（そほう）**な土地利用。この結果、**土地生産性は低い**が、**労働生産性はきわめて高い**。

★14 冬も温和で畜舎（ちくしゃ）を必要とせず、牧草もよく育つので、有利。

★15 ニュージーランドでは、毛肉兼用のコリデール種が中心。肉用種のロムニー種もかわれている。牧草地の大部分は、改良牧草地で野草牧草地は少ない。

★16 ICT（情報通信技術）を利用して、ハウス内の温度管理や給水・施肥を自動制御するスマート農業（スマートアグリ）も実践されている。さらに近年は、園芸農業以外でもロボット技術やドローンの活用がみられる。

★17 **促成栽培**は、暖房が施されたハウスなどを用いて夏野菜を冬〜春に出荷する早づくり。**抑制栽培**は、夏野菜を冷涼な高冷地などで生産することで出荷時期を遅らせるもの。

★1 アメリカでは、農家1戸あたり平均約179haにも達する。日本では約3haしかない。

★2 アメリカでは、近年、土地生産性も向上してきている。

2 産業と資源

③輸出指向　以上より，生産コストが低く，国際競争力がきわめて高い。

> 企業的穀物農業…小麦，大豆などを大規模に生産。
> 企業的牧畜業…広大な牧場で牧牛や牧羊を行い，肉類や羊毛を生産。

❷**小麦の生産**　原産地は西アジアとされるが，気候に対する適応力が高く，品種改良もすすんで，世界各地で栽培される。[★3][★4]

１ **栽培条件**　最適生育条件は，平均気温14〜20℃，年降水量500〜750mm。肥沃なプレーリー土や黒土が望ましい。

２ **冬小麦と春小麦**

①冬小麦　秋に種をまいて初夏に収穫する。温暖な地域で栽培され，一般に春小麦より単位面積あたりの収量が多い。

②春小麦　春に種をまいて秋に収穫する。冬に寒冷な高緯度地方で栽培され，小麦の単作地帯を形成している場合が多い。

▼カントリーエレベーター(カナダ)
　生産地(カントリー)の小麦貯蔵施設(エレベーター)。穀物商社は，集散地や輸出港にも巨大な貯蔵施設(ターミナルエレベーター，ポートエレベーター)をもっている。

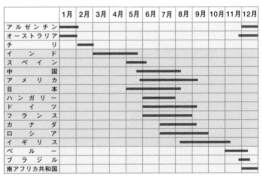

	1月	2月	3月	4月	5月	6月	7月	8月	9月	10月	11月	12月
アルゼンチン	■											■
オーストラリア												■
チ　　リ												
イ　ン　ド			■	■								
ス ペ イ ン					■							
中　　国						■						
ア メ リ カ							■					
日　　本						■						
ハンガリー							■					
ド　イ　ツ								■				
フ ラ ン ス							■					
カ　ナ　ダ								■				
ロ　シ　ア								■				
イ ギ リ ス								■				
ペ ル ー											■	
ブ ラ ジ ル										■		
南アフリカ共和国											■	

▲各国の小麦の収穫期を示す小麦カレンダー
季節関係が逆転する北半球と南半球では収穫期が大きく異なり，緯度によっても収穫期にずれがみられる。

２ おもな国の企業的農業

❶**アメリカ**

１ **小麦地域**　年降水量500mmの線とほぼ一致する西経100度線に沿ったプレーリー西部が主産地。[★5]カンザス州を中心に**冬小麦**，ノースダコタ州など北部では**春小麦**を栽培。カンザスシティ(冬小麦)，ミネアポリス(春小麦)が代表的な集散地。

★3　カナダでは，100日ほどで収穫できる耐寒品種のガーネット種などによって，収穫が安定し，栽培地域も北方へ拡大した。

★4　南半球でも広く栽培され，世界的にみれば端境期がない。

★5　グランドクーリーダムにより灌漑化がすすんだコロンビア盆地でも小麦の栽培がさかん。温暖な西岸性の気候のため，高緯度ながら冬小麦が中心。

★6　ロッキー山脈西側のグレートベースンでは牧羊もみられる。

◀フィードロット(テキサス州)　濃厚飼料を用いて短期間で肉牛を肥育する。

2　産業と資源

2　**牧畜地域**　ロッキー山脈東麓のグレートプレーンズでは牧牛が
さかん。★6 以前は放牧地で生まれた牛を，肥育のためコーンベル
トに移したが，近年はフィードロットを用いた肥育が成長し，
飼料となる穀物も地下水を利用した**センターピボット農法**★7で生
産している。

❷ **カナダ**　アメリカからつづくプレーリー3州(マニトバ，サスカ
チュワン，アルバータ)でガーネット種などの耐寒品種の春小麦を
栽培。降水量が少ないので，**乾燥農法**★8も採用されている。ウィニ
ペグが代表的な集散地。

❸ **アルゼンチン**　肥沃なパンパを中心に，企業的穀物農業(小麦
栽培)と，企業的牧畜業(牛，羊の飼育)とがさかん。

1　**小麦地域**　湿潤パンパと乾燥パンパの漸移地帯で，小麦栽培が
さかん。小作農民が，大牧場エスタンシア(⇨p.421)
から土地を借りる形態が多い。

★7　グレートプレー
ンズには世界最大規模
の地下水(オガララ帯
水層)が存在する。ス
プリンクラーを取りつ
けた長大なアームを回
転させて散水する灌漑
方式で，円形の農場が
特徴的。

★8　限られた降水を
活用するため，耕地を
深く耕し，降雨で水分
を吸収した後に，表面
を土や砂で覆って蒸発
を防ぐ農法。乾地農法
ともいう。

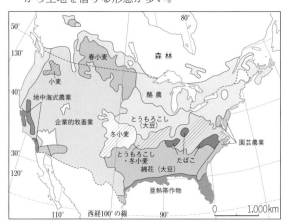

▲アメリカの農牧業　冬小麦と春小麦は，北緯43度あたり(7月
の平均気温が20℃)で区分される。太平洋岸のワシントン州は，
それより北になるが，西岸気候で暖かく冬小麦が栽培される。

▲パンパの農牧業　パンパは，一
般に年降水量550mmの線に
よって，東部の湿潤パンパと西
部の乾燥パンパにわけられる。

2　**牧畜地域**　エスタンシアとよばれる大牧場で，**企業的牧畜**。
①**湿潤パンパ**　とうもろこしやアルファルファで，**肉牛**を飼育。★9
肉類の輸出が多い。乳牛を飼育する酪農も行われる。
②**乾燥パンパ，パタゴニア**　降水量が少なく，牧羊が中心。

補説　**アルゼンチンで牧畜が発達したわけ**　1870年代に冷凍船が発
明され，牛肉の北半球市場への輸出が可能になったのをきっかけに，
温暖湿潤で牧草がよく育ち，年中，戸外での放牧が可能な条件をいか
して，牧牛が発達した。とくに，栄養価の高い牧草であるアルファル
ファによって，肉牛，乳牛，羊などの牧畜がすすんだ。

▲アルファルファ
自生のパンパグラス
がヨーロッパから伝
わったアルファルファ
におきかえられた。

▼とうもろこしと大豆の輸出

とうもろこしの輸出(2021年)		大豆の輸出(2021年)	
アメリカ	35.7%	ブラジル	53.4%
アルゼンチン	18.8	アメリカ	32.9
ウクライナ	12.5	パラグアイ	3.9
ブラジル	10.4	カナダ	2.8
ルーマニア	3.5	アルゼンチン	2.7
世界計	19,608万トン	世界計	16,121万トン

(「世界国勢図会」による)

❹オーストラリア

1 **小麦地帯**　企業的穀物農業として，年降水量500mm程度のマ
リー川やダーリング川流域に集中。

2 **牧畜地域**　典型的な**企業的牧畜**。国土の約4割が牧草地。

①**牧羊**　世界最大級の牧羊国で，羊毛の生産，輸出がきわめて
多い。羊の分布は，年降水量250～500mmの地域と一致し，
羊の飲み水を補うため，グレートアーテジアン盆地(大鑽井
盆地)などで**掘り抜き井戸**(鑽井，⟳p.91)を利用。羊は，毛
用種として最もすぐれた**メリノ種**が多い。

②**牧牛**　牧羊地域より雨の多い北部のサバナ地域(肉牛)や，東
海岸の南部(乳牛→酪農)で行われる。

★9　近年は，収益性
の高い大豆(企業的穀
物農業)への転換例が
ふえている。

★10　イギリスの毛織
物工業に対する原料供
給地として，ニュー
ジーランドとともに牧
羊が発達した。

★11　オーストラリア
ではスペイン原産のメ
リノ種が多く飼育され
ている。

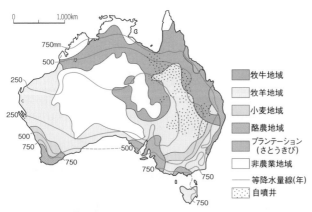

凡例
- 牧牛地域
- 牧羊地域
- 小麦地域
- 酪農地域
- プランテーション (さとうきび)
- 非農業地域
- ── 等降水量線(年)
- 自噴井

▲オーストラリアの農牧業

POINT!

**アメリカ，カナダ，アルゼンチン，オーストラリアで
企業的農業がさかん。**

企業的穀物農業…大規模な小麦の栽培。

企業的牧畜業……牧牛，牧羊→肉類，羊毛の生産。

③ プランテーション

❶ 特色　ヨーロッパでは，産業革命後，近代工業の発達，都市人口の増加などで，工業原料や嗜好品となる熱帯農産物の需要が高まった。これがプランテーション成立の背景。

①一般に，ヨーロッパ人が植民地を形成した**熱帯，亜熱帯**の地域で行われ，生産物は世界の市場へ**輸出**される。

②1つまたは少数の特定の熱帯作物を，専門的に大規模に栽培する単一耕作＝モノカルチャー（⇨p.360）の形をとる。

③ヨーロッパ人が，植民地体制のもとで，**大資本とすすんだ技術**とを投入し，現地住民，奴隷，移民などの**安い労働力**を使って生産してきた。作業は，手労働が中心。

④海上輸送に便利な海岸，あるいは，ヨーロッパ人も生活しやすい高原に立地する例が多い。

⑤おもな作物
> 年中多雨の気候（Af）
> 　…天然ゴム，油やし，カカオ，バナナ，茶[★12]など。
> 雨季と乾季がある気候（Aw）
> 　…さとうきび，コーヒー，綿花[★13]など。

❷ 単一耕作（モノカルチャー）から多角的な栽培へ

1 **単一耕作の長所**　その土地の条件にあった作物を大量に生産でき，経済的に有利である。これは，近代工業における大量生産と同じ理屈。

2 **単一耕作の短所**　第一に，天候不順で不作となった場合や国際価格が下落した場合に経済的な打撃が大きい。農民は，**収入が安定しない**。政府も計画的な経済運営ができない。第二に，工芸作物や嗜好品作物の栽培が中心となり，**食料生産が圧迫されやすい**。

★12 年中湿潤な地域では時期を問わずに茶摘みが可能であるが，インド・アッサム地方のように乾季がある地域では茶摘みは年に1回となる。

★13 現在，綿花の主要生産国は，中国，アメリカ，インド，パキスタン，ウズベキスタンなどであるが，アメリカやエジプトのように，以前はプランテーション作物として生産が伸びた例が多い。

Q 単一耕作で大きな経済上の問題がおきた例はありますか。

A ブラジルで，1930年代に世界恐慌の波をうけて，生産過剰におちいった深刻な例があるよ。政府は，余ったコーヒーの処分に困って，3年もの間，機関車の燃料にしたり，海中に投げすてたりした。しかも，収入の激減した農民の生活苦は，もっと大変だったね。

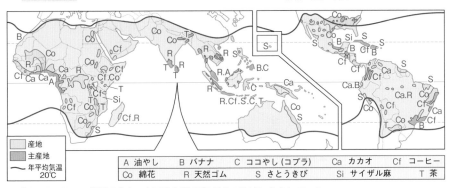

| A 油やし | B バナナ | C ココやし（コプラ） | Ca カカオ | Cf コーヒー |
| Co 綿花 | R 天然ゴム | S さとうきび | Si サイザル麻 | T 茶 |

▲**プランテーション地域の分布**　年平均気温20℃以上の地域に分布している。

4 おもな国のプランテーション

❶ブラジル　ポルトガル植民地となった16世紀に さとうきび の プランテーションが開始された。[★14] 19世紀以降はコーヒーの生産が増大した。

1 コーヒー栽培　18世紀からはじまり，**パラナ州，サンパウロ州**などテラローシャ(⇨p.109)が分布するブラジル高原南部で，世界的な生産がある。**ファゼンダ**という大農園で，おもに**コロノ**(契約移民)[★15]が生産に従事してきたが，現在は収穫作業などで機械の利用もすすんでいる。[★16]

2 多角化　1970年代以降，肉牛の飼育[★17]や とうもろこし，綿花，**カカオ**，たばこの生産などが拡大し，モノカルチャーからの脱却が図られた。とくにバイオエタノール[★18]の原料となる さとうきび と，中国などに輸出される大豆の増産が 著 しい。

> **補説** **ラテンアメリカの大土地所有制**　ラテンアメリカ諸国ではヨーロッパから伝わった大土地所有制が残存してきた。地主は大都市で暮らしており，農作業に多くの労働者が雇用されてきた。収益性を高めるために特定の農産物に頼る傾向があり，モノカルチャー経済に陥りやすい。
>
> 大農園の呼称 { ブラジル…ファゼンダ
> アルゼンチン，ウルグアイ…エスタンシア
> メキシコ，ペルー，チリ，パラグアイなど…アシエンダ

❷アメリカの綿花地帯(コットンベルト)

1 綿花地帯(コットンベルト)　産業革命期のイギリスへ原料となる綿花を輸出するため，アフリカ系奴隷を利用したプランテーション農業が南部に成立した。

2 変化　第二次世界大戦後，綿つみ機の普及などで生産性が向上し，現在も綿花の輸出量は世界最大。栽培地域はテキサス州やカリフォルニア州へ拡大した[★19]一方，南部では大豆や たばこ など生産物が多角化し，混合農業もみられる。

▲アメリカの綿花地帯とその移動

★14 当初は労働力に先住民(インディオ／インディヘナ)が利用されたが，まもなくアフリカからの奴隷が導入された。

★15 請負契約をした移民(コロノ)が，4～6年契約でコーヒー栽培をおこなう。ヨーロッパからの移民が中心であるが，日本人移民もいる。

★16 機械の普及が，余剰労働力が都市に流入する一因となっている。

★17 放牧地の開発が熱帯林破壊の大きな原因となった。

★18 石油危機以降，ブラジルでは さとうきびを原料とするバイオエタノールが実用化された。

★19 害虫，地力の衰え(地力回復によい大豆などの導入)，アフリカ系労働者の北部への移動による労働力不足，農業経営の多角化(家畜，米，とうもろこし)などが，おもな理由。

❸**マレーシア**　イギリス植民地時代に天然ゴムのプランテーションを開始し，インド系労働力(タミル人)が流入した。合成ゴムとの競合などから，1980年代以降，油やしへの転作がすすんでいる。[21]

❹**インドネシア**　年中高温多雨で，標高差の大きい山地も分布するため，天然ゴム[22]，茶，コーヒー，カカオなどさまざまな作物が栽培される。とくに，スマトラ島を中心に油やし農園が拡大しており，パーム油の生産量は世界第1位となっている。[23]

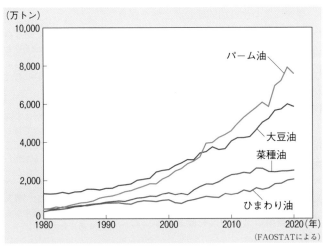

▲**植物油の生産量(世界計)の推移**　2000年代になってパーム油が大豆油を抜いて世界で最も生産されている植物油になった。

補説　**油やし農園の造成が森林破壊の原因に**　油やしの実は，収穫してすぐに搾油しないと劣化してしまうので，パーム油工場は農園に隣接して設置される。工場設備の稼働率を高めるためには，原料となる油やしの実を連日大量に運びこめるよう，周辺に広大な農園が必要で，その造成のために貴重な熱帯林が失われてきた。大規模な農園を低コストで造成するために，禁止されている森林への火入れがおこなわれているケースもあり，広範囲に及ぶ煙害も深刻である。

★20　旧イギリス植民地のプランテーション農園をエステートとよぶ。

★21　油やしは西アフリカの原産で，果実からパーム油をとる。パーム油は，マーガリンや石けんなどの原料となる。

★22　2021年現在，天然ゴムの生産量は世界第1位がタイ(約33%)，第2位がインドネシア(約22%)，第3位がベトナム(約9%)となっている。

★23　油やしを原料とする植物油。年間を通して収穫でき，生産コストが安価なパーム油は，食品工業のほか，燃料(バイオディーゼル)用など広範に利用されている。

2

産業と資源

6 | 集団的農業とその変化

1 ロシアと周辺の国々の農業

❶ **旧ソ連の農業**　1917年の**ロシア革命**で，**社会主義国のソビエト連邦**が成立すると，土地や工場などの公有化，計画経済などの政策が採用された。農業では，地主(じぬし)の土地をとりあげたうえ，**集団的農業**がすすめられた。[★1]

1 **コルホーズ(集団農場)**　農民による生産協同組合が土地を保有し，共同で農作業を行った。収穫物を一定の割合で国家に納入し，残りを構成員で分配した。

2 **ソフホーズ(国営農場)**　国有地において，政府の任命する農場長のもとで，農民が働く。ここの農民は，賃金をもらう労働者である。当初は実験農場としての役割が大きかったが，その後，拡大された。

❷ **集団的農業の変化**　集団化によって，農民の生産意欲が低下(じゅよう)したり，需要にみあった作物生産ができず，1970年代からは，食料や飼料を多く輸入するようになった。そこで，1980年代後半から，農業の家族請負制(うけおい)[★3]，自由市場の拡大などをはかってきたが，1991年のソ連解体によって，集団的農業は全面的に見直されることになった。[★4]

❸ **現在のロシア農業の担い手**
現在，穀物や食肉などはおもに農業企業が機械を用いて生産しているが，野菜は都市住民によりダーチャ[★5]で生産されたものが多く流通している。一方，自営農民には離農者も多く，農産物の生産にしめる割合は高くない。

▲ダーチャ

❹ **農業地域**

1 **小麦地域**　ウクライナからロシアの西シベリアに至る肥沃(ひよく)なチェルノーゼム地帯は，世界的な小麦の産地。
〔 ウクライナ，ロシア南部…**冬小麦**[★6]，**てんさい，ひまわり。**[★7]
〔 ロシアの西シベリア，カザフスタンの北部…**春小麦。**

★1　全耕地の約3%は自留地(じりゅうち)(農民の私有地)とされ，生産された野菜や畜産物が自由市場で販売された。

★2　農家は，0.25〜0.5 haのわずかな農地(自留地)や家畜をもち，そこでの生産物は，自由市場で自由に販売できた。

★3　個人または家族へ農地や農機具を貸し出し，生産物を集団農場に納入させる制度。

★4　土地の私有を認め，企業や組合，個人農による農業経営がすすめられている。

★5　大都市の郊外にみられる菜園付きの簡素な別荘で，ロシア帝政の時代から住民に与えられた。週末などをダーチャで過ごす都市住民が多い。

★6　小麦は減って，てんさいなどの飼料作物を栽培し，肉牛，豚を飼育する**混合農業**がさかんになっている。

★7　種子から油をとり，しぼりかすは飼料となる。種子を炒って食用にもする。

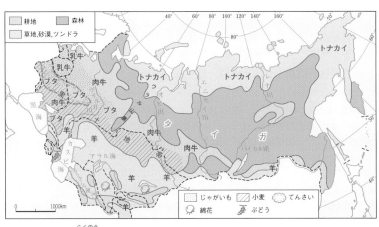

◀ロシアと周辺の国々の農牧業　農牧業地域が帯状に分布している点に注目しよう。

2 **混合農業や酪農**　小麦地域の北側にあたるウクライナ北部，ベラルーシ，バルト3国などでさかん。

3 **牧羊と綿花栽培**　乾燥した気候が広がる中央アジア諸国では牧羊がさかんなほか，ウズベキスタンを中心に綿花の栽培が成長している。

4 **その他**　カフカス地方ではぶどうなどの地中海式農業，ロシア北部のツンドラ地帯では，トナカイの遊牧。

★8　旧ソ連時代の自然改造計画で，アムダリア川とシルダリア川を利用して灌漑農地が拡大した。その結果，流入水量が激減したアラル海では，湖面が著しく縮小した。

POINT!

ロシア　{ 南部のチェルノーゼム地帯で，小麦，てんさい。
都市郊外のダーチャで野菜生産。

ウクライナ…小麦栽培。混合農業や酪農。

中央アジア諸国…牧羊と，灌漑による綿花栽培。

2 中国の農業

❶集団化から生産責任制へ

1 **集団的農業**　中国は1949年に社会主義国となり，互助組，合作社をへて，人民公社（1958年）で集団化。

[補説]　**人民公社**　農業生産合作社の連合でできた農業集団化の基礎的な組織。農業関連の中小工場をもち，かつては行政単位でもあったが，1982年の憲法から行政機能はなくなった。生産手段は，人民公社，生産大隊，生産隊の3段階で所有された（3級所有制）。

▲中国の農牧業　年降水量1,000mm線より北で畑作，南で稲作が卓越。海抜500m線より東は人口が多く，集約的な農業が発達。

2 **生産責任制**　1979年から，生産責任制（生産請負制）が導入された。これは，農家ごとに生産を請け負わせ，**余分の生産物は各農家の所有とする**制度。土地の集団所有はそのまま。

3 **生産の増大**　各農家は一定量を供出すれば，残りは**自由市場**[★9]に出荷することができるようになったので，生産は増大している。[★10]

> 補説　**断流と退耕還林**　生産責任制では，農民に耕地の使用権が設定されたが，草地や林地は配分されなかったため，羊の放牧や無登録の開墾などが横行した。こうした開発で多量の土砂が流入した長江などでは，大規模な洪水も発生した。また，黄河では中・上流域での灌漑用水の取水量が増加したため，下流での水涸れ現象（断流）が1990年代に深刻化した。そのため2000年頃から，傾斜地で植林を推進し，耕地を森林に転換する「退耕還林」政策が推進されている。

❷ 農業地域

1 **畑作地域**　チンリン山脈とホワイ川を結ぶ線が，ほぼ**年降水量1,000mm**にあたり，その北側が畑作地域。

①**華北**[★11] **ひ よく　おう ど**　肥沃な黄土地帯で，冬小麦，綿花，あわ，こうりゃん，[★12] とうもろこしなどが栽培される。

②**東北〜内モンゴル**[★13]　春小麦，大豆，こうりゃん，とうもろこし。

2 **稲作地域**　米は**二毛作**や**二期作**で広く栽培。生産量は世界一。

①**華中**　長江流域は，稲作の中心地。茶も栽培。

②**華南**　米の二期作。さとうきびも栽培。

3 **西部内陸地域**　乾燥した気候下で，牧羊，オアシス農業。近年，新疆ウイグル自治区で てんさい，**綿花**の生産が急増。

> POINT!
>
> 中国の農牧業…人民公社→生産責任制で増産。
>
> 畑作 { 東北で春小麦，大豆，とうもろこしなど。
>
> 　　　 { 華北で冬小麦，綿花など。
>
> 稲作…華中と華南で，世界一の生産量。

3 ベトナムの農業

❶ ドイモイ政策　ベトナムでも，1950年代から中国にならった農業の集団化が開始されたが，1986年に導入されたドイモイ政策にもとづき，まもなく請負地からの生産物を自由に処分する権利を与えられ，農家の生産意欲が高まった。

❷ 農業生産の増加と多角化　改革前には米の輸入国であったが，1989年以降は米の輸出国に転じたほか，**コーヒー**や天然ゴムの生[★14]産量も大きく増加した。

★9　自留地（農民の私有地）で生産された農畜産物も取り引きされている。生産責任制の下で，自由市場は活気があふれている。

★10　農家の中には「万元戸」とよばれる富農も生まれた。所得の上昇により，現在では百万元戸も珍しくなく，「億元戸」とよばれる大富農も存在する。

★11　黄河流域は，干害や洪水の被害が多く，生産が不安定なので，総合開発がすすめられた（⇨p.123）。

★12　もろこしの一種。中国の華北，東北，朝鮮などで栽培される。実を食用にする。アフリカやインドのもろこし（⇨p.368，380），北アメリカのマイロも同種。

★13　品種改良や冷害対策により，現在は東北地方の黒竜江省が最大の米の産地に成長している。

★14　中部の高原地帯が主産地で，おもにインスタントコーヒーの原料となるロブスタ種を栽培している。

7 | 農産物と流通

1 農業の国際化，情報化

❶アグリビジネス　**農業関連産業**のこと。アメリカの穀物商社，農産物加工，品種育成などの農業関連産業[*1]は，巨大化するとともに，農家との間に密接な経済関係をもち，農業を支配している。

❷アグリビジネスの巨大化　現代のアメリカのアグリビジネスは，多様な企業を吸収しながら**コングロマリット(複合企業)**[*2]化して，金融や工業分野に進出しているものもあり，政治にも強い影響力を及ぼすようになっている。

❸小麦の流通

☐1 **穀物メジャー**　農産物の商品化が定着していく中で，農産物を安価に大量生産する場所と，大量消費する場所が生まれてきた。小麦の場合，その間に立つ**穀物商社**が，生産，流通，販売を，国をこえて手がけるようになり，巨大化した。

　　アメリカで穀物メジャーとよばれる巨大な穀物商社は，人工衛星などを活用しながら世界中の穀物情報を集めることで，小麦の国際価格を決める**シカゴ取引所**で強い影響力をもっている。

　　補説　**穀物メジャーのカーギル社**　カーギル社は，世界の穀物貿易で中心的地位をしめる巨大な**穀物商社**。本来，関係のない業種の企業を合併，吸収し(**企業買収＝M＆A**)，多方面にまたがる巨大な**コングロマリット(複合企業)**[*3]と化している。こういう企業では，ある部門が不振でも，ほかの部門でカバーし，総合的な視野にたって企業の戦略を考えることができるのが強みである。

☐2 **穀物の貯蔵施設**

カントリーエレベーター…生産地に立地している。
ターミナルエレベーター…集散地に立地している。
ポートエレベーター…港湾に立地しており，世界各国に穀物が積み出される。

2 農畜産物の国際的な移動

❶畜産物の貿易　肉類の輸出は，飼料を自給できるアメリカとブラジルが中心。肉類の輸入は，先進国で多くなっているが，経済発展で食生活の変化がみられる新興国でも増加しており，中国が世界第1位である。

❷野菜・花卉の貿易　保存技術や航空輸送網の発達を背景に増加している。オランダやスペインなどのヨーロッパ諸国のほか，労働集約的に生産されている中国，メキシコからの輸出額が多い。

★1　ハイテク技術を農業に応用する動きがさかん。バイオテクノロジーを使った**遺伝子組み換え作物**(⇨p.147)の開発は，とくに有名。
　GPS(⇨p.46)を利用したトラクターロボットや，IT技術を装備した搾乳ロボットも登場しており，精密農業(プレシジョン・ファーミング)とよばれる。

★2　巨大なアグリビジネスは，農業資材(肥料，種子，飼料，農業機械など)の供給から，農産物の加工，加工した食品の流通までを，一貫して経営している。農業にとどまらず，「食のシステム」全体を統合して支配する方向にすすんでいる。

★3　穀物メジャー，カーギル社の事業組織。
― 先物取引部門(穀物)
― 穀物油脂部門
― 種子部門
― 肥料部門
― コーヒー・カカオ・はちみつ部門
― フルーツジュース部門
― 食肉部門
― 飼料部門
― 塩部門
― ゴム部門
― 船舶営業部門
― 石油部門
― 鉄鋼部門

★4　季節的に農産物の収穫ができず，市場で品薄となる時期。端境期の市場に出荷すると高値で取引される。

2 産業と資源

また，赤道付近に位置し，年中栽培が可能なケニアやエクアドルなどから，端境期(はざかい)★4のヨーロッパに向けて野菜や花卉(かき)(カーネーション，バラ)の輸出が伸びている。★5

★5　農産物の輸出が成長している国を，新興農業国(NACs)とよぶ。

8 | 日本の農業

1 特色と問題点

❶ **農地改革**★1　第二次世界大戦後，大部分の農民が，小作農(こさくのう)から，自分の土地を所有する自作農(じさくのう)となった。

★1　1945年，第一次農地改革の指令。翌年，第二次農地改革が実施された。

❷ **農家の特徴**　全体的には農家の**経営耕地面積はせまい**。多くの労働力や資本を投下し土地生産性は高いが，労働生産性は低い。農業収入を主とする主業(しゅぎょう)農家が少なく，農業外収入に大きく依存する副業的農家が多い。農家数は減少傾向で，**耕作放棄地の増加**，農家の**高齢化**，**後継者不足**が深刻である。一方で，集落営農や6次産業化★3などの取り組みもみられる。

★2　各農家が所有する農地を，集落単位で借り受けて大規模化し，住民全体で耕作するなどの取り組み。

❸ **稲作中心からの変化**　かつては，政府が米の買い入れと価格を保障した(**食糧管理制度**)ので，稲作は安定し，日本の農業の中心であった。しかし，消費量の減退から生産過剰(かじょう)となり，1969年からは生産調整(作付制限＝減反(げんたん))が行われてきた。1995年からは，それまでの食糧管理制度が廃止されて，米の自由な販売が認められた。同年，米の輸入も始められた(⇒p.169)。

★3　農産物の生産(第一次産業)，加工(第二次産業)，販売(第三次産業)を組み合わせた取り組み。農産物の販路や農村の雇用の拡大に寄与している。

❹ **自給率の低下**　日本は，他の先進国とくらべて，**食料の自給率が極端に低い**。近年は，野菜，果物，肉類，牛乳や乳製品の自給率が大きく低下した。

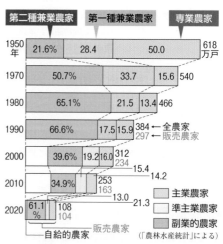

第二種兼業農家	第一種兼業農家	専業農家	
1950年 21.6%	28.4	50.0	618万戸
1970 50.7%	33.7	15.6	540
1980 65.1%	21.5	13.4	466
1990 66.6%	17.5	15.9	384←全農家 / 297←販売農家
2000 39.6%	19.2 16.0		312 / 234
2010 34.9%	15.4 14.2		253 / 163
2020 61.1%	13.0 21.3		108 / 104

凡例：
- □ 主業農家
- □ 準主業農家
- ▨ 副業的農家

自給的農家　販売農家

(「農林水産統計」による)

▲**日本の農家**　以前の分類は，**専業農家**(農業だけで生活)，**兼業農家**(農業以外の収入あり。農業収入が50%以上→**第一種兼業農家**。50%未満→**第二種兼業農家**)。1995年からは，**販売農家**と**自給的農家**(おもに自給用に生産)にわけ，販売農家を**主業農家**(農業収入が50%以上，65歳未満の者がいる)，**準主業農家**(農業収入が50%未満，65歳未満の者がいる)，**副業的農家**(65歳未満の者がいない)に区分。

▼**各国の食料自給率**(20019年。日本は2021年)

	日本	アメリカ	イギリス	フランス
小麦	17	158	99	200
野菜類	79	84	42	68
肉類	53	114	75	102
牛乳や乳製品	63	101	89	104

[単位：%](「食料需給表」による)

2 **おもな農畜産物の生産**

❶ 米　生産過剰から，作付制限，他の作物への転作などの政策がすすめられてきた。政府の保障がなくなり，農家は，市場で高く売れる米，味のよい米をつくるようになった。[★4]

補説　**いろいろな作付方法**　①**二期作**…年に同じ作物を２回つくる。②**単作(一毛作)**…年に１回，１種類の作物だけを栽培する。③**二毛作**…年に２種類の作物をつくる。中心的な作物を**表作**，他を**裏作**という。米と，小麦や菜種の二毛作が典型的。④**多毛作**…年に多種類の作物をつくる。都市周辺の園芸農業では，野菜の多毛作が行われている。

❷ 小麦　第二次世界大戦前は自給用に，米の裏作(二毛作)として全国で栽培されていたが，戦後は輸入小麦におされ，栽培が激減し，自給率は低下した。

❸ 大豆　小麦と同様輸入品におされ，国内生産は激減した。

❹ 畜産　戦後急速にのび，日本人の食生活を転換させてきた。しかし，国内での飼料作物の生産は少ないので，とうもろこしや濃厚飼料[★5]を大量に輸入している。また，牛肉などの輸入自由化で，競争が激しくなっている。[★6]

❺ 野菜や果物　戦後ののびが著しい。最近は，輸入自由化による安価な外国産品の輸入が増加している。

❻ 農産物の輸出　高品質で安全な日本の農産物の需要は，アジアを中心に高まってきた。加工食品のほか，食肉，米，野菜，果実などが輸出されている。

POINT!

日本の農業…零細，労働集約的，多い副業的農家。
[稲作→生産過剰で，生産調整(減反)。
[輸入自由化→自給率低下(小麦・大豆など)。

★4　外国産の安価な農産物に対抗するため，米に限らず，味のよいもの，安全なものを指向する傾向が強まっている。

★5　可消化栄養分量の多い穀類，油かす類，ぬか類などの飼料を濃厚飼料という。青刈りとうもろこしや牧草などを粗飼料という。

★6　1991年から牛肉，オレンジが自由化された。米は，自由化するかわりに，1995年から最低輸入量(ミニマムアクセス，⇔p.180)をうけ入れた。1999年からは関税化された(関税さえ払えば，輸入は自由)。

❷ 産業と資源

▶**地域別の農業産出額の割合**
北陸，東北は米の割合が高い。北海道と九州は，**畜産**の割合が高い。関東・東山の野菜は**近郊農業**，四国は**輸送園芸**が多い。なお，東山は山梨，長野の２県。東海は愛知，岐阜，三重，静岡の４県。北陸は新潟，富山，石川，福井の４県。

北海道　1兆3,108億円

7.9%	16.0	畜産 58.4	17.7

東北　1兆3,592億円

26.7%	18.0	34.0	21.3

北陸　3,687億円

米 55.8%	14.7	19.8	9.7

関東・東山　1兆8,951億円

12.3%	野菜 34.7	29.7	23.3

東海　7,178億円

11.2%	29.6	31.7	その他 27.5

近畿　4,572億円

23.3%	24.0	22.1	30.6

中国　4,650億円

19.6%	19.3	43.0	18.1

四国　4,035億円

10.7%	35.7	24.3	29.3

九州　1兆7,905億円

8.2%	12.9	48.9	19.8

沖縄　922億円

0.5%	12.9	45.6	41.0

(「その他」は麦類などの他の耕種，養蚕，加工農産物など)
(2021年)(「日本国勢図会」による)

SECTION 2 林業と水産業

1 | 世界の林業

1 林業地域

❶ 熱帯林 常緑広葉の**硬木**★1が多い。熱帯林は，もともと一部の有用樹が伐採されたほかは，薪炭材の獲得が中心であった。近年，建築材やパルプ材にも使用されるようになり伐採がすすんでいる。

❷ 温帯林 落葉広葉樹と常緑広葉樹，針葉樹の混合林。開発が古く，植林なども計画的で，**人工林**★2が多くなっている。

❸ 亜寒帯林 森林資源として，最も広く利用され，林業がさかん。広い**針葉樹林(タイガ)**★3があり，その特色は，①樹種のそろった純林をなす，②樹木の高さや太さが均一である，③軟木でパルプ，建築用材として利用価値が高いなどである。また，安定陸塊上の平地林が中心で，④伐採や輸送を行いやすい点も有利である。

★1 硬木，軟木は，材質の硬さによる区分。軟木のほうが加工しやすい。

▼熱帯有用樹の種類と産地や用途

樹木	おもな産地	おもな用途
紫檀，黒檀	中国(華南)，タイ，インド	家具
チーク	タイ，インド	船舶材，家具
ラワン	フィリピン，インドネシア	建築用材(合板)
マホガニー	カリブ海沿岸	家具
ケブラチョ	アルゼンチン，パラグアイ	タンニン(薬品)原料

★2 ヨーロッパでは，人工林が多い。とくにドイツは人工林の模範国として有名。シュヴァルツヴァルト(黒森)，チューリンゲンヴァルトなどが代表的(⊃ p.131)。

★3 語源は，シベリアの針葉樹林をさすロシア語。

補説 亜寒帯林の林業 カナダ南部やアメリカ北部では，機械化のすすんだ林業がさかん。**スウェーデン，ノルウェー，フィンランド**の北ヨーロッパ3国では，製材，パルプ工業がさかん。**ロシア**でも，大規模な林業がみられる。

木材集散地，製材都市としては，カナダのオタワ，ヴァンクーヴァー，アメリカのシアトル，ポートランド，タコマ，ロシアのアルハンゲリスク，サンクトペテルブルク，ラトビアのリガなど。

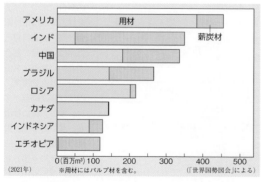

▲木材の伐採高

(2021年) ※用材にはパルプ材を含む。 (「世界国勢図会」による)

Q 熱帯林では，亜寒帯林にくらべて林業が発達していないのは，なぜですか。

A 単に森林があるだけでは，林業は発達しない点に注意しよう。樹種が混在し，選別しながら伐採していては，効率が悪い。また，消費地，市場に遠いと，林業はあまり発達しないね。経済的価値の高い針葉樹の純林を相手にする大規模な亜寒帯林の林業と比較してみると，条件のちがいがよくわかるよ。

2 原木の生産

アメリカ，ロシア，カナダなどでは，針葉樹の**用材**の生産が多い。インド，エチオピアなどでは，広葉樹の**薪炭材**としての伐採が多い。新興国の中国，ブラジルでは薪炭材のほか，用材の伐採も増加している。

★4　建築材料や木製品の原料となる木材。
★5　薪や木炭などの燃料として用いられる木材。近年は，木質バイオマス発電の普及にともないドイツや日本などでも増加している。

──＼ TOPICS ／──

森林の役割と開発

● **森林の役割**　水源を涵養し，**土壌侵食**を防止する。**光合成**によって二酸化炭素を吸収・固定し，代わって酸素を放出してくれる。熱帯林の減少は，大気中の二酸化炭素の増加をまねき，**温暖化**をひきおこすと考えられる。また，森林はさまざまな生物の生活空間でもある。人間にとっても，直接，間接的に，きわめて重要な役割をはたしている。

● **森林資源の利用**　最も大規模なのは，**木材**の利用である。わが国では，木材の多くは建築用や紙，パルプの原料など，**用材**としての利用が多いが，発展途上国では，**薪炭材**すなわち薪や木炭などの燃料としての利用のほうが多い。

● **開発の進展と森林破壊**　伝統的に温帯林や亜寒帯林を利用した林業が営まれてきた多くの先進国では，伐採後に**植林**を行うサイクルが確立されており，森林面積の変動は小さい。ただし，近年になって急速に開発がすすむシベリア北部などでは，地表に届く日射量の増加や失火により**永久凍土**が融解し，強い温室効果をもつメタンガスの放出が懸念されている。一方，森林資源の利用が限定的であった発展途上国では，人口の増加にともなって薪炭材の伐採が急増しているほか，用材の伐採量も増加している。さらに農地・牧草地への転換や地下資源の採掘なども加わって，とくに**熱帯林**の破壊が深刻化している。

POINT!

熱帯林…薪炭材の利用が中心で，用材の生産は少ない。
温帯林…開発の歴史が古い。現在，人工林も多くなっている。
亜寒帯林…針葉樹の純林（タイガ）が広がっている。林業がさかん。

2 ｜ 日本の林業

1 森林資源

森林面積が国土面積の約3分の2をしめる。

❶ **森林の分布**　西南日本を中心に，シイ，カシ，クスなどの常緑広葉樹（照葉樹）を主体とする**暖帯林**，東北日本にはブナなどの**落葉広葉樹林**が広がっているが，**スギやヒノキなど温帯性の針葉樹**も生育している。また，北海道にはエゾマツ，トドマツなどの**針葉樹林**，南西諸島にはスダジイ，タブノキなどの**亜熱帯林**が分布する。

★1　年平均気温が13〜21℃程度の暖地に分布する温帯林。
★2　青森ヒバ，秋田スギ，木曽ヒノキは三大美林（天然林）といわれる。また，天竜スギ，吉野スギ，尾鷲ヒノキを人工林の三大美林という。

2 木材の需給

❶ **高度経済成長期**　都市化にともなって，木材の需要が増加した。しかし第二次世界大戦中に伐採された森林が育っておらず，1964年の木材の輸入自由化以降，東南アジアから**木材輸入が急増**した。

❷ **1980～1990年代**　円高の進展や労働力不足も加わって，アメリカやカナダからの木材輸入が増加するとともに，**各国で丸太での輸出が規制**され，製材の輸入が多くをしめるようになった。

❸ **2000年代以降**　木材需要が低下する一方，国内の森林が成長したことや林業政策などにより，若年の林業従事者が増加し，**木材自給率も回復傾向**にある。

★3　とくに建築用や土木用資材（コンクリートの型枠材や足場材など）としての需要が増大した。

★4　日本は急峻な山林が中心で，零細な私有林が多いなど，元来，生産費が相対的に高かった。

★5　森林の乱伐を防ぐことや，雇用につながる木材加工業を育成することが目的。

★6　新規の就業者を対象とする研修等を支援する「緑の雇用」事業などが推進された。

▲日本の木材供給量の変化

▼日本の木材のおもな輸入先　　（金額ベース，％）

1970年		1990年		2021年	
アメリカ	33	アメリカ	39	カナダ	30
フィリピン	17	マレーシア	24	アメリカ	17
旧ソ連	13	カナダ	15	ロシア	13
マレーシア	12	旧ソ連	7	フィンランド	9

（「日本国勢図会」などによる）

3 | 世界の水産業

1 水産業の区分

❶ **漁業**　天然の水産資源（魚介類や海藻）を獲得する。

1 **海面漁業**　世界の主要海域で営まれている。暖かい海域では かつお，まぐろ など，冷たい海域では たら，にしん などの漁獲量が多い。

2 **内水面漁業**　河川や湖沼の淡水域で営まれ，コイ科魚類や なまず などが漁獲される。

❷ **養殖業**　水産資源を人工的に管理・育成して出荷する。**育てる漁業**といわれる。

1 **海面養殖**　世界的には，かき，のりの養殖がさかんで，えびや さけ の養殖も成長。

★1　かきはアメリカのチェサピーク湾，フランスのビスケー湾，日本の広島湾，松島湾の養殖が有名。

2　**内水面養殖**　経済成長と人口の増加により，たんぱく源として魚類への需要が高まったアジアの大陸諸国を中心に成長。

3　**栽培漁業**　人工的に孵化させた稚魚を海面に放流して資源量を増やし，それらが成長したあと再捕獲する漁業。**つくる漁業**といわれる。

補説　**マグロの資源管理と養殖**　世界での消費が増加しているマグロは，広い範囲を回遊するため，持続可能な漁業を実現するためには，国際機関によって資源状況を調査し，国別に漁獲枠を割りあて，ルールが守られているかどうか監視・管理していく必要がある。資源管理に取り組むため，大西洋まぐろ類保存国際委員会(ICCAT)，全米熱帯まぐろ類委員会(IATTC)，みなみまぐろ保存委員会(CCSBT)，インド洋まぐろ類委員会(IOTC)，中西部太平洋まぐろ類委員会(WCPFC)の5つの機関が設けられており，日本はすべてに加盟している。一方で，需要が高まった まぐろ の養殖も成長しており，1990年代よりスペイン，マルタ，イタリア，トルコ，クロアチア，キプロスなど地中海沿岸諸国で，漁獲した小型の まぐろ を生けすで育てて出荷する**蓄養**事業も本格化した。さらに2002年には日本の近畿大学水産研究所が，人工孵化から育てた まぐろ の産んだ卵を，再び人工孵化させて育てる**完全養殖**にも成功している。

▼おもな水産物の生産国・地域　　　　　　　　　　　　　　(2021年：重量ベース％)

かつお漁獲		たら漁獲		えび養殖		さけ・ます養殖		まぐろ漁獲・養殖	
インドネシア	21	ロシア	30	中国	50	ノルウェー	39	インドネシア	21
エクアドル	7	アメリカ	21	インド	10	チリ	23	日本	5
フィリピン	6	ノルウェー	11	ベトナム	9	イギリス	5	台湾	5
韓国	5	アイスランド	7	インドネシア	9	イラン	5	スペイン	5
台湾	5	フェロー諸島	4	エクアドル	8	トルコ	4	メキシコ	5

(FAO資料による)

2　漁業の成立条件

❶ **自然条件**　プランクトンが多く発生し，魚類が集まるために必要な条件。

1　**湧昇流**　深層から冷水が上昇する海域では，**栄養塩類**が海面付近に運ばれて**光合成**を行う植物プランクトンが発生しやすい。

2　**大陸棚**　大陸縁辺に分布する水深130m程度までの浅い海域で，陸上から流入する栄養塩類に恵まれる。とくに浅い場所を**バンク(浅堆)**といい，プランクトンが豊富で多くの魚類が生息する。

3　**潮境**　水温・塩分など性質の異なる海水が会合するところで，海面上に現れた境界は**潮目**とよばれる。海水が撹拌されてプランクトンが多く発生するほか，**寒流**に生息する魚類と**暖流**の魚類が集まる。

❷ **社会条件**　産業としての成立に関わる条件。

1 **市場**　魚食の文化が存在し、需要が大きいこと。

2 **技術**　漁獲や養殖に関わる技術、保存技術などの開発やコールドチェーンの形成など。

3 **その他**　水産業を営むための資本、豊富な労働力、排他的経済水域(EEZ)の設定など。

❸ **世界のおもな漁場**

1 **太平洋北西部漁場**　日本列島の近海には広い**大陸棚**が分布し、暖流の**黒潮**(日本海流)、対馬海流と寒流の**親潮**(千島海流)、リマン海流が会合する。**漁獲量が最も多く、魚種も豊富**。日本、韓国などが出漁しているが、中国の漁獲量が最大。

2 **大西洋北東部漁場**　北海を中心にバンクに恵まれた大陸棚が広がり、寒流の東グリーンランド海流と暖流の北大西洋海流が流れる。19世紀末よりトロール漁が導入され、海底付近に生息する たら や にしん などがさかんに漁獲されてきた。

3 **太平洋南東部漁場**　ペルー海流が引き起こす湧昇流が大量のプランクトンを発生させ、アンチョビー(かたくちいわし)の好漁場となっている。エルニーニョ現象の発生で漁獲量が著しく減少するうえ、**乱獲による資源量の減少も深刻**である。

4 **太平洋北東部漁場**　市場から遠く離れているが、沿岸に缶詰工場が立地したことで漁業が発達。

5 **その他の漁場**　北アメリカ市場に近接する大西洋北西部漁場は、バンクや潮境が存在する伝統的な好漁場。**太平洋中西部漁場**、インド洋東部漁場、インド洋西部漁場は、いずれもまぐろ や かつお の漁獲量が近年増加しており、出漁国では**水産加工業**が成長している。

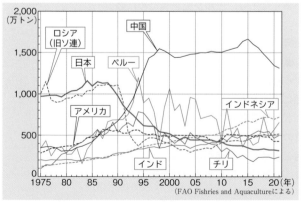

▲世界の国別漁獲量

★2　袋状の網を漁船で引きまわすトロール漁の普及や魚群探知機の開発などが一例。

★3　缶詰加工や冷凍・氷温貯蔵の技術など。

★4　水産物が漁船で漁獲されてから、水揚げ・輸送・販売を経て、家庭で消費されるまでを、冷凍・冷蔵技術を活用しながら結ぶ低温物流体系のこと。

★5　1970年代に多くの国が設定した漁業専管水域は、1982年に採択された国連海洋法条約により排他的経済水域(EEZ)に吸収された。他国の漁業専管水域・排他的経済水域で操業するためには、入漁料の支払いが求められる。

★6　北海にドッガーバンク、グレートフィッシャーバンク。

★7　おもに飼料や肥料に用いられる魚粉(フィッシュミール)に加工して、輸出されてきた。

★8　グランドバンク、ジョージバンクなど。さらにメキシコ湾流とラブラドル海流が会合する。

補説 **200海里水域**　1945年，アメリカはトルーマン宣言で，自国沿岸の大陸棚の水産資源は，領海3海里の外でも沿岸国の管理下におかれるという立場を表明した。その結果，日本は，アメリカ，カナダ，旧ソ連，中国などと，漁業に関する条約（協定）を結ぶことになった。1970年代には，沿岸の資源を重視した発展途上国が，**領海12海里と200海里の経済水域や漁業専管水域**を主張したのにつれ，それらが国際的な合意となり，1977年以来，世界の主要国が200海里水域を設定した（⇨p.329）。こうして，沿岸国の主権がうちたてられた結果，それまでの自由な漁業は，大きく変化した。

\ TOPICS /

おもな国の水産業の生産

	漁業生産量(万トン)			養殖業生産量(万トン)		
		海面(%)	内水面(%)		海面(%)	内水面(%)
中国	1,314	91	9	7,281	56	44
インドネシア	721	94	6	1,461	75	25
ペルー	658	99	1	15	60	39
ロシア	517	95	5	32	40	60
インド	503	63	37	941	13	87
アメリカ	428	99	1	45	46	54
ベトナム	354	96	4	475	44	56
日本	315	99	1	96	97	3
ノルウェー	256	100	0	167	99	1
チリ	239	100	…	144	99	1
世界計	9,234	88	12	12,604	55	45

(2021年)　　　　　　　　　　　　　　　　　　　　　（「世界国勢図会」による）

漁業は，海面での操業が中心であるが，アジアやアフリカの大陸国などでは河川や湖沼からの漁獲量も多くなっている。また，水産資源を管理しながら安定的に獲得できる養殖業が成長しており，とくに経済発展がすすみ，人口規模の大きいアジア諸国では漁業生産量を養殖業生産量が上回る傾向がみられる。東南・南アジアでは，マングローブが生育する汽水域で輸出向けに えび の養殖が行われてきたが，近年は内水面で国内市場向けの魚類の養殖が大きく成長している。ノルウェーやチリでは，フィヨルドの入江を利用した さけ の養殖がさかんで，世界的な水産物の輸出国となっている。

4 ｜ 日本の水産業

1 漁業の種類と動向

❶遠洋漁業　船団を組んで他国の沿岸や沖合に出向き，長期間にわたって操業する。おもに大規模な水産会社がになった。1970年代後半以降，多くの国が漁業専管水域を設定したことや石油危機による燃料費の高騰で漁獲量は減少し，輸入が代替するようになった。
★1

★1　1980年代後半には，円高が進行して国際競争力が低下したためさらに漁獲量が減少した。

❷沖合漁業　日本の排他的経済水域(EEZ)内で，いわし，あじ，さば，さんま，いか など多獲性魚類[★2]を中心に漁獲する。おもに中小規模の水産会社がになってきた。1990年代以降，水産資源の減少[★3]を背景に漁獲量も減少している。

❸沿岸漁業　日帰りで操業できる程度の近海で営まれる小規模な漁業。小型漁船や定置網などを利用してさまざまな魚種を漁獲する。

❹養殖業　波の穏やかな湾内などで海面養殖業が成長した。また資源量の減少が懸念されるなか，栽培漁業[★4]の重要性が高まっている。

2 水産物の輸入

❶まぐろ　資源保護のために海域ごとに各国の漁獲量が割りあてられており，中国，韓国，台湾などから輸入してきたが，**蓄養**がさかんなマルタ，トルコなど地中海諸国からの輸入も増加している。

❷えび　ベトナム，インドなど東南・南アジアの汽水域に生育するマングローブ林を伐採して造成された養殖池で生産された えびを，大量に輸入してきた。

❸さけ　フィヨルドを利用して養殖場が整備されたチリとノルウェーからの輸入が多い。

★2　一度に大量に漁獲される魚類。

★3　1997年より，サンマ，スケトウダラなどの6魚種を対象とする漁獲可能量(TAC)が定められ，資源管理が図られてきた。1998年にスルメイカ，2018年にはクロマグロが追加指定された。

★4　かき(広島県，宮城県)，のり(佐賀県，兵庫県)，ぶり(鹿児島県，愛媛県)，ほたて(北海道)など。

▲漁業の種類別の漁獲量
　1970年代，石油危機や，世界の国々が200海里水域を設定した結果，遠洋漁業の漁獲量は減少。沖合漁業は，すけとうだら，さば，いわしなどの漁獲量の変動がひじょうに大きく，90年代には激減した。なお，遠洋漁業は，北洋の母船式さけ・ます漁業や母船式かに漁業，東シナ海での底引網漁業(トロール漁業)などの種類があった。

③ 食料需給と食料問題

1 ｜ 世界の食料需給と食料問題

1 世界の食料需給と食料問題

❶ **世界の食料需給**　世界全体の穀物の生産量は，おおむね消費量を上回っており，数値上の供給量は足りている。しかし，WFP（国連世界食糧計画）は，2022年現在，栄養不足の状態にある人口が，アフリカやアジアの発展途上国を中心に7億3,500万人に上ると推計しており，飢餓が深刻である。[★2]

❷ **発展途上国の食料不足の背景**

1 **人口**　急激な人口増加（**人口爆発**）に食料生産が追いつかない。**貧困問題**をかかえ，食料の購入もままならない。

2 **農業**　生産性の低い伝統的な農業が営まれている。また，自給用の食料生産よりも輸出用の**商品作物**栽培が優先されてきた。

3 **流通**　道路や電力などのインフラ整備が遅れており，国内で食料の**流通体制**も整っていない。洪水や干ばつなどの自然災害にも脆弱。

4 **社会**　政情が不安定な国，**紛争**や**テロ**が蔓延し治安の悪い国も多く，農業生産が安定しない。

❸ **先進国の食料需給**

1 **飽食**　アメリカやオーストラリアなどでは**企業的農業**が発達し，大量の農産物が生産されている。日本やヨーロッパ諸国のように経済力のある先進国では，大量の農産物を輸入している。食料自給率が低い国でも，食料は質・量とも豊富で，飽食になっている。

2 **飼料用の穀物生産**　先進国のほか，近年畜産物の需要が伸びている新興国に向けて，飼料用の穀物生産が増大している。1kgの豚肉を生産するために約7kgの穀物[★3]が必要とされるように，畜産物の生産効率は悪い。飼料用の穀物生産が，食用穀物の生産を圧迫して穀物価格が上昇すると，発展途上国の食料不足につながる。

★1　習慣的な食料消費量が，通常の活動的で健康的な生活を維持するために不十分な状態。

★2　最大で7億8,300万人に達すると報告されている。

★3　牛肉1kgには約11kg，鶏肉1kgには約4kgが必要とされる。肉や卵など畜産物のカロリーを，必要な飼料のカロリーに換算した数値をオリジナルカロリーという。

▼地域別の栄養不足人口とその割合

	人口 （百万人）	割合 （%）
世界	735.1	9.2
アフリカ	281.6	19.7
北アフリカ	19.5	7.5
東アフリカ	134.6	28.5
中央アフリカ	57.0	29.1
南アフリカ	7.6	11.1
西アフリカ	62.8	14.6
アジア	401.6	8.5
中央アジア	2.3	3.0
東南アジア	34.1	5.0
南アジア	313.6	15.6
西アジア	31.6	10.8
ラテンアメリカ	43.2	6.5
カリブ海諸国	7.2	16.3
中央アメリカ	9.1	5.1
南アメリカ	26.8	6.1
オセアニア	3.2	7.0

（「The State of Food Security and Nutrition in the World 2023」による）

2 産業と資源

❹**食品ロス**　生産，加工，流通の段階で生まれる食料の廃棄や劣化を**フードロス**，消費する段階での食料の廃棄を**フードウェイスト**とよぶ。食料の輸送体制が整っておらず，冷凍・冷蔵設備の普及も遅れている発展途上国ではフードロスの割合が高い。先進国では，飲食店や家庭で余った食料を廃棄するフードウェイストの割合が高い。

POINT!

　食料需給…穀物，嗜好品作物が国際的に流通。
　┌発展途上国…食料生産が少なく，食料不足。
　│先進国…┌一部で生産過剰。
　└　　　　└他方で自給率が低下。

2 食料生産と環境問題

❶**土壌侵食**　アメリカなどでは，作物の連作，粗放的な栽培方法のため，風や降水により肥沃な表土が流出している。このため，水平な方向に畝をつくる等高線耕作が推奨されている。[4]
❷**水の枯渇**　センターピボット農法(⇨p.415)で使う水や，**カナート**(⇨p.114)などの地下水路，**掘り抜き井戸(鑽井)**(⇨p.91)などで得られる水は，長い間にたまった地下水であるが，たまるよりはるかに速いスピードで消費している。そのため，すでに一部の地域で枯渇，耕作ができなくなっている。さらに，将来，灌漑ができなくなることも予想される。中央アジアでは，アラル海の水位低下が深刻である。[5]
❸**塩害**　乾燥地域では，灌漑に使った水の蒸発により，地表に塩類が集積しやすい。
❹**森林破壊**　ブラジルでは，肉牛の放牧地や大豆畑を確保するために熱帯林の伐採がすすんだ。また東南アジアでも，油やし農園やえびの養殖池を造成するために，熱帯林やマングローブ林の破壊が深刻化している。

★4　生産効率が悪いため，取りやめた耕地も多い。

★5　流入する河川(アムダリア川・シルダリア川)から灌漑用の取水量が増加したことが原因。

▼等高線耕作(アメリカ)　小麦を刈り取った跡が見える。

2 ｜ 日本の食料需給と食料問題

1 日本の食料需給

❶日本人の食生活　伝統的に米，野菜，魚を中心とする食事内容であったが，第二次世界大戦後には米の消費量が減少する一方，パンや肉類の消費が伸びた。

> 補説　**食習慣の変化**　高度成長期には加工食品の需要が増大して，食品産業が急成長し，**外食産業**の規模が拡大した。「飽食の時代」といわれる現在では，多様化，高級化，個性化がいっそう進んでいる。最近は，健康，安全性への志向が高まり，自然農法や有機栽培，無農薬栽培が注目されている。一方で，生活スタイルの変化や女性の社会進出により，調理や食事を家庭外に依存する状況の「食の外部化」がみられる。食のサービス化，簡便化ともいわれ，「**中食**」(惣菜や弁当などを買い，持ち帰って食べる)や，「**外食**」の頻度が高まっている。また，時間不足から食事をとらない「**欠食**」，家族が異なった時間に食事をとる「**孤食**」，家族が同じ食卓についても各人が異なった食事をとる「**個食**」など，食習慣の変化がみられる。

❷食料の輸入　食生活の高度化にともなって，小麦，飼料用のとうもろこし，肉類，果実などの輸入量が増加し，**食料自給率**★¹の低下がすすんだ。

❸農産物の市場開放　日本では，経営規模が小さく，国際競争力の弱い農業の保護政策がとられてきたが，貿易摩擦が激化した

★1　食料の国内供給量にしめる国産品の比率。重量ベース，カロリーベース，生産額ベースなどの算出法がある。

▼日本の食料品の輸入割合（2022年）

食料品の種類	%
とうもろこし…	8.1
豚肉…………	5.8
大豆…………	3.6
さけ・ます…	2.9
小麦…………	3.5
まぐろ………	2.4
コーヒー豆……	2.3
計…9兆4,923億円	

（「データブックオブ・ザ・ワールド」による）

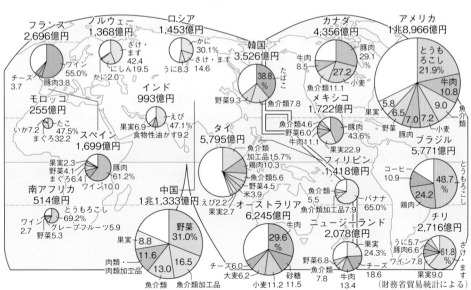

▲日本が輸入するおもな食料（2022年）

（財務省貿易統計による）

1980年代に日本の市場開放を求める圧力が強まった。1991年に**牛肉**，オレンジの輸入が自由化されたほか，1995年からは**米**の輸入も開始された。近年は中国や韓国などから野菜の輸入も増加している。

2 日本の食料問題

❶ **国内の農業**　日本の食料自給率は先進国の中で最低水準となっている。海外からの安価な農産物が大量に流入して国内の農業を圧迫すると，食料安全保障が脅かされるおそれもある。担い手の育成や農村の振興が課題となっているが，高度な環境制御が行われた施設で野菜などを年中生産する**植物工場**も増加している。

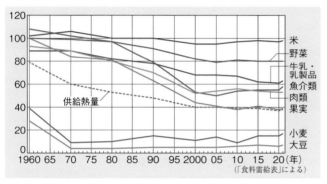

▲日本の食料自給率　（単位：%）

❷ **食の安全性**　2000年代以降，BSE(牛海綿状脳症)や鳥インフルエンザなど家畜伝染病問題，遺伝子組み換え作物(⇨p.167)の流通，残留農薬問題，産地偽装表示など，国産および輸入食品においてさまざまな問題が表面化した。

　食の安全を確保する取り組みとして，2001年には生鮮食料品の原産地表示や遺伝子組み換え食品の表示など食品表示が強化された。また，牛肉や米などでトレーサビリティが義務化されている。

❸ **環境への負荷**　大量の食料を遠隔地から日本まで輸送するためには，膨大なエネルギーが消費され，多くの二酸化炭素(温室効果ガス)が排出されている。こうした問題意識から，地元で生産された食料を地元で消費する地産地消に関心が集まっている。

★2　GATT(⇨p.239)ウルグアイ=ラウンドの妥結を受け，ミニマムアクセス(最低輸入量)による米の輸入が開始された。1999年以降は，ミニマムアクセスを超える米の輸入も関税を課すことで認められた(自由化)。

★3　凶作や輸入の途絶など不測の事態が発生した際にも，国民が必要とする最低限の食料供給を確保すること。

★4　1961年の農業基本法にかわって，食料自給率の計画や安全性などをもりこんだ食料・農業・農村基本法が，1999年に制定された。

★5　商品の生産から流通，販売までの履歴情報を管理すること。

★6　食料の輸入量×輸送距離で算出される指標は，フードマイレージとよばれる。

★7　さまざまな食料を地元で生産するためには，最適地で生産するよりも肥料や電力が必要で，そのために多くのエネルギーが用いられるという指摘もある。

農業・食料問題

◯流水客土

流水を利用して耕地の土壌を入れ替えることを流水客土という。客土とは、土地改良の手段の1つで、人工的にそっくり土壌を入れ替えることである。たとえば富山県の扇状地では、山で赤土を溶かして泥水とし、それを従来の用水を利用して、耕地に流し入れる方式で、水もちのよい水田が開発された。

◯ミニマムアクセス

最低輸入義務量。一年間に輸入しなければならない農産物の最低量のこと。高関税による事実上の輸入禁止政策を撤廃することが目的で、1994年に合意が成立したGATT(関税と貿易に関する一般協定)ウルグアイ=ラウンドの農業分野で定められた。

日本は、米に関して、ミニマムアクセス以外の米の輸入を拒否する「関税化の例外措置」を選んだため、2000年まで毎年輸入量を増加させるこの方式が課せられた。しかし、1999年度より条件付で関税化したため、2000年度のミニマムアクセス(76.7万玄米トン)が、2001年度以後も継続されることになった。

◯セーフガード

WTO(世界貿易機関)で認められた緊急輸入制限。海外からの特定品目の輸入が増えすぎたとき、国内の産業を保護するために政府が緊急に輸入を制限すること。中国からの生しいたけ、ねぎ、いぐさ(畳表)について、2001年暫定措置としてセーフガードが発動された。

◯ジャポニカ種とインディカ種

ともに稲の品種。ジャポニカ種は、日本、中国東北部、朝鮮半島で栽培。粘り気が強く、栽培地域は箸を使う文化とほぼ一致する。

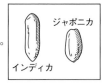

一方、インディカ種は、中国南部から東南アジア、南アジア地域まで広く栽培されており、世界的にみるとこちらの消費量の方が多い。細長い長粒米で、粘り気が少ない。チャーハン(炒飯)やカレーに向いている。

◯ネリカ米

アフリカの食料問題の改善を目指し、乾燥、病害虫、雑草などに強いアフリカ稲と、高収量のアジア稲との交配により生みだされた品種をネリカ(NERICA：New Rice for Africa)と総称する。生育期間が短く、干ばつなどのリスクを避けやすいことや、従来のアフリカ稲よりも収量が多いことなどの特徴をもつ。1992年にアフリカ稲センター(WARDA)が開発に成功し、現在は陸稲18品種のほか、水稲も60品種が登録されている。

◯有機農業

人工の化学肥料や農薬を控え、堆肥や糞尿などの有機肥料などを使って、農作物や土の能力を生かす農業。安全で味のよい農産物の生産をめざす。

一般的な農業では、栽培時以外に、収穫後(ポストハーベスト)の輸送や保存のためにも農薬が使われる。その場合、使用された農薬が残留して人体に影響を与える恐れもある。また、農薬使用は環境汚染も引き起こす。

そのため、経費的には割高ではあるが、農薬を極力使用しない有機農業が、食の安全や環境保全の観点から注目されている。

◯遺伝子組み換え作物

生命工学(バイオテクノロジー)の遺伝子組み換え技術を用いて、遺伝的性質を改変した農作物。従来の交配による品種改良とは異なり、短時間で、自然界に存在していない作物を作り出すことが可能となっている。

改良の方向として、まず除草剤耐性、病害虫耐性、貯蔵性増大などの性質をもった作物がある。特定の除草剤に耐性をもつ作物は、その除草剤の散布によって枯れたりしないので、他の雑草を駆除することができる。ラウンドアップという強力な除草剤とそれに耐性をもったとう

もろこしなどができている。

このような品種改良は，生産者や流通業者の利点が強調されるが，消費者にとって安全な食品であるかどうかという懸念が指摘されている。

現在では，消費者にアピールできるような特定の有用成分を多く含んだ品種の開発もすすめられている。高オレイン酸形質をもった**大豆**が，すでに栽培されている。

遺伝子組み換え作物（GM作物）は，アメリカ，ブラジル，アルゼンチン，カナダなど企業的農業が発達している新大陸で生産がさかん。さらにインドや中国でも綿花の生産で栽培面積が拡大している。

○バイオエタノール

とうもろこしやさとうきびなどの**バイオマス**（生物由来のエネルギー資源）から製造されるエタノール（エチルアルコール）のこと。**アメリカやブラジル**では，自動車燃料として利用されている。日本でもバイオエタノール製造の社会実験が行われているが，製造コストの削減が課題となっている。

自然の営みに由来し，枯渇することのない**再生可能エネルギー**として期待されている。しかし，その一方で，バイオエタノールの製造に食料用作物を利用すると，需要増加による価格高騰で食料不足や飢餓を助長すること，また，耕地の拡大で環境破壊をまねくなどの問題点が指摘されている。

そのため，食料用作物に頼らずに，もみ殻や間伐材などからエタノールをとりだす研究がすすめられている。

○オリジナルカロリー

食料消費カロリーのうち，肉や卵などの畜産物のカロリーを，それらを生産するのに要した**飼料**のもつカロリーに換算したもの。

この考え方によると，多くの肉類を消費する先進国は，はるかに多量のカロリーを消費していることになる。また，このような畜産物を生産するための飼料作物の生産が，食用作物の生産を圧迫し，発展途上国での**食料不足**につながっているともいえる（⇨ p.177）。

○食品ロス

本来，食べられる食品が廃棄されることをいう。海外では，生産，加工，輸送などのサプライチェーンの中で生じる食品の損失を**フードロス**（Food loss），小売店，飲食店および消費者による食品の廃棄を**フードウェイスト**（Food waste）とよんでいる。1人あたりの食品ロスは，サハラ以南アフリカや南・東南アジアで低い傾向がみられるが，生産・加工技術や輸送，貯蔵などに課題をかかえている国が多く，消費の前段階で損失するフードロスの割合が高い。

日本を含む先進国は，1人あたりの食品ロスが多く，とくにフードウェイストの比率が発展途上国と比べて高くなっている。

○仮想水（バーチャルウォーター）

食料を輸入する際に，仮にその分の食料を生産するとしたら，どれだけの量の水が必要かを推定した水資源量のこと。

例えば，牛肉1キロの生産に20.6トン，豚肉1キロに5.9トン，大豆1キロに2.5トンの水が使われるという。

環境省の試算によると，海外からの食料輸入量が多い日本の2005年の仮想水は，約800億立方メートルにもなり，日本国内で年間に使用される水の量とほぼ同じである。言い換えると仮想水は，海外から間接的に輸入している水とみなすことができ，その場合，アメリカからの輸入が最も多いことになる。

○フードマイレージ

生産地から食卓までの距離が短い食品を食べた方が，輸送に伴う環境負荷が小さいという考えから，輸入農産物の環境負荷を数値化するためにつくられたもの。各国からの食料輸入量×輸送距離（単位：トンキロ）で算出する。

農林水産省の試算によると，2016年の日本のフードマイレージは約8,400億トンキロで，国内の年間貨物輸送量を上回り，韓国やアメリカの約3倍もある。

4 資源・エネルギー

1 | エネルギー資源の分布

1 エネルギー資源とその推移

❶ **産業革命前のエネルギー資源**　人力以外では，家畜による畜力，風車や帆などの風力，水車による水力など，自然力に依存。

❷ **産業革命後のエネルギー資源**　**蒸気機関**の発明によって，**石炭**がエネルギー資源の主力となり，エネルギーの利用が拡大するとともに，炭田開発や工業地域の形成がみられた。内燃機関の発明後は，石油[★1]の利用もすすんだ。

❸ **エネルギー革命**　1960年代には先進国を中心に，主要なエネルギー源が固体燃料の石炭から，液体燃料の石油に移り変わった[★2]。この変化を，**エネルギー革命**とよんでいる。

❹ **新しいエネルギー**　1970年代の**石油危機**を契機として，**原子力や天然ガス**の利用がすすんだ。さらに**枯渇するおそれがなく，環境負荷の小さいクリーンなエネルギー**として，**風力，地熱，太陽光**，太陽熱，潮力(潮汐)，バイオマス(生物資源)[★3]などの再生可能エネルギーの活用も現代世界ではすすんでいる。

> 補説　**一次エネルギーと二次エネルギー**　化石エネルギーの石炭，石油，天然ガス，核エネルギーの原子力，自然エネルギーの水力，風力などを，**一次エネルギー**という。これに対し，石油，石炭，原子力，水力などの一次エネルギーを転換して得られる**電力**や，石炭をむし焼きにしてつくる**コークス**，薪をむし焼きにしてつくる**木炭(炭)**などを，**二次エネルギー**という。

2 エネルギー資源の消費

❶ **先進国**　経済活動が活発な北アメリカ，ヨーロッパや日本などの先進国では，**エネルギーの生産量を供給量(消費量)が上回る傾向がみられ**[★4]，1人あたりのエネルギー消費量も多い。

❷ **発展途上国**　ペルシア湾岸などの産油国では1人あたりのエネルギー消費量が多いものの，大半の発展途上国ではエネルギーの生産量を供給量が下回っており，**エネルギーが不足**している。

❸ **新興国**　近年の経済成長が目覚ましい新興国では，エネルギーの消費量が急増している。とくに人口の多い中国やインドは，1人あたりのエネルギー消費量は比較的少ないが，国全体での**エネルギー消費量が増大**している。

★1　石油は，1859年，アメリカのペンシルヴェニア州で，はじめて油井から採油され，利用が広まった。

★2　流体燃料のほうが輸送などで効率的なこと，国際石油資本が安価な石油を供給してその利用を働きかけたことなどによる。

★3　生物の活動を利用したエネルギー資源。例えば植物の発酵によってメタンガスやアルコールが得られる。

★4　ただし，シェールオイルの開発が急速に進展した近年のアメリカでは，エネルギーの生産量が供給量を上回るようになった。

3 石炭

❶ 特徴　石炭は地質時代の植物遺骸が，地中で炭化してできた固体燃料。各地に埋蔵するが，とくに**古生代**の石炭紀に起源をもつ石炭は良質で豊富なため，**おもな炭田は古期造山帯に分布する。**他の化石燃料より**確認埋蔵量★5**が多く，安価であるが，燃焼による二酸化炭素や硫黄酸化物などの排出量が多く，環境負荷が大きい★7ため，先進国を中心に石炭の利用を削減する動きが強まっている。

❷ おもな産出国

① **中国**　生産量，消費量とも世界最大。**タートン炭田**が位置する山西省や内モンゴル自治区，陝西省など華北での生産量がとくに多い。東北地方には伝統的な炭田もみられ，近年は内陸部での開発もすすんでいる。

② **インド**　ダモダル炭田が位置する東部のジャルカンド州などで産出し，生産量は中国に次ぐ世界第2位であるが，経済成長とともに国内消費量が伸び，輸入も多い。

③ **インドネシア**　1980年代以降，外国資本による炭田開発がカリマンタン島などで進展し，**輸出量が増大した。**

④ **オーストラリア**　古期造山帯のグレートディヴァイディング山脈が通過する東部に炭田が集中しており，**中国，日本などアジアへの輸出が多い。**

⑤ **ロシア**　西シベリアのクズネツク炭田の産出量が多く，ウラル山脈周辺（ペチョラ炭田など）や東シベリア（レナ炭田，ツングース炭田など）でも開発がすすんでいる。

⑥ **アメリカ**　アパラチア炭田が五大湖沿岸工業地域の基盤となってきたほか，中央炭田やロッキー炭田の産出量も多い。

⑦ **コロンビア**　古期造山帯に該当する地域がほとんど存在しないラテンアメリカで，随一の石炭生産国。火力発電などに用いられる一般炭が多く，大部分が輸出される。

⑧ **ポーランド**　スデーティ山脈北麓のシロンスク炭田が代表的。EU加盟国中で産出量がドイツに次いで多い。

⑨ **その他**　南アフリカ共和国（トランスヴァール炭田），カザフスタン（カラガンダ炭田），ウクライナ（ドネツ炭田）も出炭国。イギリスのランカシャー炭田やミッドランド炭田は，近代の産業革命を支えたが，資源が枯渇している。**ルール炭田**（ドイツ）はライン川水運と結びついてドイツの重工業の基盤となったが，2018年に閉鎖された。

▼石炭の可採埋蔵量
（2020年）

国名	％
アメリカ	23.2
ロシア	15.1
オーストラリア	14.0
中国	13.3
インド	10.3
世界計…7,536億t	

（「データブック オブ・ザ・ワールド」による）

★5　地質時代の植物や生物に起源をもち，地中で生成された燃料の総称。

★6　現在の技術的・経済的条件の下で，90％以上の回収が可能と推定される資源量のこと。

★7　二酸化炭素を回収し，地中に封入する技術も研究されている。

★8　フーシュン炭田は，20世紀初頭に日本資本の南満洲鉄道株式会社が開発した。

	性質とおもな用途
無煙炭 （むえんたん）	品位が高い。家庭暖房用の燃料炭や，カーバイドの原料
瀝青炭 （れきせいたん）	粘結性の強い強粘結炭はコークス用→製鉄に使うので，原料炭とよぶ
亜瀝青炭 （あれきせいたん）	一般炭として，ボイラー用の燃料炭に使用
褐炭 （かったん）	品位が低い。亜瀝青炭と同じ用途

◀石炭の種類と
　おもな用途

▼世界のおもな炭田と国
　別の石炭産出割合
　グラフの中で産出割合
　が４位以下の国名にも
　注目しておくこと。

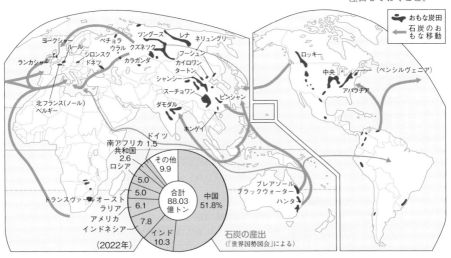

石炭の産出
（「世界国勢図会」による）

中国 51.8%
インド 10.3
インドネシア 7.8
アメリカ 6.1
オーストラリア 5.0
ロシア 5.0
南アフリカ共和国 2.6
南アフリカ 1.5
その他 9.9
合計 88.03 億トン
（2022年）

2
産業と資源

4 石油

❶ 特徴　石油は炭化水素を主成分とする液体燃料で，プランクトンの遺骸が地圧と地熱の影響を受けて生成される。中生代に海底であった地域に多い。石炭よりも偏在性が大きく，ペルシア湾沿岸地域やアメリカ，ロシアなどで多く産出する。液体で地中を移動するため，**褶曲構造の背斜部や断層で移動が妨げられる場所**などに集中する。

❷ 石油をめぐる動向

１ 資源ナショナリズム　油田の探査や石油の採掘には高度な技術と多額の資金が必要なため，アメリカ，イギリスなど先進国の**国際石油資本（石油メジャー）**が生産や販売を独占していた。わずかな利権料を受け取るだけだった産油国で資源ナショナリズムが高まると，1960年に**石油輸出国機構（OPEC）**，1968年にアラブ石油輸出国機構（OAPEC）が結成された。

２ 石油危機　1973年の第四次中東戦争に際してOPECとOAPECが価格や生産量の決定権を獲得して，**石油危機（オイルショック）**が起こった。石油危機を機に産油国には多額の石

★9　石油は，油田から採掘された原油と精製された石油製品の総称。

★10　自国の資源に関する主権を確立し，経済的な自立や発展に結びつけようという考え方。

★11　原加盟国は，イラク，イラン，クウェート，サウジアラビア，ベネズエラの5か国。

★12　原油価格が急騰し，先進国の経済が停滞した。1979年にはイラン革命の影響で第二次石油危機も発生した。

油収入がもたらされたが、メキシコ湾岸や北海（ほっかい）などでも油田開発が本格化する★13とともに、エネルギー源の多角化もすすんだ。★14

3 近年の動向 原油価格が低下した1980年代後半以降は、埋蔵量の多いペルシア湾岸諸国のシェアが回復したが、中国やインドの経済成長にともなって需要が増加した2000年代以降は、再び石油価格は大きく上昇した。

Q 石油メジャー（国際石油資本）というのは、具体的には、どんな会社なのですか。

A 本国にある本社のほか、世界各国に支社や系列会社を展開している石油関連の多国籍企業のこと。かつてはセブン＝シスターズとか8大メジャーとよばれる7～8社をさしたが、現在は、アメリカ系のエクソン＝モービル、イギリス＝オランダ資本のシェル、イギリス系のBP（旧ブリティシュ＝ペトロリアム）を石油3強という。さらにシェブロン、コノコフィリップス（アメリカ）、トタルエナジーズ（フランス）を加えた6社を、スーパーメジャーともいう。産油国の力が強まって以降、生産部門の比重は小さくなったが、輸送、販売面や技術面では強大な力を持っている。

★13 海底油田の開発費用は高額になるが、原油価格が上昇したことで採算性が向上した。

★14 1973年の世界の原油生産にしめるOPECのシェアは約51％であったが、1985年には約27％に下落した。

補説 **アラブ石油輸出国機構（OAPEC）** 1968年に、アラブ民族の産油国が結成。アラブ全体の石油戦略の実施を目的とする。とくに、1973年の第四次中東戦争に際し、イスラエルを支持するアメリカなどの先進国に対抗。石油の生産削減を決定し、価格引き上げを実施した。その結果、世界経済は大いに混乱した（石油危機、オイルショック）が、産油国の石油資源に対する主権が確立され、以後、石油価格の大幅な引き上げが行われた（⇨p.371）。

▼世界のおもな油田と国別の石油産出割合
グラフ中で、産出割合が4位以下の国名にも注目しておくこと。

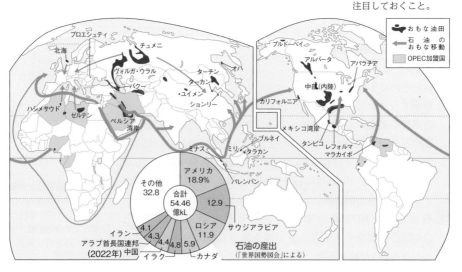

石油の産出
（「世界国勢図会」による）

合計 54.46億kL
アメリカ 18.9%
サウジアラビア 12.9
ロシア 11.9
カナダ 5.9
中国 4.8
イラク 4.4
アラブ首長国連邦 4.3
イラン 4.1
その他 32.8
（2022年）

❸ おもな産出国

1 **アメリカ**　開発の古いアパラチア油田の産油量は減少。メキシコ湾岸と内陸に油田が分布する**テキサス州**のほか，ロッキー山脈周辺の諸州やアラスカ州でも石油を採掘している。2010年代以降は，シェールオイル[★15]の生産量が増大した。

2 **ロシア**　オビ川中流の**チュメニ油田**のほか，ヴォルガ川流域やサハリン北部などで採掘されており，**パイプライン**を用いてヨーロッパなどへの輸出が行われてきた。

3 **サウジアラビア**　世界最大の**ガワール油田**のほか，大規模な油田が集まっている。ラスタヌーラ港などから積み出された原油は，ホルムズ海峡を経由して世界中へ輸出されている。

4 **その他**　中国では黒竜江省のターチン油田が最大の油田であるが，2000年代に内陸の**新疆ウイグル自治区**で産油量が増加した。東南アジアではインドネシア，マレーシア，ベトナムなどで石油を産出するが，国内需要が増加して輸出余力が低下した[★16]。アフリカではニジェール川河口に油田が分布する**ナイジェリア**が最大の産油国である。カナダではアルバータ州で，ベネズエラではマラカイボ湖で以前から産出してきたが，2000年頃より**オイルサンド**[★17]の採算性が高まったため，**石油の埋蔵量が急増**した。ブラジルは，リオデジャネイロ沖合で海底油田の開発をすすめ，1990年代以降に産油量が急増した。

★15 地中深くの頁岩（シェール）層に散在する石油。水圧破砕法などの採掘技術が確立されたことや，資源価格の高騰で採算性が向上したことで開発が急速にすすみ，シェール革命とよばれる。

★16 かつてOPECに加盟していたが，純輸入国に転じたことなどから2016年に脱退した。

★17 流動性のないタール状の原油を含む砂岩層。

5 天然ガス

❶ **特徴**　地質時代の生物遺骸が地層中で分解されてできた**メタン**を主成分とする可燃性ガス。石油と同様に地中を移動して背斜部などに集まるが，原油に溶解しているガスのほか，地中に単体でも存在しており，石油より偏在性は小さい。石油危機後に生産量や消費量が増加したが，燃焼時の二酸化炭素や窒素酸化物などの排出量が少なく，**環境負荷が比較的低い点**が注目される。近年は，頁岩層から採掘されたシェールガスの活用もすすんでいる。−162℃に冷却すると，液化して体積が600分の1に縮小するので，専用船を用いた液化天然ガス(LNG)での貿易も行われている。

Q 家庭用のガスボンベにはLPGの表示があります。LNGとどうちがうのでしょう。

A LNGは液化天然ガスで，Liquefied Natural Gasの略だね。LPGは液化石油ガスで，ふつうプロパンガスといわれ，石油精製の途中でできるものだから，LNGとはまったくちがうよ。Liquefied Petroleum(石油)Gasを略してLPGだ。

❷ おもな産出国

1 **アメリカ**　テキサス州のほか，各地で産出する。シェールガスの採掘も増加している。

②　**ロシア**　オビ川下流など西シベリアがおもな産地で，ヨーロッパにはおもにパイプラインで輸出してきた。[18]

③　**ペルシア湾岸**　東アジアやヨーロッパなどの主要市場から離れており，競争力が劣るLNGで輸出する必要があるため，原油と比べて世界計にしめる生産シェアは低い。しかしイランとカタールの確認埋蔵量はそれぞれ世界第2位，第3位であり，とくにカタールは天然ガスの世界的な輸出国となっている。

▼天然ガスの産出と輸出の割合（2022年）

天然ガスの産出		パイプラインによる輸出		LNGによる輸出	
アメリカ	24.2 ％	ロシア	17.4 ％	カタール	21.0 ％
ロシア	15.3	ノルウェー	16.3	オーストラリア	20.7
イラン	6.4	その他ヨーロッパ	13.5	アメリカ	19.2
中国	5.5	アメリカ	11.5	ロシア	7.4
カナダ	4.6	カナダ	11.4	マレーシア	6.9
カタール	4.4	トルクメニスタン	5.7	ナイジェリア	3.6
オーストラリア	3.8	アルジェリア	4.9	インドネシア	2.8
ノルウェー	3.0	アゼルバイジャン	3.1	オマーン	2.8
世界計　4,044（十億m³）		世界計　718（十億m³）		世界計　542（十億m³）	

（「The Energy Institute Statistical Review of World Energy」による）

6　電力

❶　**特徴**　電力は，産業分野だけでなく，日常生活のあらゆる場面で直接利用される二次エネルギーで，他のエネルギー資源と違って輸出入は低調である。[20]そのため1人あたりの発電量や消費量は，先進国で大きくなる傾向が顕著。

❷　**おもな発電方法**

①　**火力発電**　化石燃料の燃焼で得た熱エネルギーで蒸気を発生させ，タービンを回す発電方式で，[21]世界の総発電量のおよそ6割をしめている。燃料には石炭のほか，近年は天然ガスの使用が増えている。立地上の制約は小さいため，**料輸送の便が良い臨海部や需要の多い大都市圏に集まる傾向がある。**

②　**水力発電**　水流を利用し，タービンを回して発電する。**水資源に恵まれ，地形的な落差を得やすい地域に立地し，**ノルウェー，カナダ，ブラジル，ニュージーランドなどで主力の発電方式となっている。水量の変化を避けるために貯水したダムでの発電が一般的であるが，大規模な開発は自然環境や生態系への影響が大きいため，水路式発電[22]や小水力発電[23]も行われている。

③　**原子力発電**　ウランを用いた燃料の核分裂反応から得た熱エネ

★18　2022年のロシアによるウクライナ侵攻を批判するヨーロッパに向けての天然ガス供給は縮小した。

★19　液化するための冷却施設，専用船などの投資が必要で，一般にパイプラインによる貿易よりもコストが高い。

★20　フランスから輸入しているドイツや，ラオスから輸入しているタイの例などもある。

★21　流体のエネルギーを回転運動に変換する機械で，発電機を回すために必要。

★22　上流で取水した水を地下水路などで急斜面まで導いて発電する。

★23　小河川や用水路などの水流を利用して発電する。

ルギーで蒸気を発生させ，タービンを回す。高度な技術と多額の資本が必要で，フランスをはじめとする多くの先進国や韓国で導入されてきた。大量の冷却水を求めて，フランスでは河川沿い，日本では大都市圏から離れた沿岸部を中心に立地。安全性への懸念からイタリアやドイツなど一部の先進国で脱原発がすすむが，発展途上国では導入の動きが強まっている。

7 再生可能エネルギー

❶ **特徴**　水力，1970年代の石油危機以降に開発がすすんだ風力，太陽光，地熱，バイオマスなど永続的に利用できるエネルギーを再生可能エネルギー[24]とよぶ。**発電時に温室効果ガスを排出せず環境負荷が比較的小さいが，供給の安定性など課題もある。**

❷ おもな再生可能エネルギー

1 **風力**　電力への変換効率が高く，世界の多くの国で導入されている[25]。**風の強弱に影響されやすく，騒音[26]などの問題もある。**

2 **太陽光**　太陽電池(ソーラーパネル)を用いて，太陽の光エネルギーを直接電力に変換する。個人の住居から大規模なメガソーラーまで，各所で発電が行われている。**天候や時間で発電量が変動する**ほか，ソーラーパネルの廃棄物をめぐる課題も残る。

3 **地熱**　地下に存在する熱水からの蒸気を利用して発電する。高い地熱を得られる火山国で実用化されている[27]。

4 **バイオマス**　植物を原料とする**バイオエタノール**[28]や**バイオディーゼル**[29]が，温室効果のある二酸化炭素の増加をもたらさない燃料[30]として活用されている。また，木質ペレット[31]などを燃焼して行うバイオマス発電も実用化されている。

5 **その他**　反射板で太陽光を一点に集めて得られる高熱を利用した太陽熱発電や，海洋の干満の際に生まれる水位差を利用した潮汐発電など。

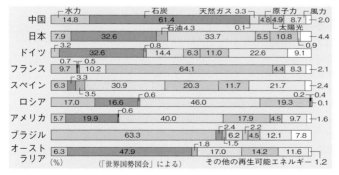

▲発電源別の発電量割合(2022年)

★24 2022年現在，水力を含む再生可能エネルギーによる発電量は，世界の総発電量の約30%に達している。

★25 イギリスやデンマークなど偏西風を利用できる西ヨーロッパで普及しているほか，近年は中国の内陸部で急速に発電量が伸びている。

★26 騒音問題を回避するために，洋上風力発電の取り組みもみられる。

★27 火山の多い日本では，火山前線に沿った大分県，秋田県などに地熱発電所が立地している。ただし適地が開発の規制がある自然公園内に多いうえ，温泉の枯渇を懸念する地元観光業界などの理解を得にくく，日本の地熱発電量は伸び悩んでいる。

★28 アメリカではとうもろこし，ブラジルではさとうきびを原料とするバイオエタノールが自動車用の燃料などに利用されている。

★29 油やしや菜種などの油脂作物から得られる軽油代替の燃料。

★30 植物の生長過程でとり込んだ二酸化炭素(炭素)を，燃焼時に排出しても，温室効果ガスの増加にはつながらないという考え方を，カーボンニュートラルとよぶ。

★31 木材からつくる円筒形の固体燃料。

2 │ 原料資源の分布

1 原料資源の種類

❶ **金属資源**　近代工業を支えてきた**鉄**と鉄以外の金属。**非鉄金属**には銅，鉛などの重金属，アルミニウム，マグネシウムなどの軽金属，金，銀などの貴金属およびコバルト，ニッケルなどのレアメタル(希少金属)がある。

❷ **非金属資源**　ダイヤモンド[★1]，石灰石，粘土鉱物，硫黄，りん鉱石などの鉱物。

★1　結晶質の炭素からなる最も硬い鉱物で安定陸塊に多い。宝石となる装飾用と研削・研磨などに利用される工業用とに分けられる。

2 鉄鉱石

❶ **特徴**　鉄の原料鉱石で，先カンブリア時代の基盤岩に多く埋蔵しており，おもな産地は安定陸塊の楯状地に分布する。

❷ **おもな産出国**

① **オーストラリア**　西部のピルバラ地区に鉄山が集まっており，**露天掘り**で大規模に採掘されている。鉄鉱石の生産量・輸出量ともに世界第1位で，中国，日本，韓国などに輸出している。

② **ブラジル**　ブラジル楯状地のイタビラ鉄山や**カラジャス鉄山**[★2]が主産地。東アジアのほか，北アメリカやヨーロッパへ輸出している。

★2　埋蔵量が世界最大といわれ，1980年代に開発が開始されたが，熱帯林の破壊もすんだ。

③ **中国**　アンシャン(遼寧省)やターイエ(湖北省)など歴史的な鉄山も存在するが，工業化が進展した近年は輸入量が生産量を上回っている。

④ **その他**　インド，ロシア，南アフリカ，カナダなどがおもな産出国。EU加盟国ではスウェーデン北部(キルナ，マルムベリェト)で採掘されている。

補説　**露天掘りと坑内掘り**　地表からすり鉢状に直接掘りすすんで鉄鉱石や石炭などの地下資源を採鉱する方法を，露天掘りという。機械を導入しながら大規模に採掘できるために，経済性や安全性が高いが，植生被覆の破壊や粉塵の発生など環境問題を引き起こしやすい。一方，坑道を開削して，地下資源を採掘する方法を，坑内掘りという。鉱物資源が地下深くに存在する場合に採用されるが，露天掘りと比べて生産性が低く，落盤事故や地下水漏出など災害の危険性が高い。

3 銅鉱

❶ **特徴**　銅は，鉄よりも古くから利用されてきた金属であるが，電気伝導性が高いため電気の利用が普及した近代になって需要が増加した。

❷ おもな産出国

1 **チリ** 埋蔵量・生産量・輸出量のいずれも世界第1位で，日本にとっても最大の輸入先である。北部〜中部の乾燥地域に大規模な鉱山が集まっている。[★3]

2 **コンゴ民主共和国** 南部のカタンガ州から隣国の**ザンビア**にかけて大規模な鉱床が存在し，**カッパーベルト**とよばれる。精錬された銅は，鉄道を利用して積み出し港に輸送される。[★4]

3 **その他** ペルー，アメリカ，メキシコ，インドネシアなどの環太平洋諸国のほか，中国やオーストラリアでも採掘されている。[★5]

4 ボーキサイト

❶ **特徴** アルミニウムの原料鉱物。化学反応で得られるアルミナを電気分解し，アルミニウムを製造する。ラトソル（⟳p.108）が分布する熱帯や亜熱帯に多く埋蔵している。

❷ おもな産出国

1 **オーストラリア** 生産量は世界第1位で，北部の**ウェイパ**とゴヴが主産地。

2 **中国** 産地は，山西省ほか各地に分散しているが，アルミニウムの生産量が増加したことにともなって輸入も増加している。

3 **その他** ギニア，ブラジル，インドネシア，インド，ジャマイカなど，**低緯度に位置する国での産出量が多い**。

5 レアメタル

❶ **特徴** 地球上で存在量が少ないか，**技術的**または**経済的**に精錬が困難な金属の総称。半導体や特殊合金の原料となり，**先端技術産業に欠かせない**。産出国の偏りが顕著なため，レアメタルの安定的な確保が課題となっている日本などの先進国では，資源の**備蓄**や輸入先の**多角化**が図られており，廃棄物から回収して再利用する**リサイクル**の取り組みもみられる。とくに人口の多い都市部では，レアメタルなどの金属資源を含んだパソコンやスマートフォンなど電子機器の廃棄量も多いため，都市鉱山という語も生まれている。

❷ おもなレアメタル

1 **ニッケル** ステンレス鋼の材料となるほか，磁性材料（スピーカー，モーター），蓄電池，硬貨などに利用されている。

2 **コバルト** ジェットエンジンなどに利用される合金材料となるほか，ガンマ線源として医療分野でも利用されている。銅の副

[★3] アタカマ砂漠が広がるチリ北部のエスコンディーダは，世界最大の銅鉱山。

[★4] タンザン鉄道，ベンゲラ鉄道のほか，南アフリカ方面へも鉄道が延びている。

[★5] マグマの上昇が，地下深くの金属資源を地表付近にもたらして鉱床が形成されたと考えられており，火山帯にあたる南北アメリカの西岸地域で銅鉱の産出量が多い。

2 産業と資源

産物として, **カッパーベルト**での産出量が多い。

3 **リチウム**　電子機器や電気自動車で活用されるリチウムイオン電池の材料となる。南アメリカの**ウユニ塩湖**に多くのリチウムが埋蔵していると考えられている。

4 **レアアース(希土類)**　レアメタルのうち, 17種類の元素の総称で, 少量を添加することで耐熱性や強度が高まるなど製品の性能を向上させる。自動車用排ガス触媒に使用されるセリウム, ランタンや, 電気自動車のモーター用磁石などに利用されるネオジム, ジスプロシウムなど。

3 ｜ 世界の資源・エネルギー問題

1 資源・エネルギーの大量消費

❶ **資源・エネルギーの有限性**　産業革命以降, 人類はエネルギーや資源を大量に消費しながら, 経済発展や暮らしの豊かさを実現してきた。近年は人口規模の大きな発展途上国などでも消費量がさらに増大しているが, 地球上に存在する化石燃料や原料資源には限りがあり, いずれ枯渇(こかつ)する。

❷ **環境問題**　資源を採掘するための大規模な開発にともない, 森林破壊や水質汚染がしばしば発生してきた。また, 化石燃料の大量消費は, 硫黄(いおう)酸化物や窒素(ちっそ)酸化物を原因物質とする大気汚染や酸性雨をもたらしたほか, **二酸化炭素**など温室効果ガスの増加を引き起こしている。

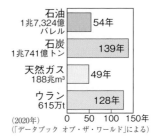

▲おもなエネルギー資源の
可採年数

2 新エネルギーの開発と省エネルギー

❶ **エネルギーの多角化**　1970年代の石油危機が契機となり, 天然ガスや原子力など石油に代わるエネルギー(代替エネルギー)の利用が増加し, さらに環境負荷が小さく, 枯渇しない自然エネルギー(再生可能エネルギー➰p.189)の開発・利用[★1]もすすんだ。

❷ **エネルギーの効率的な利用**　石油危機以降, 製造業における生産工程の合理化や消費電力の少ない家電製品の開発など, 省エネルギーに向けた取り組みがすすんだ。

1 **コージェネレーション**　天然ガス, 液化石油ガスなどを燃料とするエンジン, タービン, 燃料電池[★2]などを用いて発電し, その際に発生する廃熱も回収して冷暖房や給湯などに活用するエネ

★1 ドイツでは, 1991年に電力会社が再生可能エネルギーによる電力を一定期間買い取る制度が開始され, その後, 固定価格での買い取りが義務づけられたことで再生可能エネルギーへの投資がすすんだ。日本でも2012年に固定価格買取制度(FIT)が導入された。

★2 水素と空気中の酸素を化学反応させて水と電力を得る。

ルギーの供給システムを，**コージェネレーション**(熱電併給)と
よぶ。

2 **スマートグリッド**　情報通信技術(ICT)[★3]を活用して，電力需給
の状態をリアルタイムで把握し，電力の流れを供給と需要の両
側から制御して最適化できる送電網のこと。大規模発電所だけ
に頼らず，**風力発電**や**太陽光発電**[★4]など分散して立地する電源を
システムに組み込むことで，電力の地産地消につながることが
期待される。

★3　消費者・電力会社ともに消費電力を確認できるスマートメーターが，消費電力などの情報を電力会社のサーバーに送信する。

★4　発電能力が時間や天候に左右され不安定になるデメリットを補うために，蓄電池(リチウムイオン電池など)の配備が欠かせない。

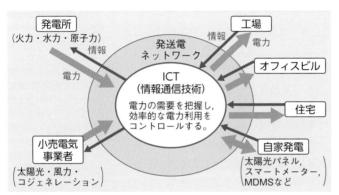

▲スマートグリッドの概念図

4│日本の資源・エネルギー問題

1 輸入依存度の高さ

　さまざまな鉱物資源が存在する日本は「鉱物の標本室」とよば
れるが，**鉱床はいずれも小規模で地中深くに埋蔵するため採算性
が低く**，自給可能な**石灰石**を除いて，多くの鉱山が閉鎖されてき
た。そのため国内で大量に消費されるエネルギーや鉱物資源は，
大部分を海外からの輸入に頼っている。

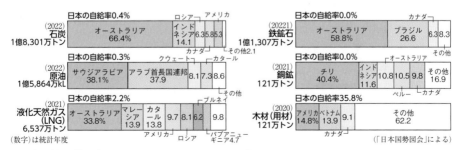

(数字)は統計年度　　　　　　　　　　　　　　　　　　　　　　　　　　(「日本国勢図会」による)

▲日本の資源の輸入先

2 資源・エネルギーの安定供給

　産業や暮らしに欠かせないエネルギーや資源を輸入に依存すると、国際情勢の影響を受けて供給が不安定になるおそれがある。そのため石油やレアメタルなどが備蓄されてきたほか、エネルギー源の多角化などが図られてきた。さらに日本近海の海底には、金・銀・銅・亜鉛など各種金属の**熱水鉱床**★1やメタンハイドレート★2が分布しており、将来的な開発が期待されている。

3 持続可能な循環型社会の形成

❶循環型社会とは　大量生産・大量消費・大量廃棄型の社会に代わるものとして提示された概念。天然資源の消費が抑制され、環境への負荷ができる限り低減された社会の実現がめざされる。

❷3Rの取り組み　使用済みの製品などを回収して再利用する**リユース**(Reuse)★3や、廃棄された製品を資源として利用する**リサイクル**(Recycle)★4を実践して物質の循環を生みだし、最後にどうしても利用できないものだけを適正に処分する。前提として、製品の生産に用いる資源量を削減し、廃棄物の発生を抑制する**リデュース**(Reduce)★5が重要である。

❸静脈産業　経済活動を動物の血液循環になぞらえたとき、天然資源を加工して財を供給する産業を**動脈産業**とよぶのに対し、消費され廃棄された財を回収して再び社会に流通させるリユースやリサイクルに関わる産業を**静脈産業**とよぶ。

★1　マグマに起因する地中からの熱水が海水によって冷却され、各種の金属が沈殿して形成される。

★2　低温・高圧の深海底などでメタンガスが固体化した資源。「燃える氷」とよばれる。

★3　ドイツでは、ビールやジュースの空きビンを販売店に返却することで預り金を受け取れる、デポジット制が普及している。不要になった衣類などのフリマアプリでの売買も一種のリユースといえる。

★4　日本でも、アルミ缶などの金属のほか、古紙、ペットボトルなども資源として回収されている。消費者は、廃棄物の分別回収に協力することが大切。

★5　スーパーやコンビニで普及したレジ袋の有料化などが一例。

①リデュース
廃棄物の発生の抑制

資源の消費の抑制

②リユース
再使用

天然資源の投入

生産
(製造・流通など)

消費・使用

③リサイクル
再生利用

廃棄

処理
(再生・焼却など)

④熱回収

⑤適正処分

最終処分
(埋め立て)

▲循環型社会

5 工業

1 | 工業の特徴

1 工業とは

　原材料を加工して新しい価値(付加価値)を与え，市場に供給するための有用な製品をつくりだす産業である。

2 工業の種類

❶ 製品の特性に基づく分類　衣類や食料品などの日用消費財をつくる工業を軽工業，鉄鋼業や一般機械などの生産財をつくる工業を重工業とよぶ。19世紀後半以降は，電気の利用や化学の応用をふまえた重化学工業が発達した。20世紀になってオートメーション化による自動車や電気機械などの大量生産が開始されると，耐久消費財としての機械も生産されるようになった。

❷ 生産の特性に基づく分類　繊維品や電気機械など生産時に多くの労働力を必要とする工業を労働集約的，鉄鋼業や石油化学工業など大規模な生産設備を必要とする工業を資本集約的，半導体やバイオテクノロジーなど高度な研究・開発機能に基づく先端技術産業(ハイテク産業)を知識集約的とよぶ。

2 | 工業の立地

1 立地条件

　工業の立地には，地形，気候，用水，天然資源などの自然条件と，資本，労働力，交通，市場，政策などの社会条件が関係している。工業の種別に応じて，重視される立地条件[★1]に差がみられる。

> 補説　**ウェーバーの工業立地論**　ドイツの地理学者 Alfred Weber (1868〜1958年)は『諸工業の立地』を著して，**工業立地論**を展開した。工業は，**生産費**が最も安い場所に立地するとした。生産費の中でも，**輸送費**[★2]が最も重要な立地因子であり，工業は原料や製品の総輸送費が最も安い場所に立地する。原料や製品の輸送費は，重量×輸送距離で求められる値を反映するので，原料の方が製品より重ければ原料産地に立地すると説明した。ただし，輸送費の最適地よりも労働費が安く，生産費全体がさらに低くなる場所があれば，そちらへ移ると説いた。

★1　生産性などに影響し，工場の立地に関わる条件。

★2　生産にかかる費用のうち，立地の決定に直接影響する要因。

2

産業と資源

2 工業立地のタイプ

❶ **原料指向型**　鉄鋼業，セメント，製紙・パルプのように，製品よりも重量の大きい原料を用いる工業は，**輸送費**を抑えるために原料産地に立地することが多い。製品の生産に必要なエネルギーを重視する工業は**燃料指向型**（石炭産地に立地する鉄鋼業）や**電力指向型**（アルミニウム），大量の工業用水を必要とする工業は**用水指向型**（製紙・パルプ，化学繊維，醸造業）に分類される。

❷ **市場指向型**　ビールや清涼飲料水のように，**普遍原料**である水が製品重量の多くをしめる工業は，製品の輸送費を最小化するために市場の近くに立地する。**情報**や**流行**を重視する出版・印刷業，服飾業や**鮮度**が重要な食料品も都市を指向する。

❸ **労働力指向型**　衣類や電気機械のように，生産に多くの労働力を必要とする工業は，安価な労働力に恵まれる地域に立地する傾向が強く，**農村部や発展途上国**へもさかんに進出している。

❹ **交通指向型**　日本の鉄鋼業や石油化学工業のように，**輸入原料**に依存している工業は輸入港に隣接して立地することが多く，**臨海指向型**とよばれる。また，集積回路などの電子部品は，軽量で付加価値の高い製品を航空機で輸送することが多いため，空港近隣に立地しやすく**臨空港指向型**とよばれる。高速道路の整備がすんだ地域でも，輸送の便がよい**インターチェンジ**付近に機械工業などの立地がすすんでいる。

❺ **集積指向型**　自動車のように多種多様な部品を必要とする工業は，関連工場の**集積**をともないながら立地する傾向がみられる。

★3　鉄鉱石，石灰石，木材などの原料は，製品化の過程で減量するので重量減損原料とよばれる。

★4　どこでも入手できる原料のこと。鉄鉱石のように産地が限定される原料は，局地原料とよぶ。

★5　水産加工や食肉加工など，原料の鮮度を損なわないように港湾や牧畜地域に立地する食料品工業もある。

★6　石油化学工業（ナフサから化学工業の原料を製造）や石油精製業（原油から重油，ガソリン，ナフサなどの石油製品を製造）は，原料と製品との重量関係が等しく，立地による輸送費の差が生まれにくいため，原料産地（産油国），輸送経路上，市場（消費国）のいずれにも立地する。

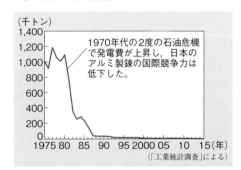

▲**アルミニウム新地金の生産量**　1980年代に新地金の生産量は急減し，2014年には国内生産が終了したが，エネルギー消費量が少ない再生地金の生産は成長してきた。

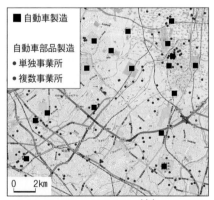

▲**自動車関連工場の立地**（愛知県豊田市付近）（RESAS ⤷p.50より作成）

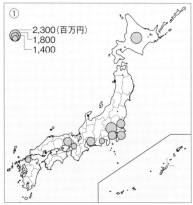

◀食料品工業の立地

①全体：原料の生産がさかんな北海道および市場（人口集積地）に近い都道府県。

②部分肉・冷凍肉の生産：原料産地または市場に近い都道府県。

③すし・弁当・調理パンの生産：おもに市場に近い都道府県。

（2022年）（「経済構造実態調査」による）

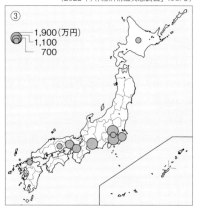

2

産業と資源

3 ｜ 世界の工業地域

1 ヨーロッパの工業

イギリス南部からイタリア北部に至る青いバナナ（ブルーバナ★1ナ）が工業，経済活動の中枢地帯となっている。南ヨーロッパでも先端技術産業★2が成長しているほか，2000年代より中央・東ヨーロッパへ工場の進出がすすんだ。

❶ **イギリス**　18世紀後半に綿工業で機械を用いた**大量生産体制**★3が確立され，産業革命がおこった。豊富な石炭を基盤に鉄鋼★4などが発達したが，資源の枯渇とともに付加価値の高い機械工業などへの移行がすすんだ。スコットランドのグラスゴーからエディンバラにかけての一帯は，電子工業の立地がすすみ，**シリコングレン**★5とよばれる。

❷ **ドイツ**　ルール炭田とライン川★6の水運が結びついて，西部を中

★1　当該地域の平面的な形状が緩やかに湾曲していることと，青がEU旗にも用いられるなどヨーロッパを象徴する色であることから，そうよばれる。

★2　ヨーロッパのサンベルトとよばれる。サンベルトとは，1970年代以降に工業化がすすんだアメリカ南部（北緯37度以南）の呼称。

心に鉄鋼などの重化学工業が発展した。近年は炭田の閉鎖が相次ぐとともに，自動車，電子機器，医薬品などが中心となり，ミュンヘンなど南部の経済成長も顕著。

❸ **フランス**　首都パリでは，自動車など各種の工業が総合的に発達するほか，**輸入資源を活用できる臨海部で重化学工業が成長している**。トゥールーズには各国からの部品を集めて組み立てる**航空機工業**が立地する。

❹ **イタリア**　北部のミラノ，トリノ，ジェノヴァを結ぶ三角地帯が重化学工業の中心。南北格差を解消するために**バノーニ計画**が推進され，**タラント**に大規模な製鉄所が立地した。技術力の高い中小企業が集積する北中部は，**第3のイタリア(サードイタリー)**[★7]とよばれる。

❺ **その他**　ライン川河口の**ロッテルダム**(オランダ)には1960年代に**ユーロポート**が整備され，輸入原料を用いた重化学工業が発達した。1980年代にEC(ヨーロッパ共同体)に加盟したスペインには，安価な労働力を指向する**外国資本**が立地し，**輸出指向型の自動車工業が成長**した。2000年代以降は，EU(ヨーロッパ連合)への加盟を果たしたポーランド，チェコ，ハンガリー，ルーマニアなどに外国資本の進出が相次ぎ，労働集約的な機械工業などが成長している。

▼ヨーロッパのおもな工業都市

イギリス	ロンドン(首都：各種工業が総合的に発達)，マンチェスター(ランカシャー地方：産業革命の発祥地：綿工業→機械)，バーミンガム(ミッドランド地方：鉄鋼→機械)，グラスゴー(鉄鋼，造船→シリコングレン)，カーディフ(鉄鋼)，ミドルズブラ(北海油田：石油化学)
ドイツ	エッセン，デュースブルク(ルール：鉄鋼→機械)，デュッセンドルフ，ハンブルク(造船，石油化学)，ヴォルフスブルク(自動車)，ミュンヘン(バイエルン：自動車，ハイテク)
フランス	パリ(首都：自動車ほか各種工業)，ルアーヴル(石油化学)，ダンケルク(鉄鋼)，マルセイユ，フォス(石油化学，鉄鋼)，トゥールーズ(航空機)，リヨン(絹織物，機械)
イタリア	ミラノ(繊維ほか各種)，ジェノヴァ(石油化学)，トリノ(自動車)，タラント(南部：鉄鋼)，フィレンツェ(石油化学)，ボローニャ(第3のイタリア：電子)

補説　**ベルギーの国内格差**　3つの言語(オランダ語，フランス語，ドイツ語)が公用語に指定されているベルギーでは，とくに北部のフラマン人(オランダ系)と南部のワロン人(フランス語系)との対立が問題となってきた。南部のワロン地域では，19世紀より炭田を基盤とする鉄鋼業が栄えたが，資源の枯渇にともなって産業の衰退が顕著となった一方，第二次世界大戦後，海に面した北部のフランデレン(フランドル)地域に外資が集まり，輸入原料を活用した重化学工業などが成長した。言語の障壁もあって，ワロン人がフランデレン地域で就

★3　ランカシャー炭田や原料輸入港(リヴァプール)に近いマンチェスターは，偏西風の影響で高湿なことが機械紡績にとっての好条件となり，産業革命の発祥地となった。

★4　炭田と鉄山を基盤に重工業が成長したバーミンガムは，かつて"黒郷"(ブラックカントリー)とよばれた。

★5　「グレン」はスコットランドの言語(ゲール語)で谷の意味。

★6　スウェーデンの鉄鉱石など原料の輸入や工業製品の輸出に利用された。

★7　水平的な分業体制が築かれており，市場ニーズに対応した各種の生産が可能。とくに家具や皮革製品などの伝統工芸がさかん。

労することは難しく，裕福な北部が失業率の高い南部を支えていると
いう格差の図式が，言語対立の背景としてかかわっている。

ヨーロッパの工業

・産業革命以降，おもに石炭産地で工業化が進展したが，近年は**臨海工業地域**
　が成長。

・「青いバナナ」が中心地で，**国際分業体制**が確立している。

・**労働集約的**な工業は，西ヨーロッパ→南ヨーロッパ→東ヨーロッパへ拡大。

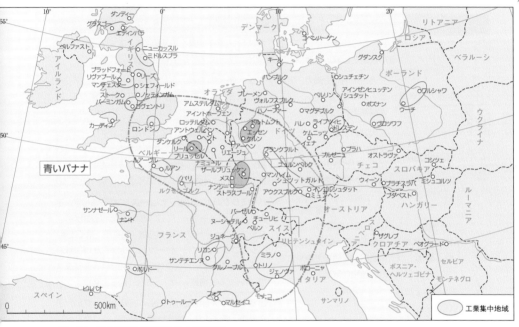

▲ヨーロッパ中央部の工業地域と工業都市

2　北アメリカの工業

　アメリカは，**豊富な資源，巨大な資本，すすんだ技術**などを基
盤に，20世紀になって工業がめざましく発展し，航空・宇宙，バ
イオテクノロジー，電子・ICTなどの新しい産業を生みだしてき
た。天然資源に恵まれ，五大湖でアメリカと結ばれるカナダでも
パルプ，石油化学，アルミニウム，機械などの工業が発達したほ
か，メキシコは北アメリカに自由貿易圏が形成された1990年代以
降に労働集約的な工業が急速に発展した。

❶ **アメリカ**　開発の歴史が古い北東部や鉄鉱石，石炭などの資源
に恵まれる**五大湖沿岸**を中心とする中西部が伝統的な工業地域で

★8　1908年にフォー
ド社が自動車の量産体
制を確立した。

★9　1994年にアメ
リカ，カナダ，メキシ
コによる北米自由貿易
協定（**NAFTA**）が成立
した。

あるが，**生産性の低下や海外諸国との競合**を背景に工場の閉鎖がすすんでいる。工業の衰退が顕著な一帯は，**スノーベルト**（フロストベルト，ラストベルト）とよばれる。一方，1970年代以降，温暖な気候に恵まれ，安価な労働力や広い用地を確保しやすく，州政府による積極的な誘致が図られて多くの企業が進出した**北緯37度以南**の地域は，サンベルトとよばれる。南部や西部では電子やICT（情報通信技術）産業の成長がめざましく，その中核をなすカリフォルニア州のサンノゼはシリコンヴァレーとよばれる。[★10]

★10 スタンフォード大学との産学連携が特徴的な産業地域で，シリコンを原料とする半導体企業やコンピュータ関連企業が集積する。近年は環境ビジネスに取り組むベンチャー企業も成長し，グリーンヴァレーとよばれることもある。

	工業地域	立地条件	工業都市（工業の種類）
スノーベルト（ラストベルト）（フロストベルト）	ニューイングランド	古くからの工業地域で高度の技術と伝統。交通や市場	ボストン（電子工業，高級織物）。スプリングフィールド，ハートフォード（精密機械）
	中部大西洋岸	交通，市場，労働力。アパラチアの電力。滝線都市（⊃p.278）	ニューヨーク（衣料，食品，印刷）…シリコンアレー。フィラデルフィア，ボルティモア（重化学工業，鉄鉱石は輸入）
	五大湖沿岸	五大湖の水運，アパラチア炭田の石炭，スペリオル湖岸のメサビ鉄山の鉄鉱石を結合した鉄鋼業が基礎	ピッツバーグ（鉄鋼→ハイテク産業）。クリーヴランド，バッファロー，ヤングズタウン，ゲーリー（鉄鋼）。シカゴ（鉄鋼，機械，食品）。デトロイト（自動車）。アクロン（合成ゴム）。ミルウォーキー（ビール）
サンベルト	南部（1970年代から工業化）	アパラチアの電力。TVA（⊃p.121）の電力。石炭と鉄鉱石の産出。メキシコ湾岸油田。安価な土地や労働力。温和な気候	バーミングハム（鉄鋼）。ヒューストン（石油化学，宇宙産業）。ニューオーリンズ（港湾都市，石油化学）。ダラス，フォートワース（航空機，自動車，電子工業）…シリコンプレーン。オークリッジ（原子力，核兵器）。アトランタ，オーガスタ（綿花→綿工業）。ノックスヴィル（アルミ精錬）。オーランド（電子工業）
	太平洋岸	農畜産物。石油，天然ガス，電力	ロサンゼルス（製油，航空機＝近郊のロングビーチ，自動車，電子工業，宇宙産業，映画…ハリウッド）。サンフランシスコ（食品，造船）。サンノゼ（電子工業）…シリコンヴァレー＝ICTのフロンティア。シアトル（航空機生産の一大中心地，製材）
	中部	農畜産物。交通	セントルイス，カンザスシティ，ミネアポリス（食品，農業機械）。デンヴァー（電子工業）

補説　**アメリカの電子工業**　電子工業（エレクトロニクス）は，ロケット，航空機，原子力などの先端技術を支える重要な産業。サンフランシスコ郊外のサンノゼは，世界最大の電子工業地域で，半導体原料シリコンの名をとって，**シリコンヴァレー**（ヴァレー＝谷）とよばれている。また，ダラス，フォートワース，ヒューストンは，**シリコンプレーン**（プレーン＝平原），フェニックスは**シリコンデザート**（デザート＝砂漠），デンヴァーは**シリコンマウンテン**，シアトル，ポートランドは**シリコンフォレスト**という。このほか，ボストン（→エレクトロニクスハイウェイ），ニューヨーク（→**シリコンアレー**，アレーは小径）など各地で，電子工業を基盤とする**ICT**（情報通信技術）などのハイテク産業がさかんになっている。

① シリコンヴァレー	④ エレクトロニクスベルト	⑦ リサーチトライアングル	⑩ シリコンコースト
② シリコンプレーン	⑤ シリコンフォレスト	⑧ シリコンアレー	
③ エレクトロニクスハイウェイ	⑥ シリコンマウンテン	⑨ シリコンデザート	

▲アメリカの工業と鉱産資源　①～⑩は電子工業のさかんな所(ハイテク集積エリア)を示す。

❷ **カナダ**　森林資源を活用した**製材，製紙・パルプ**や水力発電を基礎とする**アルミニウム**の生産がさかんで，モントリオールやヴァンクーヴァーが代表的な工業都市。また，**五大湖沿岸工業地域に**ふくまれるオンタリオ湖岸の**トロント**は，カナダ最大の商工業都市。さらに石油資源に恵まれるアルバータ州(エドモントン，カルガリー)では石油化学工業，春小麦地帯に位置するウィニペグでは製粉業が発達。

★11 オイルサンドも多い。

❸ **メキシコ**　1965年より，アメリカとの国境沿いに**マキラドーラ**(保税輸出加工区)が設定されて，外資導入が図られてきた。1994年にアメリカとカナダの自由貿易協定にメキシコも参加して**北米自由貿易協定(NAFTA)**が成立してからは，**安価な労働力とアメリカ市場を指向する日本企業などの進出**も加速し，首都周辺など国境から離れた地域でも工業化が急速に進展した。

★12 政府に指定された工場を対象に，製品の輸出を条件として生産に用いられる原材料や部品を無関税で輸入できる制度。

★13 2020年にアメリカ・メキシコ・カナダ協定(USMCA)に変更された。

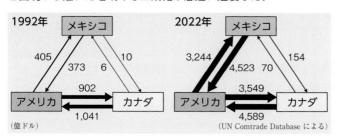

▲アメリカ，カナダ，メキシコ間の貿易額の変化

3 アジアの工業

　日本では，第二次世界大戦後に輸入原料を活用して重化学工業が成長し，**高度経済成長期**を迎えた。石油危機後も，自動車や電気機械の輸出がのびて内陸部に工業地域が拡大したが，1980年代に激化した**貿易摩擦**[★14]や円高の進行およびアジア諸国の工業化を受けて，**産業の空洞化**もすすんだ。日本を除くアジアでは，戦後に消費財を中心に**輸入代替型**[★15]の工業化が開始されたが，国内市場が狭小で経済発展に結びつかなかったため，**輸出加工区**や工業団地を設置して外国企業の導入をはかりながら，**輸出指向型工業**[★16]への転換が推進されてきた。当初は衣類や機械の組立など**労働集約的**な工業が中心であったが，近年は技術力を要する製品なども生産する新興工業国が増加している。

❶ アジアNIEs(新興工業経済地域群)　韓国，シンガポールの2か国とホンコン，台湾の2地域では，1970年代より工業化がすすみ，国民所得も増加した。

① **韓国**　アメリカ，日本などから資本や技術の導入をはかり，"漢江(ハンガン)の奇跡"とよばれる急速な経済成長をとげた。首都ソウル周辺は，ハイテク産業も発達する総合的な工業地域。**ポハン**(鉄鋼)，**ウルサン**(船舶，自動車，石油化学)などでも重化学工業が発達。

② **シンガポール**　植民地時代より中継貿易[★17]でさかえたが，独立後は，韓国と同じく政府の主導で重化学工業化をすすめた。島の南西部ジュロン地区に輸出加工区を建設し，外国企業を誘致した。その結果，**輸入代替型**から**輸出指向型**の加工貿易の国へと発展した。当初は組み立て工場など，労働集約型の工業が多かったが，労働力不足のため，近年，半導体や電子部品など知識集約型の工業が成長している。

③ **ホンコン(香港)と台湾**　いずれも労働集約型の軽工業や機械の組み立て，玩具(がんぐ)，雑貨などの工業から工業化がはじまったが，現在では知識集約型の電子工業[★18]などがさかんになっている。

❷ ASEAN諸国

① **マレーシア**　日本や韓国を模範とする**ルックイースト政策**を採用し，**電気機械や電子部品**などが成長した。1999年にはクアラルンプール郊外にICT産業の拠点として，**サイバージャヤ**(⤷p.216)が開設された。

② **タイ**　首都バンコクの周辺に多くの外資系企業が立地し，機械

★14 対日貿易の赤字が拡大したアメリカやヨーロッパ諸国との間で生じた対立関係。1985年にはアメリカ，イギリス，ドイツ，日本，フランスの財務大臣がドル高是正のための協調行動をとることで合意し(プラザ合意)，円高が急速にすすんだ。

★15 工業製品の輸入を規制し，代わりに自国で生産して国内市場に供給する。

★16 先進国の資本や技術を導入しながら，国内の安価な労働力を活用し，海外市場に輸出する製品を生産する。

★17 生産国と消費国の間をとりもつ形の貿易。一般に海上交通上の要地が中継貿易港となり，一時的に輸入した品物をそのまま輸出した。

★18「台湾のシリコンヴァレー」とよばれるシンジュー(新竹)では，半導体や集積回路などの電子工業がさかん。

工業がさかん。とくに自動車は，かつて日本からの部品をおもに利用していたが，現在は工業化が進展した周辺国からも調達されるようになり，**東南アジアの生産・輸出拠点**に成長した。

③ **ベトナム**　1986年にドイモイ政策が採用され，1995年にASEANに加盟した。外国資本が進出した近年は**労働集約的な**工業が育成され，**工業製品の輸出も急増**している。

❸ **中国**

① **改革開放政策**　1970年代末より改革開放政策が採用され，市場経済が導入されるとともに，外国の資本や技術を受け入れるために**経済特区**[19]や**経済技術開発区**[20]が設置された。安価な労働力を求める外国企業が進出するとともに，**輸出指向型の工業化**が開始された臨海部と内陸部の**経済格差**[21]も広がった。

② **巨大な国内市場**　2001年の**WTO**(世界貿易機関)への加盟を機に，貿易に関する規制の緩和や国内市場の開放がすすんだ中国には多くの外国企業が進出するとともに，**輸出用に加えて，巨大な国内市場に向けての工業生産も増大**し，「**世界の工場**」とよばれるようになった。

❹ **インド**　植民地時代に**繊維工業**[22]や**製鉄業**[23]が成立したが，独立後は**混合経済**[24]を採用し，自給自足型の工業化をすすめた。**経済自由化に転じた1991年以降は，外国資本の立地もすすみ**，自動車などの重化学工業も成長した。とくにアメリカ系企業と連携した**ICT産業**の発達はめざましく，デカン高原南部の**ベンガルール**[25]は「インドのシリコンヴァレー」とよばれる。

POINT!

ヨーロッパやアメリカなどの先進国…工業化が先行したが，生産費の安価な海外に生産拠点を移す動きが顕著。付加価値の高い製品の製造のほか，研究・開発などを受け持つ。
アジアなどの新興国…安価な労働力が豊富に存在し，輸出加工区を設置して税制優遇措置をはかるなどして先進国企業を誘致し，輸出指向型工業が成長。

4　その他の工業

❶ **旧ソ連**　ソ連(ソビエト連邦)時代は，土地や資源をすべて国有化し，**五か年計画**に基づく工業化がはかられた。その際，資源産地や工場を結びつけて合理的な生産をめざす**コンビナート**とよばれる総合的な工業地域が形成されたが，1960年代からは地域ごと

★19　1979年に深圳・珠海・汕頭(以上，広東省)と厦門(福建省)が指定され，1988年に海南島(海南省)が追加された。

★20　対外開放をはかるための経済特区に準じた区域(開発区)で，1984年に大連，天津，広州など沿海部の12都市(14か所)に設定された。2018年末時点で219か所(東部107，中部63，西部49)に増加している。

★21　農村部から臨海部の大都市へ出稼ぎに向かう，大規模な人口移動(民工潮)を引き起こした。

★22　コルカタのジュート工業やムンバイの綿工業が好例。現在のムンバイは，自動車，電気機械など各種の工業や映画産業がさかんなインド最大の都市。

★23　ダモダル炭田とシングブーム鉄山に近接するジャムシェドプルには，1907年に民族資本(タタ財閥)によって近代的な製鉄所が建設された。

★24　市場経済と計画経済を組み合わせた体制。

★25　2014年にバンガロールから改称された。

に生産関連施設が集積する**コンプレックス**(地域生産複合体)に再編された。1991年のソ連解体後にロシアなどでは民営化がすすんだが，**工業の技術革新は遅れている**。ただし**原油**や**天然ガス**などに恵まれるロシアは，資本価格が上昇した2000年代以降に高い経済成長をとげている。[26]

[1] **サンクトペテルブルク，モスクワ　大消費地**が存在し，各種の工業が立地している。**外国資本**の進出もみられたが，ロシアのウクライナ侵攻を機に撤退の動きが強まった。

[2] **クズネツク工業地域　クズネツク炭田**や**チュメニ油田**を基盤に，鉄鋼，石油化学，機械などが立地。

[3] **ドニプロ工業地域(ウクライナ)　ドネツ炭田，クリヴォイログ鉄山**，ドニプロ川(ドニエプル川)の電力などが成立基盤。鉄鋼のほか，農業機械や食料品を生産。

[4] **中央アジア工業地域(ウズベキスタンなど)**　ソ連時代の**自然改造計画**によりアムダリア川，シルダリア川の流域で拡大した綿花栽培を基盤に繊維工業が発達している。

❷**アフリカ・西アジア**　石炭，鉄鉱石，レアメタルなど各種の地下資源に恵まれる南アフリカ共和国は，鉄鋼や機械などの重化学工業が発達している。とりわけ**自動車**は，赤道以南のアフリカ市場への供給にも便利で，政府も積極的な**外国企業**の誘致策をとってきたことから，アフリカ最大の生産国となっている。また，2000年代以降にEU(ヨーロッパ連合)諸国との貿易で関税が撤廃されてきた**チュニジア**や**モロッコ**にも外資の立地がすすみ，衣類や機械類など**労働集約的**な輸出指向型の工業が育っている。さらに1996年にEUとの**関税同盟**が成立した**トルコ**にも，ヨーロッパ系を中心とする外資が進出して，工業化を促した。近年は，ペルシア湾岸の**アラブ首長国連邦**で，豊富な化石燃料をいかした安価な火力発電を基盤に，**アルミニウム工業**が成長していることにも注意。

❸**南アメリカ**　20世紀半ば以降，メキシコを含む多くのラテンアメリカ諸国で政府が主導して**輸入代替型工業**が育成されたが，海外資本や国際機関からの融資に依存したため財政赤字が拡大し，1980年代には累積債務問題が深刻化した。しかし資源や労働力に恵まれ，国内市場の大きいブラジルでは，1990年代以降に公営企業の**民営化**や**規制緩和**がすすみ，工業化が本格化した。

★26　2001年にアメリカのゴールドマン・サックス社(金融)が，国土面積，人口，天然資源に恵まれ，今後の経済成長が見込まれる4か国(ブラジル，ロシア，インド，中国)の頭文字をあわせてBRICsと表現した。現在は，南アフリカ共和国を加えたBRICSとなっている。

4 | 現代世界のさまざまな工業

1 繊維工業

❶ 特徴　綿花や羊毛などの天然繊維やポリエステルなどの化学繊維を原料として加工する工業。糸を紡ぐ紡績，糸を織って布をつくる織物(織布)，布から衣服などをつくる縫製からなる。労働集約的な工業で，とくに縫製はアジアの新興国や発展途上国に生産拠点が移っているが，一部の高級品はヨーロッパなどの先進国で生産されている。

❷ 国際分業　先進国のアパレルメーカーは，縫製の技術や特許を保有するものの，衣服の企画やデザインに特化し，生産を発展途上国などに所在する他社に委託するケースが多い。自社で生産設備を保有しない企業をファブレス企業とよび，アパレルのほか，エレクトロニクス産業にも多い。

2 鉄鋼業

❶ 特徴　鉄鉱石と石炭からつくるコークスを原料として，銑鉄[★2]および粗鋼[★3]を生産する。素材工業の一種で，高炉や電気炉などの大規模な生産設備[★4]を必要とする資本集約的な工業。

❷ 立地の変化　原料の重量が製品の重量を大きく上回るため，かつては炭田地域を中心とする**原料産地**で発達したが，資源の枯渇や生産設備の老朽化などを背景に，**輸入原料**を活用しやすい**臨海部**に移動する傾向がある。工業用や建築用の**素材**を生産するため，近年は経済発展の著しい中国などのアジア諸国で急成長している。

3 石油化学工業

❶ 特徴　原油や天然ガスを原料として，合成樹脂，合成繊維，合成ゴムなど多様な化学製品を製造する。原油から**ナフサ**[★5]を分離する石油精製工場とナフサ分解工場，さらにプラスチックなど多くの関連工場がパイプラインで結ばれた**コンビナート**を形成することが多く，資本集約的。

★1　衣服の生産と流通を担う部門を，アパレル産業とよぶ。

▼綿織物のおもな輸出国

輸出割合(2022年)	
中国	48.7%
パキスタン	8.4
インド	7.5
イタリア	3.9
トルコ	3.7
世界計　20,870百万ドル	

(「世界国勢図会」による)

★2　鉄鉱石を溶鉱炉(高炉)で還元して得られる鉄で，不純物が多い。

★3　銑鉄を原料に，製鋼炉(転炉，電気炉)で製造される鉄鋼。

▼粗鋼とアルミニウムのおもな生産国と割合

粗鋼(2022年)		アルミニウム(2020年)	
中国	54.0%	中国	56.9%
インド	6.6	ロシア	5.6
日本	4.7	インド	5.5
アメリカ	4.3	カナダ	4.8
ロシア	3.8	アラブ首長国連邦	3.9
韓国	3.5	オーストラリア	2.4
ドイツ	2.0	バーレーン	2.4
トルコ	1.9	ノルウェー	2.0
世界計　188,503万トン		世界計　6,520万トン	

(「世界国勢図会」による)

★4　多くの製鉄所では，製銑工程，製鋼工程および鋼材を製造する圧延工程を連続的に統合した銑鋼一貫体制をとっている。

❷ **立地**　原料産地であるペルシア湾岸だけでなく，日本やヨーロッパの輸入国でも臨海部を中心に立地する。**シェールオイルやシェールガス**の開発がすすむアメリカでは，石油化学プラントが増加している。

★5　原油を分離した石油製品で，エチレンやプロピレンなど石油化学基礎製品の原料となる。

4　自動車

❶ **特徴と立地**　2〜3万点にのぼる多種多様な部品を必要とするため，組立工場の近隣に関連工場が集積する傾向がある。自動車の普及がすすんだ先進国を中心に生産されてきたが，安価な労働力を求める**多国籍企業**による生産拠点の海外化も活発である。とくに所得水準が向上して需要が伸びた新興工業国の生産台数が急増しており，**中国**の自動車生産台数は2009年に日本を抜いて世界第1位となった。

> 補説　**分業と合理化**　多くの部品が用いられる機械工業などでは，企業間だけでなく，企業内分業もすすんでいる。20世紀初頭にアメリカのフォード社が，加工や組立などの生産工程を細かく分割し，工程間をベルトコンベアで結ぶ効率的な生産方式(フォーディズム)をとり入れた。分業と流れ作業により自動車を大量かつ安価に生産することが可能となった。第二次世界大戦後には日本のトヨタ自動車が，各工程の作業に必要な部材を，必要な量，必要なタイミングで調達できる生産方式(ジャスト・イン・タイム)を開発し，産業用ロボットも活用しつつ多品種少量生産体制を築いた。

❷ **次世代自動車**　環境負荷の軽減を目的に，多くの国で自動車の排ガス規制が強化されたため，ハイブリッドカー，燃料電池自動車[★6][★7]などの開発がすすめられており，なかでも**電気自動車(EV)**は，ヨーロッパや中国で**生産台数が急増**している。EV化によって自動車が，家電のように**モジュール化**[★8]した部品で構成されるようになると，多くの企業が参入して従来の生産体制が大きく変化する可能性がある。

★6　ガソリンエンジンと電気モーターを併用して走る。

★7　水素と酸素の化学反応で発電して走る。

★8　モジュールとは，ひとまとまりの機能をもった部品や装置のこと。モジュール間の接続・連携が標準化されているため，モジュール単位で他社製品などに取り換えることもできる。

▼おもな国の自動車の生産・販売台数(2022年)　　(千台)

生産台数		販売台数			
		自動車		電気自動車(乗用車)	
中国	27,021	中国	26,864	中国	5,900
アメリカ	10,060	アメリカ	14,230	アメリカ	990
日本	7,836	インド	4,725	ドイツ	830
インド	5,457	日本	4,201	イギリス	370
韓国	3,757	ドイツ	2,964	フランス	340
世界計	85,017	世界計	81,629	世界計	10,200

(「世界国勢図会」による)

5 エレクトロニクス

❶ 特徴　半導体チップなどの電子部品やそれらを利用したさまざまな電気・電子機器や情報通信機器を生産する。知識集約的な先端技術産業の1つで，技術革新(イノベーション)を重ねながら，さまざまな製品が開発されてきた。

❷ 分業体制　研究・開発(R&D)機能や試作部門は，高度な知識・技術力を有する研究者や技能工が集まる先進国の大都市圏を中心に立地し，量産工場は労働力を得やすい地域のほか，新興国や発展途上国に移すなど企業内分業が一般的に行われている。製品開発のペースが速いことから，先進国では開発・管理・販売などに専念し，生産工程を外部に委託しているファブレス企業も多く，受託製造に特化したEMSとの国際的な企業間分業もすすんでいる。

▼集積回路と半導体製造装置の輸出額(2021年)(億ドル)

集積回路		半導体製造装置	
香港	2,077	日本	305
台湾	1,558	アメリカ	263
中国	1,538	オランダ	201
韓国	1,089	シンガポール	177
マレーシア	549	韓国	93

(「世界国勢図会」による)

▼おもな電子機器の輸出台数(2021年)　　　(万台)

電話機		ノートPC		テレビ	
中国	101,672	中国	36,446	中国	20,694
香港	29,331	香港	3,307	韓国	12,443
ベトナム	14,421	アメリカ	1,571	メキシコ	4,085
アメリカ	5,598	ドイツ	1,387	ポーランド	1,998
インド	3,966	チェコ	891	スロバキア	1,116

(「世界国勢図会」による)

6 工業の知識的集約化

❶ 工業の国際分業　付加価値が低く，労働集約的な製品の生産は発展途上国に移り，新興工業国の工業も技術力が向上している。一方，先進国では新しい技術や知識を獲得し，付加価値の高い製品を創出することが課題となっている。研究・開発によって新たに得られた技術や知識は，特許登録などにより知的財産権として保護され，経済的な価値が生じる。

★9　テレビ，エアコン，冷蔵庫などの家電製品を組み立てる電気機械工業は，労働集約的な性格が強い。

★10　fabless。工場fabrication facilityが不要という意味。

★11　Electronics Manufacturing Service(エレクトロニクス受託製造サービス)の略。半導体産業ではファウンドリとよばれる。台湾をはじめとするアジアNIEsや中国，ASEANなどで成長している。

★12　特許使用料などの収入が得られる。アメリカや日本などの先進国は，知的財産権などの技術貿易の収支が黒字になる傾向がある。

産業と資源

❷研究開発型企業

1 **ベンチャー企業(ベンチャービジネス)** 大企業が取り組みにくいニッチ(すき間)市場などをターゲットに,高度な独自技術を活用して生みだした製品やサービスを提供する成長段階の中小企業。ベンチャーキャピタルからの出資を受けて運営されていることが多い。

2 **スタートアップ企業(新興企業)** 新しい技術や高度な知識を基盤として起業し,革新的な製品やサービスを生みだしながら社会の変革を引き起こして,短期間で急成長をとげた企業。GAFA[★13]は,パソコンやスマートフォンなど情報端末の開発や,ICTを活用した情報検索,商品購入,SNS(ソーシャルネットワーキングサービス)などに関するビジネスモデルの創出を通して,**インターネット**が普及した現代世界に多大な影響を及ぼし,急激に成長した企業群である。

★13 アメリカの主要なIT企業であるグーグル(Google),アマゾン(Amazon),フェイスブック(Facebook),アップル(Apple)の総称。フェイスブックは,2021年にメタ(Meta)に社名を変更。

5 | 日本の工業

1 工業の発達と変化

❶ **第二次世界大戦以前** 原料となる綿花や羊毛を輸入し,繊維製品を輸出する**加工貿易**がさかんであった。軽工業が中心だったが,四大工業地帯[★1]では重化学工業も成立していた。

❷ **高度経済成長期(1955~1973年)** 石炭,原油,鉄鉱石など資源の輸入が増加し,鉄鋼,石油化学などの**素材型工業が臨海部で発達**した。また,自動車や電気機械の量産体制も整い,**加工組立型工業**[★2]も育った。

❸ **石油危機後** 1970年代の石油危機を受けて,大量に資源を消費する素材型工業は停滞し,生産の合理化がすすんだ。一方,**輸出が増加した自動車**[★3]や電気機械が基幹産業となり,部品などの輸送に便利な**高速道路**沿いを中心に,**労働力**に恵まれる内陸部に工業地域が拡大した。

❹ **海外化** 1980年代になると,自動車など機械類のおもな輸出先であったアメリカやヨーロッパ諸国との間で貿易摩擦問題が深刻化したため,輸出から海外での**現地生産**へ切り替えがすすんだ。また,円高が急速にすすんだ1985年以降は,**生産コスト**を削減するために人件費や地代

★1 現在の三大工業地帯(京浜,中京,阪神)と石炭に恵まれた北九州を合わせた呼称。

★2 従来の少品種大量生産に対し,トヨタ自動車が採用した多品種少量生産のしくみはJIT(ジャスト・イン・タイム)方式とよばれ,市場の需要に柔軟に対応できることから世界から注目された。

★3 小型車が中心で燃費が良く,品質・価格面でも優れていた点が海外で評価された。

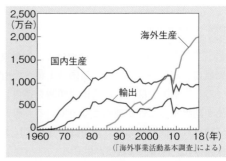

▲日系自動車メーカーの国内生産・輸出・海外生産台数

が安いアジア諸国への進出が加速した。生産拠点の海外移転は産業の空洞化を招くとともに，**新興工業国との競合が激化**したことで，日本の工業のあり方について見直しが迫られてきた。

⑤ 知識集約化 **半導体**の受託生産がさかんな台湾に向けて，日本からは半導体材料となるシリコンウェハ[*5]や半導体製造装置が多く輸出されているように，工業化が進展した中国，アジアNIEs，ASEAN諸国は，先端技術を用いた日本の工業製品の輸出市場となっている。今後も日本の工業には，知識集約化をおしすすめて，付加価値の高い製品やサービスを生みだしていくことが求められている[*6]。先端技術を用いた製品開発は大企業が主導してきたイメージが強いが，高度な技術力や独創的な製品開発を強みとしている中小企業も少なくない。工業の知識集約化を推進するためには，大学など研究機関との連携(**産学連携**)や国内外から情報を収集できる機会を整えることが重要である。

2 日本の工業地域

① 京浜工業地帯 巨大な**市場**が存在し，戦前から官需・軍需[*7]も多く受け，各種の工業が**総合的に発達**[*8]してきた。高度経済成長期以降，大気汚染や地盤沈下などの公害や人件費・地代など**生産費**の上昇を背景に，**機械や食料品は関東内陸へ拡大して北関東工業地域**，**鉄鋼や石油化学は千葉県へ拡大して京葉工業地帯**を形成した。

② 阪神工業地帯 戦前は**繊維工業**が発達し「東洋のマンチェスター」とよばれた。大阪湾沿岸部に金属や石油化学などの素材型工業[*9]が集まっており，播磨地域(加古川，姫路)や和歌山方面にものびている。内陸部に立地する機械工業は滋賀県まで拡大したが，近年は海外化により停滞傾向にある。

③ 中京工業地帯 近代には繊維工業(毛織物，綿織物)がおこったが，現在は自動車をはじめとする機械類の生産が多くをしめ，**出荷額が日本最大の工業地帯**。豊田を中心に自動車関連産業が集積する愛知県は，鉄鋼の出荷額も第1位である。三重県は，四日市に石油化学コンビナートが立地するほか，**電子部品・デバイスの出荷額が第1位**となっている。

④ その他の工業地域

1 **東海工業地域** 浜松を中心に**機械工業**(自動車，電子機器)が発達し，富士には**製紙**も立地する。

2 **瀬戸内工業地域** 輸入原料を活用した鉄鋼や石油化学のほか，製紙(四国中央)，セメント(宇部)など**素材型工業**が発達し，伝

★4 電気を通す導体と電気を通さない絶縁体の中間的な性質を備えた物質で，シリコンなどが代表例。シリコンを用いて製造された集積回路(IC)をさすこともある。

★5 半導体の材料で，シリコンを円盤状に薄く切り出したもの。

★6 特許など研究開発の成果である技術の国際的な取引を**技術貿易**(⊃p.250)とよぶ。

★7 政府，公共団体や軍からの受注。

★8 電気機械では，民生用(家電)だけでなく，通信機器や産業用(重電)も発達した。市場指向型の出版・印刷業も特徴的。

★9 鉄鋼のほか，各種の非鉄金属も含まれる。

2

産業と資源

統的な繊維や造船も立地する。

3 **北九州工業地域**　かつては炭田立地型の鉄鋼業が栄えたが，近年は出荷額が大きく落ち込んだ。現在，食料品工業の比重が大きく，新たに進出した**自動車**も成長している。

4 **その他**　北海道では，水産物や農畜産物を加工する**食料品工業**のほか，製紙・パルプ(苫小牧)，鉄鋼(室蘭)などの素材型工業も立地する。東北地方には，高速道路の延伸にともなって電気・電子工業が進出している。[★10] 茨城県南東部には金属や石油化学が集積して**鹿島臨海コンビナート**が形成されている。北陸地方では，かつて豊富な水力を利用したアルミ精錬が立地していたが，現在は金属加工に変化しているほか，冬季の農閑期を利用したさまざまな**地場産業**がみられる。九州地方は空港近隣に電子部品の量産工場の立地がすすみ，[★11] **シリコンアイランド**とよばれてきた。

★10 高速道路や空港周辺に電子部品の進出がみられることから，シリコンロードとよばれてきた。

★11 熊本県では，台湾の世界的な半導体メーカーであるTSMCが2024年から生産を開始予定。

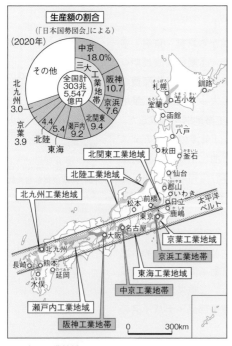
▲日本の工業地域

出荷額の多い順						出荷額
（数字は%）（2020年）「日本国勢図会」による						
中京	10	68	7	5	1	54兆6,299億円
機械工業(自動車)がとくにさかん。毛織物や陶磁器に特色がある。						
阪神	19	40	16	12	1	32兆4,505億円
金属工業や化学工業の割合がやや大きい。繊維工業も他地域より多い。						
北関東	14	42	11	17	1	28兆4,075億円
重化学，とくに機械工業の割合が大きい。繊維工業も他地域より多い。						
瀬戸内	18	35	20	9	12	27兆9,905億円
部品を組み立てる型の機械工業がとくにさかん。食料品工業も発達。						
京浜	9	47	17	12	1	23兆1,190億円
機械工業がさかんで，繊維工業の割合は少ない。印刷業に特色。						
東海	8	50	13	14	1	16兆5,147億円
自動車など機械工業と，地元の原料を使った食料品工業に特色。						
北陸	17	40	14	10	4	13兆2,525億円
金属工業や化学工業の割合がやや大きい。繊維工業が他地域より多い。						
京葉	21	12	40	17	0.2	11兆9,770億円
化学工業がとくにめだつ。石油化学と鉄鋼業が中心。						
北九州	16	44	17	17	1	8兆9,950億円
金属工業の割合は低下してきた。食料品工業の割合がめだつ。						

凡例：□金属　■機械　□化学　□食料品　□繊維　□その他

▲日本の工業地域の工業の特色

工業の内わけから，各工業地域の特色がわかる。

⑥ 第三次産業

1 | 第三次産業の発達

1 産業構造の変化

　経済発展にともなって，その国の産業構造は**第一次産業**(農林水産業)から**第二次産業**(鉱工業，建設業など)そして**第三次産業**(商業，サービス業など)へ移りかわる傾向があり，こうした変化を産業構造の**高度化**とよぶ。とくに先進国では，経済のサービス化・情報化が進行し，就業者にしめる第三次産業の割合がきわめて高い。

2 さまざまな第三次産業

　商業は，倉庫業や運輸業などとともに，商品の生産者と消費者をつなぐ**流通業**の一種である。**サービス業**は，一般に物品以外の用役(サービス)を消費者に提供する産業の総称で，金融・保険業，不動産業，情報通信業，宿泊・飲食業のほか，医療・福祉，理容・美容，クリーニング，娯楽など日常生活に関連するサービスや学術・研究，弁護士・司法書士・芸術家・経営コンサルタントなどを含む専門・技術サービス，公務など多岐にわたる。

★1　広義では，物品の生産を行う第一次産業や第二次産業に対し，消費者に役務を提供する産業となるので，商業を含む第三次産業全体をあらわす。

2 | 商業

1 小売業と卸売業

❶ **小売業**　**消費者に直接商品を販売**する事業。食料品や日用品などの**最寄り品**を扱う店舗は消費者の近くなどに分散するのに対し，家具，高級衣類，家電製品などの**買い回り品**を扱う店舗は広い範囲からの集客が見込める場所に集中する傾向がある。

❷ **卸売業**　**生産者や輸入業者から仕入れた商品を小売業者に供給**する事業をいうが，小売業者は全国に立地しているため，商品は**階層的**に結ばれたいくつもの卸売業者を経て，段階的に供給される。都市システムを反映し，国家中心都市(東京，大阪，名古屋)に続いて，**広域中心都市(地方中枢都市)**の卸売業販売額が多くなる。

★1　自宅近くなどで日常的に購入される商品。

★2　購入頻度が低く，複数の店舗で比較・検討されることも多い高価な商品。

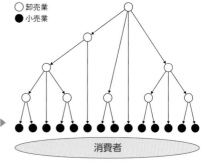

卸売業　小売業

卸売業と小売業の結びつき(模式図)▶
一般に流通経路の上流に位置する卸売業ほど商圏が広く，販売額が大きくなる。小売業は，消費者(顧客)の多い都市や地域で販売額が多くなる。

消費者

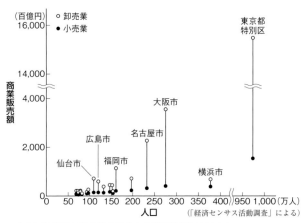

▲東京都特別区と政令指定都市の商業販売額（2020年）
　卸売業の販売額は，都市システムの階層性を反映し，人口の多い横浜市よりも広域中心都市の福岡市の方が多い。小売業の販売額は，おおむね人口規模を反映するが，中心性が高く，昼間人口も多い大阪市が横浜市を上回っている。

★3　財・サービス，資本，情報などを媒介として，階層的に結びついた諸都市のまとまりのこと。

2　小売業の業態と立地

❶百貨店　買い回り品を中心に，さまざまな商品を取り扱っている**大型店**。大都市の中心市街地やターミナル駅付近に立地することが多い。消費行動の変化などにより，地方都市では閉鎖する店舗も増加している。

❷総合スーパー　最寄り品を中心に，さまざまな商品を取り扱っている**大型店**。規模の経済性とセルフサービス方式による効率的な経営により，既存の専門店や商店街には脅威となった。モータリゼーションの進展で，幹線道路沿い（ロードサイド）への出店が加速した。

❸コンビニエンスストア　最寄り品を中心に，さまざまな商品を取り扱っている小型店で，長時間営業が特徴的。**チェーン店**が多くをしめ，**POSシステム**★6をいち早く導入して，多様な品揃えと効率的な経営を実現しており，商圏が限られる住宅地や工業地区などにも立地が拡大した。

❹専門店　特定分野の商品を取り扱う小型店で，さまざまな店舗が集まって**商店街**を形成することが多い。大都市の中心部には買い回り品を扱う店舗が集積した都心商店街もみられる。食料品のほか，衣服，家電製品などを扱う大型の**専門スーパー**も成長している。

★4　商品を大量に仕入れ，大量に販売することで，単価を低く抑えることができる。

★5　客が商品を自由に選んで運び，レジで店員が一括清算する方式。店員が顧客に直接対応する対面方式と比べ，人件費を抑えられる。

★6　販売時点情報管理（Point of Sale）システムの略。各店舗での販売情報を，瞬時に本部へ送信する仕組み。本部が在庫管理を担い，補充する商品の配送を行うため，店舗側で保管・管理する必要がない。

❺ **通信販売**　以前から新聞・雑誌やテレビ，カタログなどで紹介
した商品を販売する無店舗販売は存在したが，近年はウェブサイ
ト上での**電子商取引**が急速に成長している。商品は，出店業者か
ら，または大都市圏郊外などに設置された巨大倉庫から配送され
るが，無数の購入者に届けるために**宅配便**の需要が急増している。

> |補説| **商業集積地の形成**　顧客が集まりやすい都市の中心部や各地の駅
> 周辺には，さまざまな店舗からなる商店街が形成されてきたが，天候
> に左右されず，まとめ買いにも便利な自家用車の普及にともなって，
> 郊外のロードサイドに大規模なショッピングセンターや専門スーパー
> などの小売店，飲食店，各種サービス業が進出して，新しい商業集積
> 地の形成がみられる。日本ではバブル経済が崩壊した1990年代以降，
> 高速道路のインターチェンジ付近などでアウトレットモール[★7]の立地も
> すすんだ。

★7　高級ブランドを
中心に，売れ残った商
品やサンプル品などを，
都心部に立地する既存
店よりも低価格で販売
する専門店の集合体。

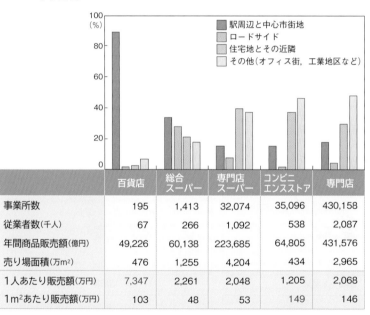

	百貨店	総合スーパー	専門店スーパー	コンビニエンスストア	専門店
事業所数	195	1,413	32,074	35,096	430,158
従業者数(千人)	67	266	1,092	538	2,087
年間商品販売額(億円)	49,226	60,138	223,685	64,805	431,576
売り場面積(万m²)	476	1,255	4,204	434	2,965
1人あたり販売額(万円)	7,347	2,261	2,048	1,205	2,068
1m²あたり販売額(万円)	103	48	53	149	146

▲小売業のおもな業態と立地の特徴(2014年)　　　　（「商業統計調査」による）

3│その他の第三次産業

1 金融・保険業

　金融業は，資金取引を仲介するサービスで，預金を集めて融資
を行う銀行などが代表例。病気や災害などにあった加入者に保険
金を支払う保険業は，加入者からの保険料を原資に投資などを行っ

産業と資源

て運用益を得ており，金融業の一種とされる。取引額が大きい企業の**中枢管理機能**が集まる都市の中心部などに立地する傾向がある。★1

★1　企業の中枢管理機能や金融・保険業が集積する都心部は，CBD（中心業務地区）とよばれる。

2 宿泊業

旅館やホテルなどの宿泊業は，温泉などに恵まれる**観光地**のほか，ビジネス客が多い大都市にも多く立地する。

3 情報通信業

情報の伝達・処理・提供などのサービスを行う事業者や**インターネット**に附随したサービスを提供する事業者からなり，ソフトウェアの受託開発やゲームソフトウェアの作成も含まれる。★2

★2　ゲームのほか，映像，音楽，アニメなど創作物の制作・流通を担う産業を，コンテンツ産業という。

4 医療・福祉

大都市圏から地方圏まで，人口の分布を反映して全国に立地している。**高齢化**の進展を背景に従業者数が増加しており，★3 **第三次産業では卸売・小売業に次いで多い。**

★3　介護や保育などの仕事をケア労働とよぶ。これまで家事を含めたケア労働はおもに女性によって家庭内の無償労働として提供されることが多かった。

金融・保険業

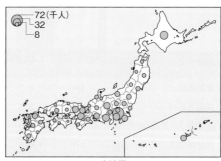

宿泊業

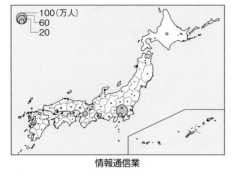

情報通信業

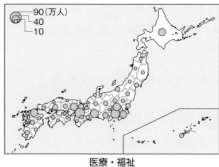

医療・福祉

▲おもなサービス業の従業者数（2021年）　　（「経済センサス活動調査」による）

資源・エネルギー・産業

◎OPECプラス

OPEC加盟国(12か国)とロシア、メキシコなどOPECに属さない10か国が協力して石油の供給量を調整し、価格の安定を目指す枠組みとして、2016年に合意。石油危機以降、OPECに属さない産油国が成長するとともに、石油価格の主導権が市場に移ったため、OPECでは各国に生産量を割りあて、需給調整によって価格の維持を図ってきた。2010年代になってアメリカでシェールオイルの増産がすすみ、OPECの影響力が低下したことが設立の背景。

参加国：イラン、イラク、クウェート、サウジアラビア、ベネズエラ、リビア、アルジェリア、ナイジェリア、アラブ首長国連邦、ガボン、赤道ギニア、コンゴ(以上、OPEC加盟国)、アゼルバイジャン、バーレーン、ブラジル、ブルネイ、カザフスタン、マレーシア、メキシコ、オマーン、ロシア、スーダン、南スーダン(2024年1月現在)。

◎燃料電池と水素

水を電気分解すると水素と酸素が発生するが、その逆の原理で、水素と酸素を化学反応させると電気と水が得られる。燃料電池は、水素と酸素を用いて直接電力に変換する発電装置をいい、発電時に生じる熱の活用も可能である。空気中から取り込める酸素に対し、水素は一般に天然ガスや石油ガス、メタノールなどを改質して得られるが、水を電気分解して製造することもできる。化石燃料を燃焼させて発生するガスからとりだした水素は、製造工程で温室効果のある二酸化炭素が排出されるため「グレー水素」とよばれる。その二酸化炭素を回収して地中に貯留したり、利用したりして排出を抑えた水素を「ブルー水素」とよぶ。

一方、再生可能エネルギー(太陽光発電、風力発電)が生みだした電力により水を電気分解して得た水素は「グリーン水素」とよばれ、本格的な活用が期待されている。燃料電池は、す

でに自動車などで実用化されているが、燃料となる水素の補給施設(水素ステーション)の普及などに課題も残っている。

◎レアアース

17種類の希土類元素の総称で、レアメタル(⤳p.191)の一種である。

ハイブリッド車や電気自動車の駆動モーター、エアコンなどの省エネ家電製品にレアアースを原料とする磁石が使用されているなど、ハイテク産業には欠かせない材料である。

かつてアメリカでも採掘されていたが、採掘や精製が環境破壊につながりやすいことから、産地が中国に大きく偏るようになった。しかし、中国1国に依存する供給体制により、輸出規制などでレアアースが政治的に利用されるリスクが高まった。

◎プルサーマル

原子力発電所において、プルトニウムとウランの混合酸化物からなるMOX燃料によって核分裂をおこさせること。

核燃料として低濃縮ウランを使う軽水炉タイプの原子炉では、使用済み核燃料の中にプルトニウムが生成されるが、このプルトニウムをさらに分裂させて発電に使うという、核燃料サイクルの一環。

プルトニウムの放射線は、人体にとってひじょうに有害である。また、プルトニウム同位体の中で最も一般的なプルトニウム239の半減期は24,110万年、半減期の最も長いプルトニウム244では8,200万年もあり、廃棄物として処理する場合、危険性がかなり長期にわたる。

政府、電力会社は、プルサーマル計画を推進してきたが、2011年3月の東北地方太平洋沖地震による福島第一原子力発電所の重大事故を受けて、計画の先行きが不透明となっている。

◎アウトソーシング

企業が生産工程の一部を外部に委託すること(outsourcing)。工場をもたないいわゆる"ファブレス"の半導体企業が、生産をファウンドリ

(製造工場)に委託するように，外部(out)の資源を活用する(sourcing)こと。企業がコストダウンのために，労働力の安い海外に外注することが代表例。

◎オフショアリング

企業が生産工程の一部を海外に移転すること。ICT産業では，ソフトウェアの開発部門などを人件費の安価な外国に移しているケースが多い。

ベンガルール(バンガロール)は，デカン高原の南部にあり気候も快適な都市である。「インドのシリコンヴァレー」といわれており，政府や民間の研究機関も集中している。インドは社会の格差は大きいが，教育の水準は高く，英語も話せる人が多い。そのうえ，アメリカとは半日ほどの時差があるため，アメリカの夜にそのまま仕事を引き継いでソフトウェア開発をすすめることできるので，とくにアメリカからの投資がふえている。

中関村はペキンの郊外にあり，政府の税制優遇政策もあって1990年頃から発達した。日本の企業も進出し，「中国のシリコンヴァレー」ともよばれている。

◎ニッチ市場

すき間市場のこと。市場が大きい分野は利益も大きいので，ビジネスとしてすでに成り立っていて，新規の参入は難しい。ところが，消費の多様化で，新たな内容の事業が，ビジネスとして採算が取れる可能性が出てきた。とはいうものの，既存の手法では収益性に乏しく，大手の企業は手を出しにくい傾向があるが，そこに目をつけるのが，ベンチャービジネスとよばれる中小企業である。独創的な技術で多品種少量生産もこなし，大企業が手をつけていないすき間の需要を開拓している例が多い。

なお，将来性の見込めるベンチャービジネスに出資する企業や投資信託(ファンド)を，ベンチャーキャピタルという。

◎外部支配

大きな企業の工場や支店，店舗などが進出している市町村では，その市町村の外部にある企業の本社の経営方針によって，地域経済が大きな影響をこうむる。こうした状態が，地域の外部支配とよばれる。

大都市の本社が，地方都市の工場や店舗の閉鎖を決めると，そこで働いていた労働者の失業，生活上の便利さの喪失，税収の減少などの問題が発生する。しかし，企業がどういう経営方針をとるかは，基本的に自由であるため，特定の企業が進出して大きな影響力をもっている企業城下町(⊅p.280)の場合は，その地域が外部支配をうけているといわれる。

本社の方針で工場が閉鎖されたり，縮小されて地域経済が大きな打撃をうけた例としては，室蘭，釜石，大牟田などがある。

◎サイバージャヤ

マレーシアの首都クアラルンプールの南郊に1999年に開かれたまちで，マルチメディア・スーパー・コリドーとよばれる総合開発の中心地区。

優遇税制などによってICT関連の企業の誘致をすすめ，先進国のハイテク関連企業が多く進出している。マルチメディア大学(通称MMU)は，産学連携プロジェクト推進の中心となっている。

◎脱工業化社会と知識産業

脱工業化社会とは，工業中心の社会がさらに発展して，知識・情報・サービスが重要な役割を果たす新しい社会のこと。

その中で注目されるのが，知識産業である。知識産業とは，発見や発明，技術，ノウハウなどの「知識」を生み出し，育て，伝えることにかかわる産業のこと。具体的には，医薬品や情報通信機器，電子・電気機器などの分野がこれに該当する。

今後，労働集約的な工業の生産活動が発展途上国にシフトしていく中で，先進国などは，知識の量と質によって利益を生み出していく社会を構築することが求められている。

◎人工知能(AI)

明確な定義は存在しないが，一般には人間の

知的な活動をコンピュータで人工的に再現するもので, 大量の知識データから高度な推論を的確に行えるシステムとして捉えられる。

AIには膨大なデータ(ビッグデータ)から機械であるコンピュータが学習し, 規則性や関連性を見つけだして分析し, 判断や予測を行う機械学習という手法が備わっている。通常の機械学習では, 着目すべき特徴を人間が指定する必要があるが, 人間の脳神経回路をモデルとして生みだされたディープラーニング(深層学習)は, 自ら多層的な着目点から学習するため, 情報の複雑さに対応でき, データの分析精度も向上する。画像認識, 需要予測, 機械制御の自動化などが可能なAIは, 製造業の現場でも品質管理や設備配置の最適化などさまざまな場面で活用され, 生産性の向上や労働環境の改善に役立てられている。

さらに, データのパターンや関係を学習したコンピュータが, 文章, 音楽, 画像, 動画などの多様なコンテンツを創造し, 出力する技術を**生成AI**(ジェネレーティブAI)という。Open AI社が開発したChatGPTは, 対話型生成AIの代表例で, 2022年11月に公開されて以降, 急速に利用者が増加した。

●ニート

1999年にイギリス政府が人口調査で使用した言葉で, 「Not in Education, Employment or Training」の頭文字をとっている(NEET)。「教育機関などの学生でなく, 労働をせず, 職業訓練もしていない」という意味。

日本の厚生労働省の定義では, 「非労働力人口のうち, 年齢15歳～34歳, 卒業者, 未婚であって, 通学や家事をしていない者」となっている。ニートの人口は, 総務省が毎月行う「労働力調査」では, 2022年で57万人になっている。

●デイリーパス

空間と時間軸を組みあわせて人の行動を線で描いた図。生活行動圏を図で表したもの。たとえば, 家族それぞれが自宅を出てもどるまでの流れを描くと, 家族が出会う時間などがわかり

やすい。1日の流れを示したものをデイリーパスというのに対して, 一生の流れを示すものをライフパスという。

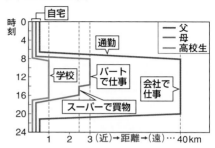

●電子マネー

現金をデータ化して決済(キャッシュレス決済)する手段をいい, 交通系, 流通系, クレジットカード系, 二次元コード系などさまざまな企業が電子マネーの発行者となっている。利用者は, モノを買ったり, サービスを受けたりした際に, 情報が記録されたカードやスマートフォンなどで決済を行う。

利用限度額が大きく, 後払い方式が一般的なクレジットカードに対して, 電子マネーは支払い方式によって「プリペイド(前払い)型」「ポストペイ(後払い)型」「デビット(即時払い)型」の3種類に分類される。プリペイド型はチャージ可能な金額までしか利用できない。

●ワンストップ・ショッピング

1つの場所にとどまって買い物をすること。商店街の中のいろいろな専門店などを歩きまわって買い物をするスタイルに対して, 1つの場所で複数のジャンルの買い物をすることをいう。最近では, 郊外で大きな駐車場をそなえたショッピングセンターに自動車ででかけ, まとめ買いをするようなワンストップ・ショッピングの消費行動が増加している。また, 買い物だけでなく, 金融サービスやレジャー施設も併設する総合的な店舗も増えており, このような場所を**ワンストップ・ショップ**とよんでいる。

☑ 要点チェック

CHAPTER 2　産業と資源		答
☐ 1	農業が最も強く影響をうける自然的条件は何か。	1　気候条件
☐ 2	近代以前に地域ごとに行われていた農業の形態は何か。	2　自給的農業
☐ 3	耕地と住居を周期的に移動する農業を何というか。	3　焼畑農業
☐ 4	牧草や水を求めて家畜とともに移動する牧畜を何というか。	4　遊牧
☐ 5	チベット高原で飼育されているうし科の家畜は何か。	5　ヤク
☐ 6	降水量の多いアジアの沖積平野で栽培される穀物は何か。	6　米(稲)
☐ 7	米の生産量が世界最大の国はどこか。	7　中国
☐ 8	地中海式農業で栽培される果樹の例をあげよ。	8　オリーブ，ぶどうなど
☐ 9	乾燥地帯で，古くから灌漑によって行われてきた農業は何か。	9　オアシス農業
☐ 10	灌漑のための地下水路を，イランでは何というか。	10　カナート
☐ 11	大豆・とうもろこしの生産量が世界最大の国はどこか。	11　アメリカ
☐ 12	スイスなどの山岳地帯でみられる移動式の牧畜を何というか。	12　移牧
☐ 13	オランダの干拓地は何とよばれるか。	13　ポルダー
☐ 14	生産地にある小麦などの巨大貯蔵施設を何というか。	14　カントリーエレベーター
☐ 15	カナダで栽培される小麦は，冬小麦と春小麦のどちらか。	15　春小麦
☐ 16	アメリカの牛の大規模肥育場を何というか。	16　フィードロット
☐ 17	羊毛の輸出量が世界最大の国はどこか。	17　オーストラリア
☐ 18	ブラジルの大土地所有制にもとづく大農園を何というか。	18　ファゼンダ
☐ 19	ロシア，ウクライナの黒土地帯でおもに栽培される作物は何か。	19　小麦
☐ 20	中国の人民公社は解体されて，どのような制度に変わったか。	20　生産責任制
☐ 21	農業に関連するさまざまな企業を，まとめて何というか。	21　アグリビジネス
☐ 22	日本の販売農家で65歳未満の者がいない農家を何というか。	22　副業的農家
☐ 23	日本で米の産出額の割合が最も高いのは(　)地方である。	23　北陸
☐ 24	亜寒帯林と熱帯林とでは，どちらが経済林か。	24　亜寒帯林
☐ 25	おもな国が経済水域を設けているのは何海里か。	25　200海里
☐ 26	漁獲量が最も多く，魚種も豊富な世界の漁場はどこか。	26　太平洋北西部漁場
☐ 27	漁獲量が世界最大の国はどこか。	27　中国
☐ 28	日本の漁業種類別の漁獲量で最大なのは何漁業か。	28　沖合漁業
☐ 29	広島湾や松島湾で養殖がさかんな水産物は何か。	29　かき
☐ 30	人工的に育てた稚魚を放流し，成長後に漁獲する漁業は何か。	30　栽培漁業
☐ 31	先進国の食料供給状況は，飢餓と飽食のどちらか。	31　飽食
☐ 32	生産，加工，流通の段階で生じる食料の廃棄を何というか。	32　フードロス(食品ロス)

☐ 33	地元で生産された食料を地元で消費することを何というか。	33	地産地消
☐ 34	1960年代のエネルギー革命では，何から石油に変化したか。	34	石炭
☐ 35	自国の資源に関する主権を主張する動きを何というか。	35	資源ナショナリズム
☐ 36	石炭の生産量，消費量が世界最大の国はどこか。	36	中国
☐ 37	地中深くの頁岩層に散在する石油を何というか。	37	シェールオイル
☐ 38	液化天然ガスは，アルファベットの略称で何というか。	38	LNG
☐ 39	ロシアからヨーロッパに向けた液化天然ガスの輸出に使われる設備は何か。	39	パイプライン
☐ 40	原子力発電のしめる割合が最も高い先進国はどこか。	40	フランス
☐ 41	オーストラリアの鉄鉱産出地は，西部と東部のどちらに多いか。	41	西部
☐ 42	オーストラリアの石炭・鉄鉱石の最大の輸出先はどこか。	42	中国
☐ 43	銅鉱の生産量が世界最大の国はどこか。	43	チリ
☐ 44	アルミニウム精錬には，多量の何を必要とするか。	44	電力
☐ 45	ニッケル，コバルトなどの希少な金属を何というか。	45	レアメタル
☐ 46	化石燃料の使用により，二酸化炭素などの（　）が排出される。	46	温室効果ガス
☐ 47	発電の際の廃熱を回収して利用するシステムを何というか。	47	コージェネレーション
☐ 48	メタンガスが固体化した資源を何というか。	48	メタンハイドレート
☐ 49	消費地に立地する工業のタイプを何というか。	49	市場指向型
☐ 50	工業立地で，臨空港指向型といわれる製品をあげよ。	50	電子部品
☐ 51	鉄鋼業では原料を輸入する場合，どのような所に立地するか。	51	港湾など臨海地域
☐ 52	イギリス南部からイタリア北部に到るEUの工業，経済活動の中枢地帯を何というか。	52	青いバナナ(ブルーバナナ)
☐ 53	航空機の組み立て拠点であるフランスの工業都市はどこか。	53	トゥールーズ
☐ 54	技術力の高い中小企業が集積するイタリア北中部を何というか。	54	第3のイタリア(サードイタリー)
☐ 55	アメリカで1970年代から工業が発達した地域を何というか。	55	サンベルト
☐ 56	アメリカのサンノゼ一帯の電子工業地域を何というか。	56	シリコンヴァレー
☐ 57	自動車産業が発展した五大湖沿岸の都市はどこか。	57	デトロイト
☐ 58	メキシコのアメリカ国境沿いに設定された輸出加工区を，カタカナで何というか。	58	マキラドーラ
☐ 59	1994年にアメリカ，カナダ，メキシコの間で成立した自由貿易協定を，アルファベットの略称で何というか。	59	NAFTA
☐ 60	1960年代後半からの韓国の急速な経済成長は，「（　）の奇跡」とよばれた。	60	漢江
☐ 61	シンガポールは，植民地時代より（　）でさかえた。	61	中継貿易
☐ 62	ベトナムで1986年に採用された経済政策を何というか。	62	ドイモイ政策
☐ 63	中国では，臨海部に（　）や経済技術開発区を設定している。	63	経済特区
☐ 64	中国が（　）に加盟したことは，外国企業の進出を加速させた。	64	WTO(世界貿易機関)

2

産業と資源

☐ 65	インド南部のICT産業が集積する都市はどこか。	65	ベンガルール
☐ 66	ロシアで旧ソ連時代に形成された総合工業地域を何というか。	66	コンビナート
☐ 67	繊維工業は，（　）的な工業である。	67	労働集約
☐ 68	鉄鋼業や石油化学工業は，（　）的な工業である。	68	資本集約
☐ 69	組立工場の近隣に関連工場が集積する傾向のある工業は何か。	69	自動車工業
☐ 70	自社で生産設備を保有しない企業を何というか。	70	ファブレス企業
☐ 71	研究・開発によって新たに得られた技術などは，（　　）として保護され，経済的な価値が生じる。	71	知的財産権
☐ 72	日本の素材型工業が停滞したきっかけは何か。	72	石油危機
☐ 73	工業製品の輸出増で相手国との間で発生した問題は何か。	73	貿易摩擦
☐ 74	生産拠点の海外移転で，国内生産が減少することを何というか。	74	産業の空洞化
☐ 75	中京工業地帯で自動車工業がさかんな都市はどこか。	75	（愛知県）豊田市
☐ 76	1930年代まで日本最大の工業地帯だったのはどこか。	76	阪神工業地帯
☐ 77	北九州(福岡県)，室蘭(北海道)で共通してさかえた工業の業種は，何か。	77	鉄鋼業
☐ 78	九州は電子部品の工場が立地し，（　）とよばれてきた。	78	シリコンアイランド
☐ 79	先進国で就業者にしめる割合が高い産業は，第何次産業か。	79	第三次産業
☐ 80	商品を小売業者に供給する事業を何というか。	80	卸売業
☐ 81	毎日必要とする食料品などの商品を何というか。	81	最寄り品
☐ 82	モータリゼーションの進展で，総合スーパーの（　）への出店が加速した。	82	幹線道路沿い(ロードサイド)
☐ 83	長時間営業が特徴的な小型の小売店は何か。	83	コンビニエンスストア
☐ 84	電子商取引の成長は，（　）の需要急増をも招いている。	84	宅配便

まとめ

① 交通 ☞p.223

☐ **交通の発達**

- **小さくなる地球**…19世紀初めに**蒸気**を動力源とする交通手段が登場。以後，現在に至るまでさまざまな機関が登場。交通の発達により**時間距離**は大きく短縮した。

☐ **陸上交通**

- **鉄道交通**…大量輸送が可能で定時性も高く，19世紀には陸上交通の中心。
- **自動車交通**…**モータリゼーション(車社会化)**が進展し，現在の陸上交通の主役に。利便性は高いがエネルギー効率が低く，大気汚染や交通渋滞などの公害も問題。
- **世界の道路網**…先進国を中心に**高速自動車道路**が整備。**国際道路**も設定される。

☐ **水上交通**

- **海上交通**…高速性に欠けるものの，重い貨物や容積の大きい貨物の輸送に適し，現在も物流の中心。**コンテナ船**などさまざまな貨物船が用いられる。
- **内陸水路交通**…ヨーロッパなどで発達。**ライン川**などの国際河川や運河を利用。

☐ **航空交通とその他の交通**

- **航空交通**…輸送費用が高く重量物の大量輸送には不適だが，高速で現在の大陸間の旅客輸送の中心。ハブ空港を中心に世界中に路線がのび，**LCC**も拡大中。
- **パイプライン**…石油や天然ガスを輸送。北アメリカやロシア～ヨーロッパ間で発達。

☐ **日本の交通**

- **特徴**…モータリゼーションがすすむが，鉄道の旅客利用もさかんでリニアが建設中。
- **変化**…**モーダルシフト**の取り組み。**高齢化・過疎化**で交通の維持が困難な地域も。

② 世界の通信 ☞p.232

☐ **通信と通信手段**

- **マスコミュニケーション**…不特定多数に向けた情報伝達。
- **通信手段**…移動電話が普及。ブロードバンド回線の整備でインターネットも普及。

☐ **情報通信技術の発達**

- **通信の国際化**…通信衛星や光ファイバーケーブルを用いた大陸間通信。
- **高度情報化社会**…情報通信技術(**ICT**)の発達により産業や社会が変革。IoTやAI，ビッグデータなどを活用した**第4次産業革命**が起こり，**Society 5.0**実現をめざす。
- **課題**…情報格差(**デジタルデバイド**)。システム障害や**情報漏洩**の危惧。

まとめ

③ 貿易 ☞p.235

□ **国際分業体制**

- 国際分業…先進国間の水平的分業と，先進国と発展途上国間の垂直的分業。
- 変化…モノカルチャー経済が残留する旧植民地との間で垂直的分業。経済格差が拡大し南北問題→輸出指向型の工業化をすすめた新興国，産油国とは水平的分業。

□ **経済活動の国際化**

- 多国籍企業…複数の国に拠点をもつ巨大企業。その動向は国際収支に大きな影響。

□ **経済的に結びつく世界**

- 貿易体制の変化…輸入品に高率の関税を課すなどする保護貿易によるブロック経済→第二次世界大戦の反省から**自由貿易**を促進，国際機関として**GATT**→世界貿易機関（**WTO**）が設立。特定の国・地域間でのFTAやEPAの締結もすすむ。
- 地域経済圏…EU，USMCA，ASEANなど。日本は環太平洋パートナーシップ（TPP）協定やRCEPに参加。
- 経済協力…先進国による**政府開発援助（ODA）**。近年，**中国**による対外援助が増大。

□ **現代世界における貿易の状況**

- 主要国…アメリカでは貿易赤字が増大。中国は「**世界の工場**」の地位を確立。
- 日本…原材料を輸入し工業製品を輸出する**加工貿易**→貿易摩擦などを背景に企業の海外進出がすすんだ。2000年代からは各国と**経済連携協定（EPA）**を締結。

④ 観光 ☞p.245

□ **観光の多様化**

- さまざまなツーリズム…情報通信技術（ICT）の発達により観光情報の入手が容易になり，観光の目的も多様化。グリーンツーリズム，エコツーリズムなど。

□ **国際的な観光行動**

- ヨーロッパ…バカンスにリゾートで余暇を過ごすことが一般的。フランスのコートダジュールやスペイン，イタリアなどの海浜リゾートに多くの観光客が流入。

□ **日本の観光**

- 観光の国際化…外国人旅行者が増加し，旅行者の流入（インバウンド）が拡大。
- インバウンドの影響と課題…観光地の収入増加・安定化に貢献。ハラールの食事メニュー追加などの対応がすすむ一方，オーバーツーリズムの問題も発生。

1 交通

1 | 交通の発達

1 交通の意義と動力源の変化

❶ **交通の意義**　交通とは，人や物資の移動のこと。迅速，安全，安価，大量，快適な輸送が目的。

❷ **動力源の変化**　産業革命前は，人力，畜力，風力などで，輸送力や輸送範囲は限られていた。産業革命後に，石炭，石油を利用。

1　**蒸気船**　1807年にアメリカのフルトンが発明。

2　**蒸気機関車**　1825年にイギリスのスティーヴンソンが実用化。

3　**自動車**　19世紀初めに蒸気自動車が実用化され，19世紀末にドイツのダイムラーがガソリンを燃料とする内燃機関を利用した自動車を発明。

4　**その他**　ディーゼル機関，モーター(電動機)，ジェット機関など。

補説　**人力や畜力による交通**　現在でも利用している地域がある。
①**担夫交通**　人間自身が荷物を背または頭にのせて運搬する。現在でも家畜の使用の困難な山岳地域や熱帯雨林地域でみられる。
②**駄獣交通**　家畜の背に人や荷物をのせて運搬する。乾燥地域ではラクダ，チベットではヤク，アンデス山脈ではリャマを利用。
③**輓獣交通**　人や荷物をのせたそりや車を家畜に輓かせる。牛や馬が多く使われるが，所によりトナカイや水牛なども利用。

2 小さくなる地球

2地点間の距離は絶対距離といい，その2地点間の移動に要する時間であらわした距離を，時間距離という。交通機関の発達により時間距離は短縮されてきた。

2 | 陸上交通

1 鉄道交通

❶ **特色**　19世紀には陸上交通の中心。現在は役割が低下。
①船舶に次いで大量輸送が可能で，エネルギー効率も高い。
②比較的迅速で，天候に左右されず，定時性に優れる。

	1940年	50	60	70	80	90	2023
所要時間	約7日	約50時間	約30時間	約20時間	約15時間	約12時間	約14時間

おもな経由地
（モスクワ）　　（なし）
アンカレジ
アンカレジ，コペンハーゲン
ホンコン，バンコク，カルカッタ，カラチ，バーレーン，アテネ
ホンコン，バンコク，ラングーン，カルカッタ，カラチ，バーレーン，バグダッド，ベイルート，カイロ
（ラングーンは現ヤンゴン，カルカッタは現コルカタ）
（アンカレジはアラスカの都市）

▲東京—ロンドン間の航空路

★1　交通に利用される手段，設備が交通機関。広義には通信機関も含む。

★2　ニューヨーク〜オールバニに定期船を運行。

★3　最初の商業区間はストックトン〜ダーリントン。

★4　1908年にアメリカのフォードが，自動車の大量生産を開始した。

▼世界の時間距離の短縮

1500〜1840年代のころ（馬車と船）（時速約16km）
1850〜1930年代のころ（蒸気船と蒸気機関車）（時速50〜100km）
1950年代（プロペラ機）（時速450〜650km）
1960年代（ジェット機）（時速800〜1,000km）

★1　環境にやさしい輸送手段として，最近再び注目されている。
★2　山岳地帯ではトンネルをはじめ，ループ線，スイッチバック，アプト式鉄道などの特殊路線が利用される。

交通・通信・貿易・観光

3

③長距離を安い費用で輸送できる。

④地形の制約をうけ，建設時に多額の費用が必要である。

❷ 世界の鉄道網

1 **大陸横断鉄道** シベリア鉄道，バイカル=アムール(バム)鉄道，北アメリカの鉄道，アンデス横断鉄道，トランス=コンティネンタル鉄道(オーストラリア)など。開拓・開発を目的に建設されたものが多いが，現代世界ではしばしば**ランドブリッジ**としての役割を果たしている。

2 **国際鉄道** ヨーロッパの多くの国は，軌間が統一されているため，早くから発達。アフリカでは，一次産品の輸送用に建設。

> **Q** ヨーロッパの国際鉄道には，どのようなものがありますか。
>
> **A** 1987年に運行が開始されたユーロシティ(EC)が有名。このシステムのもとで，ヨーロッパ各国を行き来する国際列車が運行されている。しかし，このシステムに属さない国際列車も多数運転されているよ。

3 **都市間輸送** 中距離の都市間を結ぶ**高速鉄道**が日本やヨーロッパで発達。経済成長のすすんだ韓国，中国，台湾，インドネシアでも開業しており，アメリカでもメガロポリスを高速鉄道が結んでいる。

4 **都市圏輸送** 大都市とその周辺を放射状に結ぶ通勤用の鉄道のほか，郊外間を結ぶ郊外環状鉄道(関東の武蔵野線など)の役割も重要。

5 **都市内輸送** かつては路面電車が主流であったが，モータリゼーションの普及と人口の増大で，輸送量の大きな地下鉄への転換がすすんだ。また，複数ある鉄道ターミナルを結ぶ都心環状鉄道(山手線など)の役割も重要。

> 補説 **輸送量の単位** 旅客輸送では，「輸送人数(人)×輸送距離(km)」を人キロという単位にしている。貨物輸送では，「輸送重量(トン)×輸送距離(km)」をトンキロとしている。

> 補説 **路面電車の見直し** ヨーロッパや日本の都市では，自動車がもたらす大気汚染やヒートアイランドへの対策として，路面電車(トラム)が再評価されている。とくに高齢者や身体が不自由な人でも乗り降りがしやすい低床車(LRV)を用いて，路面軌道と専用軌道を併用しながら都市内部と郊外をスムーズに結ぶLRT(ライトレールトランジット)とよばれる輸送方式が広がっている。

▲フランス・ナント市内を走るLRV

★3 北アメリカ最初の大陸横断鉄道は，1869年に開通したユニオン=パシフィック鉄道。

★4 海上輸送を主体とする国際物流において，補完的に経由地で鉄道(陸上輸送)を組み込む方式。シベリアランドブリッジ，アメリカランドブリッジなど。

★5 ヨーロッパでは，標準軌(1,435mm)の国が多いが，強国による侵略を恐れて軌間を異にしている国もある。しかしEU統合が深化し，シェンゲン協定発効(1995年)(⟳p.337)によって国境規制がなくなった現在，軌間の違いによる乗り換えは，大きな国境規制である。このため，車輪の幅を自由に調整できる列車が開発され，相互乗入できる国が拡大した。

なお，日本は，新幹線と一部の私鉄は1,435mm，JR在来線などは狭軌(1,067mm)を使用している。

★6 タンザン鉄道とベンゲラ鉄道により，アフリカ南部(ダルエスサラーム～ロビト)の横断が可能となっている。アフリカで，内陸と沿岸を結ぶ鉄道路線が比較的多いのは，地形的に船舶による河川の航行が困難なため。

★7 一般に時速200km以上でおもな区間を走行する幹線鉄道をいう。

2 自動車交通

1 特色　かつては補完的役割。現在は陸上交通の主役。

①鉄道と比べて，輸送量が少なく，距離も短い。エネルギー効率でも劣り，**大気汚染や交通渋滞**などの公害も引き起こしやすい。

②輸送単位を弾力的に変更でき，路線も自由に設定できる。

③個人や小資本が利用でき，戸口輸送[★8]など，利便性に富む。

④舗装や専用道路など利用環境の整備とともに，技術革新[★10]をともないながら先進国さらに新興国などでも急速に普及し，モータリゼーション(**車社会化**)が進展。[★9]

2 世界の道路網

1 **高速自動車道路**　ドイツのアウトバーン，アメリカのフリーウェイ，イギリスのモーターウェイ，イタリアのアウトストラーダ[★11]など。

2 **国際道路**　アラスカハイウェイ(アラスカ中部〜カナダ西部)，パンアメリカンハイウェイ(南北アメリカ)，アジアハイウェイ(アジア)など。

POINT!

産業革命後──交通機関が飛躍的に発達。

陸上交通の主役は {鉄道交通から 自動車交通に うつった。

補説　**都市内の交通政策**

①パークアンドライド　ヨーロッパには，市街地への車の乗り入れを禁止している都市もある。その場合都心の周辺に駐車場を設置し，ここで路面電車など公共交通機関に乗りかえるしくみが導入されている。これにより，市街地の環境，安全，美観上の問題が解決するほか，徒歩で移動する人がふえることで，商店の売上増→活性化も期待できる。日本でも，都心商店街の衰退に悩む地方都市で，このような人と車の分離が試みられている(⟳p.297)。

②ロードプライシング　都市部の道路のうち，民家の多い区間や，頻繁に渋滞の発生する区間に通行料を課して，車の迂回を促す制度。ロンドンやストックホルムでは都心部に流入する自動車を対象に，コンジェスチョン・チャージ(渋滞税)が導入されている。

パークアンドライド▶

★8　現在地から目的地まで，ドア・ツー・ドアで輸送できる。

★9　近代道路の出発点は，19世紀初頭に，イギリス人マカダムによって考案された砕石舗装道路といわれる。

★10　排ガスの低減や電気モーターの活用など車両に関する技術に加え，GNSS(⟳p.46)を利用したカーナビゲーションシステムの普及や自動運転技術の開発など運転に関わる技術革新もすすめられてきた。

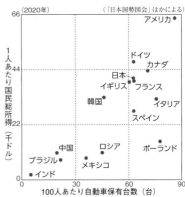

▲各国の自動車保有率と1人あたりの国民所得

★11　南北を縦断する路線は，**太陽道路**(アウトストラーダ=デル=ソーレ)とよばれる。

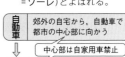

▼おもな国の自動車の保有台数と変化　　　　　　　　（台/1,000人）

	1980年	1990年	2000年	2010年	2020年
日本	321.8	466.5	572.9	588.3	612.4
中国	0.9	5.1	12.7	57.9	223.2
韓国	13.6	76.9	238.6	367.5	457.7
インド	2.2	4.6	7.1	19.2	32.7
南アフリカ共和国	117.6	130.4	129.2	152.4	175.8
ドイツ	360.0	411.8	580.1	556.5	627.3
フランス	404.4	464.7	576.4	604.4	704.4
アメリカ	698.6	760.4	784.3	797.7	860.4
ブラジル	84.2	86.7	87.9	163.3	214.5

（「世界国勢図会」ほかによる）

３ ｜ 水上交通

１ 海上交通

❶ 特色

①**重い貨物や容積の大きい貨物を**，比較的安価に，長距離輸送することができる。現代世界における国際物流の中心をしめ，近代以前より大陸間移動に利用された。

②エネルギー効率に優れるが，高速性に欠け，航行や停泊についても制約がある。★1

③陸上輸送と接続するために貨物の積み下ろし(荷役)が必要。貨物の種類に応じて，さまざまな専用船が開発されている。

❷ さまざまな貨物船

1 **コンテナ船**　各種の工業製品や食品などを収納した**コンテナ**★2を輸送する。コンテナは鉄道やトラックの陸上輸送でもそのまま用いられ，荷役の合理化が図れる。専用のクレーンを備えた大規模なコンテナ港が各地で整備されている。

2 **タンカー(油送船)**　**石油**などの液体をばら積みして輸送する。事故による石油の流出を抑えるため，船倉の巨大なタンクは細かく仕切られている。

3 **LNG船**　**液化天然ガス**を輸送するための専用船で，球形の大型タンクを搭載している。★3

4 **バルクキャリア(ばら積み船)**　鉄鉱石，石炭などの**鉱物**や穀物，セメント，木材チップなど梱包されていない大量の貨物を輸送する。甲板(船の上部の床。デッキ)に設けられたハッチを開き，クレーンを使って船倉に貨物を積み込む。

5 **自動車専用船**　完成車の輸送に用いられる。船内に，立体駐車場のような複数の車両甲板をもつ。

★1　暗礁や浅瀬が存在すると船舶が座礁する恐れがある。

★2　統一された規格に基づいてつくられた箱型(2.4 × 2.4 × 6m)の輸送容器。

★3　LNGは，天然ガスを−162℃に冷却して得られ，体積が600分の1に圧縮された二次エネルギー。球形のタンクは，同一の体積に対して表面積が最小となるため，外部の熱の影響を受けにくいうえ，内部の圧力も均等になるため，耐圧性が高い。

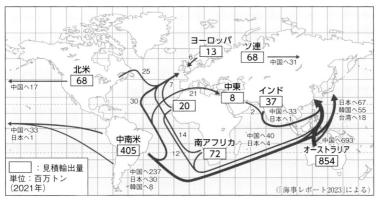

▲鉄鉱石の海上荷動き量

▲日本の貨物船の
種別船腹量割合

その他 7.7
コンテナ船 10.4
タンカー 19.7
バルクキャリア オアア 62.2%
合計 1億7,278万重量トン
（2021年6月末）
（日本船主協会資料による）

世界の商船保有率▶
パナマ，リベリアなどは，便宜置籍船（⇨p.228，381）がほとんど。

（2023年初）
その他 24.1
パナマ 15.5%
日本 2.0
ギリシャ 2.3
バハマ 4.0
中国 5.3
マルタ 5.3
シンガポール 6.0
ホンコン 8.3
マーシャル諸島 12.0
リベリア 15.2
合計 15億3,686万総トン
（「世界国勢図会」による）

▼おもな港湾のコンテナ取扱量

（左：単位[千TEU]，右：順位）

港湾	1980年		1990年		2000年		2010年		2021年	
シャンハイ（上海）	30	164	456	42	5,613	6	29,069	1	47,030	1
シンガポール	917	6	5,220	1	17,040	2	28,431	2	37,470	2
シンセン（深圳）	－		－		3,994	11	22,510	4	28,768	4
プサン（釜山）	634	16	2,350	6	7,540	3	14,194	5	22,706	7
ホンコン（香港）	1,465	3	5,100	2	18,100	1	23,699	3	17,798	9
ロッテルダム	1,901	2	3,670	3	6,280	5	11,146	10	15,300	10
ドバイ	64	112	916	23	3,059	13	11,600	9	13,742	11
NY/NJ*	1,947	1	1,900	9	3,050	14	5,292	19	8,986	19
東京	632	18	1,560	13	2,899	15	4,285	25	4,326	46
横浜	722	13	1,650	11	2,317	20	3,280	36	2,861	72
神戸	1,456	4	2,600	2	2,266	22	2,556	45	2,824	73

＊ニューヨーク・ニュージャージー港
（「Lloyd's List 100 Container Ports」，「CONTAINERISATION INTERNATIONAL YERABOOK」ほかによる）

3

交通・通信・貿易・観光

補説 **便宜置籍船国** 外国の個人や企業が所有する船舶の船籍登録を認め，多額の登録税を得ている国を指す。ギリシャ，日本，アメリカなどの船主は，税制が優遇され，船員の国籍条項が緩和されるなど雇用条件が有利になるパナマ，リベリア，マーシャル諸島などに多くの貨物船を輸出し，登録を行っている。

❸ **国際運河と国際海峡** 国際航路の要路にあたり，外国船舶の航行の自由が認められている。

1 **スエズ運河** 地中海と紅海を結ぶ**水平式運河**。エジプトが国有化しており，重要な外貨獲得源になっている。

★4 閘門の操作により階段状となった水位差を調整し，船舶が通過できる構造をもつ。

2 **パナマ運河** カリブ海と太平洋を結ぶ**閘門式運河**。船舶の大型化に対応するため，拡張された新しい水路が2016年に完成した。

★5 従来の閘室(長さ294m×幅32m×深さ12m)を通行できる最大の船型をパナマックスとよぶのに対し，新しい閘室(長さ370m×幅51m×深さ15m)を通行できる最大の船型はネオパナマックスとよばれる。

3 **ホルムズ海峡** ペルシア湾とアラビア海(インド洋)をつなぐ海域で，石油を積み込んだ多くのタンカーが通過する。

4 **マラッカ海峡** マレー半島とスマトラ島の間の海域で，ヨーロッパ・西アジアと東アジアを往来する多くの船舶が集中する。

5 **日本の国際海峡** 宗谷海峡，津軽海峡，対馬海峡，大隅海峡が該当する。

★6 浅瀬が多く，海賊被害のリスクもあるため，バリ島東方のロンボク海峡に迂回する航路もある。

補説 **北極海航路** 地球温暖化の影響で，夏季の海氷面積が縮小している北極海では，資源開発の期待が高まるとともに，海上輸送路としての活用が開始されている。北極海を経由するとヨーロッパ・東アジア間の輸送距離が，スエズ運河を経由する航路の約6割に短縮され，輸送時間やエネルギーの消費量を削減できる。ただし，航行可能な期間が毎年の海氷面積の変動に左右されて見通しにくいうえ，耐久性の高い船体の建造や砕氷船の随行に費用が発生するなどの課題も残っている。

2 内陸水路交通

❶ **特色** 年中湿潤な気候(Cfb)と勾配の緩やかな地形(安定陸塊・古期造山帯)が広がるヨーロッパでは，河川を利用した水運が発達し，運河の整備もすすんだ。北アメリカでは五大湖，セントローレンス川，ミシシッピ川などが，南アメリカではアマゾン川が，中国では長江が水運に利用されてきた。

ヨーロッパの内陸水路▶

★7 スペリオル湖・ヒューロン湖間はスーセントメリー運河，エリー湖・オンタリオ湖間はウェランド運河，エリー湖・ハドソン川間はニューヨークステートバージ運河が結ぶ。

1 **ライン川**　スイスのバーゼルまで外洋船が遡上できる国際河川^{★8}で，河口の**ロッテルダム**にはEU最大の港湾(ユーロポート)が整備されている。**ドナウ川**とはマイン=ドナウ運河で結ばれている。

2 **ミッテルラント運河**　ルール工業地帯と**エルベ川**を結び，ベルリンに達する。

★8　流路が国境となっていたり，複数の国に及んでいたりする河川のうち，国際条約で沿岸各国またはすべての国の自由航行が認められている河川。

4 ｜ 航空交通とその他の交通

1 航空交通

❶ 特色

①地形の制約を受けず，空港間を高速かつ最短距離で結ぶことができる。**国際的な旅客輸送**の中心的な交通機関であるが，半導体などの**電子部品**や医薬品，生鮮食品，花卉など軽量で単価の高い物品の輸送にも利用される。

②輸送費用が高く，重量物の大量輸送には適さない。多くのエネルギーを消費し，環境負荷が大きい。

❷ 近年の動向

①**航空輸送体系**　航空交通の発達にともない，航空会社は一定の範囲内で拠点となる空港を定め，拠点空港と域内の地方空港を結ぶ支線と，離れた拠点空港間を結ぶ幹線からなる航空路線網を構築している。こうした輸送方式を，自転車の車輪になぞらえて**ハブ=アンド=スポーク**とよび，車軸にあたる拠点空港はハブ空港とよばれる。

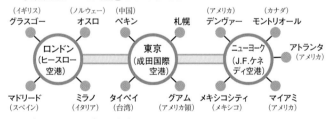

▲ハブ=アンド=スポーク方式

補説　**ハブ空港**　乗り換えや積み換えの拠点となるハブ空港には，多くの航空機とともにヒトやモノが集まる。そのため近隣では物流，観光のほか先端技術産業が育つなど経済的な効果が期待でき，さらに国際的な会議やイベントも開催されやすい。航空機の利用を促すためには，複数の長大な滑走路を備えていること，24時間運用できること，着陸料など空港使用料が安価なことなどが重要で，日本を含む東・東南アジアの各都市はハブ空港の整備を競い合ってきた。

②**格安航空会社（LCC）**　さまざまな経費を削減して効率化を図
り，航空運賃の大幅な低減を実現した格安航空会社（LCC：
Low Cost Carrier）は1970年代にアメリカで誕生し，まも
なくヨーロッパにも広まった。2000年代以降はアジアでも
設立が相次ぎ，路線網の拡充とともに日本を訪れる外国人観
光客（**インバウンド**）が急増した。

2 パイプライン

❶ 特徴

①石油や天然ガスなどの**流体**を輸送する設備。一方から圧力を
　加えることで，安価に長距離輸送できる。
②石油や天然ガスに恵まれる**北アメリカ**や**ロシア**のほか，ロシ
　アと陸続きの**ヨーロッパ**などでも発達している。北海やバル
　ト海には海底パイプラインも敷設されている。

❷ おもなパイプライン

①**ドルジバパイプライン**　旧ソ連時代に東ヨーロッパへ原油を
　供給する目的で建設されたパイプライン。現在はドイツまで
　延び，総延長は世界最長。
②**ペトロライン**　サウジアラビアを東西に横断し，**ペルシア湾
　岸**から紅海に面するヤンブーまで延びる。
③**アラスカパイプライン**　北極海沿岸のプルドーベイから，ア
　ラスカ南部の不凍港であるヴァルディーズに延びる。**永久凍
　土地帯**を通るため，大部分が高架式になっている。
④**BTCパイプライン**　アゼルバイジャンのバクーからジョー
　ジア（トビリシ）を経てトルコ（ジェイハン）に至る。**カスピ海**
　の原油を，ロシアを経ずに地中海まで輸送できる。2006年
　に完成。

5 ｜ 日本の交通

1 日本の交通の特徴

❶ **鉄道**　都市間を結ぶ**新幹線**のほか，**大都市圏**でJR，私鉄，地下
鉄が高密度に整備されており，他国と比べて旅客輸送での利用が
さかん。
❷ **自動車**　モータリゼーションが進展し，旅客・貨物ともに最大
の輸送割合をしめている。

★1　ノルウェー水域
のエコフィスク油田の
原油は，パイプライン
でイギリスのミドルズ
ブラ（ティーズサイド）
に送られる。

★2　ロシア北西部か
らドイツに至る天然ガ
スパイプラインは，ノ
ルドストリームとよば
れる。

★3　ドルジバはロシ
ア語で「友好」を意味
する。

★1　大陸横断鉄道が
発達しているアメリカ
は，貨物輸送で鉄道の
割合が高い。

❸ **水運**　臨海部に**素材型工業**が発達しているため，重量・容積の大きな製品の国内輸送でも海上輸送が重要な役割を担っている。ただし，水量の変化が大きく，勾配も急な河川の交通は発達していない。

❹ **航空**　日本の国土は，面積に対して細長く延びており，北海道や南西諸島などの島も多いことから旅客輸送で一定の割合をしめている。

★2　かつては上流で切り出した木材を，筏に組んで下流に送るなどの利用もみられた。

2 日本の交通の変化

❶ **モーダルシフト**　陸上での貨物輸送の大部分をトラックが担っているが，**エネルギーの消費量や二酸化炭素の排出量が多いうえ，近年はドライバー不足も深刻化している。**環境負荷を軽減し，労働力不足を解消するためにも，輸送手段を自動車から鉄道や船舶に切り替える**モーダルシフト**が求められる。

❷ **高齢化・過疎化**　近年の日本では，**高齢化**を背景に自動車の運転免許証を返納する人が増加しているが，**公共交通網が充実している大都市圏と比べ，自動車への依存度が高い地方圏**では，過疎化にともなってバス・鉄道路線の廃止が相次いでおり，買い物や通院のための移動手段の確保が大きな課題となっている。

❸ **リニア中央新幹線**　超電導磁石によって浮上し，時速500kmで走行する**リニア中央新幹線**が，現在建設されている。東京・大阪間を直線的に結ぶために，大部分が山岳地帯の地下を通過する。2027年以降に東京(品川)・名古屋間が開業する予定。

★3　最終目的地にはトラックで運ぶ必要があるため，積み替えの手間や輸送費用の観点から，長距離の幹線輸送を転換することが効果的とされる。

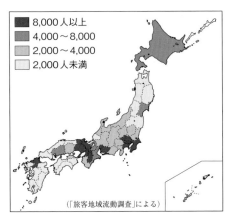

▲人口百人あたり鉄道旅客輸送人数(2021年)

8,000人以上
4,000〜8,000
2,000〜4,000
2,000人未満

(「旅客地域流動調査」による)

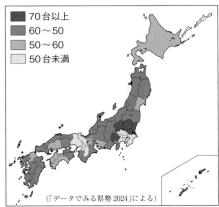

▲人口百人あたり乗用車保有台数(2021年)

70台以上
60〜50
50〜60
50台未満

(「データでみる県勢2024」による)

3

交通・通信・貿易・観光

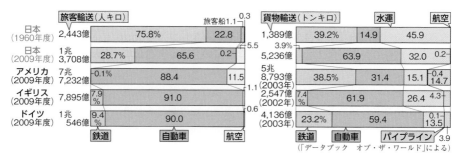

	旅客輸送（人キロ）			旅客船1.1	0.3

日本（1960年度）2,443億　75.8%　22.8

日本（2009年度）1兆3,708億　28.7%　65.6　0.2　5.5

アメリカ（2009年度）7兆7,232億　0.1%　88.4　11.5

イギリス（2009年度）7,895億　7.9%　91.0　1.1

ドイツ（2009年度）1兆546億　9.4%　90.0　0.6

鉄道　自動車　航空

	貨物輸送（トンキロ）		水運	航空

日本（1960年度）1,389億　39.2%　14.9　45.9

日本（2009年度）5,236億　3.9%　63.9　32.0　0.2

アメリカ（2003年）5兆8,793億　38.5%　31.4　15.1　0.4　14.7

イギリス（2002年）2,547億　7.4%　61.9　26.4　4.3

ドイツ（2003年）4,136億　23.2%　59.4　0.1　13.5　3.9

鉄道　自動車　パイプライン

（「データブック　オブ・ザ・ワールド」による）

▲主要国の輸送機関別の輸送構成　日本の輸送構成は，旅客，貨物ともに，鉄道が減少し，自動車による輸送が増加している。アメリカでは，貨物輸送にしめるパイプラインの割合がめだつ。

2 世界の通信

1 | 通信とマスコミュニケーション

1 通信と通信手段

❶ 通信　情報を伝えたり，交換したりすること。不特定多数に向けての情報伝達は，マスコミュニケーション（マスコミ）[★1]という。

❷ 通信手段　同じ時間，同じ場所で情報をやり取りする対話や時間をかけて遠く離れた相手に情報を伝える手紙などに対し，リアルタイムで遠隔地と通信する手段や技術が次々に開発されてきた。

1 **電話**　音声情報の伝達手段であるが，回線はファクシミリ（FAX）の画像や電子メールなどデータの送受信にも利用されてきた。有線回線に接続した**固定電話**に対して，持ち運びのできる**移動電話**（携帯電話，PHS，スマートフォン）が急速に普及した。

★1　新聞・雑誌・テレビ・ラジオなどマスコニュニケーションをおこなう手段や媒体をマスメディアという。

補説　**携帯電話の普及**　固定電話は，それぞれの建物に有線回線を敷設するために費用がかさむため，先進国と比べて発展途上国では普及が遅れていた。しかし移動式の携帯電話は，無線基地局を配置すれば周辺地域で広く利用できるようになるので整備費用が抑えられ，先進国だけでなく，発展途上国でも急速に普及した。銀行口座を開設している人が少ないケニアでは，携帯電話のショートメッセージサービスを利用した送金システムも普及している。

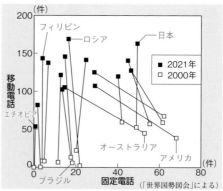

▲人口百人あたり電話契約件数

2 **オンライン=リアルタイム=システム**　各端末装置で入力されたデータを，通信回線で結んだ中央のコンピュータで瞬時に処理し，必要に応じて処理結果を当該の端末装置に返送する。金融機関の入出金や列車，航空機の座席予約などで利用されているほか，小売店で普及したPOSシステム（⌂p.212）も好例。

3 **インターネット**　世界中のコンピュータを結ぶ通信ネットワーク。1960年代にアメリカの大学・研究機関を接続したネットワークが起源で，1990年以降に商用利用が開始された。先進国を中心に大容量のデータを高速で送受信できるブロードバンド回線の整備がすすみ，**スマートフォン**などモバイル端末からの接続も一般的になった。

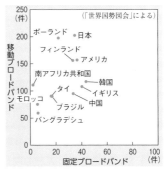

▲人口百人あたりブロードバンド契約数（2020年）

2 情報通信技術の発達

❶ 通信の国際化

1 **通信衛星**　インテルサット通信衛星を中継基地として，世界中と同時に通信ができるようになっている。

2 **海底通信ケーブル**　海底に敷設され大陸間を結ぶ通信線。銅線を用いた同軸ケーブルにかわり，現在では，大容量の通信が可能な光ファイバーケーブルを利用している。

★2　同名の民営会社と国際電気通信衛星機構のことをいう。赤道上空3万6,000kmに61の衛星が世界をおおい，電信，電話，テレビ伝送などの電気通信業務を行っている。

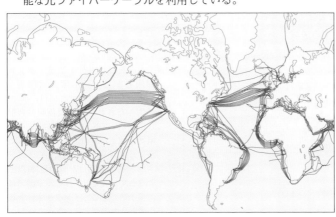

▲世界の海底ケーブルの敷設状況

❷ 高度情報化社会

情報通信技術（ICT）の発達は，産業や社会に変革を促している。日本を含む先進国では，電子商取引や各種サービスのオンライン申請が普及するなど，情報ネットワークが高度に発達している。

3

交通・通信・貿易・観光

1 **第4次産業革命**　ロボット工学，IoT[★3]，人工知能(AI)などの先端技術やビッグデータ[★4]などを活用することで引き起こされる製造業の技術革新(イノベーション)。

2 **Society 5.0**　第4次産業革命が掲げる技術革新を活用して，**経済発展と社会的課題の解決**を目指す。狩猟社会，農耕社会，工業社会，情報社会に続く，5番目の社会システム。

❸ **課題**

1 **デジタルデバイド**　ICTの恩恵を受けられる人とインターネットを利用できない人との間に生じる情報格差(デジタルデバイド)は，経済格差につながる。先進国・発展途上国間や地域間でもデジタルデバイドがみられる。インターネットは，文字による情報の交換が主流であるため，識字率の低い国では利用が困難な状況が考えられる。

2 **システム障害**　情報システムを構成するサーバーやネットワーク機器，ソフトウェア，通信回線に問題が発生して正常な状態が維持できなくなると，ICTに依存しているひとびとの暮らしや経済活動に深刻な影響がおよぶ。

3 **情報漏洩**　操作ミスや悪意のある第三者(ハッカー，コンピュータウイルス)によって，**個人情報**を含むさまざまな情報が世界中に流出する危険がある。

★3　もののインターネット(Internet of Things)の意で，家電製品，自動車，住宅など様々なモノが，ネットワークに接続されて相互に情報を交換する仕組みを指す。

★4　日々生成され，人間が全体を把握することが困難な多種多様な膨大なデータ群のこと。

▼ウェブサイトで使用されている言語(%)

英語	57.7	トルコ語	2.6
ロシア語	5.3	ペルシア語	2.2
スペイン語	4.5	ポルトガル語	1.8
ドイツ語	3.9	イタリア語	1.7
フランス語	3.9	中国語	1.6
日本語	3.2	ベトナム語	1.4

(2023年1月1日)　　　　　　　　(W3Techsによる)

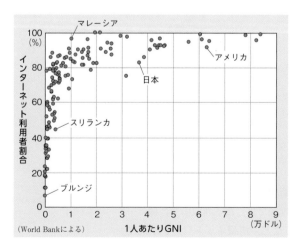

(World Bankによる)　1人あたりGNI

◀**1人あたりGNIとインターネット利用者割合**　GNI(国民総所得：Gross National Income)は，国内で生みだされた付加価値額の合計(GDP：国内総生産)に海外からの所得を加えたもの。1人あたりGNIが1万ドル以上の国は，インターネット利用者割合が概ね80%以上となっているが，1万ドル未満では所得水準に応じてインターネット利用者割合の差が大きくなっている。

3 貿易

1 | 国際分業体制

1 国際分業の特色

❶ **国際分業とは**　商品の生産コストには，資源，労働力，資本，技術などがかかわっており，これらは国によって異なる。そのため，一国ですべての商品を生産するのではなく，**得意とする商品の生産に特化し**，貿易によって商品を交換し合うことが効率的である。

❷ **国際分業の種類**

1　水平的分業　おもに先進資本主義国間でみられ，工業製品を互いに生産，輸出する。

2　垂直的分業　発展途上国が，原材料，燃料，食料を生産，輸出し，先進資本主義国が工業製品を生産，輸出する。

> 補説　**リカードの比較生産費説**　リカード（1772～1823年）は，イギリスの経済学者。**比較生産費説**の考え方で，国際分業と自由貿易がもたらす利益を説いた。右表の場合，イギリスでは，毛織物を生産するほうが比較的優位で，ポルトガルではぶどう酒のほうが比較的優位である。もし，イギリスが毛織物だけを生産すれば，労働力220で2.2トンの毛織物を生産できる。同様に，ポルトガルがぶどう酒だけを生産すれば，労働力170で2.125tのぶどう酒を生産できる。右表ではぶどう酒2t，毛織物2tなので，全体として生産量が増加している。それを互いに輸出すれば，利益がもたらされると考えたのである。[1]

▼ぶどう酒と毛織物を生産するのに必要な国別の労働力の例

生産物	イギリス	ポルトガル
ぶどう酒1トン	120	80
毛織物1トン	100	90

2 国際分業の変化と経済格差

❶ **産業革命以後**　大量生産体制を確立したヨーロッパ諸国は，原料の供給地や工業製品の販売市場を求めて海外に植民地を広げていった。宗主国と植民地との間では**垂直分業**が行われ，独立後も発展途上国では特定の**一次産品**[2]の輸出に依存するモノカルチャー経済[3]が残留するとともに，先進国との経済格差が拡大し，南北問題として認識された。

❷ **20世紀後半以降**　安価な労働力を基盤に，外国資本を受け入れるなどして**輸出指向型**の工業化をすすめた新興工業国や豊富な石油資源を輸出して多額の**石油収入（オイルマネー）**が流入した産

★1　しかしこの理論では，ポルトガルは永久に毛織物を生産できない（＝工業化できない）ことになる。一般に，一次産品よりも工業製品のほうが付加価値が高く，得られる利益が大きい。このため，工業化のすすんだ国のほうが豊かになる。

★2　農林水産業や鉱業を通じて，自然界から直接獲得される未加工の産品。

★3　特定の産品の生産量や国際価格の変動に，国全体の経済が左右され，不安定になる恐れがある。

油国が台頭し，発展途上国間の経済格差が拡大した。[★4]とくに工業製品が相互に輸出入されるようになった**新興工業国**と先進国との間は，水平分業的な関係に変化した。

★4　発展途上国間で拡大した経済格差に関わる諸問題を南南問題という。

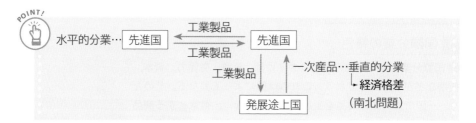

POINT!
水平的分業…先進国 ⇄ 工業製品 先進国
工業製品
工業製品　　　一次産品…垂直的分業
　　　　　　　　　↳経済格差
発展途上国　　　　　（南北問題）

③ さまざまな貿易の形態

❶ 貿易地域との関わり

1 **垂直貿易（南北貿易）**　発展途上国（南）と先進国（北）との貿易。**発展途上国が一次産品を，先進国が工業製品を輸出し，垂直分業を成立させる。**価値の異なる商品が交換される不均衡な貿易といえ，発展途上国では**貿易赤字**に陥る危険性がある。

2 **水平貿易**　先進国間で，**おもに工業製品を相互に輸出入し，水平分業を成立させる貿易。**近年は新興工業国から先進国へ工業製品の輸出が増加している。

❷ 政策との関わり

1 **保護貿易**　**数量を規制したり，高率の関税を課したりして輸入を抑制し，自国の産業の保護を図ろうとする。**輸出品に多額の補助金を交付することで，ダンピング（不当廉売）[★5]を行うことも含まれる。

★5　国内価格よりも低い価格で輸出すること。

2 **自由貿易**　国家が規制や保護・奨励を行わず，自由に輸出入が行われる貿易。**現代世界では輸入品の数量制限，関税，輸出補助金などの撤廃・削減が求められてきた。**

❸ その他

1 **中継貿易**　輸入した物品を，原形のままあるいは多少の加工を施して，再輸出する貿易で保管手数料などを得る。交通の要地に位置する**シンガポール，ホンコン，オランダ**などで発達。

2 **加工貿易**　原料を輸入し，加工した製品を輸出する貿易。労働力や技術に基づいた加工賃を得る。資源の乏しい日本は，加工貿易により経済発展してきた。

▲大西洋三角貿易

補説　**貿易依存度**　国内総生産(または国民総所得)に対する貿易額の割合。その国の経済全体が，貿易に依存する割合をあらわす。一般に，資源にめぐまれない加工貿易を中心とする国ほど高く，国内市場の大きい国や，発展途上国は低い。

3 **三角貿易**　二国間の貿易が不均衡となる場合，第三国を組み込んで輸出入の不均衡を相殺・是正しようとする貿易。17世紀以降に大西洋を挟んで行われた三角貿易が典型例。

4 **フェアトレード**(**公正な貿易**)　発展途上国で生産された農産物や雑貨を，**適正な価格で継続的に輸入する**取り組み。賃金水準が低いなど劣悪な労働条件を強いられてきた発展途上国の生産者の暮らしを支え，経済的な自立を促すことを目的とする。先進国の消費者は，フェアトレード機関から認証を受けた商品を購入することで，社会貢献活動に加わることになる。

5 **サービス貿易**　商品の貿易に対し，外国のサービスを利用して対価を支払う貿易。金融，運輸，観光，建設，情報通信など多岐にわたる。

★6 「役務」ともいう。売買によって効用や満足などを提供する，形のない財のこと。

★7 輸出額はサービスに対する受取額，輸入額はサービスに対する支払額となる。

2 | 経済活動の国際化

1 直接投資

国際的な資金の移動を生みだす投資には，企業が海外で事業活動を行うことをおもな目的とする**直接投資**と，外国の債券や株式，通貨などを購入して利子，配当，売買差額を得ることを目的とする**間接投資**がある。

❶ **対外直接投資**　企業が海外を対象に行う直接投資。

1 **製造業**　先進国の企業(メーカー)により，生産費を削減するために，**労働費や用地の取得費用が安価な発展途上国**などを対象とする投資が多い。また，為替レートの変動にともなうリスクや貿易摩擦を回避するために，現地生産を行うための工場を取得することもある。

2 **第三次産業**　小売業や金融・保険業は，所得水準が高く，市場規模が大きい先進国を対象とする投資が多い。

❷ **対内直接投資**　海外の企業から受ける直接投資。東南アジアやラテンアメリカでは，安価な生産費を指向する海外メーカーなどからの投資が多い。2000年代以降は，EUに加盟した中・東欧諸国や，トルコ，北アフリカ諸国で対内直接投資が増加し，経済発展が著しい中国やインドでは，国内市場を指向した投資も活発化している。さらにアフリカ諸国では中国からの投資が増大している。

★1 1990年代以降，日本の自動車メーカーはアメリカやヨーロッパへの直接投資を活発化した。

★2 トルコは1996年にEUと関税同盟を締結した。さらにEUは，2000年にモロッコからの工業製品，2008年にチュニジアからの工業製品を対象とする関税を撤廃した。

2 多国籍企業

❶ 多国籍企業とは　複数の国に生産や営業の拠点[★3]をもち，国際的な活動を行う巨大企業のこと。業種は，自動車，電気・電子機器，金属・化学，食料・飲料など製造業のほか，鉱業・金融・保険[★4]，流通，外食，情報・通信・輸送などさまざまな産業にわたる[★5]。

❷ 活動　製造業の分野では，生産コストの安価な発展途上国に生産拠点が移されてきたほか，各国の政治・経済状況をふまえながら，原材料・部品の調達や製品の供給などを合理的にすすめるために最適立地が模索されてきた。一方，進出先の宗教や文化に配慮したメニューを開発している外食産業のように，多国籍企業の現地化もはかられている。一国の国内総生産に匹敵するような経済規模をほこる多国籍企業の動向は，産業の空洞化を招くことや国際収支に大きな影響を及ぼすこともある。

補説　**国際収支**　ある国の1年間の外国との経済取引における収入と支出の総計。経常収支，金融収支，資本移転等収支からなる。日本は，1980年以後，経常収支の大幅黒字が続いており，各国との間に貿易摩擦が生じている[★6]。

▼国際収支の構造

- 経常収支
  - 貿易・サービス収支
    - 貿易収支…商品の輸出と輸入。
    - サービス収支…運輸，旅行，金融，保険など。
  - 第一次所得収支…投資による利益（利子や配当など），雇用者の報酬。
  - 第二次所得収支…無償の資金援助，国際機関への拠出金など。
- 金融収支
  - 直接投資…企業の設立，買収。
  - 証券投資…株式や債券（国債など）の売買。
  - 金融派生商品…先物などのデリバティブ取引。
  - 外貨準備…政府が持つ金や外国通貨。
- 資本移転等収支
  - 債務免除，インフラ無償援助など。

	(2021年) (億ドル)
	ベルギー 5,941
ウォルマート (小売) (アメリカ) 5,728	タイ 5,060
アマゾン (小売) (アメリカ) 4,698	エジプト 4,259
アップル (コンピュータ) (アメリカ) 3,658	パキスタン 3,425
フォルクスワーゲン (自動車) (ドイツ) 2,958	
エクソン=モービル (石油) (アメリカ) 2,856	チェコ 2,818
トヨタ自動車 (自動車) (日本) 2,793	
シェル (石油) (イギリス) 2,727	ポルトガル 2,537
サムスン電子 (電子機器) (韓国) 2,443	ペルー 2,233
鴻海精密工業 (電子機器) (台湾) 2,146	イラク 2,040

（『世界国勢図会』『データブック オブ・ザ・ワールド』による）

▲巨大企業の売上高と各国のGDP（国内総生産）

★3　進出の動機はおもに生産コストの削減であるが，貿易摩擦を回避して新たな生産拠点をつくるためにも行われる。（例：日本の自動車メーカーのアメリカ進出）

★4　石油メジャー（国際石油資本）が典型例。

★5　世界中に穀物を供給し，多くのアグリビジネスをかかえる穀物メジャーが典型例。

★6　2011年の貿易収支は，31年ぶりの赤字となった。

◀日本企業のおもな海外進出先と製造業の割合
日本企業と，日本企業の資本比率が10％以上の企業を表示。先進国だけでなく，アジアの新興国への進出が多い。

オランダ 511
イギリス 982
スペイン 227
フランス 432
イタリア 290
ドイツ 975
中国本土 6,832
韓国 961
台湾 1,206
ホンコン 1,246
カナダ 376
アメリカ 4,222
メキシコ 616
ブラジル 441
インド 978
フィリピン 662
ベトナム 1,467
マレーシア 1,086
シンガポール 1,576
インドネシア 1,414

非製造業　製造業

(2022年度)【総合計33,099件】
（『海外進出企業総覧』2023による）

3 経済的に結びつく世界

1 貿易体制の変化

❶ 第二次世界大戦前　産業革命後に確立した**国際分業**体制は，貿易面でも，欧米中心の体制を形成した。しかし，1929年に始まった世界恐慌の後は，各国とも保護貿易政策によって閉鎖的な**ブロック経済**の体制に移行し，これが第二次世界大戦の一因となった。

> 補説　**ブロック経済**　世界恐慌の後，有力な先進資本主義国が，自国の植民地，自治領などを形成した排他的な経済圏。スターリングブロック（イギリス），ドルブロック（アメリカ）など，自国の通貨を中心においた。世界の総貿易量は激減し，日本，ドイツ，イタリアは経済がゆきづまったため，他の経済圏への侵略をはかった。

❷ 第二次世界大戦後　排他的な保護貿易が戦争を招いたことに対する反省から，自由貿易が促進され，貿易額も増大した。

1 **関税と貿易に関する一般協定（GATT）**　ブレトン＝ウッズ体制を補完する協定で，商品貿易を対象に，関税，通商制限，為替管理などをとりのぞいて，貿易の自由化と多角化をすすめ，世界貿易の拡大をめざした。また，貿易のいっそうの拡大をはかるため，**関税一括引き下げ交渉**も行ってきた。

> 補説　**ブレトン＝ウッズ体制**　1945年にブレトン＝ウッズ協定が発効し，金1オンス＝35ドルと定められた米ドルが資本主義国の基軸通貨となった。金との兌換が保証されるドルと各国通貨の交換比率（為替相場）を固定する金ドル本位制度が採用されたことで，貿易の発展と経済の安定がめざされ，通貨の安定に必要な資金を融資する国際通貨基金（IMF）と，戦後の復興と開発を目的とする資金を供与する国際復興開発銀行（IBRD）がこの体制を支えるという仕組みであった。しかし，1971年8月のニクソン・ショックによりブレトン＝ウッズ体制は事実上崩壊した。なお，ドルと金との交換を停止した状態での固定相場制（スミソニアン体制）では，1ドルの価値が360円から308円に切り下げられ，1973年より主要国は変動相場制に移行した。

2 **世界貿易機関（WTO）**　1993年，GATT・ウルグアイ＝ラウンドで国際的合意が成立。これにより，商品だけでなく，目に見えない国際取り引きのほとんどすべてを協定化した，史上初の総合的な貿易ルールができた。そのため，従来のGATTを廃止して，新たに常設の世界貿易機関（WTO）が設立され，貿易の自由化をいっそう促進するために，サービス貿易や投資の自由化，知的財産権の保護なども交渉の対象となった。

3 **FTAやEPAの利用**　WTOによる多角的な貿易交渉は，加盟国の増加もあり交渉が難航しやすい。そのため，WTO交渉を補

★1　とくにイギリスは，19世紀半ば以降は自由貿易政策をとって，貿易の拡大につとめた。

★2　関税や数量制限などによって，政府が貿易に統制を加えて制限すること。

★3　ケネディ＝ラウンド（1964〜67年），東京ラウンド（1973〜79年），ウルグアイ＝ラウンド（1986〜94年）が代表的。

★4　国際収支の悪化を背景に，各国の要請に応じたドルと金との交換が困難になったアメリカのニクソン大統領が交換停止を発表した。

★5　サービス貿易，金融，知的所有権などの問題を扱うことになった。

★6　国内の産業を保護するため，一時的に緊急輸入制限（セーフガード）を発動することは認められている。

★7　FTAは，貿易の自由化に関する協定。EPAは，FTAをもとに，経済全体の協力をすすめる協定。

3

交通・通信・貿易・観光

完するものとして，特定の国や地域による自由貿易協定(FTA)や経済連携協定(EPA)の締結が急速にすすんでいる。[7]

POINT!

> 第二次世界大戦後…貿易の自由化を推進。
> - GATT(関税と貿易に関する一般協定)…商品貿易が対象。
> - WTO(世界貿易機関)…商品以外に，サービス貿易などもルール化。
> - FTAやEPA…特定の国・地域で自由貿易や経済協力。

2 さまざまな経済連携

❶ FTAとEPA

1 **自由貿易協定(FTA)**　物品貿易の関税や数量規制などの削減・撤廃とサービス貿易に関わる障壁の撤廃を目的とする協定。

2 **経済連携協定(EPA)**　貿易の自由化に加え，投資，人的交流，知的財産権の保護，競争政策におけるルールづくりなど，幅広い分野での経済的な連携を目的とする協定。[8]

❷ 地域経済圏

自由貿易圏の形成は，近隣諸国間を中心にすすめられてきたが，近年は参加国の増加や広域化が目立つ。

1 **EU(ヨーロッパ連合)**　1968年にEEC(ヨーロッパ経済共同体)を構成する6か国で関税同盟が完成した。[9][10] 1993年にはEUが発足して市場統合がはかられ，その後，中・東欧諸国からの加盟国も増加した。

2 **USMCA(アメリカ・メキシコ・カナダ協定)**　アメリカ・カナダ間の自由貿易協定にメキシコが加わり，1994年にNAFTA(北米自由貿易協定)が成立した(⇨p.201)。2018年に原産地規則を強化した新協定USMCAに移行した。[11]

3 **ASEAN(東南アジア諸国連合)**　1967年にインドネシア，マレーシア，シンガポール，フィリピン，タイの5か国が結成した地域協力機構で，1999年にカンボジアが加盟して10か国体制となった。[12] 2015年に，物品，サービス，投資，資本などの移動を自由化するAEC(ASEAN経済共同体)が発足し，2018年に域内関税が全廃された。

4 **MERCOSUR(南米南部共同市場)**　ブラジル，アルゼンチン，ウルグアイ，パラグアイが1995年に結成した関税同盟。2006年にベネズエラ，[13] 2012年にボリビアが参加し，[14] チリ，ペルー，コロンビア，エクアドル，ガイアナ，スリナムは準加盟国。

5 **TPP11**　太平洋周辺における広域的な自由貿易圏の形成は

★8　自由な競争を促進するためのルールを定める取り組みで，独占禁止法の制定などが代表例。

★9　1958年にフランス，ドイツ(西ドイツ)，イタリア，オランダ，ベルギー，ルクセンブルクがEECを締結した。EECは，ECSC(ヨーロッパ石炭鉄鋼共同体)，EURATOM(ヨーロッパ原子力共同体)と1967年にEC(ヨーロッパ共同体)を編成した。

★10　域内諸国間の貿易では関税を撤廃・削減し，域外諸国に対しては共通関税を課す。

★11　ある産品の原産地を特定するためのルール。メキシコからアメリカに完成車などを無関税で輸出できる条件として原産地規則が強化された。

★12　1984年にブルネイ，95年にベトナム，97年にミャンマーとラオスが加盟。

★13　2016年に加盟資格を停止された。

★14　各国議会の批准待ちで，2023年末現在，議決権がない。

2005年から始まった。^{★15}**途中でアメリカが離脱したものの，日本を含む11か国の間で環太平洋パートナーシップ(TPP)協定**^{★16}が2018年より順次発効している。

6　RCEP（アールセップ）　日本，韓国，中国，オーストラリア，ニュージーランドとASEAN諸国による経済連携協定。2022年発効。

★15　シンガポール，ブルネイ，ニュージーランド，チリの4か国が2005年に署名した環太平洋戦略的経済連携協定が基盤。
★16　原協定の4か国と日本のほか，オーストラリア，カナダ，メキシコ，ペルー，マレーシア，ベトナム。

3　経済協力

❶ 政府開発援助（ODA）　発展途上国の経済・社会の発展や国民の福祉向上などに協力するために行われる，政府または公的な実施機関が提供する資金や技術協力をいう。OECD（経済協力開発機構）に加盟している先進国のうち，**開発援助委員会（DAC）**に参加している31か国とEUが実施している。

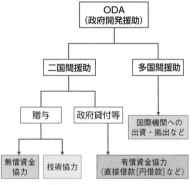

▲ODAの形態

1　形態と実績　ODAは，国際機関に資金を拠出する多国間援助と特定の国・地域を支援する二国間援助に大別され，さらに二国間援助は贈与と直接借款等に区分される。日本は，1991～2000年のODA拠出額が世界第1位であったが，贈与比率の低さなどが批判された。2001年以降は，アメリカやドイツによるODAが増大した。

2　二国間援助　政治・経済が不安定な中東やアフリカへの援助が中心をしめるが，地理的に近く，経済的な結びつきが強い国・地域やかつての宗主国・植民地間のように，歴史的な関係が深

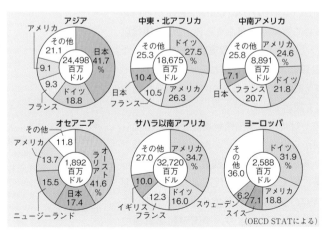

▲地域別実績における主要DAC援助国（2020年）

▼イギリスとフランスのおもな援助国（2020年）（単位：百万ドル）

イギリス	
エチオピア	326
ナイジェリア	309
ソマリア	298
アフガニスタン	291
イエメン	284

フランス	
モロッコ	588
ソマリア	448
インド	423
モーリシャス	359
セネガル	327

3
交通・通信・貿易・観光

い国・地域を対象とする支援も多い。

❷**中国の対外援助**　1950年より「南南協力」と位置づけた対外援助を実施しているが，2000年代以降に援助額は急増しており，アフリカとアジアがおもな対象地域となっている。また，2013年に提唱された「一帯一路」構想(⇨p.383)に参加する発展途上国には，インフラ整備などを目的とする巨額の融資を積極的に行ってきた。

★17 ラオスやスリランカなど返済ができずに債務問題が深刻化した国もあり，「債務の罠」とよばれる。

4 | 現代世界における貿易の状況

1 おもな国の貿易

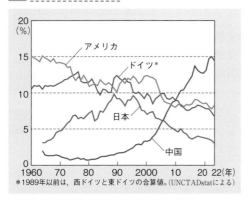

▲世界の輸出貿易にしめる割合の変化

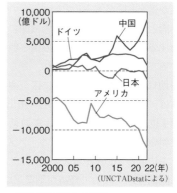

▲世界の貿易収支の推移

❶**アメリカ**　多国籍企業が生産拠点を海外に展開したため，輸出貿易のシェアは低下を続けている。1970年代以降，日本から自動車や電気機械の輸入が増加して貿易赤字がふくらみ，**2000年代以降は中国から工業製品の輸入が増大して貿易収支はさらに悪化した。**

❷**ドイツ**　新興工業国の台頭により輸出貿易のシェアが低下しているが，ヨーロッパ随一の工業国で，EU各国へ各種の工業製品を輸出しているため**貿易黒字を続けている。**

❸**中国**　第二次世界大戦後，対共産圏輸出統制委員会(COCOM)が発足し，先進資本主義国から戦略物資などの輸出が規制されたこともあり，社会主義国と資本主義国との**東西貿易は低調**であった。しかし，**改革開放政策**に転じた1970年代末より工業化が開始され，さらに**2001年のWTO加盟**により外資の進出が加速して「世界の工場」の地位を確立したことにより，中国の輸出貿易のシェアが急拡大し，貿易黒字も増大した。

★1 中国を対象とする対中国輸出統制委員会は，1957年にCOCOMに統合された。冷戦終結後の1994年にCOCOMは解体された。

⎤ TOPICS ⎡

おもな国の貿易状況と経済的な特徴

(UNCTADstat による)

	商品貿易：輸出額(億ドル, 2020年)				サービス貿易：輸出額(億ドル, 2019年)			
		食料品 (%)	原燃料 (%)	工業製品 (%)	その他 (%)		輸送 (%)	旅行 (%)	その他 (%)
中国	25,900	−	−	94	6	2,832	16	12	72
アメリカ	14,249	11	16	69	5	8,912	10	22	67
ドイツ	13,825	6	−	88	6	3,524	20	12	52
日本	6,413	−	−	92	8	2,095	13	22	66
アラブ 首長国連邦	3,352	5	37	40	19	903	32	43	25
ロシア	3,334	8	58	27	7	628	34	17	48
スペイン	3,083	20	4	71	5	1,571	12	51	37
インド	2,764	13	15	65	7	2,148	10	14	76
オースト ラリア	2,508	13	63	12	10	710	8	64	28
タイ	2,316	18	−	71	11	812	9	74	17
ブラジル	2,092	45	28	25	2	343	16	17	66
エジプト	266	18	24	46	12	251	34	52	14
ケニア	60	59	11	26	3	56	39	18	35

3

交通・通信・貿易・観光

- 中国→「世界の工場」とよばれており，輸出額が世界最大。製品の受託生産や建設業での外貨受取額も多い。
- アメリカ→金融・保険業や知的財産権使用料などの受取額が多く，サービス貿易の輸出額が世界最大。
- ドイツ→ヨーロッパ経済の中枢に位置し，輸出拠点国となっている。
- 日本→加工貿易を基盤とした工業製品の輸出が中心。金融業，知的財産権使用料の受取額が比較的多い。
- アラブ首長国連邦→石油依存からの脱却を目指し，工業や観光業が成長。ドバイはハブ空港として機能する。
- ロシア→石油や天然ガスなど資源の輸出がさかん。シベリア鉄道は国際物流に活用される。
- スペイン→ヨーロッパにおける自動車の生産拠点の1つ。地中海沿岸のリゾートに多くの観光客が流入する。
- インド→コールセンター業務のほか，ソフトウェア開発などの成長がめざましい。
- オーストラリア→鉄鉱石や石炭など鉱物資源の輸出が中心。
- タイ→輸出指向型の工業のほか，観光業が成長している。
- ブラジル→大豆，肉類，鉄鉱石など一次産品の輸出が多いうえ，工業化も進展。
- エジプト→スエズ運河の通行料や観光消費額などがおもな外貨の獲得源。
- ケニア→茶を中心とした農産物の輸出が依然として重要。

2 日本経済の国際化と貿易の変化

❶ 日本の加工貿易   第二次世界大戦以前は，綿花や羊毛などの繊維原料を輸入し，綿織物などの繊維製品を輸出する加工貿易がさかんであった。戦後の**高度経済成長期**に重化学工業が発達し，石油や鉄鉱石などの原燃料の輸入が増加するとともに，鉄鋼や電気機械などの輸出が伸長した。

❷ 貿易摩擦と円高   **石油危機**に見舞われた1970年代以降は，自動車や電子部品など付加価値の高い工業製品の輸出が増加するとともに，市場であるアメリカやヨーロッパとの貿易摩擦が激しくなった。さらに1985年の**プラザ合意**以降は，円高が進行したため海外での日本製品の価格が上昇して，国際競争力が低下した。

❸ 企業の海外進出

1 アジア諸国   すでに1970年代より直接投資が行われていた**韓国**や**台湾**のほか，**輸出加工区**の整備がすすんだ東南アジア諸国へも生産費を削減するために，繊維や電気機械など**労働集約的**な業種を中心に工場の移転が本格化した。これにより**日本からアジア諸国へ，生産設備や部品などの輸出が増加した。**

2 欧米諸国   従来，金融・保険業や商業などの非製造業の進出が中心であったが，貿易摩擦を回避しつつ市場への供給をはかるため，**現地生産**への転換がすすんだ。とくに自動車メーカーはアメリカへ積極的に進出し，日本からの輸出は減少に転じた。

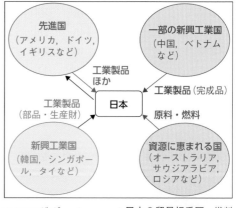

❹ 日本の経済連携協定(EPA)   2002年にシンガポール，2005年に**メキシコ**とのEPAが発効し，その後も日本は世界中の多くの国・地域と締結している。安い農産物の流入などが懸念される一方，工業製品の輸出拡大が期待されている。また，**高齢化**や**労働力不足**が深刻化している現在，看護師や介護福祉士をめざして来日する外国人を迎え入れる態勢を整えるなどの課題も残っている。

❺ 現在の日本の貿易   石油危機以降，日本の貿易収支は黒字を計上してきたが，産業の空洞化とともに貿易黒字は縮小し，2011年の**東日本大震災**後に原子力発電所の稼働が停止されると，火力発電用の燃料輸入が増加して赤字に転落した。

★2 プラザ合意前日の東京市場における為替レートは1ドル＝242円であったが，1985年末には1ドル＝200円を切り，1987年末には1ドル120円台にまで円高がすすんだ。

★3 国内企業の生産拠点が海外に移転することで，地域の雇用が失われるとともに国内産業が衰退していく現象。

▲日本の貿易相手国   燃料や原料となる資源に恵まれる国および労働集約的な工業が発達した中国，ベトナムとの貿易では輸入超過の傾向が続いている。一方，アジアの新興工業国との貿易では，しばしば輸出超過となっている。水平分業の関係にある先進国については，輸出超過のアメリカやイギリスと，輸入超過のドイツ，フランスなどが混在している。

4 観光

1 | 観光とその基盤

1 観光

❶ 観光とは 日常生活を離れ，楽しみや癒しを求めて普段は接する機会のない土地を訪れること。近年は観光を含む旅行全般を指す**ツーリズム**の語も定着している。

❷ 観光産業 観光地に立地する宿泊業，飲食業，小売業，娯楽サービスや運輸業★1などからなる。**地域外から訪れる観光客によって所得がもたらされ**，食材を供給する農業・水産業や土産物を製造する工業などにも経済効果が波及する。

> 補説 **新型コロナウイルス感染症** 2019年に中国で初めて確認されたCOVID-19は全世界に拡大し，各国の社会・経済活動を停滞させた。人の移動や接触が厳しく制限されたことで，国連世界観光機関（UNWTO）によれば国際観光客総数（到着数）が2019年の約14.7億人から2020年には約4億人に激減するなど，とりわけ観光業に深刻な打撃を与えた。

2 労働時間と余暇時間

❶ 労働時間の短縮 産業が発達し，生産性が向上すると，一般的に**労働時間**が短縮し，**余暇時間**が増大する。

❷ 国によって異なる労働時間 一般に，先進国は労働時間が短く，発展途上国は長いうえに，労働条件も悪い。とくにヨーロッパ諸国は，年次有給休暇の取得日数が多い★2傾向がみられる。経済発展のすすむアジア諸国では依然として労働時間が長いが，日本は**法定休日の増加や週休二日制の普及**により労働時間の短縮が図られてきた。

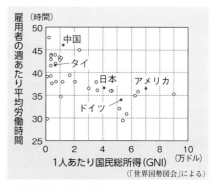

▲労働時間と経済水準（2021年）

3 所得と交通

❶ 所得 日常生活から離れ，楽しみや癒しを求める観光を実践するためには，経済的な余裕が求められる。所得水準の高い先進国は，労働時間も短く，観光を楽しむ人が多い。

❷ 交通 空間的な移動をともなう観光の活発化には，自動車を保有していることや，鉄道・船舶・航空などの交通機関が整備されていることが関わってくる。

★1 カジノや遊園地，特定のコンセプトに基づき運営されるテーマパークなど。

★2 労働者が自己都合で取得できる休暇で，その期間中の賃金は失わない。フランスでは25日間の有給休暇が法律で保証されている。

3 交通・通信・貿易・観光

2 | 観光の多様化

1 観光資源

❶ 自然環境　豊かな自然がもつ美しい**景観**のほか，海浜地域では海水浴やダイビング，山岳地域ではトレッキングやウィンタースポーツなどのアクティビティ[★1]を楽しめることも魅力となっている。

❷ 史跡や文化財　歴史的な建造物や史跡は，人びとの好奇心を引き寄せてきた。地域固有の文化がうみだした事物や美術館・博物館にも多くの観光客が訪れる。

❸ イベント　オリンピック・パラリンピック大会などのスポーツイベントやカーニバル[★2]，花火大会など各種のイベントには，観戦や見学に国内外から多くの観光客が押し寄せる。

> 補説　**世界遺産と世界ジオパーク**　世界遺産とは，人類にとって顕著な普遍的価値をもつ自然や文化を保護することを目的に，1972年にユネスコ(国連教育科学文化機関)総会で採択された世界遺産条約に基づいて登録された物件をさし，「自然遺産」「文化遺産」「複合遺産」に大別できる。世界遺産の登録地には，多数の観光客が訪れるため，地域振興につながる可能性が高い。さらにユネスコは，国際的に価値のある地質遺産(地層，断層，地形，火山など)を複数かかえる地域を世界ジオパーク(2015年からユネスコ世界ジオパーク)に認定して保護しつつ，自然環境や地域の文化との関わりについて理解を深め，地域振興などに活用することをめざしている。

2 さまざまなツーリズム

　観光需要が高まるとともに，**情報通信技術(ICT)** の発達により観光情報の入手が容易になった近年は，観光の目的が多様化している。

❶ グリーンツーリズム　都市住民が自然の豊かな**農山漁村**に滞在し，農作業など暮らしの**体験**や地域住民との**交流**を楽しむ。観光客の宿泊には農家民泊を活用するなど，受け入れる地域では投資を抑えつつ，観光収入が期待できる。

❷ エコツーリズム　地域固有の自然，歴史，文化などの体験・学びを通して，自然環境や生態系に対する**理解**を深める観光。**観光収入が環境保全などに活用される持続可能な観光形態**で[★3]，1980年代より固有種が多く，環境保護意識の高い**オーストラリア**や熱帯林が広がる**コスタリカ**などで推進された。

❸ メディカル(医療)ツーリズム　高度な医療や検診を受けることを目的とする旅行。医療水準が高い先進国のほか，費用が安価なアジア諸国[★4]でも成長している。

★1　スキー，スノーボード，アイススケート，カーリングなど。

★2　カトリック社会で例年2〜3月頃に催される祭礼。とくにリオデジャネイロで開催されるカーニバルは世界最大規模の祭礼イベントとして知られる。

★3　1982年の第3回世界国立公園会議で，エコツーリズムが「自然保護の資金調達機能として有効」とされた。

★4　シンガポールのほか，タイ，マレーシア，インド，韓国などが該当する。

★5　映画やアニメなど，情報の「中身・内容」をコンテンツという。漫画，ゲームソフトを含む創作物をあつかう産業をコンテンツ産業という。

❹コンテンツツーリズム　映画，テレビドラマ，アニメ，小説な★5
どの舞台を訪れる旅行★6。観光客の活発な消費行動が期待できるた
め，ロケ地の誘致に熱心に取り組んでいる自治体も多い。

❺ダークツーリズム　戦争や災害などの悲劇に見舞われた地域を★7
訪れる旅行。こうした地域を**見世物**とすることへの**倫理的な問題**
が指摘される一方，**復興**や**改善に寄与**する側面もある。

★6 映画やテレビド
ラマのロケ地を訪れる
場合をフィルムツーリ
ズム，アニメの舞台を
訪れる場合を「聖地巡
礼」とよぶこともある。

★7 スラムを訪れる
観光(スラムツーリズ
ム)もダークツーリズ
ムの一種。

3 │ 国際的な観光行動

1 ヨーロッパ

❶概況　**長期休暇(バカンス)**が普及しているヨーロッパでは，夏
季を中心に**リゾート**(保養地・行楽地)に滞在してゆったりと余暇
を過ごすスタイルが定着しており，キャンプ場もにぎわう★1。近隣
国間の移動が中心であるが，気候が冷涼湿潤で所得水準の高い北
ヨーロッパから**地中海沿岸**★2に向かう人も多い。観光客到着数はヨー
ロッパが世界の約50%をしめ，とくに**フランス**が約9,100万人で
世界第1位，**スペイン**が約8,400万人で第2位(2019年)。

❷フランス　歴史的な都市景観が保全されている**パリ**のほか，海
浜リゾートの**コートダジュール**★3に多くの観光客が流入する。南西
部の**ラングドック＝ルシヨン地域圏**は，1960年代に政府が主導し
て新たに開発された大衆向けのリゾート地である。

❸スペイン　**コスタデルソル**や**コスタブランカ**の海浜リゾートが
知られるほか，**マリョルカ島**(バレアレス諸島)やカナリア諸島に
航空機で訪れる人も多い。

❹イタリア　古代建造物が残る**ローマ**や水の都とよばれる**ヴェネ
ツィア**などの著名な観光地が多い。コートダジュールから続く**リ
ヴィエラ**も人気のある海浜リゾートである。

2 その他の国際観光

❶概況　世界の観光客到着数では，アジア・太平洋が約25%，南
北アメリカが約15%をしめている(2019年)。

❷アジア・太平洋　日本・韓国・中国・台湾などの東アジアと東
南アジアで，国際的な観光客の移動が活発化している。経済成長
が著しい中国からの出国者数は急増しており，約1億5千万人に
達して世界第1位である(2019年)。**プーケット**や**パタヤ**などのリ
ゾート地をかかえる**タイ**を訪れる観光客も増加しており，約4,000
万人(2019年)に達する。

★1 自動車を利用し
たオートキャンプも人
気。

★2 温暖で，夏季を
中心にして晴天日が多
くなる気候が広がる。

★3 「紺碧海岸」を意
味し，マルセイユから
イタリア国境に至る地
中海沿岸の呼称。19
世紀より避寒地として，
また貴族の保養地・別
荘地として発展。ニー
ス，カンヌのほか，
1861年に独立したモ
ナコが代表的な都市。

3

交通・通信・貿易・観光

❸ 南北アメリカ　アメリカの到着観光客数は約7,900万人(世界第3位)で,とくにカナダ,メキシコからの観光客が多くをしめる(2019年)。アメリカには**マイアミ**や**ワイキキ**などの海浜リゾート,**ナイアガラ滝**や**グランドキャニオン**などの雄大な自然景観,カジノやショービジネスが発達した**ラスヴェガス**,ディズニーワールドやユニバーサルスタジオハリウッドなどの**テーマパーク**ほか,さまざまな世界的観光地が存在し,国際観光収入は世界第1位(2019年)となっている。

▼各国のアウトバウンドとインバウンド

流出(アウトバウンド)			流入(インバウンド)		
	出国者数 (百万人)	支出 (十億ドル)		到着者数 (百万人)	収入 (十億ドル)
中国	155	255	フランス	91	64
アメリカ	100	132	スペイン	84	80
ドイツ	100	93	アメリカ	79	199
香港	95	27	中国	66	36
イギリス	93	86	イタリア	65	50
ロシア	45	36	トルコ	51	34
イタリア	35	30	メキシコ	45	25
フランス	30	51	タイ	40	60
ウクライナ	29	9	ドイツ	40	42
韓国	29	33	イギリス	39	58

(UNWTO資料による)

4 | 日本の観光

1 日本人の観光

❶ 観光行動とその変化　かつては寺社仏閣や名所・旧跡を見てまわり,温泉旅館に宿泊してご馳走に舌鼓を打つという**短期周遊型**の観光スタイルが中心で,団体旅行の割合も高かった。高度経済成長期には多くの国民が観光旅行に参加するようになり,さらに国民の所得水準や自家用車の保有率が上昇したこともあって,**個人旅行**の参加者が増加した。また,1987年に**総合保養地域整備法**(リゾート法)が制定され,各地でさまざまなアクティビティを楽しめるリゾート開発が進展し,大型ホテルの建設もすすんだ。ただしこうした開発は,森林破壊や海洋汚染などの**環境問題**を引きおこしたほか,1990年代以降,バブル経済の崩壊とともに資金不足に陥り,計画がとん挫したケースもみられる。

★4　イグアス滝(アルゼンチン・ブラジル),ヴィクトリア滝(ジンバブエ・ザンビア)とともに世界三大瀑布とよばれる。

★5　コロラド川の侵食作用によって形成された全長450km,深さ1,600mに達する峡谷。

★6　砂漠のオアシスにモルモン教徒が入植したことが起源。1930年代にフーヴァーダムの建設拠点になるとともに,ネヴァダ州がギャンブルを公認したことでカジノをはじめとする歓楽街が形成された。

★1　観光の大衆化をマスツーリズムとよぶ。

★2　テニス,ゴルフ,マリンスポーツ,ウィンタースポーツやテーマパークなど。

❷**海外旅行の増加**　日本人の海外旅行は，1964年に自由化され
たが，とくに1980年代後半以降，円高の進行にともなって海外
での滞在費用に割安感が強まり，急激に成長した。なかでも費用
が安く，距離が近く，短い期間で楽しめるアジアへの旅行者が多
くをしめたため，バブル崩壊後も海外旅行者の増加は続いた。

2 観光の国際化

❶**外国人旅行者の増加**　欧米諸国から遠距離に位置する日本では，
旅行者の流入（インバウンド）が流出（**アウトバウンド**）を下回る状
況が続いてきたが，2000年代以降，経済成長にともなって国民所
得が上昇したアジアから訪日旅行者数の増加が目立っている。
2003年には**ビジット・ジャパン・キャンペーン**が開始され，外国
人旅行者を対象とする入国管理も緩和された。さらにLCC（格安
航空会社）の路線網が拡充したことも追い風となり，2015年には
インバウンドがアウトバンドを追い抜いた。

❷**インバウンドの影響と課題**

[1] **影響**　年次有給休暇日数が短い従来の日
本人の観光行動は，**ゴールデンウィーク
やお盆，年末年始など特定の時期に集中**
した一方，観光地では閑散期（かんさんき）が長く，収
入が不安定であった。**SNS**などを活用
して多様な観光情報を得ている外国人旅
行者は，日本の歴史・文化，自然，温泉
などに恵まれる既存の観光地や買い物な
どに適した大都市のほか，全国のさまざ
まな土地を訪れ，観光収入の増加と安定
化に貢献している。

★3　訪日外国人数の
増加を目的に，政府・
自治体・民間企業が一
体となって海外で効果
的なプロモーション活
動を展開する取り組み。

★4　タイ，マレーシ
アなどの観光客に査証（さしょう）
（ビザ）が免除され，中
国人への観光ビザの発
給要件も緩和された。

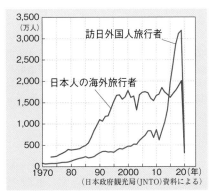

▲日本からの海外旅行者数と日本を訪れる外国人
旅行者数の変化

[2] **課題**　インバウンドの増加にともなって，国内では外国語での
案内表示を増やし，語学に精通したスタッフを養成・配置する
ことが求められている。さらにムスリムに配慮した**ハラール**の
食事メニューを追加したり，長期滞在者向けの民泊（みんぱく）施設を拡充
したりするなどの対応も必要である。また，外国人を含む観光
客の急増は，交通機関の過度の混雑やごみ問題など地域住民の
生活に悪影響を及ぼした（オーバーツーリズム）。新型コロナウ
イルス感染症（COVID-19）が世界的に拡大した2020年以降，
観光産業は大きな打撃を被ったが，観光客数の回復が期待され
る今後，オーバーツーリズム対策は重要な課題である。

★5　イスラーム法に
おいて合法なもの。豚
肉を使用したメニュー
やアルコール類はハ
ラーム（ハラム，非合
法なもの）にあたる。

3
交通・通信・貿易・観光

交通・通信・貿易・観光

◎ハブ港(国際ハブ港湾)

海運の拠点となる国際的な港。ハブ港まで運ばれた貨物は,そこを拠点として,さらに各地の港に向かって海上輸送される。日本の港湾も政策としてハブ港を目指しているが,高コストとサービス面で不備なところがあり,中国(シャンハイなど)や韓国(プサン),シンガポールなど他国に遅れをとっている。

◎LCC(ローコストキャリア)

格安航空会社(Low-Cost Carrier)のこと。機内サービスの有料化,大都市から離れた使用料の安い空港の利用,航空券のインターネット直販などで経費を削減し,低運賃を実現している。1970年代のアメリカの規制緩和により参入が始まり,2001年のアメリカ同時多発テロを契機に既存の大手航空会社が破たんする中,急成長した。LCCの参入で航空業界は厳しい競争にさらされているが,利用者側の選択肢は増えている。なお,日本では,関西国際空港がLCCによるハブ空港化をめざしている。

◎サイバーテロ

コンピュータネットワーク上で行われる破壊活動。サイバー攻撃ともいう。特に企業や社会インフラに深刻なダメージを与えることや,国の安全保障に関わる悪質な犯罪を指す。高度情報社会となった現代社会では,重大な脅威となっている。攻撃が国家間をまたぐと,犯人の捜索・検挙がより難しくなる。

◎SNS

ソーシャル・ネットワーキング・サービス(Social Networking Service)の略で,登録された利用者同士が交流できるWebサイトのコミュニティ。友人同士,同じ趣味を持つ人同士,同じ部活の生徒などが集まるサイバー空間で,利用者間の密接なコミュニケーションが図られている。近年は,個人による情報発信だけでなく,企業や公的機関が広報に利用するケースも増えており,観光地や飲食店などの集客にも大きな影響を与えている。

◎フェアトレード

発展途上国の原材料や製品を,適正な価格で継続的に購入することを通じて,立場の弱い途上国の生産者や労働者の公正な賃金や労働条件を保証し,生活改善と自立を目指す運動である。公正貿易,公正取引ともいう。

例えば,アフリカ諸国では,コーヒー,茶,綿花,花などの一次産品が,フェアトレードの対象となっている。これらの商品を売る側の先進国でも,フェアトレード認証ラベルを制定し,企業が一種のブランドとして,認証商品を積極的に取り扱うようになっている。

◎技術貿易

外国との間で,特許権やノウハウなどのやり取り,技術指導などが行われると,知的財産権等使用料など対価の支払い(技術輸入)や受け取り(技術輸出)が発生する。研究開発の成果である技術に関する国際的取引を技術貿易とよび,技術貿易収支(技術貿易の受取額から支払額を差し引いたもの)は,当該国企業の技術力・産業競争力を把握する重要な指標の1つとなっている。日本の技術貿易収支は1993年度以降,黒字が続いている。

◎FTAとEPA

自由貿易協定(FTA)は,特定の国や地域の間で,物品の関税やサービス貿易の障壁等を削減・撤廃し,自由貿易によって相互の利益を図ることを目的とする取り決め。また,経済連携協定(EPA)は,FTAをもとに,投資,人の移動,知的財産の保護や競争政策におけるルール作り,様々な分野での協力の要素等を含む,幅広い経済関係の強化を目的とする取り決め。

世界貿易機関(WTO)では,2001年からの多角的貿易交渉(ドーハ=ラウンド)が,先進国と発展途上国の間の意見対立によって停滞する中,2000年以降急速に締結がすすんでいる。

現在,世界で200以上のFTAが締結されて

いる。2国間協定が多いが，ASEAN自由貿易地域(AFTA，⊃p.339)やアメリカ・メキシコ・カナダ協定(USMCA，⊃p.340)のような多国間協定も見られる。日本は，ASEAN全体と各国，インド，スイス，メキシコ，ペルー，チリなどとEPAを締結している。具体的な事例では，インドネシア，フィリピン，ベトナムとのEPAにより，看護師・介護福祉士が特例的な労働者として来日している。

なお，FTA・EPAの締結をめぐっては，安い農産物の流入を心配する農家が反対したり，逆に締結の遅れで他国との競争に不利になるとして輸出企業が賛成するなど，賛否が分かれている。

○ツーリズム

観光旅行という意味(tourism)。「○○ツーリズム」というと，普通の「観光旅行」と区別して，滞在型や体験型の観光旅行をさすことが多い。

①アーバンツーリズム：都市の文化遺産にふれたり，町並みや都会的な雰囲気を楽しむだけでなく，飲食や買い物など都市のもつ魅力を求める旅行の総称。

②エコツーリズム：環境への悪影響をさけた少人数の旅で，自然保護や地域文化を理解して，保護地域の住民に利益還元できるような旅行。

③グリーンツーリズム：自然に恵まれた農山漁村に滞在し，生活体験や地域住民との交流を楽しむ旅行。

○世界遺産条約

世界中の「顕著な普遍的価値」のある**文化遺産**や**自然遺産**を人類共通の宝物として守り，次世代に伝えていくための条約。正式には，「世界の文化遺産及び自然遺産の保護に関する条約」(1975年発効)。世界遺産の登録は，国連の専門機関である**UNESCO(国際連合教育科学文化機関)**が行っている。

世界遺産には，**文化遺産**，**自然遺産**，**複合遺産**の3種類があり，有形の不動産が対象となっている。これまで世界遺産条約でカバーされなかった**無形遺産**は，UNESCOにより2006年発効の**無形文化遺産保護条約**によって国際的な保護が推進されるようになった。

▼世界遺産の登録件数の多い国(2023年)

順位	国名	合計	文化遺産	自然遺産	複合遺産
1	イタリア	59	53	6	0
2	中国	57	39	14	4
3	ドイツ	52	49	3	0
4	フランス	52	44	7	1
5	スペイン	50	44	4	2
6	インド	42	34	7	1
7	メキシコ	35	27	6	2
8	イギリス	33	28	4	1
9	ロシア	31	20	11	0
10	イラン	26	24	2	0
11	日本	25	20	5	0
11	アメリカ	25	12	12	1

(UNESCO資料による)

○ラムサール条約

水鳥にとって貴重な生息地である湿地の生態系を守る条約。正式には「特に水鳥の生息地として国際的に重要な湿地に関する条約」。1971年に採択され，日本は1980年に加盟し，日本最初の登録湿地は，釧路湿原であった。この条約に関する最初の国際会議は，カスピ海に面するイランのラムサールで開かれた。

○ジオパーク

地球科学的に見て重要な地質遺産を複数含む自然公園のこと。2004年にUNESCOの支援により，世界ジオパークネットワークが発足。ジオパークを審査して認証する仕組みが作り上げられた。さまざまな遺産を有機的に結びつけて，科学研究や教育，ツーリズムに利用しながら地域の持続的な経済発展を目指す。

日本では，洞爺湖有珠山(北海道)，糸魚川(新潟県)，島原半島(長崎県)，山陰海岸(鳥取・兵庫県，京都府)，室戸(高知県)など10か所が，世界ジオパークに認定されている(⊃p.141)。

特集

交通・通信・貿易・観光

▼世界遺産条約とおもなラムサール条約の登録地（日本）

ブナ▶落葉広葉樹で，大きいものは高さ30m
にも達する。果実は，クマ，シカ，サルな
どの重要な食料。白神山地のブナ林は大規
模な純林となっている。
縄文杉▶屋久島に自生する最大級の屋久杉。
推定樹齢は3000年以上とされる。屋久島
には，他にも杉の巨木がみられる。

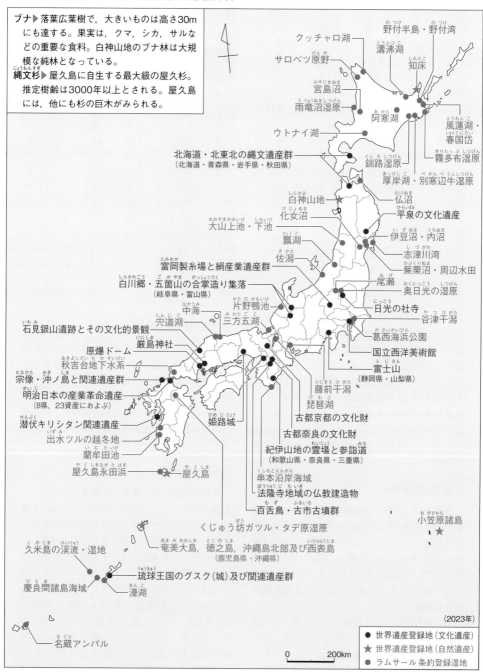

クッチャロ湖
野付半島・野付湾
濤沸湖
サロベツ原野
知床
宮島沼
雨竜沼湿原
風蓮湖・春国岱
ウトナイ湖
阿寒湖
霧多布湿原
北海道・北東北の縄文遺産群
（北海道・青森県・岩手県・秋田県）
釧路湿原
厚岸湖・別寒辺牛湿原
白神山地
仏沼
化女沼
平泉の文化遺産
大山上池・下池
伊豆沼・内沼
瓢湖
志津川湾
佐潟
蕪栗沼・周辺水田
富岡製糸場と絹産業遺産群
尾瀬
白川郷・五箇山の合掌造り集落
（岐阜県・富山県）
奥日光の湿原
片野鴨池
中海
日光の社寺
宍道湖
三方五湖
谷津干潟
石見銀山遺跡とその文化的景観
葛西海浜公園
原爆ドーム
厳島神社
国立西洋美術館
秋吉台地下水系
富士山
（静岡県・山梨県）
宗像・沖ノ島と関連遺産群
藤前干潟
明治日本の産業革命遺産
（8県，23資産におよぶ）
琵琶湖
姫路城
古都京都の文化財
潜伏キリシタン関連遺産
古都奈良の文化財
出水ツルの越冬地
紀伊山地の霊場と参詣道
（和歌山県・奈良県・三重県）
蘭牟田池
屋久島永田浜
串本沿岸海域
屋久島
法隆寺地域の仏教建造物
百舌鳥・古市古墳群
くじゅう坊ガツル・タデ原湿原
小笠原諸島
久米島の渓流・湿地
奄美大島，徳之島，沖縄島北部及び西表島
（鹿児島県・沖縄県）
琉球王国のグスク（城）及び関連遺産群
慶良間諸島海域
漫湖
名蔵アンバル

（2023年）

● 世界遺産登録地（文化遺産）
★ 世界遺産登録地（自然遺産）
● ラムサール条約登録湿地

0   200km

＊2023年現在，日本のラムサール条約登録湿地の数は53か所。

☑ 要点チェック

CHAPTER **3**　交通・通信・貿易・観光	答
☐ 1　2地点間の移動時間であらわす距離を何というか。	1　時間距離
☐ 2　エネルギー効率が高く，定時性にも優れる交通機関は何か。	2　鉄道
☐ 3　自動車が普及して生活に深く入りこむことを何というか。	3　モータリゼーション
☐ 4　ドイツの高速道路を何というか。	4　アウトバーン
☐ 5　都市外縁に自家用車を駐車し，中心部では公共交通機関を利用する方式を何というか。	5　パークアンドライド
☐ 6　現在の世界の物流で大きな役割をはたしている交通は何か。	6　海上交通
☐ 7　地中海と紅海を結ぶ国際運河を何というか。	7　スエズ運河
☐ 8　マレー半島とスマトラ島の間にある国際海峡を何というか。	8　マラッカ海峡
☐ 9　地球温暖化の影響で活用が開始された航路は何か。	9　北極海航路
☐ 10　内陸水路交通が最も発達している地域はどこか。	10　ヨーロッパ
☐ 11　ヨーロッパにある国際河川の例を1つあげよ。	11　ライン川など
☐ 12　航空交通では，旅客と貨物のどちらの比重が大きいか。	12　旅客
☐ 13　航空輸送に向く貨物の例を1つあげよ。	13　半導体など
☐ 14　航空網の拠点となる空港を何というか。	14　ハブ空港
☐ 15　ロシアとドイツを結ぶ世界最長のパイプラインを何というか。	15　ドルジバパイプライン
☐ 16　日本で旅客・貨物ともに輸送割合が最大の交通機関は何か。	16　自動車
☐ 17　長距離の幹線輸送を自動車から鉄道や船舶に切り替えることを何というか。	17　モーダルシフト
☐ 18　不特定多数に向けての情報伝達を何というか。	18　マスコミュニケーション
☐ 19　海底通信ケーブルに用いられているケーブルの種類は何か。	19　光ファイバーケーブル
☐ 20　ICTの発展により起こる製造業の技術革新を何というか。	20　第4次産業革命
☐ 21　ICTを活用できるかどうかにより生じる格差を何というか。	21　情報格差（デジタルデバイド）
☐ 22　互いに工業製品を輸出しあう分業体制を何というか。	22　水平的分業
☐ 23　先進国と発展途上国の間の分業体制を何というか。	23　垂直的分業
☐ 24　比較生産費説で分業の有利性を説いた，イギリスの経済学者はだれか。	24　リカード
☐ 25　垂直分業がもたらす経済格差を何というか。	25　南北問題
☐ 26　輸入した商品を消費せずに再び輸出する貿易を何というか。	26　中継貿易
☐ 27　原料を輸入して工業製品を輸出する貿易を何というか。	27　加工貿易
☐ 28　途上国の産品を適正価格で輸入する取り組みを何というか。	28　フェアトレード
☐ 29　複数の国に生産や営業の拠点をもつ企業を何というか。	29　多国籍企業

☐ 30	国際収支は大きく分けて，経常収支，資本移転等収支と何収支からなるか。	30	金融収支
☐ 31	世界恐慌後に各国が形成した排他的な経済体制は何か。	31	ブロック経済
☐ 32	関税と貿易に関する一般協定の略称は何か。	32	GATT
☐ 33	WTOの設立などを決めた国際的合意を何というか。	33	ウルグアイ＝ラウンド
☐ 34	WTOの日本語での名称を答えよ。	34	世界貿易機関
☐ 35	自由貿易協定は，アルファベットの略称で何というか。	35	FTA
☐ 36	経済連携協定は，アルファベットの略称で何というか。	36	EPA
☐ 37	2018年にNAFTAから移行した協定を，アルファベットの略称で何というか。	37	USMCA
☐ 38	南アメリカの関税同盟を，アルファベットの略称で何というか。	38	MERCOSUR
☐ 39	日本を含む太平洋周辺11か国により2018年に発効した，自由貿易圏形成のための協定を何というか。	39	環太平洋パートナーシップ(TPP11)協定
☐ 40	日本，韓国，中国，オーストラリア，ニュージーランドとASEAN諸国による経済連携協定を何というか。	40	RCEP
☐ 41	政府開発援助は，アルファベットの略称で何というか。	41	ODA
☐ 42	東南アジア諸国が工業化のため設定した特別区を何というか。	42	輸出加工区
☐ 43	東南アジア諸国に進出した日本の企業に多い業種は何か。	43	労働集約的な業種
☐ 44	労働時間が長いのは，ヨーロッパ諸国と日本のどちらか。	44	日本
☐ 45	グリーンツーリズムで旅行者が滞在するのはどこか。	45	農山漁村
☐ 46	自然環境や生態系に対する理解を深める観光を何というか。	46	エコツーリズム
☐ 47	ヨーロッパでは，夏の（　）をリゾートで過ごす人が多い。	47	長期休暇(バカンス)
☐ 48	地中海沿岸の海浜リゾートの例をあげよ。	48	コートダジュール，リヴィエラなど
☐ 49	日本の余暇活動の古くからの特色は何か。	49	短期周遊型の観光
☐ 50	1980年代後半，（　）の進行で日本人の海外旅行が増加した。	50	円高
☐ 51	海外から訪れる旅行者のことを何というか。	51	インバウンド
☐ 52	観光客の著しい増加による悪影響のことを何というか。	52	オーバーツーリズム

CHAPTER

4 » 人口，村落・都市

1 世界の人口分布と増減 ☞ p.257

□ 世界の人口分布と人口増加

- **人口分布**…エクメーネ(居住地域)が全陸地の90％に拡大。地中海地域，西ヨーロッパ，北アメリカ北東部，アジアのモンスーン地域は人口の密集地域。
- **人口増加**…多産多死型→多産少死型→少産少死型へ**人口転換**がおこる。第二次世界大戦後，発展途上国の多くが多産少死型へ移行し人口爆発が発生。
- **社会増加**…移入人口と移出人口の差。人口増加は自然増加と社会増加の合計。

2 世界の人口構成と人口問題 ☞ p.261

□ 年齢別人口構成

- **人口ピラミッド**…富士山型(人口が増加)→釣鐘型(停滞)→つぼ型(減少)に変化。

□ 産業別人口構成

- **産業構造の高度化**…第一次産業の人口が減り，第二次，第三次産業の人口が増加。

□ 人口問題

- **発展途上国**…人口爆発による食料不足など。インドは**家族計画**，かつての中国は一人っ子政策で対応。都市人口率が高くなり，スラム街の形成などの問題も。
- **先進国**…出生率の低下で**高齢社会**へ。労働力の不足，高齢者福祉などが課題に。

3 日本の人口と人口問題 ☞ p.267

□ 日本の人口と人口問題

- **人口と人口構成**…人口1億人を超える。人口密度が高いが，分布には地域差がある。
- **人口問題**…少子高齢化から労働力不足。都市部では過密，地方では過疎が問題。

4 村落の発達と機能 ☞ p.269

□ 村落の立地

- **立地条件**…水の得やすさなどの**自然条件**と，防衛や交通の便利などの**社会条件**。

□ 日本の村落の発達

- **特徴的村落**…古代の条里集落→中世の寺内町→近世の新田集落→近代の屯田兵村。

□ 村落の形態と機能

- **形態**…家屋が密集する集村。1戸ずつ分散する散村。

1 世界の人口分布と増減

1｜世界の人口分布

1 エクメーネの拡大

❶ エクメーネとアネクメーネ ★1

1 **エクメーネ**　人間が常時居住している地域。全陸地の90%。

2 **アネクメーネ**　非居住地域。人間が永住できない地域のこと。極，砂漠，高山など，エクメーネを除く範囲。

❷ エクメーネの拡大と限界　人間は居住できる限界に絶えず挑戦して，エクメーネを拡大してきた。

1 **極限界**　エクメーネの極限界は，農作物の栽培限界の極限界にほぼ一致する。★2

2 **乾燥限界**　大陸内部の砂漠は，水と植生にめぐまれないため，アネクメーネが広い。しかし，乾燥限界は水さえあれば前進する。乾燥農法の進歩や，鑽井(掘り抜き井戸)(⇨p.429)，ダム，運河の建設によって，エクメーネは拡大される。

> 補説 **乾燥農法**　乾燥地域で，灌漑を行わずに，少ない降水を活用する粗放的農法。何回も浅耕したり細土をかけて，毛管現象による地表からの水分の蒸発を防いで，地中の水分を保持する。

3 **高距限界(高度限界)**　高山では気温が低下し，エクメーネに限界ができる。低緯度地方ほど高距限界が高く，高緯度地方ほど低いところに限界がある。★3

> POINT!　エクメーネとは人間が居住する地域。拡大してきたが，極，砂漠，高山にアネクメーネがある。

2 人口の分布

❶ 世界の総人口　2022年で約79億7,500万人。今後2050年まで，1年間で平均6,194万人ずつ増加していくと予想されている。

❷ 世界の平均の人口密度　1 km²あたり60.8人(2021年)。

❸ 人口の密集地域　地中海地域，西ヨーロッパ，北アメリカ北東部，アジアのモンスーン地域(東アジア〜東南アジア〜南アジア)では，とくに人口が多い。

★1　Ökumene(エクメーネ)に否定の接頭辞Anをつけた言葉が，Anökumene(アネクメーネ)。ドイツ語。

★2　世界最北の村は，スヴァールバル諸島(ノルウェー)のニーオーレスン(北緯78度55分)。グリーンランド北西部のカーナック(チューレ)(北緯76度)にはイヌイットの町とアメリカ軍の空軍基地がある。

★3　ボリビアの首都ラパスは世界最高地の首都で，高度約3,600m。なお，ボリビアでは，すずの産出で発達したポトシも4,040mの高地にある。

▼世界の人口予測

2030年	85億4,600万人
2040年	91億8,800万人
2050年	97億 900万人
2060年	100億6,800万人

(国連「世界人口推計2022年版」，ほかによる)

4

人口、村落・都市

❹**人口密度の低い地域**　アネクメーネに近いところほど，人口は希薄。極，砂漠に近いところ，高山など。

> 補説　**人口密度と人口支持力**　ある地域がどれだけの人口を扶養することができるか，という力を，**人口支持力**という。それは，生産力が高まれば増大（生産力に比例）し，生産力が低くても生活水準が低ければ大きくなる（生活水準に反比例する）。このため，人口密度が高まっていても，生活水準が低下していくなら，人口支持力が増大した結果ではない点に注意する。

▼世界の地域別の人口と人口密度

2021年	人口		人口密度 (人/km²)
	百万人	%	
アジア	4,695	59.4	151
アフリカ	1,394	17.6	47
ヨーロッパ	745	9.4	34
アメリカ	1,031	13.0	27
北アメリカ	597	7.5	28
南アメリカ	434	5.5	25
オセアニア	43	0.5	5
世界計	7,909	100.0	61

（「データブック オブ・ザ・ワールド」による）

2022年		人口 (千人)	人口密度 (人/km²)	面積 (千km²)
人口の多い国	中国	1,425,887	149	9,600
	インド	1,417,173	431	3,287
	アメリカ	338,290	34	9,834
	インドネシア	275,501	144	1,911
	パキスタン	235,825	296	796
	ナイジェリア	218,541	237	924
	ブラジル	215,313	25	8,510
	バングラデシュ	171,186	1,153	148
	ロシア	144,713	8	17,098
	メキシコ	127,504	65	1,964
	日本	124,947	335	378
人口密度の高い国	バングラデシュ	171,186	1,153	148
	韓国	51,816	516	100
	インド	1,417,173	431	3,287
	オランダ	17,564	423	42
	フィリピン	115,559	385	300
	ベルギー	11,656	382	31
	日本	124,947	335	378
	スリランカ	21,832	333	66
	ベトナム	98,187	296	331
	イギリス	67,509	276	244

▲世界の国別の人口と人口密度　人口密度は，人口1,000万人以上の国で比較。
（「World Population Prospects」による）

2 ｜ 世界の人口増加

1 人口爆発

　人口が，短期間に爆発的に急増すること。第二次世界大戦後，アジア，アフリカ，ラテンアメリカの**発展途上国**にみられる。その原因は，独立後の食料増産と，医療や環境衛生の改善などによって，死亡率が急激に低下したのに対し，出生率が高水準で推移していることである。

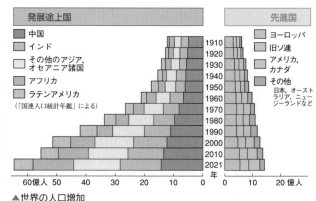

▲世界の人口増加

2 マルサスの『人口論』

❶『人口論』　イギリスの経済学者マルサスは，その著『人口論』で，「人口は等比数列（幾何級数）的に増加するが，食料の生産は等差数列（算術級数）的にしか増加しないから，やがて過剰人口による食料不足で，貧困，犯罪，戦争がやってくる」と警告した。

❷ マルサス説の当否　人口の増加と食料生産の増加の関係は，マルサスの予測した通りにはならなかった。西ヨーロッパでは，新大陸への進出と，産業革命による経済発展が，これらの恐れを一掃した。

　しかし，近年，地球環境の破壊と関連して，今後の食料増産が不透明であることから，マルサス説が再検討されている。

補説　可容人口論　地球で生活できる最大人口を予測すること。算定方法は単位人口の平均食料消費量と，単位面積あたりの食料生産量を基準にしているが，現実的な算定は困難である。

3 人口増加の型

❶ 自然増加　出生数と死亡数の差で示される。

1 自然増加率

$$自然増加率 = 出生率\left(\frac{出生数}{総人口数} \times 1000\right) - 死亡率\left(\frac{死亡数}{総人口数} \times 1000\right)$$

〔単位は‰〕

2 自然増加の3タイプ　歴史的には，多産多死型→多産少死型→少産少死型と移行する。このことを，人口転換（人口革命）という。ヨーロッパでは，19世紀後半から少産少死型に移行。

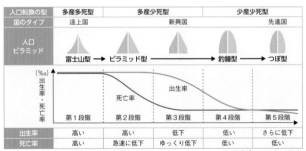

❷ 社会増加　社会増加とは，人口移動による移入人口と移出人口の差で示される。国や地域の人口増加は，自然増加と社会増加の合計で表される。

1 経済的理由による人口移動

①国際間移動　ヨーロッパ人が新大陸へ。日本人が南アメリカ

★1　等比数列とは，2→4→8→16→32のように，等差数列とは，2→4→6→8→10のように並ぶ数列。なお，『人口論』は1798年に出版された。

★2　過剰人口は，単に人口が多すぎるということではなく，一国の経済（生産力）が，その国の人口を一定の生活水準に保ちながら養っていけるかどうかで決まる。

★3　自然増加と社会増加の合計で表される。

★4　人口増加率は「増加数÷基準年の人口×100」で算出。ある年に1,000人であった人口が翌年に1,020人になったとすれば，人口増加率は「20÷1000×100」で2％となる。

★5　パーミルは千分率のこと。1000分の1が1‰。百分率の％とは，1％＝10‰の関係である。

▼おもな国の人口の自然増加率
（2012〜2022年平均）

ナイジェリア	2.54‰
サウジアラビア	1.68
オーストラリア	1.42
ブラジル	0.74
アメリカ	0.66
中国	0.43
韓国	0.43
ドイツ	0.22
日本	-0.21

（2023/24年版「世界国勢図会」による）

やアメリカ西海岸，ハワイへ。華南(フーチエン省，コワントン省)の中国人が東南アジアへ(華僑⤴p.321)。インド人が東南アジアやアフリカ東部へ(印僑)。アフリカのギニア湾岸の黒人が新大陸へ(奴隷貿易)。トルコ，イタリア，アルジェリアなど地中海沿岸諸国からドイツ，フランスへの出稼ぎや移住。カリブ海諸国やメキシコからアメリカへの出稼ぎや移住。

②**国内移動**　アメリカの西部開拓による移動(西漸運動)。ロシアのシベリア開拓による移動。出稼ぎ(かつては杜氏など，現在は土木建設作業員が多い)。過疎による**挙家離村**などで大都市に移る動き。過密の都市からのUターンやJターン。
　　　　　　└家族全員が村を離れる

2 政治的，宗教的理由による人口移動

①信教の自由を求めた初期のアメリカ移民。流刑地であったオーストラリア，シベリアへの追放。**ユダヤ人の国家建設のためのパレスチナ移住(シオニズム運動)**。

②現代の世界では，民族の対立，人種差別，内戦や社会体制の変革にともなう混乱をのがれるために移動する難民がふえた。

3 人口移動により生じる課題　移民はマイノリティ(社会的少数
者)として，文化や言語が尊重される**多文化主義**をとる国もあるが，経済的・社会的な平等が実現されない国や，文化的差異による排除や差別，**移民排斥**の動きがおきている国もある。

★6　労働力としての移動で，かつては開拓移民や植民地労働者として，労働力の少ない地域に移る分散型移民が多かった。現在の労働力の移動は，産業の発達した先進国や都市に集まる集中型移民に変化している。

★7　日本海側の地域から，冬の間，各地の酒造地に出稼ぎする酒づくりの技術者。

★8　イギリス国教会からの分離をめざした清教徒(ピューリタン)。

★9　国境を越えずに避難生活をおくる場合は，**国内避難民**とよぶ。パレスチナ，アフガニスタン，エチオピア，スーダン，ベトナム，カンボジア，旧ユーゴスラビア，ソマリア，ルワンダなどで難民が多い。**国連難民高等弁務官事務所(UNHCR)**や非政府組織(NGO)が，国際的な保護活動をすすめている。

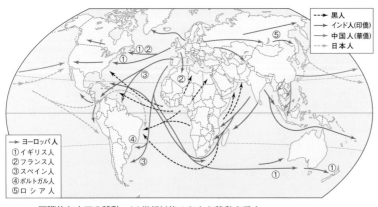

凡例：
- 黒人
- インド人(印僑)
- 中国人(華僑)
- 日本人

→ヨーロッパ人
①イギリス人
②フランス人
③スペイン人
④ポルトガル人
⑤ロシア人

▲**国際的な人口の移動**　16世紀以後のおもな移動を示す。

人口増加	自然増加…自然増加率＝出生率－死亡率 　　　　　多産多死→多産少死→少産少死と推移。
	社会増加…移入人口と移出人口の差 　　　　　移住，出稼ぎ，強制連行，難民で移動。

2 世界の人口構成と人口問題

1 | 世界の人口構成

1 年齢別人口構成

❶ 年齢別人口構成の意義　一国あるいは，一地域の過去の出生，死亡，流入，流出の結果としての人口推移，人口の高齢化の度合いをつかみ，将来における人口変動の予測に重要な役割をはたす。

❷ 人口ピラミッド　年齢別，性別人口構成は人口ピラミッドというグラフで表される。ピラミッドといっても，必ずしもピラミッド型になるわけでなく，国や地域(都市，農村)によって違う。社会的環境の影響をよく示すため，人口動態の把握に役立つ。

★1　人口構成は人口の質的側面で，年齢別のほか，性別，産業別，人種別，宗教別などの見方ができる。

★2　子育て支援，教育，労働力，高齢者対策などを立案する参考になる。

[補説]　**人口ピラミッドのつくり方**　一定地域の人口を，男女別，年齢別に分ける。中央の縦軸部分に年齢別の目盛り(ふつう5歳ごと)をとり，横軸に人口数または構成割合(%)，左に男，右に女の数値をとって，各年齢階級の人口を積み上げて示す。性別人口も示している。

▼**年齢別人口構成の5つの型**　人口は，労働力という観点から，**年少人口**(15歳未満)，**生産年齢人口**(15歳以上65歳未満)，**老年人口**(65歳以上)に分類することがあり，年少人口と老年人口を合わせて**従属人口**ともよぶ。なお，人口ピラミッドの型は，出生率や死亡率の変動および人口移動によって，数値がたえず変動するので，実際は下の模式図のような形になるとは限らない。むしろ，分類が困難なもののほうが多い。(おもな国の人口ピラミッド⇨p.264)

名称	形	出生率	死亡率	特色	分布地域
富士山型(ピラミッド型)		高 / 出生率≧死亡率	高	・多産多死，多産少死 ・人口増加型 ・合計特殊出生率が高い	後発発展途上国に多い。アフガニスタンやエチオピア，1935年ごろの日本など
釣鐘型(ベル型)		低 / 出生率≧死亡率	低	・少産少死 ・人口停滞型 ・合計特殊出生率が2.0程度	先進国や新興工業国に多い。フランス，イギリスなど
つぼ型(紡錘型)		低 / 出生率＜死亡率	低	・少産少死 ・人口減少型 ・合計特殊出生率が2.0未満	ドイツ，オランダなどヨーロッパの先進国や現在の日本
星型(都市型)		－	－	・生産年齢人口が大 ・社会増加が著しい ・転入型ともいわれる	大都市や都市周辺の新興住宅地，工業地帯など。学園都市や移民の多い国
ひょうたん型(農村型)		－	－	・年少人口が大 ・生産年齢人口の転出による ・転出型ともいわれる	農村地域や離島など

4 人口、村落・都市

POINT!

人口
ピラミッド

富士山型…後発発展途上国(人口が増加)
釣鐘型…先進国(人口が停滞)
つぼ型…先進国(人口が減少)

2 産業別人口構成

❶ 産業の分類　以下の分類が一般的である。[3]

1 **第一次産業**　**農業，林業，水産業**。自然を対象にした産業。[4]

2 **第二次産業**　**鉱業，工業(製造業)，建設業**。第一次産業の生産物を原料として加工し，付加価値を高めた製品を生産する。

3 **第三次産業**　商業，サービス業，情報通信業，金融保険業，公務など，第一次産業および第二次産業以外のものすべて。[5]

❷ 産業別人口構成　発展途上国では，第一次産業人口が多い。工業化や農業の機械化，省力化がすすむと，**第二次，第三次産業に産業の中心が移る**。このことを産業構造の高度化という。

★3　コーリン=クラークによる。

★4　第一次産業の生産物はあまり加工せずに使われ，**一次産品**とよばれる。なお，未加工の鉱産物なども一次産品にふくめられる。

★5　**サービス業**は多岐にわたっている。理容，宿泊，娯楽，レンタル，放送，学術研究，宗教，自動車整備，修理，駐車場，映画制作，情報提供，医師，弁護士などさまざま。目には見えない商品を生産し販売する。

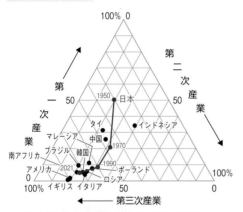

▲三角グラフによる各国の産業別人口構成(2015年〜21年，ILOSTAT による)

・左図の三角形の上の頂点に近いグループは，第一次産業人口が多く，発展途上国。底辺の左はしに近いグループは，第三次産業人口が多い先進国。

・かつての社会主義国(旧ソ連など)では，第三次産業より第二次産業を重視していたため，第二次産業人口が多い。しかし，中国は発展途上国の位置に近い。

・日本の産業別人口の変化をたどると，1950年ごろは現在の発展途上国と同じ位置であるが，1950年代後半から1960年代の高度経済成長の時期に，急速にヨーロッパやアメリカの先進国タイプに移った。

・日本の例のように，産業構造が，第一次産業中心から，第二次，第三次産業中心へと変化することを**産業構造の高度化**という。

3 都市人口率

　都市を中心として工業化や情報化がすすみ，都市での雇用機会が増大してきたため，各国とも都市化が進行し，都市人口率が高くなっている。発展途上国でも農村から都市への人口移動が著しいが，都市の経済的基盤が弱く，スラム街の形成などの問題がある。

★6　「都市人口÷総人口×100」で計算される。イギリスで約83%，日本で約91%になっている(⤳p.286)。先進国や新大陸の発展途上国で都市人口率が高い。

2 ｜ 発展途上国の人口問題

1 人口爆発にともなう問題

❶ 発展途上国の出生率が高いわけ＊1

①子供は貴重な労働力で家計を助ける。労働集約的農業に必要。

②乳幼児の死亡率が高いため，多産の傾向にある。

③社会保障制度が整備されていないため，子供に老後のめんどうを期待する。

❷ 食料問題　多産多死から，死亡率の低下によって多産少死に移行した地域では，増加する人口に食料供給が追いつかない。少しの自然環境の変化で，深刻な飢餓状態に陥る場合がある。また，アジアなど食料生産増加率の高い地域でも，人口増加が続き，工業化にともなって生活が豊かになり，食料摂取量が増大した場合，現在の需給バランスが崩れる可能性もある。

❸ エネルギー，環境問題　人口増加にともない，エネルギー消費量の増加，森林の減少＊2，二酸化炭素量の増加がすすみ，エネルギー資源の枯渇，温暖化などの環境問題が発生。

❹ 経済成長の停滞　人口増加により，食料の輸入が必要になって経済的負担がふえたり，十分な教育を行うことができないといったことから，経済成長に必要な資本や質の高い労働力の確保がすすまない。大都市への人口流入によって失業者がふえ，都市問題が発生する。

★1　一部では宗教との関連がある。子孫をふやして宗教的儀式を継承していくことが，子供を生む動機になったり，カトリックでは中絶を禁じているといったことも，出生率に関連している。

★2　発展途上国では，薪を燃料にしている地域が多いので，人口の増加は森林の伐採に結びつく。

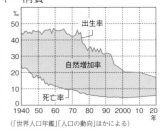

▲メキシコの出生率と死亡率
典型的な多産少死のタイプ。

2 各国の人口問題

❶ インドの人口問題　インドの人口は14億人をこえ，世界第1位（2023年）。独立当初は多産多死型であったが，医療や教育の普及で死亡率が低下し（とくに乳児の死亡率が低下），**人口爆発**の事態が深刻になっている。

①1952年，**家族計画（産児制限）**による人口抑制策を実施。1976年には，結婚年齢の引き上げ，半強制的不妊手術などによる規制を強化したが，国民の強い反発をまねき，翌年，中止した。

②その後，国全体で家族計画をすすめた。経済が発展し識字率の高い南部と，子どもを労働力とみなす考えの残る北部とで出生率の差が生じている。

▼インドの人口動態

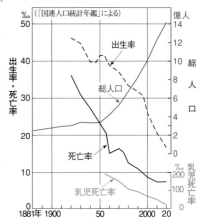

❷**中国の人口問題**　中国の人口は，現在，14億人をこえ，新中国(中華人民共和国)の成立(1949年)当時の5.4億人から約2.6倍に増加した。政府は，人口抑制のために，1979年から一人っ子政策をすすめたが，次の結果を招いた。

①自然増加率が，1960年の30‰(パーミル)から，80年代後半には12‰(パーミル)に低下。一人っ子政策の効果があがった。

②しかし，その反面，一人っ子への過保護(かほご)，いびつな人口構成(男女比のアンバランス，将来の老年人口比の急増)などの弊害(へいがい)が出てきた。農村部では，非合法な人口増加が問題になった。★3 **2016年からは産児制限が緩和された。**しかし少子高齢化には歯止めがかかっていない。

★3 2人目以降は子どもが生まれても戸籍(こせき)に登録しないことが行われた。戸籍をもたない子どもは，**黒孩子(ヘイハイズ)**(闇っ子(やみ))とよばれる。

★4 これらの人口抑制策は，少数民族には弾力的(だんりょく)に運用されている。

補説　**中国の人口抑制策**　1970年代は晩婚(ばんこん)(おそい結婚)を奨励(しょうれい)し，結婚年齢を引き上げ，男子27歳，女子25歳以上とした。その後，1980年代には，男子22歳，女子20歳以上となったが，憲法に「計画出産の義務」がすえられ，賞罰をともなう**一人っ子政策**が本格的に推進された。一人っ子の優遇措置(ゆうぐうそち)として，出産休暇の延長，退職金(たいしょくきん)や年金の増額，子供の医療費(いりょうひ)，教育費の補助などがある。罰則(ばっそく)として，出産費用の自己負担，出産後の賃金削減などがあった。★4

Q 人口を抑制する政策をすすめてきた国で，成功した国はありますか。

A シンガポールでは，1960年代後半から人口抑制の政策をすすめ，みごとに成功をおさめた。しかし，70年代後半には出生率が国の人口規模を維持する水準以下となったため，国民を学歴で区分し，高学歴者に出産奨励する優生学的な政策をとった。これに批判も大きく，現在では，結婚への住宅支援や出産・子育てに関連する費用，休暇などをすすめ，人口増加に積極的な国の1つといえるよ。でも，出生率の上昇はみられていないんだ。

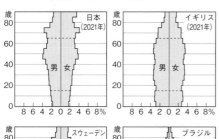

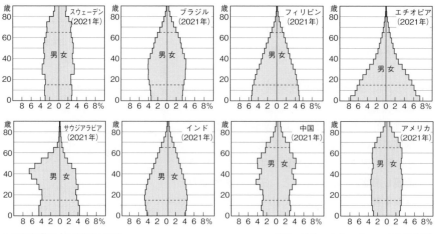

▲おもな国の人口ピラミッド　　　　　(「World Population Prospects」による)

❸ メキシコの人口問題　発展途上国の中でも，メキシコ，インド，中国などのように，都市の産業が発展すると，農村との経済格差が拡大する。そのため，人口過剰と貧困問題をかかえる農村から，都市への人口移動が激しくなり，都市人口が過度にふえる。**メキシコシティ**は巨大化がとくに大きな問題で，**スラム**が形成され，新たな**都市問題**が発生している。[5]

POINT!

> 発展途上国の人口問題
> ┌ 人口爆発で食料不足，経済成長を阻害。
> │ └ インド→家族計画，中国→一人っ子政策。
> └ 都市への人口集中，スラムの形成…都市問題。

3 │ 先進国の人口問題と国際的な取り組み

1 出生率の低下による問題

❶ 高齢社会　先進国では，出生率の低下[1]と，平均余命がのびていることで，人口の高齢化がすすんでいる。65歳以上の**老年人口**[2]の比率が7%をこえた社会を高齢化社会，14%以上を高齢社会，21%以上を超高齢社会とよぶ。

補説 **合計特殊出生率**　1人の女性が一生に産むと推定される子供の数。「生涯出生数」ともいう。その数値が2.1ほどで，人口はふえもへりもしない静止人口になる。ヨーロッパ諸国など先進国では2.0を割っている。日本では1997年からおおむね1.4を下回っている。

❷ 労働力の不足　産業や経済が発達する過程で，労働力が不足し，ドイツやフランスなどでは，外国人労働者をうけ入れてきた。しかし，その数がふえ，新たな社会問題が発生している。

2 各国の人口問題

❶ ドイツの人口問題

① **マイナスの自然増加率**　旧西ドイツでは，出生率の低下が続き，1972年以降，ドイツ統一(1990年)まで，死亡率が出生率を上回った。**自然増加率はマイナス**となり，老年人口の割合が高くなった。[3]

② **外国人労働者の受け入れ**　第二次世界大戦後，西ドイツでは経済成長にともなって労働力が不足するようになり，1961年から，1973年まで，公式に外国人労働者をうけ入れてきた。ト**ルコ，旧ユーゴスラビア，イタリア，ギリシャ**などの外国人が，単純労働などに従事して，高度成長の基礎をささえた。[5]

★5 メキシコシティとその近郊の首都圏の人口は，2,000万人をこえる。もとは湖底という盆地に位置する地形的な悪条件もあって，世界最悪の大気汚染都市である。犯罪の多発などの社会問題も深刻になっている(⇨ p.293)。

4

人口、村落・都市

★1 女性の社会進出による晩婚や非婚，初産年齢の上昇がみられる。子供がふえると住宅費や教育費がかさむことも子どもがへる要因といわれる。

★2 日本では2019年に28%をこえた。

★3 フランスでも1940年前後に死亡率が出生率を上回った。政府は出産を奨励し家族手当を支給したりして，人口増加策をとった。

★4 東ドイツでも，西ドイツなどへの人口流出によって労働力が不足し，キューバ，ベトナム，北朝鮮から外国人労働者をうけ入れた。

★5 統一直前(1990年)，西ドイツでは家族をふくめて約450万人の外国人がいて，総人口の7.3%にあたっていた。

補説　**ドイツの失業問題**　旧西ドイツの地域では，外国人労働者の受け入れによって失業者がふえ，文化や生活習慣の違いから軋轢をもたらして，**排斥運動**なども起きた。旧東ドイツの地域では，1990年の統一により，労働力の移動は自由になったが，社会主義の計画経済から急速に資本主義の市場経済へ転換したことや，旧西ドイツに比べて低い技術水準などのため，企業が競争についていけず，失業者が増大した。

❷ スウェーデンの人口問題

① **停滞した人口増加**　1800年ごろまで出生率，死亡率ともに高かったが，産業の発展，公衆衛生，家族計画の考え方の普及によって，第二次世界大戦後，出生率，死亡率とも低水準で安定するようになった。その結果，人口ピラミッドは，**つぼ型**になっている。

② **高齢者問題**　高年齢層の割合が高い**高齢社会**になっているが，スウェーデンをはじめとするスカンディナヴィア諸国やイギリス，ドイツなどは，**社会保障制度が充実**している。とくにスウェーデンは，**高負担高福祉**の**福祉国家**として有名で，高齢者用住宅（サービスハウス）や通所できるデイセンターなど，高齢者福祉がゆきとどいている。

　労働者の高齢化による問題もあるが，その一方では女性の就業率も高まっている。女性の**年齢別労働力率**の右のグラフは，日本のようなM字型でなく，男性と同様の逆U字型となっている。

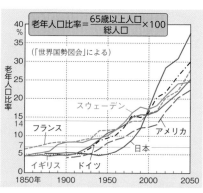

▲人口の高齢化

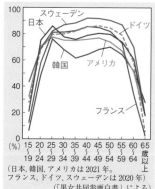

女性の年齢別労働力率▶
各年齢ごとの，賃金を得て働いている人の割合。

❸ 国際的な取り組み

❶ **世界人口会議**　ブカレスト（ルーマニア）で開催（1974年）→世界人口行動計画。[6]

❷ **国際人口開発会議**　カイロ（エジプト）で開催（1994年）。人口問題の解決には，女性の**識字率**向上など，全般的な地位向上が不可欠。

| リプロダクティブ＝ヘルス…性や生殖の健康 | 結婚や出産の自 |
| リプロダクティブ＝ライツ…性や生殖の権利[7] | 己決定権の保障。 |

★6　1984年にメキシコシティで第2回が開催。

★7　リプロダクティブ＝ヘルス／ライツと総称される。

先進国の人口問題

| 出生率 | 老年人口の増加→高齢社会。 |
| の低下 | 労働力の不足→外国人労働者をめぐる社会問題。 |

SECTION 3 日本の人口と人口問題

1 | 日本の人口と人口問題

1 人口と人口構成

❶ 人口の増加　明治以後，産業革命をへて，日本の人口は急増した。現在，約1億2,500万人で，世界第12位（⇨p.258）。

❷ 将来人口　第二次世界大戦のベビーブームのあと，出生率も死亡率も低下し，自然増加率は小さくなり，**少産少死の漸増，停滞型**になっている。そして，西暦2000年代には，人口がふえも減りもしない**静止人口**から，**人口減少**の状態となっている。★1

❸ 人口の分布

1 **人口密度**　約38万km²のせまい国土のなかで，1km²あたり300人をこえ，世界でも有数の高密度国（⇨p.258）。

2 **地域差**　東海道メガロポリス（⇨p.205）に人口が集中して，**過密**になっている。反対に，人口密度が低く，人口の減少に悩む**過疎**の地域も広がっている。人口分布の地域差はきわめて大きい。

❹ 人口構成

1 **年齢別人口構成**　戦前から戦後しばらくは，典型的なピラミッド型（多産多死型）であったが，現在は，釣鐘型からつぼ型へ変化している。出生率の低下にともない，**年少人口**が減少し，**老年人口**が増加している。★2

2 **産業別人口構成**　近代工業の発達にともない，とくに戦後，第一次産業人口が減少し，第二次，第三次産業人口が増加した。

▼日本の人口増加

1880年	3,665万人
1900年	4,385万人
1920年	5,547万人
1940年	7,193万人
1960年	9,342万人
1980年	1億1,706万人
1990年	1億2,361万人
2000年	1億2,693万人
2010年	1億2,806万人
2020年	1億2,615万人
2022年	1億2,495万人

★1 日本の人口は2011年から連続で前年の人口を下回っている。今後は急速に減少し，2040年代には1億人を下回ると推計されている。

★2 日本の合計特殊出生率（⇨p.265）は，2005年で1.26，2021年で1.30。

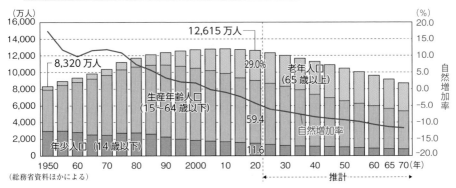

▲日本の人口と出生率，死亡率の推移

POINT!

日本の人口…世界有数。人口減少へ転じた。
年齢別人口…釣鐘型からつぼ型へ。
産業別人口…第二次，第三次産業が中心。

2 さまざまな人口問題

❶ 少子高齢化　第二次世界大戦後のベビーブーム[★3]の後，出生率が急激に低下し，1970年代後半以降は合計特殊出生率が2.1を下回っている[★4]。一方で，平均寿命が伸びており，1995年には高齢社会に突入し，1997年には老年人口が年少人口を上回った。高齢化は，農村部に限らず，都市部でも急速に進行している[★5]。

　少子高齢化によって，生産年齢人口の減少による労働力不足，年金などの社会保障の負担[★6]問題がおこる。少子化対策としては，育児休業制度の利用促進や経済的補助などがはかられているが，待機児童[★7]などの問題が解決されていない。ワーク・ライフ・バランス(仕事と生活の調和)の実現が課題。

❷ 過密と過疎　人口分布の不均衡で，社会問題が発生。

① 過密　都市に人口が集中しすぎて，住宅不足，土地の値上がり，交通の混雑，騒音や大気汚染などの公害，公園，学校やごみ処理場など社会資本の不足がめだつ状態。

② 過疎　人口が流出して，病院，学校やバスなどの社会施設や公共交通機関がなくなり，伝統的な地域社会が衰退，消滅していく状態。廃村や限界集落[★8]がみられる。

❸ 外国人労働者　1991年より日系外国人の就労を認めた。技能実習や専門職や特定技能職に外国人労働者の受け入れが拡大している。2019年には特定技能の在留資格が設けられた。

★3　出生数が大幅に増加すること。日本では1947〜1949年。その世代が親となった1970〜1975年頃を第2次ベビーブームとよぶ。

★4　日本では，2.1を下回ると人口が減少するとされる。

★5　高度経済成長期に大都市圏に大量に流入した若者が，現在高齢者となっているため。

★6　老人1人を扶養する生産年齢人口は，1955年に11.5人，1985年に6.7人，1995年に4.8人，2010年に2.8人，2020年には2.1人。

★7　保育所への入所を希望しているが，空きがないため入所できない児童。

★8　65歳以上の住民が半数を超え，社会生活の維持が困難になった集落。

▲老年人口の都道府県別割合

老年人口の割合（2022年）
34%以上　　25〜28
31〜34　　25%未満
28〜31　　全国平均 29.0

（歳）2070年推計
100
80
2022年
60
男　　女
40
1930年
20
0
8 6 4 2 0 2 4 6 8(%)

▲日本の人口構成の変化

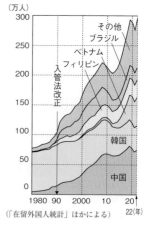

（万人）
300
その他
ブラジル
250
ベトナム
フィリピン
200
入管法改正
150
100
韓国
50
中国
0
1980　90　2000　10　20
　　　　　　　　　　　22(年)
「在留外国人統計」ほかによる

▲日本の国籍別在留外国人数の推移

SECTION
4　村落の発達と機能

1 | 村落の立地

1 自然条件と社会条件

❶自然条件　自然発生的な村落の立地条件として，重要。

1 **水**　村落の立地にとって水は根本条件。**水の得やすい場所に村落は立地**する。多すぎる場合は，洪水対策。[★1]

2 **地形**　自然災害に対して安全である場所，食料や資源を得やすく生活に便利な場所に，村落は立地する。

❷社会条件　現在では自然条件より重要である。

1 **防御**　外敵の侵入に対して，防衛上，有利であること。

2 **交通**　交通の便利さも重要な立地条件である。街道の分岐点[★2]，河川の合流点(**落合集落**)[★3]，川の渡し場(**渡津集落，渡頭集落**)，扇状地の扇頂のような山地と平野の境界(**谷口集落**)などが，おもな場所である。

> 補説 **谷口集落**　河川が山地から平野に流れ出る地点を谷口という。谷口は生産活動の異なる山地と平野を結ぶ交通の要地にあたるため，集落が立地しやすく，**市場町**として発展した。関東平野の周縁部に多くみられ，先史時代の遺跡も，多く発見されている。

3 **その他**　土地制度や政策などが，村落の立地に大きな影響を与えることもある。[★4]

2 村落と地形

❶平野　日本では稲作が広く行われているため，大部分の村落が**沖積平野**にあるが，低湿なため，微高地である**自然堤防**上や人工的な盛土の上に立地する。

> 補説 **輪中集落**　河川下流域の低湿地において，洪水を防ぐため，集落や耕地全体を，高い人工堤防で囲ったもの。濃尾平野西部の木曽川，長良川，揖斐川の合流地域に発達。家屋は盛土した上に建てられるが，さらに一段高い盛土(石垣)の上に，倉(洪水時は避難場所)である**水屋(水塚)**を設けることが多い。同様の集落は，利根川下流域の水郷地帯にもみられる。また，オランダの低湿地の開拓集落にも同じような形態の集落が多く，**沼沢地村**という。

> 住居などが一定の場所に集まり社会的生活が営まれる空間を**集落**という。農林水産業を主体とする**村落**と商工業やサービス業を主体とする**都市**に大別される。ただし集落は都市を含めず村落と同義とされる場合もある。

▲集落と村落・都市

★1　輪中，氾濫原の自然堤防上など。

★2　追分，辻などの地名がみられる。

★3　落合，河合などの地名がみられる。

★4　明治政府による屯田兵村など。

▲関東平野周辺の谷口集落

▲輪中集落

❷扇状地　水の得やすい**扇頂**や**扇端**★5には，早くから村落が立地したが，河川の伏流する**扇央**は，村落の立地が遅れた。

❸洪積台地　台地上は水が得にくいので，村落の立地は遅れた。しかし，宙水（⇨p.92）地帯や，湧水のある台地周縁部には，早くから村落が立地した。

❹山地　日当たりのよい南向き★6の緩斜面に，村落は立地しやすい。このような集落を**日向集落**という。また，河川の中流域では，谷底平野（⇨p.80）や河岸段丘（⇨p.81）の段丘面に立地しやすい。

❺海岸★7　沈水海岸では，入り江の奥（湾頭）に集落が立地しやすい。離水海岸では，海岸段丘上や，浜堤，砂州などの微高地に立地しやすい。砂丘地帯では，風下の砂丘の内側に立地することが多い。

> 補説　**納屋集落**　千葉県の九十九里浜には，納屋集落という漁村が，海岸線と平行に分布する。もとは，漁具などを入れておく納屋（小屋）で，季節的な住居であったところが，集落として発展したものである。内陸側にあるもとの村は，**岡集落**とよばれる。もとの村と納屋集落は，親村と子村の関係にあり，親村の地名に「納屋」をつけた名称が多い。

❻砂漠　水の得やすいオアシスや外来河川の近くに村落が集中する。

★5　扇端は，伏流水の湧水帯であり，沢，沼，清水などの地名がみられる。

★6　南側で日当たりがよいのは，北半球。

★7　漁港としての機能にはすぐれるが，津波の被害をうけやすい。

▲九十九里浜の納屋集落
〔5万分の1地形図『東金』（千葉県）〕

POINT!

　村落の立地──水，安全，豊かな食料や資源，交通が便利。
　　山地と平野の境界の谷口集落，低湿地の輪中集落。
　　山地の日向集落，海岸の納屋集落など。

2｜日本の村落の発達

1　先史時代の村落

❶縄文時代　最初は狩猟，漁労，採集などの移動生活が中心で，村落は形成されなかった。その後，定住生活が始まると，水や食料の得やすい洪積台地の末端部や，河岸段丘上に**竪穴住居**の村落が立地した。★1

❷弥生時代　水田耕作の普及とともに，大型の村落が沖積平野に出現した。登呂（静岡県），唐古（奈良県）などの遺跡では，円形の竪穴住居や高床倉庫，水田の遺構などがみられる。

★1　村落の近くには，貝塚ができた。なお，縄文時代には，はるか沖合にあった海岸線が，海面の上昇でしだいに陸地の側へ移り（**縄文海進**），今日の沖積平野の低地まで海面下になっていた。

2 古代の村落

❶ 条里集落の成立　条里集落は，日本で最初の計画的な村落で，大化改新(645年)の後につくられたものである。

❷ 条里集落の特色　①格子状に直交する道路，②30〜50戸の家屋からなる塊村(⇨p.274)，③条，里，坪，面，反，番などの地名，④近畿地方を中心に東北中部から九州にかけての平野部に分布。

> **補説　垣内集落**　奈良地方での条里集落に対するよび方。垣内は垣で囲まれた土地のことで，奈良地方には，生垣，土壁，溝などに囲まれた集落が多い。垣内集落のうち，とくに防御や灌漑，排水を兼ねた濠をめぐらしたものを，環濠集落といい，中世にかけて成立した。

★2　大化改新の後に制定された**班田収授法**(土地を国有化し，農民に土地を支給して納税の義務を課す)を実施するために採用された土地区画制度を，条里制という。

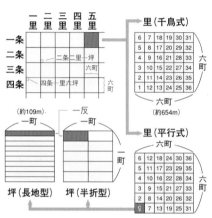

▲条里制の土地区画のしくみ　6町(約654m)四方の里を1区画とする，格子状の土地区画制度。東西を里で，南北を条で数えた。1つの里を36等分した1町四方の土地を坪とよんだ。なお，坪の数え方には千鳥式と平行式があり，さらに坪内の1反(段)の区画は，長地型と半折型がある。

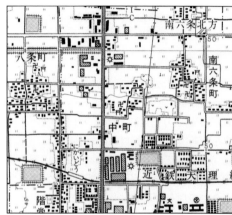

▲条里集落　格子状の土地区画(道路)のなごりと，地名に注目しよう。
〔2万5千分の1地形図『大和郡山』(奈良県)〕

3 中世の村落

❶ 荘園集落　古代末期から，開墾などにより荘園(私有地)が増加し，その中に立地した村落を荘園集落という。条里集落より条件の悪い扇状地や氾濫原(⇨p.80)に立地。

❷ 豪族屋敷村　地方豪族の屋敷を中心にして，要害の地を選んで立地した村落。東日本に多く分布し，防御のために，土塁や濠をめぐらしたところが多い。

❸ 寺百姓村　寺社が中心となった開墾地や，寺領の耕地を耕作する小作人が，寺の周辺に居住して成立した村落。おもに浄土真宗の寺院を中心にできた町を，寺内町(⇨p.279)という。

★3　丘陵のふもとや山麓など。

★4　大阪府の東百舌鳥村(現在は堺市内)，愛知県一宮市にある妙興寺を中心とした村落などに，形が残る。

4
人口、村落・都市

❹ **名田百姓村**　領主より開墾権を与えられた名主(有力な農民)が開墾した土地に立地した村落。名主の名前や役名をとって，三郎丸，五郎丸，太郎丸，福富名，貞光名などの地名がみられる。

❺ **隠田集落**　隔絶した山間部に，落ち武者や租税逃れの人々が土着してつくった村落。★5

> 補説　**中世の村落の代表的な地名**　中世の村落のうち，荘園集落や豪族屋敷村は，特別の形として今日まで残っているものは少なく，地名として残っている例が多い。
> ①荘園集落…領有関係を示す本庄，新庄，領家や，開墾地であることを示す別府，別所，荒野，京田，給田などの地名は，荘園集落に起源があることをうかがわせる。
> ②豪族屋敷村…根古屋，寄井，堀ノ内，館，構，箕輪，土居，山下などの地名は，豪族屋敷村に由来するものが多い。

4 近世の村落

❶ **新田集落の成立**　江戸時代に，幕府や藩の奨励によって行われた**新田開発**に伴って成立した村落。新田は，本田(太閤検地で確定した田畑)よりも規制が緩和されたので，人口増加や土木技術の進歩を背景に，18世紀以後に急増した。

❷ **新田集落の特色**　洪積台地，火山山麓，干拓地など，**立地条件の悪い所が多い**。新田，新開，新居，免，受，出屋敷，加納，高野などの地名が多い。有明海の干拓地には，開，搦，籠，牟田などの地名が多い。

武蔵野の新田集落(三富新田)▶

〔5万分の1地形図『青梅』(埼玉県)〕
三富新田(現在の埼玉県三芳町)は1694年に川越藩によって開発された藩営新田である。**地割りは，道路に対して直角に短冊型**になっており，道路ぞいに屋敷林をもった家屋，その裏に畑，さらに奥に雑木林が規則的に並んでおり，典型的な**開拓路村**の形態をもつ。

> 補説　**麓集落**　近世のはじめ，薩摩藩(鹿児島県)にみられた村落で，藩の外城を中心に形成された村落。小規模な城や馬場をつくり，家を石垣で囲んで防御にそなえるとともに，農業生産も行った。出水，加治木(姶良市)などになごりがある。

5 明治以後の村落

❶ **屯田兵村**　北海道の警備と開拓，それに失業士族に対する授産のために開かれた**計画的村落**。1875年の琴似(現在の札幌市西区内)に始まり，1903年まで続いた。

★5　五家荘(熊本県)，米良荘，椎葉(以上宮崎県)，祖谷(徳島県)，十津川郷(奈良県)，白川郷(岐阜県)，五箇山(富山県)，三面(新潟県)，檜枝岐(福島県)など。隠田百姓村ともいう。

★6　開発の主体によって，藩営新田，村請新田，町人請負新田などに分かれる。

★7　換金作物の栽培や土地の売買が認められた。

1 **特色**　地割りはアメリカのタウンシップ制にならって，格子状
の土地区画をもつ（規模は60〜70％に縮小）。村落の形態は，
初期は警備中心のため**開拓路村（集村）**であったが，後期は農業
開拓に重点が置かれたため，**散村**となった。

2 **分布**　初期
の屯田兵村
は札幌周辺
に多く，中
期は上川盆
地に，後期
は道東，道
北地域に開
かれた。

▲格子状の土地区画〔5万分の1地形図『江別』（北海道）〕

❷ **その他の開拓村**　洪積台地，火山山麓，干拓地などに成立。

1 **明治時代**　安積疏水（郡山盆地），那須疏水（那須野原），明治用
水（安城台地）などによる開発や，牧ノ原，三方原（静岡県），三
本木原（青森県）などの台地の開発，児島湾，有明海などの干拓
によって，新しい村落が成立した。

2 **第二次世界大戦後**　もと軍用地や，八ヶ岳，岩手山麓などの高
冷地，篠津泥炭地（北海道），根釧台地，八郎潟（秋田県）などに
開拓村が成立した。

★8　18世紀後半から
アメリカ中西部で行わ
れた公有地の地割り制
度。6マイル（約9.6km）
四方の格子状の土地割
りを行い，その1区画
を1タウンシップとい
い，その36分の1を
1セクションとした。
ホームステッド法で，
農民に与えられたのは，
4分の1セクション
（＝1クォーター＝約
64ha）である。

★9　興除村，藤田村
などが開かれた。

★10　高師原（愛知県），
習志野（千葉県）など。

★11　1956年に酪農
のパイロットファーム
（実験農場），1973年
からは新酪農村の散村
が開かれた。

★12　大潟村ができた。

4　人口、村落・都市

条里集落の分布
域と，おもな隠
田集落，屯田兵
村の分布地

日本の村落
- 古代…条里集落(格子状の地割りなど)。
- 中世…荘園集落，豪族屋敷村，寺百姓村，隠田集落。
- 近世…新田集落(武蔵野の三富新田など…開拓路村)。
- 近代…屯田兵村(北海道)や各地の開拓村。

3│村落の形態と機能

1 村落の形態

❶集村

1 成立と特色　集村は家屋が密集して村落を形成。**自然発生的な**村落に多く，旧大陸の農村や古くから開かれた地域に多く分布。成立要因としては，飲料水の共有，洪水防御(自然堤防上など)，外敵に対する防御[★1]，稲作での共同作業の必要性などがある。

2 集村の種類

①**塊村**　家屋が不規則に密集し塊状になった村落[★2]。農地は分散。

②**路村**　道路や水路にそって家屋が並んだ村落。家屋の密集度は低く，道路への依存度も高くない。**短冊型**[★3]の地割りをもつ日本の**新田集落**や，初期の**屯田兵村**，ヨーロッパの**林地村**，**沼沢地村**(⇨p.264)などが代表的。

補説　**林地村**　中世に，ドイツやポーランドの森林地域に形成された開拓村。道路の両側に家屋が並び，その背後に短冊状の細長い耕地，草地，森林が配置されている。**林隙村**ともいう。

③**街村**　街道など主要道路にそって家屋が連続する村落。家屋の密集度が高く，商業的機能が強い[★3]ので，道路への依存度が高い。**宿場町**や**門前町**によくみられる。

★1　奈良盆地の**環濠集落**や，豪族屋敷村，ドイツの**円村**，中国の**囲郭村**などが代表的な例。

★2　塊村のうち，家屋が密集せず不規則に分散するものを**疎村**といい，日本の農村に多くみられる。

★3　路村と街村は，形はよく似ているが，商業的機能で区別される。

▼集村の形態

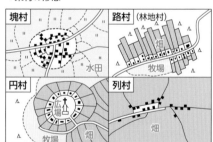

▼塊村(福井平野)

散村(砺波平野)▶

④円村(環村)^{★4}　中央の広場または池を中心に家屋が

円状に配列。防御機能が強く，ドイツ東部から

ポーランドにかけての開拓村に多い。

⑤列村(連村)　道路以外の要因で，家屋が不規則に

列状に並ぶ。山麓や自然堤防によくみられる。^{★6}

❷ 散村

1 **成立と特色**　散村は家屋が1戸ずつ分散(孤立荘宅)^{★7}

しているものである。成立要因としては，飲料水が

自由に得られること，計画的な土地制度が行われて

いること，治安が安定していること，農業の経営面

積が広いこと，などが考えられる。

2 **散村の分布**　散村は，近世以後に成立したものが多

い。一般に人口密度の低い地域や，歴史の新しい開

拓村に広くみられる。

①世界では新大陸の農業地域に多く見られる。アメリカの**タウ**

ンシップ(⊃p.273)は代表的な散村。

②日本では，**砺波平野**(富山県)，**出雲平野**(島根県)や，大井川

下流平野(静岡県)，黒部川扇状地(富山県)，後期の**屯田兵村**

(北海道)など。

補説 **砺波平野の散村の成立要因**

①扇状地であるが，地下水は豊富である。

②古くからの地割り制度や，江戸時代の藩の開拓政策による。

③春先のフェーン現象(⊃p.94)による火災の延焼防止をはかる。

POINT!

集村…塊村，路村，街村，円村，列村に分類。
散村…アメリカなど，新大陸に多い。
　　　日本では砺波平野，出雲平野など。

2 村落の機能

村落では第一次産業が中心的な機能であり，中心となる機能に

よって，農村，山村，漁村に分けられる。

❶ **農村**　おもに農家で構成され，農業，牧畜を行う。モンスーン

アジアの稲作地域では，共同社会的な性格が強い。

❷ **山村**　世界には，林業だけを行う林業村もあるが，日本の山村

は，ほとんどが農業を兼ねる農山村である。

❸ **漁村**　水産業による村落。日本では，半農半漁村が多い。

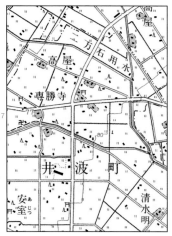

▲砺波平野の散村

[2万5千分の1地形図『砺波』(富山県)]

家屋の横に針葉樹の記号がみられるのは，冬の北西の季節風に対して防風(防雪)の役目をはたす**屋敷林**である。

★4　イスラエルの開拓村(キブツ⊃p.372)も円村の形態をとるものがあり，**円環式キブツ**といわれる。

★5　パリ盆地南部には，中央に小さな池をもつ円村がある。

★6　道路にそって並べば，路村か街村。扇状地の扇端とか，自然堤防上に家屋が並ぶと列村となる。

★7　南フランスでは，20戸ほどがまばらに集まった半集村が多い。これは，散村の孤立農家から分家などによって農家がふえて形成されたものである。

4

人口、村落・都市

5 都市の発達と機能

1 | 都市の立地

1 自然条件と社会条件

❶ **自然条件**　村落の場合と同じく，水の得やすさ，地形(自然災害を受けにくい場所)，気候などが，都市の立地に影響を与える。しかし，自然条件による制約は絶対的なものではない。[★1]

❷ **社会条件**　交通がとくに重要で，ほかに，外敵に対する防御，食料や資源の得やすさなどがあり，**一般に自然条件よりも影響力が強い。**また，都市は一定の距離をへだてて立地する。[★2]

2 都市の立地点

❶ **おもな立地点**

1. **平野や盆地の中心**　後背地の豊かな生産力を背景に成立。
2. **地形の境界線**　谷口，滝線(⊂p.278)，峠の麓など。資源の交流点でもあり，交通の要地でもある。
3. **熱帯の高原**　熱帯では，高温多湿の低地をさけて，気候の温和な高原に都市が発達。**高山都市(高原都市)**や避暑地。[★3]
4. **海岸や湖岸**　水陸交通の接点で，物資の交換が行われる。
5. **河川の沿岸**　可航河川の沿岸は，水陸交通の接点。
6. **異文化との接触点**　異なる生活様式をもつ2つの文化の境界線には，**交易都市**が立地する。例…パオトウ，チャンチヤコウ(以上，中国)，タシケント(ウズベキスタン)。
7. **その他**　鉱産資源の所在地や，宗教上の聖地，計画的な人工都市など。[★5]

2 | 都市の発達

1 世界の都市の発達

❶ **古代の都市**　古代には，宗教と結びついた政治都市，軍事都市がほとんどで，**外敵の侵入を防ぐために城壁や濠をもつ都市**が多かった。バビロン(メソポタミア)，ハラッパーとモヘンジョ＝ダロ(インダス川流域)，黄河流域のルオヤン(洛陽)やチャンアン(長安)[★2]などが代表的存在である。

★1　オーストラリアの砂漠の鉱業都市カルグーリーは，西海岸のパースから約640kmに及ぶパイプラインで水を引いている。

★2　都市の勢力範囲がある程度広がりをもっているためである。

★3　植民地時代にヨーロッパ人によって開かれたところが多い。

★4　内陸都市の玄関口にあたる都市を**外港**という。バルパライソ(チリ，サンティアゴ)，カヤオ(ペルー，リマ)，フリマントル(オーストラリア，パース)，キールン(台湾，タイペイ)など。

★5　オーストラリアのカルグーリー(金)，南アフリカのキンバリー(ダイヤモンド)など。

★1　このような都市を**城塞都市(城郭都市，囲郭都市)**という。

★2　現在のシーアン＝西安。

1 **ポリス(都市国家)**　古代ギリシャの都市を中心とする国家。周囲に城壁をめぐらし，中央のアクロポリスの神殿を中心に市街地がつくられた。**アテネ**と**スパルタ**が有名。

2 **その他の都市**　地中海沿岸にはギリシャ人やローマ人が建設した植民都市★3が，商業の中心としてさかえた。ローマ帝国では，外敵の侵入を防ぐため，城壁をめぐらせた城塞都市(**城郭都市，**
いかく
囲郭都市)がつくられた。また，丘上都市★5(カステッロ)も成立した。

❷ **中世の都市**　ヨーロッパでは，古代と同じく宗教と結びついた政治，軍事都市が多く，領主の居城や教会を中心にして，城壁をめぐらせた都市がつくられた。

また，商業の発達によって，交通の要地に商業都市が発達した。

1 **自由都市(自治都市)**　強い経済力をもった商業都市が，自治権を獲得したもの。北イタリアで発達し，**ヴェネツィア，ジェノヴァ，フィレンツェ**が代表的。

2 **ハンザ同盟都市★6**　北ドイツの**リューベック**を盟主とし，北海，バルト海ぞいの多くの交易，商業都市で構成。**ハンブルク，ブレーメン，ケルン**などが代表的。

❸ **近世の都市**

1 **首府都市(首都)**　ヨーロッパでは強大な統一国家の出現や中央集権化の進展により，国家の中心都市が発達。**パリ，ロンドン，マドリード**などが代表的。

2 **貿易都市★7**　大航海時代以後，海外貿易の拠点となる港湾都市が発達。**アムステルダム，リスボン**など。

3 **植民都市**　植民地支配の拠点として発達。**ゴア**(パナジ)，**マニラ，バタビア**(ジャカルタ)などが有名。

❹ **近代の都市**

1 **工業都市**　産業革命後，第二次産業を中心とする工業都市が発達。ヨーロッパやアメリカなどに多くみられる。

2 **巨大都市**　人口の都市集中がすすみ，政治，経済の中心として多様な機能をもった巨大都市が出現。このような大都市は，周辺地域だけでなく世界的にも大きな影響力をもち，**メトロポリス**という。**ニューヨーク，ロンドン，モスクワ**などが代表的。

★3　カルタゴ，ナポリ，アレクサンドリアなど。

★4　アテネやロンドン，パリ，モスクワなどヨーロッパの都市は，時期の違いはあるが城壁に囲まれた都市が多い。

4

人口・村落・都市

★5　地中海沿岸には，町全体を丘の上に築いた丘上都市がみられる。セルビアのベオグラード，スペインのセゴビア，イタリア半島のシエナ，ペルージャ，サンマリノなど。外敵防御のほか，低湿地の蚊によるマラリア感染対策もあった。

Q ハンザ同盟には，どのくらいの都市が参加していましたか。

A ふつう「ハンザの都市は77」といわれているが，実際はそれ以上とされているよ。貿易上の特権の維持と拡大につとめ，14〜15世紀に参加都市が最大となったが，16世紀には減少したんだ。

★6　共通の貨幣，軍隊を備え，国王や諸侯に対抗してバルト海一帯を制圧した。

★7　首府都市の性格を兼ねるものが多い。

古代，中世…城塞都市が多い。中世…商業都市が発達した。
近世…首都のほか，貿易都市や植民都市が成立した。
近代…工業都市ができ，巨大都市(メトロポリス)が生まれた。

立地点		立地の要因や特色など	代表的な都市
平野や盆地の中心		生産力の豊かな平野や盆地の中心は，その平野や盆地を後背地として，都市が発達	パリ，ベルリン，モスクワ，甲府
地形の境界線	谷口	山地と平野の接点。谷口集落が都市に発展	ペキン，青梅，飯能
	滝線	河川の傾斜が大きく変わり，滝がならぶ地点。河川交通の終点。水力をエネルギー資源として利用	アパラチア山脈南東麓の滝線都市
	峠の麓	峠をはさんで，対向集落をつくりやすい	アルプスの峠の麓のミラノやトリノ，小田原と三島（峠の頂上…箱根）
熱帯の高原		高山都市…高温多湿の低地をさける。高原は温和 / 避暑地…植民地時代に開かれた所が多い	ラパス，キト，ボゴタ / ダージリン，シムラ，バンドン，軽井沢
海岸	湾頭	湾の奥に立地する	ボルティモア，サンクトペテルブルク，ベルゲン，東京，大阪
	海峡	海峡をはさんで立地する	イスタンブール，ジブラルタル，シンガポール，青森と函館
	運河	運河の両端に立地する	スエズとポートサイド，パナマシティとコロン
湖岸			シカゴ，イルクーツク，大津
河川の沿岸	河口		ニューヨーク，ニューオーリンズ
	遡航の限界点	エスチュアリ（三角江 ⇨ p.82）では，外洋船の遡航（さかのぼって航行できる）の限界点に立地	ロンドン，ハンブルク
	合流点		ウーハン，セントルイス，ベオグラード
	渡津（渡頭）	街道が河川を横切る渡し場に立地。両岸に都市が相対するものは，双子都市という	ケンブリッジ，フランクフルト，ブダペスト，セントポールとミネアポリス，金谷と島田，タウントンとシニジュ
	その他	内陸水路の終航点に立地する	バーゼル［ライン川］

▲都市の立地と代表的な例

補説　**滝線都市**　海岸平野が砂や泥などの土壌で，侵食をうけやすいのに対して，背後の山地がかたい岩石の場合には，海岸平野と山地の境に，滝や急流がならぶ。これを滝線という。

　　アメリカのアパラチア山脈の南東麓では，幅200km，長さ2,000kmの広大な海岸平野（**大西洋岸平野**）と，山麓のピードモント台地の境の滝線に，多くの都市が発達しており，これらの都市を**滝線都市**という。

　　滝の付近では，100m以上もの落差のある豊富な水力を利用して，植民地時代から，水車を動力源とする紡績，織物，製粉などの工業が立地して発展した。

アメリカの滝線都市 ▶

② 日本の都市の発達

①古代の都市　中国の都にならって，条坊制を採用した計画都市が生まれた。**平城京**，**平安京**が代表的。

★8 規則正しい格子状の道路で区画する制度。

②中世の都市　商業，交通の発達で成立。近世にひきつがれた。

□1 **門前町**　有力な寺の門前や境内に，参詣者相手の町並みが発達。神社を中心とした町を**鳥居前町**とよぶ場合もある。

｜門前町の例……成田[新勝寺]，長野[善光寺]，高野[金剛峯寺]。
｜鳥居前町の例…琴平[金刀比羅宮]，伊勢[伊勢神宮]，大社(出雲)[出雲大社]，宮島(廿日市)[厳島神社]。

★9 中国の都とは異なり，町全体を城壁で囲んでいない。

□2 **寺内町**　浄土真宗(一向宗)の寺を中心に発達。防御機能が重視されている。例…今井(橿原市内)，富田林，一身田(津市内)。

□3 **港町**　堺，大津，博多など，海上交通の拠点に成立した。

□4 **市場町**　定期市が発展した商業都市。例…四日市(三重県)，五日市(東京都)，八日市(東近江，滋賀県)，廿日市(広島県)。

★10 土塁や濠をもつものが多く，街路も丁字路が多い。

★11 自治権を獲得した自由都市であり，町は濠で囲まれていた。

③近世の都市

□1 **城下町**　中世の城は山城が多く，市街地は未発達であったが，近世の城は平地に建設され，政治，経済，文化の中心として発達。**日本の大都市の多くは城下町が起源。**

補説　**城下町の特色**　職業別，階級別の住み分けが行われ，城の周囲に位置する武家屋敷は土塁や濠で囲まれる。その外側に商人町，職人町が配置され，寺院は最も外側の一画に集められ，防衛の拠点に利用された。ヨーロッパの城郭都市と異なり，市街地全体を囲む城壁は存在しない。街路は丁字路や袋小路が多く，遠見遮断の役目をもつ。また，町名に，かつての職人や商人のなごりが残っているところも多い(例…大工町，呉服町，銅屋町)。

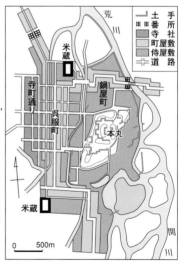

▲城下町の住み分け(上越市高田)

□2 **宿場町**　交通の発達とともに，街道や宿場の整備が行われて発達。多くは**街村**の形態をもつ。

④近代の都市　産業革命後は，各地に**工業都市**が発達。東京，大阪などの**巨大都市**が出現し，これらの周辺には**衛星都市(住宅都市)**が発達。

★12 小田原(神奈川県)，三島，島田(以上静岡県)，妻籠，奈良井，海野(以上長野県)，関(三重県)，大内(福島県)など。

日本の都市
古代→条坊制をもつ**平城京**や**平安京**。
中世→**門前町**，**寺内町**，**港町**，**市場町**。
近世→**城下町**，**宿場町**。

4
人口、村落・都市

＼ TOPICS ／

企業城下町

工業都市の中には，ひとつの大企業があって，関連企業も多く集中し，しかも，そのほとんどが同じ資本系列に属し，ピラミッド型の工場群が形成されている所がある。

住民は，大多数がその企業の従業員であったり，その企業と強い結びつきをもって，依存していることになる。市長や多数の議員が，企業出身者となれば，企業は，市当局，議会，住民に対して，発言力を強めることができる。企業のほうが経済的に強い立場にあるので，住民（その多くが従業員），市当局者，議員（その多くが企業出身者）に対し，優位に立って対応することができるからである。企業の意にそうことで，生活や地位を守ろうとすることもありえないことではない。

こうして，企業が発言力を強めた都市は，大名が支配した城下町になぞらえることができるので，企業城下町といわれる（⇨ p.172）。

市の財政をみると，収入は企業の税金に依拠し，支出も企業に関連した費用が多くなる。市が市営住宅をつくるのと，企業が従業員用の社宅をつくるのが，外見上同じようにみえたりする。

企業城下町とよばれる都市には，次のような例がある。
①豊田（愛知県）…トヨタ自動車の工場が中心。市名も，もとは挙母市といった。
②延岡（宮崎県）…旭化成の化学工場が中心。
③苫小牧（北海道）…王子製紙の大工場がある。
④日立（茨城県）…日立製作所の大工場がある。
⑤君津（千葉県）…日本製鉄の製鉄所がある。
⑥福山（広島県）…JFEスチール（旧日本鋼管）の製鉄所がある。
⑦ゲーリー（アメリカ）…USスチールの中心地。
⑧アイントホーフェン（オランダ）…ヨーロッパ最大の電気機械会社フィリップス社がある。
⑨トリノ（イタリア）…イタリア最大の自動車会社フィアット社がある。
⑩ヴォルフスブルク（ドイツ）…ドイツ最大の自動車会社フォルクスワーゲン社がある。

3 ｜ 都市の形態と機能

1 都市の形態

❶ 平面形態 かつては防御機能が重視され，円形，方形，多角形の外郭をもつ**城郭都市**が多かった。現在は不規則な都市が多い。

❷ 街路の形態 街路の形態によって分類できる。

1 **直交路型** 例…ペキン，シカゴ，京都，札幌。

2 **放射直交路型** 例…ベロオリゾンテ（ブラジル），ワシントンD.C.。

3 **放射環状路型** 例…カールスルーエ（ドイツ），モスクワ，パリ，キャンベラ。

4 **迷路型** 例…ダマスカス（シリア），テヘラン，カイロの旧市街。

★1 ドイツ南部のネルトリンゲンが代表的。

★2 帯広と旭川の一部も放射直交型の街路をもつ。

★3 東京も巨視的には放射環状路型の街路をもつ。

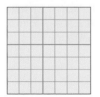
▲直交路型

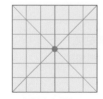
▲放射直交路型

▲放射環状路型

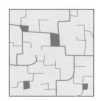
▲迷路型

2 都市の機能

❶ 都市の機能分類　都市のもつ機能は，中心地機能(**一般的機能**)と，**特殊機能**に分類される。一般に大都市ほど多くの機能をもつようになり，そのような都市を**標準都市**(**総合都市**)という。

★4　東京や大阪のような巨大都市の多くは，この分類に入る。

❷ 中心地機能　都市内部や周辺地域に対して，行政，文化や厚生，商業やサービス，交通や通信などの各分野で供給される機能。大都市ほど多角的で高度な中心地機能をもつようになり，中小都市とは階層的格差が存在する。

行政面	国家行政機能，広域行政機能
文化や厚生面	各種文化団体事務所，大集会所，劇場，映画館，博物館，画廊，大学などの各種学校，新聞社，テレビやラジオの放送局
商業やサービス面	各種企業の本社や支社，都市銀行の本店や支店，卸売市場，高級専門店，大デパート，地下商店街，名店街，高級レストラン，貸ビル，大ホテル，娯楽センター
交通や通信面	中央郵便局，中枢通信局，地下鉄網，大バスターミナル，大駐車場，旅行案内所

▲**大都市の中心地機能**
中心地機能の種類や量の多さ(少なさ)によって，都市を，高位の大都市から，中位の都市，低位の都市と分類することができる。

> [補説] **中心地理論**　ドイツの地理学者**クリスタラー**が1933年に提唱した。都市のもつサービス圏とその**中心都市**をみると，中心都市は，ほぼ一定の間隔で立地する。その結果，都市の分布は理論的には六角形のハチの巣のような形になる。ただ，現実の都市の分布は，地形などの影響で理論どおりにはならない。
> 　中心都市には，多くの中心地機能をもつ高位の大都市をトップにして，その次の中心都市があり，その下に中位の中心都市，下位の中心都市があるというように，**階層的な構造**がみられる。もっている中心地機能の種類や量によって，高位から下位まで分類される。

❸ 特殊機能　特定の産業や施設が，都市の中心的な機能である場合に，その機能を代表させて都市を分類することができる。

1 生産都市　物資の生産をおもな機能とする都市で，**工業都市**，**鉱業都市**，**水産都市**，**林産都市**に分類される。

★5　鉱山都市ともいう。炭田に立地する炭鉱都市も含まれる。

2 交易都市　交通や商業，金融業の中心として発達した都市で，**商業都市**と**交通都市**に分類される。

★6　商業機能はすべての都市がもつが，とくに小売，卸売，金融，保険業のさかんな都市を商業都市とする。

3 消費都市　消費をおもな機能とする都市で，**政治都市**，**軍事都市**，**宗教都市**，**学術都市**(**大学都市**，**学園都市**)，**住宅都市**，**観光都市**，**保養都市**などに分類される。なお，住宅都市は一般に大都市の**衛星都市**になっているものが多い。

> [補説] **衛星都市**　大都市の周辺にあって，それと有機的なつながりをもちながら発達している中小都市。**住宅衛星都市**(→消費都市の中の住宅都市にあてはまる)と，**工業衛星都市**(尼崎，川口など)がある。ただし，工業衛星都市は生産都市の1つである。

POINT!
都市の機能 {中心地機能…機能の大小で階層的に分類。
特殊機能……生産都市，交易都市，消費都市に分類。

4

人口、村落・都市

▼おもな生産都市

工業都市	鉄鋼	バーミンガム(英)，エッセン(独)，ピッツバーグ(米)，アンシャン(中)，マグニトゴルスク(ロ)，北九州
	機械	デトロイト(米)，グラスゴー(英)，トリノ(伊)，日立，豊田，長崎，浜松
	化学	ヒューストン，アクロン(以上米)，四日市，延岡
	繊維	ムンバイ，アーメダーバード(以上印)，リヨン(仏)，一宮，福井，桐生
鉱業都市	石炭	タートン(中)，カラガンダ(カ)，カーディフ(英)
	鉄鉱石	キルナ(ス)，クリヴォイログ(ウ)，ビルバオ(西)，イタビラ(ブ)，ターイエ(中)
	銅鉱	ビュート，ビンガム(以上米)，チュキカマタ(チ)
	金鉱	ヨハネスブルグ(南ア)，カルグーリー〔ニッケルも産出〕(豪)
	その他	ターチン〔石油〕(中)，キンバリー〔ダイヤモンド〕(南ア)，サドバリ〔ニッケル〕(加)
水産都市		ベルゲン(ノ)，グリムズビー，キングストン〔ハル〕(以上英)，セントジョンズ(加)，グロスター(米)，釧路，八戸，石巻，銚子，焼津，境港
林産都市		アルハンゲリスク，イガルカ(以上ロ)，シトカ(米)，能代，新宮，日田

▼おもな交易都市

商業都市		ニューヨーク，シカゴ(以上米)，ロンドン(英)，シャンハイ(中)，ホンコン，大阪
交通都市	鉄道	ウィニペグ(加)，高崎，米原，鳥栖，多度津
	航空	アンカレジ(米)，カーナック〔チューレ〕(グリーンランド)，千歳
	航路	ケープタウン(南ア)，シンガポール，パナマシティ，ロッテルダム(蘭)，横浜，神戸

▼おもな消費都市

政治都市		ワシントンD.C.(米)，キャンベラ(豪)，ブラジリア(ブ)，デリー〔ニューデリー〕(印)，ペキン(中)，イスラマバード(パ)
軍事都市		ポーツマス(米)，ポーツマス(英)，トゥーロン(仏)，ジブラルタル(英)，ウラジオストク(ロ)，バレッタ(マ)，横須賀，呉，三沢
宗教都市		エルサレム(イ)，メッカ，メディナ(以上サ)，ヴァラナシ(印)，バチカン　〔宗教との関係 ☞p.318〕ソルトレークシティ〔モルモン教〕(米)，天理〔天理教〕，門前町，鳥居前町(☞p.279)
学術都市		ケンブリッジ，オックスフォード(以上英)，ハイデルベルク(独)，アカデムゴロドク(ロ)，バークレー(米)，ライデン(蘭)，つくば，国立，関西文化学術研究都市
住宅都市		レッチワース(英ロンドン近郊)，ポツダム(独ベルリン近郊)，多摩，松戸，藤沢，豊中，芦屋
観光都市		ローマ，ナポリ(以上伊)，アテネ(ギ)，パリ(仏)，ラスヴェガス(米)，京都，奈良，日光，鎌倉
保養都市	避暑地	ダージリン，シムラ(以上印)，バギオ(フィリピン)，バンドン(インドネシア)，シャモニー，グルノーブル(以上仏)，ツェルマット(スイス)，軽井沢
	避寒地	カンヌ(仏)，マイアミ，ホノルル(以上米)，ヤルタ(ウ)，モナコ，伊豆，逗子，鎌倉
	温泉	バーデンバーデン(独)，カルロヴィヴァリ(チェコ)，熱海，白浜，別府，登別

〔注意〕上記の分類は絶対的なものではない。たとえば，鎌倉は，観光都市であると同時に避寒地であり，近年は，東京近郊の住宅都市としての機能も兼ねるようになっている。

〔国名〕伊＝イタリア，印＝インド，英＝イギリス，加＝カナダ，豪＝オーストラリア，西＝スペイン，中＝中国，独＝ドイツ，南ア＝南アフリカ共和国，仏＝フランス，米＝アメリカ，蘭＝オランダ，イ＝イスラエル，ウ＝ウクライナ，カ＝カザフスタン，ギ＝ギリシャ，サ＝サウジアラビア，ス＝スウェーデン，チ＝チリ，ノ＝ノルウェー，パ＝パキスタン，ブ＝ブラジル，マ＝マルタ，ロ＝ロシア。

4｜都市地域の構造

1 都市地域の分化

❶ **都市地域**　中心都市から周辺へ，**中心地機能**が到達する範囲を，都市地域または都市圏という。大都市になるほど，都市地域は拡大し，内部の**地域分化**がすすむ。

❷ **都心部**　古くから都市地域を形成してきた旧市街地で，**都市機能が集中**している。インナーシティ(⇨p.290)を含む。

❸ **近郊圏**　都市の通勤通学圏で，現在，都市化が進行している地域。

□1 **郊外市街地**　新興住宅地，工場，学校などが次々と進出，人口が急増している地域。

□2 **近郊農村**　都市化の進行とともに，兼業農家が増加する一方，都市の市場向けの**近郊農業**，畜産がさかんな地域。

❹ **勢力圏**　都市地域の外縁部にあたり，商圏，卸売圏，人口流入圏(通勤通学圏)，通信圏など，中心都市の影響がおよんでいる地域。

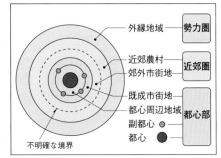

▲都市地域の構造

★1　大都市圏はメトロポリタンエリアという。

★2　生乳を出荷する酪農や，卵を出荷する養鶏など。

2 都心部の分化

❶ **地域分化**　都心部は大都市内部に位置するため，都市機能が集中する。しかし地価が高いため，土地利用は高度化され，機能別に地域分化がすすむ。

❷ **CBD(中心業務地区)**　政治と経済の中枢管理機能が集中し，行政機関や企業の本社などが分布する。ビルの高層化や地下利用が著しい。また，**常住人口が少なく，昼夜間の人口差が著しい**。丸の内，大手町(東京)，シティ(ロンドン)，ウォール街(ニューヨーク)，ループ(シカゴ)などが代表的。

❸ **中心商店街**　都心商店街ともいう。CBDに隣接していることが多い。銀座(東京)，梅田(大阪)が代表的。

❹ **官公庁区**　政治機能はCBDに含まれることが多いが，ときに，行政機関や司法機関が集中して独立した地域を形成する。霞が関(東京)，大手前(大阪)が代表的。

❺ **問屋街**　同一業者でまとまった問屋街を形成する。CBDに隣接することが多い。日本橋(東京)，船場(大阪)が代表的。

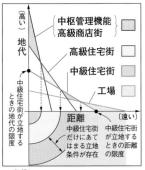

▲**地代と土地利用**　各機能により地代と中心からの距離の限界が異なるので，土地利用が分化する。

★3　Central Business District の略。

★4　近年では，都心部の環境悪化のため，まとまって郊外に転出して，卸売団地を形成する業種もみられる。

4
人口、村落・都市

❻副都心　大都市だけにみられ，**都心の機能の一部を分担**する。
交通の結節点に立地する。1991年に都心の丸の内から東京都庁が
移転した**新宿**をはじめ，**渋谷**，**池袋**(東京)，**天王寺**(大阪)，
エウル(ローマ)，**ラ゠デファンス**(パリ)などが，代表的
な副都心。

❼住宅街　ヨーロッパ諸国やアメリカでは，民族や階級
別に住み分けがすすんでいるが(♻p.291)，日本では，そ
れほど顕著ではない。一般にCBDに隣接して高級住宅街
が分布し，その周囲には，住宅，工場，商店が混在した
地域(混合地域)が分布する。

❽その他　河川や港湾に面した地域は，**工場，倉庫地区**
になっている。しかし，近年では，**港湾地区**が，ウォー
ターフロント(♻p.123)として注目されるようになってい
て，再開発が各地で行われている。また，CBDに隣接し
て，大学，出版社などが集中する**文教地区**が形成される
こともある。

▲パリの副都心ラ゠デファンス
(写真奥の高層ビル群)

POINT!

都市地域(都市圏)→都心部，近郊圏，勢力圏からなる。
都心部の地域分化
　CBD(中心業務地区)，中心商店街，官公庁区，問屋街など。
　副都心…新宿，渋谷，池袋，エウル，ラ゠デファンスなど。

補説　**アメリカの大都市の構造**　アメリカの大都市は道路交通が発達し
　　ていることや，階級別，民族別の住み分けがすすんでいることなどか
　　ら，日本とは少し異なった構造をもつ。
　▶**同心円モデル**…都市は都心から同心円状に拡大，発展していく。
　▶**扇形モデル**…鉄道などの交通路線にそって卸売・軽工業地区が帯状
　　にのび，それに隣接して住宅地区が形成される。
　▶**多核モデル**…都市は複数の核心を中心に形成される。核心には，工
　　場や住宅地区がなることもある。

★5　住み分けの結果，
他の地区との経済的，
文化的，社会的な相違
がきわだつこともあり，
問題を生じている場合
がある。

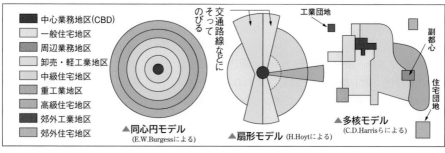

凡例：
- 中心業務地区(CBD)
- 一般住宅地区
- 周辺業務地区
- 卸売・軽工業地区
- 中級住宅地区
- 重工業地区
- 高級住宅地区
- 郊外工業地区
- 郊外住宅地区

▲**同心円モデル**
(E.W.Burgessによる)

交通路線などにそってのびる

▲**扇形モデル** (H.Hoytによる)

工業団地

副都心

住宅団地

▲**多核モデル**
(C.D.Harrisらによる)

▲都市の内部構造の諸モデル

SECTION ⑥ 産業と人口の都市集中

1 │ 産業の都市集中

1 集中の要因と大都市

❶ **集中の要因**　都市は人口が多く，政治，経済，社会，文化などの活動が活発で，**人，モノ，金**★1，**情報**が集まり，産業が集中してきた。とりわけ，現代のような**情報社会，国際化社会**においては，情報の役割は大きい。

　大都市は，情報の発信量が多く，情報交換をする場も多いので，全国的かつ世界的な情報が**集積**し，循環している。これらの情報を求めて，情報産業が集積し，さらに外国企業や国際機関が引きつけられ，他の産業も集積していく。このように，現在では集積が集積をよんで，**大都市への産業，機能の集積が加速**される。

❷ **先進国の大都市**　ニューヨーク，ロンドン，東京といった先進国の大都市は，それぞれの国の産業や情報などの集積地であると同時に，**国際機関**や**多国籍企業**（⇨p.238）の中枢管理機能などが集積。そして外国為替市場や株式市場も大規模で，国際金融市場の機能も有している。このような，国際経済，情報の中心となる都市を**世界都市（グローバルシティ）**という。また，いくつもの核（副都心など）をもつ大都市を**エキュメノポリス**という。

❸ **発展途上国の大都市**　発展途上国の大都市（とくに首都）への産業の集中度は，一般に先進資本主義国よりも高い。これは，自国の投資，外国からの経済協力などが，経済効率が高く，政治権力の集中する大都市に優先的に行われるからである。多くの発展途上国では，1つの大都市に，突出した産業，情報の集中がみられる。★2

▲東京圏と大阪圏への集中

	東京圏	大阪圏	その他
人口（2021年）	29.4%	14.4	56.2
県内総生産（2018年度）	33.0%	13.4	53.6
携帯電話加入数（2020年）	45.0%	11.4	43.6
大学在学者数（2020年）	40.3%	19.4	40.3
年間商品販売額（2015年）	43.7%	14.7	41.6
銀行預金残高（2021年）	48.5%	13.9	37.6
資本金1億円以上の会社企業数（2021年）	52.7%	12.7	34.6

東京圏：埼玉県，千葉県，東京都，神奈川県
大阪圏：京都府，大阪府，兵庫県，奈良県

（「データでみる県勢」ほかによる）

★1　人→労働力，観光客など。モノ→とくに商品（財やサービス）。金→資本（によって設立される企業）。

★2　すべての機能が集中し，その国の第2の都市より，ぬきんでて巨大化した大都市を，**プライメートシティ（首位都市）**とよぶ（⇨p.289）。

POINT!
産業の集中…情報社会，国際化社会では，情報などの面で，集積のメリットが大きいため。
　先進国…世界都市の出現。
　発展途上国…首都などの特定都市に集中。

4

人口、村落・都市

2 | 先進国の人口の都市集中

1 都市人口の増加

❶ **高い都市人口の比率**　産業革命以後，先進国では，都市人口率[*1]が急激に増加してきた。現在では，**先進国の総人口の75%以上が，都市に居住している。**

❷ **都市集中の要因**　農山漁村からの余剰労働力が生じる(push)一方，都市が人口を吸収(pull)する。

1 **余剰人口**　産業革命後，村落地域では人口増加と農業経営の変化(大規模化や機械化など)により，余剰労働力が生じ，この余剰人口が都市人口の供給源となった。

2 **工場労働者の急増**　産業革命初期の工場は，生産性が低く多くの労働者を必要とした。また，工場は集積の利益を求めて都市に集中したため，工業化の進行とともに，工場労働者として，多くの人口が都市に流入した。

3 **所得格差**　村落の主産業である第一次産業に比べて，都市の主産業である，第二次，第三次産業の方が所得が高い。

4 **社会的，文化的魅力**　教育，文化，娯楽，観光の施設が充実し，最新の情報を得たり，文化的な活動を行う場合などに便利。

2 拡大する都市地域

❶ **連続した市街地の形成**　都市化の進行とともに，都市地域の範囲は拡大し，行政範囲を超えて，周辺地域と連続した市街地を形成する。こうしてコナーベーションやメガロポリスが生まれる。

❷ **コナーベーション**[*2]**(連接都市，連合都市)**　発生を異にする2つ以上の都市の市街地が拡大し，連続して一体化した都市地域。

単核型[*3]…大都市を中心に周辺都市が結合。
複核型[*4]…同規模の隣接する独立した都市がそれぞれ拡大して結合。例…ルール地方，五大湖周辺など。

補説　**代表的なコナーベーション**
①**タインサイド＝コナーベーション**　イギリス北東部のタイン川河口付近(タインサイド)では，ニューカッスルを中心に，両岸のタインマス，サウスシールズ，ゲーツヘッドなどの都市が，コナーベーションを形成している。
②**ルール＝コナーベーション**　デュースブルク，エッセン，ボーフム，ドルトムントなど，ドイツのルール工業地域の中心をなす地域は，コナーベーションを形成している。そして，共同で地域計画などをすすめている。

▼おもな国の都市人口率(「データブック オブ・ザ・ワールド」による)

国名	1990年	2015年
日本	77.3%	91.4%
中国	26.4	55.5
インドネシア	30.6	53.3
インド	25.5	32.8
フランス	74.1	79.7
スウェーデン	83.1	86.6
ポーランド	61.3	60.3
アメリカ	75.3	81.7
ブラジル	73.9	85.8
アルゼンチン	87.0	91.5
オーストラリア	85.4	85.7

国によって都市人口率の定義が異なり変更している。日本は行政区の「市」を都市の定義とした。

★1　発展途上国でも，人口急増のため，職を求めて都市に人口が集中しており，都市人口の比率が高くなっている。

★2　conurbation。イギリスの都市学者パトリック＝ゲデスが命名。

★3　例としては日本の首都圏や，ロンドンなど。なお，単核型の場合，周辺都市は，衛星都市(⇨p.279)ということが多い。

★4　一般にコナーベーションといえば，複核型をさす。現在は合併して北九州市になった，元の小倉，八幡，門司，戸畑，若松の5市は，この好例。

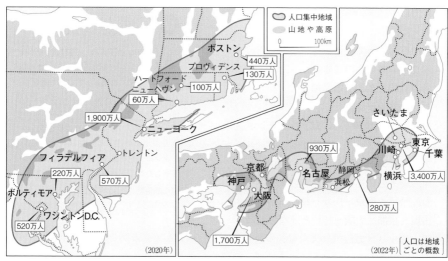

▲アメリカと日本のメガロポリス　アメリカのメガロポリスのほうが，範囲は
広いが，人口規模や都市密度は，日本の東海道メガロポリスのほうが大きい。

❸ メガロポリス（巨帯都市）　複数の巨大都市（メトロポリス）を中
Megalopolis　　　　　　　　　　　　　　　　　　　　　Metropolis
心に，多くの都市が交通や通信網によって結合して，機能的に一
体となった帯状の地域。

\ TOPICS /

メガロポリス

　フランス生まれの地理学者ジャン＝ゴットマン（1915〜94年）は，1942年，アメリカの北東部を旅行したとき，そこに，ヨーロッパにはみられないような数多くの大都市の列が展開されていることに大きな関心をもった。この巨大な都市地域の研究は，1961年に『メガロポリス』の著作を生み，大きな反響をよんだ。

　メガロポリスの名は，古代ギリシャのペロポネソス半島に建設された都市国家名からとられたものであるが，ギリシャのメガロポリスは，人口3,000人余りの小さな町にすぎなかった。これに対してゴットマンがアメリカン＝メガロポリスとよんだアメリカの北東部のボストンからワシントンD.C.にかけての約970kmには，この2都市の他にニューヨーク，フィラデルフィア，ボル

▲メガロポリスの中心ニューヨーク

ティモアなど，それぞれがメトロポリスとよばれる巨大都市が連続し，人口規模約4,500万人に及ぶ巨帯都市を形成している。メガロポリスは単に人口が集積しているだけでなく，商工業，政治，文化など多種の機能の面で，国民経済の中枢としての役割をもっており，交通機能により，世界の各地域と国内を結ぶ役割もはたしている。

　わが国でも，京葉地域から太平洋岸の平野部を連ねて中京，京阪神地域に到る地域は，人口ではアメリカのメガロポリスを上まわり，東海道メガロポリスとよばれている。

　ゴットマンは，この2つの地域の他にもメガロポリスに発展しつつある地域として，五大湖沿岸，アムステルダムからルール地方や北フランスに到る地域，イギリス中部，中国のシャンハイを中心とする地域などをあげている。

1 メガロポリスの特色
①人口密度がきわめて高いこと。
②中枢管理機能の集中。
③交通や通信網の発達。
④国際的な政治，経済機能や，研究，文化，教育の施設が発達。

2 アメリカ北東岸のメガロポリス[★5]　ボストン～ニューヨーク～フィラデルフィア～ボルティモア～ワシントンD.C.と連なる地域。

3 東海道メガロポリス　日本の太平洋ベルトのうち，千葉～東京～川崎～横浜～静岡～浜松～名古屋～京都～大阪～神戸と連なる地域。

4 ヨーロッパメガロポリス　ルール地方（ドイツ）～アムステルダム～北フランス～パリと連なる地域。国際的なメガロポリスを形成しつつある。

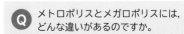

Q メトロポリスとメガロポリスには，どんな違いがあるのですか。

A メトロポリスは，一般に巨大都市，大都市域と訳される。メトロ＝母，ポリス＝都市に由来し，広い勢力圏をもった巨大都市という意味だね。メガロポリスは，ゴットマンによって名づけられたもので，メトロポリスが連なった状態をいい，巨帯都市と訳される。なお，コナーベーションは，巨大都市でなくても，市街地が連続した都市群地域をさし，連接（連合）都市と訳されている。混同しないように注意しよう。

★5　ゴットマンがメガロポリスと命名した最初の地域。アメリカのメガロポリスは，ワシントンD.C.→政治，ニューヨーク→経済，ボストン→文化といった機能分化が，日本のメガロポリスよりもはっきりしている。

 POINT!

都市地域の拡大
コナーベーション…連続した都市地域。
メガロポリス………機能的に一体となった巨大な帯状の都市地域。

3 | 発展途上国の人口の都市集中

1 都市人口の爆発的な増加

❶ **増加しつづける都市人口**　先進国では，都市人口の増加は沈静化している[★1]。しかし，発展途上国では，現在，都市人口は爆発的な増加を続けている。

❷ **要因**　先進国では，**都市が人口を吸収する(pull)**のに対し，発展途上国では，**村落が人口を押し出す(push)**という要素が強い。

1 **死亡率の低下**　出生率が高い一方で，公衆衛生の向上や医薬品の普及により死亡率が低下し，人口が急増（人口爆発 〇p.263）。

2 **村落の余剰人口**　急激な人口増加が食料不足をまねいたり，農村では機械化の進行により失業者が増加している[★2]。村落は生産基盤が弱く，就業機会も少ないので，大量の余剰労働力が発生。

3 **大量の人口流入**　村落の余剰人口が[★3]，職と食を求めて，生計のあてのないままに都市へ流入。これが人口急増の最大の要因。

★1　東京やニューヨークなどでは，人口が減少した時期もあった。

★2　多くの場合，小作人のような立場の弱い農民が失業するので，貧富の差がますます拡大する。

★3　村落に急激に現金経済が浸透したために，若者を中心に，現金収入を求める傾向が強い。

2 都市の巨大化

❶ 首位都市　発展途上国では，ある１つの都市（多くは首都）へ，極端に人口が集中する場合が多い。このような都市を，**プライメートシティ（首位都市）**という。**メキシコシティ**や**バンコク**，**カイロ**，**リマ（ペルー）**などが代表的。第２位の都市とは，都市間の格差がひじょうに大きい。★4

> **補説　首位都市が発達する要因**　都市と村落の経済格差が拡大すると，村落で貧困に苦しむ失業者（余剰人口）は，雇用機会を求めて都市に流入するようになる。また，発展途上国では，政治権力が集中し，経済効率のよい首都に，海外からの援助や投資が優先的に行われるため，首都の都市機能はますます発達する。その結果，村落からの人口流入は一段と激しくなり，首位都市が形成される。

❷ 発展途上国の巨大都市　1985年には，人口1,000万人以上の都市圏は，全世界で11であったが，2015年には29都市となった。★5 2035年に3,000万人をこえる都市・都市域として，デリー（インド），シャンハイ（中国），ダッカ（バングラデシュ）は超巨大都市になると予想されている。

POINT！　発展途上国の都市集中…死亡率の低下による人口の増加と，村落からの人口流入が要因。
　首位都市…突出した規模をもつ人口第１位の大都市。発展途上国の首都に多い。

★4　アメリカで人口第１位のニューヨークは847万人，第２位のロサンゼルスは385万人（2021年）。それに対して，タイでは，第１位はバンコクで，823万人にもなるが，第２位の都市（サムットプラカーン）は，わずか71万人（2010年）。

★5　1970年には，ニューヨーク，東京，シャンハイ，ロンドンの４都市だけであった。

4 人口、村落・都市

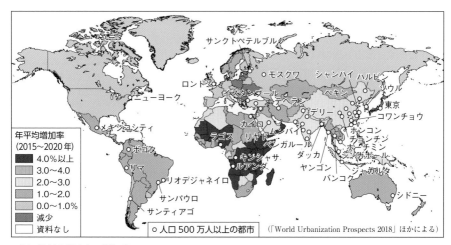

▲国・地域の都市人口増加率

7 都市問題と都市計画

1 | 先進国の都市，居住問題

1 さまざまな都市問題

❶**都市問題の発生**　人口と産業の過度の集中，つまり過密現象が都市問題の根源になっている。

❷**都市問題の種類**

1 **都市公害**　大気汚染，騒音，悪臭，地盤沈下，水質汚濁，土壌（地下水）汚染など。日照侵害や風害などの問題もある。

2 **都市災害**　火災，洪水，高潮，地震などの災害が増幅されたり，都市化が新たな災害をまねく。防災システムが必要。

3 **社会資本の不足による問題**　住宅問題，交通問題，水（上水と下水）問題，ごみ処理問題（家庭ごみ，産業廃棄物）など。都市機能の低下や，公共サービスの悪化などをまねく。日本の都市では，緑地不足も加わる。

4 **その他**　景観の保全，外国人住民との民族的摩擦，犯罪の多発，都市財政の悪化，地価の高騰など。

2 都市人口の分布の不均衡

❶**高い人口流動性**　都市の人口は流動性が高く，居住環境の変化や，都市化の進行によって，人口分布の変化が著しい。

❷**スプロール現象**　近郊圏で，急激な都市化により**無秩序**に農地や森林がつぶされ，住宅や工場が広がる現象。**虫食い状**に都市化がすすむ結果，都市計画の妨げになったり，居住環境を悪化させる。

❸**ドーナツ化現象**　居住環境の悪化や地価の高騰などにより，**都心部の人口が減少し，郊外に流出する現象**。都心部の荒廃をまねくと同時に，交通問題（通勤ラッシュ）などの要因となる。

3 インナーシティの問題

❶**都市内部の荒廃**　都市化の時期が早く，初期に市街地化された都市内部を，インナーシティという。ヨーロッパ諸国やアメリカでは，この地域の住宅の老朽化，公害などの居住環境の悪化，ドーナツ化現象による人口流出が顕著で，治安悪化などの問題が深刻化している。この問題の解決には，**都市の再開発**が不可欠である。

★1　都心の雑居ビルの火災で多数の死者がでたり，洪水によって地下街が浸水したりすることなど。

★2　社会資本（インフラストラクチャー，略してインフラ）とは，個人や企業の資本でなく，政府や地方公共団体が所有，管理している資産のこと。道路，港湾，空港などを**産業関連社会資本**，上下水道，学校，公園などを**生活関連社会資本**という。

★3　ビルの屋上に樹木や芝を植える**屋上緑化**が注目されている。ヒートアイランド現象の緩和や，景観対策が目的である。

★4　ビルの高さをそろえて落ち着いた**スカイライン**を確保すること，歴史的景観を開発から保全することなど。

★5　1960年代に，東京や大阪の近郊圏内で，とくに顕著であった。

★6　CBD（⇨p.283）周辺の，かつての高級住宅街を含む人口集中地区にあたる。

❷スラムとゲットー

1 **スラム**　インナーシティの老朽化した不良住宅街を,スラムという。富裕層は郊外に流出するので,貧困層がスラムに取り残される。失業者があふれ,犯罪率の高い地域になる場合が多い。

2 **ゲットー**　ヨーロッパ諸国やアメリカの都市では,民族や所得階層によって**住み分け**がすすんでいる。とくにアメリカでは,黒人やヒスパニック(スペイン語圏出身の人々⇨p.413)などは経済的地位が低く,失業者も多いので,スラムに集中して,民族や人種ごとの地区を形成する。このような地区を,ゲットー[★7]という。ニューヨークのハーレムが代表的。

補説　**ホームレス**　住む家がない人。スラムにも住めず,路上や公園で寝起きする。大都市に多い。経済の停滞や,福祉政策の切り捨てなどで数がふえる。住居が定まっていないため,ほとんどが失業者で,行政による十分な保護もうけられない。慈善団体,キリスト教会などが救援活動を行っている。餓死,凍死も少なくない。

▲ニューヨークのハーレム

[★7]　ゲットーという名称は,もともとヨーロッパの都市のユダヤ人居住区のことである。中世以来,ヨーロッパの都市では,ユダヤ人を差別して,強制居住地＝ゲットーが形成された。

❸ **都市財政の悪化**　大都市では,深刻化した都市問題のために,都市の活動規模が縮小し,税収が減少する一方で,福祉や公共事業の支出が増加し,都市財政が悪化している場合が多い。ごみや産業廃棄物の処理など,1つの都市では対応できない問題もふえた。

POINT!
先進国の都市問題…都市公害,都市災害,社会資本の不足による問題など。過密によって深刻化。
スプロール現象やドーナツ化現象…均衡のとれない人口分布。
インナーシティの問題…スラムやゲットーの形成。

2│発展途上国の都市,居住問題

　人口が爆発的に増加しているため,都市問題が深刻。都市の開発からとり残され,対策は不十分であることが多い。

1 居住問題

❶ **住民の階層構造**　発展途上国の大都市の住民は,所得格差が大きく,その階層による住み分けもすすんでいる。高所得層の居住地区には,公共施設が整い,犯罪率も低いが,低所得層の居住地区は,居住環境が劣悪であり,同一都市内での地域格差が大きい。

[★1]　社会階層や民族などによって生活圏(居住地)が分断していること。セグリゲーション(⇨p.320)。
[★2]　多くの場合,高級官僚,会社の重役や,大地主,資本家などの特権階級である。

❷住宅不足　都市人口が急増している
ため，**社会資本の不足が深刻**で，とく
に住宅不足は，都市機能全体に多大な
悪影響を与えている。

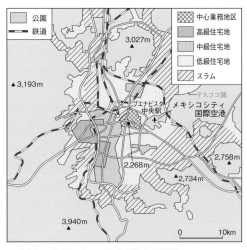

▨	公園
━━	鉄道

▧	中心業務地区
▩	高級住宅地
▤	中級住宅地
▥	低級住宅地
▨	スラム

▲メキシコシティ(⤷p.424)の住宅の階層

1　**スクオッター(不法占拠地区)**
　　既成市街地からあふれた人口が，
　　本来は居住に適さない空間地(線路
　　ぞい，河川ぞい，ごみ捨て場など)
　　を，不法に占拠して，形成した住
　　宅地のことをいう(⤷p.430)。

2　**スラム**　スクオッターの大半は，
　　スラム(不良住宅街)であり，水道，
　　電気，医療などの施設が不十分で，
　　居住環境はきわめて悪い。

3　**スラムの拡大**　急激な人口増加が続くと，スラ
　　ムが拡大して，都市機能が麻痺する場合がある。
　　コルカタ(カルカッタ)やキンシャサなどでは，
　　スラムの人口が，都市人口の半数をこえている。
　　スラムにも住めない**ホームレス**も多い。

Q ストリートチルドレンというのは，どういう子どもたちですか。

A ストリートは道路，チルドレンは子どもたち。社会や家庭から適切な保護や世話をうけられず，路上で生活している貧しい子どもたちのことだよ。世界中で1億人以上もいるといわれているが，本当の人数はわからない。都市問題よりも，人権問題というべき問題だよね。

2 雇用問題

❶産業化なき都市化　先進国の大都市とは異なり，
発展途上国の大都市には雇用機会が少ない。人口の集中は，失業
者の増大を意味し，多数の失業人口をかかえている。

❷インフォーマルセクター(非公式部門)での不完全就労
informal sector
発展途上国の大都市では，定職がないまま，日々の零細な生業に
よって，かろうじて所得を得ている不完全就労者が多い。荷物運
び，花売り，露天商，ごみ捨て場あさりなどの不安定な仕事で，
所得はひじょうに低い。こうした日ごとの収入に頼る人々からな
る経済部門を，インフォーマルセクターという。

　発展途上国の都市人口の多くは，スラムに住み，こうしたイン
フォーマルセクターの不安定な仕事で生計をたてている。

3 その他の都市問題

❶都市環境の悪化　住宅問題や雇用問題は，その他の都市問題と
もかかわっており，複合的な都市環境の悪化をひきおこしている。

1　**交通問題**　交通機関の未整備で，慢性的な交通渋滞が発生。

★3　スクオッターとも表記。ブラジルのスクオッターは，ファヴェーラとよばれる。スラム地区の名称ともなっている。

★4　海外からの援助で工場が建設されても，機械化された近代設備が導入されたりするので，労働力を吸収できない場合が多い。

2 **都市公害**　大気汚染，騒音，地盤沈下[★6]などが発生。一般に，先進国の大都市よりも被害は深刻。

3 **その他**　ごみ処理，上下水道[★7]の問題など。

❷ **都市政策の遅れ**　住宅政策や環境政策の不備が，都市問題をいっそう深刻にしている。しかし，都市政策の遅れの大きな要因は，発展途上国の社会構造，すなわち，貧富の差が大きく，社会の富が一部の階層に独占されているという構造にあると考えられている。

POINT!

発展途上国の都市問題

住宅問題…スラム，スクオッターの形成。
雇用問題…失業者や，不完全就労者が多い。
その他…交通問題や大気汚染などの公害。

3 ｜ 都市計画

1 都市計画の種類

❶ **都市計画の意義**　都市を計画的に建設，整備して，都市問題の解決をはかり，居住環境を改善して，住みよい都市をつくること。

❷ **サステナブルシティ（持続可能な都市）**　近年の都市はアメニティ（快適環境）[★1]を重視しつつ都市の景観・調和やエネルギーシステムの転換など地球環境を意識している。交通渋滞や排ガスによる大気汚染の対策として，低床型の路面電車のLRT（ライトレール：Light Rail Transit）などの公共交通機関を走らせたり，パークアンドライド方式[★2]やロードプライシング制度[★3]を取り入れたりしている。

❸ **いろいろな都市計画**

1 **新都市の建設**　新首都，学園都市，ニュータウン，副都心など。

2 **再開発**[★4]　都市内部のスラムや遊休施設を，有効的に利用できるように改造し，人口の呼び戻しや観光客の誘致をはかる。

3 **ジェントリフィケーション（gentrification）**[★5]　荒廃した**インナーシティ**が**再開発**され，リニューアルされた建物に高所得者層が流入する現象。

4 **広域計画**　都市だけでなく，近郊圏や勢力圏までも含めた，総合的な地域計画。日本の**首都圏整備計画**が代表的。

★5　人口や企業の集中で自動車台数が急増。

★6　メキシコシティの大気汚染（スモッグ）はとくに深刻で，自動車利用の規制などを行っているが，循環器系の病気の発生率が高い。

★7　フィリピンのマニラでは，**スモーキーマウンテン**とよばれる巨大なごみの山のまわりにスラムが形成された。1995年に強制撤去されたが，郊外のごみ捨て場の近くに，再びスラムが形成された。

★1　ヨーロッパでは歴史的景観の保全がすんでいる。再開発時に，建造物の復元や保存，高さの制限などの町並みの調和の配慮を行っている。

★2　自家用車を都市の入り口に駐車（パーク）し，路面電車や鉄道などの公共交通機関に乗り換える（ライド）。

★3　都心部に乗り入れる自動車に課金または割り引く制度。シンガポール，ロンドン，ストックホルム等でとり入れられている。

★4　都市の再開発は，**一掃（クリアランス）型**と，**修復（保全）型**がある。都市のスラムをなくすことをスラムクリアランスという。

★5　ニューヨークのソーホーが好例。以前からの住民が出て行かざるを得なくなってコミュニティが失われることがある。

4

人口、村落・都市

2 イギリスの都市計画

❶ロンドンへの一極集中　産業革命がいち早く進行したイギリスは，19世紀以来，ロンドンへの人口と機能の集中が顕著で，20世紀初頭には，ロンドンは深刻な都市問題をかかえていた。

❷田園都市構想　19世紀末に，都市改良家・都市計画家のE.ハワード[★6]（garden city）が提唱したもので，適当な規模の住宅と工場を備えた田園的環境の理想都市を建設することである。この構想をもとに，20世紀に入って，ロンドン北方に**レッチワース**と**ウェリンガーデンシティ**の2つの実験都市が建設された。

> 補説　**ハワードの田園都市**　ハワードが提唱した田園都市は，大都市近郊の田園地帯に，人口3万2千人規模で，同心円状の構造（中央から，庭園→住宅→工場→農地）をもつものであった。さらに用地の買収から建設，維持の費用を田園都市の用益者が支払い，土地を分譲せずに，賃貸形式で運営するとした。この理念は，後のニュータウン建設に大きな影響を与えた。

❸大ロンドン計画　ロンドンの過密解消と人口分散を目的に，1944年に始まった。

- ① **グリーンベルト**　市街地の無秩序な拡大を抑えるために市域の外側に設置。
- ② **ニュータウン**　グリーンベルトの外側に，人口3〜7万人規模のニュータウンを，8か所建設。その後，20か所以上になった。
- ③ **経過**　ロンドンの人口分散に成功したが，逆に中心部の人口減少と空洞化が進行。現在，計画は見直されている。

> 補説　**ニュータウンとベッドタウン**
> ①**イギリスのニュータウン**
> 　ニュータウン法にもとづいて建設。ニュータウン内に就業できる企業があり，職住近接を原則としている。
> ②**日本のベッドタウン**　日本のニュータウンは住宅都市で，住民は大都市に通勤し，夜に眠りに帰るベッドタウンとなっている。

★6　ハワードは空想的社会主義の影響をうけ，『明日の田園都市』を著し（1902年），労働者のための緑と太陽にめぐまれた都市づくりを提唱した。

　実際の田園都市の建設は，民間団体の田園都市協会によってすすめられた。

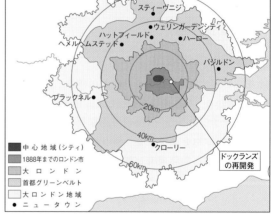

▲ロンドンの広域計画

凡例
中 心 地 域（シティ）
1888年までのロンドン市
大 ロ ン ド ン
首都グリーンベルト
大ロンドン地域
● ニ ュ ー タ ウ ン

レッチワース／スティーヴニジ／ウェリンガーデンシティ／ハットフィールド／ハーロー／ヘメルヘムステッド／バジルドン／ブラックネル／クローリー／ドックランズの再開発

▼再開発されたドックランズ

❹ 新しい都市計画

1　**ニュータウンの見直し**[7]　1960年代後半より，人口25万人規模で，より大きな中心地機能を備え，地域開発の拠点となる大型ニュータウンの建設がはじまった。ミルトンキーンズが代表的。

2　**都心部の再開発**　ロンドンの空洞化を抑えるために，1970年代より，再開発が進行。とくにシティの東に位置するドックランズ[8]では，ビジネスセンターや高級住宅などの建設が進行。

3　その他の都市計画

❶ **パリ**　19世紀に市街地の大改造を行ったが，その後，人口集中が続いているため，都市計画がすすめられている。

- 都心部の再開発………マレ地区で保存もかねた修復型の再開発。
- 新都心の建設[9]…………ラ＝デファンス，モンパルナス。一掃型。
- ニュータウンの建設…パリ近郊に，ヴィルヌーヴェルとよばれる5つの郊外ニュータウンを建設。

❷ **アメリカの大都市**　ニューヨーク，ボストン，ボルティモア[10]，シカゴ，ピッツバーグなどの大都市では，スラム化した都心部の再開発が，積極的にすすめられている。高層オフィス街やショッピングセンター，文化施設などの建設で，沈滞して活力を失ったスラム街に，新しい都市の活気をとりもどそうとしている。

❸ **シンガポール**　都心部の低層住宅をとりこわして，高層オフィスビルや高層住宅を建設する再開発事業が進行している。

POINT!

[おもな都市の都市計画]
- ロンドン…大ロンドン計画でニュータウン→規模の見直し。
　　　　　近年はドックランズの再開発など，都心部の再開発。
- パリ………都心の再開発，新都心やニュータウンの建設。

補説 **ウォーターフロントの開発**　ウォーターフロントとは，水際（水辺）のことで，川や湖，海に面する地域をいう。従来，都市のウォーターフロントは，港湾や倉庫群に利用されてきたが，近年，各国で都市の再開発がすすむにつれて，高層オフィス街やショッピングセンターの建設などの大規模な再開発が可能な地域として，見直されるようになった。世界的に有名なウォーターフロントの開発には，サンフランシスコ「ピア39」，ニューヨーク「バッテリーパーク＝シティ計画」，ロンドン「ドックランズ計画」，東京湾岸「東京湾臨海副都心」，「幕張新都心」，「横浜みなとみらい21」，「大川端リバーシティ21」，「汐留シオサイト」，大阪「テクノポート」，神戸「ハーバーランド」，「ポートアイランド」などがある。

★7　人口5万人前後では，都市機能が貧弱で居住者が集まりにくいとされる。

★8　かつては世界的な河港としてさかえたが，輸送のコンテナ化に対応できず，さびれていた地域。典型的なウォーターフロントである。なお，ドック（dock）とは船舶の建造施設のこと。

4　人口、村落・都市

★9　副都心（⊃p.284）と同じ意味。

★10　ニューヨーク，ボストン，ボルティモアともに，再開発の中心は，ウォーターフロント地区である。

★11　東京湾岸では，東京ディズニーリゾートや幕張メッセなど，新しいレジャー，情報施設が建設された。

4　新都市の建設

❶ 新首都の建設　首位都市の機能分散や，地域開発，民族分布への配慮などを目的に，新首都を建設し，政治機能を移転させること。計画的な町並みをもつことが多い。★12

> 補説　**新しく建設された新首都**　アメリカのワシントンD.C.，オーストラリアのキャンベラ，ブラジルのブラジリア，パキスタンのイスラマバードなどが有名。発展途上国の新首都は，スリランカのスリジャヤワルダナプラコッテ，コートジボワールのヤムスクロ，ナイジェリアのアブジャ（⊂ゝp.379），ミャンマーのネーピードー（2006年）など。

❷ 学園都市　大学や研究機関を中心とした学術研究都市が建設される例もある。筑波研究学園都市や関西文化学術研究都市，アカデムゴロドク（ロシア）★13など。

❸ 新都心　都市の再開発の中で大規模な副都心（⊂ゝp.295）が建設されることもある。

❹ ニュータウン　第二次世界大戦後，大都市の近郊に建設。**日本のニュータウンは大都市への通勤・通学を前提とした住宅都市，衛星都市**であり，ヨーロッパ諸国やアメリカの場合（職住近接）とは機能的に異なる。

> 補説　**関西文化学術研究都市**　京都府，大阪府，奈良県の3府県にまたがる京阪奈丘陵を開発し，大学，各種研究施設，情報センター，国際センターなどを設置し，情報や通信などの先端技術産業を誘致して，国際的な情報発信基地をめざす学園都市。関西経済圏の復興のために，1986年に，産，官，学（民間の産業界，行政機関，学術関係機関）が一体となって，プロジェクトが始められた。筑波研究学園都市に比べて，民間主導の色彩が強い。

★12 ブラジルの新首都ブラジリアは，市街地の外形が，ジェット機の翼の形にデザインされている。

★13 ソ連の時代に，シベリアのノヴォシビルスク近郊に建設された。シベリア開発のための研究，技術開発がすすめられている。

/ TOPICS /

筑波研究学園都市

　首都東京の過密解消の一助とするとともに，研究機関を集中させる最先端の科学技術都市の建設が1961年頃から構想され，1963年には筑波地区に建設されることになった。1968年に国立防災科学技術センターの建設が着工されたのに始まり，1973年には新しく筑波大学が開校された。

　筑波研究学園都市は，東京の中心から北東に約60kmの茨城県南西部，筑波山の南麓の台地に広がる南北18km，東西6kmの約27km²の地域である。これは，東京都内の山手線にかこまれた地域の約半分の面積に相当する。行政的には，当初，6町村にまたがっていたが，合併によって，

「つくば市」が誕生。この地域に2つの国立大学や筑波宇宙センター，高エネルギー物理学研究所，国土地理院，地質調査所，機械技術研究所，気象研究所など多くの**国立研究機関**（名称は当初のもの）が配置された，世界有数の研究学園都市。27km²のうち約15km²は研究機関用地，12km²は住宅用地で，職住近接型の新計画都市である。研究学園地区内の計画人口は，1990年までに10万人とされたが，つくば市の人口は，同年には14万3,000人に，**つくばエクスプレス**が開業した2005年には20万人に達した。

　最近は，国立研究機関のもつバイオテクノロジー（生命工学）や新素材（ファインセラミックスなど）といった先端技術の情報とのつながりを求めて，**民間企業の研究所**もふえた。

4 | 日本の都市，居住問題

1 大都市圏への人口集中

❶ 都市問題　交通渋滞，ごみ問題，大気汚染，日照などの公害問題が発生。

❷ 居住問題　住宅不足と地価高騰(こうとう)を引きおこし，市街地は都心から周辺部，郊外へと拡大し，スプロール化がすすみ，**都心部の人口が減少し空洞化(くうどうか)した（ドーナツ化現象）**。[★1]

> 補説　**人口移動パターン**[★2]　地方から大都市に移動した人が，再び故郷に帰ることをUターン，故郷まで帰らず途中の地方都市にもどることをJターン，都会育ちの人が地方に移住することをIターンという。

❸ 21世紀の東京一極集中　金融や情報産業などの成長・集積，バブル崩壊後に都心の地価が下落した。その後21世紀にかけて，再開発や住宅建設が増えたことなどが原因。

2 地域格差

❶ 都市と農村の格差　農村では高齢化と過疎化(かそか)が進行し，住民自治や生活インフラの管理が困難な地域もある。集落の存続が危ぶまれる限界集落が発生。

❷ 都市間の格差　**三大都市圏などの大都市に若年者が流入し**[★3]，地方の中小都市で高齢化と人口減少が進展している。[★4]

> 補説　**シャッター街**　地方都市において，駅前などの中心的な商店街で廃業がふえシャッターを下ろしたままの状態になっている町並み。郊外への大規模店の進出や自動車で買い物に行くモータリゼーションの進展，商店の高齢化と後継者不足などが原因。

3 持続可能な都市開発

❶ 都市の整備　近年では，経済的な豊かさよりも生活のゆとりやうるおいを求める傾向が強まりつつある。人々がいきいきと暮らせる都市をつくっていくため，街路や公園，下水道，市街地の効率的な整備が行われている。

❷ 防災や環境への配慮　地震などの災害に対応する都市計画や災害に強いライフライン（電気，ガス，水道など）が整備されつつある。エコシティやコンパクトシティ，スマートシティ[★5]をめざす都市もある。

> 補説　**コンパクトシティ**　環境負荷を減らし生活の利便性を追求して小さくまとまった都市を構想するもの。中心部に行政施設や商業施設，住宅を集め，市街地をコンパクトに収めることで公共交通中心の都市形態をめざしている（青森市や富山市など）。

[★1] 1980年後半〜1990年代初めに地価が高騰した。バブル経済崩壊で1990年〜2000年代にかけて地価が下落すると，**職住近接**を志向する人々は都心に移り住んだ（**都心回帰**）。

[★2] テレワークの拡大によりICTを活用して地方に拠点を移しつつ，大都市との二地域居住を行うこともある。

[★3] 札幌・仙台・広島・福岡などの地方中心都市にも若年者が集中する傾向がある。

[★4] 1960年代以降に東京や大阪の郊外に大規模ニュータウンが建設された。現在は急速に高齢化がすすみ，少子化や建物の老朽化などの課題に直面している。高齢者向けの住宅整備や若い世代をよび込む地域活性化の取り組みが行われている。

[★5] 都市の抱える課題の解決のためにIoT（Internet of Things），ロボット，人工知能（AI）などの新たな技術をまちづくりに取り込む構想。

4
人口、村落・都市

人口・都市・居住問題

◉平均寿命と健康寿命

平均寿命とは「0歳における平均余命」のことで，2019年の平均寿命は男性81.41歳，女性87.45歳である。健康寿命とは，「健康上の問題で日常生活が制限されることなく生活できる期間」のことをいい，2019年の健康寿命は男性72.68歳，女性75.38歳となっている。平均寿命と健康寿命の差は日常生活に制限のある「不健康な期間」を意味し，2010年から男女とも，徐々に縮小傾向にあり，2019年では男性8.73年，女性12.06年となっている。

日本の高齢化が急速にすすむなか，国民一人ひとりの生活の質を維持し，社会保障制度を持続可能なものとするためには，平均寿命の伸びを上回る健康寿命の延伸，即ち，健康寿命と平均寿命との差を縮小することが重要だといわれている。

◉ワーク・ライフ・バランス

内閣府では，仕事と生活の調和(ワーク・ライフ・バランス)は「国民一人ひとりがやりがいや充実感を感じながら働き，仕事上の責任を果たすとともに，家庭や地域生活などにおいても，子育て期，中高年期といった人生の各段階に応じて多様な生き方が選択・実現できる社会」としている。

具体的には，①就労による経済的自立が可能な社会，②健康で豊かな生活のための時間が確保できる社会，③多様な働き方・生き方が選択できる社会をあげている。

◉日本の年齢別労働力

女性の労働力率(15歳以上人口に占める労働力人口[就業者＋完全失業者]の割合)は，結婚・出産期にあたる年代に一旦低下し，育児が落ち着いた時期に再び上昇するという，いわゆる「M字カーブ」を描くことが知られている。近年，このM字の谷の部分が浅くなってきている。

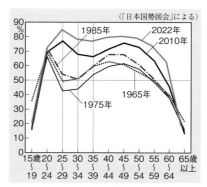

▲日本の女性の年齢別労働力率の変化

◉シャッター街

中小商店の廃業がふえてシャッターを下ろしたままになっている町並み。郊外での大規模店舗の増加，自動車で買い物に行くモータリゼーションの進展，中小商店の経営者の高齢化と後継者不足，商店街の財政基盤や運営組織の弱さなどにより，地方都市では駅前などの中心的な商店街でシャッター街化がすすんでいる。

商店街のシャッター街化は，地元経済の縮小のほか，徒歩生活圏における消費生活が困難になるという問題を生む。とくにこれまで中心部の商店街で買い物をしていた高齢者は，日常生活が困難になることもある。また，自動車以外ではアクセスしにくい郊外の大規模店舗を中心とする消費生活は，徒歩と公共交通機関での移動を基本とする旧来型の生活スタイルに比べて，環境負荷が高いことも指摘されている。

◉まちづくり三法

中小商店の衰退，大規模店舗の増加による社会問題の発生，旧来の商店街の衰退，規制緩和と地方分権の推進という流れから，1998～2000年に整備された次の3つの法律の総称。①改正都市計画法：市街地の土地利用に関して，市町村が地域の実情，都市ビジョン，まちづくり計画などによって独自のゾーニング(土地の利用規制)を自由に設定することができる。その結果，「中小小売店舗地区」のようなゾーニングも可能になった。

②**大規模小売店舗立地法（大店立地法）**：大型店の立地による交通渋滞，騒音，ごみなど，周辺の生活環境に与える影響を社会的規制の観点から審査する。しかし，大型店出店に関して，売り場面積による規制は撤廃し，地域社会との融和といった新たな調整の仕組みを定めている。
③**中心市街地活性化法（中活法）**：中心市街地の空洞化（シャッター街化）に対して，その活性化のための活動を支援する。

◎ゾーニング

都市計画法では，**土地の利用規制**のこと。都市では，異なる用途地域ごとに高さ制限などの利用規制を設けている。改正都市計画法では，市町村が自由にゾーニングを設定できるようになり，大規模小売店出店のできない地域を指定することも可能となった。

◎ジェントリフィケーション

高級化現象のこと。都市の内部の都心周辺では，再開発などにより，高級なマンションやレストランが建設され，高所得の若年層を中心に**都心回帰**がみられる。アメリカのニューヨークでのソーホー地区は好例。

アメリカやヨーロッパにおいて，行政当局が老朽化，貧困化した**インナーシティ**の再開発をはかるとき，まず芸術や文化をきっかけにして，高級化のジェントリフィケーション戦略をとることが多い。アトリエやライブハウスなどを増やしていくと，町の雰囲気は上品になっていく。そうすると，地価高騰（家賃高騰）がすすみ，古くからの住民はそれに耐えきれなくなって，追い出されていく。

◎カウンターアーバナイゼーション

反都市化，**逆都市化**。都市化がすすんで成熟した大都市において，都市化とは反対の方向が現れてくることをいう。

日本の大都市は，高度成長期以降，人口増加・集中による**都市化**，都市拡大による**郊外化**の段階をへて，人口の高齢化などにより成熟段階に入っている。成熟都市では，1960年代から1970年代にかけて中心部における人口減少などの都市化に逆行する現象や，都市の活力を低下させる高齢化などが進行するようになった。

都市は都市化，郊外化，反都市化という段階をへて，成長し，拡大し，やがて衰退し，後に再都市化がはじまるというライフサイクル説も主張されている。

◎再都市化

先進国の大都市において，ジェントリフィケーション（高級化）や人口の**都心回帰**現象によって，再び都市化がすすんでいる。

反都市化の潮流のなかで衰退を余儀なくされてきた大都市が，世界都市化や**再開発**をてことして再生を図ろうとした状況があり，こうした動きが，新たな再都市化の契機になっている。

実際に，日本では，東京・大阪・名古屋などの大都市で，バブル崩壊後の地価下落や，2000年代の小泉政権による建築部門での規制緩和などによって，都心部での人口増加がみられるようになった。ただし，大都市とはいえない規模の地方都市の場合は，人口の減少，商店街の衰退が顕著で，反都市化が継続している。

◎スラムクリアランス

都心のスラムをなくすこと。もともと大都市では，高級住宅地は郊外に移動し，都心周辺にはスラムが発生することも多かった。しかし，再開発などにより環境が改善されると，便利な都心であることで，高層の高級マンションなどが建設されることも多い。そのため，スラムが駆逐されることがある。また，改良住宅の建設などで，スラムが消えていく場合もある。

◎エッジシティ

大都市の郊外で，都市機能をそなえた核となる成長の著しい地域。郊外核ともいう。

都心は情報化がすすみ，機能的である反面，地価が高く狭いために，コストがかかる。そこで交通の便の良い郊外の都市に移転する企業もみられるようになってきた。

従来の都市が直面する交通渋滞，大気汚染，治安の悪化，高密度化，家賃の高騰などの問題に光明を与える新しい都市空間として形成され

たエッジシティもある。その代表が，アメリカのロサンゼルス市南東にある**アーバイン**地域である。緑豊かで，広々とした安全な住まい，最新の設備をそなえた快適な職場環境，家族そろって気軽に楽しめる多彩な**アメニティ**(快適さ)が，人々を引きつけた。しかし，自動車の利用が前提であることや，あまりに機能的であるため人間味，温かみに欠けるといった批判もある。

◉ 都市のスポンジ化

人口減少で空き家や空き地がランダムに発生し，街がスポンジのようにスカスカになってしまうことをいう。スポンジ化は日本特有の現象とされ，高度経済成長期に，農地が虫食いのように開発される**スプロール現象**が大きくすすんだ結果，今度は少子化でその家屋が放置されて空き家や空き地が発生する。

対策としては，街の中心に機能を集約する「コンパクトシティ」や空き地や空き家の有効活用など，都市の再編が考えられるが，課題も多い。

◉ コンパクトシティ

環境負荷を減らし生活の利便性を追求して，小さくまとまった都市の考え方。

コンパクトシティの発想は，都市の郊外化，スプロール化を抑制し，市街地のスケールを小さく保ち，歩いてゆける範囲を生活圏ととらえ，コミュニティの再生や住みやすいまちづくりをめざそうとするものである。

従来の無秩序な郊外開発は，**持続可能性**(サステナビリティ ⇨ p.140)，自然環境保護の点からも問題である。都心部への業務機能の高集積化，職住近接による移動距離の短縮などによって，都市のコンパクト化を検討している例(青森市，富山市など)もある。

◉ ロードプライシング

「道路課金」の意味。1990年代以降，交通渋滞や排気ガスによる大気汚染などを緩和する目的で，自動車に対して，道路に進入する際に特別の料金を付加する(または割り引く)ように

なった。

ロンドンなどでは，市街地の一部で実施されている。日本では，渋滞緩和や路線変更による環境改善の目的で自動車を誘導することをめざして，通行料金を割り引く制度を導入しているといった例もある。しかし，実効性については未知数の部分が多い。

◉ コンベンションシティ

大規模な集会や会議などを主催できる「国際会議観光都市」。コンベンションとは大規模な集会や会議のことであるが，日本ではイベントや見本市などを含めた催し物を広く指している。

このようなコンベンションを世界から誘致して積極的に支援する都市は，人が集まり観光業をはじめとして経済効果が大きいと考えられる。そこで国土交通省は，一定の条件を満たす自治体を認定して後押ししている。現在，全国で50ほどの都市が，コンベンションシティに認定されている。国際会議や見本市などが開かれる大規模な会場を，**コンベンションセンター**という。

☑ 要点チェック

CHAPTER 4　人口，村落・都市	答
☐ 1　アネクメーネの代表例をあげよ。	1　極，砂漠，高山など
☐ 2　現在の世界の総人口は約何億人か。	2　約80億人（2022年）
☐ 3　日本とインドでは，どちらの国のほうが人口密度が高いか。	3　インド
☐ 4　『人口論』を著したイギリスの経済学者はだれか。	4　マルサス
☐ 5　転入人口と転出人口の差を何というか。	5　社会増加
☐ 6　17〜18世紀ごろ，アフリカの人々はどのような形で新大陸へ連れてこられたか。	6　奴隷
☐ 7　人口増加の発展途上国をしめす人口ピラミッドの型を何というか。	7　富士山（ピラミッド）型
☐ 8　人口停滞の先進国をしめす人口ピラミッドの型を何というか。	8　釣鐘（ベル）型
☐ 9　人口減少の先進国をしめす人口ピラミッドの型を何というか。	9　つぼ（紡錘）型
☐ 10　発展途上国で，都市人口率の上昇でおきる問題は何か。	10　スラムの形成など
☐ 11　インドでは，どのような人口政策を行っているか。	11　家族計画（産児制限）
☐ 12　2016年に緩和された中国の人口抑制政策を何というか。	12　一人っ子政策
☐ 13　1人の女性が一生の間に産むと推定される子どもの数を何というか。	13　合計特殊出生率
☐ 14　西ドイツでは労働力確保のため，どのような政策を行ったか。	14　外国人労働者の受け入れ
☐ 15　仕事と生活の調和のことを何というか。	15　ワーク・ライフ・バランス
☐ 16　人口減少などにより社会生活の維持が困難になった集落を何というか。	16　限界集落
☐ 17　村落が立地するうえで，最も重要な条件は何か。	17　水が得やすいこと
☐ 18　河川が山地から平野に出る地点に立地した集落を何というか。	18　谷口集落
☐ 19　扇状地で早くから村落が立地するのはどこか。	19　扇頂，扇端
☐ 20　格子状の道路が特徴である古代の村落を何というか。	20　条里集落
☐ 21　地方豪族の屋敷を中心にした中世の村落を何というか。	21　豪族屋敷村
☐ 22　寺社を中心に成立した中世の村落を何というか。	22　寺百姓村
☐ 23　隠田集落の例を1つあげよ。	23　五家荘など
☐ 24　江戸時代の新田開発によって立地した村落を何というか。	24　新田集落
☐ 25　明治時代につくられた北海道の計画的村落を何というか。	25　屯田兵村
☐ 26　道路や水路にそって家屋が並んだ村落を何というか。	26　路村
☐ 27　中世にドイツなどで森林に形成された開拓村を何というか。	27　林地村

4

人口、村落・都市

□ 28	海岸平野と山地の境にならぶ滝や急流にそって立地した都市を何というか。	28　滝線都市
□ 29	古代ギリシャの都市を中心とする国家を何というか。	29　ポリス（都市国家）
□ 30	中世の北ドイツ周辺の自由都市の同盟を何というか。	30　ハンザ同盟
□ 31	近世に発達した都市の例を1つあげよ。	31　首府都市など
□ 32	世界的に大きな影響力をもつ巨大都市を何というか。	32　メトロポリス
□ 33	浄土真宗の寺を中心に発達した中世の町を何というか。	33　寺内町
□ 34	成田（千葉県），長野，高野（和歌山県）などの都市を，性格上何というか。	34　門前町
□ 35	放射直交路型の街路をもつ都市の例を1つあげよ。	35　ワシントンD.C.など
□ 36	商業，サービス業などの都市の一般的な機能を何という。	36　中心地機能
□ 37	特殊機能による都市の分類とは，生産と交易と何からなるか。	37　消費
□ 38	都心部で中枢管理機能の集中する地域を何というか。	38　CBD（中心業務地区）
□ 39	霞が関（東京都）や大手前（大阪府）は，どのような機能をもつ地域か。	39　官公庁区
□ 40	新宿や渋谷（東京都），天王寺（大阪府）は，どのような機能をもつ地域か。	40　副都心
□ 41	市街地が拡大し周辺の都市と連続したものを何というか。	41　コナーベーション
□ 42	多くの都市が機能的に一体化した帯状地域を何というか。	42　メガロポリス
□ 43	発展途上国において極端に人口が集中する都市を何というか。	43　プライメートシティ
□ 44	同じ人種，民族どうしで集まり住む地区を何というか。	44　ゲットー
□ 45	日ごとの収入に頼る人々からなる経済部門を何というか。	45　インフォーマルセクター
□ 46	荒廃したインナーシティが再開発され，新しくなった建物に高所得者層が流入する現象を何というか。	46　ジェントリフィケーション
□ 47	住みよい都市をつくるための整備，建設計画を何というか。	47　都市計画
□ 48	東京を中心とした地域の広域計画を何というか。	48　首都圏整備計画
□ 49	田園都市構想は，だれの提唱によるものか。	49　E. ハワード
□ 50	1944年に始まったロンドンの広域計画を何というか。	50　大ロンドン計画
□ 51	イギリスと日本のニュータウンの相違点は何か。	51　イギリスは職住近接
□ 52	近年，再開発がさかんな「水辺の地域」を何というか。	52　ウォーターフロント
□ 53	人と環境が調和した都市，環境共生都市を何というか。	53　エコシティ
□ 54	環境負荷を減らし，生活の利便性を追求して小さくまとまった都市をつくろうとする構想を何というか。	54　コンパクトシティ
□ 55	都市が抱える問題解決のために，新たなテクノロジーを駆使してまちづくりに取り組む構想を何というか。	55　スマートシティ

CHAPTER

5 » 生活文化と民族・宗教, 国家

まとめ

① 世界の人々の衣食住 ☞p.305

☐ 世界の人々の衣食住

- 気候と衣服…イヌイットのアノラック。インドのサリー。アンデスのポンチョ。
- 世界の衣装…チャドル，キルト，アオザイ，チマ・チョゴリ，ジーンズなど。
- さまざまな食習慣…宗教によるタブーなどがある。
- 住居の材料…石，木，れんがなど。遊牧民のテント。気候による影響が大きい。

② 人種と民族 ☞p.311

☐ 人種と民族，民族と文化

- 人種…皮膚の色など，一部の遺伝的特徴による区分。人種差別に利用された。
- 民族…言語，宗教，伝統，風習など，文化的，社会的特徴による区分。
- 民族と言語…言語は最も強く民族を特徴づける。
- 民族と宗教…キリスト教，イスラム教，仏教，インドのヒンドゥー教，イスラエルのユダヤ教など。宗教の違いは，生活習慣全般の相違となり，ときに深刻な対立をうむ。

☐ 民族問題と国家

- 言語と国家…複数の公用語，連邦制などで対立緩和→スイス，ベルギーなど。
- 民族問題…少数民族の圧迫や，宗教の違いによる対立で，世界各地で続発。
- 人種差別…アメリカの黒人やインディアン問題，オーストラリアで行われた白豪主義政策，南アフリカ共和国でみられたアパルトヘイトなど。

③ 諸民族の生活と文化 ☞p.321

☐ 諸民族の生活と文化

- 華人…海外に移住した中国人のこと。東南アジアに多く，経済的な勢力が強い。
- ラテンアメリカ…かつてポルトガル系(ブラジル)とスペイン系の白人が支配した。先住民はインディオ。黒人，混血(メスチーソなど)も多い。
- アラブ民族…アラビア語を使い，イスラム教を信仰。民族としての団結が強い。
- ユダヤ民族…ヘブライ語を使い，ユダヤ教を信仰。イスラエルを建国。
- ヒンドゥー教徒…インドに多い。多神教と，細分化されたカーストに特色。
- 日本の民族…日本人のほか，アイヌ，在日韓国・朝鮮人など。

・日本の文化…地域的な多様性。外来文化のうけ入れ。独自の伝統的な文化。

④ 国家の領域と領土問題 ☞ p.328

□ 国家の成立
・独立国…領域，国民，主権の3要素をもつ。
・非独立地域…保護国，自治領，直轄植民地，租借地など。

□ 国家の領域と国境
・領域…領土，領海，領空。領海は基線より12海里。
・200海里水域…排他的経済水域(EEZ)。すべての資源について沿岸国が権利をもつ。
・国境の種類…自然的国境(山岳，海洋，河川など)と人為的国境(数理的国境など)。

□ 日本の領土・領域
・領土問題…北方領土や竹島をめぐる問題。尖閣諸島は中国などが領有権を主張。

⑤ 現代の国家群 ☞ p.333

□ 国家間の結合
・先進国の結合…経済協力開発機構(OECD)，主要国首脳会議(サミット，G7)など。
・発展途上国の結合…非同盟諸国会議など。

□ ヨーロッパの結合
・ヨーロッパ連合(EU)…ヨーロッパ共同体(EC)から発展。2020年にイギリスが離脱し，現在は27か国が加盟。

□ その他の結合
・地域的な結合…東南アジア諸国連合(ASEAN)，アフリカ連合(AU)，アメリカ・メキシコ・カナダ協定(USMCA)，アジア太平洋経済協力会議(APEC)，環太平洋パートナーシップ協定(TPP11)など。
・資源カルテル…1960年代以降，資源ナショナリズムの確立のために資源保有国が結成。石油輸出国機構(OPEC)など。

□ 国際連合と国際協力
・国際連合(UN)…1945年，国際平和と安全の維持を目的に成立。総会，安全保障理事会(5常任理事国に拒否権)，事務局などで構成。
・国際協力…先進国から発展途上国に対する援助。日本は政府開発援助(ODA)やJICA海外協力隊(青年海外協力隊)による人的支援などで貢献。

1 世界の人々の衣食住

1 | 世界の人々の衣服

1 気候と衣服

❶ 寒い地域の衣服　防寒のため，毛皮などを使う。
- ロシア…長ズボン，コート，手袋，帽子など。
- イヌイット…アザラシの毛皮でつくる防寒着。アノラック★2 など。

❷ 暑い地域の衣服　麻や綿素材の薄い生地の衣服が多い。
- ガーナ… 1 枚の布を体にまきつけるケンテという伝統的衣装。
- インド…女性のサリーは，1 枚の布を体にまきつける。

❸ 乾燥した地域の衣服　強い日差しと砂ぼこりから体を守るために，全身を布で覆うような衣服が多い。
- サウジアラビア…トーブという。
- エジプト…ガラビアという。

❹ アンデス地方の高地　強い日差しを避けるために，動物の毛でつくった帽子★3 をかぶる。また，昼と夜の気温差が大きいため，脱ぎ着のしやすいマントを身に着ける。このマントはポンチョとよばれ，すわった時などには，ひざ掛けにもなる。

2 世界のさまざまな衣装

❶ イスラム圏　イスラム教の多くの地域では，女性は，チャドルという黒い布で頭から全身を覆う★4。男性は，頭にターバンをまくことが多い。

❷ スコットランド　男性は，スカートのようなキルトという伝統的衣装をつける。軍服や警察官の制服にもなっている。タータンチェックのデザインが有名。

❸ 東南アジア　マレー半島からインドネシアにかけて，男女とも，スカートのようなサロンがある。インドネシアのジャワ更紗の染物，ベトナムの女性のアオザイなども有名。

❹ 韓国や北朝鮮　チマ・チョゴリが女性の民族衣装。チマは，胸の上からのびる長いスカート★5，チョゴリは短い上着。

❺ アメリカ　動きやすい作業着から，世界的な日常着になったジーンズ★6 が有名。もとは西部の金鉱で働く労働者が，じょうぶな綿の布地でつくった作業用の衣服であった。欧米のファッションは世界中に広まり，衣服の画一化がすすんでいる。

★1　耳当てのついた毛皮の帽子をウシャンカという。

★2　毛皮製で，ずきんの付いた外着。現在では，世界中で，防寒，防風用の上着を総称する用語となっている。

★3　アンデス地方は綿花などの栽培が困難なため，羊，ヤギ，アルパカといった家畜の毛からつくる毛織物の衣類が多い。

★4　女性の身体の線を外に表さない意図がある。国や地域によって規制の程度は異なっている。

★5　韓国や北朝鮮では，女性はすわるとき，片ひざをたてるのが正式とされる。チマは，すわったときに，下半身全体をすっぽりおおう形になる。

★6　ジーンズは，性，年齢，身分をこえた衣服として，世界中に広まっている。ふつうは紺色で，毒ヘビがきらう染料を使ったことによるとされる。ホワイトカラーに対して用いられるブルーカラーの語源とも。日本では，1960 年代から「ジーパン」としてファッション化し，広まった。

▲ロシアの衣服

▲ガーナのケンテ

▲サウジアラビアのトーブ

▼イヌイットの衣服　　　　　▼インドのサリー　　　▼アンデス地方のポンチョ

▲チャドル（イラン）　　　▲アオザイ（ベトナム）　　　▲ジーンズ（アメリカ）

▼キルト（スコットランド）　　　▼チマ・チョゴリ（韓国）　　　▼和服（日本）

2 ｜ 世界の人々の食事

1 穀物やいも

❶ 世界の三大穀物

アジアを中心として米，ヨーロッパやアメリカを中心に小麦，ラテンアメリカのアンデス諸国を中心にとうもろこし。

❷ 米　アジアでは，

米を主食としているところが多い。普通に炊くほか，やわら

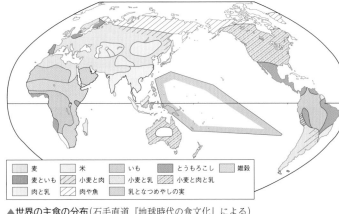

麦	米	いも	とうもろこし	雑穀
麦といも	小麦と肉	小麦と乳	小麦と肉と乳	
肉と乳	肉や魚	乳となつめやしの実		

▲世界の主食の分布(石毛直道『地球時代の食文化』による)

かく炊いて「かゆ」にしたり，「こげ」をつけたりする地域(イランなど)もある。インドでは蒸して食べる。もち米は，蒸してから，揚げて「もち」にする。

❸ 小麦　小麦粉に加工してからさまざまなものをつくる。

1. パン　ヨーロッパでは，小麦粉を発酵させてから焼いてつくったパンを食べる。パンは毎日，焼いて食べる。キリスト教の安息日の日曜日も，パン屋だけは朝早くから営業している。

2. パスタ　イタリアでは，いろいろな形のスパゲッティやマカロニなどにして食べる。これらをパスタという。

3. チャパティとナン　インドや西アジア，中央アジアでは，小麦粉を水とバターでねって焼いたチャパティや，発酵させてから焼いたナンを食べる。インドでは，チャパティやナンに，カレー[★2]をつけて食べる。

4. マントウ　中国北部の蒸しパン。饅頭の語源になった。

5. 麺類　うどん，ラーメンなど。米が主食の地域でも広く普及。

❹ とうもろこし　メキシコでは，とうもろこしの粉を薄くのばして焼いたトルティーヤや，これに肉や魚や野菜などの具を入れて巻いたタコスを食べる。チリという辛いソースを使う。アフリカでは粉を水でねって食べる人が多い。[★3]

❺ いも類

1. じゃがいも　インディオは，乾燥じゃがいも(チューニョ)が主食。ヨーロッパでも，焼く，蒸す，揚げるなどして食べ，ドイ

★1　ヨーロッパ人も米を食べる。米は，バターライスやサフランライスにし，肉類の付け合わせにする。その意味で，野菜の一種のような位置づけである。バターライスをパンにのせて食べたりもする。ヨーロッパ人の主食は，小麦ではなく肉類と言えるが，彼ら自身には，主食や副食(おかず)の概念はない。

★2　インドのカレーは，日本で一般的に食べるカレーライスとはかなり違う。インドでは香辛料の入った食べ物は，すべてカレーという。それぞれの家庭によって香辛料の調合が違うため，まったく辛くないカレーもある。

★3　かためたものをウガリという。

生活文化と民族・宗教、国家

5

▲パスタ（イタリア）

▲チャパティを焼く（インド）

▲タコス（メキシコ）

▼マントウ（中国）

▼ナンとカレーのインド料理

▼アンデス地方のとうもろこし

チューニョとは，アンデス地方のインディオの主食である「乾燥じゃがいも」のこと。じゃがいもを収穫する6月～7月は，気温の日較差が最も大きい。そのため，野外に放置したじゃがいもは，夜に凍結し，昼にとける。数日のうちにぶよぶよになったじゃがいもを，足で踏んで脱水する。こうしてできたチューニョを保存しておく。食べるときは，水に数時間つけて，もとにもどし，煮たり蒸したりして食べる。

▲チューニョをつくる（ボリビア）

▲右手で食べる（インド）

▼キャッサバ（マラウィ）

▼タロいも（ハワイ）

▼箸やさじで食べる（韓国）

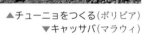

ツ，ロシアなどで消費量が多い。

2 **キャッサバ(マニオク)**　　熱帯の焼畑農業で，広く栽培される。
やせた土地でも比較的栽培できるが，地力を失わせる。でんぷ
んの粉は，**タピオカ**といわれ，食料として重要。

3 **タロいも，ヤムいも**　　太平洋の島々では，これらのいもを蒸し
焼きにする料理法(石蒸し料理)がある。タロいもは日本のさと
いも，ヤムいもは日本のながいもに似ている(⇨p.150)。

2 たんぱく質

❶ **肉類**　　牛肉はヨーロッパやアメリカで消費量が多い。ビーフス
テーキにする。**ヒンドゥー教徒は，牛を神聖視するため食べない。**
すき焼は，日本の独特の食べ方。

　　豚肉は中国の消費量が多い。ヨーロッパやアメリカでも食べる
が，イギリスではベーコンが好まれる。**イスラム教徒は，豚を忌
避するため，絶対に食べない。**

　　その他には鶏(鶏肉)，羊，ヤギ，トナカイなどの肉。

> 補説　**イスラム教徒の食物禁忌(タブー)**　　イスラム教徒は，豚肉，血
> の残った肉，異教徒によって処理された肉をタブーとして食べない。
> 飲酒も禁止されている。イスラム教で定められた方法によって処理さ
> れたらくだ，羊，ヤギなどの肉のように，清浄な食物は，ハラールと
> よばれている。

❷ **魚**　　日本では，生の魚(さしみ)を食べる習慣がある。イギリス
では，フライにして食べる。

> 補説　**日本の寿司**　　生の魚介類と，酢をまぜたご飯という取り合わせの寿
> 司は，日本食の代表格であるが，今や世界中の人々が食べている。生
> で食べる目的で魚介類を輸送するには，鮮度を保つためにさまざまな
> 努力が必要であるが，それが世界で輸送の革命をもたらしている。ロ
> ンドンでパリ行きのユーロスター(ユーロトンネルを通る列車)に乗り
> こむとき，駅弁で寿司が買えるようになっている。

❸ **乳製品**　　**バター，チーズ，ヨーグルト**など。ヨーロッパやアメ
リカでは広く普及している。乾燥地帯の遊牧民は，家畜の肉はめっ
たに食べないが，乳製品は食べる。

3 調味料と香辛料

❶ **調味料**　　日本，朝鮮，中国には，大豆などのたんぱく質を発酵
させてつくった**味噌**や**醤油**がある。

❷ **香辛料**　　東南アジアの唐辛子やこしょうが有名。ヨーロッパや
アメリカのハーブ類や，日本のしそ，わさびなども。

★4　イギリス系の旧
植民地地域ではキャッ
サバ，フランス系の旧
植民地地域ではマニオ
クとよぶ。

★5　日本では仏教の
影響があって，牛肉は
食べなかった。明治時
代の文明開化以降，食
べる習慣が広がり，す
き焼，しゃぶしゃぶな
どの食べ方がうまれた。
こうした薄切りの牛肉
は，日本独自である。

★6　イギリスでは，
朝食に食パンと，カリ
カリに焼いたベーコン，
卵の目玉焼，ゆでたト
マトを食べるのが伝統
的。イングリッシュ＝
ブレックファストとよ
ばれる。飲み物はおも
にモーニング＝ティー
という紅茶。

★7　イヌイットは，
カリブーという野生の
トナカイや，アザラシ
をよく食べる。肉だけ
でなく，内臓や血液ま
ですべて利用する。

★8　馬の乳は脂肪分
の分離がむずかしいの
で，もっぱら発酵させ
た馬乳酒にして飲む。

★9　ベトナムでは，
魚からつくるニョクマ
ムという魚醤が有名。
魚醤とは，魚介類を塩
づけにして発酵，熟成
させた食品。日本には
秋田県のしょっつる，
香川県のいかなご醤油，
石川県のいしるなどが
ある。

4 さまざまな食べ方と食べ物

❶手で食べる　東南アジアや南アジア，西アジアでは，指先を使って食べる。日本でも，寿司を手で食べる。

　イスラム教徒やヒンドゥー教徒は，食事の前に入念に手を洗い清める。そして，必ず右手を使い，**左手は使ってはならない**とされる。

❷道具を使う　日本や朝鮮，中国では，箸を使うが，朝鮮や中国ではさじ（＝スプーン）も多用する。ヨーロッパやアメリカでは，**ナイフ，フォーク，スプーン**を使う。

❸食べ物の画一化　ファストフードやインスタント食品が世界中に広まるなど，食べ物の**画一化**もすすんでいる。

3 世界の人々の住居

1 さまざまな材料と住居

❶石　チベットやアンデス地方は，木が少ないので，**石造り**が多い。夏の気温が高い地中海地方でも，石の家が一般的。

❷木　日本は，木，紙（障子など），土の住宅。温帯の地域では，木の骨組みの住宅が多い。北ヨーロッパやカナダでは，**丸太造り**の住宅もある。

❸れんが　西アジアでは，アドベとよばれる日干しれんがと泥でつくる住居が多い。ヨーロッパでは，**焼きれんが**を使う。

❹家畜の毛や皮　西アジアの遊牧民ベドウィンは，黒ヤギの毛で織ったテントの住居（⇨p.114）。モンゴルや中国の内陸部では，木の骨組みに，**フェルトで覆った移動式テント**が伝統的な住居。モンゴルではゲル（グル），中国ではパオとよばれる（⇨p.150）。

❺建材・住居の画一化　都市部での鉄筋コンクリートの普及などにより，住居の建築材料や住居そのものの**画一化**もすすんでいる。

★10　ヒンドゥー教では，左手は不浄の手とされているので，握手や子供の頭をなでるときでも，左手を使ってはいけない。

★11　5本の指全体でつかむのは不作法とされる。親指，人指し指，中指の3本の指の指先だけでつまんで食べるのが，上品な食べ方とされている。

★1　地中海地方では，夏は乾燥しているので，気温の日較差が大きい。そのため，窓を小さくとって，昼間の熱風が入りにくいようにしている。日本では暑いと窓をあけるが，この地方では，暑いので窓を閉める。

★2　イランなどでは，れんがを積み重ねただけの住宅が多く，地震の被害が大きくなる。

▼石造りの住居（ペルー）　　▼日干しれんがの家（モロッコ）　　▼モンゴルのゲル

2 人種と民族

1 | 人種と民族の違い

1 人種

　人種は，人間(単一種の**ホモ゠サピエンス**)の皮膚の色，骨格，毛髪や眼の色など，一部の遺伝的特徴による便宜的な分類。人種の区分は，しばしば**人種差別**の指標として使われてきた。しかし，人種や民族に優劣はない。

★1　実際には混血がすすみ，中間的な場合も多く，厳密な人種分類は困難。

コーカソイド (白色人種，ヨーロッパ系人種)	モンゴロイド (黄色人種，アジア系人種)	ネグロイド (黒色人種，アフリカ系人種)	オーストラロイド (オセアニア)
			▲アボリジニの少年
白色，褐色の皮膚。金髪，黒色の波状毛，直毛。高く狭い鼻。高〜中の身長	黄色，銅色の皮膚。黒く太い直毛。中くらいの高さの鼻。中〜低の身長	黒色の皮膚。黒色の巻毛，縮状毛。広く低い鼻。厚い唇	濃色の皮膚，黒色の波状毛，巻毛，低い鼻。
ヨーロッパ人(ゲルマン，ラテン，スラブ)，アラブ人(セム・ハム語族)，インド人など	中国人，日本人，インドネシア人，イヌイット，アメリカインディアン，ミクロネシア人，ポリネシア人など	サブサハラアフリカの多くの国，ムブティ(ピグミー)，メラネシア人など	オーストラリア先住民(アボリジニ)など

2 民族

　民族とは，文化的，社会的特徴(言語，宗教，伝統，風習など)を指標とする分類。各民族は同一集団としての自覚と連帯感をもつ。
★2

★2　言語や宗教などの文化を共有している集団は，同一集団としての自覚と連帯感をもっている。こうした集団が民族で，同一集団としての自覚や連帯感を，民族意識(同胞意識)という。

補説　**人種島(民族島)**　比較的少数の人口をもつ人種(民族)が，多くの人口をもつ他の人種(民族)に囲まれて孤立している場合，その少数人種(民族)またはその分布地域を，人種島(民族島)という。人種島，民族島とも同じ意味に使われる場合が多い。ヨーロッパのマジャール人(ハンガリー)，フィン人(フィンランド)は，言語的には，ともにヨーロッパ系民族に囲まれたアジア系(ウラル語系)民族。

5

生活文化と民族・宗教，国家

2 | 民族と文化

1 民族と言語

❶ **世界の主要言語**　日本語＝日本人（日本民族）のように，**言語は**最も強く民族を特徴づける。[*1]

1 **中国語**　中国人以外にはほとんど使用されていないが，使用人口は**最も多い**。中国，シンガポールなどで使用。[*2]

2 **英語**　使用範囲が広く，**国際語的性格**をもつ。外交，商業，学術など広く世界中で使用されている。イギリス，アメリカ，オーストラリア，ニュージーランドや，いくつかの旧イギリス植民地の国々の国語になっている。また，カナダ，南アフリカ，インド，パキスタン，フィリピン，シンガポール，ケニア，アイルランドなどでは，公用語の1つとして使用される。[*3]

3 **ドイツ語**　ドイツ，オーストリアのほか，中部ヨーロッパ，バルカン半島で普及。学術語としても重要。

4 **フランス語**　第二次世界大戦前まで，ヨーロッパ最大の国際語。フランスのほかカナダの一部[*4]，アフリカの旧フランス領で使用。

5 **スペイン語**　スペインのほか，ブラジル（ポルトガル語）などを除くラテンアメリカ諸国で使用される。

6 **アラビア語**　西アジアや北アフリカのイスラム教徒を中心に，広く使われる。**アラブ民族**（イスラム教徒でアラビア語を使う人々）を特徴づける。[*5]

★1 人が幼児期に覚えて身につける言語を，母語（ぼご）という。その人の属する民族の言語に一致する。

★2 シンガポールでは住民のおよそ4分の3が中国系。中国系住民は華人（かじん）（華僑（かきょう））という。

★3 国家が公（おおやけ）の会議や出版物などで公式使用を認めた言語のこと。複族国（ふくぞく）（多民族国家 ☞p.315）では，複数の公用語を認めていることが多い。

★4 東部のケベック州がフランス語圏。

★5 西アジアのイスラム教徒でも，イラン，トルコ，アフガニスタンなどの言語は，アラビア語ではない。（☞p.369）

▼**世界のおもな語族（ごぞく）と代表的言語**　世界の言語をグループにまとめたものであるが，諸説があり，不明な点も多い。表中の〔　〕は，注意すべき使用地域を示す。

インド＝ヨーロッパ語族	ラテン語派（こは）（ロマンス語）	フランス語，イタリア語，スペイン語〔ラテンアメリカ〕，ポルトガル語〔ブラジル〕，ルーマニア語
	ゲルマン語派	英語，ドイツ語，オランダ語，デンマーク語，スウェーデン語
	スラブ語派	ロシア語，ブルガリア語，ポーランド語，チェコ語，セルビア語
	その他	ヒンディー語〔インド〕，パシュトゥー語〔アフガニスタン〕，ペルシア語，ギリシャ語，ウルドゥー語〔パキスタン〕，ベンガル語〔バングラデシュ〕
アフリカ＝アジア語族	セム語派	アラビア語〔現エジプト〕，ヘブライ語〔イスラエル〕，エチオピア語
	ハム語派	エジプト語〔古代エジプト〕，ベルベル語〔北アフリカ〕，チャド語
ニジェール＝コルドファン諸語		バンツー語系〔サハラ以南アフリカ〕
コイ＝サン語族		コイ語，サン語（ともに南アフリカのカラハリ砂漠周辺）
ウラル＝アルタイ語族		ウラル系…フィン語〔フィンランド〕，ハンガリー（マジャール）語 アルタイ系…モンゴル語，チュルク語〔トルコ〕
シナ＝チベット語族		中国語，チベット語，ビルマ語〔ミャンマー〕，タイ語，ラオ語
オーストロアジア語族		クメール語〔カンボジア〕，アンナン語〔ベトナム〕
オーストロネシア語族		マレー語〔マレーシア〕，インドネシア語，ポリネシア語，タガログ語

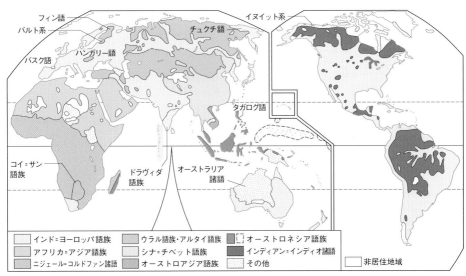

フィン語
バルト系
バスク語
ハンガリー語
チュクチ語
イヌイット系
タガログ語
コイ゠サン語族
ドラヴィダ語族
オーストラリア諸語

□	インド゠ヨーロッパ語族		ウラル語族・アルタイ語族		オーストロネシア語族
	アフリカ゠アジア語族		シナ゠チベット語族		インディアン・インディオ諸語
	ニジェール゠コルドファン諸語		オーストロアジア語族		その他

非居住地域

▲世界の言語分布

2 民族と宗教

❶ 世界の宗教　宗教の分布も民族の分布と関係が深い。**民族宗教**[★6]のほか，**キリスト教，イスラム教，仏教**といった世界の**三大宗教**は，民族をこえて広く信仰されている。また，**原始宗教**[★7]のように，ごく少人数によって信仰されるものもある。

❷ 世界の主要宗教

1 **キリスト教**[★8]　紀元前後，西アジアにおいて，**ユダヤ教**を母体に，イエスによって成立。世界で**信者数が最も多い**。

> カトリック(旧教)…ラテン民族と，中南アメリカが中心。
> プロテスタント(新教)[★9]…ゲルマン民族と北アメリカが中心。
> 正教会[★10]…スラブ民族とギリシャ，東ヨーロッパが中心。各国ごとに分立(ロシア正教，セルビア正教など)。

補説　**キリスト教の分布**　キリスト教3派は上のように民族分布とかなり一致する。ヨーロッパ人とその子孫以外でキリスト教が主となった国は，**エチオピア**(コプト派とよばれる古い型のキリスト教。アフリカでヨーロッパ人の布教によらない唯一のキリスト教国)と，**フィリピン**(カトリック)。また，**韓国やベトナム**も信者数が多い。

補説　**宗教と文字**　スラブ民族は正教会の信者が多く，**キリル文字**(今日のロシア語，ブルガリア語，マケドニア語，セルビア語の文字)を使う。スラブ民族の中でも，ポーランド，チェコ，スロバキア，クロアチアでは，カトリック教徒が多く，文字は**ラテン文字**を使う。文字の使用は布教と結合しており，宗教と文字の範囲は一致しやすい。

★6 世界宗教に対する語で，一般に創唱者が知られず，民族の成立とともにできたような宗教。日本の神道，中国の道教，インドのヒンドゥー教，イスラエルのユダヤ教など。

★7 万物に霊魂を認めてうやまうアニミズム，精霊につながる巫女(シャーマン)を中心としたシャーマニズム，自然物を祖先神として祭るトーテミズムなど。情緒，感情に富み，集団的舞踊や音楽をともなう。

★8 キリストは「救世主」の意味。世界に20億をこす信者がいる。

★9 16世紀の宗教改革により成立。

★10 10～11世紀ごろに成立。東方正教会。

5
生活文化と民族・宗教、国家

2 **イスラム教(イスラーム)**[★11]　7世紀，アラビア半島において，預言者ムハンマド(マホメット)によって成立。**アッラーを唯一神**とし，経典は『**コーラン**』(クルアーン)。西アジア，北アフリカ，パキスタン，中央アジアに広がる。

- スンナ派…80%以上をしめる多数派。自らを正統派と称する。
- シーア派…少数派。イランが中心で，イラン革命(1979年)を推進。

[補説] **イスラム教の戒律**　『コーラン』のなかに，生活すべてに絶対的規範を示した部分があり，ムスリムが信じる①神(アッラーフ)，②天使(マラーイカ)，③啓典(クトゥブ)，④預言者(ルスル)，⑤来世(アーヒラ)，⑥神の予定(カダル)の**六信**[★12]と，宗教儀礼(イバーダード)として①信仰告白(シャハーダ)，②礼拝(サラート)，③喜捨(ザカート)，④断食(サウム)，⑤巡礼(ハッジ)の**五行**[★12]が重視される。礼拝は，1日5回，決まった時刻に行う。断食は，毎年，断食月(ラマダーン)の1か月間，日の出から日没まで飲食をしない。喜捨は，持たざる者へほどこしをすること。巡礼は，一生に一度は，**メッカのカーバ神殿**で，イスラム暦(ヒジュラ暦)12月の儀式に参加することが奨励されている。また，女性は，黒地のベールや**チャドル**で，顔や髪や身体を覆う服装が多い。

3 **仏教**[★13]　紀元前5世紀，シャカによって成立。インドで創始されたが，現在，インドではふるわない。

- **上座部仏教(南伝仏教)**…スリランカ，インドシナ半島でさかん。
- **大乗仏教(北伝仏教)**…中国，朝鮮半島をへて，日本に伝来。

4 **おもな民族宗教**[★14]

①**ヒンドゥー教**　インドの民族宗教。カーストと深い関係。

②**ユダヤ教**　**ユダヤ民族**(⇨p.323)の民族宗教。ヤハウェ(エホバ)神を信仰する一神教。経典は『**聖書**』。[★15]

[補説] **宗教と食物禁忌(タブー)**　ユダヤ教徒は，豚肉，えび，かにを不浄として食べない。**イスラム教徒は豚肉を食べず，酒類も禁止**。ただし，酒類は国によって規制の程度が異なる。サウジアラビアはイスラム教の戒律に厳しく，豚肉と酒は，持ちこむことすら禁じられている。**ヒンドゥー教徒は，牛を聖なる動物としているので，牛肉を食べない**。菜食主義者も多く，たんぱく質は豆類や乳製品からとる。**仏教は，元来，動物を殺すことをいましめ，肉食をしない**。

言語…民族を特徴づける最大の基準。

宗教
- 三大宗教…キリスト教，イスラム教，仏教。
- 民族宗教…ヒンドゥー教，ユダヤ教など。

→民族

伝統，風習や生活様式など，社会的特徴。

★11 イスラームとは，アラビア語で，"アッラーに帰依し，平和たるべきこと"を意味する。回教ともいう。

★12 六信五行。ムスリムが信じる信仰内容を六信といい，守るべき行いを五行という。

★13 チベット仏教(ラマ教)も仏教の一派で，チベット，モンゴル，ネパールで信仰される。

★14 日本の神道(神社)，中国の道教(道観)も，民族宗教。

★15 キリスト教成立後に，キリスト教徒が『旧約聖書』とよんだ。イエスがユダヤ教の指導層を強く批判したことから『新約聖書』が形成され，古い方が『旧約聖書』とよばれるようになった。

キリスト教	
カトリック…	バチカン，エルサレム
プロテスタント…	(とくになし)
正教会………	イスタンブール，モスクワ
イスラム教…	メッカ，メディナ，エルサレム，コム(シーア派)
仏教…………	ガヤ(ブッダガヤ)，ルンビニー
ヒンドゥー教…	ヴァラナシ(ベナレス)
ユダヤ教………	エルサレム
チベット仏教…	ラサ

▲おもな宗教の聖地または宗教都市

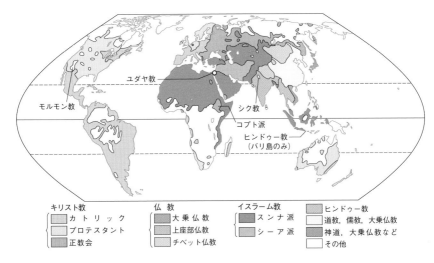

キリスト教
- □ カトリック
- □ プロテスタント
- □ 正教会

仏教
- □ 大乗仏教
- □ 上座部仏教
- □ チベット仏教

イスラーム教
- □ スンナ派
- □ シーア派

- □ ヒンドゥー教
- □ 道教，儒教，大乗仏教
- □ 神道，大乗仏教など
- □ その他

▲世界の宗教分布

3 | 民族問題と国家

1 民族と国家

❶ 現代の国家

1 **単一民族国家（単族国）**　単一の民族からなる国はない。[★1]

2 **多民族国家（複族国）**　複数の民族からなる国。世界のほとんどすべての国が該当する。各国で民族の自治や分離独立などの**民族問題**が，年々拡大している。

❷ 民族が国家を形成してきた理念

1 **国民国家**　近代のヨーロッパでは，国家は１つの民族から形成されるべきであるという理念によって，国民国家（民族国家）が成立した。[★2]

2 **民族自決主義**[★3]　植民地支配をうけてきた国々では，民族自決主義の理念によって，独立運動がすすめられた。

❸ 言語と国家　民族間の対立をやわらげるために，**複数の公用語を決めている**国もある。

また，植民地支配から独立した中南アフリカ諸国では，国内の複数の民族の言語が競合し，１つにしぼることができず，やむをえず，旧植民地支配国の言語を公用語に加えている国が多い。[★4]

近年，国内の少数民族が，自らの言語を尊重するように求める**多文化主義（多元主義）**の運動をすすめる例がふえている。
（マルチカルチュラリズム）

★1　どの国でも，実際には少数の異民族を含むため，純粋な単一民族国家は存在しない。

★2　多民族国家が解体され，各民族ごとに独立国となった。

★3　世界の各民族は，自分の運命を自分で決定する権利をもち，その権利は何者でも奪われないという考え。アメリカ大統領ウィルソン（在任1913～21年）が主張。第二次世界大戦後には，アジア，アフリカで多くの独立国が生まれた。

★4　ナイジェリア，タンザニア（以上英語），コンゴ[民主共和国，共和国]，コートジボワール（以上フランス語）など。

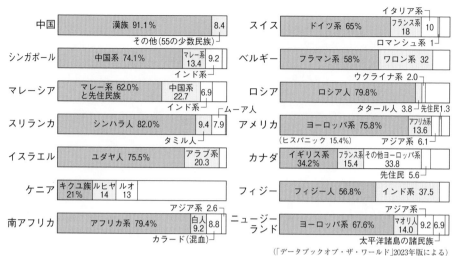

▲おもな国の民族構成

（「データブックオブ・ザ・ワールド」2023年版による）

1 **スイス**　ドイツ語，フランス語，イタリア語，**ロマンシュ語**[★5]の４つが公用語。プロテスタントとカトリックの宗教も入り混じっているので，州（カントン）の自治を尊重した連邦国家を形成（1848年に連邦憲法），強い団結を保っている。

2 **ベルギー**　南東部のラテン系住民はワロン語（＝フランス語）を使い，北西部のゲルマン系住民はフラマン語（＝オランダ語）[★6]を使うが，両者の間では言語紛争が続いてきた。一部でドイツ語も使われ，３つが公用語。ラテン系，ゲルマン系の両民族の境界にあたる首都ブリュッセルは，２つの言語が併用され，ヨーロッパ連合（EU）の本部や北大西洋条約機構（NATO）の事務局がある。**単一国家**を形成してきたが，言語対立により1993年，立憲君主制のまま**連邦国家へ移行**。[★7]

★5 レートロマン語ともいう。ラテン系。

★6 フラマン語，オランダ語，低地ドイツ語は，地域的な一部の違いはあるが，ほぼ同一の言語。

★7 中央国家政府のほかに，フラマン地域政府，ワロン地域政府，ブリュッセル首都圏政府の3地域政府と，3言語共同体で構成。多くの中央の権限を地域政府に委譲した。

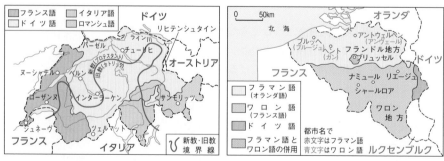

▲スイスの言語　　　　▲ベルギーの言語

③ **カナダ** 最初フランスの植民地であったので，国の政策として，英語のほかにフランス語(ケベック州が中心→ケベック分離独立運動)も公用語とする**二国語主義**(バイ=リンガリズム)，**多文化主義**(マルチカルチュラリズム)をとっている。

④ **インド** 使用者が100万人以上の言語が30以上あり，22の主要な言語が憲法に列記。言語分布が行政区分に関係している。[★8]

⑤ **南アフリカ** 人種差別の**アパルトヘイト**(人種隔離政策)(⇨p.320)の下では，少数の支配者である白人が使用する**英語**，アフリカーンス語(オランダ語系)が公用語になっていた。現在は，黒人の使う**バンツー諸語**も公用語となっている。

★8 ヒンディー語が連邦公用語。ベンガル語，タミル語など，他の合計21言語は地方公用語とされている。なお，旧宗主国イギリスの英語が準公用語。したがって，公用語は全部で23となる。1997年からのインドの紙幣には，ヒンディー語，英語のほか，13の地方公用語で金額が記されている。

② 民族問題

① 民族問題の発生 白人の新大陸への移民や黒人の奴隷貿易など，人口の国際移動や，民族分布と無関係な**人為的国境**(⇨p.330)などが，民族問題の原因。多数派が優位にたち，**少数民族**を迫害して，対立が激化する。[★9]

冷戦構造がいったん崩壊すると，少数民族の独立や自治要求，言語，宗教的な対立に根ざす紛争が世界各地で表面化した。

★9 アフリカでは，欧米列強が植民地経営の都合で国境をひいたため，国境が同一民族を分断している例が多くみられる。

② 世界のおもな民族紛争

①**北アイルランド紛争** 1921年にアイルランドが独立したとき，イギリス人移民(プロテスタント)が多かった北アイルランドはイギリスに残った。カトリックのケルト系アイルランド人は，アイルランドとの統合をめざしている。1998年に包括的和平合意ができ，解決に向かっている。

②**ベルギーの言語対立** 南東部のワロン語(フランス語)と，北西部のフラマン語(オランダ語)の対立。かつて経済力があり支配的地位をしめていたワロン語圏にかわって，近年，フラマン語圏の経済的地位が向上したことも，対立の要因。

③**バスク独立運動** ピレネー山脈の西端に住むバスク人が，カスティリャ語を公用スペイン語としてきた国家のあり方に反発し，独立をめざして運動。1979年に，バスク地方の自治が認められた。

④**ユーゴスラビアの解体** スロベニアはカトリック教徒のスロベニア人が多く，1991年に独立。クロアチアはカトリック教徒のクロアチア人が多く，1991年に独立。セルビアとモンテネグロはともに正教会(セルビア正教)教徒が多くセルビア語を使うので，新しくユーゴスラビア連邦をつくった(1992年)→セルビア・モンテネグロに改称(2003

年)→分離(2006年)。マケドニアは正教会(マケドニア正教)のマケドニア人が多く，1991年に独立を宣言した。ボスニア・ヘルツェゴビナでは，イスラム教徒のムスリム勢力，セルビア人，クロアチア人で内戦。セルビアのコソボ自治州(アルバニア系住民が多数)でも，激しく対立し，2008年に独立を宣言(⇨p.401)。

⑤**クルド人問題** イラン，イラク，トルコなどにまたがる約2,800万人の半遊牧民で，古くから統一国家をもっていない。クルド語を話すが，独自の文字は持っていない。独立運動を各国政府が弾圧し，多くの難民が発生。

⑥**チェチェン共和国の独立運動** ロシア連邦内のチェチェンは，イスラム教徒が多く，1991年にロシアからの独立を宣言。ロシアは徹底して弾圧し，イスラム武装勢力のテロ攻撃などが続く。

⑦**ナゴルノ・カラバフ自治州の問題** アゼルバイジャン(トルコ系，シーア派イスラム教徒が多い)領内のナゴルノ・カラバフ自治州の住民=アルメニア人(正教会教徒が多い)が，アルメニアへの編入を求めたために，アゼルバイジャンとアルメニアの間の武力抗争に発展。現在，停戦中。

5 生活文化と民族・宗教、国家

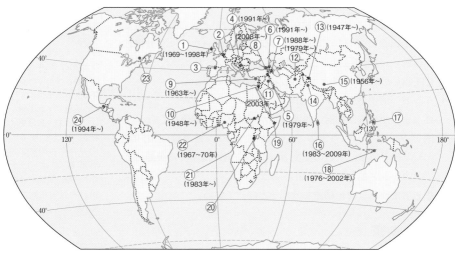

▲世界のおもな民族紛争（丸つき番号はp.317〜318の説明文の番号を示す）

⑧**南オセチア紛争**　2008年，グルジア（ジョージア）領内の南オセチア，アブハジア地域で独立紛争。ロシアが両地域を支援し，一方的に独立を承認。

⑨**キプロス問題**　正教会教徒のギリシャ系住民（80％）と，イスラム教徒のトルコ系住民（18％）の対立。ギリシャとトルコの対立でもある。

⑩**パレスチナ問題**　イスラム教徒の住んでいたパレスチナの地に，ユダヤ人が1948年イスラエルを建国したので，周辺のアラブ諸国とパレスチナ人は，イスラエルと対立した。（⇨p.323）

⑪**イラク**　2003年のアメリカなどによるイラク戦争でフセイン政権が倒れた結果，シーア派，スンナ派，クルド人の宗派間，民族間対立が顕在化した。

⑫**アフガニスタン**　1979年の旧ソ連によるアフガン侵攻以降，民族対立が激化。2001年のアメリカなどによるアフガン攻撃も，民族対立が一因。

⑬**カシミール紛争**　1947年，イギリスからの独立に際し，ヒンドゥー教徒の多いインドと，イスラム教徒の多いパキスタンの間で，帰属をめぐって戦争になった。住民はイスラム教徒が多く，パキスタンへの併合を求める運動を展開。停戦ラインをはさんで，衝突が続いている。

⑭**インド国内の宗教対立**　ヒンドゥー教徒がイスラム寺院（モスク）を破壊するなど，両者が対立。

⑮**チベット問題**　チベット仏教を信仰するチベット族は，中国の自治区を形成しているが，漢族からの独立要求運動がたびたび発生。チベット仏教指導者ダライ=ラマ14世はインドに亡命政権。

⑯**スリランカの民族対立**　仏教徒シンハラ人（75％）と，北東部に住むヒンドゥー教徒タミル人（17％）が対立。2009年に内戦終結。

⑰**フィリピンのイスラム教徒独立運動**　ミンダナオ島のモロ（イスラム教徒への蔑称）の反政府運動。

⑱**東ティモール分離独立運動**　ポルトガル領であったが，1976年インドネシアが併合。カトリック教徒が多く，1999年の住民投票で独立が決定。国連の暫定統治をへて2002年に独立を達成した。

⑲**「アフリカの角」地域**　無政府状態のソマリアの内戦，エチオピアの内戦や周辺諸国との対立など。

⑳**ルワンダやブルンジの民族対立**　1990年代からツチ人とフツ人が内戦，大量虐殺事件など。難民も多数発生。現在終結。

㉑**スーダン**　北部のイスラム教徒が，南部の非イスラム教徒と内戦。その後，西部のダルフール地方を攻撃→難民多発。2011年，南スーダンが独立。

㉒**ナイジェリアの民族対立**（⇨p.379）

㉓**ケベック問題**　カナダのケベック州では，フランス系住民が80％をこえる。分離，独立運動が活発となり，住民投票まで行われたが否決された。連邦政府は1965年に，イギリスの植民地であったことを示していた国旗のデザインを改め，二国語主義，多文化主義をすすめている。

㉔**メキシコ先住民の反政府運動**　先住民の生活向上，NAFTA（現USMCA）による関税撤廃反対などを主張。

\ TOPICS /

先住民（先住民族）と先住権

● **先住民とは**　少数民族の中でも，移民の流入や征服によって，土地や生活手段を奪われ，貧困，差別，殺戮などの対象となった民族。現在，国際的に，先住民の自立と権利を確立しようとする運動が高まっている。

● **国際的な運動**　世界の先住民は，世界先住民族会議をつくり，自らの自決権，資源主権，環境権，文化や伝統を守る権利などの先住権を確保する運動を始めている。国連は，1982年，経済社会理事会の人権小委員会の下に「先住民族権利宣言」のための作業部会を設け，1993年を「世界先住民族国際年」とした。

● **先住権の具体化**　オーストラリアでは，1993年に，先住民アボリジニの先住権を認めた「先住権保護法」が制定された。先住民の権利を保護し，補償，交渉権の承認，特別裁判所の設置などを規定している。

　イヌイットでつくるグリーンランド自治政府は，本国デンマークに対し，広範な自決権をもち，先住権として確立されている。

● **先住権の承認の意味**　先住民政策のすすんだ国では，次の三点が共通している。第一に民族としての統合性の承認（その民族の存在の承認），第二に先住性の承認，第三に侵略と抑圧の事実の承認。これらの三点から，先住権が認められている。

● **アイヌ**　日本におけるアイヌは，自らの意思とはまったく無関係に，日本人＝和人の国家に組み入れられ，民族としての自決権を奪われてきた。1899年に制定された「北海道旧土人保護法」によって設立された「土人学校」では，日本語を話すことが強制され，アイヌ語が禁止されたため，その後，アイヌ語は急速に衰退した。

● **アイヌ新法**　「北海道旧土人保護法」は1997年に廃止され，「アイヌ文化の振興並びにアイヌの伝統等に関する知識の普及及び啓発に関する法律」（アイヌ文化振興法）が施行された。さらに2019年には，アイヌを先住民族として明記したアイヌ施策推進法が施行された。

5

生活文化と民族・宗教、国家

3 人種差別

❶ **アメリカの人種差別問題**　多数をしめる**ヨーロッパ系白人**（WASPなど，⇨p.412）が優位に立ち，奴隷の子孫である黒人や，先住民族の**インディアン**は，長く差別をうけてきた。

1 **黒人**　アフリカ大陸から連行されてきた奴隷の子孫で，1863年の**奴隷解放宣言**の後，北部や西部の大都市にも移住。1964〜65年に**公民権法**が成立した（⇨p.413）。全人口の約14％をしめるが，失業と低所得という問題をかかえている。

2 **インディアン**　白人によるアメリカ開拓の過程で，**居留地に追いやられた**。居留地は不毛の地が多かったが，最近では，居留地からの石油や天然ガスの発見を契機に，先住民の権利や土地の返還を求める運動も起こっている。

❷ **オーストラリアの人種差別問題**　オーストラリアの住民の多くはイギリス系白人で，先住民の**アボリジニ**はごく少数。

1 **白豪主義**　かつてイギリス系白人を中心に白人だけの国家をめざす白豪主義政策がとられ，アジア系などの移民を制限。第二

★10 黒人は，近年，アフリカ系アメリカ人（アフロ＝アメリカン）とよぶ。

★11 1924年に市民権を得た。先住民の意味でネイティブ＝アメリカンともよぶが，インディアン側は承認していない。

★12 近年，黒人の40％が中産階級に達したといわれている。しかし，一方で貧困層も多く，貧困層の中での人種対立も起きている。

次世界大戦後，労働力不足もあり，有色人種の移民が自由化され，現在は多様な住民を認める多文化主義(マルチカルチュラリズム)をとる。

2 **アボリジニ**　オーストラリアの先住民であるアボリジニは，1971年まではオーストラリアの人口に含まれていなかった。イギリス人が入植する以前は約30万人いたといわれるが，開拓が内陸にすすむにつれて土地を収奪され，北部の砂漠地域の保留地に移り，人口も激減した。伝統的な狩猟，採集生活をやめ，都市や鉱山で働き，白人と同化してゆく者も多いが，現在も人種偏見が残されている。

補説　**セグリゲーション**　人種，民族的な差別によって引きおこされた居住地の分離のこと。中世以来，ヨーロッパの都市では，ユダヤ人を差別してその強制居住地域＝ゲットーが形成された。アメリカでは，大都市の都心周辺に黒人ゲットーとよばれるスラムが形成されている。アパルトヘイト政策により，南アフリカの黒人は，せまい不毛の地域に強制的に居住させられていた。

▲アボリジニの舞踊

★13 アボリジニ，アボリジニーズと表記されることもある(⇨p.429)。

★14 アパルトヘイトとは，オランダ系白人の言語(アフリカーンス語)で「隔離」を意味する。

❸ **南アフリカのアパルトヘイト**★14

1 **人種差別の制度化**　17世紀にオランダ系白人(アフリカーナ)が，先住民を征服し植民地をつくった。その後イギリスの植民地となり，イギリス系白人もふえ，金やダイヤモンドなどを産出した。白人は特権的支配と高水準の生活を守るために，多数派の非白人に対するアパルトヘイト(人種隔離政策)を制度化した。

▼アパルトヘイトによる差別

▼南アフリカの人口構成

白人		9.2%
非白人	黒人	79.4%
	カラード(混血)	8.8%
	インド・アジア系	2.6%

(「データブック オブ・ザ・ワールド」2023年版による)

居住地の制限	黒人は決められた居住地(ホームランド)を指定される
政治的差別	黒人に参政権なし
税金の差別	白人にない税(部族税など)の義務化
教育の差別	ほとんどの学校は人種別で，設備，環境が悪い
社会的隔離	公共施設，交通機関，病院，公園，ホテル，レストラン，海水浴場など，あらゆる施設で分離
その他	異人種間の結婚の禁止

2 **アパルトヘイトの廃止**　このような政策に対して，黒人による解放運動や暴動，国際世論の非難が高まった。国連を中心とした政治，経済，人的交流の制裁★15の中で，白人政府も1991年，アパルトヘイトの廃止を決定した。1994年には，全人種参加の総選挙が行われ，**黒人のネルソン＝マンデラが大統領に就任**した。

★15 日本も制裁措置をとったが，貿易額は第1位であった。そのため，日本人は非白人であるが，名誉白人として扱われていた。

POINT!

世界の国家は，多民族国家がほとんど。

民族問題 ｛複数の公用語，連邦制などで，対立を緩和できるが，少数民族の圧迫，宗教対立などで深刻化する例も多い。

人種差別…人種の違いによる差別。かつてのアパルトヘイトなど。

③ 諸民族の生活と文化

1 | 東南アジアの華人社会

1 漢族の海外移住

❶ **漢族（漢民族）**　人口14億人以上の中国は，多くの民族で構成されるが，91％は漢族（漢民族）である。チョワン族，チベット族，ウイグル族，モンゴル族などの少数民族は，伝統文化を守り，地方行政では自治区や自治州などが設置されている。

❷ **華僑**　沿岸部や華南地方では，人口圧を感じた人々が，古くから海外に移住した。こうした人々を華僑という。彼らは経済的成功をはたすとともに，同郷人の団結を強め，世界中の大都市にチャイナタウンを形成した。海外生まれで，その国の国籍をもつようになった二世，三世を華人とよぶ。

★1　フーチエン（福建）省，コワントン（広東）省出身者が多い。

▲中国の民族分布

2 東南アジアの華人

❶ **マレーシア**　19世紀末以降，イギリスの植民地支配の中で，すず鉱山に中国系，ゴム栽培のエステート★2にインド人（南部のタミル人）が導入されたため，多民族国家となった。独立後，経済的優位に立つ華人に対して，マレー人が不満をもつようになったため，政府はブミプトラ政策★3（マレー人優遇政策）を行っている（⤴p.362）。

❷ **シンガポール　華人が全人口の4分の3**をしめ，政治，経済とも中心的役割をはたしている。公用語は，英語，中国語，マレー語，タミル語★5の4つであるが，英語が重要視されるようになり，華人の中でも漢字の読めない若者も多くなった。

❸ **その他**　インドシナ半島の国々では，人口にしめる華人の割合はあまり高くないが，経済的な地位は高い。とくに，米の流通など米穀経済を独占している。

★2　熱帯アジアのイギリス系プランテーション農園をいう。

★3　ブミプトラとは「土地っ子」の意味で，マレー人の生活水準向上をめざしている。マレー人の雇用，教育，土地所有を優遇。

★4　出身地ごとに地方語がまじっているため，標準語のペキン語が奨励された。

★5　インド南部のドラヴィダ系の言語。

5

生活文化と民族・宗教、国家

POINT!
> 華人…海外に移住した中国人。
> 東南アジアに多く，経済的な地位が高い。

2 | ラテンアメリカの人々の生活と文化

1 ラテンアメリカとは

❶ **ラテン民族**　ラテン語に由来するイタリア語，スペイン語，フランス語，ポルトガル語などを話す民族。カトリック教徒が多い。

★1　古代ローマ帝国で使用された。

❷ **ラテンアメリカ**　コロンブスが西インド諸島に到達以降，スペイン人，ポルトガル人が植民地化したため，**メキシコ以南の中南アメリカ**を，ラテンアメリカという。

★2　ブラジルの公用語はポルトガル語。ラテンアメリカ諸国で，ポルトガル語を公用語にしている国は，ブラジルただ1つ。

2 ブラジルとメキシコ

❶ **ブラジル**　植民者の**ポルトガル人**，先住民のインディオ，奴隷として移住させられた**アフリカ系黒人**，その他のヨーロッパ系移民や日系人と，それぞれの混血によって民族構成は複雑。大農場の**ファゼンダ**の所有者と土地をもたない多数の労働者の貧富の差は大きい。大都市では，**スラム（ファベーラ）**に暮らす人々も数多い。

★3　イタリア系，スペイン系など。

❷ **メキシコ**　スペインに植民地化されたため，スペイン文化とインディオ文化の混血文化が主流。近年，文化，経済面でアメリカの影響を強くうけている。

★4　主食は，ラテンアメリカ原産のとうもろこし（☞p.307～308）。

POINT!
> ラテンアメリカの住民…白人（スペイン系，ポルトガル系）のほか，先住民のインディオ，黒人，混血など，複雑な人種構成。

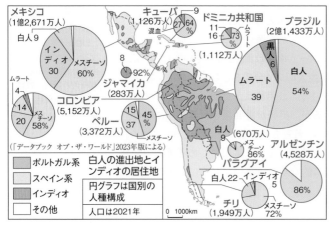

◀ラテンアメリカ各国の住民構成
先住民のインディオは，近年，**ネイティブ＝アメリカン**ともいう（ネイティブは「土着の」「先住の」「生粋の」という意味）。白人とインディオの混血を**メスチーソ**，白人と黒人の混血を**ムラート**という。なお，カリブ海諸国では黒人の，アンデス諸国ではインディオの，アルゼンチン，チリ，ウルグアイでは白人の割合が高い。

③｜アラブ民族とユダヤ民族

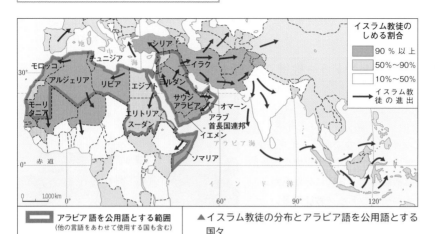

凡例:
イスラム教徒の
しめる割合
- 90％以上
- 50％〜90％
- 10％〜50％
→ イスラム教徒の進出

シリア、イラク、トルコ、モロッコ、チュニジア、アルジェリア、リビア、エジプト、ヨルダン、サウジアラビア、オマーン、アラブ首長国連邦、モーリタニア、エリトリア、スーダン、イエメン、ソマリア

地中海　アラビア海　イ　ン　ド　洋

赤道

0　1,000km

▭ アラビア語を公用語とする範囲
（他の言語をあわせて使用する国も含む）

▲イスラム教徒の分布とアラビア語を公用語とする
国々

1 アラブ民族

❶ 特徴　アラビア語を使い，イスラム教を信仰している人々を，アラブ民族という。アラビア半島を中心に，西アジアや北アフリ★1カなど，広い範囲に住んでいる。イスラム教を土台にした共通の文化，生活様式が形成されているうえ，ヨーロッパ諸国の植民地にされていたため，アラブ民族としての団結が強い。★2

❷ 生活　西アジアと北アフリカは，古代から繁栄した歴史的都市が多く，また，アジアとヨーロッパを結ぶ貿易がさかんであったため，アラブ民族は，商業に従事する者が多い。

2 ユダヤ民族

❶ 特徴　ヘブライ語を使い，ユダヤ教を信仰。紀元前6世紀ごろ，西アジアで国を滅ぼされてからは，漂泊の民となった。★3

❷ 国家建設　地中海東岸のパレスチナ地方は，イスラム教を信仰するアラブ人が生活していた。そこに，19世紀後半より，ユダヤ人の祖国復帰運動（シオニズム）がおこり，世界各地のユダヤ人が財力をもとに移住し，パレスチナは紛争地域となった。1948年，ユダヤ人国家イスラエルを建国，ユダヤ人の入植をすすめたので，アラブ諸国との対立は激化し，4度の中東戦争を引きおこした。★4　　　　　　　　　　　　　　　　　　　　　　　　　★5イスラエルの占領地拡大により，パレスチナ難民が増加した。

❸ 中東和平交渉　1991年から，アラブ諸国とイスラエルの和平，イスラエル占領地でのパレスチナ人の自治などの協議がすすむ。

★1　西アジアや北アフリカの地域を中東ともいうが，トルコ語を話すトルコ民族，ペルシア語を話すペルシア民族もいて（イラン），中東＝アラブ民族ではない。

★2　アラブ石油輸出国機構（⊃p.185, 341），アラブ連盟（⊃p.340）など。

★3　国家をもてなかったユダヤ人は，教育と経済力の向上に努めたので，今日，世界の金融界に強大な力をもち，また，学者も多い。

★4　1964年にPLO（パレスチナ解放機構）が組織された。

★5　1948年にパレスチナ戦争，1956年にスエズ戦争，1967年に第三次中東戦争，1973年に第四次中東戦争。

5
生活文化と民族・宗教、国家

1993年，イスラエルとPLOは，相互に存在を承認することになり，中東和平は大きく前進した。[*6] しかし，その後散発的なテロも相次ぎ，2014年，2021年，2023年には大規模な軍事衝突が発生している。

★6 ヨルダン川西岸の一部とガザ地区などでは1994年から，パレスチナ自治政府による暫定自治が開始。

4 | インドのヒンドゥー教徒の生活と文化

1 民族と国家

❶**インドの独立**　南アジアは，言語，宗教，文化が多様な社会である。イギリスの植民地であったが，第二次世界大戦後，独立するにあたって，3国に分かれた。

- インド………ヒンドゥー教徒が多い。[*1]
- パキスタン…イスラム教徒が多い。[*2]
- スリランカ…仏教徒が多い。

❷**インドの言語**　1,500以上の言語があり，使用者が100万人以上の言語が30以上，公用語は23にのぼる（⇨p.317，366）。

言語は大きく2つの系統に分けられる。

- インド＝ヨーロッパ語族…北部や中央部のヒンディー語（連邦公用語），ベンガル語など。
- ドラヴィダ語族…南部のタミル語，テルグ語など，インド先住民族の言語。

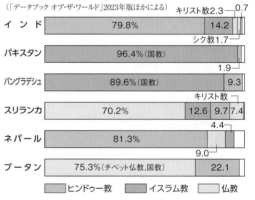

▲ガンジス川で沐浴するヒンドゥー教徒

（「データブック オブ・ザ・ワールド」2023年版ほかによる）

	ヒンドゥー教	イスラム教	仏教	キリスト教	その他
インド	79.8%	14.2		2.3	0.7
パキスタン		96.4%（国教）			シク教1.7
バングラデシュ		89.6%（国教）	9.3		1.9
スリランカ	70.2%	12.6	9.7	キリスト教 7.4	
ネパール	81.3%				4.4 / 9.0
ブータン	75.3%（チベット仏教，国教）		22.1		

▲南アジア諸国の宗教構成

2 ヒンドゥー教

❶**カースト**　多神教と四姓の階級をもとにした古代のバラモン教が前身となり，今日のヒンドゥー教が成立した。バラモン教における四姓（ヴァルナ）のカーストは，バラモン（僧），クシャトリヤ（貴族），ヴァイシャ（平民），シュードラ（奴隷）であったが，今日では約3,000のジャーティに細分されている。1947年，憲法でカーストによる差別は禁止されたが，結婚や食事は同じカーストの者に限るなど，カーストは，社会生活全体の中で大きな意味をもっている（⇨p.367）。

❷**生活**　ヒンドゥー教では，殺生を禁じ，原則として**肉食はせず**[*3]菜食中心。多くの神を信じ，**聖なる川ガンジスで沐浴**し，来世を信じる。死後，火葬された骨や灰は，ガンジス川に流される。

★1 パキスタンは東西に分かれていたが，西パキスタン優遇政策に反発した東パキスタンが，1971年バングラデシュとして独立した。

★2 独立時の国名セイロンを，1972年に改めた。

★3 神聖な牛の肉は食べない。

5 日本の民族と文化

1 日本の民族

❶ 日本人 モンゴロイド(⇨p.311)の日本民族。和人。

1 言語 日本語。言語系統は諸説ある。[★1]

2 宗教 仏教徒が多い。その他，日本古来の神道，キリスト教など。宗教的に寛容で，いろいろな宗教の行事がいりまじる。[★2]

3 日本人の由来 朝鮮半島，ユーラシア大陸，南方の島々から日本列島に渡ってきたさまざまな人々が，日本列島の中で1つの民族を形成してきた。

❷ 日本人以外の諸民族

1 アイヌ 古代には東北地方以北，江戸時代には北海道以北に住んでいた先住民(⇨p.319)。独自の言語をもつが，文字はもっていない。明治時代の初め，北海道に約2万人近いアイヌ人が暮らしていたが，日本人＝和人による抑圧，同化政策などで減少，東京などに移った人もいる。

2 在日韓国・朝鮮人(コリアン) 日本が1910年に朝鮮を併合して以来，働きにきたり，強制連行などによって，多くの人々が朝鮮半島から日本に移り住んだ。現在，その二世，三世などの子孫が日本で暮らしている(⇨p.358)。

独自の民族学校などをもち，民族教育が行われているが，日本人と同じ学校に通う子供もいる。

❸ 民族の共生へ 生物の中には，異種でありながら緊密な結びつきを保って，いっしょに生活する例がみられる。これを，共生という。そして，最適な共生が新たな進化に結びついたと考えられる例もみつかっている。現代世界では，単民族の国家は存在しない。そのため，世界の民族についても，こうした共生が望まれている。

2 日本の文化

❶ 日本文化の特色 複雑な地形，変化のある気候の影響で，各地に特色のある生活様式がある。また，古代以来，さまざまな外来文化をうけ入れ，同化しつつ，独自の文化を形成してきた。[★3]

❷ 日本の伝統的な生活

衣…和服(着物)。現在は，正月，祭，結婚式など限定的。

食…麦や米，魚や豆，みそやしょうゆ，清酒や酢などの和食。

住…木と土でつくる。たたみ，ふすま，しょうじなどの和室。

★1 トルコ系諸民族のチュルク語(トルコ語)とは，文法的に類似し，語順もほとんど同じだが，不明。

★2 正月には神社(神道)に参拝し，葬儀や法事は寺院(仏教)で行い，結婚式は教会(キリスト教)で，年末にはクリスマス(キリスト教)など。花祭り(寺院)，七五三(神社)などもある。

(2022年末)

▲日本にいる外国人の国籍別割合 国の数は180をこえる。なお，アイヌは外国人とされていないので，上図の中にはふくまれていない。

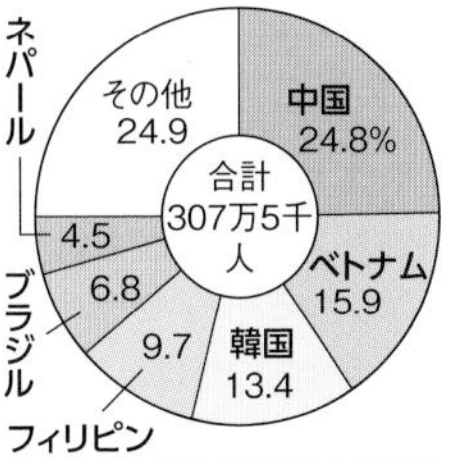

中国 24.8%
ベトナム 15.9
韓国 13.4
フィリピン 9.7
ブラジル 6.8
4.5
ネパール
その他 24.9
合計 307万5千人
(「日本国勢図会」による)

★3 日本の伝統的な文化としては，日本画，芸能(能，狂言，歌舞伎)，工芸(伝統工業など)，音楽(琴，三味線)，武道(柔道，剣道)，住居の文化と結びついた華道，茶道など，多方面にわたる。

5

生活文化と民族・宗教、国家

生活文化・民族・宗教

◉マイノリティ

少数者，社会的少数派の意味であるが，一般に少数の民族集団という意味で使われる。　現代の世界では，すべての国家は，複数の民族から構成されており（多民族国家），多数派の民族の価値観に対して，少数民族の文化が主張されることがあり，このような場合に，少数派をとくにマイノリティという。これに対し多数派はマジョリティという。

◉エスニック・グループ

同種の言語，宗教，伝統，慣習を共有し，そこへの帰属を自覚する文化的な共同体。国家の中のいろいろな文化的な集団を示す場合に使用されることが多い。民族的な集団であるが，国家の概念はふくんでいない。

◉エスニシティ

エスニック・グループのもっている文化的な独自性。民族性とも言える。

エスニシティをネタとした笑い話（エスニック・ジョーク）は，古くから存在する。たとえば，客船が沈没する間際，救命ボートは乗客の人数分は用意されていないとする。そこで，女性や子供を先に乗せようとする船長が，各国の男性乗客にアピールすると有効な言い方があるというジョーク。
①アメリカ人には「ここで潔く海に飛び込めばヒーローになれるぞ」。
②イギリス人には「紳士らしく飛び込もう」。
③ドイツ人には「飛び込め。船長の命令だ」。
④イタリア人には「すごい美女が飛び込んだぞ」。
⑤フランス人には「どうぞ飛び込まないでください」。
⑥ロシア人には「ウォッカのビンが流された。今追えば間に合うぞ」。
⑦中国人には「美味しそうな高級魚が泳いでいますよ。高く売れますよ」。
⑧日本人には「みんな飛び込んだぞ」。

◉エスノセントリズム

自民族中心主義，自文化中心主義。アメリカの社会学者，ウィリアム・サムナーの造語で，自分の育ってきたエスニック・グループ，民族，人種の文化を基準として他の文化を否定的に判断したり，低く評価したりする態度や思想のことをいう。

◉オリエンタリズム

西ヨーロッパ世界がもっている「オリエント」（東洋）のイメージ。パレスチナ出身のアメリカの批評家，エドワード・サイードの著書『オリエンタリズム』（1978年）以降，広く認識されるようになった。

オリエンタリズムは，西ヨーロッパの文学，歴史学，人類学など広い範囲の文化活動の中に見られ，優越感や傲慢さ，偏見とも結びついている。また，サイードによれば，「オリエントを支配し再構成し威圧するための西洋の様式」とされ，欧米の帝国主義，植民地支配の基盤ともなったという。

◉クレオール

混成語（混合言語）のこと。宗主国の言語と現地の言語などのように，複数の言語が混ざりあって成立した言語。

◉多文化主義

多様な文化の存在を認めて積極的に評価していく考え方のことをいう。マルチカルチュラリズム。複数の民族の共生をめざす。単一文化主義に対する用語。

カナダでは，1986年に雇用均等法，1988年に多文化主義法を制定し，その後も伝統的に国策の根幹とされ，カナダ社会の基本的な特徴となっている。オーストラリアも，カナダとほぼ同様の多文化主義を採用している。その一例として，多言語放送がある。オーストラリアの国民には，国語である英語圏以外の先住民や移民が多いことから，公共放送局は，英語以外の多言語放送をおこなっているが，それが全体の半数をしめ，法的にも規定されている。

◎ロマ

ロマとは**ジプシー**とも呼ばれる，北インドや中央アジアからヨーロッパに移住した移動型の民族。現代では定住生活をする者も多い。ヨーロッパでは迫害を受けてきた。

ジプシーという呼称は差別的に使用することも多く，最近では彼らの自称である**ロマ**というようになった。文化としては，タロットとよばれるカード占いが有名。フラメンコの原型とも言われる独自の音楽，踊りをもち，旅芸人として流浪した人々もいる。

◎ロングハウス

熱帯の東南アジアからニューギニアでみられる高床式の長屋型大住宅。複数の家族が共同で居住する。マレーシアのボルネオ（カリマンタン）島のイバン族のものは，とくに大規模。

◎イグルー

カナダのハドソン湾沿岸やラブラドル半島などに住む**イヌイット**（⇨p.418）が，冬につくるドーム型の氷の住居。狩猟のときなど，一時的な使用が中心。半地下式で風や外の寒気を防ぐため，意外と暖かい。床にはアザラシの毛皮などをしき，火を使って煮炊きなどもする。

◎インティファーダ

イスラエルによる強硬なパレスチナ軍事占領政策に抗議して，パレスチナ側民衆がおこした2度の抵抗運動。アラビア語で「蜂起」「反乱」という意味。

第一次インティファーダは，1987年にガザ地区で発生したが，1991年頃に下火となり，1993年の**オスロ合意**および**パレスチナ自治政府**の設立にともない沈静化した。第二次インティファーダは，2000年に発生した。イスラエルの首相が，1,000名の武装した側近とともに，エルサレム旧市街のモスクに入場したのがきっかけであった。

イスラエルはインティファーダを「テロ」とみなし，その「報復」「テロ撲滅」と称して徹底的に弾圧した。

◎民族浄化

複数の民族集団が共存する地域において，一つの民族の存在しか認めず，他民族を迫害，追放，大量虐殺（ジェノサイド）などで排除しようとすること。

用語としては，1990年代に内戦中の旧ユーゴスラビアで生まれたとされるが，こうした問題は古くからある。第二次世界大戦中のナチス・ドイツによるユダヤ人の強制収容，虐殺が代表的であるが，現代世界でも発生している。

・1962年前後。アルジェリア独立の際，行われたコロン（ヨーロッパ系住民）の追放。
・1974～75年。北キプロスからのギリシャ系住民の追放と，南キプロスからのトルコ系住民の追放。
・1975～78年。カンボジアのポル・ポト政権下でベトナム系住民の追放，殺害。
・1994年。ルワンダにおいて，フツ族によるツチ族の虐殺。
・1995年。旧ユーゴスラビア，ボスニア内戦下において，セルビア人によるスレブレニツァでのイスラム教徒の虐殺。
・2003年～。スーダン西部のダルフール地方におけるアラブ系民兵による非アラブ系住民の追放，虐殺（ダルフール紛争）。数十万人規模の犠牲者が出ている。

SECTION 4 国家の領域と領土問題

1 | 国家の成立

1 独立国

❶**独立国とは**　国家が独立国として国際的に認められるには，領域，国民，主権の3要素が必要である。この場合の主権とは，**他国の干渉をうけることなく，領域と国民を統治する権利**をいう。

❷**独立国の分類**　君主の有無，国家の組織などの観点から分類。

★1 PLO(パレスチナ解放機構)は，領域をもたないため，独立国とは認められなかったが，1994年から自治区を支配し，自治政府となった。

分類の基準	類型	特色	代表国
統治の形式	共和国 君主国 立憲君主国	・主権をもつ国民が，国家の元首を選出 ・君主が主権をもって統治する ・君主の地位は名目的。憲法による統治	アメリカ，フランス，ロシア，中国 サウジアラビア，クウェート イギリス，ベルギー，タイ
国家の組織	単一国家 連邦国家	・中央集権的な単一の政府をもつ ・自治権をもつ州が連邦を形成。中央政府は州から委任された権限を行使する	日本，フランス，イタリア，オランダ スイス，ロシア，アメリカ，ドイツ， 　オーストラリア，アラブ首長国連邦
領土の構成	単節国 複節国 └飛地国	・国土が陸続きでまとまっている ・国土がいくつかにわかれている ・国土が外国領土で分断されている	タイ，インド，ブラジル，ノルウェー 日本，インドネシア，イギリス アメリカ，ロシア，アゼルバイジャン
国民の構成	単族国 複族国	・単一の民族で構成。厳密な単族国はない ・複数の民族で構成，**多民族国家**ともいう。現代の国家はほとんどが複族国	単族国に近い…韓国，イエメン ロシア，ベルギー，スイス，マレーシア，シンガポール，ナイジェリア
政治的立場	緩衝国	・2つ以上の強国にはさまれ，対立勢力の衝突を緩和する機能をもつ	かつてのタイ，ベルギー，ポーランド 現在のベネルクス3国，スイス，ネパール，ラオス
	永世中立国	・緩衝国のうち，関係諸国から国土の不可侵を保障されている	スイス，オーストリア

▲国家の分類と代表国　飛地国は**エクスクラーフェン**という。
　　　　　　　　　　　以前はパキスタンもこれに該当した。

2 非独立地域(属領)

❶**保護国**　国際法上は独立国とされるが，外交権など主権の一部を特定の国に委任する。フランスとスペインにはさまれた**アンドラ**が，これにあたっていた。

❷**自治領**　内政権をもっているが，外交権をもっていない領域。**プエルトリコ**(アメリカ)，**グリーンランド**(デンマーク)などがあてはまる。

★2 フランスの元首とスペインのウルヘル司教が主権をもっていた。1993年に独立。

★3 カナダ，オーストラリア，ニュージーランドは独立国であるが，イギリス女王の任命する総督が駐在するため，形式的にはイギリス自治領。

❸ **直轄植民地**　宗主国政府が，直接，統治する植民地。かつての
ホンコン，**マカオ**，現在のフランス領ギアナなど。

❹ **租借地**　一定の期間，他国の領土内で統治を行うことを認めら
れた地域。かつての**パナマ運河地帯**（アメリカ）など。

❺ **信託統治領**　国連の委任により，特定の国が統治していた地域
（⇨p.434）。現在は存在しない。

2│国家の領域と国境

1 領域

❶ **領土**　国家の主権が
及ぶ陸地。

❷ **領海**　18世紀以来，
最低潮位線より3海
里とされてきたが，現
在では日本を含めて，
領海を基線より12海里
とする国が多く，**国連
海洋法条約**においても，
領海12海里が認められ
ている。

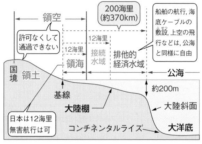

▲領域と排他的経済水域

❸ **領空**　領土と領海の上空のこと。航空機の発達により，防衛上
重要となっている。

2 200海里水域

❶ **大陸棚条約**　第一次国連海洋法会議で採択され，1964年に発効。
大陸棚の水産資源や地下資源は，**沿岸国が権利をもつ**ことになった。

❷ **排他的経済水域**　国連海洋法条約による200海里までの水域（領
EEZ (Exclusive Economic Zone)
海を除く）で，すべての資源について**沿岸国が権利をもつ**。日本も
1977年，領海を12海里とし，200海里水域を設定。

POINT!

$$独立国 \begin{cases} ①領域 \\ ②国民 \\ ③主権 \end{cases}$$

①領域 ── 領土
②国民 ── 領海（3→12海里）
領空
経済水域（200海里）

保護国，自治領，直轄植民地，租借地など。

★4　1997年にイギリスから中国へ返還。

★5　1999年にポルトガルから中国へ返還。

★6　1999年にパナマに返還（⇨p.228）。

★1　1海里は1852m。領海3海里は国際法として認められてきた。

★2　第三次国連海洋法会議の中で1982年に採択され，1994年に発効。

★3　領海の外側が**公海**で，航行や漁業などの自由，いわゆる「**公海自由の原則**」が認められている。なお，領海の外側で基線より24海里の範囲を**接続水域**という。ここは領海ではないが，領海内での違反を防止する措置などをとることができる。

★4　**大陸棚**とは，水深が**200m**ぐらいまでの浅い海底（⇨p.87）。地下資源にめぐまれ，水産資源も豊富。

★5　日本は，世界の**趨勢**に押される形で1977年以来，領海12海里と200海里水域を設定した。なお，日本の200海里水域（⇨p.332）は，最初は水産資源の管理に限定した**漁業専管水域**として設定されたが，国連海洋法条約の批准により，1996年から**排他的経済水域**となる。

5

生活文化と民族・宗教、国家

3 国境の種類

❶ 国境の機能　国境は主権の及ぶ限界であり，隣国との**隔離性**(かくり)，交流性の二面性の機能をもつ。

❷ 自然的国境(しぜんてき)　山岳，海洋，河川，湖沼(こしょう)などによる。

❸ 人為的国境(じんい)　緯度(いど)，経度(けいど)による**数理的国境**(すうり)が代表的。城壁や文化的境界などによる国境もある。

補説　**先行国境**(せんこう)★6　国家の社会的，経済的な支配が及ぶ前に定められた国境。

上置国境(じょうち)　1つの民族，国家を，隣接国や宗主国(植民地支配国)が人為的に分割して定めた国境。バスク人居住地を分けたスペイン，フランス国境や，クルド人居住地を分けたイラン，イラク国境など。民族分布と異なるため，民族紛争がおこる例も多い(♂ p.369)。

★6 アメリカとカナダ間の国境は，白人にとっては先行国境であるが，先住民のインディアンにとっては上置国境である。

▼自然的国境の種類と代表例

種類	特色	代表例
山岳国境	山岳(とくに山脈)を利用した国境。隔離性は十分であるが，交流性におとる。ただし，アルプス山脈は，峠(とうげ)の交通が発達している	アルプス山脈(スイス，イタリア，フランス，オーストリア)，ピレネー山脈(フランス，スペイン)，アンデス山脈(チリ，アルゼンチン)，エルツ山脈(ドイツ，チェコ)，スデーティ山脈(ポーランド，チェコ)，パトカイ山脈(ミャンマー，インド)，スカンディナヴィア山脈(スウェーデン，ノルウェー)，ヒマラヤ山脈(インド，中国，ネパール，ブータン)，カフカス山脈(ロシア，ジョージア，アゼルバイジャン)
海洋国境	最も理想的な国境。交流性，隔離性ともにすぐれる	日本，フィリピン，インドネシア，スリランカ，キプロス，マダガスカル，アイスランド，イギリス，キューバ，ニュージーランドなど，島国
河川国境	古くから利用されてきたが，河道が変化しやすいので，紛争の原因にもなる(アメリカ，メキシコ間のリオグランデ川の紛争が有名)	ライン川(フランス，ドイツ，スイス)，ドナウ川(スロバキア，ハンガリー，クロアチア，セルビア，ルーマニア，ブルガリア)，メコン川(タイ，ラオス)，アムール川(中国，ロシア)，オーデル川とナイセ川(ポーランド，ドイツ)，ラプラタ川(アルゼンチン，パラグアイ，ウルグアイ，ブラジル)，コンゴ川(コンゴ，コンゴ民主)，アムノック[ヤールー]川(中国，北朝鮮)，セントローレンス川(カナダ，アメリカ)
その他 湖沼国境 砂漠国境 森林国境		五大湖(アメリカ，カナダ)，レマン湖(スイス，フランス)，ボーデン湖(スイス，ドイツ，オーストリア) サハラ砂漠 ベーマーヴァルト[ボヘミア森](ドイツ，チェコ)

▼人為的国境の種類と代表例　今日では，経緯線を用いた数理的国境が中心である。

種類	特色	代表例
数理的国境	経緯度によって，直線的に定めた国境。境界とすべき自然的事物の乏(とぼ)しい地域や，人口密度が低く開発の遅れた地域，紛争地域に多い	アメリカ(本土)とカナダ(北緯49度)，アラスカとカナダ(西経141度)，エジプトとスーダン(北緯22度)，エジプトとリビア(東経25度)，インドネシアとパプアニューギニア(東経141度)，チリとアルゼンチン[フエゴ島](西経68度36分)など。アフリカ，西アジアの砂漠地帯にも多い
障壁国境(しょうへき)	国防上から人工的に城壁や濠(ほり)をつくって国境としたもの。軍事境界線	万里の長城(中国辺境部)，古代ローマ帝国の城壁(辺境ブリタニアのハドリアヌスの長城など)，韓国と北朝鮮の軍事停戦ライン，インドとパキスタンの停戦ライン
文化国境	民族(言語，宗教)の分布による境界	インドとパキスタン 独立国家共同体＝CIS(♂ p.404)の中央アジア諸国

▼世界のおもな国境(領土)問題　国境問題の要因としては，1. 既に定まっている国境を隣国が侵犯した場合，2. 国境線が不明確な場合，3. 確定した国境でもその経緯を双方が納得していない場合などがある

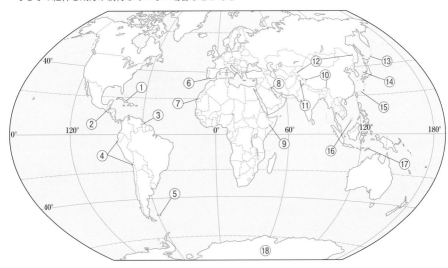

①グアンタナモ(キューバ東端)　1903年からアメリカが租借。キューバが返還を要求。

②ベリーズ　1981年に独立を達成したが，1986年までグアテマラが領有権を主張していた。

③ガイアナ西部　ベネズエラが，ガイアナの国土の3分の2をしめるエセキボ地域の領有権を主張。

④ペルーの国境紛争　エクアドルとの間の国境紛争は，1999年に解決した。同年，チリとの間の国境紛争も解決した。

⑤フォークランド諸島　イギリスとアルゼンチンの双方が領有権を主張。1982年に軍事衝突がおこり，イギリスが勝利した。アルゼンチン名ではマルビナス諸島という。

⑥イギリス領ジブラルタル　1713年のユトレヒト条約でイギリス領になる。スペインが返還を要求。

⑦西サハラ　スペイン撤退後，モロッコとモーリタニアが共同統治。モーリタニアの撤退後モロッコが全土を占領し，独立を望む現地住民と対立。

⑧シャトルアラブ川　イランとイラクの国境線を，川の中央にする(イランの主張)か，イラン側の川岸にする(イラクの主張)かで対立。イラン=イラク戦争(1980〜88年)の一因。

⑨オガデン　「アフリカの角」地域にあり，エチオピアとソマリアが，領有をめぐって1977年に戦争。エチオピアが勝利。

⑩中国・インド国境　ヒマラヤ山脈をはさむ東部(マクマホン=ライン)と西部(ラダク地方)で対立。

⑪カシミール地方　インドとパキスタンが分離，独立する際に，その帰属をめぐって対立。現在は休戦ラインで分割されている。

⑫中国・旧ソ連国境　東部アムール川，ウスリー川の中州の帰属や，西部のパミール地方をめぐって双方が対立。1989年に協定成立。2001年の友好条約で確認。

⑬北方領土　国後島，択捉島，歯舞群島，色丹島の北方4島は，現在ロシアが占領。日本は，固有の領土であるとして，返還を要求(⇨p.332)。

⑭竹島(独島)　日本と韓国が領有権をめぐって対立。

⑮尖閣諸島　政府は日本国固有の領土としているが，中国・台湾が領有権を主張。

⑯南沙群島　多数の岩礁。海底油田の利権がからんで，中国，台湾，ベトナム，マレーシア，フィリピン，ブルネイが領有権を主張。

⑰東ティモール　オランダ領から独立したインドネシアに対し，ポルトガル領であったティモール島東半分が，インドネシアによる併合に反対。2002年5月に独立国として成立。

⑱南極大陸　ヨーロッパ，オセアニア，南アメリカの7か国が領有権を主張。1959年の南極条約締結以来，領有権は凍結状態にある(⇨p.435)。

3 | 日本の領土・領域

1 位置

❶東端　東京都小笠原諸島の南鳥島
（153°59'E，24°17'N）。

❷西端　沖縄県の与那国島（122°56'E，
24°26'N）。

❸南端　東京都の沖ノ鳥島（136°04'E，★1
20°25'N）。

❹北端　北海道の択捉島（148°45'E，
45°33'N）。

2 領域

❶領土面積　日本の国土の総面積は，
北方領土を含み，約38万km²。地球
の全陸地の約400分の1にあたる。

▲日本列島の位置とまわりの国々

❷領土問題

1 **北方領土**　北海道に属する日本固有の領土である。千島列島の
南部をしめる**択捉島，国後島，色丹島，歯舞群島**の4島。第二
次世界大戦後当時のソ連によって占領され，ソ連解体後のロシ
アによっても不法に占拠されたままなので，日本は返還を要求
している。

2 **竹島**　島根県に属する日本海にある竹島も日本固有の領土であ
るが，韓国によって不法に占拠された状態が続いており，日本
は抗議している。韓国名は独島。

3 **尖閣諸島**　東シナ海の尖閣諸島は，中
国と台湾が領有権を主張しているが，
日本が固有の領土として実効支配をし
ており，領土問題は存在しない。

★1 沖ノ鳥島は「北
小島（北露岩）」と「東
小島（東露岩）」が畳3
枚分と1枚分の面積だ
けの島。建設省（現在
は国土交通省）は，約
40km²もの経済水域
を守るため，島がくず
れないようブロックで
工事した（1989年）。

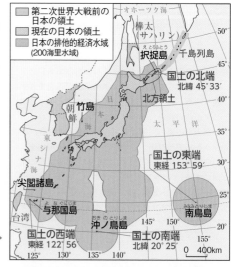

日本の排他的経済水域（200海里水域）▶

⑤ 現代の国家群

1 さまざまな国家群

1 国家群の多様化

❶ **3つの国家群** 第二次世界大戦後，世界の国家は，**資本主義国家群，社会主義国家群，発展途上国**(第三世界)に分かれてきた。

❷ **国家群の対立** 戦後の米ソ対立(**東西冷戦**)により，資本主義国家群と社会主義国家群は，それぞれ軍事同盟を結んだ。一方，発展途上国の多くは，**非同盟**，**中立主義**の立場をとった。

❸ **現在の国家群** 1989年に冷戦が終結し，その後の東ヨーロッパの民主化とソ連の解体(1991年)によって，従来の国家群の枠組みは大きく変化した。発展途上国も，**産油国**や**新興工業地域**(新興工業経済地域群)(NIEs)，**後発開発途上国**(LDC)などに分化しており(⇨p.376)，国家群は多様化の時代を迎えている。
Newly Industrializing Economies　Least Developed Countries

2 国家間の結合

1 国家の結合

❶ **政治的結合** 特定の国どうしで結ばれ，軍事同盟から緩やかな結合まで，また，二国間条約から**集団安全保障体制**まで，さまざまな形が存在。東西冷戦時代には多くの軍事同盟が結成された。

> 補説 **二国間条約** 軍事的，政治的結合には，二国間条約もある。アメリカが中心の日米安全保障条約，米韓相互防衛条約など。旧ソ連も，モンゴル，ベトナム，北朝鮮，中国などと二国間の軍事的な条約を結んでいた。

❷ **経済的結合** 多くの場合は，同一地域の国どうしが結合し，相互に交流を深めて経済発展をめざす。しかし，**保護貿易**政策をとって，排他的性格をおびやすいので，世界経済のブロック化に結びつく恐れがある。また，発展途上国には，特定の**一次産品**の輸出国が結合する**資源カルテル**もみられる。

2 先進国の軍事的，政治的結合

❶ **北大西洋条約機構**(NATO) 北アメリカ，西ヨーロッパ諸国による軍事同盟として，1949年に結成。冷戦終結後は戦力を削減しており，ヨーロッパの安全保障，テロ対策にとりくむ。

★1 アメリカを中心とした資本主義国家群を西側，ソ連を中心とした社会主義国家群を東側として，直接，戦争をしないで対立したこと。

★2 1人あたりの国民所得，識字率，工業化率の水準が著しく低い国。**最貧国**ともいう。2023年現在，46か国。

★3 近年，先進国に対して発展途上国のことを**グローバルサウス**とよぶことがある。

★1 関係各国が相互に不可侵を約束し，侵略国には集団として強制措置をとり，平和を維持しようとする考え方。

★2 加工されない形のままの農林水産物や鉱産物。原油，ボーキサイト，銅，バナナなど。発展途上国の輸出品には，一次産品が多い。

★3 **石油輸出国機構**(OPEC)が代表的である(⇨p.341)。

★4 2004年に東ヨーロッパ諸国7か国が加盟して26か国，その後，旧ユーゴスラビア各国も加盟。2023年にはフィンランドが加盟し31か国になった。本部ブリュッセル。

5

生活文化と民族・宗教，国家

> [補説] **ワルシャワ条約機構（WTO）** 旧ソ連と東ヨーロッパ諸国による軍事同盟で，NATOに対抗して，1955年に結成された。7か国が加盟していたが，冷戦終結後の1991年に解体。最近は，WTOに加盟していた国のNATO加盟がすすんでいる（⇨p.338）。

❷ **経済協力開発機構（OECD）** OEEC[★5]が改組されて，1961年に結成。先進資本主義国の貿易推進と，発展途上国援助の調整をはかることが目的。おもに先進資本主義国（38か国）が加盟している。発展途上国の援助については，下部機関の**開発援助委員会（DAC）**で協議。本部はフランスのパリ。

❸ **主要国首脳会議（サミット）** 1975年から，アメリカ，イギリス，フランス，ドイツ，イタリア，カナダ，日本，ロシア（G8）[★6]の首脳とEU委員長が，年1回集まり，国際問題について協議。

> [補説] **財務大臣・中央銀行総裁会議** 国際的な経済問題を議論。次の3種類が存在。①G7：G8のうちロシアを除く。②G10：G7とオランダ，ベルギー，スウェーデン，スイスで構成。③G20：G20サミット参加国にIMF，IBRD，ヨーロッパ中央銀行の3機関の代表で構成。

❹ **G20サミット（20か国・地域首脳会合）** 世界金融危機の深刻化を受けて，2008年からG8，EU，新興経済国11か国[★7]のグループで開催（G20財務大臣・中央銀行総裁会議は1999年から）。金融サミットとも呼ばれる。**参加国の総人口は世界の3分の2，GDP合計は世界の約90％，貿易総額は世界の約80％になる。**

③ 発展途上国に関する結合

❶ **非同盟諸国会議** 1961年，ベオグラードで第1回会議を開催。東西冷戦時代に，非同盟，中立主義の運動を展開。1970年代から発展途上国の利益を主張し，運動の重点は南北問題（⇨p.235）にうつっている。現在は120か国が参加している。

> [補説] **アジア＝アフリカ会議（A＝A会議）** 史上初めてのアジア，アフリカ諸国の国際会議。1955年，インドネシアのバンドンで開催。反植民地主義，民族主義，平和共存などをスローガンとしてかかげ，後にバンドン精神として，アジア，アフリカ諸国の精神的支柱となった。

❷ **国連貿易開発会議（UNCTAD）** 南北問題の解決をはかるため，先進資本主義国に有利な貿易体制を是正し，発展途上国の経済発展を目的とする。1964年に国連の常設機関として設立[★8]。国連全加盟国が参加。

途上国へ一般特恵関税の実施	「援助よりも貿易を」(1964年)
途上国へGNP1％相当の援助	「援助も貿易も」(1972年)
一次産品の価格引き上げ，価格補償のための共通基金の設立。	

★5 第二次世界大戦後，アメリカはマーシャル＝プランという西ヨーロッパ復興計画を立案した。その受け入れ機関として，1948年，ヨーロッパ経済協力機構（OEEC）が設立された。これに対抗して，ソ連は社会主義諸国とともに経済相互援助会議（COMECON）という経済同盟を結成した（1949～91年）。

★6 主要な8か国のグループという意味。ロシアは1997年から参加→2014年から参加資格停止。

★7 EUは団体として参加。11か国は中国，韓国，インドネシア，インド，サウジアラビア，トルコ，南アフリカ，メキシコ，ブラジル，アルゼンチン，オーストラリア。

★8 1961年，第1回非同盟諸国会議終了に際し，発展途上国77か国が共同宣言を採択して，77か国グループを結成した。この77か国グループの結束によってUNCTADの設立がうながされた。

★9 一次産品は，価格が抑えられ，かつ不安定で，利益が少ない。

★10 小麦，砂糖，すず，コーヒー豆，カカオ豆，オリーブ油，天然ゴム，ジュート，木材について，一次産品共通基金が設立された。

補説 **南北問題** おもに北半球の北側に位置する先進資本主義国と，その南側に位置する発展途上国との間の大きな経済格差の問題。かつての植民地支配に続く，先進国本位の国際経済秩序が要因。

補説 **新国際経済秩序（NIEO）** 1974年の国連総会で宣言。ヨーロッパ列強が世界を植民地として分割して以来，先進資本主義国が形成してきた国際経済秩序は，発展途上国には不利な面が多い。資源や経済活動に対する恒久的主権，多国籍企業への規制などを明確化し，公正で新しい秩序を樹立しようとしている。

3 ヨーロッパの結合

1 ヨーロッパ共同体（EC）の成立と発展

❶ **ベネルクス3国関税同盟** ベルギー，オランダ，ルクセンブルクの3国間の関税を廃し，共通関税を設立。ECのひな型。

❷ **3つの共同体** ベネルクス3国とフランス，西ドイツ，イタリアの6か国によって結成。

1 **ヨーロッパ石炭鉄鋼共同体（ECSC）**[★1] 1952年に発足。基幹産業である石炭と鉄鋼の関税を廃し，生産や価格などを共同管理。1950年にフランスのシューマン外相が提唱したことを発端とする。軍需物資である石炭と鉄鋼の共同管理によって，ヨーロッパ，とくにフランスとドイツで二度と戦争をおこさない不戦共同体をつくるという面があった。

2 **ヨーロッパ経済共同体（EEC）**[★2] 1958年に発足。経済面の国境を廃するために，域内関税の撤廃，共通関税の設定，資本や労働力の移動の自由化，経済面での共通政策の実施を行った。

3 **ヨーロッパ原子力共同体（EURATOM）**[★3] 1958年に発足。原子力の利用と開発を共同で行った。

❸ **ECの結成**[★4] ヨーロッパ共同体（EC）は，1967年，上記3つの共同体を統合して発足。原加盟国は，ベネルクス3国とフランス，西ドイツ，イタリアの6か国。本部はベルギーの首都ブリュッセル。

❹ **加盟国の増加** ECは12か国に拡大した。[★5]

補説 **ヨーロッパ自由貿易連合（EFTA）** イギリスを中心とした7か国が，EECに対抗して1960年に結成。EECとは異なり，域外共通関税を設定せず，ゆるやかな結合をめざした。これはイギリス連邦との貿易を縮小させたくないイギリスの意思による。しかし，イギリス，デンマーク，ポルトガル，オーストリア，スウェーデン，フィンランドがEC，EUに移った。現在，ノルウェー，スイス，アイスランド，リヒテンシュタインが加盟。1994年から，EUと，スイスを除くEFTAの3か国で，**ヨーロッパ経済地域（EEA）**をつくり，市場統合を推進。

★1 European Coal and Steel Community の略。

★2 European Economic Community の略。

★3 European Atomic Energy Community の略。

★4 European Community の略。

★5 1993年にECがEUになって，その後，加盟国はさらに拡大している（⇨p.240）。

5 生活文化と民族・宗教，国家

EUの共通農業政策（CAP）
Common Agricultural Policy

　ヨーロッパは第二次世界大戦で戦場となり，復興に際し，まず食糧の増産＝農業の復興が課題であった。共通農業政策（CAP）は，関税同盟の構築などとともにEEC（当時）の事業の重要な柱であった。CAPのおもな事業は，**共通市場政策，共同農業財政，農業構造改善事業**である。

　共通市場政策は，**統一価格制度**および**境界保護措置**による域内農業の保護である。共同農業財政は，CAPに関する費用を加盟国の経済力に応じた分担金によってまかなうというものである。

　統一価格制度とは，「域内では，ある1つの農産物の価格はどこの市場でも同じ」というものである。たとえば，小麦なら，最も“生産性の低い＝コストの高い”地域（当初はドイツのフランクフルト）の市場価格を統一価格として，その他の“生産性の高い＝コストの低い”地域では，EECが買い手となって市場介入し（有効需要を高める＝価格を上げる），統一価格にな

るまで無制限に買い入れを行うというものである。

　境界保護措置とは，①安価な海外農産物には輸入課徴金を課し，②高価な域内農産物には輸出補助金をつけて安価に輸出するというものである。

　これらの制度によって保護されたEECの農家は，生産意欲を向上させ，その農業生産は急速に回復した。しかし，一方でさまざまな問題も発生した。①農業予算の膨張（全体の約半分を農業関連予算がしめる），②ドイツなど分担金の高負担国の，統一価格制度の受益国に対する不満，③余剰農産物，およびこれらに補助金をつけて安価に輸出することによる農産物貿易摩擦などである。

　このため，1980年代から，①統一価格の引き下げ，②農産物の無制限買い取りの撤廃，③作付面積の削減などの対応を行ってきた。1992年以降も段階的に見直しを行っている。

　CAPは①価格所得政策，②農村振興対策から成り立っている。

2　ECからEUへ

❶**マーストリヒト条約**　1992年調印，1993年発効のヨーロッパ連合条約。ECはヨーロッパ連合（EU）として発展することとなった。

❷**EUの機関**　EU理事会が決定機関で，ヨーロッパ委員会が執行機関。ヨーロッパ議会★6がある。

❸**EUの政策**

1 **関税同盟と共通通商政策**　域内関税の撤廃と，域外共通関税を設定して**関税同盟**を完成。また，対外的に共通の通商政策★7をすすめている。

2 **共通農業政策**

　①**共通市場政策**　域内の農民の所得保障を目的に，域内の農産物には統一価格を設定して保障する。域外の安価な農産物の

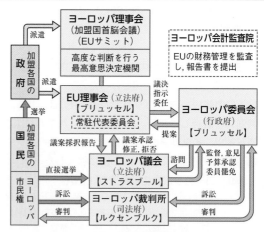

▲EUのおもな機関

★6　議席数は各国の人口比による。

輸入には輸入課徴金をかけ，輸出には輸出補助金を出す。

②共同農業財政　共通市場政策のための費用をまかなう。

③農業構造改善事業　経営規模の拡大，機械化の促進など。

③ **市場統合**　ECは，1993年より市場統合を達成した。これは，人(労働力)，物やサービス(商品)，資本(お金)が，どこへでも自由に移動できることを意味する。出入国の手続きは1995年に発効したシェンゲン協定(⇨p.224)により大幅に簡素化された。

④ **通貨統合**　EUは，ヨーロッパ中央銀行を設立し(本部はフランクフルト)，1999年から，新しく単一通貨として「ユーロ(Euro)」を導入した。スウェーデン，デンマークなどは導入していない。

③ EUとその課題

❶ **EUの意味**　ヨーロッパ連合(EU)では，通貨統合，共通外交を推進することになっている。現在，経済分野では加盟国の国家を超越した意思決定を行うことができる。

❷ **今後の課題**

① **保護貿易**　EUの貿易総額は世界最大であるが，半分以上を域内がしめ，域外に対して保護主義の立場を取るため，経済のブロック化を助長するという非難をうけている。

② **共通農業政策**　需給関係を無視した買い支えによって，農産物の過剰生産が深刻化。同時にEU予算の約半分を農業政策による経費がしめることで財政が悪化したため，その経費を段階的に3割程度にまで引き下げてきた。また価格支持や輸出補助金の予算を減らす一方，構造改革にかかる農村振興策などへの支出を増やしている。さらに，環境・気候変動課題への対応をより重視した政策への転換もはかられている。

★7　アフリカ，カリブ海，太平洋地域の国々と，コトヌー協定を結び，援助と貿易の拡大をはかっている。

★8　1979年に成立したヨーロッパ通貨制度(EMS)では，ECU(ヨーロッパ通貨単位)を共通の計算単位にして為替相場の安定をはかったが，これは実在の通貨ではなかった。

★9　自国内(域内)の産業を保護するために，政府が介入して統制する貿易。今日，先進国間では**自由貿易**が原則とされている。

★10　とくに共通農業政策について，アメリカが強く非難している。閉鎖的な勢力範囲が形成(ブロック化)されると，国際貿易がふるわなくなり，各ブロック間で競争がはげしくなって，国際関係も悪化しやすい。

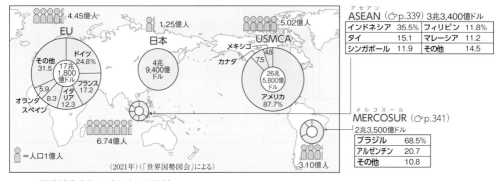

アセアン ASEAN (⇨p.339) 3兆3,400億ドル	
インドネシア　35.5%	フィリピン　11.8%
タイ　　　　　15.1	マレーシア　11.2
シンガポール　11.9	その他　　　14.5

メルコスール MERCOSUR (⇨p.341) 2兆3,500億ドル	
ブラジル	68.5%
アルゼンチン	20.7
その他	10.8

▲国内総生産(GDP)と人口の比較

③ **地域格差**　EUの規模が拡大するにつれて，**加盟国間の経済水準に格差**がみられるようになった。新しく加盟した**旧東ヨーロッパ諸国**は，他国に比べて所得水準が低く，格差は拡大している。また，ギリシャ，アイルランド，ポルトガルなどが債務危機におちいり，EU全体の経済混乱をまねいている。

> EC（1967年結成）…ECSC，EEC，EURATOM（ユーラトム）を統合。
> ┌ 1993年に市場統合を完成→世界最大の統一市場が成立。
> └ 人，物やサービス，資本の移動が，完全に自由になった。
> ヨーロッパ連合（EU）…ユーロによる通貨統合や，共通外交が目標。

４ ヨーロッパのその他の結合

❶ **ヨーロッパ安全保障協力機構（OSCE）**　1975年以来，全ヨーロッパ諸国の安全保障と協力関係の確立をすすめてきた。冷戦終結をうけた1990年にパリ憲章が調印され，事務局などが設置された。

★11 加盟国は50か国をこえる。

❷ **ヨーロッパ大西洋協調評議会（EAPC）**　ソ連が解体した1991年に，北大西洋条約機構（NATO）と旧ワルシャワ条約機構の加盟国が結成した北大西洋協力理事会（NACC）から発展（1997年）。

★12 北大西洋協力会議，北大西洋協力評議会とも表記される。

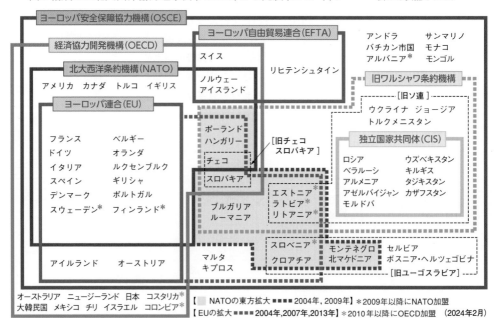

▲ヨーロッパを中心とする国家結合

❸ 独立国家共同体（CIS）　1991年のソ連解体後，独立国となった12か国[13]で結成。2008年にジョージアが脱退。各国とも，政治，経済，民族問題をかかえ，組織の結束力は強くない（⊃ p.404）。

★13 旧ソ連から独立した15か国のうち，バルト3国は当初から加盟していない。

┃4┃　その他の結合

┃1┃　アジアやアフリカの結合

❶ 東南アジア諸国連合（ASEAN）　1967年に結成。東南アジアの政治，経済の地域協力組織。東南アジアの10か国が加盟[1]。シンガポール，マレーシア，タイなどで工業化がすすむ。1992年は，EUやNAFTAに相当するASEAN自由貿易地域（AFTA）の形成が合意され，関税引き下げによる域内貿易の促進にむけて動き出した。本部はインドネシアのジャカルタ。

> [補説]　**ASEAN地域フォーラム（ARF）**[2]　近年めざましい経済成長をとげたASEAN諸国は，AFTAの形成など，欧米に対抗するような動きをとる一方，中国と台湾の関係（中台問題）や，南沙群島（⊃ p.331）問題など，政治的に不安定な要素もかかえている。このような状況を背景に，極東アジアや太平洋地域の安全保障などについて，関係国の外相が集まって討議するのが目的。1994年に結成。

> [補説]　**アジア＝ヨーロッパ会合（ASEM）**　ASEANの主要国とヨーロッパ連合（EU）諸国の会議で，1996年から始まった。ユーラシア情報ネットワークの推進などを目的にかかげている。

★1 タイ，インドネシア，フィリピン，マレーシア，シンガポールの5か国で結成。その後，1984年にブルネイ，1995年にベトナム，1997年にラオスとミャンマー，1999年にカンボジアが加盟した。

★2 加盟国はASEAN10か国を中心に，広い範囲の国々を含む。

5　生活文化と民族・宗教、国家

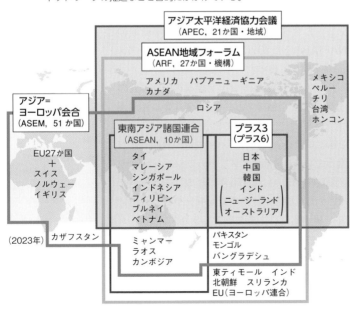

▲ASEANからみた世界の結合

❷ **南アジア地域協力連合(SAARC)**　南アジア8か国による経済，文化など総合的な発展をめざす組織。1985年結成。2006年には，南アジア自由貿易圏(SAFTA)が発足するなど，貿易促進にむけた動きがみられる。本部はネパールのカトマンズ。

❸ **湾岸協力会議(GCC)**　イラン革命や旧ソ連のアフガニスタン侵攻などの危機に対し，ペルシア湾岸の産油国6か国が，経済や安全保障などの面で協力を強めることを目的に，1981年に設立。湾岸戦争(1991年)では，アメリカと多国籍軍を編成するなど，親米的な色彩がある。本部はサウジアラビアのリヤド。

❹ **アラブ連盟(AL)**　1945年に結成。アラブ諸国間の関係強化を目的とする。民族主義的な色彩が強い。中東戦争ではエジプトを中心に強い結束をみせたが，1979年のエジプトとイスラエルの単独和平以降，結束がくずれる。本部はエジプトのカイロ。

❺ **アフリカ連合(AU)**　1960年の「アフリカの年」(⇨p.376)をふまえ，1963年に，アフリカ諸国の連帯を目的に結成された**アフリカ統一機構(OAU)**が，2002年に改組して成立。西サハラの加盟により，モロッコは1984年に脱退したが，2017年に再加盟。現在の加盟国は，アフリカの独立国55か国と西サハラ。本部はエチオピアのアディスアベバ。

2 南北アメリカの結合

❶ **アメリカ・メキシコ・カナダ協定(USMCA)**　1994年結成の**北米自由貿易協定(NAFTA)**から，2020年に引き継がれた。アメリカは製造業の国内回帰を図っている。

❷ **米州機構(OAS)**　アメリカとラテンアメリカ諸国の大部分との結合で，南北アメリカ諸国の安全保障を目的に，1951年に結成された。加盟国は，南北アメリカの全独立国で計35か国。社会主義国のキューバは1962年に排除され，キューバも脱退を表明したが，形式的には加盟国となっている。本部はアメリカのワシントンD.C.。

❸ **ラテンアメリカ経済機構(SELA)**　1975年に結成。キューバを含むラテンアメリカ27か国が加盟。域内の資源開発や対外政策に関して共通姿勢をとる。事務局はベネズエラのカラカス。

❹ **ラテンアメリカ統合連合(ALADI)**　1961年に結成したラテンアメリカ自由貿易連合(LAFTA)の市場統合が失敗したため，1981年にこれを改組して結成。域内関税の引き下げなどを行い，共同市場をめざす。本部はウルグアイのモンテビデオ。

❺ **中米統合機構(SICA)**　中央アメリカ8か国の経済同盟。1951

★3　インド，パキスタン，バングラデシュ，スリランカ，ネパール，ブータン，モルディブと，2007年に加盟したアフガニスタン。

★4　クウェート，サウジアラビア，バーレーン，カタール，アラブ首長国連邦，オマーンの王制6か国により構成される。

★5　アラブとは，アラビア語とイスラム教を共通にする民族のこと(⇨p.369)。アラブ連盟の加盟国は，21か国とパレスチナ(⇨p.323)。

★6　1989年にアメリカ，カナダ自由貿易協定が発効していたが，1993年のEU誕生をみて，メキシコを加え，人口，GNPともEUを上回る地域経済共同体をめざした。アメリカとメキシコの間では，1970年代からメキシコでのマキラドーラ(⇨p.425)の成功があった。

★7　アメリカを含んでおらず，先進国に対抗しようとする性格が強い。

★8　加盟国はガイアナ，スリナムを除く南アメリカ大陸の10か国と，メキシコ，ニカラグア，キューバの13か国。

★9　グアテマラ，ホンジュラス，エルサルバドル，ニカラグア，コスタリカ，パナマ，ベリーズ，ドミニカ共和国が加盟。

年設立の中米機構(ODECA)を発展的に解消し，1991年に設立。
地域経済統合を進める。本部はサンサルバドル。

❻ **南米南部共同市場(MERCOSUR)**　ブラジル，アルゼンチン，
ウルグアイ，パラグアイの4か国で，1995年に結成した関税同
盟。2006年にベネズエラが加盟したが，2016年に資格停止。[10]
EUのような共同市場形成をめざしている関税同盟。

　欧米諸国がその将来性を注目する一方で，米州自由貿易地域[11]
(FTAA)の創設をめざすアメリカとの関係悪化など，今後の行
方が注目される。本部はウルグアイのモンテビデオ。

❼ **アンデス共同体(CAN)**　1996年結成のボリビア，ペルー，
エクアドル，コロンビアのアンデス地域の経済開発組織。加盟
国の国民は，加盟国間を自由に往来できる。MERCOSURと協
力関係。

* 2016年から資格停止

▲南アメリカの国家群

MERCOSUR
加盟国

CAN
加盟国

3 その他の地域の結合

❶ **アジア太平洋経済協力(APEC)**[12]　経済発展の著しい環太平洋地
域の，今後のさらなる**経済発展のための協力を協議する**目的で，
1989年初会合が開かれた。本部はシンガポール。

❷ **環日本海経済圏構想**　日本，中国，韓国，北朝鮮，ロシアで構
成される経済圏構想。日本と韓国の資本や技術，中国の労働力，
北朝鮮とロシアの資源を活用した開発をめざす。

❸ **環太平洋パートナーシップ(TPP)協定**　2016年，シンガポール，
ニュージーランド，チリ，ブルネイ，オーストラリア，カナダ，
日本，メキシコ，ベトナム，ペルー，マレーシア，アメリカの12
か国で署名された**経済連携協定(EPA)。2017年にアメリカが離脱。**

4 資源カルテル

❶ **資源ナショナリズム**　自国領土内の天然資源に対して民族的主
権の確立と，それに基づく経済発展をめざす動きを資源ナショナ
リズムという。1960年代以降に活発となった。

❷ **資源カルテル**　資源ナショナリズムの確立のために，共通の資
源を保有する国が結成。生産量や価格を協定して，加盟国の利益
を守ろうとしている。

1 **石油輸出国機構(OPEC)**[13]　発展途上国の産油国が，**メジャー(国
際石油資本)**に対抗するため1960年に結成。1970年代に価格，
生産量の決定権を握り，石油産業の国有化に成功。

2 **その他**　銅輸出国政府間協議会(CIPEC)，国際ボーキサイト連
合(IBA)，鉄鉱石輸出国連合(AIOEC)などが結成された。

★10 チリ，コロンビ
ア，エクアドル，ペ
ルー，ガイアナ，スリ
ナムの6か国が準加盟。

★11 キューバを除く
米州34か国による一
大自由貿易地域を創設
しようという構想。ア
メリカ主導の計画で，
メルコスール諸国は反
対し，計画は頓挫して
いる。

★12 加盟国は，アジ
ア，太平洋地域の19
か国，および台湾，ホ
ンコンの2地域(⇨
p.356)。APEC全体の
GDPは世界全体の約
6割。

★13 アラブ石油輸出
国機構(OAPEC)は，
アラブ産油国が1968
年に結成(⇨p.185)。

生活文化と民族・宗教、国家

5

アラブ連盟，OPEC，OAPECの加盟国▶

アラブ連盟にパレスチナは国家扱いで加盟している。
OPECはカタール，エクアドル，アンゴラ，インドネシアが脱退している。

石油輸出国機構（OPEC）

ベネズエラ　イラン　ナイジェリア
ガボン　　　コンゴ共和国
赤道ギニア　（インドネシア）

アラブ石油輸出国機構（OAPEC）

イラク　　　サウジアラビア
クウェート　リビア
アルジェリア
アラブ首長国連邦

アラブ連盟（AL）

レバノン　　オマーン
ヨルダン　　ソマリア
モロッコ　　モーリタニア
イエメン　　ジブチ　　　パレスチナ
スーダン　　コモロ　　　チュニジア

バーレーン　エジプト
シリア　　　カタール

5 ｜ 国際連合（国連）と国際協力

1 国際連合（UN）

❶ 成立と目的　1945年，**51か国を原加盟国**として成立。国連憲章第1条で，①国際平和と安全の維持，②諸国間の友好関係の促進，③経済的，社会的，文化的，人道的な国際問題の解決，をうたっている。本部は**ニューヨーク**。

❷ 加盟国　発足以来，加盟国は増加を続け，現在は190か国をこえている。日本は，1956年に加盟した。

　現在の未加盟国は，バチカン市国，コソボ，クック諸島，ニウエ。最近では，2000年にツバル，セルビア，2002年にスイス，東ティモール，2006年にモンテネグロ，2011年に南スーダンが加盟した。

> 補説　**国連平和維持活動（PKO）**　紛争地域に対して，**国連平和維持軍（PKF）**や軍事監視団を派遣して，休戦，停戦の監視や治安の維持などの任務を行う。当事者に対しては中立の立場をとる。なお1992年には，日本の自衛隊員が初めてカンボジアに派遣された。

❸ おもな機関[1]

① 総会　議決は多数決制。重要事項は出席国の3分の2以上。

② **安全保障理事会（安保理）**　**国際平和と安全の維持**をはかるための大国中心の機関。議決は**5常任理事国**（改選のない5つの大国）をふくむ9か国以上の賛成で行われる。

　　5常任理事国…拒否権をもつ**米，英，仏，ロ，中の5大国**[3]。
　　10非常任理事国…総会で選出。任期2年で改選される。

③ 経済社会理事会　経済，社会，文化，教育上の諸問題を扱う。専門機関や，その他の諸機関がある。

④ **国際司法裁判所**　オランダの**ハーグ**におかれる。総会と安保理で選出される15人の裁判官で構成。任期9年。

★1　国連の関係機関でノーベル平和賞を受賞したものがある。国連難民高等弁務官事務所（1954，1981年），国連児童基金[UNICEF]（1965年），国際労働機関[ILO]（1969年），国連平和維持軍[PKF]（1988年），国連及びアナン事務総長（2001年），国際原子力機関[IAEA]とエルバラダイ事務局長（2005年），気候変動に関する政府間パネル[IPCC]（2007年）。

★2　安保理では，拒否権をもつアメリカ，イギリス，フランス，ロシア，中国の5大国のうち，1国でも拒否権を行使すれば，議決ができなくなる。そこで1950年，総会の3分の2以上の賛成があれば，安保理と同じ権限を行使できることとした，「平和のための結集決議」がなされた。

★3　現在，日本やドイツなどの常任理事国入りが検討されている。

国連の組織▶

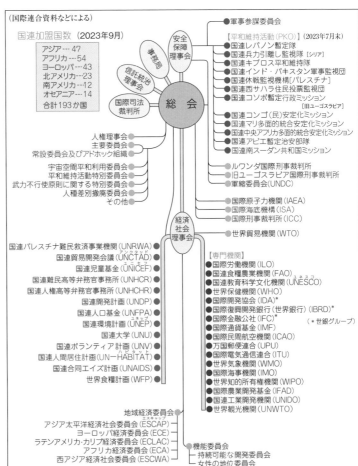

（国際連合資料などによる）

国連加盟国数（2023年9月）

アジア	---	47
アフリカ	---	54
ヨーロッパ	---	43
北アメリカ	---	23
南アメリカ	---	12
オセアニア	---	14
合計		193か国

▼国連の本部
（ニューヨーク）

総　会

安全保障理事会

事務局

信託統治理事会

国際司法裁判所

経済社会理事会

● 軍事参謀委員会

【平和維持活動（PKO）】（2023年7月末）
● 国連レバノン暫定隊
● 国連兵力引離し監視軍［シリア］
● 国連キプロス平和維持隊
● 国連インド・パキスタン軍事監視団
● 国連休戦監視機構［パレスチナ］
● 国連西サハラ住民投票監視団
● 国連コソボ暫定行政ミッション
　　　　　　　　　　［旧ユーゴスラビア］
● 国連コンゴ（民）安定化ミッション
● 国連マリ多面的統合安定化ミッション
● 国連中央アフリカ多面的統合安定化ミッション
● 国連アビエ暫定治安部隊
● 国連南スーダン共和国ミッション

ー ルワンダ国際刑事裁判所
ー 旧ユーゴスラビア国際刑事裁判所
● 軍縮委員会（UNDC）

● 国際原子力機関（IAEA）
● 国際海底機構（ISA）
● 国際刑事裁判所（ICC）
● 世界貿易機関（WTO）

人権理事会 ●
主要委員会 ●
常設委員会及びアドホック組織 ●
宇宙空間平和利用委員会 ●
平和維持活動特別委員会 ●
武力不行使原則に関する特別委員会 ●
人種差別撤廃委員会 ●
その他 ●

【専門機関】
● 国際労働機関（ILO）
● 国連食糧農業機関（FAO）
● 国連教育科学文化機関（UNESCO）
● 世界保健機関（WHO）
● 国際開発協会（IDA）*
● 国際復興開発銀行（世界銀行）（IBRD）*
● 国際金融公社（IFC）*
● 国際通貨基金（IMF）　（*世銀グループ）
● 国際民間航空機関（ICAO）
● 万国郵便連合（UPU）
● 国際電気通信連合（ITU）
● 世界気象機関（WMO）
● 国際海事機関（IMO）
● 世界知的所有権機関（WIPO）
● 国際農業開発基金（IFAD）
● 国連工業開発機関（UNIDO）
● 世界観光機関（UNWTO）

国連パレスチナ難民救済事業機関（UNRWA）●
国連貿易開発会議（UNCTAD）●
国連児童基金（UNICEF）●
国連難民高等弁務官事務所（UNHCR）●
国連人権高等弁務官事務所（UNHCHR）●
国連開発計画（UNDP）●
国連人口基金（UNFPA）●
国連環境計画（UNEP）●
国連大学（UNU）●
国連ボランティア計画（UNV）●
国連人間居住計画（UN－HABITAT）●
国連合同エイズ計画（UNAIDS）●
世界食糧計画（WFP）●

地域経済委員会 ●
アジア太平洋経済社会委員会（ESCAP）ー
ヨーロッパ経済委員会（ECE）ー
ラテンアメリカ・カリブ経済委員会（ECLAC）ー
アフリカ経済委員会（ECA）ー
西アジア経済社会委員会（ESCWA）ー

機能委員会 ●
ー 持続可能な開発委員会
ー 女性の地位委員会

5

生活文化と民族・宗教、国家

⑤ 事務局　国連運営の事務機関。**事務総長**は，安保理の勧告で，総会が任命する。[4]

⑥ **信託統治理事会**　信託統治領（⇨p.434）の行政を監督する。現在，業務がほぼ終了。

POINT!

国際連合（国連）
- 総会……全加盟国で構成。
- 安保理…5常任理事国に拒否権。
- 事務局など多くの機関。

❹ **国連の成果と課題**　アメリカとソ連が対立していた冷戦時代には，国連の目的である平和と安全の維持に関して，有効に機能しなかった面もある。最近は，国連自体の地位低下[5]や，安保理の常任理事国をしめる5大国の優越的地位などの問題がある。

★4　1997～2006年がアナン（ガーナ），2007～16年がパンギムン［潘基文］（韓国），2017年からグテーレス（ポルトガル）。

★5　近年では，1993年のソマリアにおけるPKFの失敗，1999年のNATOによるコソボ空爆に際して国連の承認を得ずに軍事行動が行われたこと，アメリカの**単独行動主義**など，国連の地位低下が危惧される状況も発生。

　しかし，冷戦終結後の今日，民族問題などの**地域紛争**（ふんそう）の解決，**軍縮**（ぐんしゅく）の推進など，世界平和に向けて国連への期待は大きい。また加盟国の大半を発展途上国がしめるようになり，深刻化する南北問題の対話の場としても，国連のはたす役割は増している。

2 国際協力

❶ 国際協力の意味　政治的な協力も存在するが，経済的な協力（＝**援助**（えんじょ））を一般に国際協力という。多くは先進資本主義国から発展途上国に対して行われる資金，技術の提供の形をとるが，貿易を通じた協力★6なども行われる。

❷ さまざまな経済協力　経済協力には二国間★7の協力と多国間の協力，政府ベースによる政府開発援助（ODA，**無償**（むしょう）または長期低利の資金援助）と民間ベースによるものに分かれる。

1 **国連によるもの**　国際復興開発銀行（世界銀行，IBRD）★8の**融資**（ゆうし），国連開発計画（UNDP），それぞれの地域経済委員会★9など。

2 **地域協力機関によるもの**　アメリカ開発銀行，アジア開発銀行，アフリカ開発銀行の融資。南・東南アジア経済開発協力計画（コロンボ計画，⊃p.123）など。

3 **開発援助委員会（DAC**（ダック）**）によるもの**　DACは経済協力開発機構（OECD，⊃p.334）の下部機関で，発展途上国に対する資金供与（きょう）や，ODAの拡充などを目的とする。

4 **非政府組織（NGO）によるもの**　人的，技術的支援が中心。国際**赤十字社**（せきじゅうじ），アムネスティ＝インターナショナルなどの団体。

❸ 日本の国際協力　ODAのほか，民間の**直接投資**★10★11も，1980年代には大きく拡大した。しかし，援助の質については，日本企業の利益本位であるという批判も多く，今後は，南北格差の縮小という視点がますます必要となる。

　また，人的支援も重要で，国の独立行政法人である**国際協力機構**（JICA（ジャイカ））が**派遣**（はけん）するJICA海外協力隊が発展途上国で活躍している。他国で大災害が発生したときに，48時間以内に派遣される国際**緊急**（きんきゅう）援助隊も，積極的に活動している。

★6　関税上で優遇する**一般特恵関税**の適用や，工場などの設備に操業（そうぎょう）上のノウハウまでふくめる**プラント輸出**などがある。

★7　二国間で行われる援助には，被援助国に対する経済支配や，公害輸出などをまねくという問題点がある。

★8　IBRDに関連した国際金融公社（IFC），国際開発協会（IDA），多数国間投資保証機関（MIGA）をあわせて世銀グループという。

★9　地域経済委員会は，5つの委員会からなる（⊃p.434）。

★10　日本は援助額は多いが，対GNI比は低い。ODA総額の約半分がアジア向けで，最大の供与国はインド（2021年）。

★11　企業が工場や子会社をつくって資本進出をすること（⊃p.237）。

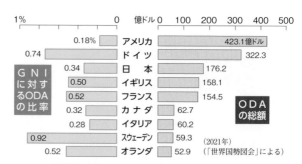

	1%	0	億ドル 0	100	200	300	400	500
アメリカ	0.18%						423.1億ドル	
ドイツ	0.74					322.3		
日本	0.34			176.2				
イギリス	0.50			158.1				
フランス	0.52			154.5				
カナダ	0.32		62.7					
イタリア	0.28		60.2					
スウェーデン	0.92		59.3					
オランダ	0.52		52.9					

GNIに対するODAの比率　ODAの総額

（2021年）（「世界国勢図会」による）

▲おもな先進国の援助　ヨーロッパ諸国は旧植民地への供与が多い。北ヨーロッパ諸国は，ODA総額の対GNI（国民総所得）比が高い。

☑ 要点チェック

CHAPTER 5　生活文化と民族・宗教，国家		答
☐ 1	インドの女性が着る1枚布の服を何というか。	1　サリー
☐ 2	アンデスの高地の人々が着るマントを何というか。	2　ポンチョ
☐ 3	イスラム教徒の女性が着る黒い服を何というか。	3　チャドル
☐ 4	キルトとよばれるスカート状の民族衣装は，どこの地域のものか。	4　スコットランド
☐ 5	北朝鮮や韓国の女性の伝統的な民族衣装を何というか。	5　チマ・チョゴリ
☐ 6	メキシコのトルティーヤは，何の粉からつくられるか。	6　とうもろこし
☐ 7	タロいも，ヤムいもが広く栽培される地域はどこか。	7　太平洋の島々
☐ 8	地中海沿岸のヨーロッパで一般的な住居の材料は何か。	8　石
☐ 9	西アジアで一般的な住居の材料は何か。	9　(日干し)れんが
☐ 10	ヨーロッパ，アラブ，インド系の人種を何というか。	10　コーカソイド
☐ 11	離島のように孤立して存在する少数の人種の居住地域を何というか。	11　人種島
☐ 12	フランス語，英語，ヒンディー語などの語族を何というか。	12　インド=ヨーロッパ語族
☐ 13	フィン語，ハンガリー語などの語族を何というか。	13　ウラル=アルタイ語族
☐ 14	複数の民族からなる国家を何というか。	14　多民族国家(複族国)
☐ 15	民族自決主義を提唱したアメリカ大統領はだれか。	15　ウィルソン
☐ 16	スイスの公用語はドイツ，フランス，イタリア，(　)語である。	16　ロマンシュ
☐ 17	ベルギーの公用語は，フラマン，ドイツ，(　)語である。	17　ワロン
☐ 18	カナダでおもにフランス語が話される州はどこか。	18　ケベック州
☐ 19	インドの連邦公用語は何か。	19　ヒンディー語
☐ 20	チェチェン共和国はどこの国に属しているか。	20　ロシア連邦
☐ 21	イラク，イラン，トルコなどにまたがる山岳地帯にくらす民族を何というか。	21　クルド人
☐ 22	アラブ人とユダヤ人の対立する地中海東岸を何というか。	22　パレスチナ
☐ 23	インドとパキスタンが帰属をめぐり対立する地域はどこか。	23　カシミール地方
☐ 24	大量の難民が発生しているダルフール地方はどこの国か。	24　スーダン
☐ 25	オーストラリアの先住民を何というか。	25　アボリジニ
☐ 26	オーストラリアのかつての人種差別的政策を何というか。	26　白豪主義政策
☐ 27	南アフリカのかつての人種隔離政策を何というか。	27　アパルトヘイト

☐ 28	中国で最も人口が多い民族名は何か。	28	漢族（漢民族）
☐ 29	海外に移住した中国人を何というか。	29	華僑（華人）
☐ 30	マレーシアのマレー人優遇政策を何というか。	30	ブミプトラ政策
☐ 31	ラテンアメリカの先住民を何というか。	31	インディオ
☐ 32	イスラム教を信仰し，アラビア語を話す民族を何というか。	32	アラブ民族
☐ 33	ユダヤ人の祖国復帰運動を何というか。	33	シオニズム
☐ 34	1948年に建国されたユダヤ人国家を何というか。	34	イスラエル
☐ 35	インドの社会的階級制度を何というか。	35	カースト（制度）
☐ 36	古くから，北海道などに住んでいた先住民族を何というか。	36	アイヌ
☐ 37	独立国であるには，領域，国民，（　）の3要素が必要である。	37	主権
☐ 38	領海は基線より何海里とする国が多いか。	38	12海里
☐ 39	緯度，経度によって引かれた国境を何というか。	39	数理的国境
☐ 40	韓国により不法に占拠されている日本固有の領土はどこか。	40	竹島
☐ 41	主要国首脳会議の通称は何か。	41	サミット
☐ 42	国連貿易開発会議の略称は何か。	42	UNCTAD
☐ 43	ECの原加盟国はベネルクス3国，旧西ドイツとどこか。	43	イタリア，フランス
☐ 44	ECをEUに改組した条約を何というか。	44	マーストリヒト条約
☐ 45	EUに常設されている運営，執行機関は何か。	45	ヨーロッパ委員会
☐ 46	旧ソ連の国々が結成した協力組織は何か。	46	独立国家共同体（CIS）
☐ 47	ASEAN自由貿易地域の略称は何か。	47	AFTA
☐ 48	アラブ民族の国々が協力をはかる国際機関は何か。	48	アラブ連盟
☐ 49	アフリカのほとんどの国が参加する地域的結合は何か。	49	アフリカ連合（AU）
☐ 50	アジア太平洋経済協力会議の略称は何か。	50	APEC
☐ 51	自国の資源の主権を主張する動きを何というか。	51	資源ナショナリズム
☐ 52	同じ資源の輸出国が協定して利益を守る結合は何か。	52	資源カルテル
☐ 53	国連の平和維持活動を略して何というか。	53	PKO
☐ 54	安全保障理事会で拒否権をもつ5か国はどこか。	54	米，英，仏，ロ，中
☐ 55	オランダのハーグにある国連の主要機関は何か。	55	国際司法裁判所
☐ 56	発展途上国の支援を目的とするOECDの下部機関は何か。	56	開発援助委員会（DAC）
☐ 57	JICAが派遣する人的支援部隊を何というか。	57	JICA（青年）海外協力隊
☐ 58	他国の大災害時，48時間以内に派遣される援助隊は何か。	58	国際緊急援助隊

第 3 編

現代世界の
地誌的考察

. . . .

1 》地域区分と国家

SECTION 1 地域区分の目的と方法 ⮕ p.348

□ 2つの地理的視点
- ・系統地理…地形や気候，民族，農業など，各分野別の全体像を考察する。
- ・地誌…アジア，ヨーロッパ，日本，関東など，各地域別の全体像を考察する。

□ 地域のとらえ方
- ・等質地域…同じような地理的性質をもった地域。温帯，酪農(らくのう)地域，住宅地など。
- ・機能地域…核心(かくしん)(中心地)との結合関係で範囲が決定される地域。都市圏，商圏など。

SECTION 1 地域区分の目的と方法

1 | 地理的視点と地域のとらえ方

1 2つの地理的視点

❶ 系統地理(けいとう)　地理を自然的分野(地形，気候など)，人文的分野(じんぶん)(文化，民族など)，社会的分野(産業，交通など)に分けてそれぞれの事象の成り立ちを考察する。ケッペンの気候区分，ホイットルセイの農業区分，ウェーバーの工業立地論などは系統地理の代表例である。一般地理ともいう。

❷ 地誌(ちし)　地理をある地域ごとに区切って，その地域の様子や特徴を把握(はあく)する。自然，人文，社会現象全般について考察し，地域の概観(がいかん)を考察する方法や，特定の事象を他の事象との関連から考察する方法[★1]がある。

ケッペンの気候区分 ⮕ p.96
ホイットルセイの農牧業区分 ⮕ p.149
ウェーバーの工業立地論 ⮕ p.195

★1 フランスの農業の分布という特定の事象を考察する場合に，フランスの地形，気候，土壌(どじょう)の分布を関連させて考察する，というようなことである。

[地誌の各地域]

	地域A	地域B	地域C	…	地域Z
地　形					
気　候		系　統　地　理			
農　業	地				
鉱工業					
民　族	誌				
：					
都　市					

[系統地理の各テーマ]

系統地理と地誌 ▶

各地域ごとに調べる

[例] 地域Aについて，地形，気候，農業などの様子を調べていく

各テーマごとに調べる

[例] 地形について，各地域の様子を調べていく

2 地域のとらえ方

❶ 地域とは "地域"とは一般的には地表の広狭さまざまの部分をいうが，地理学の目的は，Geo(地表の)graphy(記述)であるから，どのような事象をどこまでの広がりをもって考察，記述するのかが重要となる。

アジアや本州，近畿地方，京都府，京都市といった区分も地域であるが，カトリック文化圏，乾燥地域，東京大都市圏，商店街といった，"ある特徴をもった広がり"としての区分が"地理的地域"である。逆にいえば自分が考察，研究の対象とする"地域"が確定して，はじめて地理的考察が始まるのである。★4

❷ 等質地域 同じような**地理的性質**でもって他と境界を決定できる地域。**同質地域**ともいう。スラブ文化圏，温帯地域，沖積低地，混合農業地域，鉄鋼業地域，住宅地区などが具体例。

等質地域の特徴は，地域区分をする場合，等質性の指標の用い方によってどのようにも画定できること，隣接する等質地域との境界は明確な線で区画されず，漸移地帯となっていることである。★5

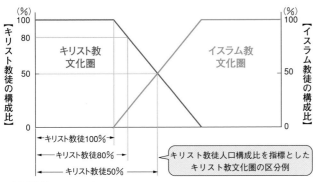

▲等質地域のイメージ

キリスト教文化圏といった場合，指標となるキリスト教徒の構成率を何%にするかによって，画定する地域の範囲が異なってくる。また，キリスト教のうち正教会文化圏，そのうちのセルビア正教文化圏と，いくらでも細分化が可能である。

等質地域の例▶
(南アジアの宗教分布 ⇨ p.366)

★2 このような便宜上区別され設定されている地域を，**形式地域**という。後述の実質地域に対する言葉。

★3 このような実質的な意味内容をもった地域を，**実質地域**という。等質地域と機能地域に区分される。

★4 古代や中世の地理とは，地域に関するすべてのことがらを調べて，これを記述することであった。『風土記』がその典型といえる。現代では，自然や人間生活において，地域的共通性や，地域的個性(地域性)を明らかにすることが重要とされている。

★5 植生でいうなら，ある線を境に東側が熱帯雨林，西側がサバナと，くっきりと分かれるいうことはあり得ない。樹木の密度が少しずつ変化していくのである。

❸ **機能地域**　特定の場所に核心(中心地，中核)を持ち，**核心との結合関係**(核心の影響がどこまで及ぶか)によって範囲が決定される地域。**結節地域，統一地域**ともいう。大都市圏，商圏，通勤・通学圏などが具体例。

　機能地域の特徴は，核心地域とその周辺を取り巻く周辺地域[6]，その限界の三者から構成されること，区分の指標によって同一の地域でも異なる地域区分が行われることである。

★6　大都市圏を例にあげると，CBD(⊃p.283)や都心商店街という核心と，その周辺に分布する問屋街，軽工業地区，老朽住宅街，郊外住宅地区といった周辺地域(これらはみな等質地域である)から構成される。

地域
{ 等質地域…同じ性質をもつ地域。
{ 機能地域…核心(中心地)と機能的に結びついた地域。

2 | 世界の地域区分

1 さまざまな地域区分の例[1]

経済発展から
{ 先進国………近代工業が発展し，経済的に豊かな国々。
{ 発展途上国…経済的に発展途上にある国々。

文化の類似性から
{ 東アジア文化圏……中国文化を中心に形成。
{ インド文化圏………インド，ヒンドゥー教を軸に形成。
{ イスラム文化圏……イスラム教の世界。
{ ヨーロッパ文化圏…ギリシャ，ローマ文化とキリスト教。

★1　本書第3編のCHAPTER 2～5の区分(⊃p.351～438)は，地誌学習のための，最も一般的な世界の地域区分である。

☑ 要点チェック

CHAPTER 1　地域区分と国家		答
□ 1	自然，産業，民族のように区分する地理を，何というか。	1 系統地理
□ 2	地域別に区分する地理を，何というか。	2 地誌
□ 3	等質地域の事例を，1つあげよ。	3 気候帯(⊃p.96)
□ 4	機能地域の事例を，1つあげよ。	4 大都市圏(⊃p.283)

まとめ

^{SECTION}1 東アジア ☞ p.353

□ **中国(中華人民共和国)**

- **国土と自然**…世界第4位の国土面積に, **世界第2位の人口**(2023年)。東部は平野と丘陵(きゅうりょう)が広がり湿潤(しつじゅん)であるのに対し, 西部は高原と盆地で乾燥。

- **歴史と社会**…社会主義国であるが, 現在は改革・開放政策で, **シェンチェン(深圳(せん))**などの経済特区や, **シャンハイ(上海), コワンチョウ(広州)**などの経済開発区で経済が発展。**漢族(かん)**が中心であるが, 少数民族も多い。人口は東部, 都市に集中。

- **中国のおもな地域**…重工業の発達した**東北**, 黄河流域(こうが)(ホワンホー)の**華北(かほく)**, 長江流域(ちょうこう)(チャンチヤン)の**華中(かちゅう)**, チュー川(珠江)流域の**華南(かなん)**, 少数民族の居住する**西部**など。

□ **韓国(大韓民国)(かんこく)と北朝鮮(朝鮮民主主義人民共和国)(ちょうせん)**

- **韓国**…工業化をすすめアジアNIEs(ニーズ)の代表になった。農村では**セマウル運動**。

- **北朝鮮**…社会主義国として国有化や集団化をすすめた。日本と国交がない。

^{SECTION}2 東南アジアと南アジア ☞ p.359

□ **あらまし**

- **自然と住民**…季節風(モンスーン)の影響。

- **資源と産業**…植民地時代は**プランテーション, モノカルチャー経済**。外国資本を導入して工業化に成功した国もある。

> **アジアNIEs**
> (新興工業経済地域)
> **大韓民国**
> **シンガポール**
> **台湾, ホンコン**

□ **東南アジア**

- **タイ**…植民地にならなかった。**米**のモノカルチャー経済から多角化と工業化へ。

- **マレーシア**…多民族国家。天然ゴムと**すず**から, 油やし栽培や工業化の推進。

- **シンガポール**…**華人(かじん)**が多数。アジアNIEsの代表で, 国際金融の中心地。

- **インドネシア**…石油, 天然ガスが豊富。コーヒー, 天然ゴムなどの商品作物。

- **フィリピン**…さとうきび, バナナのプランテーション。工業化も進展。

- **その他**…石油, 天然ガスが豊富なブルネイ。**ドイモイ**政策のベトナム。

□ **南アジア**

- **インド**…ヒンドゥー教と**カースト**。工業化もすすむが, 農業人口が多い。

- **パキスタン**…イスラム教徒が多い。パンジャブ地方などで, 小麦, 綿花。

- **バングラデシュ**…イスラム教徒が多い。ガンジスデルタで, 米, ジュート。

- **スリランカ**…仏教徒が多いが, 民族対立も。茶や天然ゴムの生産が多い。

まとめ ✅

❸ 西アジアと中央アジア ☞p.369

☐ **自然と住民**

・**自然の特色**…おおむね乾燥気候で，砂漠やステップが広い。

・**歴史と社会**…イスラム教信者が多く，**アラブ民族**の勢力が強い。ユダヤ民族のイスラエルは，アラブ諸国と対立。

☐ **資源と産業**

・**石油資源**…ペルシア湾沿岸とカスピ海沿岸で石油を産出。当初，国際石油資本が支配したが，現在は，石油輸出国機構（OPEC）により産油国に主権。

・**農業**…伝統的な遊牧やオアシス農業が多いが，一部で大規模な灌漑農業。

☐ **西アジアと中央アジアの国々**

・**イラン**…イスラム教シーア派の国。世界有数の産油国。

・**サウジアラビア**…イスラム教発祥の地。**世界有数の産油国**。石油収入で工業化。

・**トルコ**…イスラム世界で最もはやくに近代化。ドイツへの出かせぎが多い。

・**その他の国々**…イラク，クウェート，アラブ首長国連邦，カタールなどは産油国。中央アジア5か国はイスラム教徒。カフカス3か国では民族対立。

ASEAN…東南アジ
ア諸国連合
OPEC…石油輸出国
機構
OAPEC…アラブ石
油輸出国機構

---

❹ 北アフリカとサハラ以南のアフリカ ☞p.375

☐ **自然と住民，産業と経済**

・**アフリカ大陸の自然**…高原状の大陸。乾燥帯が広く，熱帯雨林やサバナも分布。

・**歴史と社会**…植民地支配をうけ，現在も外国資本の支配や**モノカルチャー経済**。

・**新しい動き**…鉱産資源の国有化，フェアトレード。内戦や紛争がひん発。

☐ **北アフリカとサハラ以南のアフリカの国々**

・**エジプト**…アスワンハイダムで灌漑。**スエズ運河**の通航料や観光による収入。

・**アルジェリア**…地中海式農業など。石油や天然ガスを産出。

・**ナイジェリア**…諸民族の連邦国家。**石油**の産出が多い。プランテーション。

・**コートジボワール，ガーナ**…**カカオ**の生産が多い。

・**リベリア**…天然ゴムの生産が多い。**便宜置籍船**の保有国。

・**ケニア**…温和なホワイトハイランドで茶の栽培。観光産業がさかん。

・**南アフリカ共和国**…地中海式農業やハイベルトでの牧畜がさかん。石炭，**金**などの資源が豊かで，工業も発達。アパルトヘイト（人種隔離政策）は廃止。

1 東アジア

1 ｜ あらまし

1 東アジアの国々

❶ **位置**　ユーラシア大陸の東部をしめ，東方は広大な太平洋。[★1]

❷ **おもな国々**　日本，中国(中華人民共和国)，韓国(大韓民国)，北朝鮮(朝鮮民主主義人民共和国)や，モンゴル。

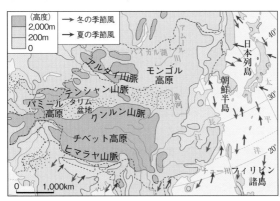

(高度)	
2,000m	→ 冬の季節風
200m	→ 夏の季節風
0	

▲東アジアの地形と季節風

2 地形と気候

❶ **地形**　「世界の屋根」といわれるパミール高原や，ヒマラヤ山脈など，世界最高級の山脈がある。[★2]東部は低く，中国陸塊という安定陸塊である。東へ長江や黄河などが流れる。

❷ **気候**　季節風(モンスーン)の影響が強く，夏は高温多雨で，冬は乾燥する。気温の年較差はかなり大きい。

2 ｜ 中国(中華人民共和国)

1 国土と自然

❶ **国土**　中国の国土は，南北，東西ともほぼ5,000kmにおよび，ロシア，カナダ，アメリカに次ぎ世界第4位の広大な面積がある。そこには世界人口の約5分の1，14億以上の人々が住んでいる。[★1]

❷ **自然**　広大な国土には，きわめて多様な自然の姿がある。

① **地形**　大シンアンリン(大興安嶺)山脈とユンコイ(雲貴)高原の東端を結ぶ線で，東西に区分できる。

★1 アジアとは，ユーラシア大陸のうち，ウラル山脈，カスピ海，カフカス山脈，黒海より東の地域をさす。ふつう，アジアという場合，東アジア，東南アジア，南アジア，西アジア，中央アジアに区分する。また，ロシアのシベリア地方は北アジアともいう。

★2 世界最高峰のエベレスト山がある。エベレスト山は，中国名(チベット名)でチョモランマ，ネパール名ではサガルマータという。

★1 2023年，インドが中国をぬき，人口世界一となった。[一人っ子政策(⤷ p.264)]

2

アジアとアフリカ

①東部　海岸にそって，平野と丘陵。

②西部　大きな高原と盆地が広がる。

2 気候　東部は湿潤で，西部は乾燥。

①東部　チンリン(秦嶺)山脈とホワイ川(淮河)を結ぶ年降水量1,000mmの線で，北は少雨の畑作地域，南は湿潤な稲作地域に大別される。

②西部★2　砂漠やステップの広がる乾燥地域。チベット高原は高山気候。

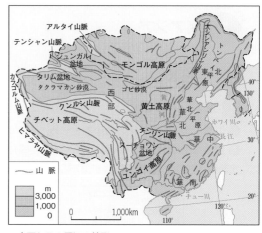

▲中国とその周辺の地形

2 歴史と社会

❶ 歴史

1 半植民地化　中国は，古い歴史をもつ国であるが，19世紀半ばから，日本をふくむ先進資本主義国の侵略により★3，半植民地となった。1937〜45年には，日本の侵略で全面的な日中戦争となった。

2 農民の生活　農民は人口の大部分をしめていたが，封建的な大土地所有制のもとで，貧困をきわめた。華南では，貧困のため海外に移住して華僑(華人)(⇨p.321)となった農民が多い。

3 社会主義革命　土地改革などによって農民の支持をうけた中国共産党は，日本の侵略に対する抗日戦争＝日中戦争や★4，地主階級の支持をうけた中国国民党との内戦に勝利し，1949年，社会主義国の中華人民共和国を建国した。

❷ 住民と社会

1 典型的な複族国(多民族国家)

①漢族(漢民族)　中国の人口の約91%をしめる。地域によって方言の差が大きいので，ペキン(北京)語を標準語の中国語としている。乾燥地域や高山地域以外に広く分布する。

②その他の少数民族　おもに西部や南部に分布。5つのおもな少数民族は，自治区を形成している★5。

補説　中国の少数民族　中国には，50をこえる少数民族がいる。5つのおもな少数民族が自治区を形成しているほか，省内に自治州や自治県が設けられている。モンゴル族やチベット族はチベット仏教，ウイグル族やホイ族はイスラム教を信仰しているなど民族によって言語，文字，宗教，風習は大きく異なるので，固有の伝統文化が尊重される。

2 人口分布　人口は東部に集中。都市人口割合も高くなっており，シャンハイ(上海)，ペキン(北京)，ホンコン(香港)は，世界有

★2 西部は，年降水量が約300mm以下。遊牧と灌漑農業を中心とした生活様式がみられる点は，中央アジア，西アジアに近い。

★3 1840〜42年のアヘン戦争後。

★4 国民党と共産党の国共合作で，抗日民族統一戦線を結成。

──漢族………全人口の約91%
└─その他の少数民族…50以上
┌おもな少数民族→自治区
│モンゴル族，チベット族
│ウイグル族，ホイ族
└チョワン族
【中国の民族分布 ⇨p.321】

★5 省と同格の一級行政区。省の内部にも自治州や自治県が設定されている。5つの自治区とは，シンチヤン(新疆)ウイグル自治区，チベット自治区，ニンシヤ(寧夏)回族自治区，内モンゴル自治区，コワンシー(広西)チョワン族自治区。[チベット問題 ⇨p.318]

数の巨大都市。

3 **国民生活**　国の経済はなお発展途上の段階にあるが，1970年代末の**改革・開放政策**により，**成長が著しい**。沿岸地域の経済特区(⇨p.203)などは，外国資本の進出で経済的に発展しているが，内陸部は発展が遅れて**地域格差が広がり**，内陸部から沿岸地域への出稼ぎが急増。このため，2000年に**西部大開発**がうちだされて，内陸部で鉄道，道路，工業団地などを整備。

4 **近年の経済状況**　経済成長が続く。1980年に IMF(国際通貨基金)，2001年に世界貿易機関(WTO)に加盟した。1994年から社会主義市場経済を導入し，積極的に外国資本と合併会社をつくった。2000年以降経済成長が著しい。[*6]

中国…半植民地から，社会主義国になる(1949年)。
住民は漢族が中心。少数民族も多い。
人口は世界第2位。東部，都市に集中。
1970年代末の改革・開放政策で，高度成長。
2000年以降，経済成長が著しい。

3 主要地域と都市

❶ **東北**　かつて日本がロシアとあらそい侵略，「満洲国」をつくった地域。鉱産資源が豊富で，中国最大級の重工業地帯がある。

1 **シェンヤン(瀋陽)**　東北最大の重工業都市。**ターチン(大慶)**油田[*7]からパイプラインが通じる。

2 **アンシャン(鞍山)**　中国有数の鉄山があり，近くの**フーシュン**(撫順)炭田と結び鉄鋼コンビナートを形成。近年，産業のハイテク化を推進。

3 **ターリエン(大連)**　リヤオトン(遼東)半島の中心として経済開発区に指定され，外国からの投資が増加している。

❷ **華北**　黄河流域の肥沃な黄土地帯で，中国文明発祥の地域。黄河の総合開発で，農業生産が安定。工業も発達。

1 **ペキン(北京)**[*8]　中国第二の巨大都市で，首都。歴代王朝の多くの首都がおかれ，古い文化財が多い。城壁に囲まれた旧市街は，直交型の道路網をもつ計画都市として有名。

2 **テンチン(天津)**　伝統的な綿工業のほか，自動車，石油化学工業など。

3 **パオトウ(包頭)**　鉄鋼コンビナートで有名。レアアース鉱山がある。

❸ **華中**　長江(揚子江)流域の地域。稲作がさかん→中国最大の穀[*9]

▼関連事項
華僑(華人)　⇨p.321
中国の農業　⇨p.165
中国の工業　⇨p.203
民工潮　⇨p.384

2　アジアとアフリカ

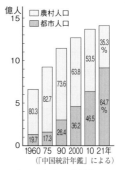

億人
□農村人口
■都市人口

	1960	75	90	2000	10	21年
農村人口	80.3	82.7	73.6	63.8	53.5	35.3%
都市人口	19.7	17.3	26.4	36.2	46.5	64.7%

(『中国統計年鑑』による)

▲中国の都市，農村人口

★6　生産は世界のパソコン95%以上，デジタルカメラ約50%，自動車約30%をしめ，いずれも世界1位。

★7　100km四方に広がる中国屈指の大油田。1960年代から掘削，生産が始まった。1990年代までは産油量が多かったが，その後天然ガスの産出量が増加。

★8　ペキン，テンチン，シャイハイ，チョンチンの4市は中央直属の直轄市で，省と同格。

★9　長江下流は低湿地が多く，華北に比較して，南船北馬といわれるほど水運がさかん。また，長江中流域では2009年に巨大なサンシャ(三峡)ダムが完成。しかし，住民の立ち退き，環境への悪影響など，問題も多い。

倉地帯で，産業がよく発達。

1. **シャンハイ(上海)** 中国第一の巨大都市で，華中の経済や文化の中心地。パオシャン(宝山)製鉄所は，日本の技術を導入。プートン(浦東)新区で，大規模な開発が進行。

2. **ウーハン(武漢)** 長江流域の商工業都市。鉄鋼コンビナート。

3. **チョンチン(重慶)** チョントゥー(成都)とともに長江流域のスーチョワン(四川)盆地の中心都市。商工業がさかんで，内陸開発の拠点。

❹ **華南** チュー川(珠江)流域と高原地帯。米の二期作も行われる。★10

1. **コワンチョウ(広州)** 華南の中心都市。

2. **シェンチェン(深圳)** ホンコンの北に接し，経済特区が設定され，産業，経済の発展が著しい。

3. **チューハイ(珠海)** マカオに近い経済特区で，シェンチェンとともにハイテク産業の製造拠点になっている。

❺ **西部** 少数民族が居住。人口密度は少ない。石油を産出する。沿岸部との経済格差是正のために，2000年から西部大開発を実施。

1. **ラサ** チベット自治区の中心。チベット仏教(ラマ教)の聖地で，★12 ポタラ宮殿がある。

2. **ウルムチ** シンチヤン(新疆)ウイグル自治区の中心。★12

❻ **その他の地域**

1. **ホンコン(香港)** 1842年以来，イギリスの直轄植民地→1997年に中国に返還された。観光，加工貿易，**アジアの金融センター**などの特色をもつ。工業が発達しアジア NIEs の1つ。

   補説 **返還後のホンコン** 1984年の中英共同宣言により，返還後のホンコンは特別行政区となった。ホンコン人による行政府が構成され，外交と国防以外は広範な自治権をもつ。資本主義経済のしくみを続け，返還後50年間は経済，社会制度を変えないこととした(**1国2制度**)。

2. **マカオ** ポルトガルの直轄植民地であったが，1999年に中国に返還された。観光地として有名。

3. **台湾** 中華人民共和国政府の支配権が及ばない地域。中心都市★13 はタイペイ(台北)。工業化がすすみ，**アジア NIEs** の1つ。ハイテク産業は世界的で，とくにシンジュー(新竹)は「**台湾のシリコンヴァレー**」といわれ半導体工場が多い。

中国のおもな地域	
東北	資源が豊富。シェンヤンなどで，重化学工業。
華北	黄河流域。首都ペキンや，その外港テンチン。
華中	長江流域。シャンハイは中国一の大都市。
華南	チュー川流域。経済特区のシェンチェン。

★10 沿岸のフーチエン(福建)省，コワントン(広東)省からは，多くの華僑(華人)が出ている。

★11 「西電東送」，「南水北調」，「西気東輸」，「青蔵鉄道」の4つが目玉プロジェクト。

★12 両自治区ともに，漢族の支配に対する反発から，反政府運動がおきている。

★13 1949年に中華人民共和国が成立すると，内戦に敗れた国民党は台湾に移って，中華民国を名のった。アメリカや日本は中華民国を支持したが，1971年，国連における中国代表権が中華人民共和国に移り，その後，アメリカや日本も中華人民共和国と正式に国交を結んだ。台湾は独立国とはされなくなったが，産業や経済は発展した。

台湾は，政治的には中華人民共和国と対立しているが，民間レベルの交流は拡大しており，台湾の最大の投資先は中国本土となっている。

3 | 韓国と北朝鮮

1 2つの朝鮮

❶ 南北の対立　日本の植民地であった朝鮮は，第二次世界大戦後，独立を回復するに際し，政治，経済体制の異なる2つの国に分かれた。南には，**資本主義をとる韓国(大韓民国)**，北には，**社会主義をとる北朝鮮(朝鮮民主主義人民共和国)**ができた。1950~53年には，朝鮮戦争がおこり，ほぼ北緯38度線を境にして，南北で対立することになった。

❷ 新しい動き　1970年代から，南北の統一を模索する提案が，双方から出されるようになった。韓国は1990年にソ連(当時)と国交を結び，北朝鮮も，日本との国交正常化交渉を開始した。こうした動きをうけ，1991年，南北朝鮮は，同時に国連に加盟した。

　　その後，ソ連解体や中国の市場経済化の中で北朝鮮は国際的に孤立。経済危機打開のため外交方針を転換し，2000年には初の南北首脳会談が実現した。経済交流などが開始されたが，北朝鮮の核開発などで，政治的対立は現在も続いている。

2 韓国(大韓民国)

❶ 農業の変化　1970年代から，**セマウル(新農村)運動**による農村振興を図った。しかし，近年中国からの安い輸入農産物の影響で，農家は経営難に。米は自給しているが，食料自給率は40%以下。

❷ 急速な工業化　1960年代から安価な労働力を利用して，輸出用の繊維や雑貨などの軽工業製品を生産。1973年からは重化学工業の発展を目指し，その過程で，財閥が形成された。**ウルサン**(船舶，自動車，石油化学)，**ポハン**(鉄鋼)，**マサン**(機械)など多くの工業都市が生まれ，アジア**NIEs**(⇨ p.333)の代表とされた。

❸ 経済発展と生活　高度成長を続けたが，1980年代後半には賃金が上昇，輸出競争力が低下した。1997年からの**アジア通貨危機**では大きな打撃を受け，政府は財閥改革などを進めた。その後，半導体，家電などの分野で**海外市場を開拓**し，活力を取り戻した。

　　韓国では儒教に基づく先祖・家族関係を重んじるが，都市化の進展にともない人々の生活も変貌している。仏教やキリスト教の信者も多い。

> 補説　**ハングル**　朝鮮半島固有の文字であるハングル(朝鮮文字)は，1446年に当時の李朝の王であった世宗の命によってつくられた。10の母音記号と19の子音記号を組み合わせた合理的な表音文字で，現在では，漢字にかわって韓国，北朝鮮ともに広く普及している。

★1　韓国はアメリカが，北朝鮮は旧ソ連や中国が支援した。1953年，休戦協定ができ，板門店に休戦会議場がおかれた。

▼独立後の朝鮮半島の動き

年	できごと
1950	朝鮮戦争(~53)
1965	日韓国交正常化
1984	南北対話の再開
1988	ソウルオリンピック(北は不参加)
1990	韓ソ国交樹立
1991	南北同時国連加盟
1992	中韓国交樹立
1996	韓国OECD加盟
2000	初の南北首脳会談
2002	日朝首脳会談
	日韓W杯共催
2003	6か国協議初開催
2006	北朝鮮が核実験
2018	ピョンチャン冬季オリンピック
	初の米朝首脳会談

★2　韓国経済は「ハンガン(ハン川，漢江)の奇跡」といわれるほど成長し，NIEsの優等生ともいわれた。

★3　1997年からタイ，マレーシア，韓国などのアジア諸国の通貨価格が暴落した現象。株価暴落や企業倒産など，経済に深刻な打撃を与えた。韓国では国際通貨基金(IMF)の援助を受けた。

★4　農民から大きな反発があったが，2011年アメリカと自由貿易協定(FTA)を締結した。

★5　インターネット普及率が高く，大学等への進学率が100%近い。

アジアとアフリカ 2

3 北朝鮮（朝鮮民主主義人民共和国）

❶ 資源と産業　社会主義政権のもと，土地改革と農業の協同化を★6
すすめた。鉱工業は資源が比較的豊富なため，国有化による重化
学工業の立地がすすんだ。ただ，軍事費が国民経済を圧迫し，近
年は経済発展で韓国に大きな差をつけられた。

❷ 近年の経済状況　1990年代に入って，旧ソ連からの援助停止，
債務の増大，資本や技術の不足などで経済状態はよくない。また，
1995年の自然災害以降は，食料不足が国民生活を圧迫しており，
エネルギー不足も深刻である。日本海に注ぐ**トマン川（豆満江）**下
流域の**ラソン**を中心に，ロシア，中国と協力して外国資本を導入
する自由貿易地帯を設置している（⇨p.407）。また，韓国との国境
沿いの**ケソン**に工業団地を設けたが中断している。

❸ 北朝鮮と日本の関係　日本は，北朝鮮とは正式な国交をもって
いない。1991年から，日本と北朝鮮の間で，国交正常化をめざす
交渉が続けられている（日朝国交正常化交渉）。2002年には，初め
て首脳会談が開かれた。しかし，**日本人拉致事件**など，双方で主★7
張のくいちがう問題があり，難航している。

❹ 核実験　2006年と2009年，2013年と2016年，2017年に
行った。近隣国との関係が緊迫し，国際社会から一層孤立している。

★6　社会主義建設を
早めるための大衆動員
運動を，**チョンリマ運
動**という。生産性向上
のための運動であるが，
思想教育を重視してい
る。また，政治，経済，
国防において自主自立
路線をすすめる思想を，
チュチェ（主体）思想と
いう。この思想が，政
治，経済において世界
的孤立化を招く一因と
なった。

★7　1970年代から
1980年代にかけて，
少なくとも十数人の日
本人が，北朝鮮に拉致
された事件。

\ TOPICS /

朝鮮と日本

　朝鮮は，1910年に日本に「併合」されてから，
1945年までの36年間，日本の植民地支配のも
とにあった。この間，生命や財産を奪われた朝
鮮人は数限りなく，日本風氏名や日本語，神社参
拝の強制など，朝鮮民族の文
化を否定する圧政が行われた。

　今日の日本で，在日外国人
の中で韓国・朝鮮人がとても
多いのは，このような日本の
植民地支配の産物である。す
なわち，第一次世界大戦後の
日本の戦争景気のころから，安い労働力として
朝鮮人の移住がはかられた。第二次世界大戦中
には，労働力不足から，強制連行も行われ，鉱
山や土建業の人夫として働かされた。

　宗主国日本の敗戦によって，朝鮮は，当然独
立することになったものの，アメリカと旧ソ連

との戦後の対立から，南北に分裂した2つの国
家が成立した。もともと朝鮮は，長い歴史の中
で1つの民族として形成されたものが，第二次
世界大戦後の国際政治の対立の中で，分裂を余
儀なくされたものである。1950～53年には，
南北の間で**朝鮮戦争**がおこった。

　1965年，日本政府は，朝
鮮における唯一の合法政府を
「大韓民国」と認める「日韓
基本条約」を結んだ。社会主
義国「朝鮮民主主義人民共和
国」とは，日本は国交をもた
ないことになった。

　現在，40数万人に及ぶ在日韓国・朝鮮人の
中には，以上のような朝鮮の南北分裂，朝鮮戦
争，「朝鮮民主主義人民共和国」とは国交のな
い状態などによって，帰国の機会を失い，ある
いはその道をとざされ，今日に至った人が多い。

▼在日韓国・朝鮮人の数

1909年	790人
1939年	961,591人
1945年	2,365,263人
2022年	285,459人

「日本帝国年鑑」「内務省調査局
統計」「在留外国人統計」による

SECTION 2 | 東南アジアと南アジア

1 | あらまし

1 自然と住民

❶地形　東南アジアは**インドシナ半島**や**マレー半島**などの大陸部と，インドネシアやフィリピンなどの島嶼部からなる。ほぼ全域が新期造山帯に属し，複雑な地形。

南アジアは，北部に新期造山帯の**ヒマラヤ山脈**，中部に**インダス川**や**ガンジス川**が流れる平原，南部のインド半島に安定陸塊のデカン高原（**レグール土**と呼ばれる肥沃な黒土が分布）が広がる。

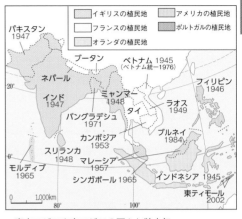

▲東南アジアや南アジアの国々と独立年

❷熱帯モンスーン　東南・南アジアは，大部分が熱帯で，季節風（モンスーン）が卓越する。夏の**南西モンスーン**は，大量の雨をもたらし，**稲作**に利用される（⇨p.151）。

❸歴史と社会　19世紀末までにほとんどが植民地となった。第二次世界大戦後，**民族主義**の高まりで独立を達成したが，経済的には，植民地的な性格を残す。**どの国も民族，言語，宗教などが複雑**で，**華人**の多い国もある。工業化がすすみ，都市人口が急増していることで都市と農村の格差が問題となっている。

補説　**東南アジアの歴史的位置**　東南アジアは，古くから文明の発達したインドと中国を結ぶ海上交通のルート（「**海のシルクロード**」）に位置し，東南アジアの香辛料や中国の陶磁器などが運ばれた。

★1　インドのアッサム地方のチェラプンジの年降水量は，じつに，10,000mmに及ぶ。これは，5～9月，インド洋から吹くモンスーンで雨季になり，降雨が続くからである。

2 資源と産業

❶植民地支配と農業　植民地時代からのゆがみが大きい。

1 **プランテーション優先**　商品作物栽培が優先され，自給的な食料生産は圧迫された。土地を奪われた住民が多かった。

2 **モノカルチャー経済**　特定の食料や工業原料の供給国と位置づけられ，おもに先進国向けの**一次産品**の輸出に経済が依存した。

3 **地主制度の形成**　植民地支配によって，自給自足的な農村に急速に商品経済がもちこまれた結果，村落共同体は崩壊し，農民層の分解がすすんだ。没落した農民は，**小作人**などになるほかなく，もう一方で**地主制度**が形成，強化されていった。

★2　マレーシアの天然ゴム，スリランカの茶が典型的。

★3　近年の人口爆発によって農民層の下方分解がさらにすすみ，職業や食料を求めて多くの人口が都市に流入している。

❷食料問題　自給的な食料生産が圧迫されてきたため，食料を自給できない国があり，食料を輸入にたよる国も多い。

1 **稲作の特徴**　東南・南アジアの農業の中心は低地の稲作で，とくにインドシナ半島でさかん。しかし，灌漑をせず自然の降水に依存し，無肥料，無農薬で栽培されることが多く，生産性が低いうえ生産量も不安定である（**集約的稲作農業**）（⇨p.152）。

2 **緑の革命**　多収量品種で増収をはかる試み（⇨p.153）。インドや韓国では，食料の自給に成果をあげた。しかし，前近代的な地主制度の中では，かえって貧富の差が拡大した面もみられる。

3 **土地改革**　東南アジアや南アジアでは，太陽と水にめぐまれ，食料増産の可能性は大きい。それを阻害しているのは，前近代的な地主制度である。徹底した土地改革を行って，生産基盤を整備することが，最も重要になっている。

東南アジアと南アジア
> 大陸部と島嶼部からなり，大部分が熱帯気候。
> タイなどを除きかつて欧米の植民地支配。
> 農業面での改革が課題。

★4　アメリカのロックフェラー財団とフォード財団がフィリピンに設立した国際稲研究所で，品種改良がすすんだ。在来種の3～4倍の収量のあるIR8は，ミラクル＝ライス（奇跡の米）とよばれて，有名になった。

★5　多収量品種の栽培には，化学肥料や農薬が必要で，灌漑設備も整っていなければならない。このため，大地主ほど有利で，中小農民はとり残され，小作農に転落した例も多い。

\ **TOPICS** /

モノカルチャー経済

　モノカルチャーとは，mono（単一）culture（耕作），すなわち**単一耕作**であり，本来は耕地利用上，一種類の作物のみを栽培する農業をさす。プランテーションは，その地域の自然条件に適した単一の作物を栽培するモノカルチャーであり，わが国の稲作やアメリカの大型機械による小麦作などもモノカルチャーといえる。

　モノカルチャー経済とは，こうした単一の生産物が国の経済を支えているような経済をいう。農作物に限らず鉱産資源なども含めた一次産品のうち，特定の産物が輸出品の大半をしめ，国の経済的基盤となっているような経済も含めて考える。

　たとえば，ナイジェリアでは輸出品のうち原油が，サウジアラビアでも原油と石油製品が，コートジボワールではカカオ豆が，それぞれ輸出額のトップをしめている。また，マレーシアでも独立当時（1957年）には，天然ゴムが輸出額の70％をしめていた。鉱産資源に関して考えるならば，OPEC諸国の多くは，まさに石油モノカルチャー経済の国々であり，またチリやザンビアでは銅が，ボツワナではダイヤモンドが，同様になっている。

　モノカルチャー経済の国は発展途上国が多く，こうした地域では，その特定商品の生産量や国際価格の変動によって，国全体の経済が左右されやすい。このため，各国とも経済の安定を求めて，産業の**多角化**につとめている。

　かつてはコーヒーモノカルチャーの国として知られたブラジルでは，農業の多角化や工業化がすすんだ結果，コーヒー豆が輸出にしめる割合（1960年は56％，1970年は34％で輸出品第1位）は，3％以下にまで減少している。

（統計データは「データブック オブ・ザ・ワールド」による）

▼輸出品の1位の品目と割合　　　（％）
ナイジェリア（2021）…原油		（76.2）
コートジボワール（2020）…カカオ豆		（29.2）
ウルグアイ　（2021）…肉類		（30.0）
チリ　　　　（2021）…銅と銅鉱		（56.6）

❸ 急速な工業化　資本と技術をもった外国企業を積極的に誘致し、
関税などの優遇措置が与えられる輸出加工区を設置するなどして、
輸出指向型の工業化をすすめた。また、外国の援助をもとに、国
営企業中心の工業化を行う国もある。現在では、多くの国で工業
製品が輸出品目の第１位となっている。

★6　アメリカや日本の企業のほか、台湾、ホンコンなどの中国系資本も多く進出している。

★7　アジアの工業化（⇨p.202〜203）。

2 ｜ 東南アジア

　東南アジアでは、東ティモールを除く10か国すべてが東南アジ
ア諸国連合（ASEAN）（⇨p.240）に加盟して、経済協力をすすめて
いる。域内の経済格差や地域格差の是正が課題となっている。

★1　1992年にはAFTA（ASEAN自由貿易地域）が発足した。さらに2015年にはAEC（ASEAN経済共同体）へと進化している。

1 タイ

❶ 歴史　政治的には、イギリスとフランスの間の緩衝国として、
独立を保つことができた。しかし、経済的には植民地体制に組み
こまれ、周辺の植民地に対する食料供給国と位置づけられた。

★2　2つの強国の間にあって、対立をやわらげる役割を果たす国を緩衝国（⇨p.328）という。

❷ 農業

1 米のモノカルチャー経済　チャオプラヤ川デルタは、19世紀
　半ば以後に、輸出用稲作地域として開発されたが、栽培は粗放
　的。かつては浮稲（⇨p.111）が栽培されていたが、近年は収量
　の多い乾季作が広がっている。

2 多角化　米のほかに、とうもろこしや野菜類を栽培し、日本な
　どへの輸出の増加をはかっている。

3 米の流通　経済の実権をにぎる華人や、ヨーロッパ人が、米の
　流通を支配。米の輸出量は世界のトップクラス（⇨p.151）。

★3　米の二期作も普及してきたが、直播による栽培が多い。北部のチェンマイ付近では、自家用のもち米をつくる夏作と、販売用のうるち米をつくる冬作の二期作がみられる。

❸ 鉱工業　外国資本の導入で工業化をはかり、自動車産業の集積
地となった。ASEAN諸国の中では、インドネシアに次ぐ工業国
へと発展し、機械類が最大の輸出品である。

> 補説　日本とタイの貿易　タイは、機械類、衣類、家具などの製品や、
> 魚介類（えびなど）、鶏肉、野菜などの食料、天然ゴムなどを日本に輸
> 出している。タイは、機械類、鉄鋼、自動車部品、プラスチックなど
> 重化学工業製品を輸入しているが、タイの側が輸入超過（日本の輸出
> 超過）になっている。また、日本企業の進出もさかんで、首都バンコ
> クの街頭では日本企業の看板が多い。

★4　タイではバンコクや東部の臨海部に工業団地を数多く建設し、税制上の優遇を行った。その結果、外国資本の工場が進出した。

❹ 社会と文化　住民はタイ族が85％をしめるが、華人や少数民
族も多い。13世紀に仏教文化（上座部仏教）が広まり、日常生活に
結びついていて、寺院や僧侶の姿が多い。経済成長の恩恵をうけ
て都市部は豊かになってきたが、地方の農村部との格差は拡大し
ている。

★5　タイの首都バンコクには、人口だけでなく政治や経済機能が集中し、深刻な都市問題も発生（⇨p.291）。

2 マレーシア

❶多民族国家　先住民族のマレー人が最も多いが，移民の中国系やインド系の人もいる。連邦制の立憲君主国。

1 **マレー系**　小規模な農業をいとなむ農民が多い。マレー語を使い，ほとんどはイスラム教徒。**マレー語は国語（公用語）**，イスラム教は国教とされ，マレー系住民を優遇するブミプトラ政策によって，政治的優位を確保している。

2 **中国系**　**華人**とよばれ，ゴム農園を所有したり，商業や金融業をいとなむ人が多く，経済上の地位は最も高い。

3 **インド系**　天然ゴム園のプランテーションの労働力として，インド南部からイギリス人によって連れてこられたタミル人の子孫が多い。**ヒンドゥー教徒**で**タミル語**を話す。

❷すすむ工業化

昔は**天然ゴム**とすずの輸出が中心で，その後，原油や木材がふえた。1970年代から工業化がすすみ，日本企業も多く進出。近年，輸出の中心は，**機械類**。

▼マレーシアの民族別の人口構成

マレー系	50%
中国系	23%
インド系	7%

（「世界国勢図会」による）

★6　ただし，信教の自由は認められている。

★7　ブミプトラ（土地っ子）とは，マレー系の先住民をさす。中国系住民とマレー系住民の経済格差を是正するために，憲法で，公務員の採用，教育の機会など，各方面でさまざまな優遇がある。

★8　原油，木材ともにカリマンタン島のサバ州，サラワク州で多く産出する。木材はラワン材が中心で，日本へ多く輸出された。

★9　ペナンやクアラルンプールには，電気機械やエレクトロニクスなどの輸出指向型工業が立地した。

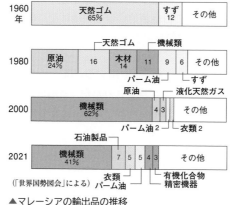

▲マレーシアの輸出品の推移

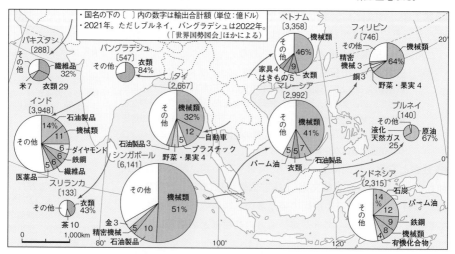

▲東南アジアと南アジアの国々の輸出品

❸ **変わる農業**　かつてマレーシア経済をささえた**天然ゴム**は，よ
り収益の高い**油やし**^{★10}の栽培に変わった。油やしの実からは，パー
ム油を採取する。

補説　**天然ゴム**　アマゾン原産のゴム樹が，19世紀末にマレー半島に移
　植され，マレーシアとインドネシアが世界的産地となった。ゴム採取
　には，多くの労働力が必要で，アマゾン地域より，インド系や中国系
　の労働力を調達できた東南アジアのほうが栽培に適していた。天然ゴ
　ムは，世界の**自動車工業**の発展とともに，タイヤ用に生産が増大した。
　マレーシアのゴム園は，**イギリス人**による大農園(エステート)^{★11}が中心
　になった典型的な**プランテーション**で，流通も，華人やイギリス系企
　業が支配してきた。
　　近年は，石油からつくる**合成ゴム**との競合などで，収益が低下し，
　ゴム園は少なくなって，油やしの栽培に変わっている。

◀**天然ゴムの栽培**　ゴム樹の幹に傷をつけて，そこから流れ出す樹
　液を採取する。この樹液の採集に，多くの人手がかかる。

▲ココやし(左)，油やし(中)，なつめやし(右)

補説　**やし類**　ココやしと油やしの実は油脂の原料で，石けんやマーガリ
　ンなどに加工される。ココやしは単にやしともいい，フィリピンが原
　産地で，実を乾燥させた**コプラ**が油脂原料となっている。油やしは西
　アフリカの海岸地域や，東南アジアで生産がのびていて，果肉から
　とった**パーム油**や，種子の胚乳からとった**パーム核油**が輸出される。
　　なつめやし(⤳p.152)は，乾燥に強く砂漠の主食といわれる。イラ
　ク，エジプト，イランのオアシスが主産地で，栄養分の多い実を生食
　したり，大麦とまぜて，ねり粉にして食べる。

3　シンガポール

❶ **歴史と社会**　**マラッカ海峡**に臨む交通の要地で，**中継貿易**^{★12}に
よって発展した。マレーシアの一部として独立したが，1965年に
分離し，淡路島ほどの小さな島国となった。**住民の4分の3が華
人**^{★13}で，ほかにマレー人など多くの民族がいる。公用語は，英語，
中国語，マレー語，タミル語の4つで，英語を共通語とする。宗
教も，仏教，イスラム教，ヒンドゥー教，キリスト教などがみら
れる。

★10　国営土地開発公
社が農民を入植させて
共同経営を行い，生産
物は公社が買い上げ，
加工する形態で，生産
がふえた。なお，新し
い入植地へは，マレー
人が優先された。

★11　イギリス人が，
インドやマレーシアな
どの旧イギリス植民地
に開いたプランテー
ションの大農園をいう
(⤳p.321)。

★12　二国間の貿易の
間に入って，製品や原
材料の積み替えの手数
料や倉庫への一時保管
料によって収入を得る。

★13　中国系住民の多
いシンガポールは，中
国，台湾に次ぐ「第三
の中国」ともいわれる。
近年，出生率の低下が
すすんだため，出産奨
励策を実施している。

アジアとアフリカ
2

❷産業と経済　1970年代には，外国資本を導入して積極的な工業化をはかった。その結果，石油精製，造船，電子工業など，**技術集約的な工業化**[★14]がすすみ，今日ではアジアNIEs(⇨p.202)の1つに数えられている。また，アジアにおける**国際金融センター**としての役割を強めている。1人あたり国民所得は，東南アジアで最高の水準である。[★15]

4 インドネシア

❶農業　オランダの植民地支配のもと，当初は農民の農地に，熱帯作物の強制栽培[★16]が行われたが，19世紀中ごろから，**大農園(エステート)でのプランテーション**がはじまった。独立後，大農園は接収された。[★17]プランテーションが肥大化した結果，米などの食料は，輸入に依存してきたが，近年，緑の革命(⇨p.153)で，米の三期作を行い，自給を達成した。しかし，**地主制度**が強く，零細経営の農家が多い。

❷鉱工業　援助と外国資本の導入で経済開発をはかり，近代化がすすんでいる。豊富な**石油**，天然ガスは，アメリカ系メジャーと国営企業[★18]が生産にあたっている。輸出品目第1位は石炭。

❸国土と人口，文化　①国土…13,000以上の島々からなる**世界最大の島嶼国家**。②人口…約2.7億人(世界第4位)であるが，半分以上が**ジャワ島**に集中(ジャワ人など)。③**民族**…構成はひじょうに複雑。ニューギニア島の西半分(パパア人)，アチェ州(スマトラ島北部)など，**各地で独立，民族問題**が発生。旧ポルトガル領でカトリックの東ティモールは，2002年にインドネシアから独立。④**宗教**…イスラム教徒が多いが，バリ島だけはヒンドゥー教徒の島。

POINT!

東南アジア(ASEAN諸国)ですすむ工業化
- シンガポール…アジアNIEs。華人が多い。
- マレーシア，インドネシア，タイ…外国資本の導入。

5 フィリピン

❶農業　緑の革命で，**ルソン島**などの米の生産は増加したが，地主制度が広く残っている。零細な農民によるココやしの栽培のほか，アメリカや日本の資本でさとうきび，**バナナ**などのプランテーション[★19]が開かれている。バナナは日本向けが中心で，**ミンダナオ島のダヴァオ**が中心。

❷鉱工業　日本などの外国資本を導入し，工業化がすすんでいる。

★14　輸出加工区のジュロン工業地域には，日本資本も多く進出。

★15　シンガポールでは都心部の再開発がすすみ，近代的な高層ビルが林立している。美しい街並みを維持するため，罰則規定が多いことでも知られる。

★16　耕地の2分の1～5分の1に，コーヒー，さとうきび，たばこなどを指定して栽培させ供出させた。

★17　国営農場とされたが，経営の荒廃と縮小がひきおこされた。

★18　国営石油公社は，プルタミナとよばれる。なお，インドネシアの石油は，硫黄分が少なく良質とされる。

★19　フィリピンの大農園(ハシェンダ)では，パイナップル，天然ゴム，油やしなども栽培。かつて多かったマニラ麻は，バナナに移行している。

❸ 社会と文化　キリスト教（カトリック）[20]が中心であるが，**南部にイスラム教徒がいて，対立が根深い。**

6　その他の東南アジアの国々

❶ **ブルネイ**　石油，天然ガスが豊富で，日本に多く輸出。アジア有数の高所得国。

❷ **ベトナム**　ドイモイ政策で経済発展→1995年にASEAN加盟。[21]

❸ **ラオス**　メコン川流域で稲作。銅や木材を輸出。仏教の国。

❹ **ミャンマー**　エーヤワディー川流域で稲作。民主化の前進で，外国企業が進出しはじめている。

❺ **カンボジア**　メコン川流域で稲作。長く内戦が続いた。

❻ **東ティモール**　もとポルトガル領で，1976年にインドネシアに併合されたが，2002年に独立。カトリックが多い。

▼東南アジア諸国のおもな貿易相手国・地域
　日本やアメリカ，中国との関係が深いことに注目しよう。　　　　（「世界国勢図会」による）

	輸出額（百万ドル）	輸出相手国(金額による%)	輸入額（百万ドル）	輸入相手国(金額による%)
タイ	283,504	アメリカ16.6　中国12.0　日本8.6	303,590	中国23.5　日本11.4　アメリカ5.9
マレーシア	352,338	シンガポール15.0　中国13.6	295,276	中国21.3　シンガポール10.5　台湾8.1
シンガポール	516,016	中国12.4　ホンコン11.3	475,832	中国13.2　マレーシア12.5
インドネシア	291,007	中国20.7　アメリカ10.9　日本8.0	235,671	中国25.3　シンガポール8.6
フィリピン	80,772	アメリカ15.8　日本13.9	142,892	中国20.3　インドネシア9.3　日本8.9

★20 フィリピンはアメリカから独立したが，その前はスペインの植民地であったので，カトリックが広まった。

★21 東南アジア諸国連合（ASEAN）は，タイ，マレーシア，シンガポール，インドネシア，フィリピンの5か国で設立（1967年）。その後ブルネイ（1984年），ベトナム（1995年），ラオスとミャンマー（1997年），カンボジア（1999年）が加盟した。

2
アジアとアフリカ

\ TOPICS /

変わるベトナム…ドイモイ政策

　ベトナムは，フランスの植民地であったが，第二次世界大戦後，独立するにあたって，南北に分裂した。南北の対立に，最初，フランス（インドシナ戦争）が，続いて，アメリカ（ベトナム戦争）が介入して，長らく戦争が続いた。1976年，南北ベトナムは社会主義国として統一され，分断の歴史は終わった。

　統一後のベトナムでは，西側からの資金援助がなくなり，技術者も難民として流出した。また，カンボジア侵攻（1978年）・中越紛争（1979年）などで戦費がかさみ，さらに経済運営の失敗もあり，経済の再建が大幅に遅れた。

　そこで，1986年に，ドイモイ（刷新）政策がうち出された。これは，中国にならったベトナ

ム版の「4つの現代化」であり，**市場経済の導入と対外経済開放**を優先する大胆な経済改革をすすめるものであった。

　ドイモイ政策により，食料品や消費物資の生産が飛躍的に向上し，流通も大幅に改善された。商店にならぶ商品も豊富になった。**ホーチミン市**東方の海底油田の開発で，石油が自給，輸出できるようになり，自動車の輸入がふえた。ドイモイ政策を開始した当初のインフレも克服された。

　中国にかわる安くて豊富な労働力を求めて，日本など先進国から企業の進出が相次いでおり，**労働集約型**の工業が発展している。しかし，南高北低といわれる経済格差や，農業部門への投資の遅れなど，課題も多く残っている。

3 ｜ 南アジア

1 南アジアの国々

❶ **イギリスの支配**　18世紀中ごろから，イギリスの植民地支配をうけた。手工業的な**綿工業**や，伝統的な農村が破壊され，階層分化がすすんだ結果，インドは貧困の悪循環(あくじゅんかん)に追いこまれた。

❷ **インドの独立**　イギリスの植民地であったインドは，第二次世界大戦後に独立した。その際，宗教のちがいから，インド，パキ★1スタン，セイロン→スリランカの3国に分かれて独立した。その後，東パキスタンがバングラデシュとして独立した。

インド……………	ヒンドゥー教徒が多い。イスラム教徒は少数派。
パキスタン	ともにイスラム教徒が多い。しかし，民族や
バングラデシュ	自然，産業はまったく異なっている。
スリランカ………	仏教徒が多い。ヒンドゥー教徒は少数派。★2

❸ **言語と住民**　ヨーロッパ系やアジア系の諸民族がまじりあって，言語の数はひじょうに多い。民族構成が複雑なことから，スリラ★3ンカやカシミール地方などで激しい民族対立，紛争が発生している。

1. **インド＝ヨーロッパ語族**　北部に多いヨーロッパ系民族。インドの連邦公用語であるヒンディー語など。

2. **ドラヴィダ語族**　南部に多いアジア系民族で，インドの先住民。タミル語など。

2 インド

❶ **農業と農民**　インドは，農業人口が圧倒的に多く，典型的な農業国であるが，生産性がきわめて低い点が大きな問題。独立後も**土地改革**がじゅうぶんに行われなかったため，地主と小作農との間の格差がかなり大きく，農業生産全般の近代化は遅れている。

> 補説　**ザミンダール制**　インドを支配したイギリスは，豪農による**徴税請負制**(ちょうぜいうけおい)を始めた。ザミンダールとよばれた徴税請負人は，その権限を利用しつつ，**寄生的大地主**(きせい)となって農村を支配した。1950年代の土地改革で，ザミンダール制は廃止され，土地の所有権は，在村地主や富農(ふのう)の手に渡された。小作料引き下げ，土地保有規模の制限も行われたが，不徹底(ふてってい)で，地主と小作農の関係は存続している。

★1　首都のデリーのうち，首都機能は，1931年に完成した計画都市的な新市街(ニューデリー)に立地する。

★2　なお，ネパールはヒンドゥー教徒，ブータンは仏教徒(チベット仏教)が多い。

★3　インドでは100万人以上の人々が使用する言語だけでも33以上ある。公用語のヒンディー語，準公用語の英語の他に21の地方公用語(⊃ p.317)。

▲南アジアの宗教分布

▲南アジアの言語分布

❷ **食料問題**　独立後，政府は食料増産に力を入れた。1960年代後半から，「緑の革命」(⤳p.153)による高収量品種が導入され，1970年代末には食料自給を達成した。また，牛乳の大増産という「**白い革命**」や「**ピンクの革命**」(⤳p.384)により，国民の栄養状態も改善されている。

ただ，「緑の革命」は，高収量品種を導入できた富農[4]と，それ以外の農民との間の格差を拡大している。

❸ **工業の発展**

1 **独立前**　19世紀末に**民族資本**による機械的**綿工業**が，ムンバイ(ボンベイ)[5]で発展。イギリス資本によるコルカタ(**カルカッタ**)[6]のジュート工業も発達。1912年には，ジャムシェドプルに民族資本のタタ製鉄所ができ，鉄鋼業の基礎がきずかれた。

2 **独立後**　国家(国営企業)と**民族資本家**による二本足の工業化がすすんだ。政府部門では，外国の援助によるものが多い。綿工業や鉄鋼業が発達した。

3 **現在**　1991年に**新経済政策**を導入し，経済の自由化をすすめた。**自動車**，電気機器，医薬品などの外国企業が多数進出。また，**ICT関連産業が急速に伸びている**。数学やICTの教育に力を入れており，英語力のある人材が多いこと，**アメリカとの時差を利用して，24時間体制でソフト開発ができる**ことなどが，その要因としてあげられる。ベンガルール(⤳p.203)やデリー[8]には，ICTパークが国や州によって整備されている。BRICS(⤳p.204)の一国として，世界の注目を集める市場になっている。

❹ **社会と国民生活**　中層階級がふえつつあるが，国民の6割が農村部に暮らし，急激な人口増加[9]もあいまって貧富の差が大きく，地域格差も大きい。大都市に人口が集中し，スラムなど，都市問題が深刻。また，ヒンドゥー教と結びついて，職業の細分化，固定化をともなった身分制度である**カースト**が根強い(⤳p.324)。

一方，東南アジアや東アフリカに移住して経済的に成功した人々(**印僑**)もいる。

★4 「緑の革命」をおしすすめたのは，ザミンダール制の廃止によって土地の所有権を得た富農層が中心であった。

★5 インド最大の都市で，インド半島の門戸にあたる港湾都市。

★6 港湾都市で，各種の工業が発達。

★7 民族主義による国産品愛用運動などの結果，**タタ財閥**など民族系財閥が巨大化している。

★8 コンピュータ関連の企業の立地がすすみ，「インドのシリコンヴァレー」ともよばれている。

★9 インドの人口は，2023年に14億人を超え，中国を抜いて世界最大の人口国となった。この先2040年代に15億人でピークを迎えると予測されている。

▲ジュート　▲もろこし　▲綿花

▲インドの工業

	農業人口が多い農業国→遅れる近代化。
インド	「緑の革命」で，食料生産は増加。
	工業化→綿工業，鉄鋼，自動車，ITなど。
	ヒンドゥー教と，カースト，貧困の問題。

3 その他の南アジアの国々

❶ パキスタン ★10

①第二次世界大戦後，**イスラム教徒**の国として独立。その際，インドをはさみ，パンジャブ系住民などからなる**西パキスタン**と，ベンガル人からなる**東パキスタン**の領域から成りたっていた。しかし，1971年，東パキスタンは**バングラデシュ**として分離，独立した。

②乾燥した気候で，小麦，**綿花**の栽培がさかん。★11

❷ バングラデシュ
総人口は約1億7千万人で，人口密度は1,144人/km²に達する（2021年）。デルタ地帯にも居住地が広がり，熱帯低気圧のサイクロンによって大きな災害が発生することが多い。

①もと東パキスタンであったが，1971年に分離，独立した。

②湿潤なガンジスデルタで，**ジュート**，米の栽培がさかん。

❸ スリランカ
独立時の国名は，セイロン。

①第二次世界大戦後，**仏教徒**（シンハラ人）の国として独立。しかし，北部のヒンドゥー教徒（タミル人）と民族対立（⇨p.318）。

②イギリス系企業の**プランテーション**で，**茶**の栽培が行われてきた。独立後，大農園（エステート）は国有化されたが，茶の流通は，なおイギリス系企業が支配している。天然ゴム，ココやしの生産も多い。近年は軽工業が発達。

★10 インドとパキスタンは，**カシミール地方**の所属をめぐって，長く対立（カシミール紛争⇨p.331）。ともに核兵器を保有。

カシミールでは，住民はイスラム教徒が多くパキスタンへの編入を希望したが，土侯がヒンドゥー教徒でインドに援助を求めたことから，インド，パキスタンの武力衝突に発展した。

★11 インドのデカン高原のレグール土地域でも綿花が栽培されるが，短繊維の在来種が多い。パキスタンのパンジャブ地方では，整った灌漑により優良な長繊維の綿花を栽培している。なお，パンジャブ地方は，インド，パキスタン間でインダス水利協定（1960年）ができ，灌漑設備の整備がすすんでいる。

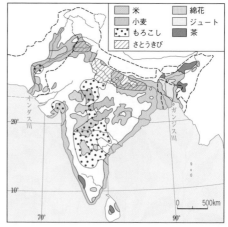

南アジアの農業地域▶

米，小麦のほか，商品作物の綿花，茶，ジュート，さとうきび，落花生などが栽培される。
①米…ガンジス川やブラマプトラ川下流，海岸平野。
②小麦…パンジャブ地方。ガンジス川中流，上流。
③綿花…デカン高原（レグール土），パンジャブ地方。
④茶…インドのアッサム地方，スリランカ。
⑤ジュート…黄麻ともいう。米と組み合わせて栽培。コルカタなどで農産物の包装用袋に加工される。
⑥さとうきび…ヒンドスタン平原，パンジャブ地方。

西アジアと中央アジア

1｜自然と住民

1 自然の特色

　イランからトルコにかけて，アルプス＝ヒマラヤ造山帯に属する新規造山帯が連なり，地震が多い。北に世界最大の湖であるカスピ海が，南に安定陸塊のアラビア半島がある。季節風(モンスーン)の卓越する東アジア，東南アジア，南アジアに対して，西アジアや中央アジアは乾燥アジアといわれ，ステップと砂漠が広がる。ただし，地中海，黒海，カスピ海沿岸では，冬季に雨がある。

2 歴史と社会

❶ 歴史　古くから東西の文化や政治の結節点として，重要な地理的位置をしめてきた。

1　イスラム文化圏の成立　7世紀ごろから西アジア一体にイスラム教が広がり，8世紀には北アフリカや中央アジアにも広まり，イスラム文化圏が成立し，独自の文化を築いた。

2　欧米諸国の侵略　19世紀以後，東西を結ぶ地理的位置，軍事戦略地点，さらに豊富な石油資源の存在などから，先進国の侵略をうけ，大部分が実質的な植民地と化した。

3　民族主義と独立　西アジアでは民族主義の高まりによって，他のアジア諸国と同じく，第二次世界大戦後に多くが独立した。

4　ソ連の影響　中央アジアはかつてソ連に属していたが，1990年代初めに相次ぎ独立した。ソ連時代，イスラム教は抑圧された。

❷ 社会　西・中央アジアと北アフリカは，イスラム世界といわれ，イスラム教が日常生活に深く浸透している。

　アラビア語を使い，イスラム教を信仰するアラブ民族の国が多い。ただし，イスラエルやトルコ，イラン，中央アジア，カフカス地方などでは，民族・言語・宗教などが異なる(⇨p.374)。

　そのため，パレスチナ問題(ユダヤ人とアラブ人の対立 ⇨p.318)をはじめ，クルド人問題，キプロス問題(トルコ系とギリシャ系の対立)，アゼルバイジャンとアルメニアの対立など，民族対立が激しい。さらには，イラン＝イラク戦争，イラクのクウェート侵攻，湾岸戦争，イラク戦争など，領土・政治問題もからんだ戦争がおこっている(⇨p.317～318，331)。

★1　東・東南・南アジアをモンスーンアジア(湿潤アジア)と総称することもある。

★2　西アジア～北東アフリカは，中東(Middle East)ともよばれる。

★3　西アジアから中央アジアにかけては，高原地帯を中心に地中海性気候が分布する。

★4　アラビア半島に住んでいてイスラム教に帰依したセム系のアラブ人は，西アジアや北アフリカに進出，各地域の住民をアラブ人に同化させた。こうして拡大されたアラビア語の通ずる範囲を総称して，アラブ(圏，地域)という。今日，アラブ民族といえば，イスラム教徒でアラビア語を話す人々をさす。

★5　カザフスタン，キルギス，ウズベキスタン，トルクメニスタンはトルコ系，タジキスタンはイラン系の民族が多い(⇨p.374)。

★6　クルド人はイラン，イラク，シリア，トルコの国境にまたがり分布。総人口は3,000万人を超えるが，各国で少数派とされ難民も多い。

	おもな住民	おもな言語	おもな宗教
大部分の国	**アラブ人**(セム系)	**アラビア語**	**イスラム教**
アフガニスタン	パシュトゥーン人，タジク人など	パシュトゥー語など	イスラム教
イラン	インド＝ヨーロッパ系ペルシア人他	**ペルシア語**	**イスラム教(シーア派)**
レバノン	アラブ人，マロン派キリスト教徒他	アラビア語	イスラム教，キリスト教
イスラエル	**ユダヤ人**(セム系)，アラブ人	**ヘブライ語**，アラビア語	**ユダヤ教**，イスラム教
アルメニア	インド＝ヨーロッパ系アルメニア人	アルメニア語	キリスト教(正教会)
トルコ	トルコ人(アルタイ系)	トルコ語	イスラム教
キプロス	ギリシャ系，トルコ系	ギリシャ語，トルコ語	キリスト教，イスラム教

▲西アジアの国々——住民，言語，宗教　アラビア語を使いイスラム教を信仰するアラブ人の国(アラブ諸国)とは，西アジアのシリア，ヨルダン，イラク，サウジアラビア，クウェート，イエメン，オマーン，バーレーン，カタール，アラブ首長国連邦，北アフリカのエジプト，スーダン，リビア，チュニジア，アルジェリア，モロッコなどである。

POINT!

西アジアと
中央アジア
{
乾燥気候で，砂漠やステップ。
イスラム教徒，アラブ民族が多い。
イスラエルは，アラブ諸国と対立。

2 | 資源と産業

1 鉱産資源

西アジアでは，1930年代に石油が採掘されはじめ，**世界有数の油田地帯**となっている。中央アジアでは，**カスピ海**周辺に油田・ガス田が広がり，開発がすすめられている。

—\ TOPICS /—

イスラム復興運動

1979年のイラン革命の後，ヨーロッパ諸国やアメリカなどの先進国に対抗して，イスラム世界の独自の発展を主張する**イスラム復興運動**の勢力が，各国で台頭した。こうした傾向は，多数派のスンナ派，少数派のシーア派に関係なく，イスラム世界に共通して発生してきている。

イスラム諸国には，19世紀以後，ヨーロッパの法体系が導入されてきたが，イスラム世界には，もともとシャリーアとよばれる独自の広範な**イスラム法**の体系がある。近年，シャリーアを厳格に実践しようとする風潮がでてきているが，これも，イスラム復興運動の反映である。

シャリーアは，イスラム教徒が従うべき信条，道徳，勤行，刑罰，義務などを含み，ヨーロッパの近代的な法体系よりはるかに広範な法となっている。民事的な権利や義務に関しても体系的な規定をもっている。

ヨーロッパやアジアに抑えこまれることを拒否し，イスラム本来の姿を取り戻そうとするイスラム世界の共通の思いが，イスラム復興運動(**イスラム原理主義**)の名で，主張されている。

しかし，一部で極端な欧米排除の考え方があり，**アメリカ同時多発テロ**(2001年，旅客機によるビル爆破)や，スペインでの列車爆破テロ(2004年，マドリード)などの行為にあらわれ(**イスラム過激派**)，国際社会の深刻な問題となっている。

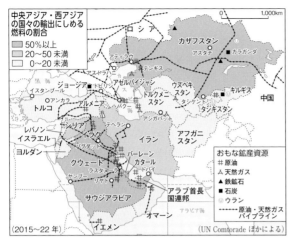

▲西アジアと中央アジアの鉱産資源の分布

2 西アジアの石油資源

❶ **油田の分布**　おもな油田は，西アジアのペルシア湾沿岸[*1]，ティグリス川とユーフラテス川の中・上流域などに分布。埋蔵量，産出量ともに世界最大級。輸出量も多い。

❷ **石油の採掘**　当初，石油メジャー(国際石油資本)が石油採掘を独占し大きな利益をあげた。わずかな利権料[*2]を得るだけであった産油国は，1960年，石油輸出国機構(OPEC)を結成。その後，資源ナショナリズムが高まり，アラブ石油輸出国機構(OAPEC)も結成され，石油産業の国有化など産油国の優位が確立された。

❸ **産油国の経済力**　1973年と79年の2度にわたる石油危機によって，石油価格が上昇し，産油国は巨額の**石油収入**[*3]を得て，工業化[*4]や産業基盤整備をすすめている。

3 中央アジアの開発

　ソ連時代の社会主義体制では，十分な開発ができなかったが，現在では**石油や天然ガス**の他にも，**ウラン**などの開発が期待されている。中国が開発にのり出したことで，ロシアやヨーロッパとの間で資源の争奪戦が起こり始めている。しかし，不安定な政治情勢やパイプラインの建設の遅れ[*5]などの課題がある。

POINT!

　西アジアは，石油資源が豊富。
　石油メジャー→OPECの結成→石油戦略。
　石油危機後，石油収入増→大きな経済力をもつ。

★1　アラブ諸国は，イランの旧国名であるペルシアの呼称をきらって，「アラビア湾」と称している。

★2　1901年イギリス人がイランで石油利権を獲得して以来，石油メジャー(国際石油資本)が，莫大な資本を投下し，経済性を第一にする開発をすすめてきた。

▼関連事項
石油	
メジャー	⇨ p.185
OPEC	
OAPEC	
石油危機	⇨ p.186
石油戦略	

★3　一部は，オイルマネーとして国際金融市場に登場している。先進資本主義国の外国為替市場に投資され，為替差益をねらうマネーゲームのような寄生的性格の強い資金もある。また，一部の特権階級の富裕化を招いている例もある。

★4　産油国は，原油より付加価値の高い石油製品や石油化学製品の輸出をめざして，大規模な製油所や，石油化学工場をつくっている。

★5　周辺諸国による，利権争いや安全保障の観点からの輸送ルートをめぐるかけ引きが原因。

2

アジアとアフリカ

4 農業

❶各地の農業 ①**伝統的な農業**…乾燥地域では伝統的に遊牧やオアシス農業(⊳p.152)が，地中海沿岸では**地中海式農業**(⊳p.154)が行われるが，地主制度が広く残り，生産性は低い。
②**新しい動き**…近年は遊牧民の**定住化**がすすんでいる。また，サウジアラビアでは，大規模な**灌漑農業**も行われている。その際，地下水を使用した**センターピボット農法**(⊳p.415)も利用される。

❷イスラエルの農業 古くから入植したユダヤ人は，自衛上，イデオロギー上から，共同経営で開拓，農業生産にあたった。生産も生活も共同化した集団農場は，**キブツ**といわれる。

3 | 西アジアと中央アジアの国々

1 イラン

❶歴史と社会 古くから独自の文化をもち，7～8世紀にアラブ民族の支配をうけてイスラム教が広がり，アラビア文字を使用するようになった。近代になって，イギリスが勢力をのばした。農村部では地主制度が強く，土地改革も試みられたが，不十分な結果に終わっている。

❷石油開発と国有化
①1912年，西アジアで最初の石油開発が行われた。その利権は，イギリス系**メジャー**が握り，生産を独占した。
②1951年から53年にかけて，**民族主義**の運動が高まり，石油産業が国有化されたが，失敗に終わった。しかし，**利権料**などの権利は拡大した。
③1960年代～70年代は，石油生産がのび，1973年に石油産業を国有化した。その後，膨大な石油収入を得て，国王による工業化などが推進された。しかし，その急速な近代化は，国民の反発をまねき，1979年，王制は倒された(イラン革命)。
④革命後，石油メジャーは完全に撤退したが，石油開発は進み，石油関連が輸出の大部分をしめている。しかし，核開発による経済制裁で，各国がイランからの石油輸入を大幅に削減している。

イランの石油 | 石油メジャー(国際石油資本)が生産を独占。
イランは利権料を得るのみ
　　　　　→1970年代になって国有化。

★6 イランでは，マーレキとよばれる大地主が，土地やカナート(地下水路⊳p.114)を所有し，分益小作人(ライーヤット)を支配。

★7 生活や経営は別個にして，耕作や販売だけを共同化した農場は，モシャブ(共同農場)。

★1 イスラム教徒の80％以上は**スンナ派**であるが，イランは，少数派の**シーア派**がほとんどで，教義が異なる。

★2 BP(ブリティッシュ=ペトロリアム)は，かつてアングロ=イラニアン，その前はアングロ=ペルシャンといって，イランの石油採掘を独占，富を得て成長した。

★3 この後，BPの独占的地位は失われ，石油メジャー各社の参加するイラン=コンソーシアム(国際石油財団)が結成され，イランの石油産業を支配した。イランはここから，利権料と所得税収入を得た。

★4 2010年アメリカが対イラン制裁法を成立させ，他国も追随して制裁措置を開始した。

② サウジアラビア

❶ 歴史と社会　イスラム教発祥の地で，聖地メッカには巡礼者が多く訪れる。戒律のきびしいワッハーブ派[★5]に属する。20世紀初頭に独立した[★6]が，今も完全な**専制君主国家**で，憲法も議会も政党もなく，国王一族が統治している。なお，アラビア半島の遊牧の民として知られるベドウィンは，近年，定住化がすすんでいる。

❷ 石油開発と工業化

①1936年に**アメリカ**の石油会社がダーランで石油を発見し，2年後から採掘。現在，**世界のトップクラスの産油国，石油輸出国**[★7]で，**埋蔵量は世界最大級**。

[補説]　**アラムコ**　アメリカ系メジャー4社からなるアラビアン゠アメリカン石油会社の略称。サウジアラビアの石油を独占。アラムコには，サウジアラビア政府が1973年に60%の資本参加を行い，1980年に100%の国有化を実現している。しかし，現在もメジャーとの結びつきが強い。

②石油の利権料，利潤折半[★8]→**石油産業の国有化**などで，石油収入は莫大なものになった。この間，**OPEC**や**OAPEC**の結成に主導的役割をはたし，産油国の権利を強めてきた。

③石油収入をもとにサウジ基礎産業公社が設けられ，外国資本との合弁で，首都リヤドをはじめ，ペルシア湾岸のジュベイル(鉄鋼，化学肥料)，ダンマン(石油化学)，紅海に面するジッダ(セメント，化学)，ヤンブー(石油化学)などに，各種の工業が立地。また，乾燥地域では貴重な水資源を得るため，海水を利用した世界最大の**淡水化事業**も行っている。

POINT!

サウジアラビア…イスラム教の聖地メッカがある。

世界有数の産油国→石油収入で工業化。

OPECやOAPECの中で，中心的な役割。

★5　18世紀の改革運動の中で成立したスンナ派の一派。質素を尊び，禁欲的生活を守る。

★6　1902年に建国した。1927年，トルコの支配下にあった地域を加えて，イギリスとの協定で独立した。国名のサウジアラビアとは「サウド家のアラビア」を意味する。

★7　ガワール油田などおもな油田はペルシア湾岸に集中し，ラスタヌーラ港やペトロライン(紅海岸のヤンブーまで直結)などから輸出される。地中海岸のサイダーと結ぶトランスアラビアン・パイプライン(2020年産業遺産に選定)がかつてあった。

★8　1950年に，石油会社(アラムコ)との間で，利潤の50%をうけとる折半方式の契約が成立した。

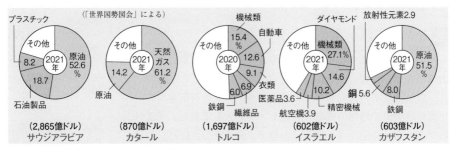

▲西アジア・中央アジアのおもな国の輸出品

3 トルコ

❶ 歴史　イスラム世界で初めて，**政治と宗教の分離**，女性の解放，ローマ字の採用(アラビア文字の廃止)などの近代化をすすめた。

❷ 産業　最大の都市イスタンブールやイズミルなど，工業化がすすんだ豊かな西部と，貧しい東部の経済格差が大きい。**ドイツなどへ外国人労働者として出かせぎにいく人が多い**。近年は，旧ソ連のトルコ系諸国との結びつきを強めている。

❸ その他　東部のイランやイラクの国境付近で，**クルド人問題**(⤴p.317)をかかえる。首都アンカラは，アナトリア高原にある。★9

4 中央アジアの5か国

いずれもイスラム教徒からなる5つの国々がある。砂漠，ステップが広がっていて，遊牧民の定住化，灌漑による綿花や野菜の栽培(アラル海の縮小⤴p.123)，綿工業が共通している。

トルクメニスタン…	
ウズベキスタン……	トルコ系民族の国。★10
カザフスタン………	もとは遊牧民が多かった。
キルギス…………	
タジキスタン……旧ソ連では唯一の**イラン系民族**の国。	

5 カフカス地方の3か国

カフカス(コーカサス)地方は，温暖で湿潤な気候にめぐまれ，みかん，ぶどう，茶など，旧ソ連の他の地域では産出しない農産物が生産される。しかし，少数民族が入りくんで居住しており，古くから民族紛争の絶えない地域で，**現在も民族対立が激しい**。

アルメニア…アルメニア正教徒が多く，アゼルバイジャンと対立。
ジョージア(グルジア)…グルジア正教徒が多いが，イスラム教徒もいる。近年，ロシアと対立(⤴p.318)。
アゼルバイジャン…イスラム教徒，トルコ系。★10 アルメニアと対立。★11
(シーア派)

6 その他の国々

ペルシア湾に面する**イラク**，**クウェート**，**アラブ首長国連邦**，★12
カタールは，有数の産油国。これら産油国は，石油の枯渇にそなえ，非石油産業の育成をすすめている。アラブ首長国連邦のドバイは，西アジア地域の貿易・金融センターとして発展。**イエメン**★13
の**アデン**は，海上交通の要地。**シリア**，**ヨルダン**，**レバノン**はイスラエルと対立し，政治も安定していない。

★9　南東アナトリア開発計画(GAP)がすすめられ，ユーフラテス川上流に巨大なアタチュルクダムが建設。

★10　トルコ系の4か国は，共通する歴史や文化，言語(トルコ語などを含むチュルク語)をもつ。ソ連解体後，トルコとの結びつきが始まり，非アラブ・イスラム諸国からなる**経済協力機構**(ECO)に加盟して友好協力関係をもっている。

★11　アゼルバイジャンのナゴルノ=カラバフ自治州は人口の4分の3がアルメニア人で，1991年に独立を宣言したため，激しい武力紛争がおきた(1994年停戦)(⤴p.317)。

★12　1958年のイラク革命で王制から共和制に変わった。1980〜88年にイランと戦争。1990年にはクウェートを侵略した結果，1991年，多国籍軍との間で湾岸戦争をまねき敗退した。2003年，アメリカなどが侵攻したイラク戦争で1979年以来のフセイン政権は崩壊。民主政権樹立後も混乱がつづく。

★13　モカ港から輸出されるコーヒーは，モカコーヒーとして有名。

4 北アフリカとサハラ以南のアフリカ

1 │ 自然と住民，産業と経済

1 アフリカ大陸の自然

❶ 多様な自然

1 **地形**　アフリカ大陸は，ほぼ全体が**安定陸塊**のゴンドワナランド（⇨p.71）で，**高原大陸**である。とくに東部～南部は海抜2,000m前後の高原が続く。**アフリカ大地溝帯**の中に**キリマンジャロ山**などの高い火山がある。また，世界最長のナイル川が，赤道直下から砂漠を貫流する。

2 **気候**

①**熱帯**…熱帯雨林は，シエラレオネ～コートジボワール中部，およびガボン～コンゴ盆地を中心に分布しているにすぎない。その周辺には，広大なサバナが分布。

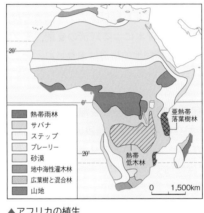

▲アフリカの植生

②**乾燥帯**…南西部の**カラハリ砂漠やナミブ砂漠**，北部のサハラ砂漠と，その周辺のステップ。

③**温帯**…北端と南端に，**地中海性気候**などの温帯地域がある。

④**高山気候**…ケニアの**ホワイトハイランド**のように，東アフリカの高原には，温和な高山気候などが広く分布。

❷ 植生の変化
温暖化など地球自体の気候の変化に加えて，過度の焼畑や，植民地時代から続く「開発」，近年の過放牧や過耕作によって，森林は疎林に，疎林はサバナに，サバナはステップに，ステップは砂漠に移行して，植生が変化している。その結果，**不毛な砂漠が拡大している**。とくに，サヘル地方の砂漠化（⇨p.134）は，大きな問題である。

❸ 風土病
サハラ以南のアフリカでは，高温多湿な地域に，ツェツェバエが媒介する睡眠病，ハマダラカが媒介するマラリア，ネッタイシマカが媒介するデング熱や黄熱病などの風土病がある。

★1　アフリカ大陸は平均高度750m。全体として卓状地のため，ナイル川やコンゴ川などの大河川には急流が存在し，外洋船が上流まで航行できない。

★2　西アジアからアフリカ東部に続く延長約6,000kmの大地溝帯。タンガニーカ湖などの断層湖もつくる。プレートの広がる境界と考えられている。

★3　標高5,895mで，アフリカ最高峰。赤道に近い南半球にある。

★4　その面積はアフリカ全土の約10%のみ。

★5　大西洋に面した**ナミブ砂漠**は，沿岸を流れる寒流（ベンゲラ海流）の影響で形成された**海岸砂漠**である。ペルー海流によるアタカマ砂漠などと同様で，沿岸に寒流の流れる地域は降水量が少ない。

★6　ヨーロッパ人（白人）が入植した温和な高原のこと。

★7　チャド湖は，砂漠化の進行でどんどん縮小したが，2000年代から水量が回復した。

★8　特定の地域に特有な病気を風土病という。

2 歴史と社会

❶ 住民　北アフリカでは, 大きくみるとコーカソイド(白色人種)のアラブ人が多い。イスラム教の影響を受け, アラビア語が普及した。歴史的に, **西アジアとのつながりが深い**。一方, サハラ以南のアフリカでは, ネグロイド(黒色人種)(⊃p.311)が中心。サハラ砂漠以南の地域をサブサハラアフリカ(Sub-Sahara Africa)とよぶことがあり, この地域に黒人人種が多い。各地に少数人種も分布。

❷ 植民地支配　アフリカは, **ほぼ全域がヨーロッパ先進国の植民地**となり, 世界のどの地域より激しい収奪にさらされた。第二次世界大戦後, アジアの民族主義の高まりをうけ, **1960年**前後から, ほとんどの国が, 政治的な独立を達成した。

❸ 変わらぬ植民地的構造　とくにサハラ以南のアフリカでは, 政治的に独立した後もなお, 外国資本による経済の支配, モノカルチャー経済(⊃p.360)といった植民地的構造は温存され, そこから, 深刻な貧困が生まれている。援助依存型の経済構造に陥っている国も多い。

❹ 民族・領土問題　**植民地分割が民族分布を無視して行われたため**, 現在でも深刻な**民族対立による紛争**や**難民の発生**も多い。

❺ 貧困と食料難　とくにサハラ以南のアフリカでは, 大多数の住民は貧しく, 食料不足が慢性的で, 人口増加率が高いことも重なって, 飢餓や, 乳幼児の高い死亡率がめだつ。

❻ 欧米諸国への移住　アフリカ諸国では, 仕事や豊かさを求めて, ヨーロッパの旧支配国やアメリカへの移民が増加している。しかし, とくにヨーロッパでは, アフリカ系移民の数が急増し, 雇用問題や人種差別, 文化的・宗教的対立などが社会問題化している。

補説　**アフリカの貧困**　17〜19世紀にかけて, 1,000万人以上のアフリカ人(ネグロイド)が新大陸に奴隷として連行された。この「**奴隷貿易**」は, アフリカ各地の社会と経済に大きな打撃を与えた。また, ヨーロッパ先進国の侵略による**植民地分割**は, 旧来の民族分布と無関係に行われ, 民族対立を助長したので, 民族国家の形成を妨げた。アフリカの貧困は, このような奴隷貿易や植民地分割にさかのぼる。その上, 独立後も温存された植民地的構造があり, 現代では, 先進国に有利な国際経済秩序によって, いっそう格差が拡大している。サハラ以南のアフリカの大部分の国は, **後発発展途上国**(⊃p.333)である。

3 産業と経済

❶ 農業　アフリカ全体としては, **自給的農業**が多くみられる。北

★9　サハラ以南のアフリカは, ブラックアフリカともよばれる。

★10　「サハラ以南のアフリカ」の意味。

★11　カラハリ砂漠周辺にはコイサン人が, マダガスカル島にはマレー系民族が分布。

★12　1960年は「アフリカの年」といわれ, この年だけで17か国が独立した。

★13　1993年に, キリスト教徒の多いエチオピアから, イスラム教徒の多いエリトリアが独立闘争の末に独立。ルワンダでは1994年に多数派のフツ族がかつての支配民族であった少数派のツチ族を大量虐殺し, 大量の難民も発生。ソマリアでは, 1991年以来内戦や干ばつによる無政府状態が続き, 大量の難民が発生した。スーダンでは, 西部のダルフール地方で大量の虐殺行為や難民の発生があったほか, キリスト教徒の多い南部が2011年に**南スーダン**として独立した。

★14　アフリカ系移民が, ヨーロッパ系住民の雇用機会を奪っているとの考えがあり, 移民排斥を訴える政治活動や事件が表面化している。

アフリカの地中海沿岸と南アフリカの南端では**地中海式農業**が，砂漠地帯では**遊牧**や**オアシス農業**が，熱帯雨林地域では**焼畑農業**(やきはた)が行われている。エジプトでは，大規模な**灌漑農業**(かんがい)がみられる。
★15

　一方で，プランテーション農業もさかん。プランテーションは，白人が植民地時代に現地民の土地を奪い開いたもの。現在でも，地元の黒人は低賃金で雇われるか，農園を開いても小規模である。

❷**農地改革**　白人が占有していた農地や，アフリカ人の共同所有になっていた農地を再編する取り組みが続いている。
★16

❸**鉱業**　北アフリカは産油地帯で，国有企業が採掘。アルジェリアとリビアは，OPECに加盟している。

　サハラ以南のアフリカでは，鉱産資源の採掘は，おもに欧米先進国の資本で行われている。地元の黒人は，鉱山労働者として安い賃金を得るのみである。近年，**資源ナショナリズム**の影響により，鉱産資源の**国有化**がみられるが，経営には依然，外国資本の協力を得る例が多い。
★17
★18

❹**工業**　南アフリカ，エジプトなどを除き，多くの国で工業化がすすんでこなかった。その要因として，インフラの未整備や教育水準の低さ，民族対立・紛争が挙げられる。しかし，それらの問題が解消していった国を中心に，工業化(おもに軽工業)がすすんで経済が成長しつつある。

❺**貿易**　サハラ以南のアフリカでは，特定の**一次産品**の輸出に依

★15 コートジボワールやガーナのカカオ，エチオピアやケニアのコーヒーなどが代表的。

★16 ケニアでは，白人が占有していた**ホワイトハイランド**の一部を政府が買い上げ，再分割してアフリカ人の入植をすすめ，アフリカ人自立農民の育成をはかっている。

★17 コンゴ民主共和国やザンビアの銅，コバルト，ダイヤモンド，ボツワナのダイヤモンド，ナイジェリアの石油，ギニアのボーキサイト，南アフリカ共和国やギニアの金などが代表的。

★18 近年，中国が，資源需要の急激な増加に対応するため，アフリカでの資源開発を積極的にすすめている。

2

アジアとアフリカ

▲アフリカの農牧業

▲アフリカの鉱産資源の分布

（「Atlas of Africa」ほかによる）

存する国がほとんどである。一次産品は交易条件が悪く，価格が不安定で，国の経済が左右されやすい。また，食料生産が圧迫され，飢餓（きが）の要因ともなる。

　こうしたモノカルチャー経済からの脱却（だっきゃく）のため，栽培作物の**多角化**や，生産品を公正な賃金を考慮（こうりょ）した適正な価格で購入するフェアトレード（⇨p.237）などの取り組みが行われている。

❻ 通信と交通　旧支配国との間には，航空交通や通信網がよく整っている。しかし，アフリカの国々の相互の交通は，あまり整備されていない。

> 補説　**アフリカの鉄道**　アフリカでは，海岸と内陸の間にいくつか鉄道がみられる。これらは，内陸の鉱産資源の産地と，その積み出し港を結んだもので，植民地時代につくられた。モーリタニアのフデリック〜ヌアディブーは鉄鉱石，ナイジェリアのジョスバウチ〜ポートハーコートはすず，タンザニア，ザンビア，アンゴラを結ぶ**タンザン鉄道**，**ベンゲラ鉄道**（ダルエスサラーム〜ロビト）はカッパーベルトの銅を積み出す。中国の援助でできたタンザン鉄道は，白人の支配していた南アフリカ共和国に頼らずに，銅の輸出ができるようになったことで有名である。

（「世界国勢図会」ほかによる）

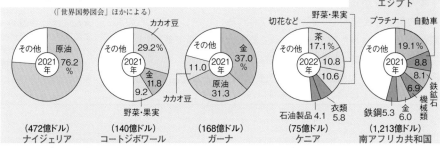

▲アフリカのおもな国々の輸出品

サハラ以南のアフリカ…モノカルチャー経済で，**深刻な貧困**。

| 外国資本の経済支配 | プランテーション / 鉱産資源の支配 / 商業なども支配 | → | 農地所有の再編 / 鉱産資源の国有化 / フェアトレード | → 経済の発展へ。 |

2 ｜ 北アフリカの国々

1 エジプト

❶ 歴史　19世紀末よりイギリスなどの支配をうけたが，1956年には，スエズ運河を**国有化**し，イギリス勢力を追放した。この後，エジプトは，**アラブ民族主義**（めいしゅ）の盟主（もっ）を以て任（にん）じた。★1

❷ 資源と産業

1 **農業**　ナイル川をせきとめたアスワンハイダムの灌漑(かんがい)により農地はふえたが，塩害(えんがい)などの被害も拡大(⤷p.152)。生産性が低いため，穀物の自給率は低い。重要な輸出品であった綿花は，長繊維(せんい)で高品質であるが，近年は比率が低下している。

2 **鉱工業**　スエズ湾の両岸で産出する石油をもとにした石油製品が最大の輸出品。アルミニウム工業など，工業化もすすむ。

3 **その他**　スエズ運河の通航料や，観光収入など。

2 アルジェリア

❶ **歴史と社会**　19世紀前半に**フランス**の植民地となった。フランス人入植者(コロン)は，アルジェリア人の土地を奪[★2]い，ぶどう(醸造用)の大農園を開いた。このため，食料生産は圧迫された。1962年に独立を達成し，主要産業を国有化したが，政治が不安定で，イスラム過激派(かげきは)(⤷p.370)によるテロもみられる。

❷ 資源と産業

1 **農業**　独立後，フランス人の大農園は接収された。地中海沿岸で小麦，オリーブ，ぶどうなどの**地中海式農業**。乾燥地域では，遊牧や，地下水路(フォガラ)(⤷p.114)を利用した**オアシス農業**。

2 **石油と天然ガス**　サハラ砂漠で**石油**と**天然ガス**[★3]を多く産出し，国営の公社が管理。

3 ｜ サハラ以南のアフリカの国々

1 ギニア湾沿岸の国々

❶ **ナイジェリア**

1 **自然と歴史**　熱帯の高温多湿な気候であるが，4世紀ごろから独自の文化をもった王国が興亡した。15世紀以後，ヨーロッパ人が侵入し，多くの住民は**奴隷**(どれい)[★1]として新大陸につれ去られ，生産基盤(きばん)が破壊された。19世紀にイギリスの植民地となったが，1960年に独立。

2 **住民**　現在，250以上の民族からなり，**アフリカ最大の人口**[★2]をもつ。諸民族の**連邦共和国**であるが，植民地時代に分割統治の道具として**民族対立**があおられ，今なお深刻な問題。

補説　**民族間の対立と内戦**　石油資源にめぐまれたニジェール川河口付(がし)近に住む**イボ族**は，開発の中心が，南西部の**ヨルバ族**の地区におかれることを不満とし，1967年，連邦からの分離，独立をとなえて，**ビアフラ共和国**をたてた。結果，内戦となり，旧ソ連とイギリスは連邦側を，アメリカとフランスはビアフラ側を支援して介入した。この内戦では，ビアフラ側は多くの餓死者(がし)を出し，1970年に降伏した。

★1 エジプトは，1967年の第三次中東戦争でイスラエルに敗北し，スエズ運河などを失った。1973年の第四次中東戦争ではスエズ運河を奪還(だっかん)。1979年，アラブの国としては，初めて，イスラエルと平和条約を結んだ。

★2 アルジェリア人は，農業に不利な乾燥地域へ移り，貧困農村地域を形成した。

★3 ハシメサウド油田など。アルジェリアやリビアの石油開発は，1956年以降のこと。

★1 前首都ラゴスは，かつて「奴隷貿易」の基地で，周辺は奴隷海岸とよばれた。

★2 北部はハウサ=フラニ族(イスラム教徒が多い)，南西部はヨルバ族，南東部はイボ族(キリスト教徒が多い)がそれぞれ中心。なお，1991年にラゴスから移転した新首都**アブジャ**は，この3地域のバランスのために建設された。

③ **農業**　南部は高温多湿なため，イギリス人は土地を占拠せず，アフリカ人に商品作物を強制栽培させて，その流通を支配する形をとった。こうしてカカオ，油やしなどのプランテーション$^{★3}$が発達した。主食はヤムいもやタロいもなど根栽類で，生産量は世界有数である。

　一方，北部はサバナ気候のため，伝統的な遊牧やもろこし類の栽培のほか，落花生や綿花のプランテーションもみられる。

④ **資源**　アフリカ有数の産油国$^{★4}$で，OPEC（オペック）に加盟。油田はニジェール川デルタに集中。

❷ **コートジボワール**$^{★5}$　南部でカカオ，コーヒーの生産が多く，外国資本に対する門戸開放で，1970年代には高成長をほこった。植民地時代からの中心都市アビジャンは，ヨーロッパ風の大都市であるが，一方でスラムも拡大している。

❸ **ガーナ**　典型的な**カカオ**のモノカルチャー経済の国であったが，ヴォルタ川流域で**総合開発**をすすめ，水力発電を利用した**アルミニウム精錬**などの工業化がすすんでいる。

　補説　**ギニア湾沿岸での商品作物栽培**　コートジボワール，ガーナ，ナイジェリアなどでは，南部で**カカオ，コーヒー，油やし**，北部で**落花生，綿花**のプランテーションが発達した。

　現在では，外国資本のほか，アフリカ人の小農園，共同出資，国の開発公社，村有などいろいろな経営形態がある。国際価格の低落で，収益は伸び悩んでいる。

★3　こうした形態は，ガーナなどと共通し，おもにカカオがとり扱われた。

★4　西アジアなどと同様，国際石油資本が開発。ほとんどが原油のまま輸出され，石油産業で働く人はきわめて少ない。

★5　フランス語で「象牙海岸」の意味。かつてこの地方の海岸から象牙が多数運び出されたことに由来する。首都は，沿岸のアビジャンから内陸のヤムスクロに移転した（1983年）。

▼**おもなプランテーション作物の栽培条件と生産国**　母の木とは，直射日光や風に弱いものを保護するために植える樹木で，守り木ともいう。カカオなどで必要。（「世界国勢図会」ほかによる）

作物名	自然条件	主要生産国　（　）内は%（2021年，綿花は2020年）
さとうきび	・年平均気温20℃以上 ・年降水量1000mm以上，収穫期に乾燥	ブラジル(38.5)，インド(21.8)，中国(5.7)，パキスタン(4.8)，タイ(3.6)，メキシコ(3.0)
コーヒー	・年平均気温16~22℃ ・年降水量1000~3000mm，収穫期に乾燥 ・霜をきらう	ブラジル(30.2)，ベトナム(18.6)，インドネシア(7.7)，コロンビア(5.7)，エチオピア(4.6)，ホンジュラス(4.0)，ウガンダ(3.8)，ペルー(3.7)
茶	・年平均気温14℃以上 ・年降水量1500mm以上	中国(48.8)，インド(19.4)，ケニア(8.3)，トルコ(5.1)，スリランカ(4.6)，ベトナム(3.8)，インドネシア(2.0)
カカオ	・年平均気温24~28℃ ・年降水量2000mm以上 ・防風や日陰用に「母の木」が必要	コートジボワール(39.4)，ガーナ(14.7)，インドネシア(13.0)，ブラジル(5.4)，エクアドル(5.4)，カメルーン(5.2)，ナイジェリア(5.0)，ペルー(2.9)
綿花	・生育期18℃以上，210日以上の無霜期間 ・年降水量500mm以上，収穫期に乾燥	インド(25.3)，中国(24.4)，アメリカ(13.1)，ブラジル(11.4)，パキスタン(5.0)，ウズベキスタン(3.4)
天然ゴム	・年平均気温26℃以上，Af気候地域 ・年降水量2000mm以上	タイ(33.1)，インドネシア(22.3)，ベトナム(9.1)，インド(5.4)，中国(5.3)，コートジボワール(5.2)

Q チョコレートも，ココアも，カカオからつくっているのですか。

A カカオの実の中の種子(カカオ豆)は，30～50%の脂肪分をふくみ独特の風味があるよ。その脂肪(カカオバター)に，ミルク，砂糖などを加えたものが，チョコレート。脂肪分を除いた残りを粉末にしたものがココア，というわけだ。

◀収穫したカカオの実

▼カカオの木

◀ギニア湾沿岸の商品作物

気候を反映して，北から落花生，綿花，油やしが分布。コーヒーは収穫期に乾燥する土地がよく，カカオより北で栽培される。海岸名は植民地時代の呼称。

❹**リベリア**　アフリカ最初の黒人共和国で，1847年に建国。経済は，アメリカ資本による天然ゴムに依存する。世界有数の商船保有国であるが，便宜置籍船がほとんど。1989年から2003年まで内戦が続き，政治，経済ともに不安定で，多数の難民を出した。

★6 アメリカ植民協会が送った解放奴隷によって建国された。国名は「自由」，首都名はアメリカ大統領モンローにちなみ，それぞれリベリア，モンロビアと命名された。

補説　**便宜置籍船**　パナマやリベリアでは，税金が安いため，他国の船主が便宜的に籍だけを置いている船が多い。このような船を，便宜置籍船という。統計上は，世界有数の商船保有国になっていても，実際には外国資本が保有していて，税収があるというだけである(⇨p.425)。

2 東アフリカと南アフリカの国々

❶**ケニア**★7

① **自然と歴史**　赤道直下にあたるが，内陸部に高原が広がる。首都ナイロビは標高1,624mに位置し，年平均気温は約20℃で快適。多くの**自然動物公園**があり，野生動物が保護されている。イギリスの植民地であったが，1963年に独立。観光が主産業の1つ。

② **住民**　キクユ族をはじめ多くの民族からなる。公用語はスワヒリ語★8，英語。キクユ語なども使われる。

③ **農業**　温和で肥沃な**ホワイトハイランド**では茶などが，東部低地では**サイザル麻**などが栽培→重要な輸出品。

★7 この国名は，アフリカ第二の高峰ケニア山に由来する。ケニアは，キクユ語で「白い山」という意味で，赤道直下ながら万年雪をいただいている。

★8 バンツー語系の諸言語を基礎に，イスラム教とともに伝わったアラビア語の刺激をうけて成立した言語。アフリカ東部で使われる。

補説　**サイザル麻**　シザル麻，ヘネケン麻ともいう。メキシコ原産でアゲーブ属の葉肉の厚い多年草。葉から繊維をとり，ロープや網の原料とする。メキシコのユカタン半島，アフリカのタンザニアやケニア，ブラジルのアマゾン川流域などが，栽培の中心になっている。

❷ 南アフリカ共和国★9

1　**位置と自然**　アフリカ大陸の南端に位置する。内陸部は1000mをこえる高原が広がり，温和。とくに，1200 m以上の高原は**ハイベルト**とよばれ，ステップの草原となっている。南西部には**地中海性気候**，南東部には西岸海洋性気候や温暖湿潤気候などの温帯の気候がみられる。

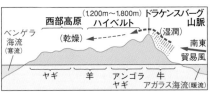

▲南アフリカ共和国の地形断面図

2　**歴史と社会**　オランダ系白人，続いてイギリス系白人が植民地を形成した。20世紀に入って，白人が徹底した人種差別政策をすすめ，**アパルトヘイト**(人種隔離政策)(⤴p.317)を確立した。アフリカ人の抵抗と，国際社会の批判により，1991年にアパルトヘイト法は全廃された。しかし，白人と黒人の経済的格差は，依然として大きい。★10そのため，黒人の経済参画支援政策★11を進めている。

3　**資源と産業**

①**農牧業**　地中海性気候の地域では，果樹の栽培と冬の小麦栽培(**地中海式農業**)(⤴p.154)がさかん。ハイベルトでは，羊などの牧畜が行われ，海岸の平野では，野菜や小麦，とうもろこしなどの栽培がさかん。果実や羊毛は輸出される。

②**鉱業**　世界有数の金をはじめ，**ダイヤモンド★12**，石炭，鉄鉱石，ウラン，**プラチナ**，さらにクロム，マンガンなどのレアメタル(希少金属)(⤴p.191)にめぐまれている。

③**工業**　各種の重化学工業が発達。中国のほか，日本，ヨーロッパ諸国やアメリカなど先進国との結びつきが強い。ケープタウン★13はアフリカ最大の貿易港。BRICSのS。

★9　首都プレトリアには行政府がおかれ，立法府はケープタウン，司法府はブルームフォンテーンに分散して配置。

★10　南アフリカ共和国は，国連の区分では先進国とされているが，アフリカ系の社会の多くは，いまだ貧困におおわれている。

★11　ブラック・エコノミック・エンパワーメント政策(BEE政策)とよばれる。

★12　金はヨハネスバーグ付近，ダイヤモンドはキンバリーや首都プレトリア付近で多く産出する。

★13　日本の遠洋漁船の基地としても知られる。

POINT!

南アフリカ共和国

アパルトヘイト(人種隔離政策)は廃止。
地中海式農業や，ハイベルトでの牧畜がさかん。
金，レアメタルなどが豊かで，工業も発達。

アジア・アフリカ

○BRICS（ブリックス）

2000年代に著しい経済発展を遂げた，ブラジル（Brazil），ロシア（Russia），インド（India），中国（China），南アフリカ共和国（South Africa）の5か国の総称。

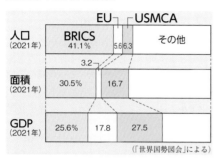

		EU	USMCA	
人口 (2021年)	BRICS 41.1%		5.6 6.3	その他
	3.2			
面積 (2021年)	30.5%	16.7		
GDP (2021年)	25.6%	17.8	27.5	

（「世界国勢図会」による）

▲BRICSの地位

これらの5か国は，もともと人口が多く，資本が蓄積し，人口が増加することで内需が拡大し，労働生産性も伸びることで，経済成長が続いている。その成長率は，年平均数％と，世界平均を上回る発展を示している。

2009年から首脳会議（南アフリカは2011年から参加）を開催しており，2024年にはエジプト，エチオピア，イラン，サウジアラビア，アラブ首長国連邦が会議参加国に正式加盟し，10か国体制となった。

○西部大開発

中国において2000年から推進されている内陸部地域の開発計画のこと。発展がすすむ沿海部（東部）と，開発の遅れている内陸部（西部）の地域格差の是正を目的としている。

主な事業は，次の4つである。
① 「青蔵鉄道」：内陸部のチンハイ省シーニンとチベット自治区ラサを結ぶ，総延長約2,000kmの鉄道。2006年に全通。
② 「西気東輸」：内陸部で採掘された天然ガスを，パイプラインを通じて沿海部へ送る。
③ 「西電東送」：内陸部で発電した電力を，慢性的な電力不足に悩む沿海部へ送る。

④ 「南水北調」：長江流域（南部）の豊かな水を，長大な水路やトンネル（3本のルート）を通じて慢性的な水不足に悩む北部に送る。

○一帯一路

中国で2013年に提起された構想。中国から中央アジアを経由してヨーロッパに至る「シルクロード経済ベルト」（「一帯」とよばれる）と，中国から東南アジア，インドを経て中東やアフリカを結ぶ「21世紀海上シルクロード」（「一路」とよばれる）を整備し，インフラ投資をおこなうことで，貿易や経済活動をさかんにしようとした。

▲シルクロード経済ベルトと21世紀海上シルクロード

○ハッカ（客家）

漢族（漢民族）の中でも，中国南部から東南アジアにかけて居住する文化的な少数集団。一般に外来者として離れた場所に居住。古い時代に華北から南下してきた漢族の子孫と考えられているが，他の漢族集団とは異なった独特の文化と出自の自覚をもち，ハッカ語とよばれる言語（方言）を話す。こうしたことから，ハッカは，漢族の中のエスニック・グループ（⇨p.326）とされる。

東南アジアの華人の3分の1はハッカといわれ，華人のうちでも強い連帯感をもち，財閥を形成している集団も多い。

フーチェン省など南部では，山間部に防御のために「土楼」（円形のものは円楼，正方形など四角形のものは方楼）とよばれる独特の城壁のような集合住宅をつくり，一族がまとまって生活している。

民工潮

中国で，内陸部から経済発展が続く沿岸部に向かって，工場労働などの職を求めて移動する人々の流れのこと。民工とは，農民工の略で，工業に従事する農民という意味。

1970年代後半から，沿岸部では，**経済特区**（⇨p.355）をはじめ多くの経済開放都市が指定されていった。これにより外国資本による投資がすすみ，とくに労働集約的な工業が立地した。これらの工業は安い労働力を大量に必要としたため，工場の労働力として貧しい内陸部の農民が雇用され，その後の中国の発展にも大きく貢献した。

しかし，1990年頃からは，これらの沿岸の都市部に，雇用需要をこえて大量に人々が流入してくる傾向がみられ，供給過剰の状態になり，仕事につけない人々がふえた。このような流れは，とくに「盲流」とよばれている。

ルックイースト

マレーシアでうちだされた，日本や韓国を模範として経済発展をめざす政策。1981年に当時のマハティール首相が提唱した。旧宗主国のイギリスではなく，東洋の国をモデルとして見ようという意味。

個人の利益より集団の利益を優先する日本や韓国の労働倫理が注目されたといわれる。この機に，日本や韓国の企業の投資がすすみ，国内経済が発展した。

白い革命

インドにおける劇的な酪農の発展のこと。従来からの水牛のほかに，高乳量の乳牛を導入した結果，牛乳の生産量は1970年以降，急増し，30年足らずで4倍以上にのびた。1997年にはアメリカをぬき，インドは世界一の牛乳生産国となった。ヒンドゥー教などの影響で肉食をよしとしないインドにおいて，「白い革命」は国民の栄養水準を上昇させ，農民の所得を飛躍的に伸ばしたことも注目される。こうしたインパクトの大きさが「緑の革命」（⇨p.153）になぞらえて，「白い革命」とよばれている。また肉（とくに鶏肉）の生産量も伸び，「ピンクの革命」とよばれている。

インドの主要食料生産は米，小麦ではいわゆる「緑の革命」，油脂原料では「黄色の革命」による生産力増（なたね，ひまわり，落花生，大豆など），たんぱく質源の「白い革命」や「ピンクの革命」などによって，生活の質が向上した。

ヴァルナとジャーティ

インドの**カースト**（⇨p.324）において，社会を身分と職業集団に細分している原理。ヴァルナとは四姓のこと。ジャーティとは世襲的職業身分集団のこと。

ヴァルナは，バラモン（僧侶），クシャトリヤ（王族，貴族），ヴァイシャ（平民），シュードラ（奴隷＝隷属民）の4つの身分の区分である。この他に，最下層の**不可触民**（アンタッチャブル）の人々がいて，彼ら自身は，自分たちのことをダリットとよぶ。近年，ダリットの基本的人権を求める動きがさかんになっている。日本の被差別部落の人々による部落解放運動と共通性があり，国際的には出自（門地）による「差別」として糾弾されるようになっている。

ジャーティは，日常の職業と結びついて機能する集団。職業の保障，相互扶助の役割をもつが，異なる下層のジャーティの人々に対しては排除，差別の面をもつ。

カースト間の移動は認められておらず，カーストは親から子へと受け継がれる。結婚も同じカースト内で行われる。なお，カーストによる差別は，1949年に憲法で禁止された。

サブサハラ

サブサハラ（sub-Sahara）とは，アフリカ大陸のサハラ砂漠以南の地域のことをいう。北アフリカに対する用語で，上下関係を示す意味はない。スーダンは国連では北アフリカに分類されているが，サブサハラに含まれる。

☑ 要点チェック

CHAPTER 2　アジアとアフリカ	答
☐ 1　パミール高原やヒマラヤ山脈は,「世界の(　)」とよばれる。	1　屋根
☐ 2　東アジアは,(　)の影響で, 夏に高温多雨, 冬は乾燥。	2　季節風(モンスーン)
☐ 3　中国で稲作と小麦の生産地を区分する山脈と川を何というか。	3　チンリン山脈, ホワイ川
☐ 4　中国のおもな5つの少数民族が形成している行政区は何か。	4　自治区
☐ 5　中国の内陸部の開発計画は, 何とよばれるか。	5　西部大開発
☐ 6　中国の東北地方で最大の重化学工業都市はどこか。	6　シェンヤン
☐ 7　中国最大級の人口をもつ長江河口の都市はどこか。	7　シャンハイ
☐ 8　「台湾のシリコンヴァレー」とよばれる都市はどこか。	8　シンチュー
☐ 9　韓国の新しい村づくり運動を何というか。	9　セマウル運動
☐ 10　韓国南東部の都市ポハンでさかんな工業は何か。	10　鉄鋼業
☐ 11　日本と北朝鮮の間では, 正式な(　)が結ばれていない。	11　国交
☐ 12　東南アジアの大部分をしめる気候帯は何か。	12　熱帯
☐ 13　東南アジアで唯一, 植民地にならなかった国はどこか。	13　タイ
☐ 14　タイの(　)川デルタでは, とくに稲作がさかん。	14　チャオプラヤ
☐ 15　タイで最も信仰されている宗教は何か。	15　仏教
☐ 16　マレーシアでは, マレー系,(　)系, インド系の人が多い。	16　中国
☐ 17　マレーシアでマレー系住民を優遇する政策を何というか。	17　ブミプトラ政策
☐ 18　マレーシアで栽培がさかんな商品作物を1つあげよ。	18　油やし
☐ 19　シンガポール南西部にある輸出加工区は,(　)工業地域。	19　ジュロン
☐ 20　シンガポールは, 人口の4分の3が(　)である。	20　華人(中国系)
☐ 21　シンガポールは海上交通の要衝で,(　)貿易によって発展した。	21　中継
☐ 22　インドネシアは, どこの国の植民地であったか。	22　オランダ
☐ 23　インドネシアの人口の多くが集中している島はどこか。	23　ジャワ島
☐ 24　2002年にインドネシアから独立した国はどこか。	24　東ティモール
☐ 25　フィリピンで栽培がさかんな商品作物を2つあげよ。	25　さとうきび, バナナ
☐ 26　ブルネイのおもな輸出品は何か。	26　石油, 天然ガス
☐ 27　ベトナムでは,(　)政策がうち出され, 以後経済が発展した。	27　ドイモイ
☐ 28　インドで最も信仰されている宗教は何か。	28　ヒンドゥー教

☐ 29	インドの連邦公用語は何語か。	29	ヒンディー語
☐ 30	伝統的に綿工業がさかんな，インド最大の都市はどこか。	30	ムンバイ
☐ 31	インドのジャムシェドプルでさかんな工業は何か。	31	鉄鋼業
☐ 32	インド南部に位置する，ICT産業の中心都市はどこか。	32	ベンガルール（バンガロール）
☐ 33	パキスタンでは，小麦や（　），米の栽培がさかんである。	33	綿花
☐ 34	インドとパキスタンが領有権を争う地域はどこか。	34	カシミール地方
☐ 35	バングラデシュのデルタ地帯では，（　）の被害が多い。	35	サイクロン
☐ 36	ガンジスデルタでは，米とどんな農作物が栽培されるか。	36	ジュート(黄麻)
☐ 37	スリランカの最も重要な商品作物は何か。	37	茶
☐ 38	中央アジアの産油地帯は，（　）海沿岸である。	38	カスピ
☐ 39	ユダヤ教徒のユダヤ人を中心とした国はどこか。	39	イスラエル
☐ 40	西アジアの（　）湾沿岸は，世界有数の産油地帯である。	40	ペルシア
☐ 41	西・中央アジアの乾燥地域では，（　）とオアシス農業がさかん。	41	遊牧
☐ 42	イランでは，イスラム教（　）派が多数をしめる。	42	シーア
☐ 43	サウジアラビアにあるイスラム教最大の聖地はどこか。	43	メッカ
☐ 44	トルコ東部などに分布する少数民族を何というか。	44	クルド人
☐ 45	タジキスタンは，中央アジアで唯一の（　）系民族の国である。	45	イラン
☐ 46	アルメニアと対立しているカフカス地方の国はどこか。	46	アゼルバイジャン
☐ 47	サハラ砂漠の南の砂漠化のはげしい地域を何というか。	47	サヘル
☐ 48	北アフリカでは，イスラム教徒の（　）人が多い。	48	アラブ
☐ 49	サハラ以南のアフリカでは，商品作物の（　）農業がさかん。	49	プランテーション
☐ 50	サハラ以南のアフリカ各国の単一栽培の経済を何というか。	50	モノカルチャー経済
☐ 51	エジプトが国有化した運河はどこか。	51	スエズ運河
☐ 52	アルジェリアは，どこの国の植民地であったか。	52	フランス
☐ 53	ナイジェリアの第1位の輸出品は何か。	53	石油
☐ 54	コートジボワールで生産の多い商品作物は何か。	54	カカオ
☐ 55	ケニアの高原地帯で，白人が占有した地域を何というか。	55	ホワイトハイランド
☐ 56	ギニア湾沿岸で，便宜置籍船の国として有名なのはどこか。	56	リベリア
☐ 57	南アフリカ共和国の人種隔離政策は何とよばれたか。	57	アパルトヘイト
☐ 58	南アフリカ共和国で産出の多い鉱産資源は何か。	58	金，ダイヤモンドなど

CHAPTER

3 » ヨーロッパとロシア

まとめ

① ヨーロッパ ☞ p.389

□ あらまし

- **自然環境**…けわしい**アルプス山脈**とそこから流れ出る**ライン川**，ドナウ川など。北西部は，暖流の**北大西洋海流**と**偏西風**の影響で，高緯度のわりに温和な西岸海洋性気候。地中海沿岸は，夏に乾燥する地中海性気候。

- **住民と社会**…北西部にプロテスタント系の**ゲルマン民族**，南部にカトリック系の**ラテン民族**が多い。南東ヨーロッパは正教会系の**スラブ民族**が多い。

- **ヨーロッパ連合(EU)**…現在，フランス，ドイツ，イタリア，ベネルクス３国の原加盟国に加え，合計で27か国が加盟(2023年)。経済協力から政治的な統合までを視野に入れて，大経済圏を形成。**市場統合**を完了，ユーロによる**通貨統合**をすすめてきた。

> **ヨーロッパの三大民族**
> ①ゲルマン民族→イギリス人，ドイツ人…
> ②ラテン民族→フランス人，イタリア人…
> ③スラブ民族→ロシア人，ポーランド人…

□ 西ヨーロッパ

- **フランス**…農業がさかんで，小麦などを輸出。経営規模が拡大してきた。工業は，EU加盟国間で共同生産する航空機の組み立て工場がある。

- **ドイツ**…1990年に東西ドイツが統一。ルール工業地域を中心とした大工業国。外国人労働者が多く，社会問題も発生。

- **イギリス**…かつて「世界の工場」として繁栄。20世紀になって鉱工業の競争力が低下した。産業の国有化などをすすめたが，現在は，民営化などに転換。

- **ベネルクス３国**…関税同盟を結成し，EUのひな型をつくった。
  - **ベルギー**…ブリュッセルにEUの本部。ワロン語圏とフラマン語圏の対立。
  - **オランダ**…ロッテルダム近くに**ユーロポート**。干拓地ポルダーの造成。
  - **ルクセンブルク**…鉄鋼業，金融業がさかん。

- **アルプスの国々**
  - **スイス**…永世中立国。金融業，観光産業，酪農，時計などの精密機械工業。
  - **オーストリア**…永世中立国を宣言。首都ウィーンは「芸術の都」として有名。

□ 南ヨーロッパ

- **イタリア**…いまだ，南北の地域格差が大きい。

まとめ

北部…重化学工業，ファッション産業，生産性の高い農業。
南部…地中海式農業や移牧が中心で，農民は貧しい。
- その他の南ヨーロッパ諸国

　ギリシャ……観光産業，海運業，地中海式農業。
　スペイン……地中海式農業，メリノ種の羊の飼育。バルセロナなどで工業化。
　ポルトガル…地中海式農業。工業化が遅れた。

□ 北ヨーロッパ
- スカンディナヴィア半島の国々…森林資源や水力資源が豊富。社会保障もすすむ。

　スウェーデン…良質の鉄鉱石を産出する。機械工業，製紙・パルプ工業。
　ノルウェー……水産業や海運業がさかん。北海油田。
　フィンランド…氷河湖が多い。アジア系フィン人の国。製紙・パルプ工業。
- その他の北ヨーロッパ諸国

　デンマーク…氷食平野が広いが，模範的酪農王国として有名。
　アイスランド…火山島の島国。水産業がさかん。

□ 中央ヨーロッパ，バルカン半島（南東ヨーロッパ）
- 歴史と社会…社会主義国が多かったが，1999年頃から，政治の民主化や経済の自由化がすすむ。民族主義の高まり。西ヨーロッパから企業進出。
- おもな国々…ポーランド，チェコは工業化がすすむ。ハンガリーはプスタでの穀物農業。ルーマニアは石油産出。

②ロシアと周辺諸国 ☞p.403

□ ロシア
- 国土と自然…世界陸地の8分の1をしめる。亜寒帯，寒帯の気候。
- 歴史と社会…ソ連（1917年のロシア革命で成立）を構成していた各共和国が1991年，独立を宣言し，独立国家共同体（CIS）ができ，ソ連は解体された。ロシアは，CISの中心的地位をしめる。各地で民族主義が高まり，紛争も発生。
- 資源と産業…市場経済，自由化，私有化に転換。
- シベリアと極東ロシア…厳しい自然，豊かな天然資源。
- 環日本海経済圏構想…ロシア，日本，中国，韓国，北朝鮮で，協力していく構想。

□ ロシアの周辺諸国
- バルト3国…バルト海に面するエストニア，ラトビア，リトアニア。
- その他…スラブ系のウクライナ，ベラルーシ。ラテン系のモルドバ。

SECTION 1 ヨーロッパ

1 │ あらまし

1 自然環境

❶ 地形の特色 南部は，アルプス山脈や
ピレネー山脈などのアルプス＝ヒマラヤ造
山帯が走る。アルプス山脈には氷河も発達
している。中部や北部は，なだらかな山地
や広い平野がある。北部のスカンディナ
ヴィア半島西岸には，フィヨルドもみられ
る。アルプス山脈から北へはライン川，エ
ルベ川などが流れ，東へはドナウ川が流れ
る。これらの河川はゆるやかで水量が多く，
しかも**西岸海洋性気候**を反映して季節的な
流水量の差が小さい。そのため水運として
重要であり，**国際河川**となっている。

❷ 気候の特色

▲ヨーロッパの地形

1. **西ヨーロッパ** 日本などよりかなり高
   緯度に位置しているにもかかわらず，暖流の北大西洋海流とそ
   の上を吹く偏西風のため，温和な西岸海洋性気候になっている。

2. **南ヨーロッパ** 典型的な地中海性気候。冬に湿潤，夏は乾燥。

3. **中央ヨーロッパ，バルカン半島** 内陸ほど**大陸性気候**。

補説 **ヨーロッパの都市の位置** ヨーロッパは全体に高緯度に位置して
いる。日本やシベリアの位置と比較してみると，**北緯40度付近のマ
ドリードは日本の秋田**，北緯50度付近のロンドン，パリはサ
ハリン中部，北緯60度付近のオスロ，ストックホルムはカムチャツ
カ半島のつけ根，北緯65度付
近のレイキャビクはベーリン
グ海峡にあたっている。

★1 ハイデやヒース
ランドとよばれるやせ
た氷食平野が広がる。

★2 河況係数が小さ
い（⊃p.91）。

★3 国際河川（⊃
p.229）はヨーロッパに
多い。

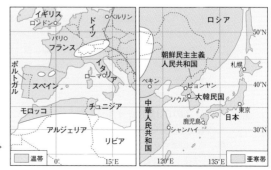

ヨーロッパと日本の緯度と気候▶
北緯40度線に注目して比較する。

POINT!

ヨーロッパ の自然環境	けわしいアルプス山脈。ライン川，ドナウ川など。 北西部は，暖流の北大西洋海流と偏西風の影響で，温和な西岸海 洋性気候。南部は，夏の乾燥が著しい地中海性気候。

2 住民と社会

❶ 住民　ほとんどがキリスト教徒。

1　**民族と宗教**　北西ヨーロッパに**プロテスタント系**のゲルマン民族，南ヨーロッパに**カトリック系**のラテン民族が多い。また，バルカン半島（南東ヨーロッパ）には**スラブ民族**が多く，**正教会**の信者が多★4い。バルカン半島にはイスラム教徒も分布。

2　**人口密集地域**　イギリス南部から，ベネルクス，ドイツ東部，フランス西部を通りイタリア北部に到る地域は，工業が発達し大都市が多く交通網も発達している。EUのシンボル色にちなんで，こ★5の地域を「**青いバナナ**」とよんでいる。

❷ 社会と歴史

①西ヨーロッパでは，宗教改革や市民革命などをへて，今日の**近代社会**が形成され，**民主主義**の伝統がはぐくまれてきた。

②18世紀半ば以降，世界にさきがけて**産業革命**をなしとげ，**資本主義**を確立，アジア，アフリカや新大陸に植民地をつくり，世界に君臨した。しかし，20世紀には2度の世界大戦，アメリカと旧ソ連の進出，植民地の独立などで，その地位は低下した。

補説　**ヨーロッパの言語，民族問題**　スイスは4つの言語（⇨p.397）を公用語とした連邦国家で，ベルギーはワロン語系住民とフラマン語系住民が対立（⇨p.316）。また，北アイルランドで多数派プロテスタント（イギリス系住民）と少数派カトリック系（アイルランド人）の対立，スペインで**バスク人**の独立運動，**ユーゴスラビアの解体**による民族紛争など（⇨p.317，401）。さらに近年，西ヨーロッパ諸国に，東ヨーロッパやアフリカからの出稼ぎや移民が増加。彼らが雇用機会を奪っているとして，排斥運動もみられる。イスラム教徒との間では，伝統的なキリスト教社会や，ヨーロッパ的な法律・人権思想と相いれず，対立することが多い。

補説　**イギリスのEU離脱**　イギリスでは，2016年に国民投票でEUからの離脱が決まり，2020年離脱した。背景には移民，難民への手厚い社会保障や低賃金でも働く彼らに仕事がうばわれることへの不満があったといわれている。

▲ヨーロッパの民族分布と「青いバナナ」

ゲルマン民族，ラテン民族，スラブ民族が中心で，その他のギリシャ人，ケルト人などがヨーロッパ系民族。**フィン人（フィンランド）とマジャール人（ハンガリー）はアジア系言語**で，**民族島**（⇨p.311）をなす。

★4　スラブ系でも，中央ヨーロッパのポーランド，チェコ，スロバキアでは，カトリック教徒が多い。

★5　鉄道や高速道路だけではなく水運も重用な交通手段である。また，ライン川は古代〜近世には重要な通商路で，近代には工業原料や製品の輸送路として，きわめて重要な役割を果たしてきた。

\ TOPICS /

ユーロ圏の拡大

　ヨーロッパ連合(EU)では，共通通貨ユーロによる**通貨統合**がすすんでいる。2002年1月からユーロの紙幣と硬貨が流通するようになり，フランスのフラン，ドイツのマルクなどの各国通貨は回収されて消えている。

　ユーロの発行や金利の決定などの金融政策は，フランクフルト(ドイツ)にある**ヨーロッパ中央銀行(ECB)**が行う。各国政府からの独立を保障されている。

　1995年以前からのEU加盟国で，ユーロを導入していない国もあるが(スウェーデン，デンマークなど)，導入する国，地域はふえている。EU加盟国以外では，アンドラ，モナコ，サンマリノ，バチカン市国，モンテネグロ，コソボなどでユーロが使用されている。

▲ヨーロッパの国々

3 ヨーロッパ連合(EU)

❶**原加盟国**　フランス，西ドイツ(現在はドイツ)，イタリアとベネルクス3国(ベルギー，オランダ，ルクセンブルク)の6か国。

❷**その後の加盟国**　1973年に**アイルランド，イギリス，デンマーク**，1981年に**ギリシャ**，1986年に**ポルトガル，スペイン**，1995年に**オーストリア，スウェーデン，フィンランド**が加盟した。2004年には旧東ヨーロッパ諸国など10か国，2007年に2か国，2013年に1か国が加盟。イギリスは2020年に離脱した。

❸**EUの経済力**　アメリカとならぶ大経済圏を形成している。鉄鋼，機械，化学，繊維などの諸工業がよく発達し，**市場統合**を達成したこともあり，域内，域外とも貿易がひじょうに活発。現在，ユーロによる**通貨統合**をすすめている。

数字は加盟年(73→1973年)★ユーロを導入(2023年現在)

▲EUの加盟国
＊イギリスは2020年脱退
(ECからEUへ ⇨ p.336
EUとその課題 ⇨ p.337～338)

2 西ヨーロッパ

　南ヨーロッパ，北ヨーロッパを含めて広い意味で西ヨーロッパともいうが，ここでは北西部のみをさす。

1 フランス

❶ 農業の特色と変化

第一次産業従事者の割合(2021年)▶
(「世界国勢図会」による)

1 **西ヨーロッパ最大の農業国**[★1]　フランスは，小麦など食料の輸出国。家族経営の自作農が多数である。農業人口の割合は，先進工業国の中ではやや高い。

イギリス	……1.0%
アメリカ	……1.7%
ドイツ	……1.3%
フランス	……2.5%
イタリア	……4.0%
日　本	……4.1%
スペイン	……3.2%

2 **EUの共通農業政策による変化**　経営規模の拡大，資本主義的農業経営，農業人口の減少がすすむ。とくにパリ付近や北フランスでは，大規模な農業経営が広まっている。[★2]

❷ 農牧業地域

①パリ盆地周辺では，大規模な小麦栽培が行われ生産性が高い。
②中部や西部の丘陵地では，ぶどう[★3]の栽培がさかん。
③南部の地中海沿岸では，夏に乾燥する地中海性気候のため，オリーブ，ぶどうなどの果樹栽培が行われる。
④ブルターニュ地方をはじめとするその他の地域では，自給的な混合農業を行っているところが多い。

★1　氷河期のモレーンは，北緯50度あたりまでしか南下しておらず，フランスは土壌がよいということもあって，農業国となった。

★2　ルアーヴルとマルセイユを結ぶ線より西側では，農業の生産性が低く，地域格差が拡大しつつある。とくにブルターニュ，ピレネー地方は生産性が低い。

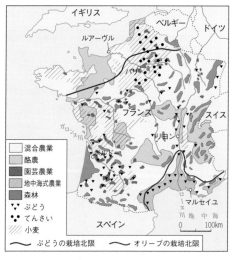

◀**フランスの農業地域**
パリ盆地周辺の小麦栽培地域は，農家1戸あたりの耕地面積が30haをこえ，フランスの中で最も経営規模が大きい。南部や南西部は，経営規模が小さい。なお，フランスでは，小麦，砂糖，乳製品の生産が多い。

★3　パリ東方のシャンパーニュ地方は，ケスタの崖を利用してぶどう栽培がさかん(シャンパンで有名)。その他，ラングドック地方やガロンヌ川ぞい(ボルドーが有名)，アルザス地方などは，それぞれの地域特産のワインを生産する(⇨p.154)。

❸ 鉱工業の特色

1 **フランスの資本主義の特色**　伝統的に海外への投資が多く，国内資本の集積が遅れ，大工業地帯も形成されていなかった。第二次世界大戦後，植民地の独立で，大きな影響をこうむった。

2 **鉱業**　北フランス炭田で石炭を産出。ロレーヌ地方で鉄鉱石を産出し，ドイツのザール炭田と結んで鉄鋼業が発達した。[★4]

3 **電力**　原子力発電への依存度が高い(⇨p.189)。

▼**フランスの産業の関連事項**
農業 ⇨ p.115
工業 ⇨ p.198

★4　ミネット鉱を産出したが，現在は閉山している。

④ **工業の急速な発展**　国有化により産業合理化
がすすんだ。安定した市場(EU)のもと，輸
入資源に依存した臨海部への工業立地の移動，
航空機などの共同開発もすすみ，工業は発展。

⑤ **工業地域**　首都パリが，最大の総合工業都市。
ロレーヌ地方のメス(メッツ)，ナンシーなどで
は古くから鉄鋼業が発達。北部のリールで
は羊毛工業，中央部のリヨンでは絹織物。鉄
鉱石の不足によって，原料輸入に便利な**ダン
ケルク**や**フォス**における臨海製鉄所の役割が
大きくなっている。**マルセイユ**や**ルアーヴル**
では，石油化学工業が発達。

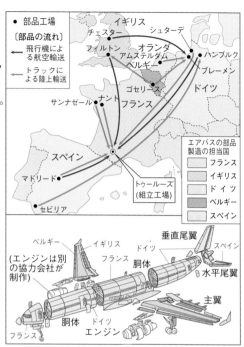

▲**国際分業によるジェット旅客機の生産**
エアバス社は，フランス，ドイツ，イギリス，
スペインの4か国の出資で生まれた。フラン
スは，アメリカに次ぐ世界第2位の航空機生
産国。

POINT!

フランス { 農業…EU下で規模を拡
大し，食料を輸出。
工業…EUの市場で発展。
臨海地域の発展。

2 ドイツ

❶ **東西ドイツの統一**　第二次世界大戦後，**資本
主義国**の西ドイツと，**社会主義国**の東ドイツと
に分かれ，首都ベルリンも東西に分割された。[★5]
1989年から，東ドイツで，政治の民主化と東西
統一を求める国民運動が高まった。その結果，1990年，西ドイツ
が東ドイツを編入する形で，統一ドイツが成立した。

❷ **鉱工業の特色**

① **ルール工業地域**　ドイツでは，イギリスやフランスより産業革
命が遅れたため，植民地ではなく，国内の石炭産地**ルール地方**
などに資本が投下された。こうして，**ルール工業地域**を中心に，[★6]
近代工業が発展した。

② **戦後の復興と工業の発展**　2度の世界大戦に敗れたが，西ドイ
ツでは，1950年代にアメリカの援助をうけ入れ，経済の奇跡
的復興をとげた。フランスとともに，ECSCやEECの結成(⊂➤
p.335)をすすめ，こうした巨大な市場をえて，経済成長をはた
した。

❸ **外国人労働者(ガストアルバイター)**　旧西ドイツは，**トルコ，
旧ユーゴスラビア，イタリア**などから，多数の出かせぎ労働者を
(1945〜91年のユーゴスラビア連邦)
受け入れた。その結果，いろいろな社会問題が発生。[★7]

★5　ベルリンは東ド
イツ領内に位置してい
て，東ドイツから西ド
イツに移る市民が相次
いだため，1961年以
来，高さ3mの壁でへ
だてられた。このベル
リンの壁が，1989年
に崩壊し，東西ドイツ
(ほうかい)
の国境は解放された。

★6　ルール炭田の石
炭とライン川の水運に
よって，世界有数の工
業地域となった。

★7　ドイツの人口問
題，外国人労働者の問
題は(⊂➤p.265〜266)。

❹**農牧業の特色** 小麦，ライ麦などの食用穀物と，てんさいなどの飼料作物を，合理的な輪作によって栽培し，多くの牛や豚を飼育する生産性の高い商業的混合農業が広く行われる。ライン川ぞいでは，ぶどう栽培もさかん。

▼ドイツの産業の
関連事項
農業 ⤷ p.155
工業 ⤷ p.197

POINT!

ドイツ { 1990年に東西ドイツが統一。
ルール工業地域を中心とした大工業国。
外国人労働者が多い。

★8 旧東ドイツでは，計画経済体制のもとで集団農業が行われたが，機械化や土壌改良が遅れ，生産性は旧西ドイツより低かった。

3 イギリス

❶**連合王国(UK)** 日本では一般にイギリスというが，正式には，「グレートブリテン及び北アイルランド連合王国」で，略して連合王国「United Kingdom」とよぶ。**イングランド，スコットランド，ウェールズ，北アイルランド**の4地域からなる連合国家。

イギリス

補説 **イギリスの諸地域**
①**イングランド** ロンドンを中心にしたイギリスの核心地域。面積で約半分，人口で約80％をしめる。ロンドン，バーミンガムなどで工業がさかん。農業の生産性も高い。
②**スコットランド** エディンバラを中心とした地域で，独自の行政組織をもつ。人口はグラスゴーに集中し，過疎化がすすむ。イングランドとの**地域格差**が問題。
③**ウェールズ** カーディフを中心とした地域。ケルト系の住民が住み，ウェールズ語も使われる。地域として貧しい。
④**北アイルランド** アイルランドがイギリスから独立したとき，北アイルランドだけイギリスに残った。少数派のケルト系カトリック教徒をめぐり**民族問題**が深刻だった。イギリス系(プロテスタント)住民が多数派をしめている(⤷ p.317)。

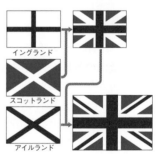

▲イギリスの国旗

❷**資本主義の発展** イギリスは，産業革命からおよそ1世紀の間，「世界の工場」として君臨し，海外の広大な植民地を支配し，「**大英帝国**」として繁栄した。それにともない，世界の海運，金融の面でも中心的地位をしめた。

また，金，銅，ダイヤモンド，すず，紅茶など，各種商品の国際価格は，今日に至るまで，ロンドンで決められるようになった。

補説 **イギリス連邦** 1931年に，イギリスとその植民地との間に，王冠に対する忠誠によって結びついた連合体(The British Commonwealth of Nations)として成立。現在は，対等で自由な連合体(The Common-wealth)で，およそ50か国が加盟。かつては特恵関税制度などで結びついていたが，イギリスがEC(現在のEU)に加盟したことによって，その制度もなくなり，「単なるクラブ」といった状態になった。

★9 通貨ポンドが国際通貨となったり，本初子午線がロンドン郊外(旧グリニッジ天文台)を通る子午線に決められたりした。大英博物館には，世界各地の文化財が集められている。

★10 ロンドンの中心シティは，ニューヨークのウォール街とともに，今も世界金融の中心地の1つである。

❸ 鉱工業をめぐる問題

1 **国際競争力の低下**　20世紀になると，イギリスの工業製品の競争力は低下した。原因としては，

①新興資本主義諸国の進出 ｜ 綿工業は，低賃金の日本が進出。
｜ 重工業は，ドイツやアメリカが進出。

②多国籍企業の海外投資で，国内の設備投資や技術革新が遅れた。その結果，国内産業は停滞し，経済は斜陽化した。

③エネルギー革命で，豊富な石炭も価値が低下。石油は輸入。[11]

④第二次世界大戦後は，原料供給地であり市場であった**植民地**が，相次いで独立した。

2 **産業の国有化**[12]　第二次世界大戦後，石炭産業や鉄鋼業などの多くの部門で，**国有化**がすすめられた。いずれも，生産性の低下した斜陽産業を政府の手でささえようというものであった。

3 **経済の斜陽化**　1960年代～70年代にかけて，主要産業である自動車，造船，機械などが，国際市場での競争力を失った。その経済力の衰えは，「イギリス病」とよばれた。

4 **衰退からの脱出**

①1973年にECに加盟し，ヨーロッパ諸国との連携を強めた。

②1970年代中ごろから，北海油田で石油や天然ガスの採掘が[13]本格化し，輸出できるほどになった。石油収入は国民経済にとって有益な役割をはたした。

③1980年代に，数多くの国営大企業を民営化し，国の規制も大幅に解除するなど，強力な経済の改革(新自由主義の政策)をすすめた。こうして，1980年代後半には，経済の回復がすすんだ。

❹ **農業の特色**　農業経営者が，大地主から土地を借り，農業労働者を雇う資本主義的な経営が中心。農業人口は，約1%しかない。[14]生産性の高い部門だけを残し，他は輸入に依存していたが，最近は，政策として自給率向上をはかっている。[15]

❺ **福祉国家**　イギリスでは，失業，貧困，病気などに対する**社会保障制度**の充実のみならず，住宅政策，地域開発，**都市再開発**などの政策を通じて，福祉国家の建設をすすめてきた。[16]

POINT!

イギリス…かつて「世界の工場」として繁栄
20世紀になって，鉱工業の競争力が低下した。
戦後，産業の国有化で，斜陽に対応したが，
経済力は衰え→民営化などの改革で回復。

▼イギリスの関連
事項
工業 ➪ p.197
都市計画 ➪ p.294

★11 北海油田の石油採掘が本格化したのは，1975年ごろから。現在では石油輸出国になっている。

★12 私的部門の企業に公的部門(国家)が介入したもので，混合経済(修正資本主義)ともいわれ，フランス，イタリアなどでもみられた。

★13 埋蔵量が少なく，生産コストが高いのが難点。近年では生産の中心は，ノルウェーに移っている。なお，産出した原油は，海底パイプラインによってイギリス沿岸のアバディーンやミドルズブラに送油される。

★14 イギリスの農家の経営規模は，EU諸国中最大で，生産性も高い。

★15 EC(現在のEU)加盟後，穀物生産が急増し，小麦は輸出できるまでになった。

★16 ロンドンのニュータウン建設や，ドックランズの再開発など(➪p.294)。

3

ヨーロッパとロシア

補説　**アイルランド**　ケルト系住民の国。イギリス領北アイルランドの
カトリック教徒と同じ民族で，北アイルランドとの統合が国民の悲
願。EUの他の国のようには工業が発達しておらず，酪農，麦類や
じゃがいもを栽培する農業，そして金融業がさかん。かつて新大陸
に多くの移民を送り出し，本国の人口は減少した。

▲**ベルギーの２つの言
語**　南部のラテン系
住民は**ワロン語**（フ
ランス語）を使う。
北部のゲルマン系住
民は**フラマン語**（オ
ランダ語＝低地ドイ
ツ語）を使っている
（⇨p.316）。

4 ベネルクス3国

❶ **EUのひな型**　ベルギー，オランダ，ルクセンブルク３国は，
第二次世界大戦後，**関税同盟**(1948年)，経済同盟を結成し，国
内産業の発展をはかった。これが，EUのひな型ともいわれる。

❷ **ベルギー**　首都ブリュッセルにEU本部というべき**ヨーロッ
パ委員会**がおかれている。1993年，君主制のまま言語別の連邦
国家に移行した。

　①北海に面した**北部**は，酪農中心の農業地域であったが，近年，
　　臨海型の重化学工業，先端技術産業が大きく発展している。

　②南部のアルデンヌ高原と平野部との境にベルギー炭田がある。
　　マース川にそって，リエージュ，ナミュール，シャールロア
　　などの古くからの鉄鋼業地域があるが，近年は，北部にくら
　　べて伸び悩んでいる。

　③以上のような経済情勢は，両地域の**言語紛争**にも影響を与え
　　ている。

❸ **オランダ**[17]　酪農と園芸農業のさかんなオランダは，**国土の４分
の１が海面下の土地**である。そのため，**環境税**の導入など，地球
温暖化対策に熱心。大企業が多く，工業国として発展。[18]

1 **ポルダー**[19]　オランダの干拓地のことで，牧草地や放牧地に利用
　されている。風車（⇨p.93）は，かつての排水用。製粉もした。

2 **ユーロポート**[20]　**ロッテルダム**の西，新マース川の河口には，
　EUの玄関港としてユーロポートが建設された。世界最大級の
　貿易港である。大規模な製油所や石油化学工場があり，ここか
　らドイツのルール工業地域などにパイプラインがのびている。

❹ **ルクセンブルク**　南部に，フランスのロレーヌから続く鉄鉱石
産地があり，鉄鋼業がさかん。世界有数の**金融**センター。

★17 オランダの正式
国名は，ネーデルラン
ト（「低地」の意味）。

★18 シェル（石油），
ユニリーバ（食品）は，
オランダ，イギリスの
両国を母国とする巨大
な多国籍企業として有
名。

★19 ゾイデル海では，
1920年に締切堤防工
事が始まり，1932年
大堤防と**アイセル湖**が
できた。ここにポル
ダーを次々と造成して
いる。

★20 **ロッテルダム**と
首都アムステルダムは，
ともに国際的な貿易，
金融の中心地。

POINT!

ベネルクス３国…関税同盟などで**EUのひな型**
　ベルギー…ブリュッセルにEUの本部。
　オランダ…ロッテルダムにユーロポート。
　ルクセンブルク…鉄鋼業，金融業。

5 アルプスの国々

❶ スイス　19世紀以来の永世中立国[★21]。中立の政策のもとで経済が発達してきた。**チューリヒ**はスイス最大の都市で，国際的な金融業の中心地の１つ。西端の**ジュネーヴ**は，多くの国際機関が所在するとともに**観光地**。北端の**バーゼル**は，ライン川水運の基点。酪農（らくのう）がさかんで，アルプスでは**移牧**（いぼく）がみられる。工業では精密機械工業（時計が有名）のほか，化学，食品工業がさかん。

❷ オーストリア　第二次世界大戦後，**永世中立国**となった。首都**ウィーン**は，ドナウ川に面し「芸術の都」（美術，音楽の都）として有名。西部の**ティロル地方**は観光地。1995年，EUに加盟。

3 | 南ヨーロッパ

1 イタリア

❶ 南北問題　南北の地域の違いによる経済格差が問題。近年のイタリア経済の発展は，中部地域の発展を促進した。

1 **南部**　農業では封建的な**大土地所有制**（そほう）が残り，粗放的経営で生産性が低く，日雇（ひやとい）農業労働者や**小作農**[★2]は貧しい。工場も少なく，失業者が多い。ドイツ，フランス，イギリスに行く**出かせぎ労働者**が多い。

2 **北部**　トリノ，ミラノ，ジェノヴァを結ぶ北部三角地帯では，アルプスの水力資源を利用し，重化学工業が発達。また，**ファッション産業**もさかん。イタリア工業の中心をなしている。

3 **南部開発**[★3]　政策として農業基盤整備や工業化がすすめられ，タラント，ナポリ[★4]などに工業が立地。南北を結ぶ高速道路は，太陽道路（アウトストラーダ＝デル＝ソーレ）という。

4 **第3のイタリア**　皮革（ひかく）や繊維（せんい）で高い技術を生かして，ヴェネツィア，フィレンツェなどで高級品を生産（⇨p.436）。

❷ 農牧業地域
　①北部の**ポー川**流域[★5]では，灌漑（かんがい）がすすみ，近代的な大規模経営の農業が行われ，生産性もかなり高い。
　②中部や南部では，地中海式農業や移牧。生産性は低い。

❸ 鉱工業の特色　経済発展の中で，つねに国家資本が大きな役割をはたし，政府主導の経済建設（混合経済）がすすめられ，巨大な国有企業グループが経済の中心にあった。しかし，財政赤字削減のため，1992年から民営化が始まった。

▲アルプス山中の牧場

★21　多民族国家。ドイツ語，フランス語，イタリア語，ロマンシュ語が公用語（⇨p.316）。

★1　約500人の大地主が農地の40％を所有するという現状の中で，大多数の農業経営はきわめて零細。土地改革も不徹底に終わった。

★2　農地のほか農具，種子，肥料までも地主から借り，収穫物の3分の1～2分の1を地主に支払う（しはら）形の小作農を**分益小作農**（ぶんえき）という。

★3　イタリアの南北格差を是正するため，立案者の名をとった**バノーニ計画**が行われた。1955～64年の10か年計画で，南部への投資が重点的に実施された。

★4　タラント，ナポリに鉄鋼業，クロトーネに化学工業が立地。

★5　ポー川流域は，夏に雨の多い温暖湿潤（おんだんしつじゅん）気候（Cfa）である。稲作も行われる。

補説　**イタリアの国有企業**　イリ(IRI, 産業復興公社)は, 世界恐慌_{きょうこう}で危機に陥った銀行や企業を救うために設立され(1933年),その後, 経営不振の企業を次々に吸収し巨大企業グループになった。鉄鋼, 造船, 交通などの基幹産業をかかえていた。エニ(ENI,炭化水素公社)は, ポー川流域に発見された天然ガスをもとに,1953年設立された石油化学工業の巨大独占企業。2000年までに両社とも民営化された。

▲**コルクがし**
樹皮をはいでコルクをとる。コルクはワインのびんの栓などに使う。

POINT!

イタリア→南北の地域格差が大きい
　北部…重化学工業。生産性の高い農業。
　南部…地中海式農業や移牧。農民は貧しい。

2 その他の南ヨーロッパ諸国

❶ **ギリシャ**　1981年にEC(現在のEU)に加盟。2010年以降, **財政危機にみまわれている**。

1 **おもな産業**　首都アテネなどに古代ギリシャの史跡が多く, **観光産業**がさかん。また, **海運業**も発達。
★6 便宜置籍船も多い(⇨p.381)。

2 **農牧業**　国土は山がちで, 耕地にはめぐまれていない。オリーブ栽培など地中海式農業と, 羊などの牧畜がみられる。

❷ **スペイン**　1986年にEC(現在のEU)に加盟。

1 **自然**　イベリア半島中央部のイベリア高原は, **メセタ**とよばれる乾燥高原となっている。北西部の鋸歯状の入り江(リア)の多い地方は**リアス**とよばれる。北部は西岸海洋性気候であるが, 全体としては地中海性気候で, 一部にステップ気候もみられる。
★7 平均標高が700mほどで, 長い間の侵食によってなだらかになっている。良質の羊毛がとれるメリノ種という羊は, メセタの高原が原産地(スパニッシュ=メリノ)で, オーストラリアに導入された(オーストラリアン=メリノ)。

2 **農牧業**　オレンジ, オリーブ, ぶどうなどを栽培する地中海式農業と, **メリノ種の羊の飼育**がさかん。また, **コルクがし**を栽培し, 樹皮からコルクをとる。東部海岸地域では商業的稲作。

3 **鉱工業**　ビルバオ付近は鉄鉱石にめぐまれ, 水銀の産出は世界有数。最大の工業都市は, 地中海岸の**バルセロナ**。重化学工業が発達し先進工業国に。ドイツ, フランスのメーカーなどが進出した自動車生産は, 世界第8位(2020年)で, 輸出が多い。
★8 リアス海岸の名前のおこり(⇨p.82)。

4 **リゾート産業**　海洋型(ビーチ)リゾート(⇨p.247)が発展。
★9 コルクは, おもにワインのビンの栓_{せん}として需要_{じゅよう}が多い。

補説　**スペイン語圏**　スペインは, ラテンアメリカへ大量の移民を出して植民地を経営したので, 今日も, メキシコ以南のアメリカ大陸では, ブラジル(ポルトガル語)を除けば, ほとんどがスペイン語圏となっている。言語人口(第一言語)は中国語に次ぎ, 英語と並んで多い。

❸ **ポルトガル**　1986年にEC(現在のEU)に加盟。

1 **工業化**　工業化が遅れていたが, 賃金が安いため, EC加盟後, 域内の工業国の工場が進出している。

2 **農牧業**　地中海式農業が行われ，オレンジ，オリーブ，ぶどう，★10 コルクがしの栽培がさかん。また，牧羊も行われる。

❹ **マルタ**　地中海の島国。交通の要地。観光産業がさかん。

4 ｜ 北ヨーロッパ

1 スカンディナヴィア半島の国々

❶ **スウェーデン**　1995年にEUに加盟。

1 **高緯度の国**　北緯55度〜69度の間にあり，アラスカとほぼ同緯度にあたる。長く暗い極夜の冬と，短いが明るい白夜の夏に特色。

補説　**ストックホルムの夏と冬**
　　北緯59度という高緯度にある首都ストックホルムでは，夏は午前2時半に夜が明け，午後9時に日が沈むが，その後も明るい。反対に，冬は，朝9時前に出た太陽が，午後2時に沈んでしまう。

ストックホルム	日の出	日の入り
夏（6月23日）	2：34	21：05
冬（12月23日）	8：47	14：06

2 **すすんだ社会保障**　社会福祉制度，教育費の無償といった高福祉社会が形成された福祉国家。そのため，税金や社会保険料の負担は大きいが，生活水準はひじょうに高い。1980年代に育児を支援する制度が充実するようになり，出生率が回復した。

3 **資源と産業**　森林資源や，鉄鉱石などの鉱産資源，水力資源にめぐまれ，機械工業などがさかん。農業はふるわない。

❷ **ノルウェー**

1 **自然**　ソグネフィヨルドなどのフィヨルド（⤴p.78）が，西岸に広がる。西岸海洋性気候のため，高緯度のわりには温暖。

2 **資源と産業**　北極海のスヴァールバル諸島で石炭を産出する。ロフォーテン諸島やベルゲンを根拠地とした水産業がさかん。森林資源や水力資源が豊かで，製紙，アルミ精錬の工業が発達。造船業も発達し，海運国として保有する商船が多い。北海油田で石油や天然ガスを産出し，輸出量が多い。

❸ **フィンランド**　1995年にEUに加盟。

1 **自然と住民**　かつて大陸氷河におおわれ，氷河湖が多い。ウラル語族系フィン人の国。

2 **資源と産業**　国土の70%が森林におおわれ，森林資源が豊富で，林業や製紙・パルプ工業がさかん。

★10　ポルトは，ポートワインの産地として有名。

★1　キルナ，マルムベリェト（イェリヴァレ）は良質の磁鉄鉱を産出し，ボスニア湾岸のルレオや，太平洋に面するノルウェーの不凍港ナルヴィクから積み出される。

★2　沿岸を暖流の北大西洋海流が流れているので，ハンメルフェスト（北緯70度40分）は，世界最北の不凍港となっている。

★3　フィンランドはフィン人の国の意味。フィン人はウラル語族系で，自分たちの国をスオミ（湖の国）という。

Q ヨーロッパには，ミニ国家もいくつかあるようですが…

A ローマ市内のバチカン市国はカトリックの総本山として有名。「聖座」（Holy See）とも表記する。中部イタリアにはサンマリノ，地中海に面し保養地として有名なモナコ，アルプス山中のリヒテンシュタイン，地中海の島国マルタなどがあるよ。保護国から独立したアンドラは，ピレネー山中にある。地図帳でそれぞれの位置を探してみよう。

スカンディナヴィア半島の国々は，資源が豊富，高福祉社会
- スウェーデン…森林，水力，鉄鉱石などの鉱産資源。
- ノルウェー……森林，水力，石油(北海油田)，水産の各資源。
- フィンランド…森林資源が豊か。ウラル語族系フィン人。

2 その他の北ヨーロッパ諸国

❶ デンマーク　1973年にEC(現在のEU)に加盟。

1 産業の特色　古くから畜産物[★4]の生産が多く，EU域内をはじめ，世界各国に輸出している。北海での漁業がさかんで，水産物の輸出は世界有数。第二次世界大戦後，急速に工業化がすすんだ[★5]。

2 農牧業の振興政策　氷食をうけたやせた荒地が，国土の大部分をしめるので，土地の改良がすすめられた[★6]。また，農業教育，19世紀後半設立の農業協同組合[★7]の普及，農業技術の改良などにより，「模範的酪農王国」とよばれるようになった。

❷ アイスランド

1 自然　大西洋中央海嶺(⊃p.72)が海上に出た火山島。島の中央部には，南北に，いくつもの大地の割れ目(ギャオ)が走り，火山活動が活発。沿岸に暖流の北大西洋海流が流れる南部は温帯の西岸海洋性気候であるが，北部はツンドラ気候。

2 資源と産業　地熱の利用で，アルミ精錬などの工業や，近海での水産業[★8]がさかん。水産物は，重要な輸出品。漁業水域確保の立場から，EUには加盟していない。

★4　バター，チーズなどの乳製品，ベーコンなどの肉類，卵など。

★5　最近，新エネルギー(風力発電)の利用がのびている。

★6　国土の55.1%が耕地，7.4%が牧場や牧草地に利用されている。

★7　19世紀後半，国民高等学校が各地に設立され，国民の知的水準を高めた。

★8　1人あたりの魚介類の消費量では，世界有数。

5 ｜ 中央ヨーロッパ，バルカン半島(南東ヨーロッパ)

1 歴史と社会

❶ 民族分布　中央ヨーロッパおよびバルカン半島の住民は，スラブ民族が中心であるが，その他にも多くの民族が割拠しているため[★1]，対立が絶えず，国際紛争の舞台になることが多かった。

❷ 社会主義の社会　第二次世界大戦末期から戦後にかけて，社会主義革命がおこるまでは[★2]，ほとんどの国は，大土地所有制のもとで貧しい農民の多い農業国であった。革命後は，主要な生活用品や家賃は低くおさえられ，各種の公的保障も整った社会がつくられた。しかし，旧ソ連の覇権の下におかれた国が多く，政治のしくみは民主的でなかった。

★1　ハンガリーのマジャール人はアジア系，ルーマニア人はラテン系で，それぞれ人種島(民族島)(⊃p.311)。

★2　第二次世界大戦中の反ファシズム闘争を背景に，人民民主主義革命が推進され，旧ソ連の指導のもとに社会主義革命をすすめた国が多かった。

❸**政治の民主化**　旧ソ連を中心としたワルシャワ条約機構(⤵p.334)は，長らく，ハンガリー，旧チェコスロバキア，ポーランドなどの民主化運動を弾圧してきた。しかし，1980年代後半から，旧ソ連でペレストロイカ(⤵p.404)の改革がすすむとともに，中央ヨーロッパおよびバルカン半島諸国の民主化運動は大きく前進した。

　そして，1991年のソ連解体に前後して，**政治の民主化**，**経済の自由化**などの改革，解放が実現した。

❹**民族主義**　政治の民主化がすすむにつれ，社会主義体制の下で抑えられていた民族主義が高まっている。旧チェコスロバキア[★3]，旧ユーゴスラビアでは，国家自体の枠組みが大きく変化した。

★3　1993年に，チェコとスロバキアの2か国に分離した。

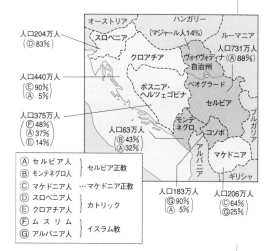

\ TOPICS /

旧ユーゴスラビアの民族問題

　1945～91年のユーゴスラビア社会主義連邦共和国は，典型的な**モザイク国家**であった。
〈**7つの国境**〉イタリア，オーストリア，ハンガリー，ルーマニア，ブルガリア，ギリシャ，アルバニアの7か国と国境を接していた。
〈**6つの共和国**〉セルビア，クロアチア，ボスニア・ヘルツェゴビナ，スロベニア，マケドニア，モンテネグロの6共和国で構成。
〈**5つの民族**〉セルビア人，クロアチア人，スロベニア人，マケドニア人，モンテネグロ人。
〈**4つの言語**〉セルビア語，クロアチア語(以上2言語は話し言葉としては同一だが，前者はキリル文字，後者はラテン文字)，スロベニア語，マケドニア語。
〈**3つの宗教**〉正教会，カトリック，イスラム教。
〈**2つの文字**〉正教会(セルビア語など)はキリル文字(ロシア文字)。カトリック(クロアチア語など)とイスラム教はラテン文字(ローマ字)(⤵p.313)。

　旧ユーゴスラビアは，中央の計画経済をおしつけることなく，各共和国に一定の自主権を認める典型的な連邦国家であった。対外的には，建国の父ティトーによる非同盟中立外交で，国際的な注目を集め，各国内の工場では，労働者の自主管理による運営がすすめられていた。

　1990年前後から，東ヨーロッパ諸国で，政治の民主化がすすむと，経済の発展した北部の**スロベニア**や**クロアチア**では，民族運動が高まった。かねて農業中心の南部各共和国への経済的負担を不満としていた両国は，1991年，それぞれ独立。

　スロベニアとクロアチアの独立に対し，セルビアとクロアチアの間で内戦が始まった。1991年に**マケドニア**(現：北マケドニア)が，1992年に**ボスニア・ヘルツェゴビナ**が独立を宣言すると，残ったセルビアとモンテネグロは，新ユーゴスラビア連邦を結成
→2003年にセルビア＝モンテネグロと改称→2006年に分離。
旧ユーゴスラビアは消滅した。そして，各民族が混在しているボスニア・ヘルツェゴビナでは，セルビア人勢力，クロアチア人勢力と，イスラム教徒(ムスリム)の3勢力で内戦となった。その結果，スルプスカ共和国(セルビア人)とボスニア・ヘルツェゴビナ連邦(イスラム教徒，クロアチア人)による領土分割で和平案が合意した。また，セルビアのコソボ(もと自治州，アルバニア人が多い)は2008年に独立を宣言した。

2 中央ヨーロッパおよびバルカン半島の国々

❶ ポーランド

1 **資源と産業**　石炭の豊富な**シロンスク地方**を中心に，工業化がすすむ。社会主義政権の時代でも個人農が多かった。ライ麦やじゃがいもの生産が世界的。

2 **社会と文化**　スラブ系ポーランド人の国で，カトリック教徒がほとんど。文字はラテン文字。

❷ チェコとスロバキア

旧チェコスロバキアでは，長年，工業の発達したチェコ中心の経済政策が続き，スロバキアとの間の大きな格差は縮小しなかった。そうした中で，スロバキア人による分離独立の動きが強まり，1993年に，**チェコとスロバキアの2つの国に分離**。ともにカトリック教徒が多い。

1 **チェコ**　ボヘミア炭田を基礎に，工業が発達。首都はプラハ。

2 **スロバキア**　農業生産が中心。首都はブラチスラバ。

❸ ハンガリー

ドナウ川が国土の中央を流れる。東部ティサ川流域の**プスタの草原で穀物農業**がさかん。首都ブダペストは**双子都市**。国民はウラル語族系の**マジャール人**で，カトリック教徒が多い。

❹ ルーマニア

新期造山帯のカルパティア山脈やトランシルヴァニア山脈が走り，**石油**も産出する。ドナウ川流域のルーマニア平原は，ウクライナの黒土地帯の延長で，穀倉地帯。国民は**ラテン系**で，正教会(ルーマニア正教)の信者が多い。

❺ ブルガリア

バルカン半島の中央に位置している。バラ油(香水原料)や果物，野菜を生産。国民はスラブ系で正教会(ブルガリア正教)の信者が多い。

❻ アルバニア

山地が広く，沿岸は地中海性気候。果樹，小麦栽培と羊の移牧。クロム鉱の産出が多い。**イスラム教徒が多い**が，カトリック，正教会もみられる。

❼ 旧ユーゴスラビア

多民族による連邦国家であったが，1990年ごろから分裂。(1945～91年)地中海沿岸のディナルアルプス山脈には，石灰岩地帯が広い。首都ベオグラードは，ドナウ川ぞいの都市。(現セルビアの首都)

> **補説**　**EUと旧東ヨーロッパ諸国**　旧東ヨーロッパ諸国は，かつて旧ソ連を中心とした**コメコン**(経済相互援助会議)に加盟していたが，コメコンは1991年解散した。その後，社会主義による**計画経済**から，資本主義の市場経済へ移行をすすめてきた。
>
> ポーランド，チェコ，スロバキア，ハンガリー，スロベニアは2004年に，ルーマニア，ブルガリアは2007年にEUに加盟。それを機に，賃金の安さもあって，西ヨーロッパ諸国からの企業進出や投資が増加している。

★4　ドイツとの国境はオーデル川とその支流ナイセ川。

★5　カトヴィツェやクラクフなどの工業都市は大気汚染がひどく，酸性雨の原因となっている。

★6　チェコ人，スロバキア人ともスラブ系で，カトリックが多い。

★7　戦前からガラス，陶磁器，ビール，武器などの生産が有名で，技術水準が高い。

★8　ドナウ川の右岸がブダ，左岸がペスト。

★9　プロエシュティ油田があるが，産油量は減少傾向。

★10　もとはカトリックが中心であったが，15世紀，トルコ領になってからイスラム教徒が多くなった。1967年，独裁政権がイスラム教寺院とキリスト教会を閉鎖し，世界初の無神国家を宣言したが，1990年，信教の自由を認めた。

★11　スロベニアのカルスト地方に石灰岩の大規模な溶食地形が広がり，**カルスト地形**(⊃p.86)の語源となった。

SECTION 2 ロシアと周辺諸国

1 | ロシア

1 国土と自然

❶ **国土**　ロシアは，ユーラシア大陸の北部に広がり，**国土面積は世界第1位**。バルト海に面した飛地(とびち)の領土がある。東西に長く，経度差が170度以上で，国内に9の標準時がある(⊅p.14)。

❷ **地形の特色**

1 **ヨーロッパロシア**　ウラル山脈の西側は，ゆるやかな丘陵性の**東ヨーロッパ平原**が広がっている。**黒海**からカスピ海にかけては，新期造山帯に属する**カフカス山脈**が連なる。

2 **シベリア，極東(きょくとう)ロシア**　ウラル山脈のすぐ東に**西シベリア低地**が広がるが，東方に行くにつれて高原や山脈があらわれ，レナ川以東は，新期造山帯に属する山岳地帯である。間宮(まみや)海峡にはアムール川が注ぐ。

標高
2,000m
200m
0

東ヨーロッパ平原
ヨーロッパ
ロシア
黒海
地中海
テンシャン山脈
パミール高原
クンルン山脈
ウラル山脈
西シベリア
低地
エニセイ川
中央シベリア
高原
シベリア
アルタイ山脈
モンゴル
高原
極東ロシア
日本列島
朝鮮半島
カムチャツカ半島

▲ロシアとその周辺の地形

❸ **気候の特色**　東西に長くのびる帯状の気候分布がみられるが，亜寒帯気候が最も広い。

1 **北極海沿岸**　ツンドラ気候が分布。トナカイの遊牧や漁労などが行われる。

2 **北緯50度以北**　亜寒帯気候が分布。気温の年較差(ねんかくさ)が大きい大陸性気候。レナ川以西は**亜寒帯湿潤気候(Df)**。極東ロシアのレナ川以東は**亜寒帯冬季少雨気候(Dw)**で，冬は乾燥して寒さが厳しく，北半球の**寒極**がある(⊅p.103)。極東ロシアのヴェルホヤンスクやオイミャコン付近は，気温の年較差が70℃以上にもなる。タイガが広がり，林業がさかん。

3 **黒海北岸〜カザフステップ**　ステップ気候(BS)が分布。肥沃(ひよく)なチェルノーゼム(黒土(こくど))が分布し，穀倉地帯を形成。

★1　世界陸地の約8分の1をしめる。日本の約45倍。

★2　ウラル山脈は古期造山帯，東ヨーロッパ平原は安定陸塊(りくかい)。

★3　西シベリア低地〜中央シベリア高原は，安定陸塊に属する。

★4　カムチャツカ半島では火山や地震が多い。

★5　中国名は黒竜江(ヘイロンチヤン)。中国との間で世界最長の河川国境を形成する。

★6　北極海に流入する大河川は，初夏の雪融け水で，下流に洪水をもたらす。

★7　ヨーロッパで北緯50度線が通る所を確認しておく(⊅p.389)。

3

ヨーロッパとロシア

2 歴史と社会

❶ ロシア革命とソ連

1 **ロシア革命前の社会**　専制君主の政治が行われた農業国で，農[★8]民は小作人として地主や商人に支配された。鉱工業は，専制君主と結んだ内外資本が支配し，発展が遅れていた。

2 **ロシア革命**　1917年，労働者や農民は，帝政ロシアの政府をたおし，社会主義革命をおこした。こうして，遅れた資本主義国ロシアは，共産党が政権を独占する社会主義国ソ連となった。[★9]

3 **ソ連の国家と経済**

①ソ連は15の有力民族による15の共和国の**連邦国家**であった。[★10]

②社会主義政策により，土地や工場などの主要な生産手段は，国家や集団によって所有されることになった。経済は，**五か年計画**などの**計画経済**のもとに，統一的に運営された。

❷ ソ連の解体

1 **民主化と自由化**　共産党による政治，経済は次第にゆきづまり，民主化，自由化が必要となった。1985年に登場した**ゴルバチョフ政権**は，**ペレストロイカ**や**グラスノスチ**をすすめ，企業の自主性の拡大，市場原理の導入をはかった。しかし，国内経済は好転せず，また，各地で民族紛争が激化した。[★11]

2 **独立国家共同体（CIS）の発足**　各共和国からは，独立の要求が激しくなり，1991年9月，**バルト3国**が独立した。12月には，独立を宣言した各共和国が，新しくゆるやかな協力組織として独立国家共同体（CIS）を形成，ソ連は解体した。[★12]

3 **ロシアの地位**　ソ連から独立した国々のうちでは，面積，人口や産業，経済力が抜群のロシアが，中心的な立場をしめている。旧ソ連の国際的な権利や義務をうけついで，国連の**安全保障理事会の常任理事国**（⇨p.342）なども引きついだ。[★13]

　補説　**独立国家共同体（CIS）**　旧ソ連から独立した15の国々（⇨p.339）のうち，バルト3国とジョージア（当時はグルジアとよんだ）を除く11か国で1991年に協定。ジョージアとアゼルバイジャンは，1993年に加盟。ロシアが中心的地位をしめるが，反発もみられる（2009年にジョージアが脱退）。現在11か国が正式加盟。

3 資源と産業

❶ 旧ソ連の鉱工業

1 **鉱工業の特色**

①**重工業の発展**　産業の基礎として，重工業が優先された。

②**国内資源の開発**　国内資源の効果的利用と，国内各地の均衡

★8 西ヨーロッパへの食料供給国であった。

★9 ソビエト社会主義共和国連邦が正式国名。ソビエトとは，ロシア語で会議，相談の意味。

★10 少数民族には民族管区などが設けられ，一定の自治が行われた。

★11 ペレストロイカは立て直し（改革），グラスノスチは情報公開。共産党の1党支配のもとで，計画経済の運営がうまくゆかなくなり，西側の先進資本主義国との間の経済格差が広がり，技術開発などの面でも遅れがめだってきたのを立て直すのが目的であった。

★12 CISの調整機関は，ベラルーシの首都ミンスクにおかれている。CIS諸国は，1994年に関税の撤廃をめざす自由貿易条約を結んだ。

★13 ロシア連邦内には，少数民族のために21共和国，1自治州（ユダヤ自治州），4自治管区が設置（2012年）。

のとれた発展をめざす政策のもと，国内資源の開発がすすんだ。

③**工業配置**　工業は各地に分散して配置され，関連工業を結びつけた**コンビナート**方式で工場が建設された。

2 **鉱工業の発展と衰退**　五か年計画によって**鉱工業が発展**した。また，18の経済地域の中にそれぞれ1～2の**地域生産複合体(コンプレックス)**を形成して，大規模開発がすすめられた。しかし，硬直化した計画経済のもとで次第に生産効率が悪化していった。

❷ **旧ソ連の農業**

①**コルホーズ(集団農場)**，**ソフホーズ(国営農場)**によって集団化。

②1970年代から食料や飼料の輸入がふえ，市場の需要に対応しきれないといった集団的農業のゆきづまりが表面化した。

❸ **ロシアの成立による変化**　旧ソ連の社会主義政策による計画経済，国有化，集団化などの方針は，全面的に改められた。

①1980年代後半から，**市場経済**への移行など，経済の自由化がすすめられた。しかし，物価の上昇や生活物資の不足などがおこり，経済や生活に混乱をまねいた。

②2000年代以降，石油や天然ガスの開発がすすみ，経済の高度成長が始まった。また，欧米諸国からの投資も増加した。

③農業面では，コルホーズとソフホーズが解体し，企業や，菜園つきの別荘(**ダーチャ**)での個人による生産へと変化している。

▼旧ソ連，ロシアの関連事項

石炭 ⇨ p.184
石油 ⇨ p.185
鉄鉱石 ⇨ p.190
工業
　　⇨ p.175～196
農業 ⇨ p.164

★14 ロシアは，各種の鉱産資源，水力資源，森林資源にめぐまれている。

★15 富裕層が増加した反面，低所得層がふえている。また，地域間の経済格差も深刻。

POINT!

旧ソ連…1991年に解体。15の共和国に。
　　　→独立国家共同体(CIS)ができる。
　　ロシアでは計画経済→市場経済。混乱後，資源開発で回復。

4　各地域と都市，産業

❶ **ヨーロッパロシア**　ウラル山脈の西側，カフカス山脈の北の地域で，開発も古く，ロシアの中心をなしている。

1 **モスクワ**　旧ソ連，現在のロシアの首都で，最大の都市。ヴォルガ川の支流モスクワ川に臨む水運の要地として発展してきた。

2 **サンクトペテルブルク**　ロシア革命前のロシア帝国の首都。西ヨーロッパへの窓口として繁栄した。今日も，重要な貿易港。近年，自動車や家電などの工業が発展。

❷ **シベリア**　ウラル山脈の東側，サハ共和国とアムール州の西側の地域(⇨p.112)。各種資源はひじょうに豊富である。また，少数民族の居住地域が広い。

1 **西シベリア**　シベリア鉄道の開通とともに，人口が増加。オム

★16 1703年に建設され，ペテルブルクとよばれた。1914～1924年はペトログラード，その後，旧ソ連の時代にはレニングラードといった。

★17 ウラル山脈とエニセイ川の間の西シベリア低地の地域。

★18 1891年に建設が始まり，1904年に開通した。現在，モスクワ～ウラジオストク間は急行で8日間かかる。

3
ヨーロッパとロシア

スク，ノヴォシビルスクなどが中心都市。ウクライナから続く
黒土地帯では，農業がさかん。

② **東シベリア**　バイカル湖に近いイルクーツクなどの都市がある。
1984年，バイカル＝アムール鉄道が完成した。

> 補説　**バイカル＝アムール鉄道**　東シベリアのタイシェトから，バイカ
> ル湖の北岸を通り，極東のソヴィエツカヤガヴァニに到る（バム鉄道）。
> シベリア，極東ロシアの豊富な石炭，鉄鉱石，銅，岩塩などの鉱産資
> 源や，森林資源の開発が期待されている。

❸ **極東ロシア**　サハ共和国とアムール州から東側の地域。シベリ
ア地域と同じく，資源が豊富で，少数民族の居住地域が広い。

> 補説　**ロシアの民族問題**　ロシアはスラブ系ロシア人の数が多いが，
> 100以上の少数民族もいる。おもな20ほどの少数民族は，共和国
> を構成し，ロシア連邦条約に参加しているが，分離，独立の動きもあ
> る。とくにカフカス北麓のチェチェン共和国では，独立をめぐりロシ
> ア政府と激しく対立している（⇨ p.317）。

① **水産業**　世界最大の**北西太平洋漁場**を背景として，旧ソ連の
時代には船団方式で操業し，世界有数の漁獲量。1990年代
以降は経済の混乱の中で漁獲量も減少したが，2000年代以
降伸びている。おもな漁港としては**ウラジオストク**など。

② **鉱工業**　石油や天然ガス，石炭，金，銅など，豊富な鉱産資
源が存在する。近年，開発が本格化している。

③ **都市**　アムール川流域の**ハバロフスク**や**コムソモリスクナア
ムーレ**で機械工業，**ウラジオストク**で造船業，貿易港**ナホト
カ**で水産加工業などが立地。

5 近隣諸国としてのロシアと日本

❶ ロシアと日本の結びつき

① **交通**　貨物航路が，舞鶴・富山・新潟～ナホ
トカ間などで開かれている。また，定期フェ
リー航路が，稚内～コルサコフ（サハリン）な
どで開かれている。

② **貿易の特徴**　日本にとってロシアとの貿易の
しめる割合はごく小さい。日本からの輸出品
は**自動車や機械類**が中心であり，とくに**中古
車や家電製品**の輸出が多い。一方，ロシアか
ら日本へは，原油や天然ガス，魚介類，木材
などの**一次産品**が多く輸出される（ウクライ
ナ侵攻で減少した）。

★19 日本との間で厳
しい漁業協定を設定し
て日本船の操業を制限
する一方で，旧ソ連船
はしばしば日本沿岸で
操業していた。

★20 オハ油田，レナ
炭田，ブレヤ炭田，ヤ
クートガス田など。

★21 1985年から，
バム鉄道とさらに北部
のヤクーツクを結ぶア
ムール＝ヤクーツク鉄
道の建設が行われてい
る。

★22 軍港として知ら
れており，立地する工
業も軍需産業的な分野
が多い。

▼日本とロシアの貿易

日本から ロシアへの輸出	(%)	ロシアから 日本への輸出	(%)
自動車	41.5	液化天然ガス	23.9
機械類	27.0	原油	16.6
うち(建設鉱山用機械)	(6.7)	白金属	9.9
(内燃機関)	(4.7)	魚介類	8.9
(荷役機械)	(2.4)	うち(かに)	(2.4)
自動車部品	11.6	アルミニウム	8.7
タイヤ・チューブ	4.7	木材	3.4
金属製品	1.4	鉄鋼	2.9
合計…8,623億円	100.0	合計…1兆5,516億円	100.0

(2021年)　　　　　　　　　（「日本国勢図会」による）

❷ 環日本海経済圏構想

1 日本海周辺国の役割　1980年代後半から，ロシアの豊富な資源，日本と韓国の資本と技術，中国東北部や北朝鮮の労働力を組み合わせて，日本海をとりまく地域で，新しい経済圏を構築しようとする動きがみられた。[24]

2 極東ロシアの資源開発　極東地域の経済発展のため，地理的に近い中国や日本などの東アジア諸国にむけた開発がすすんでいる。しかし，2007年にロシア政府が，日本を中心に開発していたサハリン沖油田（サハリン2）を，突然自国企業に売却したり，2022年には新たな運営会社が発足するなど難しい対応を迫られている。

3 共通性と異質性　日本の日本海沿岸地域とロシアの極東地域は地理的な共通性だけでなく，ともに経済的な縁辺地域という共通点がある。[25]しかし，歴史的にみて両国は，近くて遠い隣国の関係にあった。北方領土問題（⇨p.332）などの政治的な要因が，現在でも両国の経済交流の促進を阻害することが多い。

POINT!

ヨーロッパロシア…古くからのロシアの中心地域。

シベリアと極東ロシア地域 ｛ 厳しい自然。
豊富な天然資源。

環日本海経済圏構想 ｛ ロシア，日本，中国，韓国，北朝鮮の相互補完。
ロシアの資源開発。

---

2 | ロシアの周辺諸国

1 バルト3国

　1918年，それぞれロシアから独立したが，1940年にドイツと旧ソ連の間の独ソ密約に基づき旧ソ連に編入された。ペレストロイカの動きとともに民族運動が高まり，1991年，正式に独立した。
　3国ともバルト海に面し，**氷河湖やモレーンなどの氷河地形**が多く，酪農地帯となっている。2004年にEU（ヨーロッパ連合）に加盟。

｛ エストニア…フィン系（アジア系）でプロテスタントが中心。
ラトビア…バルト系（インド＝ヨーロッパ系）プロテスタントの国。
リトアニア[1]…ラトビアと同じバルト系で，旧ソ連では唯一のカトリック文化圏の国。

★23 北朝鮮，ロシア，中国の3か国が国境を接するトマン川（豆満江）河口付近を環日本海経済圏構想の核にする開発計画があり，とくに北朝鮮は自由貿易地帯をもうけて経済復興を図ろうとした（⇨p.358），政治的な問題もあって進行していない。

★24 トマン川流域開発計画では，国連開発計画（UNDP）による環境問題の解決が，とくに重要になっている。トマン川下流の水質汚濁，トマン川河口からロシアのウラジオストクにかけての日本海沿岸の海洋汚染は，深刻な事態といわれる。

★25 経済の中心となっている地域とは，遠く離れているという意味。

★1 第二次世界大戦中の1939年，ナチス＝ドイツの迫害をのがれてリトアニアからの脱出をはかったユダヤ人に対し，リトアニアに駐在していた杉原千畝副領事は，日本通過のビザ（査証）を発給して，6,000人の命を救った。

2 スラブ系の2か国とモルドバ

❶ **ウクライナ**　黒土地帯が広がり，**穀倉地帯**をなす。また，ドネツ炭田，クリヴォイログ鉄山とドニエプル川の水力などを結びつけた工業がさかん。黒海沿岸は温暖で，避寒地，リゾート地。2006年ごろから，パイプラインでロシアから送られてくる天然ガスの価格をめぐり，ロシアとしばしば対立してきた。国内で，親ロシア派と反ロシア派の対立もみられる。

❷ **ベラルーシ**　旧ソ連的な管理経済体制を維持。経済はロシアに依存。混合農業，酪農などの農業水準が高い。

❸ **モルドバ**　住民は，隣のルーマニアと同民族(ラテン系)で，一体化の動きもある。東部のドニエストル川東岸地域は，スラブ系住民が多く，1990年にモルドバからの独立を宣言している。

★2　1986年チョルノービリ原子力発電所で，重大な事故がおこり，大規模な放射能汚染をもたらした(⊃p.129)。

★3　2014年3月，ウクライナ領のクリミア半島を，ロシアが一方的に編入した。2022年，ロシアはウクライナ領土に再び侵攻し，大規模な戦争になった。

★4　ロシア語読みでベロロシアとよばれてきたが，独立後，自国語読みのベラルーシに改めた。

▼旧ソ連から独立した15の国々

	国名	首都名	言語	宗教	国土と産業の特色
スラブ系	ロシア ウクライナ ベラルーシ	モスクワ キエフ ミンスク	A－1	K－1	広大な国土。多くの民族。農業や鉱工業がさかん 平原の国。黒土地帯の小麦。ドネツ炭田，鉄鉱石の産出 内陸国。小麦，じゃがいもの栽培。電子工業など
ルーマニア系	モルドバ	キシナウ	A－2		ルーマニアとの結びつきが深い。ぶどうの栽培がさかん
カフカス地方	アルメニア ジョージア(グルジア) アゼルバイジャン	エレバン トビリシ バクー	A－3 B	I－1	高地の国，地震が多い。ぶどう→高級ブランデーが有名 カフカス山脈の山地。みかん，茶の栽培が多い 灌漑で綿花など。バクー油田→石油化学工業
中央アジアのイスラム系諸国	トルクメニスタン ウズベキスタン カザフスタン キルギス タジキスタン	アシガバット タシケント アスタナ ビシュケク ドゥシャンベ	C A－4	I－2	カラクーム砂漠にカラクーム運河。灌漑で綿花 灌漑で綿花。アラル海は農業用水の取水で湖面が縮小 広い国土。灌漑で農業。石油，炭田，各種資源 高地と温帯草原。牧畜。各種資源が豊か パミール高原が国土の90%。じゅうたんと宝石が有名
バルト3国	エストニア ラトビア リトアニア	タリン リガ ビリニュス	D A－5	K－2 K－3	近郊農業，酪農 酪農。電子工業や精密機械工業が発達 酪農

●言語─A→インド゠ヨーロッパ語族…A－1はスラブ語系のロシア語，ウクライナ語，ベラルーシ語。
　　　　　　A－2はラテン語系のモルドバ語(ルーマニア語＝ラテン系の方言)。A－3はアルメニア語。A－4はインド゠イラン系のタジク語。A－5はバルト語系のラトビア語，リトアニア語。
　　　─B→カフカス語族…グルジア(ジョージア)語。
　　　─C→アルタイ語族…チュルク(トルコ)語系のアゼルバイジャン語，トルクメン語，ウズベク語，カザフ語，キルギス語。
　　　─D→ウラル語族…フィン語系のエストニア語。
●宗教─K→キリスト教…K－1は正教会(ギリシャ正教，東方正教)，K－2はプロテスタント(新教)，K－3はカトリック(旧教)。
　　　─I→イスラム教…I－1は少数派のシーア派(イランと同じ)。I－2は多数派のスンナ派。

☑ 要点チェック

CHAPTER **3**　ヨーロッパとロシア	答
☐ 1　ヨーロッパでは，カトリック教徒は，何民族に多いか。	1　ラテン民族
☐ 2　EUは，何の略称か。	2　ヨーロッパ連合
☐ 3　パリ盆地周辺で大規模に栽培されている農産物は何か。	3　小麦
☐ 4　フランスの（　）やフォスには，臨海製鉄所がある。	4　ダンケルク
☐ 5　ルール工業地域は，（　）川の水運を背景に発達した。	5　ライン
☐ 6　EU域外からドイツに来る外国人労働者はどの国が多いか。	6　トルコ
☐ 7　かつて「世界の工場」として繁栄した国はどこか。	7　イギリス
☐ 8　イギリスで民族紛争が深刻だった地域はどこか。	8　北アイルランド
☐ 9　EUのヨーロッパ委員会がおかれている都市はどこか。	9　ブリュッセル
☐ 10　ベルギーでは，ワロン語と（　）語の対立がある。	10　フラマン
☐ 11　オランダの干拓地は，何というか。	11　ポルダー
☐ 12　ロッテルダムの西にあるEUの玄関港を何というか。	12　ユーロポート
☐ 13　ベネルクス3国とは，ベルギー，オランダのほかどこか。	13　ルクセンブルク
☐ 14　スイスは，外交上どんな立場の国か。	14　永世中立国
☐ 15　「芸術の都」といわれるオーストリアの首都はどこか。	15　ウィーン
☐ 16　イタリアで経済発展が遅れているのは南部と北部のどちらか。	16　南部
☐ 17　イタリアの（　）川流域は，稲作も行われる農業地域である。	17　ポー
☐ 18　ギリシャの気候区は，ケッペンの区分で何というか。	18　地中海性気候（Cs）
☐ 19　2007年にEUに加盟した2か国はどこか。	19　ルーマニア，ブルガリア
☐ 20　北ヨーロッパで，鉄鉱石の産出の多い国はどこか。	20　スウェーデン
☐ 21　北ヨーロッパで，水産業や海運業のさかんな国はどこか。	21　ノルウェー
☐ 22　フィンランドの住民は，ウラル語族系の（　）人である。	22　フィン
☐ 23　EU加盟国で，模範的酪農王国といわれる国はどこか。	23　デンマーク
☐ 24　中央ヨーロッパやバルカン半島には，（　）系民族が多い。	24　スラブ
☐ 25　独立国家共同体のアルファベットの略称を何というか。	25　CIS
☐ 26　ロシアでウラル山脈より西の地域を何というか。	26　ヨーロッパロシア
☐ 27　エストニア，ラトビア，リトアニア3国の総称を何というか。	27　バルト3国
☐ 28　黒海に面し，農業や鉱工業のさかんな国はどこか。	28　ウクライナ
☐ 29　日本，ロシア，中国などですすめられた経済開発構想を何というか。	29　環日本海経済圏構想

4 » 南北アメリカ

まとめ

① アメリカとカナダ ☞p.411

☐ **アメリカのあらまし**
- **国土と自然**…広い国土。西部は**ロッキー山脈**で乾燥。西経100度以東は湿潤。
- **歴史と社会**…白人が移住して建国。先住民の**インディアン**(ネイティブアメリカン),奴隷の子孫である黒人は人種差別をうけてきた。ヒスパニックやアジア系の数が増加。

☐ **アメリカの産業と諸地域**
- **鉱工業の特色**…高度な技術と莫大な資本をもち,先端技術部門を開発。巨大企業のグループが形成され,多くが多国籍企業として海外に進出。
- **農業の特色**…生産性を追求し,利潤第一の経営のため,機械化,**適地適作**,大規模化,大資本の進出がすすむ。反面,生産過剰,土壌侵食などの問題が発生。
- **主要地域と都市**…北東部は政治,経済,文化の中心で,メガロポリスが成立。中部は大規模な農牧業や鉱工業が発達している。南部や太平洋岸は,サンベルトとよばれ,工業化がすすんできた。その他に西部,アラスカ,ハワイ。

☐ **カナダ**
- **資源と工業**…森林資源などが豊富。小麦を輸出。アメリカ資本で鉱工業が発達。

② ラテンアメリカ ☞p.419

☐ **自然と住民**
- **自然の特色**…アンデス山脈とアマゾン川。熱帯地域が広い。**高山都市**が発達。
- **歴史と社会**…先住民は**インディオ**。スペイン,ポルトガルの支配。混血も進行。

☐ **産業と経済**
- **農業と鉱業**…特定の一次産品によるモノカルチャー経済から,多角化へ。
- **新しい動き**…工業化,土地改革,資源の国有化,経済連携などがみられる。

☐ **ラテンアメリカの国々**
- **ブラジル**…農業の多角化をすすめている。資源の開発や工業化もすすむ。
- **アルゼンチン**…パンパでの企業的農牧業。工業化もすすむ。
- **アンデス諸国**…モノカルチャー経済の国々が多い。ベネズエラ(石油や鉄鉱石),コロンビア(コーヒー),ペルー,ボリビア,チリ(銅などの各種の鉱産資源)。
- **中部アメリカの国々**…メキシコは,アメリカとの経済的結びつきが強い。中央アメリカとカリブ海諸国は,政治の不安定な国が多い。キューバは社会主義国。

1 アメリカとカナダ

1 | アメリカのあらまし

1 国土と自然

❶ 国土　アメリカ[*1]は，日本の約26倍という広い国土をもつ。大陸部だけでも，経度差は100度に及び，5つの標準時[*2]がある。

❷ 地形　①西部はけわしい山地。新期造山帯のロッキー山脈，シエラネヴァダ山脈など。②東部は丘陵性でなだらか。古期造山帯のアパラチア山脈，五大湖[*3]，安定陸塊の中央平原，ミシシッピ川，プレーリーやグレートプレーンズなど。メキシコ湾岸～大西洋岸は海岸平野(⇨p.81)。③北部は氷河の影響を受けた。

> 補説　プレーリー　北アメリカ中央部の温帯草原。肥沃なプレーリー土が広がる。

> 補説　グレートプレーンズ　ロッキー山脈東側の台地状の大平原。ステップ気候で，たけの短い草がはえる。

> 補説　コルディエラ山系　アラスカ山脈，ロッキー山脈，アンデス山脈など，南北アメリカ大陸の西岸地域を南北に走る環太平洋造山帯に属する，けわしい褶曲山地群。金，銀，銅，石油などの埋蔵が多い。コルディエラとは「綱」「紐」の意味。

❸ 気候

☐1 フロリダ半島南部　熱帯の気候になっており，保養地(避寒地)が広がるが，ハリケーンの被害をうけやすい。

☐2 西部　年降水量500mmの線がほぼ西経100度線と一致し，その西側は，ステップや砂漠が広がる。

☐3 太平洋岸　地中海性気候や西岸海洋性気候がみられる。

☐4 東部　西経100度線＝年降水量500mmの線より東側は湿潤。うち，北緯40度ぐらいより南は温暖湿潤気候，北側は亜寒帯の気候となっている。

★1　正式にはアメリカ合衆国(USA)。

★2　ロシア，カナダに次ぐ広さ。

★3　五大湖は世界最大の氷河湖で，周辺にはケスタ地形(⇨p.79)もみられる。

4

南北アメリカ

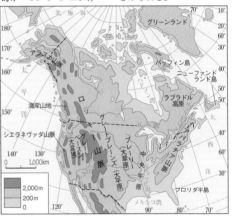
▲北アメリカの地形

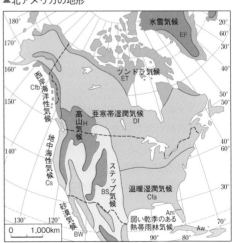
▲北アメリカの気候

2 歴史と社会

❶ 歴史

1 **インディアン**[★4]　アメリカ大陸の先住民。狩猟や農耕[★5]を生業としてきた。いくつかの種族がある。

2 **白人の移住と開拓**　17世紀からヨーロッパ人が移住して，開拓を開始。1776年に，東部13州がイギリスから独立すると，農地や金鉱を求める移民が増加した。**開拓前線（フロンティア）**[★6]は西へすすんだ[★7]が，土地をうばわれたインディアンは抵抗した。

3 **南北戦争**　北部では工業化がすすんだが，南部は，**黒人奴隷**による綿花栽培が中心であった。この両地域は，保護関税や奴隷制などで対立し，南北戦争がおこった（1861〜65年）。北部が勝利した結果，アメリカの**資本主義**発展の道が開かれた。

4 **資本主義経済の発展**　20世紀の2度にわたる世界大戦をへて，世界経済の中心として，先進資本主義国の指導的地位をしめている。

❷ 連邦国家　アメリカは，50の州からなる**連邦国家**。各州は，広範な統治権限をもち，独自の行政を行っている。

> **POINT!**
>
> アメリカ
> 白人の移住と開拓→インディアンから土地をうばう→連邦国家が成立。
> 南北戦争後に，資本主義が発展。
> 現在，先進国の指導的地位をしめる。

❸ 住民と人種差別　アメリカは**多民族国家**であり，移民の国である。かつては白人の移民と黒人奴隷の流入が多かったが，20世紀後半からは**ラテンアメリカ系とアジア系**の移民が増加。

1 **白人**　白人は全体の約60％をしめる。プロテスタントでアングロサクソン（イギリス）系[★8]の白人が上流階級を形成。白人の中でも，プエルトリコ人[★9]や，イタリア系，アイルランド系白人は経済的に貧しい層が多い。

2 **インディアン**　アメリカ先住民であるが，現在，全人口のおよそ1％。西部に居留地が設けられている。

3 **黒人**　奴隷の子孫として長く差別されてきた（⤴p.319）。全人口のおよそ14％をしめる。

★4　近年はネイティブ＝アメリカン（先住のアメリカ人）の呼称が使われる。ネイティブアメリカンにはインディアンの他インディオ，イヌイット（エスキモー）が含まれる。

★5　じゃがいも，とうもろこしなどを栽培。

★6　フロンティアとは開拓地と未開拓地との境。アメリカ国民のフロンティア＝スピリッツ（開拓者精神）のもとになった。しかし，実際のフロンティアとは，インディアンを追放して白人の支配地になった土地の境界であった。

★7　独立後にアパラチア山脈をこえ，南北戦争後に西経100度線をこえた。

★8　White Anglo-Saxon Protestant を略して **WASP** とよばれる。

★9　プエルトリコはアメリカの自治領。スペイン系になる。

▲アメリカの拡大

（地図内表記）
カナダ
1818年 イギリスより割譲
1846年 合併
太平洋
1848年 メキシコより割譲
1803年 フランスより買収
1783年 イギリスより割譲
大西洋
1776年 独立13州
1853年 メキシコより買収
1845年 併合
1819年 スペインより買収
メキシコ
メキシコ湾
0　1,000km

補説　**黒人の地位**　南部に移住したヨーロッパの企業家や貴族は，アフリカから連行してきた**黒人奴隷**の労働力によって，綿花などのプランテーションを経営した。南北戦争の結果，1863年，**奴隷解放**が行われたが，なお黒人は小作制度のもとにつなぎとめられた。1964年に差別撤廃(てっぱい)を定めた公民権法が成立したが，黒人の参政権が本当に認められたのは，1965年の**公民権法**による。その後，黒人大統領も生まれるなど，黒人の地位は少しずつ向上している。なお，アメリカでは，黒人のことを，**ブラック**あるいはニグロとよんできたが，最近は**アフロ=アメリカン**(アフリカ系アメリカ人)という言い方が主流である。

4　**ヒスパニック**[★10]　メキシコ系を中心とした**スペイン語系アメリカ人**。日常生活ではスペイン語を使用する。人種的には白人，黒人，混血などさまざま。人口増加率が高く，2000年の人口調査以降，人口数が黒人を上回っている。英語を話せず，アメリカの政治に関心のない層もふえている。南西部に多い。

5　**その他の住民**　**ユダヤ人**[★11]は各方面で活躍。太平洋岸では，中国系，日系，韓国系，ベトナム系など，**アジア系**の移民が多い。

6　**民族のサラダボウル**　かつてはアメリカ社会に同化することが求められ「**人種のるつぼ**」と表現されたが，近年は各民族の文化を尊重する動きがあり「**民族のサラダボウル**」[★12]と表現される。

❹ **都市問題**　2度の世界大戦で北部の工業が発展し，南部の農業の機械化がすすむと，南部から北部の都市への黒人の移動が促進された。北部では労働者として雇用(こよう)されたが，低賃金で失業率も高く貧困が続いた。都市中心部に黒人やヒスパニックの**スラム街**[★13]が形成され，**都市問題**(インナーシティ問題)[★14](⇨p.290)が深刻となった。

POINT!
アメリカは多民族国家
- 白人……多数派(約60%)。人種差別を行ってきた。
- その他…先住民のインディアン，奴隷の子孫の黒人，スペイン語系のヒスパニックなど。

2 ｜ アメリカの産業と諸地域

1 資源と産業

❶ **産業や経済の特色**　アメリカは各種資源が豊富。2度の世界大戦で疲弊(ひへい)したヨーロッパ諸国にかわり，世界一の工業国となる。巨大な資本を有し，世界経済の中心であり，その影響は大きい[★1]。農業生産も大きい。

★10 ヒスパニックは総人口の18.7%(2020年)。とくにカリフォルニア州に多い。メキシコ，プエルトリコ，コロンビアなどから流入している。

★11 アメリカ国内のユダヤ人は，イスラエルの人口より多いといわれ，経済，政治，文化面などで実力をもつ。

★12 るつぼは金属を高温でとかす容器。金属がとけあって，合金ができるイメージ。サラダボウルは，各種の野菜が入りまじって共存するイメージ。

★13 ニューヨークのハーレム地区(⇨p.291)が代表的。近年ジェントリフィケーションがみられる(⇨p.293)。

★14 都心部からの白人流出と，黒人やヒスパニックの流入により，貧困層が増大し，市の税収が減り，かわりに生活保護費，住宅改良費，犯罪対策費がふえ，財政問題が深刻になる。また，地域社会も衰退(すいたい)する。

★1 2008年，低所得者向け住宅ローン(サブプライムローン)が回収不能となり，アメリカの大手投資銀行が破綻(はたん)。世界的金融危機・不況をひきおこした(リーマン・ショック)。

4
南北アメリカ

❷ 鉱工業の特色

1 高度な科学技術と民間投資，国家 アメリカは，総体でみると現在でも世界最大の生産力をもつ。なかでも，宇宙，原子力，航空機，ソフトウェア，ICT(⇨p.233)，バイオテクノロジーなどの**先端技術部門**で，とくに**高度な科学技術力**をもつ。そのため，世界市場で高い競争力があり，**世界標準**を形成している。

これらの先端産業では，研究開発のために莫大な資本を必要とするが，大規模な民間投資や，国家と企業の強い結びつきによって発展している。

2 巨大企業 アメリカには1国のGDPをしのぐ規模の巨大企業が多い。なかには，**コンツェルン(財閥)** や**コングロマリット(複合企業)** など，巨大企業グループを形成しているものもある。また，巨大企業の多くは，多国籍企業(⇨p.238)として海外に多くの子会社や関連企業をもち，世界規模で生産を行っている。

> **補説** **アメリカの多国籍企業**
> ①発展途上国のみならず，先進国にも多く進出し，それらの国の経済や，ときには政治にも，大きな影響力をもっている。
> ②有利な海外投資をすすめ，国内への設備投資などが消極的になって，失業者を増加させる。このような問題を「産業の空洞化」という。また，工業製品の輸入がふえて貿易収支を悪化させる。自動車，鉄鋼などでの生産では，日本やドイツ，韓国，中国などの伸びで，地位が低下し，輸入がふえている。

3 資源と工業製品の輸入 アメリカは世界有数の資源保有国であるが，第二次世界大戦後は，石油や鉄鉱石をはじめ各種資源の輸入がふえている。また，一般の工業製品は競争力が低下し，輸入が増加しているため，貿易収支の赤字をまねいている。

4 産業転換と立地移動 五大湖周辺(スノーベルト)を中心とする重工業地帯は，自動車や鉄鋼業など重厚長大部門をリードしてきたが，激しい国際競争で斜陽化傾向にあり，その一部はラストベルト(さびついた地帯)とよばれる。しかし，近年，先端技術産業など新しい産業によって経済の復活がみられる地域もある。一方，北緯37度以南のサンベルトや太平洋岸でも，先端技術産業が多く立地し，アメリカの工業をリードしている。

★2 アメリカの経済，政治，文化面での基準が，世界標準(グローバルスタンダード)となっていることが多い。ただし，これに対する反発も根強い。

★3 国家と軍事産業の結びつきを軍産複合体という。アメリカでは特に強大である。

★4 ロックフェラー，J.P.モルガン，デュポン，メロンなど。

★5 自己本来の業種とは異なる企業の買収合併をくり返して巨大化した複合企業。

▼アメリカの鉱工業の関連事項
石炭 ⇨p.184
石油 ⇨p.185
鉄鉱石 ⇨p.190
工業地域 ⇨p.199

POINT!

工業 ↓
高度の技術と莫大な資本をもち，先端技術産業を開発。
多くの巨大企業があり，多国籍企業として海外に進出。
資源と工業製品の輸入がふえ，貿易収支は赤字。
北緯37度以南のサンベルトを中心に，先端技術産業が多く立地。

❸ 農業の特色

1. **高い生産性** わずか1.7%の農業人口ながら大規模な**機械化**や科学技術の活用がすすみ，**労働生産性**が高く，**土地生産性**も向上させてきたので，生産性はきわめて高い。

2. **経営規模の拡大** 利潤第一の経営方針の下，**大農法**による適地適作が行われる。そのため，経営規模の拡大がすすみ，400ha以上の大農場もふえている。[★6]

【生産量にしめる割合】		【輸出量にしめる割合】
1.1%	米	5.6%
5.8	小麦	12.1
31.7	とうもろこし	35.7
32.5	大豆	32.9
4.4	鉄鋼	5.8
11.4	自動車	11.4(主要11か国中の割合)

(2021年，鉄鋼は2019年)
(「世界国勢図会」ほかによる)

▲アメリカの生産と輸出が世界にしめる割合

補説 **スーツケース＝ファーマー** 小麦栽培では家族労働が中心であったが，近年は，種蒔きや収穫などを専門とする**請負業者**と契約する例がふえた。農場主(ファーマー)は，ふだんは都市に住んでいて，労働者の手配や請負業者との契約などを行い，労働者をやとうときだけ，着がえのスーツを入れたスーツケース1つで，農場にやってくる。なお，収穫を請け負う業者は，労働者をやとって，いくつかのコンバインクルー(コンバインと労働者のチーム)を結成，小麦の収穫時期を追って，南から北へと契約農場を移動していく。

3. **生産過剰** 生産力が高いので，農産物の生産過剰という問題が発生しやすく，価格も不安定で農民を苦しめている。このため，農民に補助金を支払う政策などが行われてきた。[★7]

4. **農産物輸出** 生産過剰の問題を解決するため，余剰農産物の輸出に力が入れられた。第二次世界大戦後の**食料援助**，1970年代になって世界的な**食料危機**が深刻化した中での輸出増加などで，世界の農産物市場にしめるアメリカの地位はきわめて高い。

5. **新しい灌漑農法** 乾燥地域では，地下水をくみ上げるセンターピボット農法とよばれる灌漑農業が広がった。こうした技術は，海外にも輸出されているが，投下エネルギーの割に生産量が少ないという批判もある。

6. **農業のビジネス化** 現在のアメリカの農業は，**アグリビジネス**とよばれる農業関連企業が，生産，加工，流通など，さまざまな分野で強い影響力をもっている。とくに，穀物の流通や加工に関しては，**穀物メジャー**とよばれる少数の穀物商社が支配している(⇨p.167)。[★8]

★6 大規模化についていけない中小農家は，没落(離農)していく。

★7 1996年の農業法では，価格支持政策は続けられることになったが，生産調整は廃止された。2014年以降は価格損失補償に変更されている。

★8 収量の多い種子や成長の早いひななどの生産，販売を通して，農場を支配下におくようになる。

センターピボット農法▶
井戸を中心に半径数百mの灌漑用アームが回転する。中心の井戸からは，ディーゼルエンジンで地下水をくみ上げている。

7 アメリカ農業の問題点　土壌や水などの生産基盤を酷使し破壊しながら，収穫をふやしてきた面がある。等高線耕作の無視による**土壌侵食**（表土流出），**地下水**の大量使用による枯渇，灌漑による**塩害**（地表に塩分が集積）などの問題が出てきている（⇨p.178）。

★9 アメリカの大農法は，大量のエネルギーを必要とする。

POINT!

アメリカの農牧業…徹底的に生産性を追求，利潤第一の経営
機械化，適地適作，大規模化，新しい技術，大資本の進出など。
反面，生産過剰，土壌侵食，地下水の枯渇，塩害などの問題点。

2 主要地域と都市

❶ 北東部　1620年，イギリスの清教徒（ピューリタン）をのせたメイフラワー号がニューイングランドの海岸について以来，早くから植民された地域。ヨーロッパ的伝統が残り，現在のアメリカにおける政治，経済，文化の中心地。沿岸部に**メガロポリス**（⇨p.287）が発達。

1 ニューヨーク　1825年エリー運河が完成し，外洋航路と内陸航路の接点として地の利を得て，大きく発展した。現在，メガロポリスの中心都市であるばかりでなく，**マンハッタン**の**ウォール街**にある株式市場や国際的な金融機関は，**世界経済に絶大な影響力**をもっている。また，**国際連合の本部**がおかれ，国際政治の中枢機能をはたしている。

2 ワシントンD.C.　ポトマック河畔に位置する**首都**。どの州にも属さない連邦政府の直轄地である。なお，人口の約45%を黒人がしめる。都市計画にもとづいた放射直交路型の街路をもつ。

★10 エリー湖とハドソン川を結び，大西洋に通じる。ニューヨークステートバージ運河ともいう。

★11 株式市場や外国為替市場は，世界経済の中心となっている。

★12 ワシントンコロンビア特別区をなす。D.C. は District of Columbia の略。

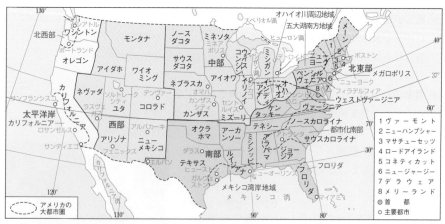

▲アメリカの州（本土の48州）とおもな都市，および大都市圏

③ **ボストン**　ニューイングランドの中心地。イギリス風の古い町並がみられ，郊外にはハーバード大学，マサチューセッツ工科大学などがあり，**学問や文化の中心地**。高級織物。電子工業。

④ **フィラデルフィア**　独立宣言の行われた都市[★13]。工業都市。東部標準時子午線の西経75度線が通る。

⑤ **ボルティモア**　チェサピーク湾の奥の貿易港。工業都市。

❷ **中部(中西部)**　農牧業や鉱工業がよく発達した地域で，典型的なアメリカ農村風景や都市風景がみられる。

① **シカゴ**　ミシガン湖南岸にあるアメリカ第三の大都市。広大なグレートプレーンズやプレーリーを背後にひかえ，**世界的な農畜産物の集散地**，農業機械，食品工業の中心地として発展した。

② **その他**　デトロイト(**自動車工業**)，ピッツバーグ(鉄鋼業)をはじめとした五大湖沿岸の工業都市，**セントルイス，カンザスシティ**をはじめとした中央平原の農畜産物の集散地など。

❸ **南部**　黒人の労働力にたよる綿花のプランテーション地域として開発されたが，北東部などよりも経済的におくれた地域となっていた[★14]。しかし，**TVA**(⇨p.121)による開発，**石油**の産出などにより，1970年代から工業化がすすみ，太平洋岸とともに**サンベルト**[★15]とよばれている(⇨p.200)。

① **ニューオーリンズ**　フランス系の移民によって古くから発展。南部最大の貿易港。中部標準時子午線の西経90度線が通る。

② **アトランタ**　黒人の低賃金労働により，古くから綿工業が発展。

③ **その他**　ヒューストン(**宇宙産業**や石油化学)，ダラス(電子工業や航空機)，バーミングハム(鉄鋼業)など。

❹ **太平洋岸**　19世紀以後のゴールドラッシュによって開けた。冬も温暖な**カリフォルニア州**が中心[★16]。アジア系の移民が多い。

① **ロサンゼルス**　**アメリカ第二の大都市**。コロラド川の開発(⇨p.122)で，水道水や電力が供給され，発展。各種工業が立地。

② **サンフランシスコ**　西岸第一の貿易港。

③ **サンノゼ**　**電子工業**がさかん。シリコンヴァレーの中心。

④ **シアトル**　**航空機工業**や製材，パルプ工業が立地。

❺ **西部**　ロッキー山脈で粗放的牧畜。鉱産資源産地，観光地。

❻ **アラスカ**　もとロシア領を買収し，1959年に49番目の州になった。**アンカレジ**は，かつて北極航空路の中継地。石油を産出(プルドーベイ油田)。イヌイットが住む。

❼ **ハワイ**　地域的にはポリネシアに属するが[★17]，1959年に50番目の州になった。太平洋上の交通の要地で，保養地。**日系人**が多い[★18]。

4
南北アメリカ

★13　1790〜1800年の間アメリカの首都であった。1800年に新都市ワシントンD.C.が建設されるまで，フィラデルフィアのほか，ニューヨークやボルティモアなどに臨時首都がおかれていた。

★14　北東部では，独立自営の農業が営まれたのと対照的。

★15　石油関連，先端技術部門，原子力関連の新しい工業が発達した。サン(太陽)ベルトは，ふつう北緯37度以南の地域をさす。カリフォルニア州南部からアリゾナ州，メキシコ湾岸で，とくに人口や企業が増加した。一方，斜陽化の著しい北緯40度以北の工業地域をスノー(雪)ベルトまたはフロスト(霜)ベルト，ラスト(さび)ベルトなどという。

★16　航空機，ロケット，電子工業などが発達している。

★17　もとポリネシア人の王国であったが，1898年にアメリカが植民地にした。

★18　さとうきび栽培のため，日本をはじめ，フィリピン，中国などから移民を求めた。なお，日系人は，ハワイの人口の11.6%をしめる(2022年)。

北東部…政治，経済，文化の中心。メガロポリスに人口が集中。
中部(中西部)…大規模な農牧業や鉱工業が発達してきた。
サンベルト…新しく発展した南部や太平洋岸。工業化がすすむ。
その他…ロッキー山脈の西部，北のアラスカ，太平洋のハワイ。

3 カナダ

1 国土と歴史

❶ 国土　北アメリカ大陸の北半部をしめる広大な国で，その面積は，ロシアに次いで世界第2位。南部に人口が集中。

❷ 自然の特色

[1] 気候　亜寒帯の気候がほとんど。北極海沿岸は寒帯のツンドラ。

[2] 地形　西部には新期造山帯の**ロッキー山脈**。中央部から東部は，ハドソン湾を中心に安定陸塊の**カナダ楯状地**が広がる。

❸ 歴史と社会　カナダの先住民はインディアンと北部のイヌイット。[1] 17世紀から**フランス人**が入植，その後イギリス人も入植し，イギリスの植民地となった。やがて，イギリス系住民の主導で独立[2]したが，少数派となった**フランス系住民は，おもにケベック州に住み，独自の文化を保持**している。[3]

2 産業と資源

❶ 産業全般　カナダでは，外国資本による経済発展をはかったため，あらゆる部門に**アメリカの資本**が進出した。[4] 最大の貿易国はアメリカ。**USMCA**(アメリカ・メキシコ・カナダ協定)で一層強化。[5]

❷ 農業　輸出向けの**春小麦**の生産が多い。中心はマニトバ州，サスカチュワン州，アルバータ州の南部。南東部では酪農。

❸ 林業　森林資源が豊富で，木材，紙，パルプの輸出が多い。

★1 イヌイットが多数派をしめる北部地域が1999年にヌナブト準州となった。

★2 1867年に自治領として連邦を形成し1931年にイギリス連邦内の主権国家になった。公用語は英語とフランス語。

★3 連邦政府は1965年に，イギリス国旗をとりこんだそれまでの国旗を改めて，かえでの葉をデザインした新国旗を定めた。その後も，多文化主義(マルチカルチュラリズム)をすすめている(⇨ p.317)。

★4 たとえば，カナダの自動車生産は，完全にアメリカ系企業によって行われている。

★5 NAFTA(北米自由貿易協定)(⇨ p.240)。

◀ **カナダの資源と産業**

カナダは，亜寒帯の気候で，針葉樹林帯が広い。農業は，南部で春小麦栽培と酪農。鉱産資源が豊かで，サドバリ(ニッケル)，アルバータ州(石油，天然ガス)などが有名。大西洋岸のニューファンドランド島近海で，水産業がさかん。工業はセントローレンス川流域から五大湖周辺に集中。

1｜自然と住民

1 自然の特色

❶ 位置　アメリカとメキシコの国境をなす**リオグランデ川**より南を，**ラテンアメリカ**という。南アメリカ大陸のアマゾン川付近に赤道が通る。

❷ 地形　メキシコ高原からパナマ地峡までが，**北アメリカ大陸**。**南アメリカ大陸**は，西部に新期造山帯（環太平洋造山帯）に属する高い**アンデス山脈**が走り，東部には安定陸塊に属する**ブラジル高原**や**ギアナ高地**が広がる。

❸ 気候　熱帯気候の地域が約**60%**をしめる。低緯度地方では**高山気候**で住みよい高地に，**高山都市（高原都市）**が発達。**パタゴニア**と**アタカマ砂漠**は乾燥気候。

> 補説　**ラテンアメリカの植生**　独特のよび方をする地域がある。
> ①セルバ…アマゾン川流域の熱帯林。
> ②リャノ…オリノコ川流域の熱帯草原（サバナ）。
> ③カンポ…ブラジル高原の熱帯草原（サバナ）。
> ④グランチャコ…パラグアイ〜アルゼンチン北部の熱帯草原（サバナ）。
> ⑤パンパ…アルゼンチン中部の草原。東部は湿潤（年降水量550mm
> 　以上，温暖湿潤気候），西部は乾燥（ステップ気候）。

2 歴史と社会

❶ 歴史

1 **インディオの文化**　先住民の**インディオ**は，**マヤ族**，**インカ族**などが，独自の文化圏を形成していた。

> 補説　**インディオの文明**　**マヤ文明**は，4〜14世紀ごろにかけて，ユカタン半島（現在メキシコ）を中心にさかえた。**アステカ文明**は，12〜16世紀，アナワク高原（現在メキシコ）を中心にさかえたが，1521年にスペイン人コルテスによって征服された。**インカ文明**は，13〜16世紀，アンデス山脈中のクスコ（現在ペルー）を中心にさかえたが，1533年にスペイン人ピサロによって征服された。クスコ地方はマチュピチュの遺跡で有名。

★1 全長が約1万km以上におよぶ世界最長の山脈でコルディエラ山系（⇨p.411）に属する。ペルーやボリビア付近は標高3,000m以上の高原（アルチプラノ）が広がる。多くの高山都市が発達。南部には山岳氷河もある。

★2 海抜4,000mの高地で，気圧や酸素量は海面の60%になる。3,000mでも70%にすぎない。旅行者は酸素不足で高山病にかかりやすい。

★3 パタゴニアは，偏西風がアンデス山脈にさえぎられた風下にあたるので，乾燥。

★4 アタカマ砂漠は，寒流のペルー海流の影響により形成された海岸砂漠（⇨p.95）。

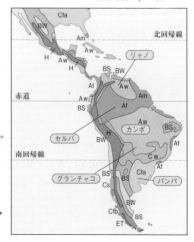

ラテンアメリカの気候区分▶
ラテンアメリカは，赤道を中心に南北に広がっている。

② **ラテンアメリカの形成**　ラテン民族のスペイン人，ポルトガル人の侵入によって，16世紀半ばには，メキシコ以南のほぼ全域がスペイン，ポルトガルの植民地となり，ラテンアメリカが形成された。スペイン，ポルトガル両国は，金，銀などをヨーロッパに持ち去り，本国の封建的な**大土地所有制**をもちこんで，たばこ，さとうきびなどの栽培を行った。

③ **現在のラテンアメリカ**　ほとんどの地域が，19世紀前半に独立した。しかし，大土地所有制などの民主的改革が不十分で，しかもアメリカなどの政治的，経済的な影響を強くうけてきたため，今日，なお**発展途上地域**にとどまっている。

❷ **住民**　ラテンアメリカは，人種構成が複雑。人種差別や偏見は少ないが，白人が上層をしめている場合が多い。

　白人，**黒人**，**インディオ**，**混血**，その他の移民などがいりまじっているが，各国ごとの構成には，それぞれ特色がある（⇨p.322）。

> 補説　**ブラジルの日系人**　これまで約25万人がブラジルに渡り，その子孫の二世，三世をふくめると，150万人程度の日系人がいる。1908年に移民が始まったころは，**コーヒーファゼンダの契約労働者（コロノ）**が大部分であったが，現在では中産階級がふえて，日系人の大臣も生まれている。

❸ **社会**　工業化や近代化によって経済は発展しているが，貧富の差も拡大。また，都市化と**スラム**の形成，外国資本の強い影響力などの問題がおこっている。このため，国内の民主化と，民族の自立を求める動きもあり，政治的，経済的に不安定な国が多い。

POINT!

> ラテンアメリカ…先住民はインディオ
> ［スペイン人，ポルトガル人の侵入（16世紀～）。
> ［現在は，メスチーソなどの混血も多い。

2 | 産業と経済

1 農業と鉱業

❶ **大土地所有制**　植民地時代から，少数の大地主が土地を占有する大土地所有制が続き，多くの農民は地主に隷属して貧しい。

> 補説　**アンデス原産の農作物**　インディオの畑からは，多くの農作物が世界に広まった。ナス科のトマト，たばこ，とうがらし，じゃがいもはとくに有名。そのほか，とうもろこし，さつまいも，キャッサバ，落花生，カカオ，パイナップルなどがある。

★5　ブラジルはポルトガル語，その他はスペイン語を公用語とし，カトリック教徒が多い。イギリス，フランス，オランダの植民地となったのはごく一部。

★6　現地生まれの白人（クリオーリョ）らが独立をすすめた。

★7　キューバでは，1959年に社会主義革命が行われた。

★8　黒人は，アフリカ大陸から連行された奴隷の子孫にあたる。カリブ海諸国には，黒人や，黒人と白人の混血（ムラート）が多い。

★9　白人とインディオの混血はメスチーソとよばれ，アンデス諸国に多い。

★10　19世紀末から始まった日系移民により，ブラジル，ペルーなどに200万人以上の日系人が分布。

★11　ブラジルではファヴェーラ，ベネズエラではランチョスとよばれている。

★1　大土地所有制にもとづく大農園を総称してラティフンディオという。ただし，地域によって呼び名が異なる。

1 **大地主の大農場や大牧場**

ファゼンダ★2（ブラジル）
エスタンシア★3（アルゼンチン）　　　プランテーションとして，輸
アシエンダ★4，フィンカ★5など　　出用商品作物を大規模に栽培。
また，羊などの企業的牧畜。

2 **外国資本の大農場**

❷ **鉱業**　ラテンアメリカは鉱産資源が豊富で，重要な輸出品になっている。しかし，鉱山の経営は**外国資本**★6に支配されてきた。

❸ **モノカルチャー経済**　かつては特定の**一次産品**(未加工の農産物や鉱産物)の輸出にたよるモノカルチャー経済の国が多かった。しかし，近年，**多角化**をはかっている国もある。

POINT!

ラテンアメリカのモノカルチャー経済→多角化

一次産品 { プランテーションの農産物
　　　　　 外国資本の支配する鉱産物 } を輸出

2 **新しい動き**

❶ **工業化**　第二次世界大戦後，ブラジル，アルゼンチン，メキシコ，チリなどで，工業が発達した。しかし，アメリカなどの外国資本の導入によるものが多く，問題もある。

　①外国資本に依存した工業化のため，その影響が大きくなった。
　②地域間の格差が広がり，**大都市への人口集中**★7がはげしくなった。
　③国民の多数をしめる農民が貧しいため，国内市場がせまい。
　④工場の規模が小さく技術もおくれていて，国際競争力に欠ける。
　⑤多額の資金借り入れで，**累積債務**★8がふえており，財政を圧迫して経済成長を阻害している。

❷ **土地改革**

1 **キューバ**　プランテーションを国有化し，集団農場とした。

★2　大地主をファゼンデイロという。

★3　ウルグアイでも同じ名称。大地主をエスタンシエロという。エスタンシアで働く牧夫はガウチョという。

★4　メキシコ，チリ，ペルー，パラグアイ，コロンビアなどの名称。

★5　グアテマラの名称。

★6　アメリカ系資本が多かったが，近年は国有化がすすんでいる。

★7　ブラジルのリオデジャネイロやサンパウロ，アルゼンチンのブエノスアイレス，メキシコのメキシコシティなどが典型的。

★8　大規模な工業化をすすめようとすると，必要な資本が，国内貯蓄を上回るようになる。そのため，不足分を外国の銀行から借りたり，国際機関や先進国の公的機関から資金を導入する。こうした借金を債務というが，借金が累積すれば，返済額もふえて，支払いが苦しくなる(⊃ p.204)。

4

南北アメリカ

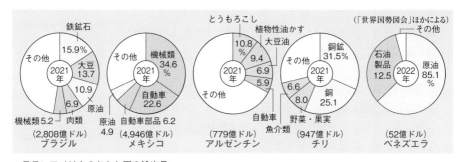

▲ラテンアメリカのおもな国の輸出品

2 メキシコ　農村の共有地(エヒード★9)を復活して，土地のない農民に配分する土地改革をすすめた。

❸ 資源の国有化　資源ナショナリズムの高まりで，資源の国有化の動きがある。★10 しかし，外国資本の影響力は大きく，なお結びつきが深い。

❹ 国家間の結びつき　メキシコは米国・メキシコ・カナダ協定(USMCA)★11 に加盟。また南アメリカでも，ブラジル，アルゼンチン，ウルグアイ，パラグアイが南米南部共同市場(MERCOSUR)を，ボリビア，ペルー，エクアドル，コロンビアがアンデス共同体(CAN)を結成するなどして，自由貿易や経済連携をすすめている(⇨p.341)。

3 ｜ ラテンアメリカの国々

1 ブラジル

❶ 歴史　17世紀からポルトガル領となった。1822年独立。国土は南アメリカ大陸の約半分をしめる。**ポルトガル語が公用語**。

❷ 農業の変容　16〜17世紀に北東部でさとうきび，19世紀には**天然ゴムやコーヒー**(⇨p.360)のモノカルチャー(単一耕作)が拡大した。現在は，**多角化，機械化**の方向をたどる。

1 多角化　1950年代から，農産物の最低価格を保障し，多角化をすすめた。この結果，コーヒーのほかに，カカオ，さとうきび★1，綿花，大豆，米，小麦，とうもろこし，オレンジなどの生産が増加。しかし，住民の自給用作物★2は減少している。

2 機械化　1960年代から農業の機械化が進行。機械化は大農園には有利であるが，中小農園には不利となる。機械化についていけなかった中小農園の農民や，機械化で失業した農業労働者は，離村して都市へ集中，結局は工場へ労働者を供給している。

❸ 鉱工業　1970年代から工業化★3。近年，鉱工業の発展が著しい。

1 軽工業の発達　20世紀はじめ，繊維，食品などの軽工業が発達。

2 重工業化　第二次世界大戦後，大量の外国資本を導入して，重工業の発展をはかった。工場は南東部に集中。
　①**電力の生産**★4　水力発電が6割。**イタイプダム**は世界最大級。
　②**鉄鉱石の生産と鉄鋼業**★5　**イタビラ鉄山**や**カラジャス鉄山**の開発，ボルタレドンタ製鉄所やウジミナス製鉄所など。
　③**自動車工業**　外国資本の自動車工場を誘致。
　④**先端技術産業**　航空機やコンピュータなど。

★9　土地の所有権は国家にあるが，耕作権や収穫権は農民にある。しかし，改革は不十分で，なおアシエンダが全耕地の半分以上をしめる。

★10　メキシコ，ベネズエラ，エクアドルの石油産業など。

★11　旧NAFTA(⇨p.240)

★1　近年では，バイオエタノール(⇨p.189)の原料として，生産が急増。

★2　キャッサバ，レンズ豆，米など。

★3　OECDはブラジルとメキシコをNIEs(新興工業経済地域)(⇨p.333)に分類している。またブラジルは，BRICSとして注目されている。

★4　パラナ川のイタイプダム，アマゾン川水系のトカンチンス川のツクルイダムなど。

★5　イタビラ鉄山は，1942年から開発された。その近くに建設されたウジミナス製鉄所(ミナスジェライス州イパチンガ)には，日本資本(企業)も参加している。[カラジャス鉄山⇨p.136]

❹ 新首都の建設　計画都市としてブラジル高原にブラジリアが建設され，1960年，リオデジャネイロから遷都した。

❺ 国土の開発　アマゾン川，サンフランシスコ川流域の開発計画がすすむが，大都市の失業者を入植させるなど無秩序に行われたため，**熱帯林の破壊**などの問題もおこっている。

> ブラジルの地域開発（⇨p.124）
> アマゾン川流域の熱帯林の破壊（⇨p.136）

❻ 住民　ポルトガル系を中心とした**白人**が最も多い。しかし，白人と黒人の混血（ムラート）の割合も高い。混血の褐色の肌の人には，「モレーノ」（小麦色）という親しみをこめたよび方もある。アジア系の中には，日本人の移民＝**日系人**（⇨p.322）もいる。人種差別は少ないが，貧富の差はひじょうに大きい。

▼ブラジルの人種構成（2010年）

白人	48%
混血	43%
黒人	8%
アジア系	1%

★6　流域面積は世界第1位。長さは，ナイル川に次ぐ。河口から約1,500kmの地点にあるマナオスには，自由貿易地区が設けられ，先端技術産業がさかん。日本企業も進出。

Q ブラジルの日系人が，日本に働きに来ているのですか。

A 日本では，1990年から日系二世，三世には就労に制限のない特別のビザ（入国許可証）を発行しているので，日本に出かせぎに来る日系人がふえているよ。日本は働き口が多いからね。けれど，不況のときは解雇されやすいんだ。

POINT!

ブラジル
- 農業…コーヒーのモノカルチャーから，多角化へ。
- 鉱業…鉄鉱石が豊富→鉄鋼業。
- 工業…外国資本の導入で工業化。近年，急速に成長。

② アルゼンチン

❶ 歴史　16世紀からスペイン領となったが，1816年独立。首都ブエノスアイレスは，「南アメリカのパリ」とよばれ，美しい町並み。人口が集中。1982年，**フォークランド諸島**の領有をめぐるイギリスとの戦争で敗北。

❷ パンパの農牧業　湿潤パンパ（⇨p.159）では**小麦，大豆，**とうもろこしと，牧草のアルファルファの栽培，**牧牛**がさかん。乾燥パンパではエスタンシア（大牧場）で牧羊が行われる。農畜産物は，おもにヨーロッパに輸出される。

❸ 工業化　1930年代から，農畜産物加工を中心に工業が発展。第二次世界大戦後は，急激な工業化政策がとられた。ブラジル，メキシコについで，工業化がすすんでいる。

★7　アルゼンチンではマルビナス諸島とよぶ。

★8　南半球の小麦は，北半球の端境期に収穫される点で重要（⇨p.167）。

補説　**ウルグアイとパラグアイ**　ともにラプラタ川流域の国。
①ウルグアイ…ラプラタ川河口，パンパ東部をしめ，農牧業がさかん。首都モンテビデオは，観光地として有名。
②パラグアイ…アルゼンチンとブラジルの間の内陸国。マテ茶と，タンニン原料となるケブラチョという熱帯樹の特産が知られる。

3 アンデス諸国

❶ ベネズエラ　マラカイボ湖周辺などで石油を，オリノコ川下流で**鉄鉱石**を産出し，ともにアメリカに輸出。★9

> **補説** **ギアナ地方の国々**　ブラジルとベネズエラの間の大西洋岸には，ガイアナ，スリナムとフランス領ギアナがある。ガイアナは旧イギリス領から独立し，インド系住民(ヒンドゥー教徒)が多い。スリナムは旧オランダ領から独立し，ボーキサイトの産出が多い。

❷ コロンビア　石油，石炭，**コーヒー**のモノカルチャー経済の国。★10首都ボゴタをはじめ，メデジン，カリなどの大都市は，いずれも高山都市で，低緯度ながら温和。外港はバランキジャ。

❸ エクアドル　赤道直下の国。**石油**産出国。★11バナナの生産が多い。首都キトは，高山都市で，グアヤキルがその外港。太平洋上に進化論で有名な**ガラパゴス諸島**を領有。

❹ ペルー★12　沖合いで水産業がさかん。また，**銅**など鉱産資源も豊富。クスコは，インディオの**インカ帝国**の首都があったところ。ラテンアメリカではブラジルに次ぎ日系人が多い。首都は**リマ**。

❺ ボリビア★13　内陸国で，湖として世界最高所のチチカカ湖。★13すず，銀などの鉱産資源が豊富。首都ラパスは，アルチプラノとよばれる高原の高山都市。ポトシ，オルロ，スクレなどは鉱山都市。

❻ チリ　国土が南北に細長く，気候も変化に富む。★14アンデス諸国の中では白人の比率が高い。アメリカ資本による**銅**の生産が多く，★15モノカルチャー経済の典型。なお，中部で地中海式農業が行われる。首都**サンティアゴ**は内陸部にあり，バルパライソがその外港。

POINT!

> **アンデス諸国…モノカルチャー経済の国々**
> ベネズエラ(石油)，コロンビア(コーヒー)，ペルー，
> ボリビア，チリ(銅など)

4 中部アメリカの国々

　メキシコと中央アメリカ諸国(グアテマラ〜パナマ)，西インド諸島のカリブ海諸国をまとめて，**中部アメリカ**という。

❶ メキシコ

1 **歴史と社会**　インディオのマヤ文明，アステカ文明がさかえた。16世紀にスペインの植民地となり，1821年に独立した。混血の**メスチーソ**が最も多く，先住民も多い。

2 **膨張するメキシコシティ**★16　全人口の15%以上が集中し，★17深刻な**大気汚染**，スラムの拡大，**地盤沈下**などの問題をかかえる。

★9　1976年に石油産業を国有化。OPEC加盟国である。

★10　コーヒーの生産，輸出は世界第3〜4位。マグダレナ川流域で栽培。

★11　OPECに加盟していたが，1992年に脱退。2007年〜2020年に再加入。

★12　ペルー，ボリビアはインディオの比率が高く，スペイン語以外にインディオの言語(ケチュア語，アイマラ語)も公用語。

★13　汽船などが航行可能な湖としては世界最高所。

★14　北部は海岸砂漠のアタカマ砂漠が広がり，中部は地中海性気候，南部は西岸海洋性気候。さらに南にはフィヨルドも発達する。

★15　産出量，輸出量ともに世界第1位。エスコンディーダ，チュキカマタなどの銅山が有名。

★16　メキシコシティはテスココ湖上の島にあったアステカの都テノチティトランの廃墟に，スペイン人が建設した。その市街は，埋め立てられたテスココ湖の元の湖底に広がる。

★17　周辺地域を含む首都圏の人口は2,100万人をこえる。

3 **鉱工業と経済**　石油，銀をはじめ鉱産資源が豊富。1940年代以降，**工業化**をすすめ，ブラジルとともに**NIEs**(新興工業経済地域)に位置づけられている。1970年代には大規模な油田が発見され，オイルブームにわいた。1980年代に入ると，債務が積み重なって返済が困難となる**累積債務**の問題が表面化した。

　そのため，外国資本の導入などをすすめる**経済の自由化**，アメリカ国境での輸出加工区マキラドーラの設定などをすすめてきた。マキラドーラの成功をうけ，アメリカ，カナダと，**アメリカ・メキシコ・カナダ協定(USMCA)**を結成し，経済的な結合を深めている。

❷ **中央アメリカ諸国**

1 **ホンジュラス**　アメリカ資本による**バナナ**，コーヒーのプランテーションがさかんで，「**バナナ帝国**」とよばれてきた。グアテマラ，ニカラグア，コスタリカなどでも，バナナ，コーヒー，さとうきび，綿花などのプランテーションがさかん。

2 **パナマ**　太平洋と大西洋を結ぶパナマ運河は，アメリカが管理してきたが，1999年にパナマに返還。**便宜置籍船**が多い。

　補説　**パナマ運河**　スエズ運河(エジプト)を完成させたフランス人レセップスが，余勢をかって建設にとりかかったが，失敗。パナマのコロンビア連邦からの独立を支援したアメリカが，運河地帯を永久的に租借したうえで建設にかかり，1914年に開通した。スエズ運河とともに，世界の航路交通に大きな影響を与えた。1960年代になって，運河地帯に対するパナマの主権回復の要求が高まり，1977年の新条約によって，1999年12月31日正午からパナマに返還された。現在のパナマ運河は**水門式(閘門式)運河**(水位を人工的に調節する水門のある運河)で，大型船の航行を可能にすることがむずかしい。そこで，新たにより大型の閘門の建設がすすめられた。なお，スエズ運河は水平式運河で，拡幅が容易であった。

❸ **カリブ海諸国**

1 **キューバ**　1959年の革命後，大農場(**コロノ**)を国営農場とした。社会主義国として，アメリカと対立してきたが，旧ソ連の崩壊後は援助が途絶えて経済は悪化。ニッケルや**砂糖**の輸出，さとうきびの栽培が多い。2015年にアメリカとの国交回復。

2 **その他の国々**　**ジャマイカ**はボーキサイト，トリニダード・トバゴは石油，天然ガスを産出。イスパニョーラ島の**ハイチ**と**ドミニカ共和国**のほか，小さな島国が多い。

　補説　**黒人国家ハイチ**　ハイチの国民は95%が黒人である。フランスの植民地であったため，現在も公用語は**フランス語**。1804年，世界で最初の黒人国家として独立。なお，アフリカ最初の黒人国家は，アメリカの解放奴隷が建国した**リベリア**(⇨p.381)で，1847年に成立。

★18 アメリカなど外国企業の進出に対し，税制上その他の優遇措置をとる地域および制度[**輸出加工区**⇨p.201]。NAFTA発効後，保護制度は廃止。

★19 アメリカ，カナダ，メキシコ3国はア**メリカ・メキシコ・カナダ協定(USMCA)**を結び，相互の関税を大幅に引き下げ，自由市場を形成している。[NAFTA⇨p.240]

★20 商船保有量はリベリアとならんで世界有数である。[**便宜置籍船**⇨p.228]

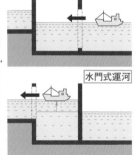

水門式運河

★21 ブラジルのコーヒーファゼンダの契約農民(**コロノ**)や，アルジェリアに入植したフランス人入植者(**コロン**)と区別する。

★22 ブルーマウンテンコーヒーの産地としても有名。

★23 ドミニカ共和国とは別に，小アンティル諸島にドミニカ国がある。

☑ 要点チェック

CHAPTER **4**　南北アメリカ	答
☐ 1　アメリカ西部の長大な新期造山帯の山脈は？	1　ロッキー山脈
☐ 2　カリブ海からメキシコ湾岸をおそう熱帯低気圧は何か。	2　ハリケーン
☐ 3　アメリカの先住民を何というか。	3　ネイティブアメリカン
☐ 4　スペイン語圏からアメリカに流入した人々を何というか？	4　ヒスパニック
☐ 5　アメリカの巨大企業の多くは（　）企業である。	5　多国籍
☐ 6　地下水を利用して，円形に灌漑を行う農法は何か。	6　センターピボット農法
☐ 7　ニューイングランド地方の中心都市はどこか。	7　ボストン
☐ 8　アメリカ北東部に連なる巨大な都市域を何というか。	8　メガロポリス
☐ 9　ミシガン湖の南岸にあるアメリカ第3の都市はどこか。	9　シカゴ
☐ 10　エリー湖の近くにある自動車工業都市はどこか。	10　デトロイト
☐ 11　1970年代から工業化のすすんだ南部地域を何というか。	11　サンベルト
☐ 12　太平洋岸にあるアメリカ第2の大都市はどこか。	12　ロサンゼルス
☐ 13　サンノゼを中心とするハイテク産業の集積地を何というか。	13　シリコンヴァレー
☐ 14　カナダの先住民で，おもに北極地方でくらす人々を何というか。	14　イヌイット
☐ 15　カナダで，フランス系の住民が多いのは何州か。	15　ケベック州
☐ 16　カナダには，（　）の資本が多く進出している。	16　アメリカ
☐ 17　アマゾン川流域には，（　）とよばれる熱帯林が広い。	17　セルバ
☐ 18　ラテンアメリカでポルトガルの植民地であった国はどこか。	18　ブラジル
☐ 19　白人とインディオの混血を何というか。	19　メスチーソ
☐ 20　アルゼンチンの大地主の大牧場を何というか。	20　エスタンシア
☐ 21　ブラジルの大地主のコーヒーなどの農場を何というか。	21　ファゼンダ
☐ 22　パラナ川にかかる世界最大級の水力発電用のダムを何というか。	22　イタイプダム
☐ 23　計画都市として建設されたブラジルの首都はどこか。	23　ブラジリア
☐ 24　ブラジルで，最も豊富な鉱産資源は何か。	24　鉄鉱石
☐ 25　アルゼンチンで，農牧業がさかんなのはどこか。	25　パンパ
☐ 26　ベネズエラで石油の産出が多い湖の名前を何というか。	26　マラカイボ湖
☐ 27　ブラジル，アルゼンチンと並んで工業化のすすんだ国はどこか。	27　メキシコ
☐ 28　中央アメリカ諸国でおもに生産される商品作物は何か。	28　バナナ，コーヒー
☐ 29　砂糖の輸出が多いモノカルチャーの社会主義国はどこか。	29　キューバ

5 » オセアニアと両極

まとめ

① オセアニア ☞ p.428

□ **自然と住民**

- **オセアニアの区分**…オーストラリア大陸と，太平洋の島々。太平洋の島々は，メラネシア，ミクロネシア，ポリネシアに区分される。
- **自然と社会**…オーストラリア大陸は乾燥帯が広い。18世紀以来，ヨーロッパ人が進出し，その影響が大きい。

□ **オーストラリア**

- **歴史と社会**…先住民アボリジニは，イギリス系白人の移民に圧迫されて，減少。**白豪主義政策**により，白人以外の移民を規制してきたが，現在は改められ，アジア系の移民が増加→多民族国家で**多文化社会**。
- **地形と気候**…中央部の**グレートアーテジアン盆地**は，**鑽井(掘り抜き井戸)**が多く，**牧羊**が発達。乾燥気候が最も広く，周辺に熱帯や温帯の気候区。
- **資源と産業**

  農牧業…牧羊がさかん。多角化により，肉類(牛肉)，穀物，綿花の生産も増加。
  鉱工業…石炭，鉄鉱石，金，ボーキサイトなどの資源が豊富
  　　　　→中国，日本などアジアへの輸出が多い。
  貿易…かつてはイギリスが最大の相手国→今は中国，日本などが主要相手国。

□ **ニュージーランド**

- **歴史と社会**…先住民マオリは，イギリス系白人の移民と同化，共生。
- **資源と産業**…先進的な農業国で，牧羊，酪農，肉牛飼育がさかん。

□ **太平洋諸国**

- **歴史と社会**…ヨーロッパ人の進出で植民地になっていた。核実験場にされた島もあるが，現在は非核化をすすめている。
- **資源と産業**…自給的農作物の栽培と近海の水産業のほかは，一次産品の輸出にたよる経済。観光地として有名な島国もある。

② 両極地方 ☞ p.435

- **北極**…北極海やグリーンランドなどの地域。極北の民族**イヌイット**。アメリカ，ヨーロッパ諸国やロシアが向かい合う地域にあたる。
- **南極**…南極大陸は氷雪気候。南極条約で，領土権の凍結などを決めている。

1 オセアニア

1 自然と住民

1 オセアニアの区分

　オセアニアは，オーストラリア大陸と太平洋の島々をあわせた地域をさす。★1太平洋の島々は，3つの地域に区分する。

❶ **オーストラリア大陸**　六大陸中，最も小さい大陸。

❷ **太平洋の島々**　人種や文化の特徴で区分される。

1 **メラネシア**　「黒い島々」の意味。おもに経度180度以西で赤道以南の地域。環太平洋造山帯に属し，火山島が多い。

2 **ミクロネシア**　「小さい島々」の意味。おもに経度180度以西で赤道以北の地域。サンゴ礁の島が多い。

3 **ポリネシア**　「多くの島々」の意味。おもに経度180度以東の地域。ハワイやニュージーランドも含む。

2 自然と社会

❶ **地形**　オーストラリア大陸の東部は古期造山帯の山脈があるが，大半は安定陸塊である。ニュージーランドは，環太平洋造山帯の島で，3,000m級の山脈がそびえ，火山や地震も多く，氷河もみられる。★2太平洋上の島々は，火山島や，サンゴ礁などからなる。

❷ **気候**　オーストラリア大陸は**乾燥帯**が広く，周辺に温帯やサバナ気候の地域もみられる。太平洋上の島々は，**熱帯**の海洋性気候が多い。

★1　オーストラリア大陸をしめるオーストラリアと，ニュージーランドの2か国は，先進国。経度180度付近は日付変更線が通っている。

★2　かつて南半球に存在したゴンドワナランド（⤵p.71）の一部である。観光地として有名なウルル（エアーズロック），カタ・ジュタ（オルガ山）は，侵食から取り残された残丘（ざんきゅう）である（⤵p.79）。

オセアニアの国々▶
東経135度と140度線は日本を通る。東経141度線はインドネシアとパプアニューギニアの国境。南緯23.4度の南回帰線はオーストラリア大陸の中央部を通る。南緯40度線は，バス海峡とクック海峡。

❸ 社会　イギリスやフランスの植民地であった関係で，英語，フランス語を公用語とする国が多い。キリスト教が支配的。太平洋の島々では，**タロいも**，**ヤムいも**などの伝統的な食用自給作物の栽培と，近海の水産業，観光産業がおもな産業。

★3　タロいもは日本のさといもに，ヤムいもは日本のやまいもに似ている（⇨p.150）。

2｜オーストラリア

1 歴史と社会

❶ オーストラリアの先住民　オーストラリア大陸には，アボリジニとよばれる採集，狩猟民族が住んでいた。現在アボリジニの人口は少なく，めぐまれない環境でくらす人もいる。

> **補説　アボリジニ**　アボリジニ（アボリジニーズ）は，オーストラリア大陸の先住民。1967年にようやく人口調査が行われたが，長く差別されてきた。18世紀末にはおよそ30万人を数えたといわれるが，虐殺や強制的な同化政策によって減少した（1930年代に5万人）。現在は回復し，およそ98万人といわれる。
>
> 　タスマニア島の先住民は，狩猟を生業としていた。1803年，イギリスの植民地となった後，虐殺や，イギリス人の持ちこんだ病気に免疫がなかったために，人口は急減した。強制収容所に入れられた人々は，1876年に絶滅してしまった。現在，少数のタスマニア＝アボリジニが残り，民族復権運動も行われている（⇨p.319）。

❷ 白人の移住　18世紀にイギリス人**クック**が南東海岸を「発見」し，イギリス植民地となった。以後，入植や産業が進展するとともに不足しがちな労働力を補うため，白人の**囚人**や自由移民が増加した。現在，オーストラリアの住民の多くは，イギリス人を中心とした白人移民の子孫である。

> **補説　流刑の囚人たちと自由移民**　イギリスは，18世紀後半にオーストラリアを流刑植民地とした。当時のイギリスでは囲い込み運動（牧羊地の拡大）で土地を失った者，産業革命で失業した者など，極貧にあえぐ者が多く，流刑囚人となる者も多かった。1829年には自由移民が始まったが，その中には，1830〜40年ごろの労働者のチャーティスト運動（諸権利の要求闘争）や，アイルランド独立運動に参加した人々もあり，彼らは植民地統治の民主化を求める運動を形成する核となった。

❸ 牧羊の発達　イギリス本国で**産業革命**がすすむにつれ，毛織物原料である羊毛の需要が増大した。羊毛は長距離輸送が可能なので，オーストラリアで牧羊が発達し，それとともに開拓がすすんだ。羊は，乾燥に強く羊毛に適した**メリノ種**（スペイン原産）が導入され，グレートアーテジアン盆地（大鑽井盆地）の**被圧地下水**（⇨p.91）を利用したことで，牧羊が大きく発展した。

★1　オーストラリアは日本の真南の南半球に位置する。東京付近を通る**東経140度線**がオーストラリアのグレートアーテジアン盆地（大鑽井盆地）やアデレードの近くを通る。
　経度がほぼ同じなので，日本とオーストラリアの間の時差は，1時間以内（⇨p.16）。

★2　1770年イギリスの探検家クックが，シドニーに上陸した。シドニーあたりはイギリスのウェールズ地方に似ていたので，オーストラリアは最初ニューサウスウェールズとよばれた。現在のニューサウスウェールズ州にその名が残っている。
　なお，イギリス人移民の最初は1788年で，1,000人ほどであったという。

★3　被圧地下水をくみ上げる深い井戸は，**掘り抜き井戸**とよばれる。以前は自噴する井戸が多かったが，現在はポンプを使用。一般に，塩分濃度が高い。

5　オセアニアと両極

> 補説 **スクオッター**　占有者，スコーター。1830年代に，オーストラリアでは牧羊ブームがおこり，非合法の占有者が，西部の内陸草原を占拠していった。1836年と1847年の土地制度改革で，スクオッターの土地所有は合法化され，広大な牧場が形成され，企業的牧羊業の大牧場主となっていった。なお，スクオッターと同様に，北部から牧羊や牛牛を広めた者を，オーバーランダーという。

❹ 植民地からの独立　19世紀末のゴールドラッシュ以来，人口がふえ続けた。[★4] 1901年，オーストラリア連邦が組織され，イギリスから事実上独立した。農畜産物や鉱産物などの一次産品の供給地として発展し，今日では，社会保障制度のよく整った先進資本主義国の1つである。

> 補説 **オーストラリアとカナダ**　両国には，類似した点が多い。
> ①ともに，新大陸のイギリス植民地として，食料や原料資源などの一次産品を本国に供給した。多くの白人が移住して開発をすすめ，先住民は片すみに追いやられた。現在の住民は，大部分が白人移民の子孫で，その生活水準は，西ヨーロッパ諸国と同じくらい高い。
> ②ともに，イギリス連邦に属する独立国で，イギリス国王を元首としているが，重要な原料資源を産出し，広大な国土には，なお将来の開発が期待される地域が広がっている。当初はイギリスとの結びつきもあったが，現在では，アメリカをはじめ，日本，中国など各国の企業が進出していることも共通している。

❺ 白豪主義政策　オーストラリア(豪州)では，白人以外の有色人種の移民が規制されてきた。この人種差別政策を，白豪主義政策という。しかし，第二次世界大戦後，労働力の不足による産業開発の遅れがめだつようになったこと，イギリスのEC(現在のEU)加盟(1973年)によって，[★5] アジア，太平洋諸国との結びつきを強めようとしたこと，国内に広い消費市場を形成して産業や経済の発展をはかろうとしたことなどで，白豪主義政策は1970年代までに廃止された。

❻ 多文化社会　現在のオーストラリアは，アジアや南ヨーロッパなどからの移民もふえ，多民族国家で多文化社会になっている。民族文化の独自性を尊重する**多文化主義**(マルチカルチュラリズム)の社会は，アメリカと同様に「**サラダボウル**」と称される(⇨p.413)。

❼ 都市　オーストラリアは人口密度が低い(3人/km²)ため，以前から都市人口率が高かった。最大の都市シドニーをはじめ，メルボルン，ブリズベン，パースなどの大都市がある。首都のキャンベラは，[★6] 1927年に誕生した計画都市。

★4 鉱山経営者は，白人より低賃金で働く中国人を多く雇用したので，中国人の移民がふえた。白人労働者は，雇用確保のため中国人移民の制限を主張した。これが**白豪主義政策**のもとになった。

★5 イギリスのEC(現在のEU)加盟以後は，イギリスとの貿易が減って，日本やアメリカとの貿易がふえた。また，近年はアジア諸国との結びつきも強まり，現在は中国が最大の貿易相手国。

Q 現在，オーストラリアでは，白人以外の移民もふえているのですか。

A 現在のオーストラリアは，「アジアに開かれた国」といわれ，アジア系移民の数が増加している。こうしたアジア系住民は，ほとんどが都市部に集中していて，日系資本や華僑資本も進出しているよ。こうしたアジア人の進出に対し，イギリス系白人からは，感情的な反発も生まれ，国政選挙でアジア系移民論争がおこったりしているくらいだ。

★6 シドニーとメルボルンが首都を争ったため，ほぼ両者の中間に建設された。

POINT!

オーストラリア…イギリス人の開拓移民が建国
先住民アボリジニは圧迫されて減少した。
かつての白豪主義政策から現在は多文化社会。

▼オーストラリアの
関連事項
農牧業 ⇨ p.164
石炭 ⇨ p.184
鉄鉱石 ⇨ p.190
工業 ⇨ p.195〜196

2 地形と気候

❶ 地形　東部には，古期造山帯に属するグレートディヴァイディング山脈(大分水嶺山脈)があり，西部には広大な高原状の砂漠がある。中央部には，マリー川，ダーリング川の流れる低地やグレートアーテジアン盆地(大鑽井盆地)が広がっている。

❷ 気候　乾燥帯が最も広い面積をしめる。北部は熱帯のサバナ気候。南部は温帯で，地中海性気候[★7]，西岸海洋性気候[★8]，温暖湿潤気候などがみられる。

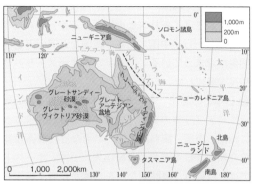

▲オーストラリアの地形　北東部の海岸には，グレートバリアリーフ(大堡礁)とよばれる大規模なサンゴ礁(堡礁 ⇨ p.84)がみられ，観光地として有名。その近くのゴールドコーストとよばれる海岸とともに，オーストラリア観光のメッカとなっている。

3 資源と産業

❶ 農牧業　大規模な牧羊や，粗放的な小麦栽培にみられるように，機械化のすすんだ企業的農牧業であることが特徴。しかし，農牧業が国民生産にしめる割合は，低下している。

1 牧羊　中国とともに世界的羊毛の生産国。乾燥に強く羊毛に適したメリノ種(スペイン原産)が多い。グレートアーテジアン盆地など，年降水量250〜500mmの地域でさかん。

2 食料生産[★9]　経営の多角化で，食料生産が増加。

- 小麦…年降水量500〜750mmの地域。
- 牧牛…日本向けの肉牛の肥育場(フィードロット)もふえた。
- 酪農…降水量の多い沿岸地域で，乳牛の飼育と乳製品の生産。

3 灌漑農業　オーストラリア南東部(グレートディヴァイディング山脈の東側)を流れる豊富な融雪水を，トンネルやダムによって内陸部のマリー川流域に導くスノーウィーマウンテンズ計画が実施され，マリー川流域に小麦栽培の灌漑農地が拡大した。しかし，地表への塩分集積がすすみ，塩類化した土地も拡大。

❷ 鉱工業　オーストラリアは，第二次世界大戦後に外国資本の導

★7　地中海性気候は，夏に著しく乾燥し，冬に雨が降る気候。オーストラリアは南半球にあるので，6〜8月が冬で雨が多く，11〜2月が夏で乾燥することに注意する。

★8　オーストラリアでは，メルボルンなどの南東部やタスマニア島で西岸海洋性気候がみられる。ニュージーランドも西岸海洋性気候。

★9　マリーダーリング盆地では，混合農業のほか，ぶどう，柑橘類，灌漑による稲作もさかん。

5

オセアニアと両極

入による工業化を進め，鉱工業がめざましく発展した。とくに 1960 年代から，石炭（**東部で産出**，⟲p.184），鉄鉱石（**西部の台地で産出**，⟲p.190），**ウラン鉱**，**ボーキサイト**（アルミニウム原料）など鉱産資源の産出と輸出が増大した。

❸ **アジアとの関係**　イギリスの植民地だったこともあり，かつてはイギリスとの関係が深かった。現在は，距離的にも近い**中国**，**日本**，**韓国**などアジア各国との関係が深まっている。アジアからオーストラリアへの移民も増加している。

❹ **日本との関係**　オーストラリアの鉄鉱石や石炭は，日本やアメリカの資本，技術で開発され，日本へ大量に輸出。肉類，飼料，小麦，羊毛などの農畜産物や，魚介類も，日本がおもな輸出先。一方，オーストラリアは，**自動車**，**機械類**などを日本から多く輸入していて，両国の結びつきはひじょうに強い。★10

　また，観光に関しても結びつきが強い。ゴールドコーストなどのリゾート地は，日本企業によって開発されたものもあり，多くの日本人が訪れたり，定年後に移住したりする。逆に，北海道や長野など，スキー目的で日本を訪れるオーストラリア人も，2000 年ごろより増加している。

POINT!
オーストラリア…豊かな資源を日本へ輸出
　　農水産物…肉類，魚介類，飼料など。
　　鉱産資源…鉄鉱石，石炭，液化天然ガスなど。

▼**オーストラリアの輸出品**

1960年	2021年
羊毛………40%	鉄鉱石………34%
肉類……… 9	石炭…………14
小麦……… 8	液化天然ガス…11
原皮類…… 3	金（非貨幣用）… 5
鉄鋼……… 3	肉 類……… 3
	機械類……… 2
	原油………… 2

▼**オーストラリアの輸出相手国**

1960年	2021年
イギリス…26%	中国………29%
日本………14	日本………19
アメリカ… 8	韓国……… 9
フランス… 6	台湾……… 5

（「世界国勢図会」ほかによる）

★10 日本とオーストラリアとの間には，青少年が，働きながら相手国に長期滞在のできるワーキングホリデーという制度がある。こうした文化面での交流も広がりつつある。

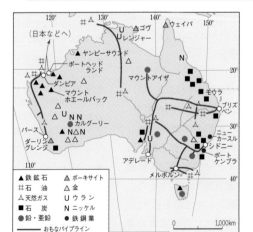

▲**オーストラリアの鉱産資源**

▲ 鉄 鉱 石	△ ボーキサイト
♯ 石　油	△ 金
△ 天然ガス	U ウラン
■ 石　炭	N ニッケル
● 鉛・亜鉛	● 鉄鋼業
━ おもなパイプライン	

▼**オーストラリアと日本の貿易**（2021年）

オーストラリアの輸出		オーストラリアの輸入	
石炭	32.7%	自動車	58.8%
液化天然ガス	26.8	機械類	15.5
鉄鉱石	18.8	（建設鉱山用機械）	(4.4)
銅鉱	4.5	石油製品	7.3
肉類	3.5	タイヤ・チューブ	3.6
アルミニウム	2.0	自動車部品	1.8
液化石油ガス	1.1	無機化学	1.1
ウッドチップ	0.8	鉄鋼	0.9
合計…5兆7,533億円		合計…1兆6,745億円	

輸出のウッドチップはパルプ原料の木材。輸入の機械類は一般機械と電気機械の合計。

（「日本国勢図会」による）

③ | ニュージーランド

1 歴史と社会

❶ **歴史と住民**　ニュージーランドの先住民は，ポリネシア系のマオリで，農耕文化をもっていた。18世紀から，イギリス系白人の移住がふえ，多数派となった。マオリの人口は減少し(70～80万人程度と推定される，2021年)，白人との融和がすすんだ。1907年にイギリス連邦の自治領となり，1947年に独立した。

❷ **社会**　国民の生活水準は高い。先進資本主義国の中では，トップクラスの福祉国家。なお，人口は都市に集中している。最大の都市は，北島の旧首都オークランド。

2 資源と産業

❶ **農業**　ニュージーランドは，世界屈指の先進農業国といわれ，経営規模が大きく，農民1人あたりの所得も世界有数である。また，輸出にしめる農畜産物の割合が高い。

北島では，羊・肉牛の放牧や酪農が行われる。南島では，南北に連なるサザンアルプス山脈を境に，西側では偏西風の影響を受け，降水量が多く，森林地帯になっている。一方，東側は乾燥するので，草原で羊の放牧や穀物栽培が行われる。

補説　**ニュージーランドの牧羊**　ニュージーランドで牧羊がさかんになったのは，オーストラリアと同じく，イギリスの毛織物工業による需要が大きかったためである。ただ，オーストラリアでは毛用種のメリノ種が中心になったのに対し，ニュージーランドでは，毛用と肉用の兼用種であるコリデール種や，肉用種のロムニー種などが中心。温和な西岸海洋性気候にめぐまれているため，草地の大部分を改良草地にしていて，野草牧草地は少ない。

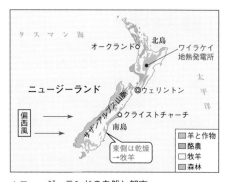

▲ニュージーランドの自然と都市

❷ **貿易の特色**　農畜産物を輸出し，石油や工業製品を輸入するという貿易構造になっている。イギリスのEC(現在のEU)加盟(1973年)後は，日本や中国などアジアとの，またオーストラリアとの関係を深めている。

POINT!

ニュージーランド…イギリス系白人の多い国。
先進的な農業国。
肉類や羊毛など，農畜産物の輸出が多い。

★1　オーストラリアと同様，ヨーロッパ人としてはクック(イギリス人)が初めてニュージーランドに達した(1769年)。(⊂➤ p.429)

★2　肉類，羊毛，バター，ミルク，原皮類野菜・果実などの輸出が多い。なお，肉類の輸出がふえたのは，1882年に冷凍船が就航してからである。

★3　南島東岸のクライストチャーチを中心とするカンタベリー平野は，ニュージーランドの穀倉で，商業的混合農業が発達。

★4　紙・パルプ，乳製品，アルミ精錬などのほかは，国際競争力が低く，工業製品の輸入が多い。

5

オセアニアと両極

4 ｜ 太平洋諸国

1 歴史と社会

❶ 歴史　18〜19世紀にかけてすべての島々がヨーロッパの植民地となった。1960〜70年代に民族意識が高まり独立国がふえ，1990年代にはアメリカによるミクロネシアの信託統治★1も終了した。しかし，この間，先進国の**核実験場**にされた島や，そのために強制移住をさせられた人々もいる。

> 補説　**核開発と太平洋の島々**　アメリカは，現在のマーシャル諸島のビキニ環礁，エニウェトク環礁や，ジョンストン島などを，大気中の核実験場にし，核兵器を開発してきた。**イギリスとアメリカ**は現在のキリバスのキリティマティ（クリスマス）島，**フランス**はフランス領ポリネシアのムルロア環礁やファンガタウファ環礁で核実験を行ってきた。このため，オセアニア諸国の国際会議である**南太平洋フォーラム**（SPF）（2000年から**太平洋諸島フォーラム**に改称）は，1985年，**南太平洋非核地帯設置条約（ラロトンガ条約）**を採択し，この地域における核実験や核廃棄物の海洋投棄を禁止した。

❷ 社会　英語を公用語にしている国が多い。**キリスト教徒が多い**のも，ヨーロッパ支配の結果である。なお，フィジーでは，さとうきび農園の労働者の子孫であるインド系住民（ヒンドゥー教徒）と，先住のフィジー人とが，しばしば対立している。

2 資源と産業

❶ 一次産品の輸出　パパアニューギニアは金や原油，ニューカレドニア★2はニッケル，ナウルはりん鉱石★3，フィジーは石油製品や砂糖，ソロモン諸島は木材をそれぞれ輸出する。ココやし（⇨p.363）を栽培し，油脂原料のコプラを輸出する国が多い。

❷ 観光産業　グアム★4，フィジー諸島，ニューカレドニア，タヒチ島★5，イースター島★6などは，観光地として有名。

> 補説　**ハワイ諸島**　ハワイ島のマウナロア山，マウナケア山は**楯状火山**（⇨p.57）で，標高はそれぞれ4,170mと4,205m。ここは**太平洋プレート**の中心で，変動帯ではなく，スポット的にマグマがふき出した火山★7である。このあたりの海底は深さが5,000mほどあるので，ハワイ島は，大洋底からは約10,000m近い巨大な火山である。

> 補説　**キリバスと日付変更線**　キリバス（1979年に独立）の国土は，180度の経線の両側にまたがる。そこで，国内の日付は，180度線の西側（首都タラワのある側）に統一している。タラワはグリニッジ標準時に対して＋12時間で，その東側に＋13時間と＋14時間の標準時が設けられている。このため，キリバス領内を通る日付変更線は，その国境線にそって，東側にふくらませて表記する（⇨p.16）。

★1　第二次世界大戦後，国際連合のもとで特別に統治された地域を**信託統治領**という。ミクロネシアの島々は，アメリカの信託統治領とされてきた。これまで，**マーシャル諸島**と**ミクロネシア連邦**が独立し，**北マリアナ諸島**はアメリカの自治領となった。カロリン諸島に属する**パラオ**が最後の信託統治領であったが，1994年に独立した。

★2　フランスの植民地。フランス語ではヌーベルカレドニ。

★3　海鳥の糞が化学的に変化したグアノを産出。りん酸肥料となるりん鉱石の一種。キリバスのバナバ（オーシャン）島のグアノは掘り尽くされた。

★4　アメリカ領で，アメリカ軍の戦略拠点ともなっている。

★5　フランス領ポリネシアにある島。ゴーギャンの絵画でも有名。

★6　ポリネシアの最東端にある。チリ領。モアイとよばれる巨石人像が残っている。

★7　このような場所を**ホットスポット**という（⇨p.77）。

SECTION 2 両極地方

1 北極

❶ 北極の地域　ふつう，北緯66度34分以北の**北極圏**の地域をさす。ほとんどが寒帯の気候で，北極海は，夏でも凍結。

❷ 住民　グリーンランドなどにイヌイット（⇨p.438）。その他，サーミやネネツ人(サモイエド)，エヴェンキ人(ツングース系)などの極北の民族がいる。サーミは，スカンディナヴィア半島北部のラップランドや，ロシアのコラ半島に住み，トナカイの遊牧を行う。フィン語系である。

> 補説 **グリーンランド**　世界最大の島で，ほとんどが氷河と雪におおわれるが，南西部には夏に雪がとけるツンドラ気候の地域があり，住民の多くが分布している。政治的には**デンマークの自治領**で，1979年に自治政府が発足した。住民は**イヌイット**および，イヌイットとデンマーク人の混血が多い。漁業とその加工業が最も重要な産業。EC域内にとどまっていると，加盟国の漁船が自由に操業することになるので，1985年にECを離脱した。民族主義の高まりで，地名などは，イヌクティトゥット語とデンマーク語を併記することになっている。

❸ 産業と社会　グリーンランドなどに軍事基地。ノルウェー領のスヴァールバル諸島で石炭，アラスカ北部で石油を産出。近年，**地球温暖化の影響で北極海やグリーンランドの氷が解け**，航路開拓や海底の鉱産資源開発がすすもうとしている。

★1　グリーンランド内陸は氷雪気候，その他はツンドラ気候。

★2　シベリア北部一帯に居住。

▲サーミとトナカイ（スウェーデン）

2 南極

❶ 南極の地域　**南極大陸**と周辺の**南極海(南氷洋)**[★1]の地域。ほぼ南緯66度34分以南の**南極圏**の地域をさす。

❷ 南極大陸　1,500〜2,500mの厚さの**大陸氷河(氷床)**[★2]におおわれ，内陸では厚さが4,000mをこえる。西半球は新期造山帯で石油が，東半球は安定陸塊で，金，鉄鉱石，モリブデンなどが豊富。

❸ 領土権　7か国が南極大陸での領土権を主張しているが，**南極条約**によって凍結されている。

> 補説 **南極条約**　南極を各国の平和利用に解放する条約。南緯60度以南の大陸と公海の非軍事化，科学的調査研究の自由および国際協力，領土権の凍結，核実験の禁止などを決め，1961年に発効。この南極条約が期限切れになった1991年，38か国が参加して，その継続と，鉱物資源の50年間開発禁止が合意された。

★1　かつて母船式捕鯨船団が出漁したが，現在は，**国際捕鯨条約**によって商業捕鯨が全面禁止になっている。また，豊富なオキアミが，たん白質源の食料として注目されている。

★2　**南極氷床**(⇨p.85)という。その氷が全部とけると，海面は数十m上昇するといわれる。

5

オセアニアと両極

欧州・米国・豪州

◎青いバナナ（ブルーバナナ）

イギリスのロンドン周辺からドイツのルール地方を通り，イタリアのジェノヴァ周辺までの地域は，工業が発達しており，その広がりがバナナ型に見えることからこのようによぶ。青はEU旗にも使われる，ヨーロッパを象徴する色。

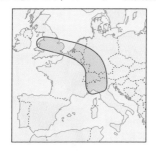

◎第3のイタリア

イタリア中北部を中心とする地域で，伝統工業から発展した工業が立地。ヴェネツィア，フィレンツェ，ヴィチェンツァ，プラト，モデナなどで，アパレル，皮革（ひかく），宝飾（ほうしょく），家具などの中小企業が集積している。

従来，イタリアは，重化学工業が発達したミラノ，トリノ，ジェノヴァを中心とする北部と，農業が中心の南部（南北格差是正（ぜせい）で新しい工業都市が立地）の2つの地域でとらえることが多かったので，「第3」とよばれる。

この中北部の地域には，古くからの職人によるアパレル，皮革，宝飾，家具などの中小企業による伝統工業が発達している。製品は手工業的に生産されるものが多いが，業者同士の結びつきが強い。大企業主導の従来型の産業構造とは違って，自営業者が綿密なネットワークによって生産活動を行っている点に大きな特徴がある。

◎ヨーロッパのサンベルト

ヨーロッパ南部で新しい工業が発達してきた地域。アメリカのサンベルト（⇒p.200）にならった言い方。

スペイン北東部のカタルーニャ地方から南フランスにかけての地中海沿岸地域では，電子機器や航空機産業が発達しており，ヨーロッパのサンベルトとよばれている。

◎シェンゲン協定

ヨーロッパ各国において出入国を自由にする協定。1985年，ルクセンブルクのシェンゲンで調印された協定による。EU加盟国の大部分と，EU非加盟のノルウェー，アイスランド，スイスなどの国々が実施している。

▲シェンゲン協定の実施国
★ブルガリアとルーマニアは，陸路（かいろ）については，出入国の制限を解除していない。

この協定を結んだ国どうしの国境では，出入国審査が廃止されている。域外からの旅行者も，最初に入国した国での審査のみで，域内を自由に移動できる。

◎エラスムス計画

1987年に開始された，EU加盟国間の大学生の交流協力計画（ERASMUS：The EuRopean Community Action Scheme for the Mobility of University Students）。人材の育成が目的で，域内の他の研究機関（大学）に留学しても単位を修得できる。EUでは，1995年から教育関係の政策を統合してソクラテス計画とし，エラスムス計画はその一部となった。

◎アメリカの単独行動主義

世界最強の軍事力を持つアメリカが，国連や世界の国々の意見をあまり顧（かえり）みず，独自に行動する考え。国際協調主義と対比した言い方。

とくに，アメリカのブッシュ大統領(第43代，2001〜09年)は，2001年9月11日，イスラム過激派による同時多発テロが発生すると，世界的なテロとの戦いを表明。そして，アフガニスタン攻撃によってタリバン政権を倒し，2003年にはイラクをテロ国家と決めつけてイラク戦争を始めた。

また，トランプ大統領(第45代，2017〜21年)はアメリカファーストを唱え，TPPからの脱退，移民排除などの政策をおこなった。

1997年，地球温暖化を防ごうとする京都議定書も締結を見送り，先進国の協調に背を向ける政策に，国際社会から批判がおこった。

◎アファーマティブ・アクション

積極的差別是正措置。実質的な平等を確保するために，一定の優先枠を設けるなど，数値目標を定めること。ポジティブ・アクションともいう。

白人の男性が優位のアメリカ社会では，黒人や女性が，結果的に差別をうけることが多い。そこで，大学の入学試験で黒人の合格枠をあらかじめ一定数，決めておくような例がある。就職においても，女性を一定の割合，採用するようにする例もある。

こうして，実質的な平等を確保しようとするのである。しかし，一方では，行きすぎた差別解消策であるという批判もある。

◎ウェットバック

アメリカに入ってくるメキシコからの不法入国者。アメリカは移民を受け入れているが，制限も多い。しかし，メキシコ人から見ればアメリカの賃金は高いので，密入国はあとを絶たない。メキシコとアメリカの国境であるリオグランデ川をわたって来て，背中(バック)が濡れているのは，不法入国者と分かる，という意味でウェットバックとよばれる。しかし，こうしたヒスパニックは，低賃金で働くので，アメリカの農園や工場の経営者からは重宝されている。

◎ドリーミング

オーストラリアの先住民アボリジニが，自らの生命を説明する宗教的思想。太古の昔に生じた天地創世の神話からはじまり，時間を超越して現代にも夢などを通じて，その生命の起源は理解されるとする考え方や文化。

自分たちの周りの自然や動植物は，すべて自分たちの生命と生活の流れに結びついていると考えられている。生命の源となる精霊は自然や動植物に宿っているとして，それを「トーテム」とよんで信仰の対象としている。精霊が宿り，やがて死んでまた生まれ変わる場所は，聖地として大切にされる。ヨーロッパ人がエアーズロックとよんでいる「ウルル」もそうした聖地の1つである。

ドリーミングは，現在も続くこの世界の維持の営みとされている。ドリーミングによって，大地は豊かな恵みをもたらすし，ドリーミングの法を無視すれば罰せられるし，ドリーミングによって人は生まれ変わりもするとされる。こうしてドリーミングは，現在を生きている人々に直接影響を与えると考えられている。

◎メイトシップ

オーストラリアの社会規範で，イギリス流の階級社会への反発から生まれた社会的平等意識。これは上下関係をさけた仲間意識にも発展する。イギリスの流刑植民地，そしてイギリス王室の支配下で形成された下層白人社会の中から生まれたこの規範は，現在のオーストラリア文化の背景となっている。

現在，国民的な人気のあるラグビーは，このメイトシップと結びついて，オーストラリアの国民性を形成している。

◎フライングドクター

オーストラリアで飛行機を使って医療活動を行う医師。広い地域に点在する農家や小さな町の住民のために制度化されている。病人が発生すると，軽飛行機で駆けつける。

ドイツでは，国内のどこにでも，要請から15分以内に医師が到着できるドクターヘリの制度がある。日本でも阪神・淡路大震災をきっかけに，2001年からドクターヘリが導入されている。

\ TOPICS /

イヌイット

イヌイットは，アラスカからカナダ，グリーンランドあたりに住む極北の民族で，約2万年前に，アジアから移動したといわれる。カナダインディアンは「生肉を食べる人」という意味で，エスキモーとよんだ。イヌイットは，イヌクティトゥット語で「人間」の意味。

伝統的な生活では，冬，犬ぞりでアザラシ，カリブー（野生のトナカイ），セイウチの狩猟を行い，夏は，アザラシの毛皮でつくったカヤックという小舟で，さけ・ますなどをとる。また，カリブーの遊牧を行う地域もある。毛皮でつくったアノラックという防寒衣を着て，カリブー，セイウチなどの生肉を主食とする。流木や鯨の骨で骨組をつくり，草や土をかぶせた半地下式の住居に住む。夏の狩猟のときは毛皮でつくったテントでくらし，ハドソン湾沿岸などでは，冬は氷のブロックを積み重ねてイグルー（⊂ p.327）という住居をつくった。

最近，アラスカなどでは，イヌイットの生活も近代化がすすんでいる。暖房つきの木造家屋，プレハブ家屋に定住し，小麦粉や野菜などの食事が広まっている。毛皮でつくった小舟のカヤックはモーターボートになり，犬ぞりはスノーモービル（雪上車）に変わりつつある。ガソリンや暖房用の石油製品を買うことが必要になり，毛皮や肉，手工芸品を売ったり，観光産業や水産加工工場などで働く人もいる。

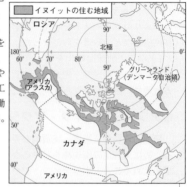

☑ 要点チェック

CHAPTER 5 オセアニアと両極	答
☐ 1　オーストラリア大陸の広さは，六大陸中，第何位か。	1　第6位
☐ 2　オーストラリア大陸の先住民を何というか。	2　アボリジニ
☐ 3　オーストラリアに移住したヨーロッパ人はどの国が中心か。	3　イギリス
☐ 4　白人だけのオーストラリアをつくろうとした政策を何というか。	4　白豪主義政策
☐ 5　オーストラリアで最も広い面積のある気候区は何か。	5　砂漠気候
☐ 6　オーストラリア南西端から南部の気候区は何か。	6　地中海性気候
☐ 7　オーストラリアには，毛用の（　）種の羊が多い。	7　メリノ
☐ 8　不透水層を掘り抜いて被圧地下水をくみ上げる井戸を何というか。	8　鑽井（掘り抜き井戸）
☐ 9　オーストラリアの石炭，鉄鉱石がおもに輸出される国はどこか。	9　中国，日本
☐ 10　ニュージーランドの先住民を何というか。	10　マオリ
☐ 11　ニュージーランドの牧羊は，東部と西部のどちらに多いか。	11　東部
☐ 12　オセアニアの島国で，金の産出の多い国はどこか。	12　パプアニューギニア
☐ 13　オセアニアの島で，ニッケルの産出が多いのはどこか。	13　ニューカレドニア島
☐ 14　カナダなどの北極海沿岸に住む極北の民族を何というか。	14　イヌイット
☐ 15　南極大陸の領土権の凍結などを決めた条約を何というか。	15　南極条約

第4編

現代世界における
これからの日本の国土像

· · · ·

CHAPTER 1 持続可能な国土像の探究

1 ≫ 持続可能な国土像の探究

SECTION 1 日本の地理的諸課題と国土開発

1 | 日本の地理的諸課題

1 人口の推移

　日本は，第二次世界大戦後の1947年から49年にかけての**第一次ベビーブーム**で，毎年約270万人の子どもが生まれた（「団塊の世代」）。また，1971年から74年にかけては，その世代が親になった**第二次ベビーブーム**がおき，毎年200万人以上の子どもが生まれた。

　1970年代までの高度経済成長期には地方から都市部へと若年人口が移動し，3大都市圏への集中がすすんだ。都市部では**核家族化**がすすみ，その後，家族のありかたに対する価値観の変化などから，**少子化**がすすんだ。一方で，医療技術の発展などにより死亡率が下がり，加えて第一次ベビーブーム世代の加齢によって，一気に**高齢化**がすすんだ。

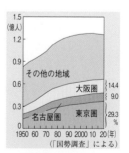

▲大都市圏への人口集中の推移

補説　「**団塊の世代**」　日本の第一次ベビーブーム（1947〜49年）に生まれた世代のこと。どの世代と比べても人口が多く，高学歴化，サラリーマン化，都市化など，第二次世界大戦後の社会の変化に大きく影響を与えた。

2　工業の推移

第二次世界大戦前は，官営八幡製鉄所★1がきっかけとなった北九州工業地帯の鉄鋼業，阪神地域が中心となった繊維工業などを中心に，京浜，中京，阪神，北九州の四大工業地帯が形成された。戦後の高度経済成長期には，重化学工業中心に発展したが，1970年代におこった石油危機で鉄鋼業や石油化学などの素材型産業が打撃を受けた。

その後，自動車や電気機械などの組み立て工業が発展したが，1980年代の**日米貿易摩擦**や85年の**プラザ合意**★2などの結果，組み立て型工業は，人件費の安い中国や東南アジアに移転していき，日本の国内では産業の空洞化★3がおこった。また，日本が得意としていた，ハイテク分野の半導体産業や液晶テレビなども，韓国や中国の企業にシェアを奪われていった。

2000年代以降は，経済回復期をむかえ，製造業の国内回帰がみられるようになった。2020年の新型コロナウイルス感染症の世界的流行により，世界の人流・物流は大きな影響をうけ，とくに**サプライチェーン**★4の問題点も意識されるようになった。これによりさらに製造業の国内回帰がすすんだ。

★1　1901年，現在の福岡県北九州市に建設された官営の製鉄所。筑豊炭田から近く，中国から鉄鉱石が輸入しやすい立地が選ばれ，日清戦争の賠償金をもとに建設された。

★2　1985年にG5（先進5か国財務大臣・中央銀行総裁会議）で発表された，為替レートに関する合意のこと。おもに日本の対米貿易黒字削減が扱われ，結果，円高・ドル安に誘導された。

★3　国内にある企業が，海外へ生産拠点を移すことで，その地域の産業が衰退すること。原因に，為替の変動や，安価な輸入製品の増加などがあげられる。

★4　商品の原料や部品の仕入れから製造過程をへて，最終的に消費者に届くまでの経路を表したもの。

	金属	化学		食料品	繊維	その他
1960年	18.8%	機械 25.8	11.1	13.1	12.3	18.9
1980年	17.1%	31.8		15.5	10.5 5.2	19.9
2000年	11.1%	45.8		11.0	11.6	18.2 2.3
2010年	13.6%	44.6		14.2	11.7	14.5 1.4
2020年	13.1%	45.0		13.1	12.9	14.7 1.2

（「工業統計調査」による）

▲製造品出荷額等の構成の推移

POINT!

[**工場の国内回帰がすすんだ理由を考える**]
【ヒント】海外と国内の人件費の変化。
　　　　　部品調達の危機管理。
　　　　　円安。
　　　　　工場用地の確保，土地の値下がり。

2 | 日本の国土開発

1 さまざまな開発計画

❶ 特定地域の総合開発　第二次世界大戦後，経済の復興と治山治水を重点に計画された。全国22か所の**特定地域**を指定したが，十分な成果はなかった。

❷ 全国総合開発計画（全総）　太平洋ベルトへの工業の過集積から，地方の**拠点開発**がすすめられた。

1　**新産業都市**　地方の工業開発を目的に15か所が指定された。その結果，岡山県南（倉敷市水島地域）など，一部の条件のよかったところでは，工業化がすすんだ。

2　**工業整備特別地域**　四大工業地帯の周辺で，重化学工業をすすめる地域として6か所が指定された。

3　**拠点開発の終了**　新産業都市，工業整備特別地域は，2001年3月末に歴史的な役割が終わったとして廃止された。

❸ その後の全国総合開発計画（全総）

1　**新全総**　全国的な交通，通信網を整備し，苫小牧東部（北海道）★1，むつ小川原★2（青森県），志布志湾★3（鹿児島県）などで，大規模プロジェクトを計画した。しかし，その後の石油危機（⇨p.208）などの影響で，これらの工業基地の開発は挫折し，環境破壊，過密と過疎，地価高騰，巨額の借金などの問題が残った。

2　**三全総**　定住圏構想などの地方振興をもりこんだ。

3　**四全総**　多極分散型国土と交流ネットワークをうたった。しかし，東京への**一極集中**は著しくすすんだ。

4　**五全総**　国土軸を設定し，**多軸型国土構造**への転換，地域連携による国土づくりをうたう。

❹ 新しい地域計画　2005年に国土総合開発法が国土形成計画法となり，開発中心の全総は終了した。国土形成計画法のもと，

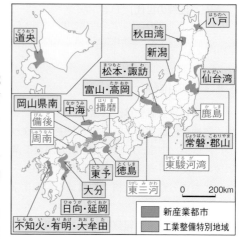

▲新産業都市と工業整備特別地域

▼国土開発にかかわる法整備・計画の流れ

1950年	国土総合開発法（→特定地域開発計画）
	北海道開発法
1956年	首都圏整備法
1962年	**全国総合開発計画（全総）**
	低開発地域工業開発促進法（1961）
	新産業都市建設促進法（1962）
1963年	近畿圏整備法
1966年	中部圏開発整備法
1969年	新全国総合開発計画（新全総）
1972年	工業再配置促進法
1974年	国土利用計画法
1977年	**第三次全国総合開発計画（三全総）**
1987年	**第四次全国総合開発計画（四全総）**
1998年	**第五次全国総合開発計画（五全総）**

★1　苫小牧市東部に建設された掘り込み式人工港から，隣接する厚真町と，安平町にまたがる地域。

★2　青森県東部の，小川原湖周辺から，むつ市に至る地域。太平洋，陸奥湾に面する。

★3　宮崎県から鹿児島県にかけて志布志湾沿岸の地域。

2009年に全国計画とともに，東北，九州などのブロックごとに広
域地方計画が策定され，これまでのような開発中心ではなく，景
観整備や環境保全なども重視される内容となっている。

SECTION 2 持続可能な国土像の探究

1 │ 持続可能な国土像の探究

1 開発計画の問題

❶ 環境への影響　日本では，地域開発の中心が重化学工業の開発
にあり，工業生産第一主義であった。そのため，公害の発生や生
活環境の悪化，生態系の破壊など，さまざまな**環境問題**をひき起
こしてきた（⤷p.127～128）。

　今後は，開発による経済発展と環境保全をいかに両立させるか
が課題となる。開発の意思決定には慎重(しんちょう)な環境アセスメント（⤷
p.137）が必要となる。

❷ 過密と過疎の進行　総合開発計画は，地域格差の是正を目指し
てきたが，太平洋ベルトの過密と，他地域の過疎が進行した。

❸ 地方財政の圧迫　産業基盤整備のため，地方自治体は社会資本
（インフラストラクチャー）の整備など，先行投資を強いられる。

2 「国土のグランドデザイン2050」

　政府は2014年に，国土の将来像として「国土のグランドデザ
イン2050　～対流促進型国土の形成～」を策定した。国土を巡る
大きな状況の変化や危機感を共有しつつ，2050年を見すえた国土
づくりの理念や考え方を示すものである。

　わが国の「時代の潮流」を理解し，持続可能な国土像を探究し
ていくことが必要である。

★1　工場誘致(ゆうち)のため，
用地の造成，用水の確
保（河川の改修），道路
や港湾の整備などに多
くの税金が投入される
と，財政は圧迫される。

● 「国土のグランドデザイン2050」（概要） （国土交通省資料による）

【2050年の未来に向けて】

- 将来への危機感（地域存続の危機，巨大災害の切迫）を共有し，国民の叡智（えいち）を結集して「国土のグランドデザイン」を描く
- 各地域において地域の将来像を描くための検討を主体的に行い，新しい国土政策を構築

【時代の潮流】

①急激な人口減少・少子化，高齢化	③巨大災害の切迫，インフラの老朽化
<ul><li>2050年の人口は約9,700万人</li><li>約6割の地域で人口が半減以下に，うち3分の1の地域は人が住まなくなる</li><li>どの国も経験したことのない約4割の高齢化率</li></ul>	<ul><li>首都直下地震，南海トラフ巨大地震の切迫（30年以内の発生確率70%）</li><li>気候変動による災害の激甚（げきじん）化</li><li>高度成長期に集中整備したインフラが老朽（ろうきゅう）化</li></ul>

②グローバリゼーションの進展	④食料・水・エネルギーの制約，地球環境問題
<ul><li>国家・都市間の競争が激化</li><li>ユーラシアダイナミズムにより地政学上の位置が大きく変化</li><li>北極海航路，パナマ運河再拡張</li></ul>	<ul><li>世界は人口爆発：食料・エネルギー確保が課題</li><li>地球温暖化，生物多様性の危機</li></ul>
	⑤ICTの劇的な進歩，技術革新
	<ul><li>コンピュータとその処理能力の飛躍（ひやく）的増大</li><li>ビッグデータが生むイノベーション</li><li>情報・知識空間と実物空間の融合</li></ul>

【課題】

このような時代の潮流の中，持続可能な世界最高水準の「豊かさ」と「安心」を確保する上での大きな課題は3つ	課題①	地域の活力が低下する中，人々の暮らし・生活をどのように守っていくのか（地域の多様性を維持していくのか）	「国土のグランドデザイン」はこうした課題への処方箋を示す（その際，財政制約を考慮する必要）
	課題②	我が国がどのようにして引き続き成長を維持していくのか	
	課題③	国民の安全をどのように確保していくのか	

【理念】

<ul><li>国土は，国民の幸せな暮らしを実現する舞台</li><li>その基盤として経済の成長は不可欠であり，一定の成長を確保した上で，「豊かさ」と「安心」を実感できる国土に</li><li>各地域が主体性を確立し，固有性を深め，「多様性」を再構築する</li></ul>	②連携（れんけい）革命による新しい集積の形成（コネクティビティ）
	<ul><li>連携革命（コネクティビティ・イノベーション）「50年単位の交通革命」，「新情報革命」，「新しい協働」</li><li>新しい集積の形（拠点とネットワークで人・モノ・情報をつなぎ，機能の連携を図る）</li></ul>
①多様性の再構築（ダイバーシティ）	③災害への粘り強くしなやかな対応（レジリエンス）
<ul><li>多様な選択ができる国土：多様性を支える地域において様々な生き方を可能に</li><li>グローバリズムとリージョナリズムの「2つのベクトル」の間で，それぞれの地域が自分の位置を選択</li><li>「2つのものさし」とも言うべき社会経済システムの多様化・弾力化</li></ul>	<ul><li>国民の命を守ることが最優先</li><li>安全の確保は我が国の経済と信用力の基盤</li><li>災害リスクの適切なマネジメント・情報開示</li><li>最悪のシナリオを想定し，その場合でも決定的な被害を受けず速（すみ）やかに回復できるしなやかな国土を構築</li></ul>

さくいん

［監修者紹介］

内田忠賢（うちだ・ただよし）

1959年，三重県生まれ。三重県立四日市南高等学校卒業，京都大学文学部卒業，京都大学大学院文学研究科修了。京都大学助手，高知大学助教授，お茶の水女子大学助教授を経て，現在，せとうち観光専門職短期大学副学長・教授および奈良女子大学名誉教授。

専門は，文化・歴史地理学，日本民俗学，大衆文化論。おもな編著書として，『風景の事典』（古今書院），『よさこいYOSAKOI学リーディングス』（開成出版），『都市民俗生活誌（全3巻）』（明石書店），『都市民俗基本論文集（全4巻）』（岩田書院）など，翻訳書として，『風景の図像学』（共監訳，地人書房）がある。

□ 執筆　　足利亮太郎(第1編1・2，第2編2・3)　中井啓之(第1編3，第2編1・4)
　　　　　新田正昭(第2編5，第3・4編)
□ 編集協力　㈱カルチャー・プロ　稲葉友子　菊地聡　前川裕美　竹尾真由美
□ 図版作成　㈲デザインスタジオエキス．　㈱ウエイド　㈱ユニックス
□ 写真提供　新田正昭　アフロ(鈴木革　Alamy　Ardea　Look　New Picture Library　Photoshot　picture alliance　Robert Harding　Tetra Images)　iStock(BeeBright　constantgardener　DieterMeyrl　FuGazi　golero　hadynyah　hadynyah　Instants　jameslee999　Media Lens King　monkeybusinessimages　Mumemories　Rod Wonglikitpanya　Satoshi-K　undefined undefined)　PIXTA(うさぎ&くま　はすまん　ベルワ　マノリ　earth　walker　gandhi　june．Lukassek　Mizoe　mizoula　NISH　PJ5566　quatrox　rasinona　shantiphotographs SPICE　takawildcats　treetstreet　TrueOne　USSIE　Whitestorm　Yauheni_M　yuki)
□ 本文デザイン　㈱ライラック

SDGsアイコン：https://www.un.org/sustainabledevelopment/
The content of this publication has not been approved by the United Nations and does not reflect the views of the United Nations or its officials or Member States.

世界の国々

[♠ミラー図法]

—— 東京から見た方位
‥‥‥ 東京からの距離

①アンドラ
②モナコ
③リヒテンシュタイン
④サンマリノ
⑤バチカン市国
⑥スロベニア
⑦クロアチア
⑧ボスニア・ヘルツェゴビナ
⑨セルビア
⑩モンテネグロ
⑪北マケドニア
⑫コソボ